小学パーフェクトコース

改訂版

はてな

？に答える！

小学

社会

Gakken

はじめに

　みなさんが勉強する中で，わからないことがあったり，習ったことを忘れてしまったりすることがあるでしょう。テレビのニュースなどで知らない言葉に出合うこともあるはずです。そんなときはどうしていますか？　『学校の先生や，おうちの人に聞いてみる』……もちろんそれもよいでしょう。でも，疑問を解決する方法は，それだけではありません。『自分で調べて考えてみる』という方法もあります。これが，とても大事なことなのです。

　自分で調べて身につけた知識は，なかなか忘れることがありません。何よりもたよりになる，あなたの味方となってくれます。

　また，これから歩んでいく人生の中で，「なんだろう？　なぜだろう？」と疑問をもって自ら問題を見つけ，そして「どのようにその問題を解決するか」を考える場面がとても多くなります。だれかに出された問題を解くのではなく，自分で問題を発見して，自分で解決への道を切り開いていく力が必要になってくるのです。その力を身につける方法は特別難しいものではありません。自分で調べて「わかった！」と感じること，そしてこの体験をくり返すことです。

　もし，みなさんがわからないことに出合ったら，この本を開いて，自分で答えを見つけ出してください。この本には，みなさんが自分で答えを導き出すためのヒントがたくさんつまっています。

　そして，新しい知識を次々と追い求める，「知ること」にどん欲な人になってください。「わからないことを，そのままにしない」という気持ちをもっている人は，将来どんな難しい問題につき当たっても，それを乗りこえていけることでしょう。

　この本をたくさん使って，学ぶ楽しさ，考える楽しさをどんどん追求し，魅力的な大人になってください。応えんしています。

花まる学習会代表　高濱 正伸

この本の特長と使い方

大きな見出し語
用語は大きく表示してあるので，調べたい言葉と内容がすぐに見つかります。

「重要度」つき
学校のテストや入試に出題されやすい順に，星の数が増えます。赤い見出し語は特に重要な用語ですので，おさえておきましょう。

「教科書マーク」つき
学校の教科書に出てくる用語には，このマークがついています。

「比べる」ことでよくわかる
データや写真など，比べてみると理解が深まる内容について，ピックアップしています。

用語のページ

第1章 大むかしの暮らし

縄文土器
黒みを帯びた茶色で，厚手でもろい縄文時代（⇒P.399）の土器。表面に縄文などを転がしてつけた，縄目の複雑な文様があるものが多いことから，縄文土器（弥生土器⇒P.404）と呼ばれています。食べ物の煮たきや，貯蔵などに使用されました。

⇧ 縄文土器

磨製石器（打製石器⇒P.399）
石の表面をとぎ石や砂などでみがいて形を整え，するどくした石器。木を切るための石のおの，穀物をかたる石がま，矢じりの刃などがつくられました。

⇦比べる 打製石器と磨製石器

⇧ 打製石器　⇧ 磨製石器

骨角器
動物や魚などの骨や角，きばなどでつくった道具。つり針，もり，矢じりなどがありました。

たて穴住居
主に縄文時代（⇒P.399）から奈良時代（⇒P.435）にかけて広く使われた住居。地面を50cmほど掘り下げて，床にあたる部分を低くし，壁をつくり，穴を掘って柱を立て，屋根は草や木などでふきました。内部には中央に炉があり，たたみなら5〜6畳くらいの広さのものが多く，ふつう4〜5人（1家族）が生活しました。

⇧ たて穴住居（内部）

COLUMN まめ知識　縄文時代はあたたかかった？　縄文時代初めの日本の平均気温は現在よりも約1〜2度高かったと考えられています。日本列島の海岸線も，貝塚などの分布から現在の海岸線よりかなり内陸まで入りこんでいたことがわかっています。

400

章とびら

各章の初めには，その章について興味を広げる内容を，大きなビジュアルで紹介しています。

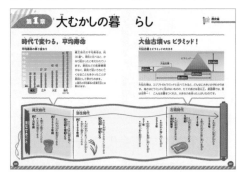

さくっとガイド

各節の内容をイラストとともにわかりやすくまとめてあります。まずここを読んで，ポイントをつかみましょう。

1つ調べたら，上下の用語や関連する内容を，いっしょにどんどん読んでみよう。学ぶ楽しさが広がるよ！

学年表示

この項目を学習する学年に○がついています。「発展」は，小学校では学習しませんが，中学入試では出題される内容です。

| 3年 | 4年 | 5年 | 6年 | 発展 |

★★★ **土偶**
粘土を焼いてつくった人形。女性をかたどったものが多く，豊かな収かく，家族のはん栄，魔よけなどをいのってつくられたと考えられています。

◀ 土偶

★★★ **貝塚**
縄文時代 [➡ P.399] の人々が，食べた貝類の殻，動物や魚の骨，土器や石器，骨角器などの不要物を捨てた，ごみ捨て場のあとです。貝塚からは，当時の人々の食べ物や生活に使われた道具がわかり，その分布などから当時の海岸線を知ることもできます。

★★★ **大森貝塚**
明治時代の1877年，アメリカ合衆国の動物学者**モース**が，横浜から東京へ向かう列車の中から大森貝塚（東京都）を発見し，発掘調査を行いました。これが日本で最初の学術調査でした。モースは1877年から2年間，東京大学で動物学を教えました。

★★★ **三内丸山遺跡**
青森県にある**縄文時代**の**大集落**の発。発掘調査の結果，約35ヘクタール（1ヘクタールは1万㎡）にもおよぶ巨大な集落であることがわかりました。今から5500年ほど前から約1500年間も続き，多いときには500人以上が居住していたと考えられています。
それまで，縄文時代の人々は，食べ物を求めて移動して暮らしていたと考えられていましたが，その常識はくつがえされました。また，くり，ごぼう，豆類，ひょうたんなどが栽培されていたことや，遠方の地域とも，交易が行われていたこともわかっています。

◀ 三内丸山遺跡

💡COLUMN まめ知識
縄文クッキーはどんな味？　縄文時代，土器を使ってあくぬきができるようになり，どんぐりなどが食べられるようになりました。どんぐりは縄文人の主要な食べ物の1つで，クッキーのようなものがつくられていました。縄文人のレシピで今でもつくることはできますが，それはおいしくないそうです。

401

豊富なビジュアル資料

写真や地図，グラフなど，用語ごとにたくさんの資料を掲載。理解がぐっと深まります。

充実の「リンク」機能

関連する用語や内容について，アンダーライン入りでページ数を示してあるので，知識がどんどん広がります。（同じ見開き内の用語はアンダーラインのみ。）

補足情報，楽しい雑学まで！

ページの下にも，用語の解説をさらに補足する「くわしく」や，楽しい雑学「まめ知識」など，情報がしっかり入っています。

 こんなふうに使おう！

▶ 学校の教科書や塾のテキストに合わせて，予習や復習のために読む場合は…
もくじ（P.6- P.11）から，学年や分野，単元名をもとに合うページを探そう。

▶ 教科書やテキスト，テレビのニュースなどから，わからない用語・言葉を調べたい場合は…
50音順に並んでいるさくいん（P.696-P.711）から，調べたい用語・言葉を見つけよう。

?で深めるコラム

用語ページをさらに深めるコラムがところどころに入っています。あわせて読んでみましょう。

もくじ

もくじ

歴史編 6年

もくじ

この本をお使いいただくにあたって

●この本の地図の地形や都市名などは，主なものにしぼってのせてあります。

●P.107〜P.160の各都道府県のマークについては，多くは県章をのせてありますが，石川県・兵庫県は県旗，群馬県は県紋章，大分県は県徽章，東京都・佐賀県はシンボルマークをのせています。

●この本に登場する国の名前は，いっぱん的に使われることの多い通称で表記していることがあります。

（例）正式な国名：グレートブリテン及び北アイルランド連合王国→通称：イギリス

●国の首都名・都市名は，主要教科書及び地図帳によりました。この本にのせてある表記以外に別の表記が存在する場合があります。

●すべての情報は，2018年12月現在のものです。

キャラクター紹介

気になる言葉を調べてみよう。

ルル
好奇心旺盛な男の子。
気になったことには
何でも挑戦!

なんだろう。
知りたいな。

ニャンティ
観察好きの知りたがり。
なんだろう…
が口ぐせ。

何でも聞いてね。

ナナホシ先生
世界中を飛び回り
何でも知っている
みんなの先生。

「?に答える!」には知りたい
ことが何でものってるよ。

モモ
賢くてしっかり者の
女の子。
本が大好き。

基礎編

私たちのまち

ちがいがわかる地図記号

地図記号は，建物やしせつ，
土地の様子などを，
だれにでもわかるような
かんたんな形で
表したものです。
ただし，よく似た記号も
あります。
正しいものを選びましょう。

問題

1 病院はどちら？

道具の形の
ようだね。

2 消防署の記号はどっち？

答え

1. **ア** 旧陸軍の衛生隊の印をもとにした形。**イ**は，その記号を少し変えて，都道府県などの保健所を表しています。

病院　　　保健所

2. **イ** 江戸時代の火消しが使ったさすまた [➡P.044] の形です。**ア**は気象台の地図記号で，くるくる回る風速計を横から見た形です。

気象台

消防署

3. **イ** 歯車の形を表している。**ア**は発電所などの地図記号で，歯車に電気回路をつなげたもの。**ウ**は灯台で，周りを照らす様子を上から見た形。

発電所　　工場

灯台

クイズ！

3 工場はどれ？

ア　イ　ウ

5 博物館ってどれ？

ア　イ

4 温泉はどっちかな？

ア　イ

どっちもけむりが
出ている
みたい！

6 どっちが田かな？

ア　イ

---

4. ア 立ちのぼる湯気と湯つぼを表しています。イ は噴火口・噴気口の地図記号で、火口からけむりが出ている様子です。

温泉

噴火口・噴気口

---

5. イ どっしりとした建物の形から。ア は老人ホームの地図記号で、つえの形でお年寄りのしせつを表しています。

老人ホーム

博物館

---

6. ア かり取ったあとの稲の形です。イ は荒地を表し、雑草が生えている様子です。

田

荒地

01 地図の決まり

さくっとガイド　まずはここを読んで，地図の決まりのポイントをつかもう！

地図って何？

まちには，大きな道や細い道，田や畑，高い所や低い所がありますね。このような土地の様子を平面に表したものを地図といいます。地図を見ることで，まち全体の様子を一目でつかむことができます。

左の地図を見てみましょう。地図の中に，いろいろな記号がかかれていますね。記号には，方位を表す方位記号，建物や土地の様子を表す地図記号のほか，土地の高さを示す等高線などがあります。

どんな地図があるかな？

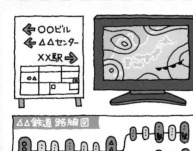

地図は，地図帳や教科書にあるものだけではありません。私たちの身の回りにはいろいろな種類の地図があります。例えば，駅前に置かれている案内図，路線や駅がわかる路線図，テレビの天気予報でも地図（天気図）が使われています。

① 方位の決まり

重要度 ★★★

方位

東，西，南，北などの向き。「**東**」，「**西**」，「**南**」，「**北**」の
4つの方位を**四方位**といいます。くわしく方位を表すとき
には，四方位に「**北東**」「**北西**」「**南東**」「**南西**」を加えた
八方位を使います。さらに，くわしく表すときは**十六方位**
を使うこともあります。

八方位

← **方位の調べ方**
顔を北に向けると，右手が東，
左手が西，背中が南の方位を
指します。

十六方位

↑ **八方位と十六方位**

★★★

方位じしん

方位を正確に調べるための道具。色のついたはりが
北を指します。

方位じしんの使い方
①方位じしんを平らな場所に置いて，はりの動き
が止まるまで待つ。
②色のついたはりの先を，文字ばんの「北」に
合わせる。

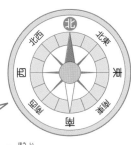

↑ **方位じしん**

★★★

方位記号

地図の上で方位を表すための記号。方位記号のない地図は，ふつ
う上が北を指します。

方位記号があると
地図が読みやすいね。

矢印の指す方向
が北。

↑ **方位記号**

COLUMN
まめ知識
なぜ方位じしんは北を指すの？ 方位じしんは，じしゃくがくっつくしくみを利
用した道具です。地球は大きなじしゃくになっていて，方位じしんのN極が北極に
引きよせられ，北を指すのです。

第1章 私たちのまち
第2章 地域で働く人々
第3章 まちの安全を守る
第4章 暮らしの変化
第5章 まちを支えるしくみ
第6章 郷土の伝統と開発

第1章 私たちのまち

2 私たちの学校の周りの様子

重要度
★★★

まちたんけんの計画

まちたんけんをするときには、たんけんの計画を立てます。まちたんけんでは、次のことを調べます。
◆地形の様子・土地の使われ方
◆建物や道路、まちの人の様子
まちを観察するだけでなく、まちの人にインタビューをすることで、まちのことをよりくわしく調べることができます。

まちたんけんの手順

①話し合って調べに行きたい場所を決め、たんけんコースを決める。
②実際にたんけんコースを歩いて、まちの様子を調べる。
③調べたことをまとめる。

調べ方

・実際に歩いて、建物や道路の様子を観察する。
・まちの人にインタビューをする。

まとめ方

・わかったことや気づいたこと、ぎもんに思ったことをカード（ノート）に書きこむ。
・土地の使われ方や、建物・道路の様子を白地図にかきこむ。

どんな発見があるかな？

重要度
★★★

まちたんけんの持ち物

まちたんけんをするときには、調べるのに必要な物や、調べたことをメモするための道具を持っていきます。たんけんをしながら、わかったことや気づいたこと、ぎもんに思ったことを白地図やカード（ノート）に書きましょう。

ボード

カメラ

方位じしん

白地図

筆記用具

⬆ まちたんけんの持ち物

COLUMN
くわしく

グループでまちたんけんをするときの注意

・まちたんけんをするときは、交通ルールを守り、安全に気をつけましょう。
・まちの人のめいわくにならないように、大きな声でさわがないようにしましょう。

基礎編

第1章 私たちのまち
第2章 地域で働く人々
第3章 まちの安全を守る
第4章 暮らしの変化
第5章 まちを支えるしくみ
第6章 郷土の伝統と開発

★★★ 絵地図のかき方

絵地図にまとめると，一目でまちの様子がわかるようになります。絵地図をかくときには，方位記号をかきこみ，建物のマークを決めてかきこむとわかりやすくなります。

どんな建物かわかりやすい形にしよう。

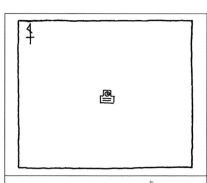
①上が北になるように紙を置き，中心となる大きな建物をかく。

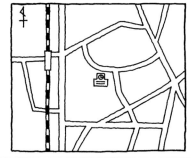
②道路，川，線路などをかく。

①大きなマンション

家が多い所はまとめてぬる。

としょかん
図書館

この道は上り坂になっている

学校　目目わつ建物　ゆうびん局　神社
家が多い所　公園　みどりが多い所

③建物のマークや土地の使われ方を表す色を決めてかく。

④発見したことがあれば短い文でかきこむ。

↑ 絵地図をかく順番の例

COLUMN まめ知識
初めて正確な日本地図をつくった人は？ 初めて正確な日本地図がつくられたのは，今からおよそ200年前のことです。伊能忠敬という人が中心となり，17年もの年月をかけて全国の土地の様子をはかって完成させました。

③ 地図の約束

重要度
★★★

地図記号

建物や土地の様子を表す記号。だれが見てもわかりやすいように，地図記号が使われます。地図記号の多くは，建物の形や土地の様子と関係が深いものがもとになっています。

記号	記号の成り立ち	
文 小・中学校	漢字の「文」の形を記号にした	文
⊗ 高等学校	小・中学校と区別するために○でかこんだ	
◎ 市役所	市役所と東京都の区役所を表す	
○ 町・村役場	町・村役場と，政令指定都市 [➡P.214] の区役所を表す	
✕ 交番	警察官の持っているけいぼうを交差させた形を記号にした	
⊗ 警察署	交番と区別するために○でかこんだ	
〒 ゆうびん局	昔，「逓信省」と呼ばれていたときの頭文字の「テ」を記号にして○でかこんだ	
Y 消防署	昔，消防の道具として使われていたさすまたの形を記号にした	
开 神社	神社の入り口にある鳥居の形を記号にした	
卍 寺	仏教と関係が深い「卍」を使った記号	
✚ 病院	旧陸軍の衛生隊が使っていた印をもとに記号にした	
📖 図書館	本を開いた形を記号にした	

COLUMN
まめ知識

変わる地図記号　地図記号は，時代によって形が変わることがあります。例えば温泉を表す地図記号は，「♨」→「♨」→「♨」→「♨」などと形を変えています。また，田は「‖」（乾田）「⊥」（水田）「⊥」（沼田）が1つにまとめられて「‖」になりました。

博物館 (はくぶつかん)	博物館や美術館などの建物の形のイメージを記号にした	
老人ホーム (ろうじん)	つえをついたお年寄りが安心して過ごせる老人ホームの様子を記号にした	
工場 (こうじょう)	工場で使われている機械の歯車の形を記号にした	
発電所・変電所 (はつでんしょ・へんでんしょ)	発電機を，歯車と電気回路で記号にした	
灯台 (とうだい)	灯台を上から見た形と，光が出ている様子を記号にした	
城あと (しろ)	城をつくるときの設計図（なわばりの形）をもとに記号にした	
港（地方港）(みなと・こう)	船のいかりの形を記号にした	
温泉 (おんせん)	温泉からたちのぼる湯気の様子を記号にした	
田 (いね)	稲をかりとったあとの形を記号にした	
畑 (はたけ)	植物のふたばの形を記号にした	
果樹園 (かじゅえん)	りんごやなしなどの木になる実の形を記号にした	
広葉樹林 (こうようじゅりん)	けやきなどの広葉樹（はばの広い葉をつける木）を横から見た形を記号にした	
針葉樹林 (しんようじゅりん)	まつなどの針葉樹（細くとがった葉をつける木）を横から見た形を記号にした	
桑畑 (くわばたけ)	桑の木（絹の糸をつくるカイコが食べる葉の木）を横から見た形を記号にした	
（JR線）（JR線以外）	四角が駅を表す	

COLUMN まめ知識

外国人向けの地図記号 2020年の東京オリンピック・パラリンピックの開さいや，外国人観光客の増加に対応するために，国土地理院が郵便局（⊠）やホテル（🛏）など，外国人向けの地図記号をつくりました。

021

第1章 私たちのまち

重要度
★★★
等高線

海面から高さの同じ地点を結んだ線。等高線を読み取ると，土地の高さや等高線の間かくから土地のかたむきがわかります。

★★★
縮尺

実際のきょりが地図上で，どれくらいちぢめられたかの割合。

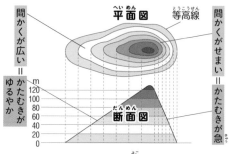

↑ 土地を上から見た図（上）と横から見た図（下）

★★★
地図の読み取り

等高線や地図記号などが使われた地図から，土地の高さや土地利用について読み取ることができます。

1：50000	$\dfrac{1}{50000}$
5万分の1	0　　　　　　　1km

↑ 縮尺の表し方

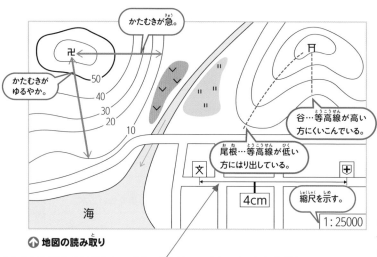

かたむきが急。

かたむきがゆるやか。

谷…等高線が高い方にくいこんでいる。

尾根…等高線が低い方にはり出している。

縮尺を示す。

4cm

1：25000

海

↑ 地図の読み取り

川は高いところから低いところに流れるね。

実際のきょり＝地図上の長さ×縮尺の分母
縮尺2万5千分の1の地形図上で4cmの長さの実際のきょりは
4(cm)×25000＝100000(cm)＝1000(m)＝1(km)。よって1km。

COLUMN
まめ知識

等高線と縮尺　等高線が引かれる間かくは地形図の縮尺によってことなります。5万分の1の地形図では20mごとに主曲線（細い線），100mごとに計曲線（太い線）が引かれ，2万5千分の1の地形図では10mごとに主曲線，50mごとに計曲線が引かれています。

重要度
★★★

地図帳

 たくさんの地図を集めて，本の形にまとめたもの。

こまめに地図帳を見る習慣をつけるといいよ！

★★★

さくいん

本に書かれている用語などを書き出し，その用語がどのページに書かれているかを五十音順などでまとめたもの。地図帳にもさくいんがあります。

⬇ **地図帳のさくいんの調べ方**

○○○町はどこかな？

○○○町 …… 36 エ 4
地名 　ページ 列 行

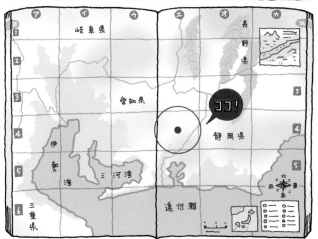

さくいんから，調べた場所は，36ページのエの列と4の行が重なるところにあることがわかります。

COLUMN まめ知識

空からつくる地図 現在の2万5千分の1の地形図は，飛行機で空からとった写真をもとにつくられています。また，人工衛星から発信される信号を使って地図上の位置を測定するGPS（全地球測位システム）の技術を用いてつくられる地図もあります。

02 私たちの市の様子

さくっとガイド まずはここを読んで, 市の様子のポイントをつかもう!

あなたのまちを空から見たら?

あなたの住むまちの地図をながめて, あなたの家がある場所やあなたが通う学校の場所がどこか探してみましょう。そして, 地図を読み取りながら, 空から見たらまちがどんなふうに見えるか, 想像してみましょう。

市の様子を調べてみよう

地図で読み取るだけでなく, 実際に行ってみたり, 土地のことがわかる写真を探したりしてみましょう。

例えば, 左の資料は金沢市の様子です。金沢市には, 金沢駅や金沢城公園があり, また, 周遊バス, 鉄道が通っている所があります。このような市の中のさまざまな場所や特ちょうを発見しましょう。

基礎編

第1章 私たちのまち

第2章 地域で働く人々

第3章 まちの安全を守る

第4章 暮らしの変化

第5章 まちを支えるしくみ

第6章 郷土の伝統と開発

重要度
★★★

市の様子

市の様子を調べるときは，地形の様子や土地の使われ方に注目すると，地域の特色をつかむことができます。

市の様子の調べ方

◆地図を見る。
◆写真を見る。
◆図書館を利用する。
◆市役所にある市の資料を探す。
◆インターネットを利用する。

↑ 金沢市（石川県）の様子

★★★

駅の周りの様子

大きな駅の周りには，デパートなどの大きな建物があり，人通りが多くなっています。また，駅や市役所の周りには，病院やゆうびん局などみんなが利用できる公共しせつが多くあります。

駅の周りは高い建物が多い。

市役所の周りには公共しせつが多い

■ 高い建物が多い所
▨ 家や建物が多い所
◎ 市役所
ᗒ 官公署
文 小・中学校
〒 ゆうびん局
Y 消防署
卍 寺
☓ 交番
ᘒ 電波とう
凸 城あと
⊞ 病院
Ⓗ 神社
⊞ 図書館
血 博物館
⊞ 裁判所
⌂ 老人ホーム

↑ 金沢駅の周りの様子

COLUMN
くわしく

都市（まち）のつくられ方 まちは，地域の人々が生活していくうちに自然にできたもののほか，国や都道府県などが計画的につくったものがあります。京都市（京都府）や札幌市（北海道）は計画的につくられたまちで，道路がごばんの目のように整備されています。

重要度
★★★

市の公共しせつ

住民が使うことを目的に，市がつくった建物や道路，公園などのしせつ。学校や体育館などのしせつ以外にも，地域の人々の教育や健康などを目的とする文化しせつなどがあります。

↑ 金沢市立玉川図書館 (ピクスタ)

↑ 金沢市役所 (ピクスタ)

↑ 金沢市文化ホール (ピクスタ)

市役所は，市民のための仕事をするところです。例えば，ごみを集めて処分したり，道路や下水道，公園などの整備をしたりしています。また，子どもやお年寄り，体の不自由な人も安心してくらせるための仕事もしています。

★★★
市に残る古い建物

市の中には，古くから残る寺や神社などの建物や，城のあとなどがあります。このような建物の中には，国や県，市などによって文化財として管理されているものもあります。

古くからのものが大切に守られているんだね。

↑ 兼六園の様子 (ピクスタ)

COLUMN
まめ知識

伝統工業がさかんな金沢 江戸時代，今の金沢市をおさめていた加賀藩は，工芸を保護したため，すぐれた技術が数多く生まれました。現在も焼き物の九谷焼，染め物の加賀友禅，金びょうぶなどに用いる金箔の金沢箔などがつくられています。

 比べる **地域の特色**

土地や建物，交通の面でちがいがあるね。

地形の様子によって，土地の使われ方に特色があります。

◆港の周りの様子

うめ立ててつくられた，人工的なまっすぐな海岸線。

金沢港

石油基地

大野新橋

大野川

☼ 灯台
⚓ 港
⚲ 官公署
Y 消防署
∧ 針葉樹林
Q 広葉樹林
ⅲ 荒地
卄 神社
卍 寺
∨ 畑
文 小・中学校
⊥ 墓地

港の周りには，船が安全に行き来できるようにする役割をはたしている灯台（☼）や海外から船で運ばれてきた石油をためておく石油基地が見られます。

◆川が流れる所の様子

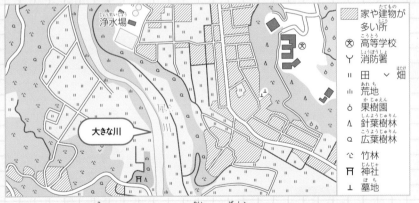

浄水場

大きな川

▨ 家や建物が多い所
⊗ 高等学校
Y 消防署
‖ 田
∨ 畑
ⅲ 荒地
ò 果樹園
∧ 針葉樹林
Q 広葉樹林
⌇ 竹林
卄 神社
⊥ 墓地

川の近くでは水が得やすいことから，平らな場所に田（‖）がつくられています。

COLUMN まめ知識

「山，海へ行く」 兵庫県神戸市では，神戸港沖にポートアイランドと呼ばれる人工の島をつくるとき，海をうめ立てるのに，ニュータウンなどをつくるためにけずった六甲山の土を使いました。このことから，「山，海へ行く」という表現が使われました。

地域で働く

働く人，昔と今

昔（昭和時代のはじめころ）と今では，働く人の様子はどのように
ちがうのでしょう。使っている道具も見ながら比べてみましょう。

昔 売り物のとうふは，材料を仕入れて自分の店
でつくるの。朝早く起きて，とうふや油あげ，が
んもどきなどをつくって，町でも売り歩いたんだ
よ。店では，ざるに代金を入れていたんだよ。

田中豆腐店

店

今 スーパーマーケットでは，本部が仕入れたい
ろいろなとうふが日本各地から毎日入荷するよ。
レジはコンピューターとつながっているから，何
がどれだけ売れたか，すぐにわかるのよ。

ピッ

人々

工場

昔

しょうゆは，蒸した大豆を大きな木のたるに入れ，1年くらいかけて，人が様子を見ながら発こうさせてつくるんだ。江戸時代からずっとこの方法でつくってきたんだよ。

今

大きな工場では，特別なステンレスのタンクで大豆をはっこうさせるよ。研究も進んで，温度をコンピューターで調節したり，機械でペットボトルにつめて出荷されるんだ。今では6か月くらいでしょうゆができるよ。

農業

昔

田んぼをならすしろかきのときは，牛や馬にくわを引かせていたんだ。農家では牛や馬を大切に育てていたんだよ。

今

トラクターにロータリーと呼ばれる機械をつけてしろかきをするんだ。車に乗ったままできるので楽だね。1人でも，短い時間で広い土地を耕すことができるんだよ。

01 スーパーマーケットで働く人

さくっとガイド まずはここを読んで,スーパーで働く人のポイントをつかもう！

スーパーマーケットはどんなところ？

スーパーマーケットは, 暮らしに必要な食料品や日用品などの品物がそろっているお店です。スーパーマーケットの売り場では,案内板にどこにどんな品物が置いてあるか書かれていたり, ねふだに大きくねだんが示されていたりします。広いちゅう車場が設けられている所もあります。お客さんにとって買い物のしやすい店づくりがされています。

上手な買い物をするために

スーパーマーケットでは, おすすめの品物をのせたちらしを配っています。いくつかのスーパーマーケットのちらしを見比べると,よい品物を安く買うことができます。また, 食べきれる量を考えて,その分だけの品物を買うようにすれば, むだのない買い物をすることができます。

重要度
★★★

買い物調べ

◆家の人の買い物のしかたを調べる

家の人が，どの店でどのような品物を買っているか，いっしょに買い物に行ったり，レシートを見たりして調べることができます。

> 同じ種類の品物でもいろいろな店で買っている。

品物\店の種類	米・パン	魚・肉	野菜	飲み物	おべんとう	洋服	電気製品	本	文ぼう具	家具
スーパーマーケット①	●	●	●	●	●					
スーパーマーケット②	●	●	●	●	●					
コンビニエンスストア				●				●		
近所の商店街の店		●						●	●	
デパート						●				●
その他の店							●			

⬆ 品物による買う店のちがい（ゆかさんの家の場合）

◆表や地図にまとめる

表にまとめたり，地図に示したりすると，買い物に行く人が多い店や，家の人がどこまで買い物に行っているかがわかります。

店の種類	人数(人)
スーパーマーケット①	7
スーパーマーケット②	11
コンビニエンスストア	6
近所の商店街の店	8
デパート	4
その他の店	3

> 買い物した人が多い。

調べた日…9月8日(土)・9日(日)

⬆ 買い物に行った店
（クラスの全員の家の場合）

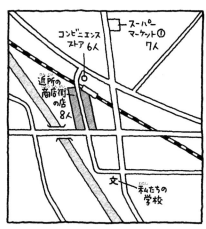

⬅ 買い物に行った店をまとめた地図
（クラスの全員の家の場合）
調べた日…9月8日(土)・9日(日)
●歩きや自転車で行った店（地図中）

●自動車や電車で行った店
スーパーマーケット②…11人
デパート…4人

●その他の店…3人

COLUMN まめ知識

店に行かなくても買い物ができるの？ 買い物は店に行かなくてもカタログを見て注文したり，インターネット上の店で買い物をしたりすることができます。移動時間がかからず，すきな時間に買い物ができるので，多くの人に利用されています。

基礎編

第1章 私たちのまち

第2章 地域で働く人々

第3章 まちの安全を守る

第4章 暮らしの変化

第5章 まちを支えるしくみ

第6章 郷土の伝統と開発

031

★★★ スーパーマーケットの売り場

スーパーマーケットでは，野菜や肉，魚，米，おかしなどさまざまな品物が売られています。

◆**品物のねだんや産地**…ねだんや産地は，シール（ラベル）などに大きく目立つように書かれています。

◆**案内板**…遠くからでも，どこに何が置いてあるのかわかるようにしています。

◆**品物**…1つの品物でも，たくさんの種類が並べられています。

↑ 売り場の案内板

★★★ スーパーマーケットで働く人

スーパーマーケットでは，売り場だけでなく，売り場の外でもたくさんの人が働いています。

品物を並べる人…お客さんが見やすく，手に取りやすいようにしている。

レジの人…正確にすばやくお金の受けわたしをするようにしている。

COLUMN くわしく

買い物をしやすい店づくり 車いすを使う人でも使いやすいトイレをつけたり，ちゅう車場では，店の入口に近いところに自動車をとめられるように，お年寄りや障がいのある人せんようのスペースをつくるくふうをしたりしています。

★★★ スーパーマーケットのくふう

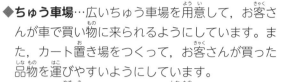

◆**ちゅう車場**…広いちゅう車場を用意して，お客さんが車で買い物に来られるようにしています。また，カート置き場をつくって，お客さんが買った品物を運びやすいようにしています。

◆**ちらし**…安売りやおすすめの品物をのせて，多くのお客さんに来てもらうようにしています。家に配達される新聞に入っていることが多いです。

◆**リサイクルコーナー**…牛乳パックや食品トレイなどを回収して，リサイクル[➡P.080]しています。

⬆ **リサイクルコーナー**

(アフロ)

品物を注文する人…店にある品物の売れぐあいを調べて，注文する数を決めている。

肉を切り分ける人…お客さんが必要な量を買うことができるようにしている。

COLUMN まめ知識

回収された牛乳パックはどうなるの？ 回収された牛乳パックは，薬を使っていったんとかされ，パルプと呼ばれる紙の原料になります。このパルプを使って，ティッシュペーパーやトイレットペーパーなどがつくられています。

スーパーマーケットのサービス

★★★

お店は，便利に買い物をしたいというお客さんの願いをかなえるために，さまざまな**くふう**や**努力**をしています。

サービスの例

◆持ち帰り用の氷やだんボールばこを用意しています。

◆買った品物を，家まで配達してくれます。

⬆ サービスカウンター

品物の産地

★★★

品物がつくられたところ。スーパーマーケットは，さまざまな産地から品物を仕入れています。品物の産地は，品物の入っていた**だんボールばこ**や，品物につけられた**シール（ラベル）**，**ねふだ**などから知ることができます。

遠くの都道府県や，外国から運ばれてきている品物もあるね。

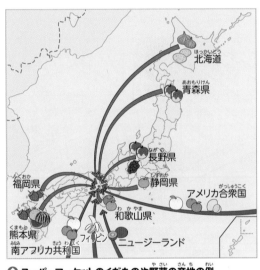

⬆ スーパーマーケットのくだものや野菜の産地の例

上手な買い物

★★★

買い物をするときには，いろいろな店の**ちらし**を見比べて，よい品物を安く買うようにしたり，**産地**を確かめたりすることが大切です。また**賞味期限**までに食べ切れるかどうかを考えることなどで，むだなく安全に買い物をすることができます。

⬆ 牛乳の品質表示

COLUMN
まめ知識

賞味期限と消費期限 賞味期限は保存がきく食品の「おいしく食べられる期限」，消費期限はおべんとうなど保存がきかない食品の「安全に食べられる期限」です。どちらも商品のラベルなどに書かれている保存方法にしたがった場合の期限です。

基礎編

第1章 私たちのまち

第2章 地域で働く人々

第3章 まちの安全を守る

第4章 暮らしの変化

第5章 まちを支えるしくみ

第6章 郷土の伝統と開発

 比べる **いろいろな店の特ちょう**

スーパーマーケット

・いろいろな種類の品物をあつかっています。

・広いちゅう車場があります。

・広告のちらしを見て，安い品物を買うことができます。

コンビニエンスストア

・まちのいろいろな所にあり，24時間開いている店が多いので，手軽に買い物ができます。

・食べ物や飲み物から日用品まで，生活に必要なものがそろっています。

・お金をおろしたり，荷物を送ったりすることができる店も多いです。

デパート/ショッピングセンター

・ほかの店には売っていない，いろいろな種類の品物を買うことができます。

・レストランがあり，食事をすることもできます。

近所の店（八百屋さんなど）

・店の人と相談しながら買い物をすることができます。

・料理のしかたを教えてもらえることもあります。

・商店街は，店が集まっているので，いろいろなものを見て回ることができます。

インターネットの利用

・パソコンなどを使って，家にいながら都合のよい時間に買い物をすることができます。

・品物をたく配便で届けてもらえるので，店へ行かなくても買い物をすることができます。

 COLUMN くわしく　**仕入れのくふう**　売れる品物は，お客さんの年令，家族の人数などによって変わってきます。また，その日の天気もえいきょうします。お店では，これらの情報を集めて，お客さんがほしい品物を仕入れています。

第2章 地域で働く人々

02 野菜やくだものをつくる人

農家の人の仕事って？

　農家の人の仕事は，種をまいたり，作物を収かくするだけではありません。よい土をつくったり，作物の手入れをしたり，時期にあわせてさまざまな作業を行っています。

　私たちが食べている野菜やくだものは，農家の人たちが畑で手間をかけて大切に育てたものなのです。

1年中同じ野菜を買えるのはどうして？

　野菜やくだものには，それぞれよく育ち，たくさん収かくできる時期があります。その時期を旬といいます。

　旬の野菜やくだものは，安く，おいしく，栄養もたっぷりです。

　いっぽう，スーパーマーケットの野菜売り場や八百屋さんには，1年中買うことができる野菜やくだものがあります。これは，農家の人が時期をずらして野菜をつくるくふうをしているからです。

基礎編

第1章 私たちのまち

第2章 地域で働く人々

第3章 まちの安全を守る

第4章 暮らしの変化

第5章 まちを支えるしくみ

第6章 郷土の伝統と開発

重要度
★★★

農事ごよみ

農作業の1年をまとめたこよみ。農家はおいしい作物をより多く収かくするために，1年を通してさまざまな農作業を行っています。

↓ 小松菜農家の1年

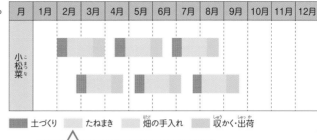

月	1月	2月	3月	4月	5月	6月	7月	8月	9月	10月	11月	12月
小松菜												

■ 土づくり　■ たねまき　■ 畑の手入れ　■ 収かく・出荷

たねまきをずらして行うことで，できるだけ長い期間収かくできるようにしている。

↓ 米と野菜を育てている農家の1年

1年の間に1つの作物だけを育てている農家といくつかの作物を育てている農家があるよ。

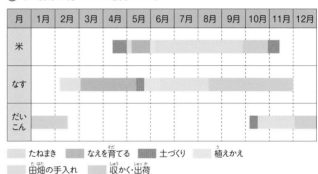

月	1月	2月	3月	4月	5月	6月	7月	8月	9月	10月	11月	12月
米												
なす												
だいこん												

■ たねまき　■ なえを育てる　■ 土づくり　■ 植えかえ
■ 田畑の手入れ　■ 収かく・出荷

★★★

農家のくふう

◆ **土づくりのくふう**
落ち葉や動物のふんなどを使った，**たいひ**を土にまぜて，よい土をつくる。

◆ **虫を防ぐためのくふう**
虫がつかないように，農薬をまくなどして作物を守ります。

◆ **機械の利用**
機械を使うことで，**少ない時間で効率的に**農作業を行うことができます。

たねまき機

↑ **小松菜づくりに使う機械**

COLUMN
まめ知識

お米を守るあいがも　お米をつくる農家の中には，田んぼであいがもをかっている所があります。これは，あいがもにお米の害になる虫などを食べてもらい，農薬を使わずに虫を防ごうというくふうです。あいがものふんは肥料にもなります。[→ P.253]

重要度

★★★ ビニールハウス

📖 ビニールをはった作物を育てるためのしせつです。**温度を一定に保って，作物の成長を調整**することができます。

◆ビニールハウスの長所

気候の変化のえいきょうを受けにくく，寒い時期でも，あたたかい時期にできる作物をつくることができます。

ほかの地域と出荷する時期をずらすことで，作物を高いねだんで売ることができます。

◆ビニールハウスの短所

ビニールハウスをつくったり，室内をあたためたりするためにお金がかかります。

⬆ ビニールハウス

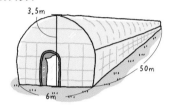

3.5m
50m
6m

⬆ ビニールハウスの大きさの例

★★★ 出荷

📖 **作物などを市場などに出すこと。**収かくした作物は，不要な部分やよごれなどをきれいに取りのぞき，箱づめします。そして**青果市場（おろし売り市場）**に運ばれ，全国のお店に並びます。**農業協同組合**の直売所に出荷されるものもあります。

作物を運ぶときには，できるだけ新せんなまま出荷できるように，低い温度に保つことができる**保冷コンテナ**に入れたり，冷ぞう庫のついた**保冷トラック（保冷車）** [➡ P.250] を使ったりすることもあります。

⬆ 保冷トラックで運ばれるさくらんぼ

⬆ さくらんぼの箱づめ

農業協同組合は，
JAや農協と呼ばれるよ。

COLUMN
まめ知識

道の駅 大きな道路のそばにつくられている「道の駅」にも，野菜の直売所がもうけられている所があります。農家の人が直売所へ毎日，新せんな野菜を直接届けていて，新せんな野菜を安いねだんで買えるため，人気です。

青果市場

青果市場は，各地から集まった作物を八百屋さんなどの仕入れの業者の人たちに売るところです。作物のねだんは，**せり**によって決められます。

↑ 青果市場の様子　　　(アフロ)

◆せりの流れ

①仕入れの業者の人が作物を見て，いくらで買うか決める。

②仕入れの業者の人が集まって，作物のねだんをつけ合う。

③いちばん高いねだんをつけた仕入れの業者の人に，その作物を売る。

また，売る人と買う人が直接ねだんを話し合い，決めることもあります。

その季節に多くとれる野菜（**旬の野菜**）は出荷する農家が多いため，お店へ並ぶときは手ごろなねだんになります。

反対に，冬に夏の野菜（ピーマン，きゅうりなど）を出荷すると，市場に出回る量が少ないので高いねだんがつきます。

インタビューのしかた

農家の人にインタビューするときの手順

①農家の人に聞きたいことをまとめる。

②農家の人に，インタビューのお願いをし，都合のよい日時を決める。

（あらかじめ，聞きたいことをまとめたメモをわたすのもよい）

③約束した日時にインタビューをする。はじめにあいさつをして，農家の人が答えてくれた内容を，メモする。

④インタビューが終わったら，お礼を言う。

⑤インタビューをしてわかったことなどをまとめる。

> **聞きたいことメモ**
>
> ・どのような作物をつくっていますか。
>
> ・作物をつくるには，どのような作業がありますか。
>
> ・どのような道具を使いますか。
>
> ・作物をつくっていて，大変なこと，うれしいことは何ですか。

↑ 聞きたいことのメモの例

COLUMN くわしく

青果市場のはたらきって？　私たちがすべての野菜を直接農家から買うとしたら，買う人も売る人も大変な手間がかかります。そこで，専門家が市場で取り引きをし，お店に並べることで，農家の人は出荷しやすく，私たちは買いやすくなるのです。

基礎編

第1章 私たちのまち

第2章 地域で働く人々

第3章 まちの安全を守る

第4章 暮らしの変化

第5章 まちを支えるしくみ

第6章 郷土の伝統と開発

03 工場で働く人

さくっとガイド まずはここを読んで，工場で働く人のポイントをつかもう!

工場は何をしている所?

　私たちの身の回りにある洋服，自動車やテレビ，食品などの多くのものは工場でつくられています。

　工場は，その大きさやつくっている製品，働いている人の数などがさまざまです。作業の多くを機械で行っている所もあれば，ほとんどの作業を人の手で行う所もあります。

工場で働く人の様子や服そう

　工場では，つくるものや作業によって働く人の様子や服そうがちがいます。

　例えば，左の絵のように食品をつくる工場の人は，食べ物をあつかうので，よごれがわかりやすい服そうをしていたり，小さな部品をあつかう工場の人は，いすに座って作業をしていたりします。

★★★ 工場

機械や食品，服などさまざまなものをつくる所。工場には，働く人が多い**大工場** [→ P.283] や，働く人が少ない**中小工場** [→ P.283] があります。工場の中には，ものをつくる作業のほとんどを**機械**で行っている所もあります。

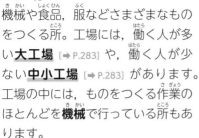

石油を加工してつくられるもの。

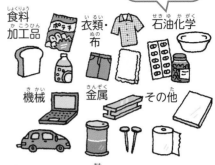

食料加工品　衣類・布　石油化学

機械　金属　その他

↑ 工場でつくられる主なもの

★★★ 工場で働く人

工場の中では，品物をつくる仕事をしている人だけでなく，いろいろな人が働いています。

「新しい製品」をつくり出す仕事をしている人もいるよ。

注文を受ける人

注文を受け，どのような製品を，どれくらいつくるかなどを決めます。

検査をする人

できあがった製品が，安全に食べられるかどうか検査をします。

パンをケースに分ける人

はいたつ先ごとにケースに分けます。

じむの仕事をする人

工場にかかってくる電話を受けたり，働く人の給料を計算したりします。

↑ パン工場で働く人（パンをつくる以外の仕事をしている人）

基礎編

第1章 私たちのまち

第2章 地域で働く人々

第3章 まちの安全を守る

第4章 暮らしの変化

第5章 まちを支えるしくみ

第6章 郷土の伝統と開発

COLUMN まめ知識

がんばる中小工場　日本にある工場のほとんどは，働いている人が 299 人以下の中小工場です。大工場のように大がかりな設備をそろえられないこともありますが，高い技術をもとに，世界中から品物の注文を受けているところもあります。

第**2**章 地域で働く人々

重要度
★★★ 原料

品物をつくるための，もとになる**材料**。原料は日本国内だけでなく，**世界各地**から運ばれてくることがあります。よい原料を安く仕入れ，むだなく使うことで，品物のねだんを安くすることができます。

原料の仕入れを通じて，世界の国々とつながっているね。

↑ 食パンの原料の仕入れ先

★★★ **食パンができるまで**

昔はすべて人の手でつくられていましたが，工場ではさまざまな**機械**を使ってつくられています。

① 原料をまぜ，きじを27度の部屋ではっこうさせる。

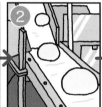

② きじを機械で同じ大きさに切る。

③ かたにきじを入れる。

④ きじを38度の部屋でふくらませる。

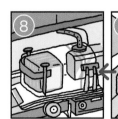

⑧ 機械で食パンをふくろに入れる。

⑦ 食パンを切る。

⑥ 焼き上がったパンをさます。

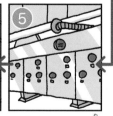

⑤ 30分くらいかけて焼く。

COLUMN まめ知識

食パン一斤って？ 食パンとは，四角い箱で焼かれたパンをいいます。食パンの単位で一斤は340g以上と決められています。そのため，1.5斤や0.5斤は大きさではなく，重さから計算されています。

★★★ えいせい・安全

食品をつくる工場で働く人は，安全でおいしい品物をつくるために，**えいせい**を心がけています。

◆清けつな服に着がえ，かみの毛はぼうしの中に入れる。

◆爪は短く切り，手あらい・消毒をする。

◆エアシャワーでほこりを飛ばす。

◆長ぐつを消毒する。

食品をつくる工場は，えいせいと安全のためのくふうがされているね。

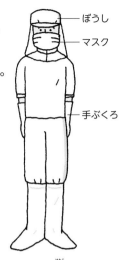

— ぼうし
— マスク
— 手ぶくろ

⬆ **かみの毛をローラーでとっている様子**

⬆ **食品工場で働く人の服そう**

★★★ 出荷

工場でつくられた製品や農家でつくられた農産物を運び出すこと。

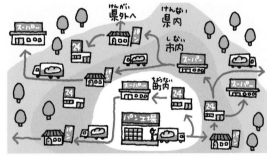

県外へ
県内
市内
町内
パン工場

⬆ **食パンの出荷**

★★★ 注文はん売

電話やファックス，インターネットのホームページなどで注文を受け，工場から直接，宅配便などを使って注文した人に品物を届けるはん売の方法です。

店でのはん売と注文はん売

店でのはん売

◆実際に手にとって買うことができる。

注文はん売

◆近くに店がなくても，注文して届けてもらうことができる。

COLUMN くわしく

いろいろなはん売方法 品物はスーパーマーケットなどに並べられるほか，工場の直営店で売ったり，注文はん売をしたりなど，さまざまな方法ではん売されています。品物をより多くの人に買ってもらうためのくふうです。

まちの安全

消防の仕事, 昔と今

火消しとよばれる人が消防の仕事をしていたよ。

江戸時代
（約400〜150年前）

はんしょう
火事を知らせるかね。火の見やぐらにつるされていた。

まとい
火消しの組のしるし。屋根の上でふり回し, 火をくい止める目じるしにした。

さしこ半てん
細かくぬい目を入れ, 布を強くした上着。水をかぶってから火に近づいた。

はしご
燃えにくい青竹でつくられていた。

とび口
柱などに引っかけて建物をこわすときに使う。

さすまた
建物をこわすときにも使った。悪者をとらえる道具でもある。

竜吐水
オランダから伝わったといわれるポンプ。横棒を上下させ水をはく姿が, 竜のように見えた。

まちや建物
木材でつくられた家が多く集まっているため, 火が燃え広がるのが早く, 大火事になることがよくありました。

仕事や道具
火事が広がらないように, 風下の建物をこわすことが大切な仕事でした。その道具を持って組ごとに現場にかけつけました。

服そう
火を通しにくい, じょうぶな半てんを着ていました。下はももひきとたびという動きやすい姿です。

を守る

江戸のまちでは，一度火事になると火の勢いを止めるのは大変でした。江戸の消防である火消しが，今とどうちがうのか，比べてみましょう。

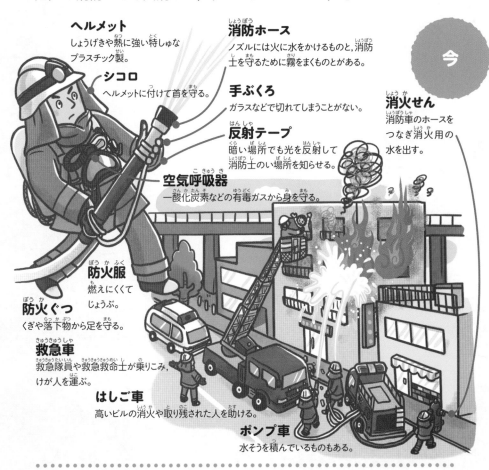

ヘルメット
しょうげきや熱に強い特しゅなプラスチック製。

シコロ
ヘルメットに付けて首を守る。

防火服
燃えにくくてじょうぶ。

防火ぐつ
くぎや落下物から足を守る。

救急車
救急隊員や救急救命士が乗りこみ，けが人を運ぶ。

はしご車
高いビルの消火や取り残された人を助ける。

消防ホース
ノズルには火に水をかけるものと，消防士を守るために霧をまくものとがある。

手ぶくろ
ガラスなどで切れてしまうことがない。

反射テープ
暗い場所でも光を反射して消防士のいる場所を知らせる。

空気呼吸器
一酸化炭素などの有毒ガスから身を守る。

ポンプ車
水そうを積んでいるものもある。

今

消火せん
消防車のホースをつなぎ消火用の水を出す。

まちや建物
建物には，コンクリートなど燃えにくい材料が使われていますが，化学物質から出るけむりで危険も増えています。

仕事や道具
高いビルの火事には，はしご車やヘリコプターが，大きな工場などの消火には，化学消防車が活やくします。

服そう
特しゅな化学せんいでできた防火服などを身につけます。空気呼吸器などを合わせると装備の重さは20〜25kgにもなります。

01 火事から暮らしを守る

さくっとガイド まずはここを読んで，消防のポイントをつかもう！

火事をはやく消すためにどんなくふうをしているの？

　火事が起きたとき，119番通報をすると，通信司令室につながり，そこから火事の現場に近い消防署に連らくがいくようになっています。これは，消防自動車が少しでも早く現場にかけつけ，消火活動を始められるようにしているくふうです。

　火事がないときは，消防署では，消防自動車の点検や救助の訓練などをしています。いつどこでどんな火事が起きても早く正確に消し，命を助けることができるように備えているのです。

火事に備えて何をすればいいの？

　2017年の火事が発生した件数は，全国で39,373件です。火事の原因の第1位は「たばこ」で3,712件，第2位は放火で3,528件，第3位は「こんろ」で3,032件です。万が一，学校や家で火事が起こってしまったときのために，通報のしかたや，消火器などの設備がどこにあるのか，確認しておきましょう。

① 火事から暮らしを守る

基礎編

第1章 私たちのまち
第2章 地域で働く人々
第3章 まちの安全を守る
第4章 暮らしの変化
第5章 まちを支えるしくみ
第6章 郷土の伝統と開発

重要度
★★★

消防署

消防署は，**火事を消す仕事，火事を防ぐ仕事，救急などの仕事**をしています。消防署は，どこで火事が起きてもすぐにかけつけられるように配置され，火事の大きさに合わせて，必要な消防自動車や救急車を出動させています。また，大きな火事が起きたときは，周りの市（区）町村と協力するしくみがつくられています。

区ごとに消防署がある。消防出張所は家や人が多い所に多くなっている。

記号	名前・意味
Ｙ	消防本部
Ｙ	消防署
Ｙ	消防出張所

⬆ **消防本部・消防署・消防出張所**（福岡市）

★★★

消防自動車

火事の大きさや種類に合わせて，少しでも早く消火できるように，消防自動車にはさまざまな種類があります。

⬆ **ポンプ車**…消火せんにつないで使用。

⬆ **はしご車**…高い所で救助や消火を行うときに使用。

⬆ **指揮車**…火事や災害の現場を指揮。　（写真は3点ともアフロ）

★★★

救急車

火事や事故によるけが人や急病人が出たときに，**消防署から出動する車**。救急車の中にはけが人や急病人を病院に運ぶまでに，**救急隊員**がけが人や急病人を手当てできる設備が整っています。

⬆ **救急車**　（ピクスタ）

COLUMN まめ知識

外国の消防自動車は何色？　フランスやイギリス，スイスなどは，日本と同じように赤色です。しかし，アメリカでは，消防局によって消防自動車の色がちがい，赤，白，黒，黄などが見られます。

重要度
★★★

消防士の仕事

主な仕事は，火事が起きたときにすばやく**消火・救助活動を行う**こと。

出動がないときは，消火や救助の訓練や消防自動車や道具の点検，防火の**呼びかけ**をしています。

災害に備えた訓練や人が多く集まるしせつの消火設備の点検なども行っています。

← 消火活動の様子

(アフロ)

↑ 消防自動車の点検

↑ 救助の訓練の様子

★★★

救急隊員の仕事

主な仕事は，**消防署** [➡ P.047] で待機し 119 番通報を受けると救急車に乗りこみ，現場へ出動し，急病人やけが人を病院に運ぶことです。

救急隊員の中で**救急救命士**の資格をもつ人は，医師と連らくをとりながら，病院に着くまでの間，高度な**応急処置**ができます。

↑ 救急隊員の救助の様子

(アフロ)

★★★

防火服

火事の現場で消防士が着る服。熱に強いので，**炎や火にある程度近づくことができます**。じょうぶなせんいでできており，熱を通しにくく，破れにくくなっています。また，服のテープは，暗い所でも**光が当たると反射**するので，消防士がいるのがわかるようになっています。この防火服とマスク，ヘルメットや空気呼吸器などを合わせた重さは約20〜25kg にもなります。

↑ **防火服**…ヘルメットは頭だけでなく耳もかくれるようになっています。

(アフロ)

COLUMN
まめ知識

消防士の持ち物　消防士が防火服のほかに身につけるものとしては，暗い所で手元をてらすヘッドライト，火花が飛び散るようなときに目を守るフェイスシールド，けむりの中で動けなくなったときにほかの消防士に知らせる警報アラームなどがあります。

基礎編

第1章 私たちのまち

第2章 地域で働く 人々

第3章 まちの安全を 守る

第4章 暮らしの変化

第5章 まちを支える しくみ

第6章 郷土の伝統と 開発

★★★ ## 消火器

火事（火）を消すための道具。発生して間もない火事を消すのに役立ちます。

ピン（せん）を引きぬきホースの先を火元に向けて、レバーをにぎり、中に入っている薬ざいをかけ、火を消します。

↑ 消火器
（アフロ）

★★★ ## 防火とびら（防火シャッター）

火事が広がらないようにするための設備。

火事が起こったときに閉めることで、火やけむりを防ぎ、階段やほかの部屋へいかないようにします。

★★★ ## 火災警報器（火災報知器）

火事が起こったことを知らせる設備。

けむりや熱を感じると、音や音声で危険を知らせます。

↑ 火災警報器（ピクスタ）

↑ 防火とびら…火事のとき、閉めて火やけむりが広がるのを防ぎます。

★★★ ## 消火せん

水道管につながっていて、消火活動をするとき、水をたくさん出すことができる設備。屋内にあるものと、屋外にあるものがあります。

広い道路のそばなどで多く見られる。

FIRE HYDRANT
消火栓

↑ 屋内の消火せん…中にホースがおさめられています。

↑ 屋外の消火せん…地下にあるものはホースをつないで使用します。

COLUMN まめ知識

消火せんが使えなくなったときはどうするの? 地震などで水道管が破れつすると、断水になって消火せんが使えなくなる場合があります。そのようなときは、プールや川から水を引いてきて、消火活動をすることもあります。

第3章 まちの安全を守る

重要度
★★★

📖 防火水そう

火を消すための設備。地下に大きな**水そう**がうめられていて，火を消すための大量の水がためられています。学校のプールなどが，防火水そうとして使われることもあります。

赤い標識が目印になっています。

↑ **防火水そうの標識**…大量の水がためられている。

(ピクスタ)

重要度
★★★

📖 消防団

地域の人たちが中心となってつくる組織。火事などの知らせがあると，現場へかけつけ，**消防署**の人たちと**協力**して消火活動などをします。また，消火活動のあとかたづけもします。ふだんは，それぞれ別の仕事をしていますが，夜のパトロールや防火の呼びかけ，消火道具の点検，消火訓練などもしています。

消防用の道具が置いてあります。

○○市消防団
○○分団消防倉庫

↑ **消防団の倉庫**

⚖ 比べる 消防署と消防団のちがい

消防署 [➡ P.047]

火事がいつ起きてもすぐに出動できるように，消防署では，24時間交代で消防士が働いています。

		8:30	8:30	8:30	8:30	8:30	8:30	8:30	8:30
		1日目	2日目	3日目	4日目	5日目	6日目	7日目	
1ばん	○○さん	当番	非番	当番	非番	休み	非番	当番	
	△△さん	当番	非番	休み	非番	当番	非番	当番	
	□□さん	休み	非番	当番	非番	当番	当番	当番	
2ばん	●●さん	非番	当番	非番	休み	当番	当番	非番	
	▲▲さん	非番	休み	休み	当番	当番	非番	当番	
	■■さん	非番	当番	非番	当番	非番	休み	休み	

消防団

消防団の人たちは，ふだんは別の仕事をした上で，自分たちの地域を火事や災害から守るために活動しています。

↑ **消防団の訓練の様子**

(アフロ)

COLUMN まめ知識

消火せんや防火水そうのふたを，目立つ色にしているのはなぜ？ 消火せんや防火水そうは地下にあることがあり，そのふたは地上にあります。その上に自動車などが止められてしまうと，消火活動ができなくなるため，目立たせてあるのです。

★★★ 119番

火事や救急のときにかける電話番号。119番にかけた電話は消防本部（消防局）の**通信指令室**につながります。

119番通報で伝えること
◆火事か救急か。
◆場所はどこか。
◆燃えているものは何か。
◆名前と電話番号。

★★★ 通信指令室

119番通報の電話がつながる所。火事の電話を受けると，消防本部（消防局）の通信指令室は，火事の現場に近い消防署 [➡ P.047]，消防団に連らくします。また，病院や警察署，水道局，ガス会社，電力会社などにも連らくし，協力をたのみます。

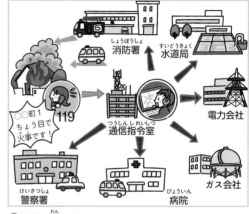

⬆ 火事の連らくのしくみ

⚖ 比べる 火事に関する統計を比べよう！

福岡市の2013年から2017年までの5年間の統計を見ると，毎年280件以上の火事が発生し，死傷者数は毎年50人以上であることがわかります。

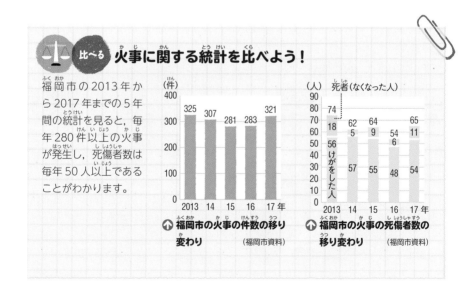

⬆ 福岡市の火事の件数の移り変わり （福岡市資料）

⬆ 福岡市の火事の死傷者数の移り変わり （福岡市資料）

COLUMN
まめ知識

サイレンの音のちがい 消防自動車 [➡ P.047] が火事で出動の場合は「ウー・カンカンカン」とサイレン音（ウー）とかね（カンカンカン）を鳴らします。救助の出動の場合は「ウー・ウー・ウー」とサイレン音のみを鳴らします。

02 事故・事件のないまちに

さくっとガイド まずはここを読んで，事故や事件を防ぐポイントをつかもう！

警察官はどんな仕事をしているの？

事故や事件が起きたとき，現場に近い警察署や交番から警察官が現場にかけつけて，対応します。

事故や事件がないときは，事故や事件を防ぐこと，人々が安心して暮らせるようにすることが警察官の仕事です。そのために，地域のパトロールをしたり，交通い反の取りしまりをしたりしています。また，落とし物を預かったり，道案内をして困っている人を助けるのも警察官の仕事です。

事故や事件を防ぐくふうにはどんなものがあるの？

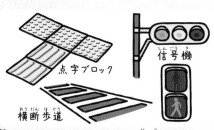

点字ブロック

信号機

横断歩道

左の絵は，交通安全のための設備です。このような設備は，ただあるだけでは安全につながりません。例えば点字ブロックの上に自転車を置いたり，信号を無視して，交通安全のルールを守らなかったりすると，事故につながります。安全を守るためには，ひとりひとりが交通安全に気をつけていくことが必要です。

重要度
★★★

110番通報

110番は，交通事故や事件が発生したとき，警察に知らせるための電話番号です。

110番は，どこからかけても，警察本部の**通信指令室**につながります。

110番通報するときは，事故・事件の様子や場所などを落ち着いて，**正確に伝える**ことが大切です。

110番通報で伝えること

◆何があったか（事故か事件か）。

◆どこで起きたか。

◆どのような様子か。

◆通報した人の名前・電話番号。

★★★

通信指令室

110番通報の電話がつながる所。電話を受けたらすぐに，現場の近くをパトロールしている**パトロールカー（パトカー）**や警察官，現場にいちばん近い**警察署**，**消防署** [➡ P.047] などに，事故や事件の内容を無線で連らくします。連らくを受けたパトロールカーや警察官は，できるだけ早く現場にかけつけます。

↑ 通信指令室

(悠工房)

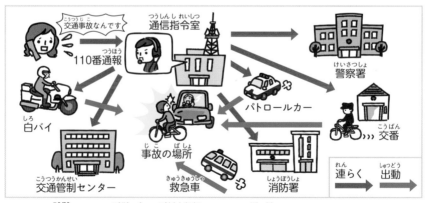

↑ **110番通報のしくみ**…通報を受けた通信指令室は，さまざまな所に連らくします。

基礎編

第1章 私たちのまち

第2章 地域で働く人々

第3章 まちの安全を守る

第4章 暮らしの変化

第5章 まちを支えるしくみ

第6章 郷土の伝統と開発

COLUMN まめ知識

110番通報はいつから始まったの？ 1948年に東京，大阪など8大都市で始まりました。最初は東京が110番，大阪や京都，神戸（兵庫県）が1110番，名古屋（愛知県）が118番などと都市によって番号がちがっていました。1954年までに全国的に110番に統一されました。

第3章 まちの安全を守る

重要度 ★★★
警察の仕事

警察は，私たちの暮らしを守るために，いろいろな仕事をしています。

まちのパトロール

事故や事件が起こらないように，24時間パトロールしています。

交通整理

事故や火事が起こったときや交通量が多い所で，自動車や自転車，人の流れを整理します。

交通い反の取りしまり

事故が起こらないようにちゅう車い反や，スピードい反の車を取りしまります。

交通安全教室

学校などで交通安全教室を開き，交通の決まりや自転車の正しい乗り方などを教えます。

相談の受けつけ

地域の人が困っていることを聞き，事件や事故を防ぐようにしています。

交通事故の原因調査

同じような交通事故が起こらないようにするために，事故の原因をくわしく調べます。

COLUMN まめ知識
警察官の乗り物にはどのようなものがあるの？ みなさんがよく知っているパトロールカーや白バイのほか，救助のためのレスキュー車，交通事故の処理やそう査をする交通事故処理車，ヘリコプター，私服の刑事が乗るそう査用車などがあります。

基礎編

第1章 私たちのまち
第2章 地域で働く人々
第3章 まちの安全を守る
第4章 暮らしの変化
第5章 まちを支えるしくみ
第6章 郷土の伝統と開発

★★★ 交番

地域の暮らしの安全・安心を守っているのが交番です。交番では複数の警察官が交代で働き，まちの中をパトロールしたり，各家庭を訪問したりして，事件や事故が起きないように努めています。また，道案内や落とし物の受けつけなどもしています。

日本で生まれた交番は，KOBAN として，国際語（世界的に通じる言葉）になっています。

↑ 交番…まちの身近な警察 (アフロ)

★★★ こども110番

事件にまきこまれそうになったときなど，いざというときに，子どもが助けを求めてかけこめる場所。お店や家などに置かれたかん板や旗などが目印になっています。

↑ こども110番の家 (アフロ)

★★★ 安全マップ

交通事故が起こりやすい危険な場所や，人通りが少なく注意が必要な場所，安全な場所などを書き入れた地図のことです。

危険な場所や「こども110番の家」などが一目でわかるようになっているね。

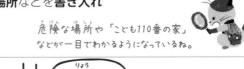

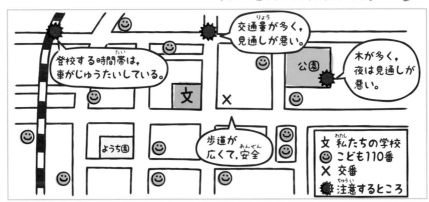

交通量が多く，見通しが悪い。

登校する時間帯は，車がじゅうたいしている。

木が多く，夜は見通しが悪い。

歩道が広くて，安全

公園

文 私たちの学校
◎ こども110番
✕ 交番
❋ 注意するところ

↑ 安全マップの例

どうして交番というの？ 1874(明治7)年に東京で交番所がはじめてつくられましたが，当時は警察官が警察署から出むいて，交代で立ち番をしていました。「交代で番をする所」ということから，交番という名がつけられました。

第3章 まちの安全を守る

重要度 ★★★

交通安全のための設備

信号機（交通信号機）

歩行者や自動車が，道路を安全にわたったり，進んだりすることができるように合図します。

（ピクスタ）

横断歩道

歩行者や自転車が，道路を安全にわたるために設けられています。

ガードレール

歩道と車道を分けて，歩行者の安全を守っています。

カーブミラー

曲がり角など見通しの悪い所で，自動車などが来るかどうか，確認できるようになっています。

（ピクスタ）

歩道橋（横断歩道橋）

歩行者が安全に道路をわたれるように，道路をまたぐようにしてかけられています。

点字ブロック

目の不自由な人が安全に移動できるように，道路にブロックがつけられています。

COLUMN
まめ知識

信号機の色の順番は決まっているの？　「赤」「黄」「青」は「色の3原色」といわれ，信号機には色のちがいがわかりやすい色が使われています。自動車を運転する人に「止まれ」の赤信号がよく見えるように，横型ではいちばん右，たて型ではいちばん上に赤が置かれています。

基礎編

第**1**章 私たちのまち

第**2**章 地域で働く人々

第**3**章 まちの安全を守る

第**4**章 暮らしの変化

第**5**章 まちを支えるしくみ

第**6**章 郷土の伝統と開発

法や決まり

私たちが安心して毎日を送るために，**法や決まり**があります。道路を歩いたり，自転車に乗ったりするときには，法にもとづいて守らなければいけない**決まり（ルール）**があります。**交通標識**は，そのような決まりをしめす印です。

主な交通標識

歩行者専用	自転車専用	自転車および歩行者専用
歩く人だけが通れる道路です。	自転車に乗っているときだけ通れる道路です。	自転車に乗っている人と歩く人だけが通れる道路です。
歩行者横断禁止	**自転車横断帯**	**一時停止**
歩く人が道路をわたってはいけない場所です。	自転車が道路をわたってもよい場所です。	車は，いったん止まって，右，左，前をよく見る必要があります。

 比べる ## 警察と地域の人が行う安全を守る取り組み

地域の人たちも警察と協力して，まちの安全を守るための活動をしています。

警察の取り組みの例
- ◆まちをパトロールする。
- ◆信号機やガードレールなどの設備を整備する。
- ◆交通情報や犯罪についての情報の通知をする。

地域の人の取り組みの例
- ◆子どもが登下校する時間に，交代で立ち番をする。
- ◆「こども110番の家」で，いざというときに子どもを守る。

 COLUMN まめ知識 **自転車で歩道を走ってはいけないの？** 自転車は車の一種とされているので，車道の左側を走ることになっています。ただし，小学生やお年寄りなどは，自転車で歩道を走ることができます。歩道を走るときは，すぐに止まれる速さでゆっくり走るようにします。

家の仕事, 昔と今

そうじをする	せんたくをする

江戸時代（約400〜150年前）

ほうきで家の中のほこりやごみを外にはき出しました。

こまめにさっとすませていたんだ。

約15分

共同の井戸や水路で, たらいを使ってもみあらいをしました。

冬のせんたくは水が冷たくてつらいね。

約30分

昭和30年頃（60〜50年前）

人が増えて団地などでは, ごみを外にはき出せなくなったので, 電気そうじ機が広まりました。

約30分

電気せんたく機が登場。服などをぐるぐるかき回してあらい, ローラーで水気をしぼりました。

約20分

現在

円ばん型のロボットそうじ機も登場し, 自動でごみをすい取るようになっています。

約1分

せんたく機は, 衣類を入れてスイッチを入れるだけで, せんたく, 脱水, かんそうもできる全自動になりました。

その間にほかの事ができるね。

約5分

家の仕事はどう変わってきたのでしょうか。
かかった時間にも注目してみましょう。

ごはんをたく	おふろをわかす

まきでかまどに火をおこし，かまでたきました。

火をおこすのは大変なんだ！

約**60**分

＊火をおこす時間も含む。

まきでわかして，こしまで湯につかるむしぶろでした。銭湯に行く人もいました。

約**60**分

電気すい飯器やガスすい飯器が登場。タイマーをセットするだけでごはんがたけるようになりました。

約**5**分

団地が多くなって，家にはガスを燃料とするふろが使われるようになりました。

わかしすぎて熱くて入れないこともあったよ。

約**10**分

コンピューターが入って，ごはんのたき方などを選べるすい飯器が広まりました。

約**5**分

スイッチを入れると湯がたまり，だんぼうやかんそうもできる浴室が増えてきました。

約**1**分

＊円内の数字は，仕事をするために人が使うおおよその時間です。

01 道具と暮らしの移り変わり

さくっとガイド まずはここを読んで，道具と暮らしの変化のポイントをつかもう！

昔はどんな道具を使っていたの？

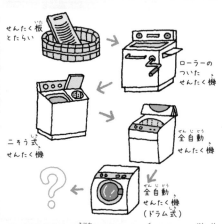

せんたく板とたらい

ローラーのついたせんたく機

二そう式せんたく機

全自動せんたく機

全自動せんたく機（ドラム式）

昔の道具は，木や石，竹などでできているものが多く，燃料にはまきや炭が使われていました。昔の道具で家事をこなすには，時間と手間がかかり，人手もいりました。また，道具を使いこなすのにこつやくふうも必要でした。

しかし，今では道具が改良されて，電気やガスで動き，ほとんどの作業が機械でできます。家事にかかる時間も短くなり，暮らしは便利になっています。

道具が変わると暮らしも変わるの？

せんたくなど家事が機械の力でできるようになると，家事に必要な時間が減り，仕事や家族の団らん，しゅみに時間を使うことができるようになります。また，以前は電話は家の中で使うものでしたが，今は携帯電話を使って，外出していても電話を使うことができます。このように，道具によって暮らしの様子も変化しています。

① 道具と暮らしの移り変わり

基礎編

第1章 私たちのまち

第2章 地域で働く人々

第3章 まちの安全を守る

第4章 暮らしの変化

第5章 まちを支えるしくみ

第6章 郷土の伝統と開発

★★★ 郷土資料館（博物館）

地域の暮らしや**歴史や文化に関わる資料**を調査，収集し展示しているしせつです。

郷土資料館を見学するときは，展示しているものを勝手にさわらないようにしよう。

⬆ 郷土資料館の展示の様子 （アフロ）

⬇ 昔の道具

明かりの道具

⬆ あんどん　⬆ ランプ

だんぼうの道具

⬆ 火ばち [➡ P.063]　⬆ 湯たんぽ

水をくむ道具

⬆ いど　⬆ ポンプ

その他

⬆ 炭火アイロン　⬆ 冷ぞう庫

レコードを再生して，音楽をきくことができる。

⬆ ちく音機　⬆ かべかけ電話

豆やお米をひくとこなになる。

⬆ 石うす　⬆ そろばん

★★★ せんたく板とたらい

せんたくに使う道具です。水を入れたたらいに，せんたく板を置き，せんたくものにせっけんをつけ，せんたく板のぎざぎざにこすりつけてよごれを落とします。1まいずつあらうので，時間がかかりました。

⬆ 昔のせんたくの様子

COLUMN まめ知識

せんたく板の歴史　せんたく板は外国で発明された道具で，日本で使われるようになったのは今から130年ほど前のことです。それより前は，昔話に「おばあさんは川へせんたくに行き…」とあるように，川などへ行ったり，たらいの中で，布を手でもんだりしてあらっていました。

第4章 暮らしの変化

★★★ 七輪

炭を使う**調理用の道具**。持ち運びができます。あみを
のせて魚を焼いたり，なべをのせて料理をしたりしま
した。まどからうちわなどで風を送って，火加減を調
整することができます。

⬆ 七輪

★★★ かまどとかま

まきを燃やして，かまどの上になべやかまをかけて使います。うちわや竹のつ
つを使って風を送ることで，火力が強くなります。

昔の暮らしの道具は
木や石，鉄などで
できているものが多いね。

⬆ かまどとかま

⬆ 昔の台所の様子

かま
かまど

七輪

COLUMN
まめ知識

「はじめチョロチョロ，中パッパ，赤子泣いてもふたとるな」　昔から伝わる，お米を
おいしくたくための火加減を表現した言葉です。はじめは弱火，とちゅう火を強め，ごはんをむらし
ている間は絶対ふたをとってはいけない，という意味です。

比べる **道具と暮らしの移り変わり**

昔の道具は，使いこなすためにこつが必要なものが多い。一方，今の道具はスイッチを入れるだけで動くものが多い。
便利な電気製品が増え，暮らしが便利になっている。

	明治〜昭和の中ごろ	昭和40年代 〜昭和の終わりごろ	平成以降
せんたく	↑ せんたく板とたらい	↑ 二そう式せんたく機	↑ 全自動せんたく機
ごはんをたく	↑ かまどとかま	↑ 電気すい飯器	↑ IH すい飯器
だんぼう	↑ 火ばち	↑ ストーブ	↑ エアコン
暮らしの様子	・食べ物や衣料はなかなか手に入れられなかった。 ・家族みんなでごはんを食べることが多かった。	・便利な電気製品や自動車が増えた。 ・テーブルでごはんを食べることが多くなった。	・インターネットや携帯電話が広まった。 ・コンビニエンスストアを利用することが増えた。

基礎編

第1章 車 私たちのまち
第2章 地域で働く人々
第3章 まちの安全を守る
第4章 暮らしの変化
第5章 まちを支えるしくみ
第6章 郷土の伝統と開発

 COLUMN まめ知識

せんたく機は高級品だった？ 今からおよそ80年前に，日本で初めてつくられたせんたく機は370円でした。そのころは銀行員が初めてもらう給料が70円で高いと言われた時代で，せんたく機はとても高級品でした。

第4章 暮らしの変化

⚖ 比べる **交通の変化**

時代	当時のようす	東京～大阪間
江戸時代以前	人々は馬や駕籠を使って移動していました。 江戸時代には，江戸を中心として道が整備されました。 ↑ 駕籠 （アフロ）　↑ 江戸時代の道のようす （個人蔵）	約14日間
明治時代	人力車や乗合馬車が走るようになりました。馬車の走行のために，道路がほ装されました。また，品川・横浜間で鉄道が建設されました。 ↑ 明治時代の道のようす （築比地家）	約20時間5分
昭和時代	1964年の東京オリンピックに合わせて，各地に高速道路がつくられました。 また，東海道新幹線が開通しました。 （アフロ） ↑ 東海道新幹線開業のようす	約4時間
現在	全国に高速道路網や鉄道網が整備されました。2045年には，東京と大阪を1時間7分で結ぶリニア中央新幹線も開通予定です。 （アフロ） ↑ リニア中央新幹線	約2時間30分

💡 **COLUMN まめ知識**

リニア中央新幹線って？　リニア中央新幹線は，線路の側壁につけられたコイルに電流を流し，新幹線の車両に組み込まれた超電動磁石との間に発生する磁力を利用して，10cm程度浮いて走ります。車両を浮かすことで，時速500kmでも走ることが可能になりました。

基礎編

第1章 私たちのまち

第2章 地域で働く人々

第3章 まちの安全を守る

第4章 暮らしの変化

第5章 まちを支えるしくみ

第6章 郷土の伝統と開発

★★★ 都市の変化

都市部では，大正時代（今からおよそ100年前）に水道やガス，電気が本格的に整備され，電車やバス，地下鉄などの交通機関も発達しました。戦後（今からおよそ70年前）になると，コンクリート造りのビルが建ちならび，道路も大きく整備されました。

⬆ およそ100年前の銀座のようす（東京都）
（アフロ）

⬆ 現在の銀座のようす（東京都）
（アフロ）

★★★ 人口の変化

都市部の開発が進むと，働く場所を求めて，より多くの人が都市部に集まるようになりました。都市部の人口集中を解消するため，郊外にはニュータウン [➡ P.213] が建設されました。一方，農村や離島，山間部では，働き手が流出し，少子高齢化が進むようになりました。

まちも働きかたも，どんどん変わっているんだね。

COLUMN まめ知識

戦後の都市の変化　戦争が終わり，高度経済成長と呼ばれるころになると，新幹線や高速道路などの交通網が整備され，自動車を持つ家庭が増えました。また，住宅不足を解消するため，多くの人が住める団地やアパートが次々に建てられました。

まちを支える

もしも水や電気がなかったら？

水が飲めなくなる！

人の体は，およそ60％が水分でできていて，およそ2.5Lもの水分を1日で体の外に出していると言われています。水がずっと飲めなくなってしまうと，脱水症になるなど，命に関わる危険があります。

トイレが流せなくなる！

トイレを1回流すのに，およそ5Lの水が必要です。水が止まってしまうと，トイレの水が流せなくなり，不衛生な状態になってしまいます。

おふろに入れなくなる！

1回のおふろに入るためには，およそ200Lの水を必要とします。また，おふろだけでなく，洗顔や歯みがきなど，身体を清潔で健康な状態に保つために，水がないと困ってしまいます。

しくみ

水や電気は，わたしたちの生活にはかかせません。
もしもこれらが使えなくなったら，どうなるのか考えてみましょう。

テレビが見られなくなる！

電気が使えなくなると，テレビの電源もつかなくなり，ニュースなどの情報も得づらくなります。また，パソコンやスマートフォンなどの充電もできなくなってしまいます。

冷蔵庫が動かなくなる！

冷蔵庫も電気が止まると，動かなくなってしまいます。中で食べ物を保存することができなくなり，食べ物がくさりやすくなってしまいます。

夜は真っ暗になる！

家の中の電灯がつかなくなるのはもちろん，まちの街頭や照明も消えてしまいます。

電車が動かなくなる！

電車も，電気をエネルギーにして動いています。電車が動かなくなると，通学や通勤で電車を利用する多くの人が困ってしまいます。

第5章 まちを支えるしくみ

01 暮らしと水

さくっとガイド まずはここを読んで，暮らしと水のポイントをつかもう!

水はどこからくるの?

水道の水は，もとは空から降ってきた雨です。その雨が，地下水や川の水となり，浄水場に取りこまれ，ごみや砂，細きんなどを取り除いて，きれいな飲み水になってから，私たちのもとに届けられているのです。

水はなくならないんじゃないの?

私たちがふだん飲んだり，使ったりしている水は，実は限られた資源です。

地球の海は広く，日本は海に囲まれている国なので，水がいっぱいあると考えている人もいるかもしれません。しかし，海水は飲み水に向きません。飲み水に使うことができる水はわずかなのです。そのため，私たちは節水を心がけなくてはいけません。

基礎編

第**1**章 私たちのまち

第**2**章 地域で働く 人々

第**3**章 まちの安全を 守る

第**4**章 暮らしの変化

第**5**章 まちを支える しくみ

第**6**章 郷土の伝統と 開発

重要度
★★★

給水

家庭や学校，工場などに，水道管などを通して水を届けること。

⬆ **学校の水道管**

★★★

浄水場

川から取り入れた水をきれいにするしせつ。取水口（取水堰）から取り入れた水のよごれやごみなどを取りのぞき，**消毒**して，**安心して飲めるきれいで安全な水**にします。

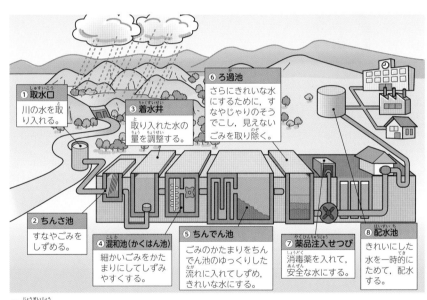

① 取水口
川の水を取り入れる。

③ 着水井
取り入れた水の量を調整する。

⑥ ろ過池
さらにきれいな水にするために，すなやじゃりのそうでこし，見えないごみを取り除く。

② ちんさ池
すなやごみをしずめる。

④ 混和池（かくはん池）
細かいごみをかたまりにしてしずみやすくする。

⑤ ちんでん池
ごみのかたまりをちんでん池のゆっくりした流れに入れてしずめ，きれいな水にする。

⑦ 薬品注入せつび
消毒薬を入れて，安全な水にする。

⑧ 配水池
きれいにした水を一時的にためて，配水する。

⬆ **浄水場のしくみ**

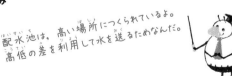

配水池は，高い場所につくられているよ。高低の差を利用して水を送るためなんだ。

COLUMN
まめ知識

水道がひかれる前はどうしていたの？　多くの家では井戸をほり，地下にたまっているきれいな水（地下水）をくみあげて利用していました。はねつるべやかっ車を使って水くみをしましたが，水くみや水運びは大変な仕事でした。

ダム

重要度 ★★★

川の<ruby>上流<rt>じょうりゅう</rt></ruby>で水をためたり，<ruby>流<rt>なが</rt></ruby>したりして，**川の水の<ruby>量<rt>りょう</rt>を<ruby>調節<rt>ちょうせつ</rt></ruby>**するしせつ。川の水が多いときは水をためておき，雨があまり<ruby>降<rt>ふ</rt></ruby>らず川の水が少ないときは，ためておいたダムの水を<ruby>流<rt>なが</rt></ruby>します。ダムには水を**たくわえるはたらき**のほか，こう水を<ruby>防<rt>ふせ</rt></ruby>いだり，電気をつくる（**<ruby>水力発電<rt>すいりょくはつでん</rt></ruby>** [→ P.301]）など，多くの<ruby>役割<rt>やくわり</rt></ruby>があります。

⬆ **ダム**

ダムをつくるには多くの<ruby>費用<rt>ひよう</rt></ruby>がかかり，自然や<ruby>地域<rt>ちいき</rt></ruby>の<ruby>人々<rt>ひとびと</rt></ruby>の<ruby>暮<rt>く</rt></ruby>らしにあたえるえいきょうが大きいんだ。<ruby>建設<rt>けんせつ</rt></ruby>する前に，<ruby>住民<rt>じゅうみん</rt></ruby>と国や市（区）町村が十分話し合った上で進められるよ。

<ruby>中央管理室<rt>ちゅうおうかんりしつ</rt></ruby>（<ruby>中央操作室<rt>ちゅうおうそうさしつ</rt></ruby>，<ruby>中央<rt>ちゅうおう</rt></ruby>せいぎょ室）

★★★

<ruby>浄水場<rt>じょうすいじょう</rt></ruby>の中で川の水がきれいな水になるまでの<ruby>流<rt>なが</rt></ruby>れや，<ruby>給水<rt>きゅうすい</rt></ruby>について，コンピューターを使って**集中的にかんしする**所。いつでも安全な水が使えるように，浄水場では，**24時間**機械を<ruby>動<rt>うご</rt></ruby>かし，<ruby>中央管理室<rt>ちゅうおうかんりしつ</rt></ruby>で<ruby>働<rt>はたら</rt></ruby>く人たちは，<ruby>交代<rt>こうたい</rt></ruby>で24時間<ruby>仕事<rt>しごと</rt></ruby>をしています。

⬆ **<ruby>中央管理室<rt>ちゅうおうかんりしつ</rt></ruby>**

<ruby>水質検査<rt>すいしつけんさ</rt></ruby>

★★★

<ruby>安全<rt>あんぜん</rt></ruby>な水かどうかをたしかめる<ruby>検査<rt>けんさ</rt></ruby>。<ruby>浄水場<rt>じょうすいじょう</rt></ruby>では，<ruby>取<rt>と</rt></ruby>り入れた水やつくった水を<ruby>給水<rt>きゅうすい</rt></ruby>前に<ruby>薬品<rt>やくひん</rt></ruby>や**<ruby>機械<rt>きかい</rt></ruby>**を使って，<ruby>検査<rt>けんさ</rt></ruby>をしています。

⬆ **<ruby>水質検査<rt>すいしつけんさ</rt></ruby>**…色やにおいのほか，病気のもとになる細きんや，体に悪いものが入っていないかなどを<ruby>検査<rt>けんさ</rt></ruby>します。

COLUMN
まめ知識

金魚は水の<ruby>守<rt>まも</rt></ruby>り<ruby>神<rt>がみ</rt></ruby>　<ruby>浄水場<rt>じょうすいじょう</rt></ruby>の<ruby>水質検査<rt>すいしつけんさ</rt></ruby>では，金魚も活やくしています。金魚の<ruby>様子<rt>ようす</rt></ruby>がいつもとちがっているときには，すぐに<ruby>取水<rt>しゅすい</rt></ruby>や<ruby>給水<rt>きゅうすい</rt></ruby>を止め，<ruby>水質検査<rt>すいしつけんさ</rt></ruby>をして，水の<ruby>安全性<rt>あんぜんせい</rt></ruby>がたしかめられています。

★★★ 水源の森

落ち葉などが積もった森林の土には，すき間がたくさんあり，まるでスポンジのように**雨水をたくわえる**ことができます。このような役割をしている森林を，水源の森といい，たくわえられた水は，少しずつ川に流れています。このことから，水源の森は**「緑のダム」**とも呼ばれています。

森林のある所

雨水は，葉に少しのあいだたまったあとで蒸発する。

すぐに流れ出る。

少しずつ流れ出る。

森林のない所

雨水は，すぐに蒸発する。

すぐに流れ出る。

こう水を防ぐ。

地下水

⬆ **水源の森のはたらき** 雪の多い地域では，水源の森は，「白いダム」と呼ばれています。

★★★ 水源の森を守る取り組み

きれいな水を今後も確保し続けるためには，**水源の森を守って**いく必要があります。そのため，水源近くの清掃や植林，下草がりなどの手入れをしています。

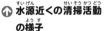

⬆ **水源近くの清掃活動の様子**

⬆ **水源の森の手入れ**

★★★ 節水

水を大切にし，使う量を減らすこと。限られた水を大切に使うため，右のようなくふうが必要です。

食器あらいや歯みがきをするときは，水を出しっぱなしにしない。

せんたくの回数を減らす。

⬆ **節水のくふう**

COLUMN
まめ知識

下水処理場から出たどろの活用法 下水処理場では，び生物がよごれを吸収してどろのような状態になったものが大量に出ます。このどろでつくられたレンガは，歩道などに使われています。また，花びんや花だん用の土にも使われています。

第5章 まちを支えるしくみ

重要度
★★★ 水をむだなく届ける取り組み

水道局の人は，水をむだなく届けるために，水道管の取りかえ工事をしたり，地下にうめられた水道管が水もれしていないかを調べています。

↑ 水道管の水もれの調査の様子

↑ 水道管の取りかえ工事の様子

★★★ 下水処理場（下水処理しせつ，浄化センター）

家庭や学校，工場などから出るよごれた水（下水）を集め，**きれいにするしせつ**。きれいになった水は，川や海に流したり，大きなしせつのトイレなどに再利用したりしています。

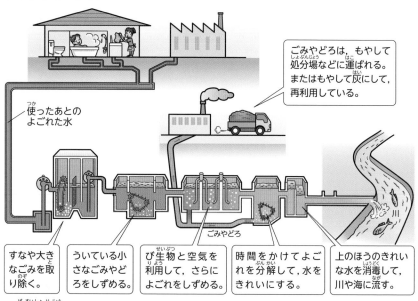

使ったあとのよごれた水

ごみやどろは，もやして処分場などに運ばれる。またはもやして灰にして，再利用している。

ごみやどろ

すなや大きなごみを取り除く。

ういている小さなごみやどろをしずめる。

び生物と空気を利用して，さらによごれをしずめる。

時間をかけてよごれを分解して，水をきれいにする。

上のほうのきれいな水を消毒して，川や海に流す。

↑ 下水処理場のしくみ

072

基礎編

第1章 私たちのまち

第2章 地域で働く人々

第3章 まちの安全を守る

第4章 暮らしの変化

第5章 まちを支えるしくみ

第6章 郷土の伝統と開発

 比べる **家庭や学校に水道の水（上水）がとどくまでの流れと，使い終わった水（下水）の流れ**

川から水を取りこんで浄水場 [→ P.069] できれいな水をつくり，使ったあとは**下水処理場（下水処理しせつ，浄化センター）**できれいにして川や海に流します。

〈家庭や学校に水道の水がとどくまでの流れの例〉

ダム➡川➡**浄水場**➡配水池➡水道管（上水）➡家庭や学校

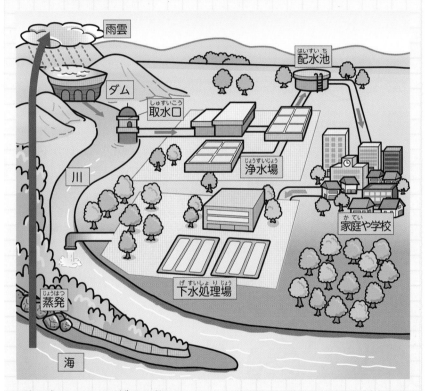

雨雲　ダム　取水口　川　浄水場　配水池　家庭や学校　下水処理場　蒸発　海

〈使い終わった水の流れの例〉

家庭や学校➡水道管（下水）➡**下水処理場（下水処理しせつ，浄化センター）**➡川や海

 COLUMN まめ知識

マンホールって何をするところ？　英語のマン（人）とホール（あな）を組み合わせた言葉で，「人が出入りするあな」という意味です。下水道管の中を調べたり，掃除をしたりするための出入り口となっています。

02 暮らしとごみ

さくっとガイド まずはここを読んで, 暮らしとごみのポイントをつかもう!

ごみを出す日や出し方はどうして決まっているの?

　ごみを計画的に処理するために, 地域ごとに収集車(パッカー車)が決められたルートを通って回収しています。決められた日に出さないと, ごみが回収されず, まちはごみであふれてしまいます。

　また, ルールを守らずに危険なごみを出すと, 収集する係の人がけがをしてしまうこともあるので注意しましょう。

ごみを種類ごとに分けると資源になるの?

　ごみを種類ごとに分けることを分別といいます。

　ごみは種類ごとに処理の方法がちがいます。もやしたり, 処分場にうめたりするほか, もう一度使えるものは原料にもどしたりします。

　資源に生まれかわることができるごみを, ほかのごみとまぜて出してしまうと資源としていかせなくなってしまいます。

きちんとごみを分けて資源となるものを増やしましょう。

もえるごみ（もやすごみ）

重要度 ★★★

主に生ごみや紙くず，木くずなどもやして処理できるごみのこと。もえるごみは，<u>収集車（パッカー車）</u> [➡ p.078] で**清掃工場** [➡ p.076] に運ばれてもやされています。

もえないごみ（もやせないごみ）

★★★

金属やガラスなどのもえないものや，小型の家電製品などのごみ。

もえるごみ	もえないごみ	資源ごみ	危険ごみ	大型ごみ
生ごみ	木類	ペットボトル	スプレーかん	家具・寝具
紙類・布類	ガラス・とうじ器	びん・かん	乾電池・ライター	自転車など
プラスチック類（やわらかいもの）	プラスチック類（かたいもの）	紙パック	温度計	その他
花・草・かれ葉	小型家電製品	食品トレイ		
週2回	月2回	月2回	月2回	月2回

⬆ **ごみの分別表の例**…ごみの分け方や呼び方は市区町村によって異なる。

大型ごみ（そ大ごみ）

★★★

タンスやベッドなどの家具や自転車などのごみ。まだ使えるものを修理してリサイクルプラザなどでほしい人に売られたり，わたされたりすることがあります。いっぽう，修理できないものは磁石を使って，金属を取り出し，もえるごみともえないごみに分けて処理されます。

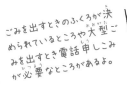

ごみを出すときのふくろが決められているところや大型ごみを出すとき電話申しこみが必要なところがあるよ。

資源ごみ

★★★

びん・かん・ペットボトル，古紙など，回収したあともう一度使ったり，原料にもどして新しい製品などにつくりかえたりできるごみ。**リサイクルプラザ（資源化センター）**などで分別され，種類ごとにリサイクル工場などに運ばれて資源として**再利用（リサイクル）** [➡ P.080] されます。

分別

★★★

ごみを種類ごとに分けること。ごみは，決められた日（曜日）・決められた場所・時間に，決められた種類のごみを分けて出します。

COLUMN まめ知識

水切りで，生ごみを減らそう！ もえるごみの半分弱が生ごみで，そのほとんどが水分です。そのため，それぞれの家庭で，生ごみの水分をじゅうぶん切るようにするだけで，もえるごみを大はばに減らすことができます。

第5章 まちを支えるしくみ

重要度
★★★ **清掃工場**

もえるごみ（もやすごみ）を焼きゃくするしせつ。**24時間**動いています。

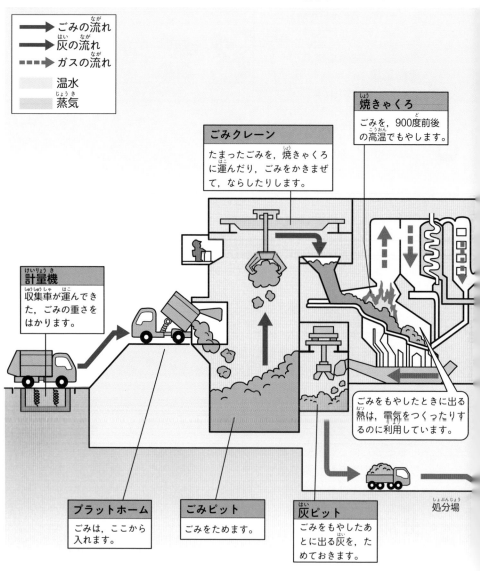

凡例：
- → ごみの流れ
- → 灰の流れ
- ┈▶ ガスの流れ
- 温水
- 蒸気

ごみクレーン

たまったごみを、焼きゃくろに運んだり、ごみをかきまぜて、ならしたりします。

焼きゃくろ

ごみを、900度前後の高温でもやします。

計量機

収集車が運んできた、ごみの重さをはかります。

ごみをもやしたときに出る熱は、電気をつくったりするのに利用しています。

プラットホーム

ごみは、ここから入れます。

ごみピット

ごみをためます。

灰ピット

ごみをもやしたあとに出る灰を、ためておきます。

処分場

⬆ **清掃工場のしくみ**

COLUMN まめ知識

ごみをもやすのはなぜ？ ごみをもやして灰にすると、重さがもとの約10分の1、大きさが約40分の1にもなります。また、病気のもとになる細きんが死に、いやなにおいも、なくすことができます。

076

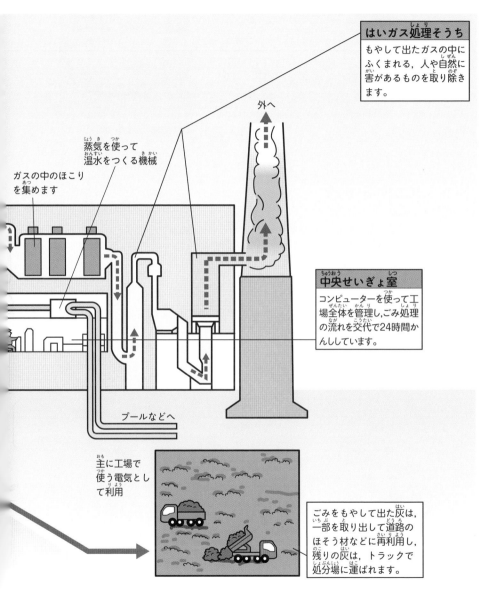

はいガス処理そうち
もやして出たガスの中にふくまれる，人や自然に害があるものを取り除きます。

蒸気を使って温水をつくる機械

ガスの中のほこりを集めます

外へ

中央せいぎょ室
コンピューターを使って工場全体を管理し，ごみ処理の流れを交代で24時間かんししています。

プールなどへ

主に工場で使う電気として利用

ごみをもやして出た灰は，一部を取り出して道路のほそう材などに再利用し，残りの灰は，トラックで処分場に運ばれます。

COLUMN まめ知識

ごみピットにいったん，ごみをためるのはなぜ？ 清掃工場に運ばれてくるごみの量は，時間や季節によって変わります。1回にもやすごみの量は決められているので，決められた量になるまで，いったんピットにためられるのです。

ごみを小さくつぶして、つみこめるようにつくられているんだ。

重要度 ★★★ 収集車（パッカー車）

ごみを収集する車。ごみを収集する道順や時間は決まっていて、**清掃工場** [→ P.076] へと運ばれます。

重要度 ★★★ 処分場

ごみをもやした灰の一部や、もえないごみ（もやせないごみ）をうめるところ。海岸や川のそば、山の中などにつくられています。日本では、新しく処分場をつくることができる数や広さには、限りがあります。そのため、できるだけ、うめ立てるごみの量を少なくして、今ある処分場を長く使い続けていく必要があります。

⬆ 収集車（パッカー車）

➡ 処分場
においがもれないよう、土でおおうようにしている。

⚖ 比べる 昔と今の買い物の様子

昔の買い物では、かごやなべなどくり返し使えるものを利用していました。今の買い物では商品がパックや容器に入っていて、レジぶくろなどで持ち帰ることができ、便利ですが、使いすてるものが多く、昔の買い物に比べてごみが出やすくなっています。

エコバッグ（マイバッグ）を持って買い物に行くとレジぶくろの使用を減らせるよね。

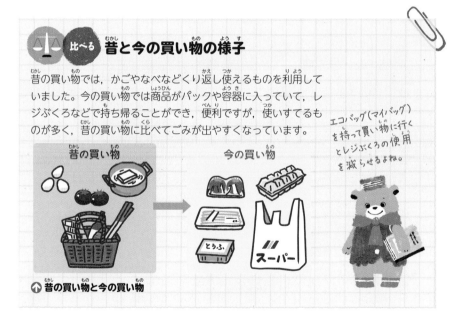

⬆ 昔の買い物と今の買い物

COLUMN まめ知識

ごみをもやしたあとの灰は、うめるしかないの？ かぎりのある処分場を長く使うために、灰を利用した製品もつくられています。例えば、灰を高熱でとかしてから、冷やして固めたものを、道路のほそう材として使っています。

基礎編

第1章 私たちのまち

第2章 地域で働く人々

第3章 まちの安全を守る

第4章 暮らしの変化

第5章 まちを支えるしくみ

第6章 郷土の伝統と開発

★★★ ごみをもやしたときに出る熱の利用

ごみをもやしたときに出る熱を利用して，蒸気をつくり，その蒸気を使って発電などをしています。

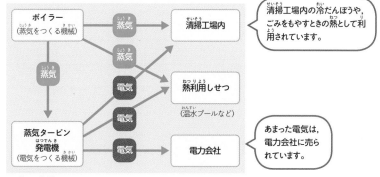

ボイラー（蒸気をつくる機械）→ 蒸気 → 清掃工場内

蒸気 → 熱利用しせつ（温水プールなど）

蒸気タービン発電機（電気をつくる機械）

電気 → 電力会社

清掃工場内の冷だんぼうや，ごみをもやすときの熱として利用されています。

あまった電気は，電力会社に売られています。

⬆ 熱の利用

★★★ リサイクルマーク

アルミかん，スチール（鉄）かん，ペットボトル，紙の容器（パック）や包そう，プラスチックの容器（パック）や包そうなどにつけられたマークで，分別 [→ P.075] し，再利用（リサイクル）できるものであることを示しています。

PET

⬆ リサイクルマーク

★★★ 環境マーク

資源ごみからつくられた商品や資源の節約になる商品につけられたマーク。

エコマーク

グリーンマーク

再生紙使用マーク

牛乳パック再利用マーク

⬆ 主な環境マーク

COLUMN まめ知識

カラスがごみ置き場をあらすのを防ぐには？ カラスはごみの置き場を覚えている頭のよい鳥です。カラスの被害を防ぐには，くちばしが入らない細かいあみでごみをおおう，生ごみの量を減らすなどの対策が必要です。

第**5**章 まちを支えるしくみ

重要度
★★★

3R

ごみを減らす取り組みの**リデュース**(Reduce)，**リユース**(Reuse)，**リサイクル**(Recycle)の3つをまとめた呼び名。英語の頭文字をとっています。

↑ リデュース, リユース, リサイクルの例

★★★

リデュース (Reduce)

ごみそのものの量を減らし，ごみが出ないようにすること。

★★★

リユース (Reuse)

ものを大切にしたり，修理したりして何度もくり返し使うこと。

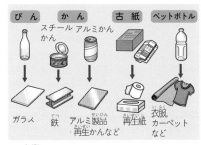

↑ 資源ごみのリサイクル

★★★

リサイクル(Recycle)

使い終わったものを原料にもどして再利用すること。

★★★

家電リサイクル法

使い終わった家電製品の処理や再利用について定めた決まり。

右にあげた家電については，はん売店などが回収，製造した会社がリサイクルすること，買った人が処理の料金を支はらうことなどが定められています。

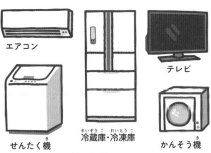

↑ 家電リサイクル法の対象

ごみを減らすために，売った人，つくった人，使った人みんなが協力し合うことが必要なんだ。

**COLUMN
まめ知識**　**フリーマーケットってなに？**　日用品など不要なものを広場や公園に持ちよって，不要になった人から必要な人へ売るもよおしのことです。土日や祝日に，各地で開かれています。

比べる　ごみの処理の流れ

ごみは種類によって，それぞれ処理されるしせつが異なります。そして，最終的にうめ立てられるもの，資源として再利用されるものがあります。

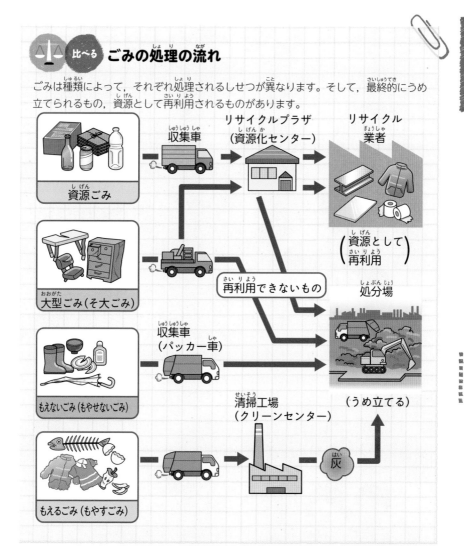

ごみを処理するためには，多くの費用がかかるんだ。

江戸時代のリサイクル　江戸（今の東京）の町の人々は，ものを大切にし，いろいろなものを再利用していました。例えば，かまどから出る灰は，布をそめるときに使われたため，灰を買い取る業者がいました。

03 暮らしを守る防災

さくっとガイド まずはここを読んで, 防災のポイントをつかもう!

地震発生!どうしたらいい?

地震が起こると, 地震のゆれで本だなや木などがたおれたり, 天井にある照明などが落ちてきたりします。ゆれを感じたら, すぐに机の下や周りに何もない広い場所など身を守れるところに避難し, ゆれがおさまるのを待ちましょう。

ゆれがおさまったら, 学校や公園など, 地域で指定されている避難所へ避難しましょう。携帯電話やラジオで地震に関する情報を集めることも大切です。家から出るときは, 火事が起こるのを防ぐため, ガスの元せんも閉めておきましょう。

災害に備えて何をすればいいの?

いつ起こるかわからない地震などの災害に備えて, 学校や地域では計画的に防災訓練が行われています。

それぞれの家庭でもふだんから水や食料を備えたり, 家族と連らくをとる方法について話したりして, 防災の意識を高めておくことが大切です。

基礎編

第1章 私たちのまち

第2章 地域で働く人々

第3章 まちの安全を守る

第4章 暮らしの変化

第5章 まちを支えるしくみ 警察署消防署裁判所

第6章 郷土の伝統と開発

① 地震から暮らしを守る

重要度 ★★★

防災計画

地震や大雨などの災害が起きたときに、どのように対応するかをあらかじめまとめたもの。

計画の中には、避難場所をどこにするか、住民の救助や消火活動をどのように進めるか、情報をどのように伝えるかといったことなどが定められています。また、周りの都道府県や市(区)町村、消防署や警察署との協力のしかたについても定められています。

あらかじめ防災計画をつくって災害に備えておくことで、災害が起こったとき、すばやく行動することができます。

⬆ 避難場所を示す標識　(アフロ)

重要度 ★★★

防災訓練

地震や火事などの災害が起きたときに備えて、避難や消火活動などの練習をすること。応急手当のしかたや、ＡＥＤの使い方を勉強することもあります。あらかじめ訓練をしておくことで、災害が起きたときに、落ち着いて行動することができます。

避難訓練

バケツリレー

救命講習

⬆ 主な防災訓練

ひとりひとりが身近な人と話しておくことも大事だね。

COLUMN
くわしく

ＡＥＤ　ＡＥＤ（自動体外式除細動器）は、とつぜん心臓が止まってしまった人に対して、電気ショックをあたえて心臓を動かすための機械です。公共しせつやスーパーマーケットなどさまざまな所に置かれています。

★★★ 防災ぶくろ（非常持ち出しぶくろ）

災害に備えて，避難するときに持っていく必要なものをまとめたふくろ。

数日分の**水**や**食料**のほか，ラジオやふえなどを入れておきます。あらかじめ用意しておくことで，すぐに避難することができます。

⬆ **防災ぶくろ（非常持ち出しぶくろ）**

★★★ ハザードマップ（防災マップ）

地震や津波，こう水，火山のふん火など，自然災害によって被害が予想される場所と，避難場所や避難経路などを**地図上に示したもの**。ハザードマップで安全だとされている地域でも，自分で考えて避難することが大切です。

⬆ **有珠山周辺の火山噴火対策のハザードマップ**（有珠山火山防災協議会）

★★★ 緊急地震速報

地震が発生すると，気象庁が地震の規模やゆれの強さを即座に予想し，テレビやラジオ，携帯電話で人々に知らせるしくみ。地震が来ることを前もって知ることができるので，素早く対応することができます。

あわてず落ち着いて行動しよう。

COLUMN まめ知識　**なまずがさわぐと地震が起こる**　日本には，古くから地震となまずの関係が信じられてきました。なまずは電気の流れに敏感で，地震前に発生する電流をとらえているとされていますが，実際地震以外のときにもさわぐことがあるので，真偽はわかっていません。

★★★ 災害時の連絡

災害が発生すると，県や市が災害対策本部を設置し，各機関と連携をとって，救助活動の指示を出したり，情報の整理をしたりします。

都道府県／国／県警／消防署／自衛隊／住民／鉄道会社など／新聞社・テレビ局など／それぞれの地域の対策本部／避難所／災害対策本部

⬆ 災害対策本部からの連絡

市と地域の防災への取り組み

市の取り組み
◆防災計画や避難行動計画をつくる。
◆避難の方法や注意を，パンフレットにして配る。
◆防災の情報を，メールなどで伝える。
◆災害が起きたときに避難する場所を指定する。

> 市と地域は，協力して防災に取り組んでいる。

地域の取り組み
◆市でつくる避難行動計画に協力する。
◆避難訓練をする。
◆自主防災組織(自主防災隊)をつくって，災害が起きたときにだれが何をするか，役割を決めている。

【自主防災組織の主な活動】
・避難のゆうどうをする。
・役所からの情報を地域の人に伝え，地域の被害や避難状きょうを役所へ報告する。

基礎編

第1章 私たちのまち
第2章 地域で働く人々
第3章 まちの安全を守る
第4章 暮らしの変化
第5章 まちを支えるしくみ
第6章 郷土の伝統と開発

COLUMN まめ知識　**避難所の地図記号**　2014年4月に，国土地理院は新しく，避難所の地図記号を右のように定めました。避難所が地図に示されることにより，私たちはいつでも避難所を確認できるようになります。

★★★ 自衛隊(じえいたい)

国の防衛(ぼうえい)のために設立(せつりつ)された組織(そしき)。災害(さいがい)が起きたときは，被災地(ひさいち)で救助活動(きゅうじょかつどう)や負傷者(ふしょうしゃ)の手当てなどさまざまな支援(しえん)を行います。

⤴ ゆくえがわからない人の捜索(そうさく)や救助(きゅうじょ)，食料支援(しょくりょうしえん)

(アフロ)

★★★ 自助(じじょ)・共助(きょうじょ)・公助(こうじょ)

災害(さいがい)が発生したとき，被害(ひがい)を減らしたり，防(ふせ)いだりするための考え方。地域(ちいき)の人々や，市などと連携(れんけい)していくことが大切です。

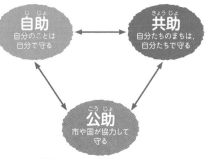

自助(じじょ)
自分のことは
自分で守る

共助(きょうじょ)
自分たちのまちは，
自分たちで守る

公助(こうじょ)
市や国が協力して
守る

⤴ 自助(じじょ)・共助(きょうじょ)・公助(こうじょ)のつながり

★★★ 災害(さいがい)ボランティア

災害(さいがい)が発生したときに，無償(むしょう)で復旧(ふっきゅう)・復興活動(ふっこうかつどう)を行う人々のこと。被災地以外(ひさいちいがい)の地域(ちいき)からも多くのボランティアが参加(さんか)し，被災地(ひさいち)の人々とともに，たき出しや片(かた)づけなどを行います。

COLUMN
まめ知識

ボランティアも慎重(しんちょう)に 人手や物資(ぶっし)が足りていない被災地(ひさいち)にとって，ボランティアはありがたいものです。しかし，被災地(ひさいち)に多くの人が訪(おとず)れることで，現地(げんち)の物資(ぶっし)や宿泊施設(しゅくはくしせつ)が足りなくなるなど，問題(もんだい)が起こることがあります。

比べる **さまざまな災害**

地震

(アフロ)

地面がゆれることで，建物がたおれたり，火災や津波が発生したりします。

火山のふん火

(アフロ)

火山のふん火により，火山灰や大きな岩石などが飛び散り，各地の家や畑に被害を与えます。

高潮

(アフロ)

台風などの影響で，海面の高さが上がり，まちが浸水することがあります。

集中豪雨

(ピクスタ)

同じ地域で継続的に雨が降り続きます。こう水や土砂災害を引き起こすことがあります。

土砂災害

(アフロ)

地震や大雨などで地面がゆるみ，山のふもとへ土砂が流れ出します。

竜巻

(アフロ)

積乱雲の発達によって，風が強い勢いで吹きこみ周辺の物を巻き上げて進みます。

 COLUMN まめ知識

災害よりもこわい二次災害　地震の影響で火災が発生するなど，災害に伴って起こる別の災害を二次災害といいます。2011年に発生した東日本大震災では，地震によって発生した津波の影響で，多くの人が犠牲になりました。

第6章 郷土の伝統と

郷土の発展につくした人々

未来を予測し，独自の考え方や新しい技術などを取り入れて，
地域の発展や人々の生活の向上に役立った人物がいます。
郷土の発展につくした人物を探してみましょう。

北海道の治水の父　岡崎文吉

治水

石狩平野はもともと川がくねくねと曲がり，こう水の多い地域でした。川をまっすぐにすればいいという人が多いなか，岡崎文吉は，はんらんしやすいところだけ，てい防を強くして，上流や川沿いの森を切らずに守ったほうが効果があると意見をしました。当時，彼の意見は通りませんでしたが，100年以上たった現在になって，自然のもつ力が理解され，治水の計画に取り入れられるようになりました。

生い立ち

1872-1945年　岡山県生まれ。21歳で札幌農学校（現・北海道大学）の助教授から北海道庁の技師になった。

時代背景

北海道の本格的な開発が始まった明治時代。新しい国土を守り農地を開くために，全国から多くの人が北海道に移住してきた。

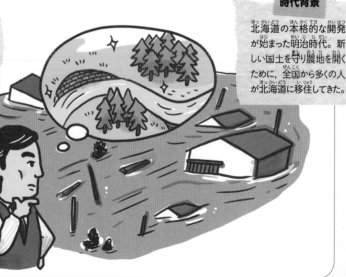

開発

米百俵を未来にかけた 小林虎三郎

教育

明治維新の戦いで敗れた長岡藩（新潟県）の藩士，小林虎三郎は，寺の本堂を借りて学校をつくりました。あるとき近くの藩から米百俵が届けられました。米を分けろという藩士に対し，小林は「国やまちが栄えるのも，人がいてこそ」と説得し，その米を金にかえて新しい学校の設備にあて，人を育てました。

生い立ち

1828-1877年 新潟県生まれ ●病弱だったが成績優秀，江戸で西洋の学問を学んだ。

時代背景

開国で世の中が大きく変わった江戸から明治の時代。江戸幕府の側についた長岡藩は敗れ，地域を新しくつくり直す必要があった。

かきの養殖を発展させた 宮城新昌

産業

明治以降，移民として海外で暮らす日本人も増えました。その中にはアメリカやヨーロッパの産業を学び，身につけた技術や知識を日本にもどって発展させ，地域にこうけんした人もいます。沖縄県生まれの宮城新昌は，新しいかきの養殖法を開発し，東北地方の水産業の発展に力を注ぎました。

生い立ち

1884-1967年 沖縄県生まれ ●アメリカのかき養殖会社で技術を学び，日本で水産会社を起こした。

時代背景

明治になり，貧しい人々の中には，新しい暮らしの場を求めて，ハワイや南アメリカなどの外国に移住する人も多くいた。

01 受けつがれてきた行事

さくっとガイド まずはここを読んで，受けつがれてきた行事のポイントをつかもう！

祭りや行事にはどんな願いがあるのかな？

鬼は病気や災害を引き起こすと考えられているんだ。

豆で鬼をやっつけよう。

豆は，神様の力が宿るんだって。

地域には，古くから受けつがれてきた祭りや，節分，もも の節句，おぼんなどの年中行事があります。

祭りや年中行事には，人々の健康や，豊作などの願いがこめられているものもあります。そして，地域の人々の楽しみになっているものや，季節や生活の節目になっているものもあります。

祭りや行事はどうして今も行われているの？

昔の祭りや行事が今も行われているのは，文化を守り伝えていこうとした人たちの努力のおかげです。

私たちも，地域の大切な文化を学び，伝えていくことが求められています。

① 受けつがれてきた行事

基礎編

第1章 私たちのまち
第2章 地域で働く人々
第3章 まちの安全を守る
第4章 暮らしの変化
第5章 まちを支えるしくみ
第6章 郷土の伝統と開発

★★★ 伝統文化

長い歴史の中で，**受けつがれてきた文化**のことをいいます。伝統文化の中には，祭りや年中行事 [➡ P.092]，伝統芸能，伝統的工芸品などがあります。文化財として国や県，市などによって保護されているものもあります。

伝統文化を保護するために，文化財保護法という法律があるよ。

⬆ **雅楽**…伝統芸能の1つで，約千年前に完成し，現在まで受けつがれています。

（宮内庁式部職楽部）

★★★ 祭りや行事

作物の豊作や**地域の人々の安全**などをいのって行われています。地域の人々の楽しみとなったり，地域の人々の結びつきを強める役割もあります。また，大きな山車が出るもの，おはやしを演奏するものなど，祭りや行事によってさまざまな特色が見られます。

⬆ **高山祭**（岐阜県）…屋台の上でからくり人形やおはやしが上演されます。

（アフロ）

★★★ 保存会

地域に古くから伝わる**祭り**や**郷土芸能**などを守り，受けついでいます。祭りの様子を記録したり，祭りを受けつぐ人を育てるため，子どもたちに祭りの由来を教えたり，おはやしを教えたりする活動を行っているところもあります。

⬆ **保存会の活動**

（アフロ）

★★★ 郷土芸能

地域に古くから伝わるいわれをもとにした，おどりや音楽などのことをいいます。おどりや歌のひとつひとつに意味があり，人々の願いがこめられています。

⬆ **高千穂の夜神楽**（宮崎県高千穂町）
郷土芸能の1つで，伝説や神話の神が出てくる舞です。

（アフロ）

COLUMN くわしく

節句 1月7日の七草の節句，3月3日のももの節句，5月5日のたんごの節句，7月7日の七夕，9月9日の菊（重陽）の節句があります。それぞれ，七草がゆ，ひしもち，かしわもち，ちまきなど，節句にちなんだ料理が食べられます。

第6章 郷土の伝統と開発

★★★ 年中行事

古くから毎年**決まった時期に行われてきた行事**です。健康や豊かな収かくを願ったり，人々の楽しみとして始められました。年中行事には，寺や神社などで行われるものや，家庭で行われるものがあります。また，季節と関わりが深く，季節の節目に行われる年中行事は「節句」といい，**もものの節句，たんごの節句，七夕**などがあります。

このほかにも，地域によってさまざまな年中行事があり，同じ年中行事でも地域によって時期が異なることもあります。

1月	初もうで・正月
2月	節分
3月	ももの節句（ひな祭り）
4月	花祭り，お花見
5月	たんごの節句 田植え
7月	七夕
8月	おぼん ※7月に行われる地域もあります。
9月	お月見
10月	秋祭り
11月	七五三
12月	大みそか

⬆ 主な年中行事

比べる 日本と韓国のお正月

日本	国	韓国
1月1日	時期	1月終わり～2月初めごろ
お正月	呼び方	ソルラル
・初もうでに行く。 ・おせちを食べる。 ・子どもはお年玉をもらう。	すること	・新しい服を着て親せきの家に集まり，新年の儀式を行う。 ・子どもはお年玉をもらう。

COLUMN まめ知識

中国のお正月 韓国と同じく，1月終わり～2月初めごろにお正月のお祝いをします。お祝いのあいさつのほか，新しい服を用意し，お正月料理を食べます。また，たくさんのばくちく花火を使って，まよけをすることが知られています。

基礎編

第**1**章 私たちのまち

第**2**章 地域で働く人々

第**3**章 まちの安全を守る

第**4**章 暮らしの変化

第**5**章 まちを支えるしくみ

第**6**章 郷土の伝統と開発

⚖ 比べる **全国の祭り**

全国には，地域の特色となるさまざまな祭りがあります。

1 三社祭
（東京都台東区） 春

2 博多どんたく
（福岡県福岡市） 春

3 祇園祭
（京都府京都市） 夏

4 仙台七夕まつり
（宮城県仙台市） 夏

5 岸和田だんじり祭
（大阪府岸和田市） 秋

6 長崎くんち
（長崎県長崎市） 秋

7 さっぽろ雪まつり
（北海道札幌市） 冬

⬆ **全国の主な祭り** このほかにも，たくさんの祭りがあります。

（アフロ）

COLUMN
まめ知識

祭りの山車 祭りのときにかざりつけをして引く車のことを山車と言い，時代や地域によって山鉾，曳山やだんじりなどさまざまな呼ばれ方があります。祇園祭で見られる山鉾や岸和田だんじり祭りで見られるだんじりは，有名な山車の1つです。

02 郷土の開発, 改良

さくっとガイド まずはここを読んで, 郷土の開発のポイントをつかもう！

地域の発展につくした人を知ろう

昔, 飲み水や, 農業に必要な水を川から得ることがむずかしい地域がありました。こうした地域の人々の願いをかなえようと, 用水路を開き, 地域の発展のために力をつくした人がいます。

どのようなくふうをして, 工事や事業を進めたのか調べてみましょう。

工事に参加した人数や現在の道具とのちがいに注目してみると, 昔の工事の苦労がわかります。

地域はどのように発展してきたのかな？

工事や事業の前と後で, 人々の暮らしはどのように変化したでしょうか？

現在の地域の様子と合わせて調べてみると, 地域がどのような歴史を歩んできたかを知ることができます。

用水と農業は
関わりが深いよ。

★★★ 用水

田・畑に引く水や生活に必要な水，工業に使う水のこと。またはその水を通す水路やしせつのこと。堰といわれることもあります。

★★★ 通潤橋

江戸時代に白糸台地（現在の熊本県山都町）あたりの惣庄屋（多くの村長をまとめる役割）であった**布田保之助**によってつくられた水が通る石の橋。深い谷に囲まれた白糸台地は，日照りになると作物が育たず，飲み水を得るのにも困っていました。そこで，白糸台地の北部の土地の高い所から，水を引くことが計画され，橋をかけ，その中に管を通し，白糸台地側に水をおしあげる原理を使った橋がつくられました。

↑ 通潤橋と白糸台地

左右で高さを変え，水がふきあがる原理で水を送っている。

← 通潤橋
（ピクスタ）

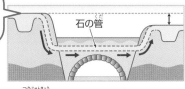
石の管

↑ 通潤橋の水をおしあげるしくみ

★★★ 箱根用水（深良用水）

江戸時代，湖尻峠の下につくられた用水。当時，深良村（現在の静岡県 [➡ P.132] 裾野市）を流れる川の水量が少なく，米がほとんどとれませんでした。そこで，名主の**大庭源之丞**らは，トンネルをほって芦ノ湖（神奈川県 [➡ P.123]）の水を引く計画を立て，1km以上のトンネルを両側からほり進め，約4年かけて開通させました。完成後，多くの水田がつくられ，今も農業用水として使われています。

↑ 箱根用水

（右の側見出し）
基礎編

第1章 私たちのまち
第2章 地域で働く人々
第3章 まちの安全を守る
第4章 暮らしの変化
第5章 まちを支えるしくみ
第6章 郷土の伝統と開発

COLUMN まめ知識

箱根用水の技術の高さ 1km以上におよぶ箱根用水のトンネルをつくるために湖尻峠を両側からほり進めたとき，中央部であったときの高さの差はわずか1mほどでした。当時の工事の技術の水準が高かったことがわかります。

重要度
★★★

那須疏水

実業家であった**印南丈作**と**矢板武**によって，**栃木県** [➡ P.118] の那須野原につくられた疏水（水路）。**那須野原**の地下はあつい砂や石の層になっていて，雨が降ると水が地下深くまですぐにしみこんでしまいます。そのため，人々は水を得るのに困っていました。そこで，2 人は，疏水をつくる計画を立て，県や国に何度も願いを出し，工事の許可を得ると，半年の工事期間の後 1885 年に完成させました。

↑ 那須疏水 （アフロ）

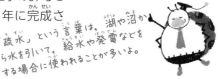

「疏水」という言葉は，湖や沼から水を引いて，給水や発電などをする場合に使われることが多いよ。

★★★

琵琶湖疏水

琵琶湖（滋賀県 [➡ P.136]）の水を京都に引くために明治時代につくられた疏水。産業をさかんにするため，京都府知事の**北垣国道**が計画し，**田辺朔郎**を技術者としてむかえて工事が進められました。琵琶湖と京都の山の間にトンネルをほって水を引くように工事をし，完成後，疏水の水は工業用水や水力発電に使われました。

↑ 現在の琵琶湖疏水

★★★

拾ヶ堰

江戸時代(約 200 年前)に**安曇野**(現在の長野県 [➡ P.130] 安曇野市)につくられた用水(堰)。安曇野は，当時水不足で水をめぐって争いが起こる土地でした。そこで用水をつくろうと考えた大庄屋(多くの村長をまとめる役割)の**等々力孫一郎**らは，松本藩に許しをもらって土地の測量を行い，多くの人々の協力のもと，工事を始めて 3 か月後に堰を完成させました。その後，多くの水田がつくられ，今では，安曇野市は長野県で水田がいちばん多くなっています。

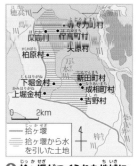

↑ 拾ヶ堰がつくられた地域にあった村

COLUMN
まめ知識

拾ヶ堰の流れがゆるやかなのは？ 拾ヶ堰は，12km ものきょりを，ほぼ同じ高さのところを流れているためです。それまでの多くの堰は，川から取水して高い所から低い所へ流すものでした。そのため，高度な土木技術が必要とされました。

基礎編

第1章 私たちのまち

第2章 地域で働く人々

第3章 まちの安全を守る

第4章 暮らしの変化

第5章 しくみを支える

第6章 郷土の伝統と開発

★★★ 玉川上水

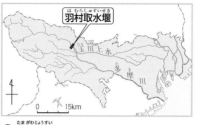

羽村取水堰

↑ 玉川上水

江戸時代に**多摩川**の水を江戸(現在の東京)に引くためにつくられた用水。当時,江戸では人口が急げきに増えたため,飲み水が不足していました。そこで役人は用水の計画を立て,**庄右衛門**と**清右衛門**の兄弟に命じて工事をさせました。各地に分水され,飲み水のほか,農業用水,水車の動力などとして活用されました。また,兄弟は工事の完成後,玉川の姓を名乗ることが許されました。

★★★ 📖 浜口梧陵

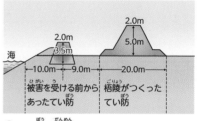

↑ てい防の断面図

1820～1885年。江戸時代に広村(現在の和歌山県 [➡ P.141] 広川町)に生まれ,大地震と大津波の被害にあった村に**てい防** [➡ P.200] をつくった人物(商人)。大津波におそわれた後,村から出ようと考える人も多く,村がなくなってしまうと考えた梧陵は,てい防づくりを計画しました。自ら工事のためのお金を出し,多くの村人が協力して,工事を始めて5年後の1858年に長さ600m,高さ5mのてい防を完成させました。

★★★ 📖 かんたく [➡P.199]

浅い海や沼,湖をてい防で囲って中の水をほし,陸地にすること。広い土地を新しくつくることができるため,各地で行われてきました。

★★★ 有明海のかんたく

↑ 有明海のかんたくの歴史

九州の有明海は広く浅い海で,しおが引くと**ひがた**と呼ばれるすな地が現れます。**かんたく**がさかんに行われるようになったのは,江戸時代からのことです。

COLUMN まめ知識

玉川上水の測量 玉川上水は全長が43kmありますが,多摩川と江戸の土地の高さの差は92mほどしかなく,しっかりした測量が必要でした。夜にちょうちんを並べ,その明かりの列を見て,土地の高さや直線を測ったといわれています。

重要度

★★★ クリーク [➡P.201]

土をほってつくられた水路。海面よりも土地の低い所に見られるもので、ほった土をもりあげた上に田や家がつくられました。福岡県柳川市のクリークでは水門を設け、水門をあけて川の水をためたり、閉めて田の水を出したりしています。

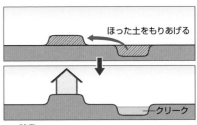

ほった土をもりあげる

クリーク

↑ 柳川市のクリーク

★★★ 吉田新田

江戸時代、現在の**横浜港**（神奈川県 [➡P.123]）にあった入り海をうめ立てて、**吉田勘兵衛**によって開かれた新田。吉田勘兵衛は、江戸の役所から許しを得ると、つりがね型の入り海にそって、てい防をつくり、その中に土を山などから運ぶ工事をしました。吉田新田は、工事が始められてから完成するまで11年かかりました。

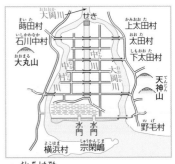

↑ 吉田新田

★★★ 木曽三川分流工事

愛知県 [➡P.133]・岐阜県 [➡P.131]・三重県 [➡P.135] の3県に広がる**濃尾平野** [➡P.200] の西部には、**木曽川・長良川・揖斐川**という3本の大きな川が流れています。これらの川に囲まれた土地の多くは、海面より低く、人々は昔から水害になやまされてきました。明治時代、政府が招いたオランダ人技術者ヨハネス・デ・レーケが3つの水源や流れをくわしく調査して計画を立て、3本の川を完全に分ける大規模な工事が行われました。これにより、水害の心配も少なくなりました。

↑ 木曽三川の様子

(アフロ)

COLUMN
まめ知識

川にかかる橋でいちばん長いのは? 利根川には多くの橋がかけられていますが、そのうちもっとも長いのは銚子大橋です。千葉県銚子市と茨城県神栖市を結ぶ全長1450mの橋で、川にかかる橋では日本一の長さとなっています。

都道府県データ編

都道府県名所・祭りじまん

日本の各都道府県には，美しい自然や興味深い祭りや文化など，さまざまなみどころや名所があるよ。行ってみたいところはどこかな？

32 島根県 出雲大社

31 鳥取県 鳥取砂丘

30 和歌山県 熊野古道

29 奈良県 東大寺の大仏

28 兵庫県 姫路城

27 大阪府 大阪城

38 愛媛県 道後温泉

37 香川県 金刀比羅宮

36 徳島県 阿波おどり

35 山口県 秋芳洞

34 広島県 厳島神社（宮島）

33 岡山県 倉敷の町なみ

40 福岡県 太宰府天満宮

39 高知県 桂浜

九州には火山と温泉がたくさんあるね。

43 熊本県 阿蘇山

42 長崎県 長崎くんち

41 佐賀県 吉野ヶ里遺跡

首里城は1429〜1879年に栄えた琉球王国の中心だったよ。

46 鹿児島県 桜島

45 宮崎県 高千穂峡

44 大分県 別府温泉

47 沖縄県 首里城

域
<small>いき</small>

毎年2月に行われ，
200万人以上の
観光客が集まるよ。

3 岩手県
<small>いわて けん</small>
平泉
<small>ひらいずみ</small>

2 青森県
<small>あおもり けん</small>
青森ねぶた祭
<small>あおもり まつり</small>

1 北海道
<small>ほっ かい どう</small>
さっぽろ雪まつり

8 茨城県
<small>いばら き けん</small>
筑波山
<small>つく ば さん</small>

7 福島県
<small>ふくしま けん</small>
猪苗代湖
<small>い なわしろ こ</small>

6 山形県
<small>やま がた けん</small>
山形花笠まつり
<small>やま がた はな がさ</small>

5 秋田県
<small>あき た けん</small>
秋田竿燈まつり
<small>あき た かんとう</small>

4 宮城県
<small>みや ぎ けん</small>
仙台七夕まつり
<small>せんだいたなばた</small>

11 埼玉県
<small>さい たま けん</small>
川越の町なみ
<small>かわごえ まち</small>

10 群馬県
<small>ぐん ま けん</small>
草津温泉
<small>くさ つ おん せん</small>

9 栃木県
<small>とち ぎ けん</small>
日光
<small>にっこう</small>

14 神奈川県
<small>か な がわけん</small>
横浜港
<small>よこはまこう</small>

13 東京都
<small>とうきょう と</small>
東京スカイツリー
<small>とうきょう</small>

12 千葉県
<small>ち ば けん</small>
犬吠埼
<small>いぬ ぼうさき</small>

富士山は山梨県と
<small>ふ じ さん やま なしけん</small>
静岡県にまたがって
<small>しず おかけん</small>
いるんだ。

20 長野県
<small>なが の けん</small>
上高地
<small>かみ こう ち</small>

19 山梨県
<small>やま なし けん</small>
富士五湖
<small>ふ じ ご こ</small>

18 福井県
<small>ふく い けん</small>
東尋坊
<small>とうじんぼう</small>

17 石川県
<small>いし かわ けん</small>
兼六園
<small>けん ろくえん</small>

16 富山県
<small>と やまけん</small>
立山黒部
<small>たてやまくろ べ</small>
アルペンルート

15 新潟県
<small>にい がた けん</small>
佐渡の
<small>さ ど</small>
トキの森公園

26 京都府
<small>きょう と ふ</small>
古都京都
<small>こ と きょうと</small>

25 滋賀県
<small>し が けん</small>
琵琶湖
<small>び わ こ</small>

24 三重県
<small>み え けん</small>
伊勢神宮
<small>い せ じんぐう</small>

23 愛知県
<small>あい ち けん</small>
名古屋城
<small>な ご や じょう</small>

22 静岡県
<small>しず おか けん</small>
伊豆半島
<small>い ず はんとう</small>

21 岐阜県
<small>ぎ ふ けん</small>
白川郷
<small>しらかわごう</small>

01 都道府県の様子

さくっとガイド　まずはここを読んで，都道府県の様子をつかもう！

自分の住んでいる都道府県はどこかな？

地図帳を見て，あなたの住む都道府県を探してみましょう。

あなたの住む都道府県を見つけたら，となりにはどの都道府県があるか，海に面しているか，地図帳を見て確認してみましょう。あなたの住む都道府県の特ちょうが見えてきます。

都道府県の形は何に見えるかな？

都道府県ごとの地図を見てみましょう。たてに長い形，横に長い形などいろいろな形の都道府県がありますね。

左のようにリボンのような形，金魚のような形，人の横顔のような形，クワガタの頭のような形に見える都道府県もあります。ほかにも何かの形に似ている都道府県がないか探してみましょう。

★★★ 都道府県の区分

日本には **47 の都道府県**があり，**1 都1 道 2 府 43 県**からなります。

日本は，**7 つの地方**に分けることができます。**中国地方**と**四国地方**を分けて，8 つの地方とする場合もあります。

都は東京都，道は北海道，府は大阪府と京都府だね。

面積がいちばん大きい都道府県が北海道，いちばん小さい都道府県は香川県だよ。

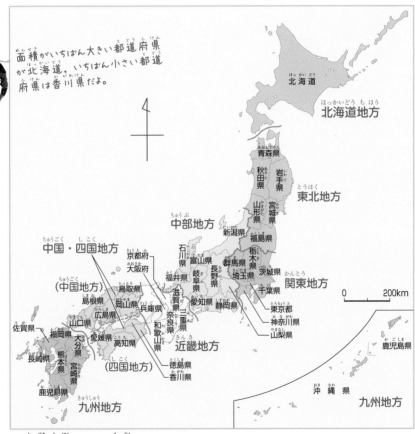

北海道

北海道地方

青森県

秋田県　岩手県

山形県　宮城県

東北地方

中部地方

新潟県　福島県

中国・四国地方

京都府
大阪府
石川県　富山県
福井県　岐阜県
長野県　群馬県
栃木県　茨城県
埼玉県

関東地方

（中国地方）
鳥取県
島根県　岡山県
広島県　滋賀県　三重県
兵庫県　愛知県　静岡県
奈良県
和歌山県

東京都
神奈川県
山梨県

0　　200km

佐賀県
福岡県　大分県　愛媛県　高知県
山口県

近畿地方

長崎県
熊本県
宮崎県
鹿児島県

徳島県
香川県

（四国地方）

鹿児島県

沖縄県

九州地方

九州地方

⬆ **都道府県と地方区分**

**COLUMN
まめ知識**

「山」「島」をふくむ都道府県，どっちが多い？　「山」をふくむ都道府県が6つ，「島」をふくむ都道府県は 5 つで，「山」のほうが多くなっています。そのほか，「鹿」「鳥」「熊」「馬」などの動物の漢字をふくむ都道府県もあります。

第1章 日本の諸地域

重要度
★★★
都道府県庁所在地

都道府県には，それぞれの都道府県の政治を中心となって行う都道府県庁という役所が置かれています。
その役所のある都市を都道府県庁所在地といいます。

都道府県名と都道府県庁所在地名がちがう都道府県は，全部で17。さいたまを入れると18だよ。

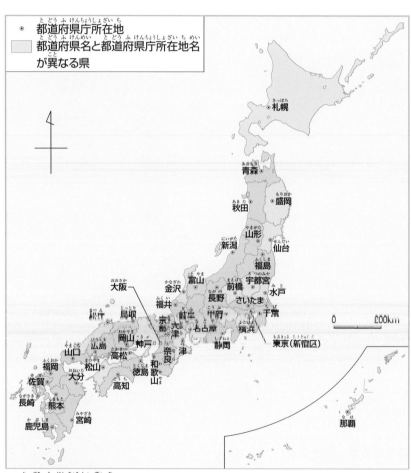

・ 都道府県庁所在地
　 都道府県名と都道府県庁所在地名が異なる県

札幌
青森
盛岡
秋田
山形
仙台
新潟
福島
富山 宇都宮
金沢 前橋 水戸
大阪 長野 さいたま
福井 岐阜 千葉
鳥取 京都 甲府 横浜
　 大津 静岡 東京(新宿区)
岡山 神戸 奈良
山口 広島 津
福岡 高松 和歌山
佐賀 松山 徳島
長崎 大分 高知
熊本
鹿児島 宮崎
那覇

0　　　200km

↑ 都道府県庁所在地

COLUMN
まめ知識

海に面していない都道府県はいくつある？ 海に面していない都道府県は全部で8つあり，内陸県といわれています。内陸県の1つである長野県は，となりあう県が全国でもっとも多く，8つの県ととなりあっています。

比べる　名産品

各都道府県の名産品を見てみると，昔の国名（薩摩，伊勢，越前など）がついているものがあります。

また，その地域でとれる農産物や，それを加工したものなどもあります。

海に面した都道府県には魚かい類を加工した名産品があるね。

乳製品
じゃがいも
さけ
りんご
わかめ
ささかまぼこ
きりたんぽ
あまえび
たまねぎ
越前がに
ますずし
さくらんぼ
もも
こんにゃく
米
そば
いちご
ねぎ
ふぐ
あゆ
マスカット
なし
しじみ
かき
たけのこ
つくだに
なっとう
のり　めんたいこ
らっかせい
しゅうまい
ぶどう
茶
カステラ
うめ
かき
くり
すいか
さぬきうどん
たこ焼き
伊勢えび
名古屋コーチン
さつまあげ　ピーマン　みかん
しいたけ
すだち
なす
さとうきび

四国と九州の名前由来　四国はかつて阿波，讃岐，伊予，土佐という４か国が置かれていたことから，九州も同じようにかつて筑前，筑後，肥前，肥後，豊前，豊後，日向，薩摩，大隅という９か国が置かれていたことに由来します。

02 北海道地方

さくっとガイド まずはここを読んで，北海道地方の特色をつかもう！

北海道地方の自然

◆**地形**…中央部にある**大雪山**付近から**石狩川**が流れ，**石狩平野**をへて，日本海へ流れこんでいます。東部の太平洋側には，**十勝平野**，**釧路湿原**，**根釧台地**が広がります。

◆**気候**…**冷帯（亜寒帯）** [➡ P.193] に属しています。梅雨がなく，**台風** [➡ P.191] のえいきょうが少ないため，降水量は多くありません。

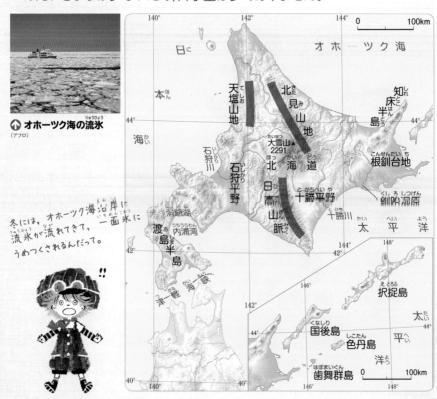

↑ **オホーツク海の流氷**
（アフロ）

冬には、オホーツク海沿岸に流氷が流れてきて、一面氷にうめつくされるんだって。

北海道

道庁所在地　札幌市
面　積　8万3424km² (1位)〈2017年〉
人　口　532.0万人 (8位)〈2017年〉
　　　　※北方領土をふくむ面積

広大な土地に，農業，
漁業，観光業が発展

オホーツク海

北海道は面積が
いちばん大きいね。

ほたて貝
米
じゃがいも
乳用牛
てんさい
札幌
ほたて貝
小豆
こんぶ

択捉島
国後島
色丹島
歯舞群島
北方領土

↑ 石狩平野に広がる水田 (アフロ)

自然

釧路湿原はラムサール条約 [➡ P.353] に，知床は世界自然遺産 [➡ P.352] に登録されています。

産業

農業…品種改良や客土 [➡ P.224] により石狩平野では米づくりがさかん。十勝平野で畑作，根釧台地で酪農 [➡ P.237] がさかん。

漁業…釧路港は，日本有数の水あげ量をほこる漁港。内浦湾では，ほたて貝の養殖がさかん。

工業…乳製品やビールなどをつくる食料品工業，苫小牧市で製紙・パルプ工業 [➡ P.281] がさかん。

文化・その他

毎年2月にさっぽろ雪まつりが開かれます。北方領土は，ロシア連邦により，不法に占領されています。

農作物名	生産量 (t)
てんさい	318.9万 (100%)
小豆	2.7万 (91.9%)
じゃがいも	171.5万 (78.0%)
たまねぎ	84.4万 (67.9%)
小麦	52.4万 (66.3%)
大豆	8.4万 (35.5%)
スイートコーン	6.3万 (31.9%)

※ ( ) は全国にしめる割合

↑ 北海道が生産量日本一の主な農作物

(2016年) (2018年版「県勢」)

↓ さっぽろ雪まつり (アフロ)

COLUMN
参考

アイヌ [➡ P.204]
古くから北海道に住み，かりや漁を営んでいた人々。北海道の地名にはアイヌ語に由来するものが見られます。

03 東北地方

さくっとガイド まずはここを読んで，東北地方の特色をつかもう！

東北地方の自然

◆**地形**…東北地方は，**奥羽山脈**，**出羽山地**，**北上高地**が南北に連なっています。北上川沿いに**仙台平野**，最上川沿いに**庄内平野**や**山形盆地**があります。三陸海岸南部は，入り組んだ**リアス海岸** [➡ P.185] になっています。

◆**気候**…太平洋側は，初夏から夏にかけて吹く**やませ**と呼ばれる北東風により，気温が下がることがあります。日本海側は，冬の積雪量が多くなります。

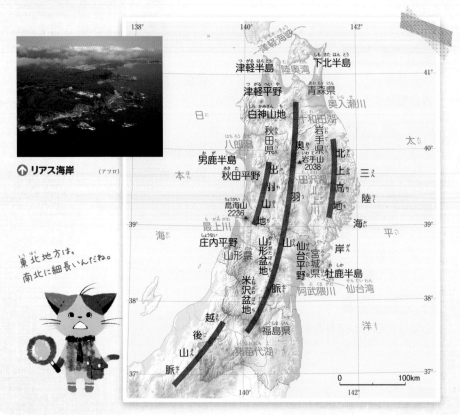

⤴ **リアス海岸** (アフロ)

東北地方は，南北に細長いんだね。

津軽海峡
津軽半島　陸奥湾　下北半島
津軽平野　青森県
奥入瀬川
白神山地　十和田湖
八郎潟　秋田県　岩手県　岩手山 2038　北上高地
男鹿半島
秋田平野
奥羽山脈　田沢湖　三陸海岸
出羽山地
鳥海山 2236
最上川　山形県
庄内平野　山形盆地　仙台平野　宮城県　牡鹿半島
山形県　奥羽山脈　仙台湾
米沢盆地　阿武隈川
越後山脈　福島県
猪苗代湖

日本海　太平洋

0　100km

山 青森県
（あおもりけん）

県庁所在地 青森市
面　　積　9646km²（8位）〈2017年〉
人　　口　127.8万人（31位）〈2017年〉

本州の最北端に位置し，りんごの生産量は日本一

県の形が
県のマークに
なっているね。

↑ りんご栽培の様子　　　（アフロ）

🌳 自然

本州の最北端に位置し，陸奥湾の西に**津軽半島**，東に**下北半島**がのびています。

青森県と秋田県にまたがる**白神山地**は，ぶなの原生林が広がり，**世界自然遺産**に登録されています。

⚙ 産業

農業…津軽平野では，**りんご**の栽培がさかんです。

漁業…陸奥湾では，**ほたて貝**の養殖がさかんで，**八戸港**は，日本有数の水あげ量をほこります。

工業…伝統的工芸品の**津軽塗**が有名。食料品工業がさかんです。

🔔 文化・その他

青森市では，夏に東北三大祭りの１つ，**青森ねぶた祭**が行われ，多くの観光客がおとずれます。

↓ りんごの生産量の内訳

福島
3.5
岩手
5.7
6.0
山形
長野
18.6
その他
合計
76万
5000t
青森
58.5%

（2016年）
（2018年版「県勢」）

↓ **青森ねぶた祭**
…きょ大な灯ろう（ねぶた）をひいて町をねり歩きます。

COLUMN
参考

やませ [➡ P.223]
初夏に「やませ」と呼ばれる冷たい北東の風が吹き，東北地方の太平洋側などで冷害となることがあります。

（アフロ）

岩手県（いわてけん）

県庁所在地	盛岡市
面 積	1万5275km²（2位）〈2017年〉
人 口	125.5万人（32位）〈2017年〉

農業，漁業がさかん，面積第2位

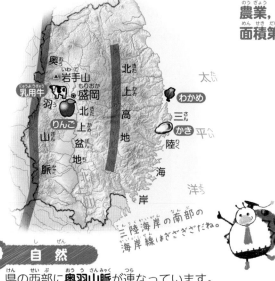

三陸海岸の南部の海岸線はぎざぎざだね。

↑ 岩手県の交通網と主な工業団地

🌳 自然

県の西部に**奥羽山脈**が連なっています。
三陸海岸の南部に，**リアス海岸** [→ P.185] が見られます。

⚙ 産業

農業…やませによって**冷害** [→ P.222] がおこることがあります。岩手山の南の小岩井農場などで**酪農** [→ P.237] がさかん。
漁業…沖合の**潮目（潮境）** [→ P.247] は好漁場。**わかめ，かき**などの養殖がさかん。**東日本大震災** [→ P.337] により大きな被害を受け，復興を目指しています。
工業…**南部鉄器**などの伝統的工芸品が有名。東北自動車道沿いでは電子部品工場が進出しています。

↑ 南部鉄器の鉄びん
（ピクスタ）

🔔 文化・その他

平泉は**世界文化遺産**に登録されています。

↓ 平泉の中尊寺（椿雅人／アフロ）

COLUMN 参考

リアス海岸
山地が海面下にしずんでできた，複雑に入り組んだ海岸の地形で，三陸海岸や志摩半島などで見られます。

宮城県
（みやぎけん）

県庁所在地　仙台市
面積　7282km²（16位）〈2017年〉
人口　232.3万人（14位）〈2017年〉

仙台平野が広がり，仙台市
は東北地方最大の都市

東北地方の
他の県と比べて
平野が広いね。

↑松島　　　　　（アフロ）

自然

県の西部には**奥羽山脈**が連なります。
仙台平野には北上川と阿武隈川が流れています。**松島**は，日本三景の１つです。

産業

農業…仙台平野では，米づくりがさかん。
漁業…**わかめ，のり，かき**などの養殖がさかん。石巻，女川，気仙沼など漁港が多く，さんま漁がさかんです。**東日本大震災**［→ P.337］により大きな被害を受け，復興を目指しています。
工業…**宮城伝統こけし**などの伝統的工芸品が有名。海沿いには臨海工業地域が形成されています。

文化・その他

東北三大祭りの１つ，**仙台七夕まつり**が開かれます。

北海道	5万2093
宮城	1万5641
岩手	1万2245
富山	9086
福島	8314

0　　0.5　　1　　1.5（万）

↑さんまの漁かく量の多い都道府県
（2015年）（2018年版「県勢」）

↓仙台七夕まつり
…特産品の和紙を使ったかざりが，商店街をいろどります。

（アフロ）

COLUMN 参考

日本三景
松島（宮城県），天橋立（京都府），宮島（広島県）は，日本を代表する景観といわれています。

秋田県

県庁所在地 秋田市
面積 1万1638km² (6位) 〈2017年〉
人口 99.6万人 (38位) 〈2017年〉

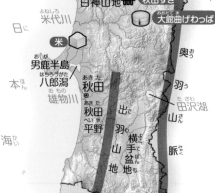

白神山地
秋田すぎ
米代川
大館曲げわっぱ
十和田湖
米
男鹿半島
八郎潟
秋田
雄物川
秋田
平野
出羽山地
横手盆地
奥
羽
山
脈
田沢湖
日本海

県のマークは,「アキタ」の「ア」の字をかたどっているね。

個性的な郷土芸能や伝統行事が息づく地

北海道		330.7
宮崎		198.2
岩手		147.4
秋田		128.9
大分		97.3

0　100　200　300（万m³）

↑ 国産木材の丸太の生産量が多い都道府県
(2016年)(2018年版「県勢」)

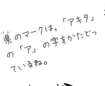

🔶 大館曲げわっぱ
秋田すぎを使った伝統的工芸品。
(アフロ)

🌳 自然

東側の岩手県との県境に**奥羽山脈**,北側の青森県との県境には**白神山地**があります。日本海側には**男鹿半島**がつき出ています。

⚙ 産業

農業…あきたこまちを中心に**米づくり**がさかん。
八郎潟 [→ P.224] を**干拓** [→ P.007, 199] してできた大潟村で,農業がさかん。
林業…米代川沿いに,三大美林 [→ P.331] の1つの**秋田すぎ**の林が広がっています。
工業…**大館曲げわっぱ**などの伝統的工芸品が有名。

🔶 秋田竿燈まつり
…たくさんのちょうちんをぶらさげた長いさおを額,肩などで支えて技を競います。
(アフロ)

🔔 文化・その他

男鹿半島の**なまはげ**や,東北三大祭りの1つに数えられる**秋田竿燈まつり**が有名。

COLUMN
参考

八郎潟
干拓前は,日本で2番目に大きい湖でした。第二次世界大戦後,食料不足などの理由から干拓が進められました。

▲▲▲ 山形県

県庁所在地　山形市
面　積　9323km² （9位）〈2017年〉
人　口　110.2万人（35位）〈2017年〉

さくらんぼと西洋なしの栽培がさかん

県の形は、人の横顔のようだね。

↑ 最上川
…日本三大急流の1つです。
（アフロ）

↑ さくらんぼの生産量の内訳
その他
北海道 7.8
合計 1万9800t
山形 75.8%
（2016年）
（2018/19年版「日本国勢図会」）

🌳 自　然

県の中央部を**最上川**が流れ，上流から下流に向かって**山形盆地**・新庄盆地・庄内平野が広がっています。宮城県との県境に**奥羽山脈**が南北に連なります。内陸部では夏，フェーン現象で高温になります。

⚙ 産　業

農業…**庄内平野**では米づくりがさかん。山形県は**さくらんぼ（おうとう）**，西洋なしの生産量が日本一。米沢市周辺で**米沢牛**の飼育がさかん。
工業…電気機器関連の工場が進出しています。**天童将棋駒**などの伝統的工芸品が有名。

🔔 文化・その他

夏には**山形花笠まつり**が行われ，秋には各地で芋煮会が行われます。

↓ 山形花笠まつり

（アフロ）

COLUMN
参考

フェーン現象
山地から平地に高温のかわいた風がふきおろす現象で，日本海側の地域で高温になる原因の1つです。

福島県

県庁所在地	福島市
面積	1万3784km²（3位）〈2017年〉
人口	188.2万人（21位）〈2017年〉

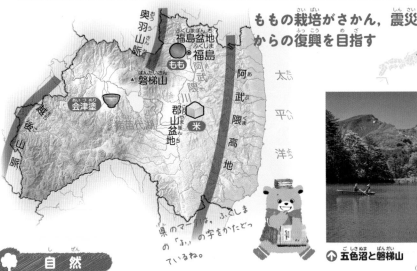

ももの栽培がさかん，震災からの復興を目指す

↑ 五色沼と磐梯山

（アフロ）

県のマークは，ふくしまの「ふ」の字をかたどっているね。

🌳 自　然

県の東部に阿武隈高地，中央部に奥羽山脈が連なり，その間に福島盆地・郡山盆地が広がっています。新潟県との県境に，越後山脈が連なります。

⚙ 産　業

農業…米づくりがさかん。福島盆地では，ももや日本なしの栽培がさかん。

漁業…さんま漁がさかん。東日本大震災 [➡ P.337] により大きな被害を受け，復興を目指しています。

工業…会津塗などの伝統的工芸品が有名。東北自動車道沿いに情報通信機械の工場が進出しています。

🔔 文化・その他

細菌学者として活やくした野口英世 [➡ P.569] の出身地。会津若松市の会津若松城（鶴ヶ城）が有名。

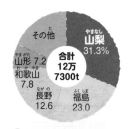

↑ ももの生産量の内訳

（2016年）（2018年版「県勢」）

合計
12万
7300t

山梨 31.3%
福島 23.0
長野 12.6
和歌山 7.8
山形 7.2
その他

↓ 会津塗

…会津若松市周辺で生産がさかん。

（アフロ）

COLUMN
参考

福島第一原子力発電所事故 [➡ P.338, 388]
2011年の東日本大震災のとき，福島第一原子力発電所は大津波におそわれ，放射性物質がもれる事故が発生しました。

? 1 日本でいちばん高い山は?

山梨県と静岡県にまたがる富士山, 標高3776mです。富士山は, 江戸時代には多くの浮世絵にえがかれた山で, 2013年に世界文化遺産に登録されました。なお, 2位は山梨県の北岳（白根山）(3193m), 3位は長野県・岐阜県にまたがる穂高岳（奥穂高岳）(3190m) です。

? 2 日本でいちばん広い湖は?

滋賀県にある琵琶湖です。琵琶湖の面積は670km^{2}で, 滋賀県の面積の約6分の1にあたります。なお, 2位は, 茨城県の霞ケ浦（168km^2）, 3位は北海道のサロマ湖（152km^2）です。

COLUMN はてな **?で深める 日本の地理ものしり情報**

? 3 日本でいちばん長い川は?

長野県・新潟県を流れる信濃川（367km）です。なお, 2位は, 利根川（322km）, 3位は石狩川（268km）です。

? 4 海に面していない都道府県はいくつ?

8つの県が海に面していません。そのうち栃木県・群馬県・埼玉県・山梨県・長野県・岐阜県・滋賀県の7つの県はつながっていますが, 奈良県だけはなれています。

115

04 関東地方

さくっとガイド まずはここを読んで，関東地方の特色をつかもう！

関東地方の自然

◆**地形**…関東地方には，日本でもっとも広い**関東平野**が広がっています。北西部には**越後山脈**，西部には**関東山地**が連なっています。

◆**気候**…関東地方の大部分は**太平洋側の気候** [➡ P.194] で，夏は梅雨や台風で雨が多く，冬は北西からかんそうした**季節風** [➡ P.191] がふきます。内陸部は，夏と冬の気温差が大きい気候，小笠原諸島は亜熱帯の気候です。

↑**関東平野を見わたせる東京スカイツリー** (ソフ市)

関東平野は関東ロームと呼ばれる火山灰におおわれているんだ。

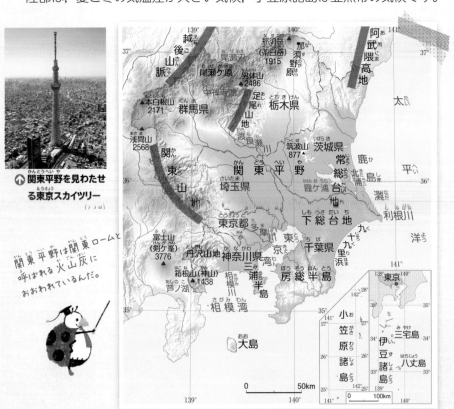

茨城県

県庁所在地	水戸市
面　　積	6097km²（24位）〈2017年〉
人　　口	289.2万人（11位）〈2017年〉

近郊農業がさかん，臨海部で工業が発達

平へ 霞ケ浦は，日本で2番目に大きい湖なんだって。

↑ 筑波山

（アフロ）

自然

千葉県との県境を流れる，**利根川**の下流には，**水郷**[➡ P.201]と呼ばれる低湿地が広がっています。
県の北部には阿武隈高地があり，霞ケ浦の周辺には常総台地が広がっています。

産業

農業…低地で米づくりがさかん。**近郊農業**がさかん。
漁業…さば類，いわし類の漁かく量が全国有数。
工業…鹿嶋市を中心に**鹿島臨海工業地域**を形成。
　　　日立市では，**電気機器**の生産がさかん。伝統的工芸品の結城紬，笠間焼が有名。

文化・その他

日本三名園の１つの**偕楽園**が水戸市にあります。つくば市は，筑波研究学園都市として発達しています。

↑ **まいわしの漁かく量の内訳**
（2016年）（農林水産省資料）

茨城 24.0%
合計 37万8142t
その他
三重 15.5
宮城 5.0
千葉 5.6
長崎 5.2

↓ **偕楽園**
…日本三名園の1つに数えられています。
（アフロ）

COLUMN
参考

近郊農業 [➡ P.234]
消費地に近い利点をいかして野菜などをつくる農業で，早く新せんな農作物を大都市の消費地に届けることができます。

栃木県

県庁所在地 宇都宮市
面　積　6408km²（20位）〈2017年〉
人　口　195.7万人（19位）〈2017年〉

いちごの生産，観光地の日光が有名

県のマークは，「栃」の字をデザイン化したものだよ。

いちごの生産量の内訳

栃木 15.8%
福岡 9.8
熊本 6.4
静岡 6.4
長崎 6.1
その他
合計 15万9000t
（2016年）〈2018年版「県勢」〉

栃木県の主な工業団地
…高速道路の近くに多い。

那須I.C
矢板南産業団地
今市I.C
東北自動車道
矢板I.C
清原工業団地
鹿沼I.C
栃木I.C
● 工業団地
— 高速道路
（I.C＝インターチェンジ）

🌳 自然

県の北部は男体山や那須岳などの山々があり，南部は渡良瀬川や鬼怒川が流れる平野で，関東平野の一部です。

⚙ 産業

農業…**いちごの生産**，**かんぴょう**，ビールの原料となる**二条大麦**の生産がさかん。那須野原（那須高原）で**酪農** [➡ P.237] がさかん。

工業…県の中央部で自動車，カメラ，医薬品などの工業が発達しています。伝統的工芸品の**益子焼**が有名。

🔔 文化・その他

日光東照宮が世界文化遺産に登録されています。**足尾銅山** [➡ P.591] のあとがあります。

🔽 日光東照宮（陽明門）
…江戸幕府の初代将軍徳川家康をまつっています。

（アフロ）

🔍 **COLUMN 参考**　**かんぴょう**
ウリ科のゆうがおの実を細長くけずり，かんそうさせたもので，まきずしの具などに使われます。

群馬県

県庁所在地　前橋市
面　　積　6362km² (21位) 〈2017年〉
人　　口　196.0万人 (18位) 〈2017年〉

越後
山脈
本白根山
尾瀬沼
利根川
キャベツ
前橋
だるま
浅間山
伊勢崎絣
こんにゃくいも
桐生織
自動車

**高原野菜の栽培がさかん，
東京への交通の便がよい**

県の形は，つるが飛ん
でいるように見えるね。

↑ 浅間山

（アフロ）

自然

県の北部に**越後山脈**が連なっています。冬にはかわ
いた北西の季節風である**からっ風**がふきます。

産業

農業…嬬恋村で，高原の夏のすずしい気候をいかし
たキャベツなどの**高原野菜** [→ P.201] の栽培がさか
ん。下仁田町で，**こんにゃくいも**の栽培がさかん。
工業…桐生市周辺で生産される桐生織は，「東の西
陣」といわれる絹織物。太田市は，**自動車**などの
輸送用機械の生産がさかん。

文化・その他

岩宿遺跡 [→ P.399] （みどり市），世界文化遺産に登
録されている「**富岡製糸場** [→ P.563] と絹産業遺産
群」や，温泉地の草津が有名。

群馬
18.0%
その他
合計
144万
6000t
愛知
17.4
千葉
8.9
茨城
7.4
神奈川 5.2

↑ **キャベツの生産量の内訳**
(2016年) (2018年版「県勢」)

• 工業団地

↓ **群馬県の主な工業団地**

関越自動車道
沼田市
上信越自動車道
高崎市
前橋市
館林市
伊勢崎市
太田市

COLUMN
参考

高原野菜
抑制栽培でつくられる野菜のことで，キャベツやレタス，はくさいなどの葉物の野菜を出荷時期を
おくらせて栽培しています。

埼玉県

県庁所在地	さいたま市
面積	3798km² (39位) 〈2017年〉
人口	731.0万人 (5位) 〈2017年〉

東京への通勤・通学者が多く，近郊農業がさかん

ほうれんそう
関東平野
カメラ
人形
石灰石
自動車
さいたま
荒川
関東山地

県の西部には山地，東部には平地が多いね。

1位	小松菜 (1万5700t)
	パンジー (苗) (1090万本)
	ゆり (切り花) (2940万本)
2位	ねぎ (5万9900t)
	ほうれんそう (2万5200t)
	かぶ (1万7200t)
	さといも (1万8300t)
3位	ブロッコリー (1万3900t)
	きゅうり (4万7400t)

⤒ 埼玉県の主な農作物の生産量と全国順位
(2016年) (農林水産省資料)

⤒ 埼玉県の主な工業団地

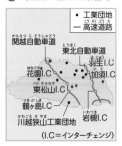

- 工業団地
- 高速道路

関越自動車道
東北自動車道
羽生I.C
花園I.C
加須I.C
東松山I.C
鶴ヶ島I.C
岩槻I.C
川越狭山工業団地

(I.C＝インターチェンジ)

🌳 自然

県の東部に関東平野，西部に関東山地と秩父山地があり，中央部に**荒川**が流れています。

⚙ 産業

農業…**近郊農業** [➡ P.234] がさかんで，ほうれんそうや，ねぎなどが栽培されています。
工業…県内の各地で工業がさかんで，全国でも有数の工業県。秩父市では**セメント**を生産。さいたま市岩槻区は**ひな人形**や節句人形の生産地として有名。

🔔 文化・その他

東京への交通の便がよく，南部の都市は東京の**ベッドタウン** [➡ P.213] となっています。
川越市は江戸時代の建物が残る観光地です。

⤒ 川越の町並み (アフロ)

COLUMN 参考

ベッドタウン
大都市の周辺で，都市に通勤する人が多い住宅地のことをいいます。

千葉県(ちばけん)

県庁所在地(けんちょうしょざいち) **千葉市(ちば)**
面 積 **5158km²**(28位)〈2017年〉
人 口 **624.6万人**(6位)〈2017年〉

東京のベッドタウン，農業生産額・工業生産額は日本有数

- しょうゆ
- 米
- いわし
- 下総台地(しもうさだいち)
- 千葉
- 成田国際空港(なりたこくさいくうこう)
- しょうゆ
- 銚子(ちょうし)
- らっかせい
- 東京湾(とうきょうわん)
- 九十九里浜(くじゅうくりはま)
- 石油製品(せきゆせいひん)
- 房総半島(ぼうそうはんとう)
- カーネーション

県のマークは「チバ」の「チ」と「ハ」をかたどっているね。

南房総市での花の栽培(みなみぼうそうし)
(アフロ)

🌳 自然(しぜん)

太平洋側(たいへいようがわ)に約60kmにおよぶ九十九里浜(くじゅうくりはま)が続いています。**房総半島(ぼうそうはんとう)**は，暖流(だんりゅう)の**黒潮(日本海流)(くろしお・にほんかいりゅう)**[➡ P.196]のえいきょうで温暖(おんだん)な気候です。県の北部(ほくぶ)を流れる利根川(とねがわ)が，茨城県(いばらきけん)との県境(けんざかい)になっています。

⚙ 産業(さんぎょう)

農業(のうぎょう)…野菜(やさい)や花を栽培(さいばい)する**近郊農業(きんこうのうぎょう)**[➡ P.234]や**早場米(はやばまい)**[➡ P.225]の生産(せいさん)がさかん。らっかせいの生産量(せいさんりょう)は日本一。
漁業(ぎょぎょう)…**銚子港(ちょうしこう)**は，いわしやさばを中心に日本有数の水あげ量(りょう)をほこります。
工業(こうぎょう)…東京湾(とうきょうわん)のうめ立て地に，**京葉工業地域(けいようこうぎょうちいき)**が広がっています。野田市(のだし)と銚子市(ちょうしし)では，**しょうゆ**を生産(せいさん)。

🔔 文化・その他(ぶんか)

成田市(なりたし)の**成田国際空港(なりたこくさいくうこう)**は，日本最大(さいだい)の貿易港(ぼうえきこう)。

銚子(ちょうし)(千葉県)
焼津(やいづ)(静岡県)

10.8%
5.9
4.5
3.9
3.8

合計
255万2979t

その他(た)

枕崎(まくらざき)(鹿児島県)
八戸(はちのへ)(青森県)
釧路(くしろ)(北海道)

⬆ **全国主要漁港の水あげ量(ぜんこくしゅようぎょこう)**
(2016年)(水産庁資料)

⬇ **成田国際空港(なりたこくさいくうこう)**

(アフロ)

利根川の水運(とねがわ・すいうん)

利根川(とねがわ)は，17世紀(せいき)初めに銚子(ちょうし)で太平洋(たいへいよう)に注(そそ)ぐ流れが変えられました。この利根川と江戸川(えどがわ)を経由(けいゆ)して，東北地方(とうほくちほう)からの物資(ぶっし)や千葉のしょうゆなどが江戸(えど)に運ばれました。

東京都

都庁所在地	東京（新宿区）
面積	2194km² (45位) 〈2017年〉
人口	1372.4万人 (1位) 〈2017年〉

出版
印刷
トラック
東京●
出版
東京湾

父島
小笠原諸島
母島

伊豆諸島
0 10km

三宅島
大島
八丈島
新島
硫黄島
八丈小島
式根島
0 50km

都のマークは、TOKYOの「T」をかたどっているよ。

日本の政治・経済の中心地，人口は日本一

⬆ 高層ビルがたち並ぶ都庁周辺 (アフロ)

🌳 自然

都の西部に関東山地が連なり，東部は**東京湾**に面しています。**伊豆諸島**，**小笠原諸島**も東京都に属し，小笠原諸島は**世界自然遺産**に登録されています。

⚙ 産業

農業…市街地が西部の郊外まで広がり，耕地が減少しています。せまい耕地で野菜が栽培されています。
工業…都心部では**印刷業**，郊外では機械工業がさかん。
サービス業…**情報関連産業**が発達しています。大企業の本社やデパート，商店が多く，第三次産業で働く人が多くなっています。

🔔 文化・その他

日本の**首都**で，政治・経済の中心地。23区に人口が集中し，**過密(化)** [➡ P.215] 問題があります。

1965年	2万7700
1975年	1万4600
1985年	1万2500
1995年	9980
2005年	8340
2010年	7670
2015年	7130
2016年	7000
2017年	6900

0 1万 2万 3万 (ha)

⬆ **東京都の耕地面積の移り変わり**
（農林水産省資料）

⬇ **東京都の工業生産額の内訳**

輸送用機械 18.6%
合計 8兆3550億円 全国13位
印刷 12.4
その他
10.5
8.4
10.1
食料品
電気機械
情報通信機械
（2014年）（2018年版「県勢」）

COLUMN 参考

第三次産業
情報通信，商業，金融，教育，不動産などで，サービス業とも呼ばれます。

神奈川県 (かながわけん)

県庁所在地　横浜市
面　積　2416km² (43位) 〈2017年〉
人　口　915.9万人 (2位) 〈2017年〉

全国有数の工業県，横浜港は日本を代表する貿易港

丹沢山地
相模川
横浜
東京湾
自動車
箱根山
箱根寄木細工
相模湾
鎌倉
三浦半島
だいこん
キャベツ

東京湾の北側はうめ立て地が多いね。

↑ 三浦半島のだいこんづくり
(アフロ)

🌳 自然

三浦半島をはさんで，県の東部は東京湾，南部は**相模湾**に面しています。県の西部に丹沢山地と箱根の山々があります。中央部に相模川が流れています。

⚙ 産業

農業…三浦半島では，キャベツやだいこんなどを栽培する**近郊農業** [➡ P.234] がさかん。

漁業…三崎港は，**遠洋漁業** [➡ P.243] の基地として有名でまぐろやかつおの水あげ量が多い港です。

工業…**京浜工業地帯** [➡ P.275] があり，工業生産額が全国有数。**横浜港**は自動車などの輸出が多い港です。

🔔 文化・その他

鎌倉には，約140年間，幕府 [鎌倉幕府➡ P.458] が置かれていました。

都道府県	工業生産額（兆円）
愛知	44.0
神奈川	17.8
大阪	16.7
静岡	16.1
兵庫	15.0
千葉	13.9
埼玉	12.5

↑ **工業生産額が多い都道府県**
(2014年) (2018年版「県勢」)

↓ 鎌倉大仏 (高徳院)

COLUMN
参考
東京湾アクアライン
東京湾を横断して神奈川県川崎市と千葉県木更津市を結ぶ道路で，橋と海底トンネルからなります。

05 中部地方

さくっとガイド まずはここを読んで,中部地方の特色をつかもう!

中部地方の自然

◆**地形**…東海は木曽川下流域に**濃尾平野**が広がり,中央高地は**飛騨**,**木曽**,**赤石山脈**が連なり,北陸は信濃川下流域に**越後平野**が広がっています。

◆**気候**…東海は**太平洋側の気候** [➡ P.194] で,夏の降水量が多く,冬は比較的温暖,中央高地は夏と冬の気温差が大きい気候,北陸は**日本海側の気候** [➡ P.194] で,山沿いの地域は豪雪地帯になっています。

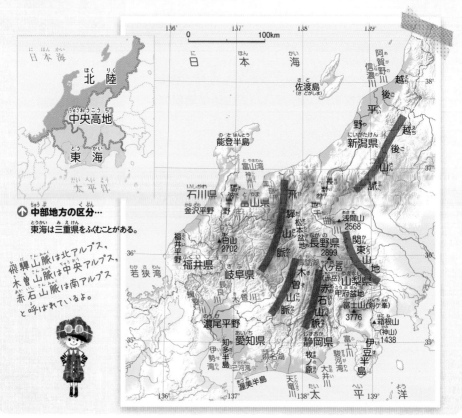

⤴ **中部地方の区分**…
東海は三重県をふくむことがある。

飛騨山脈は北アルプス,
木曽山脈は中央アルプス,
赤石山脈は南アルプス
と呼ばれているよ。

新潟県 (にいがたけん)

県庁所在地 (けんちょうしょざいち)　新潟市 (にいがた)
面積 (めんせき)　1万2584km²(5位(い))〈2017年〉
人口　226.7万人 (15位)〈2017年〉

信濃川 (しなの) が流れる，日本 (なが) を代表する米どころ

細長い形をしているね。

越後平野 (えちごへいや) の水田地帯 (すいでんちたい)
(アフロ)

🌳 自然 (しぜん)

県の南東部 (けんなんとうぶ) に越後山脈 (えちごさんみゃく) が連 (つら) なり，日本海 (にほんかい) に面 (めん) して広 (ひろ) がる**越後平野 (えちごへいや)** には，日本一長 (なが) い**信濃川 (しなのがわ)** が長野県 (ながのけん) から流 (なが) れこみ，福島県 (ふくしまけん) からは阿賀野川 (あがのがわ) が流 (なが) れこんできます。沖合 (おきあい) には，**佐渡島 (さどしま)** があります。

⚙ 産業 (さんぎょう)

農業 (のうぎょう)…新潟県 (にいがたけん) は，**「コシヒカリ」** [➡ P.225] の産地 (さんち)。米 (こめ) の生産量 (せいさんりょう) は全国 (ぜんこく) 1・2位 (い) をあらそっています。
工業 (こうぎょう)…燕市 (つばめし) では，**洋食器 (ようしょっき)** の生産 (せいさん) がさかん。伝統的工 (でんとうてきこう) 芸品 (げいひん) の**小千谷ちぢみ (おぢや)** が有名 (ゆうめい)。石油 (せきゆ) と天然 (てんねん) ガスをわずかに産出 (さんしゅつ)。

🔔 文化・その他 (ぶんか・た)

佐渡島 (さどしま) は，特別天然記念物 (とくべつてんねんきねんぶつ) に指定 (してい) されている**トキ**の飼育 (しいく) をしている島 (しま) で，佐渡金山 (さどきんざん) など史跡 (しせき) も豊富 (ほうふ)。

ゆきん子舞 (こまい)　五百万石 (ごひゃくまんごく)(酒用 (さけよう) の米) 2
もち米　3
その他
6
17
こいしぶき
(コシヒカリより
早 (はや) く収 (しゅう) かくできる)
作付面積 (さくつけめんせき)
12万ha
コシヒカリ
68%

新潟県 (にいがたけん) で栽培 (さいばい) されている稲 (いね) の品種 (ひんしゅ) の内訳 (うちわけ)
(2017年)(新潟県資料)

トキ　1999年に中国 (ちゅうごく) から贈 (おく) られたトキを佐渡 (さど) トキ保護 (ほご) センターで人工繁殖 (じんこうはんしょく) しています。

(アフロ)

COLUMN
参考

信濃川 (しなの) [➡ P.182]
上流 (じょうりゅう) の長野県 (ながのけん) では千曲川 (ちくまがわ)，新潟県 (にいがたけん) では信濃川 (しなのがわ) と呼 (よ) ばれています。

富山県

県庁所在地　富山市
面　積　4248km² (33位)〈2017年〉
人　口　105.6万人 (37位)〈2017年〉

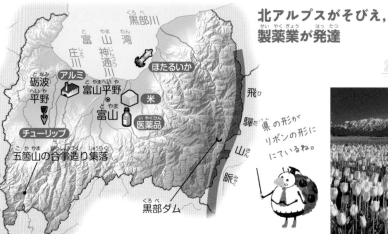

北アルプスがそびえ，製薬業が発達

県の形がリボンの形ににているね。

⬆ チューリップ畑　(アフロ)

自　然

県の東部に，**飛驒山脈**が連なります。北部は富山湾に面し，**神通川**が流れる富山平野，庄川の流れる砺波平野が広がっています。

産　業

農業…米の生産がさかん。**チューリップ**の球根の生産量が日本一。
漁業…富山湾では，いわし，ぶりの水あげ量が多く，**ほたるいか漁**もさかん。
工業…**製薬業**，アルミ製品の製造がさかん。

⬆ ほたるいか　(アフロ)

⬇ 黒部ダム
日本一の高さをほこります。

文化・その他

五箇山の合掌造り集落は，岐阜県の白川郷とともに**世界文化遺産**[➡ P.352]に登録されています。
黒部ダムなどのダムが多く，**水力発電**[➡ P.301]がさかん。

COLUMN
参考
富山の売薬業（薬売り）
江戸時代から行われている各地の家庭に薬を置き，年に1・2回訪問し，減った薬の料金を受け取るはん売方法です。

石川県（いしかわけん）

県庁所在地　金沢市
面積　4186km²（35位）〈2017年〉
人口　114.7万人（34位）〈2017年〉

輪島塗（わじまぬり）

能登半島（のとはんとう）

日本海（にほんかい）

加賀友禅（かがゆうぜん）
金沢平野（かなざわへいや）

金沢（かなざわ）

九谷焼（くだにやき）

米

白山（はくさん）

金沢市は加賀百万石の城下町，伝統産業がさかん

南北に細長い形をしているね。

⤴ 兼六園（けんろくえん）　（アフロ）

自然（しぜん）

県の北部は，日本海に能登半島がつき出ています。南部の岐阜県との県境には白山があり，日本海沿いには金沢平野が広がっています。

産業（さんぎょう）

農業…米づくりがさかん。能登地方では，千枚田が見られます。

漁業…沖合では，ぶりやいか，いわし，さばなどいろいろな魚が水あげされます。

工業…輪島塗，九谷焼，加賀友禅などの伝統的工芸品が有名。

文化・その他（ぶんか・そのた）

金沢市は，江戸時代の加賀百万石の城下町として栄えました。兼六園は，日本三名園の１つです。

⤵ 白米の千枚田（しろよねのせんまいだ）
…山の斜面につくられた階段状の水田です。　（アフロ）

⤵ 輪島塗（わじまぬり）　（アフロ）

COLUMN 参考

伝統的工芸品（でんとうてきこうげいひん） [➡ P.286]
工程が主に手作業で，決まった地域で，昔から伝わる技術でつくられているなどの条件を満たした工芸品をいいます。

福井県
（ふくいけん）

県庁所在地　福井市（けんちょうしょざいち）
面　積　4191km²（34位）〈2017年〉（めんせき）
人　口　77.9万人（43位）〈2017年〉

九頭竜川（くずりゅう）
福井平野（ふくいへいや）
福井（ふくい）
大野盆地（おおののぼんち）
めがね
越前がに（えちぜん）
越前焼（えちぜんやき）
越前漆器（えちぜんしっき）
若狭湾（わかさわん）

若狭湾沿岸はギザギザしているね。

若狭湾沿岸のリアス海岸，米づくりがさかん
（わかさわんえんがん）（かいがん）

すいせんがさく冬の越前岬
（アフロ）

自然（しぜん）

県の北部を流れる九頭竜川沿いに福井平野と大野盆地が広がっています。南部の**若狭湾**の沿岸は**リアス海岸**になっています。
（けんほくぶ）（ながれる）（くずりゅうがわ）（ふくいへいや）（おおのぼんち）（なんぶ）（わかさわん）（えんがん）（かいがん）

産業（さんぎょう）

農業…米づくりがさかんで，耕地にしめる田の割合は90％以上。すいせんの栽培がさかん。
（のうぎょう）（こうち）（わりあい）（さいばい）

漁業…若狭湾では，ぶりやかれい，さばなどが水あげされ，近海でとれる**越前がに**（ずわいがに）も有名。
（ぎょぎょう）（えちぜん）（ゆうめい）

工業…化学せんいの生産がさかん。鯖江市は，**めがねわく（フレーム）**の生産がさかん。
（こうぎょう）（かがく）（せいさん）（さばえし）（せいさん）

その他（た）
合計340.9億円（ごうけい）（おくえん）
福井（ふくい）96.7％

めがねわくの生産額の内訳（せいさんがく）（うちわけ）
（2014年）（2018年版「県勢」）（けんせい）

文化・その他（ぶんか）

県北部の**東尋坊**は，観光地として知られています。
（けんほくぶ）（とうじんぼう）（かんこうち）

東尋坊（とうじんぼう）
ごつごつとした岩壁が約1キロメートルも続いています。
（がんぺき）（やく）（つづ）
（ピクスタ）

COLUMN
参考

福井のめがねわく（フレーム）の歴史
（ふくい）（れきし）
明治時代，福井県の増永五左衛門という人物が産業発展のために，大阪から職人をまねいて，つくり方を学んだのが始まりだといわれています。
（めいじじだい）（ふくいけん）（ますながござえもん）（じんぶつ）（さんぎょうはってん）（おおさか）（しょくにん）（はじ）

山梨県

県庁所在地 甲府市
面積 4465km² （32位）〈2017年〉
人口 82.3万人 （42位）〈2017年〉

八ケ岳（赤岳）

レタス

マスカット

甲府

ぶどう

もも

甲府盆地

富士山

赤石山脈

石

山

脈

関東山地

富士川

富士山などの山に囲まれ，ぶどう・ももの生産量日本一

山に囲まれていて，海に面していない県だね。

↑ 河口湖から見た富士山
（アフロ）

自然

県の周りを赤石山脈，富士山，**八ケ岳**，関東山地などの高い山々が囲んでいます。中央部に**甲府盆地**が広がっています。県の南部に日本三大急流の1つ，富士川が流れています。

産業

農業…甲府盆地周辺に広がる扇状地 [➡ P.185] では，**くだものづくり**がさかん。**ぶどうともも**の生産量は日本一。
工業…ぶどうを原料とするワインの生産がさかん。中央自動車道沿いでは**電子工業**が発達。伝統的工芸品の**甲州水晶貴石細工**などが有名。

文化・その他

富士山 [➡ P.181] は，**世界文化遺産**に登録されています。

山梨 23.7%

合計 17万 9200t

その他

長野 16.1

山形 10.4

岡山 8.3

福岡 4.5

↑ ぶどうの生産量の内訳
（2016年）（2018年版「県勢」）

↓ 甲州水晶貴石細工
（伝統的工芸品産業振興協会）

COLUMN 参考

富士五湖
富士五湖とは富士山の山ろくにある山中湖，河口湖，西湖，精進湖，本栖湖をあわせた5つの湖をいいます。

長野県 (ながのけん)

県庁所在地 (けんちょうしょざいち) 長野市 (ながのし)
面積 (めんせき) 1万3562km²(4位) 〈2017年〉
人口 (じんこう) 207.6万人 (16位) 〈2017年〉

日本アルプスがそびえ,
りんごの大生産地

県のマークは,カタカナのナをかたどっているね。

野辺山原のはくさい

自然

県の西部に飛騨山脈,南部に赤石山脈と木曽山脈が連なります。これらの山々は「**日本アルプス**」と呼ばれています。北東部に**千曲川**が流れています。

産業

農業…八ヶ岳のふもとでは,レタスやはくさいなどの高原野菜 [➡ P.201] の栽培がさかん。長野盆地では,**りんごやぶどう**の栽培がさかん。

林業…**木曽ひのき**は,日本三大美林の1つ。

工業…諏訪湖の周辺では,**精密機械工業**や**電子工業**がさかん。

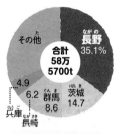

レタスの生産量の内訳
(2016年) (2018年版「県勢」)

合計
58万
5700t

ながの 長野 35.1%

茨城 14.7

群馬 8.6

長崎 6.2

兵庫 4.9

その他

文化・その他

長野市は,善光寺の**門前町**で,松本市は松本城の**城下町** [➡ P.479] です。7年に1度開かれる,御柱祭が有名。

松本城

(アフロ)

COLUMN 参考

門前町 [➡ P.479]
大きな寺社の周辺で,お参りに来る人を対象として,商工業者が集まることでつくられた町。

130

㉑ 岐阜県

県庁所在地 岐阜市
面　積 1万621km² （7位）〈2017年〉
人　口 200.8万人 （17位）〈2017年〉

白川郷の
合掌造り集落 —
肉用牛
飛騨春慶
ほうれんそう
飛騨山脈
美濃和紙
かき
岐阜
濃尾平野
美濃焼

濃尾平野で米づくり，
美濃焼が有名。

県のマークは，漢字の岐の字をかたどっているんだ。

🐂 肉用牛の放牧　（アフロ）

🌳 自然

県の南部には，**濃尾平野**が広がっていて，**木曽川・長良川・揖斐川**が流れています。北東部には，**飛騨山脈**が連なります。南部の**海津市**には，周囲を堤防で囲んだ**輪中** [➡ P.200] と呼ばれる集落があります。

⚙ 産業

農業…濃尾平野では，米づくりがさかん。北部の山地では，**飛騨牛**の飼育がさかん。
漁業…長良川では，あゆ漁がさかん。
工業…陶磁器の生産がさかん。**美濃焼，美濃和紙**などの伝統的工芸品が有名。

🔔 文化・その他

長良川で，伝統ある**鵜飼**が行われています。**白川郷の合掌造り集落**は**世界文化遺産**に登録されています。

🔼 輪中　（アフロ）

🔽 **長良川の鵜飼**…
縄でつないだ鵜を川にはなし，鵜がのみこんだあゆをとる漁です。　（アフロ）

🔍 COLUMN 参考　**輪中**
洪水から家や田畑を守るために，周りを堤防で囲んだ地域。輪中では，土をもり上げた所に家が建てられています。

131

静岡県

県庁所在地 静岡市
面積 7777km² (13位) 〈2017年〉
人口 367.5万人 (10位) 〈2017年〉

茶の生産量日本一, 楽器やオートバイを輸出

県の形が, 金魚に似ているね。

茶畑と富士山 (ナツロ)

🌳 自然

県の北部には, 赤石山脈の山々と**富士山**があります。
富士川, **大井川**, **天竜川**が県の南北に流れています。
東部には, **伊豆半島**が太平洋につき出ています。

⚙ 産業

農業…**牧ノ原**を中心に**茶**の栽培がさかんで, 牛産量
は日本一。また, 全国有数の**みかん**の生産地。
漁業…**焼津港**は, 遠洋漁業の基地でまぐろやかつお
の水あげ量が全国有数。
工業…県の太平洋側に**東海工業地域** [→ P.277] を形成
しています。浜松市で**楽器・オートバイ**, 富士市
で**製紙・パルプ工業** [→ P.281] が発達。

🔔 文化・その他

富士山は, **世界文化遺産**に登録されています。

🍵 **茶の生産量の内訳**
(2016年) (2018年版「県勢」)

合計
8万
200t

静岡 38.3%
鹿児島 30.7
三重 7.9
4.7
宮崎 4.0
京都
その他

🎹 **ピアノの製造**…すぐれた技
術をもとにつくられるピアノは
世界的に有名です。

(写真提供：ヤマハ株式会社)

COLUMN
参考

富士山 [→ P.181]
現在, 噴火活動をしているか, 近い将来, 噴火する可能性
のある火山を活火山といいます。富士山も活火山の1つです。

愛知県

都道府県データ編

第**1**章 日本の諸地域

県庁所在地　名古屋市
面　　　積　5173km²（27位）〈2017年〉
人　　　口　752.5万人（4位）〈2017年〉

**工業生産額は日本一，
野菜や花の生産がさかん**

瀬戸焼
濃尾
平野
名古屋
自動車
岡崎
平野
常滑焼
伊
勢
湾
知多半島
中部国際空港
三河湾
キャベツ
きく
渥美半島
メロン

県の形が
クワガタの
頭ににているね。

↑ **愛知県の主な用水路**

自然

県の西部に濃尾平野，南部に岡崎平野が広がってい
ます。太平洋に2つの半島がつき出し，**知多半島**
に**愛知用水**，**渥美半島**に**豊川用水**が引かれています。

産業

農業…渥美半島では，キャベツ・**電照ぎく**[➡ P.236]・
温室メロンの栽培がさかん。知多半島と渥美半島
では，**酪農**も行われ，牛乳の生産量は全国有数。
工業…**中京工業地帯**[➡ P.276]の中心で，**工業生産
額は日本一**。豊田市で**自動車工業**[➡ P.269]がさ
かん。瀬戸市では瀬戸焼の生産がさかん。

文化・その他

常滑市沖の人工島に**中部国際空港**。織田信長，豊臣
秀吉，徳川家康の出身地。

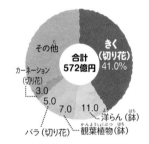

↑ **愛知県の花の生産額の
内訳**

（2015年）（愛知県資料）

合計
572億円

きく
（切り花）
41.0%

その他

カーネーション
（切り花）
3.0

バラ（切り花）
5.0

7.0

洋らん（鉢）
11.0

観葉植物（鉢）

↓ **豊田市の自動車工場**

（トヨタ自動車）

**COLUMN
参考**

企業城下町
ある企業の本社や工場があり，その企業が地域の産業に大きなえいきょうをあたえている市や町。

133

06 近畿地方

近畿地方の自然

◆**地形**…南部には**紀伊山地**,北部には**丹波高地**があり,中央部に**大阪平野**,播磨平野,**京都盆地**が広がっています。**若狭湾**や**志摩半島**には,リアス海岸が見られます。

◆**気候**…北部は**日本海側の気候** [➡ P.194],大阪府や兵庫県南部は**瀬戸内の気候** [➡ P.195],ほかは**太平洋側の気候** [➡ P.194] です。

↑**志摩半島と英虞湾**
(アフロ)

兵庫県明石市に日本の標準時子午線が通っているよ。

三重県 （みえけん）

県庁所在地 （けんちょうしょざいち） 津市 （つ）
面積 （めんせき） 5774km² (25位 （い）) 〈2017年〉
人口 （じんこう） 180.0万人 (22位) 〈2017年〉

リアス海岸 （かいがん） の志摩半島 （しまはんとう），真珠 （しんじゅ） の養殖 （ようしょく） がさかん

製油
茶
輸送用機器 （ゆそうようきき）
伊勢湾 （いせわん）
津
肉用牛
志摩半島
紀伊 （きい） 山地
真珠
みかん
英虞湾 （あごわん）
尾鷲 （おわせ） ひのき
太平洋 （たいへいよう）

南部 （なんぶ） は山が多いね。

↑ 真珠 （しんじゅ） の養殖 （ようしょく） 　（アフロ）

自然 （しぜん）

県 （けん） の中央部 （ちゅうおうぶ） では，太平洋 （たいへいよう） に志摩半島 （しまはんとう） がつき出ています。志摩半島 （しま） から南部 （なんぶ） にかけてはリアス海岸 （かいがん） が続いています。

産業 （さんぎょう）

農業 （のうぎょう） …茶 （ちゃ） やみかんの栽培 （さいばい） がさかん。肉用牛 （にくよううし） の飼育 （しいく） がさかんで松阪牛 （まつさかうし） が全国的 （ぜんこくてき） に有名 （ゆうめい）。
漁業 （ぎょぎょう） …英虞湾 （あごわん） では，真珠 （しんじゅ） の養殖 （ようしょく） がさかん。
工業 （こうぎょう） …四日市市 （よっかいちし） に石油化学 （せきゆかがく） コンビナート [➡ P.281] があります。鈴鹿市 （すずかし） で輸送用機器 （ゆそうようきき） の生産 （せいさん） がさかん。

1960年
2706億円 （おく）

繊維 （せんい）	化学 （かがく）	機械 （きかい）	食料品 （しょくりょうひん） 9.2	その他 （た）
25.8%	24.1	20.0		

2014年
10兆5761億円 （ちょう）（おく）

輸送用機械 （ゆそうようきかい）	化学 （かがく）	電子部品 （でんしぶひん） 18.4	その他 （た）
21.5%	12.9		

↑ 三重県 （みえけん） の工業生産額 （こうぎょうせいさんがく） の変化 （へんか） （「三重県資料」 など）

文化 （ぶんか）・その他

伊勢市 （いせし） には伊勢神宮 （いせじんぐう） があります。三重県 （みえけん） と，奈良県 （ならけん） と和歌山県 （わかやまけん） にまたがる 「紀伊山地 （きいさんち） の霊場 （れいじょう） と参詣道 （さんけいみち）」 が世界文化遺産 （せかいぶんかいさん） に登録 （とうろく） されています。

↓ 熊野古道 （くまのこどう） … 「紀伊山地 （きいさんち） の霊場 （れいじょう） と参詣道 （さんけいみち）」 の一部 （いちぶ）。

（アフロ）

COLUMN
参考 （さんこう）

ブランド牛

三重県松阪市 （みえけんまつさか） の松阪牛 （まつさかうし） はブランド牛として全国 （ぜんこく） に知られています。ほかにも，山形県 （やまがたけん） の米沢牛 （よねざわぎゅう），滋賀県 （しがけん） の近江牛 （おうみぎゅう） などが有名 （ゆうめい） です。

滋賀県

県庁所在地　大津市
面　　積　4017km² (38位) 〈2017年〉
人　　口　141.3万人 (26位) 〈2017年〉

琵琶湖は日本最大の湖，近江牛を飼育

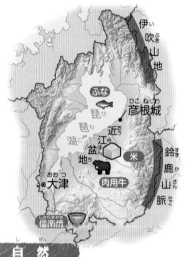

琵琶湖は，県の面積の約6分の1をしめるよ。

近江盆地の水田　〈アフロ〉

🌳 自　然

県の中央部には，日本でもっとも大きな湖の**琵琶湖**が広がっています。琵琶湖の東岸には**近江盆地**が広がり，三重県との県境に鈴鹿山脈，岐阜県との県境に伊吹山地が連なっています。

果樹園 2.0……牧草地 0.1
畑 5.7……その他

合計
5万
2400ha

田
92.2%

滋賀県の耕地面積の内訳
(2016年) (2018年版「県勢」)

⚙ 産　業

農業…近江盆地を中心に米づくりがさかん。肉用牛が飼育され**近江牛**として有名。

漁業…琵琶湖であゆ，こい，ふながとれます。

工業…県の南部の高速道路沿いに工業が発達。伝統的工芸品の**信楽焼**が有名。

🔔 文化・その他

大津市には**比叡山延暦寺** [最澄➡P.445]，彦根市には国宝の**彦根城**があります。

琵琶湖　〈アフロ〉

🔍 COLUMN 参考

滋賀県の人口
滋賀県は，京都や大阪に近く，交通網も発達していることから宅地開発が進み，人口の増加が続いています。

京都府

府庁所在地	京都市
面　積	4612km²（31位）〈2017年〉
人　口	259.9万人（13位）〈2017年〉

京都市は，長い歴史と伝統をほこる世界的観光地

丹後半島
若狭湾
天橋立
北山すぎ
西陣織
京友禅
京都
清水焼
京都盆地
茶

府の形は，ななめに細長いね。

↑ 天橋立　　（ピクスタ）

🌳 自然

府の北部は**若狭湾**と日本海に面していて，南部には**京都盆地**が広がっています。**天橋立**は日本三景の1つです。

⚙ 産業

農業…**京野菜**と呼ばれる野菜の栽培がさかん。宇治市では，高級茶の**宇治茶**の栽培がさかん。

林業…**北山すぎ**は高級建築用材として有名。

工業…伝統的工芸品の**西陣織**，**清水焼**，**京友禅**などが有名。機械工業も発達。

🔔 文化・その他

金閣 [➡ P.472] などの「**古都京都の文化財**」は**世界文化遺産**に登録されていて，観光業がさかん。平安時代から江戸時代まで1000年以上，都が置かれていました。

その他
滋賀
12.3
合計
179万m²
京都
75.5%

↑ **ちりめん類の生産量の内訳**
（2014年）（経済産業省資料）

↓ **時代祭**
…葵祭，祇園祭とともに京都三大祭の1つです。
（アフロ）

COLUMN
参考

京野菜
京都府に古くから伝わる野菜で，賀茂なす，伏見とうがらし，聖護院だいこん，壬生菜などがあり，京料理などに使われています。

大阪府（おおさかふ）

府庁所在地（ふちょうしょざいち）　大阪市（おおさか）
面積（めんせき）　1905km²（46位（い））〈2017年〉
人口（じんこう）　882.3万人（3位（い））〈2017年〉

西日本の経済（けいざい）の中心，商業（しょうぎょう）がさかん

大阪府の形は，三日月のようだね。

関西国際空港（かんさいこくさいくうこう） （ピクスタ）

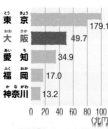

東京（とうきょう）	179.1
大阪（おおさか）	49.7
愛知（あいち）	34.9
福岡（ふくおか）	17.0
神奈川（かながわ）	13.2

0　20　40　60　80　100（兆円（ちょうえん））

卸売業（おろしうりぎょう）の年間商品販売（ねんかんしょうひんはんばい）額が多い上位5都府県（とふけん）
（2016年）（経済センサス）

阪神工業地帯（はんしんこうぎょうちたい） （ピクスタ）

自然（しぜん）

府（ふ）の西部（せいぶ）は大阪湾（おおさかわん）に面（めん）して**大阪平野（おおさかへいや）**が広がり，府の大部分（だいぶぶん）をしめています。

産業（さんぎょう）

農業（のうぎょう）…郊外（こうがい）で**近郊農業（きんこうのうぎょう）** [➡ P.234] がさかん。
工業（こうぎょう）…**阪神工業地帯（はんしんこうぎょうちたい）** [➡ P.276] の中心。堺市（さかい）・高石市（たかいし）で石油化学工業（せきゆかがくこうぎょう）がさかん。**東大阪市（ひがしおおさか）**を中心に**中小工場（ちゅうしょうこうじょう）**が多い。伝統的工芸品（でんとうてきこうげいひん）の**堺打刃物（さかいうちはもの）**が有名。
サービス業…大阪は江戸時代（えどじだい）に「**天下の台所（てんかのだいどころ）**」と呼ばれ，現在（げんざい）も**商業（しょうぎょう）（卸売業（おろしうりぎょう））**がさかん。

文化（ぶんか）・その他（た）

大阪城（おおさかじょう）が有名。人工島（じんこうとう）にある**関西国際空港（かんさいこくさいくうこう）**は，24時間発着（はっちゃく）できる海上空港（かいじょうくうこう）です。堺市（さかい）には，**大仙（山）（だいせん）古墳（こふん）** [➡ P.415] があります。

COLUMN 参考（さんこう）

天下の台所（てんかのだいどころ）

江戸時代（えどじだい），大阪は全国（ぜんこく）から年貢米（ねんぐまい）や特産物（とくさんぶつ）が集まる経済（けいざい）の中心地（ちゅうしんち）であったため，天下の台所（てんかのだいどころ）と呼ばれていました。

兵庫県（ひょうごけん）

県庁所在地　神戸市
面　積　8401km²（12位）〈2017年〉
人　口　550.3万人（7位）〈2017年〉

日本海
肉用牛
中国山地
播磨平野
明石海峡大橋
瀬戸内海
神戸
清酒
造船
たこ
淡路島
たまねぎ

神戸港は日本有数の貿易港，淡路島で近郊農業がさかん

日本海と瀬戸内海，2つの海に面しているね

⬆ **明石海峡大橋**
…全長3911m，吊り橋としては世界最長。　　（ピクスタ）

🌳 自然

県の北部は**日本海**，南部は**瀬戸内海**に面しています。中央部は**中国山地**が連なり，南部には播磨平野が広がっています。

⚙ 産業

農業…淡路島は，**たまねぎ**の栽培がさかん。県の北部では，**但馬牛**の飼育がさかん。

漁業…明石市の沖でとれる**明石のたこ**は全国的に有名。**のり**の養殖がさかん。

工業…神戸市で**造船**などの重化学工業が発達。灘と呼ばれる地域では，**清酒**づくりがさかん。

🔔 文化・その他

姫路城[➡ P.501]は，**世界文化遺産**に登録されています。**明石海峡大橋**は，本州と淡路島を結んでいます。

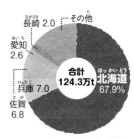

⬆ **たまねぎの生産量の内訳**
（2016年）（2018年版「県勢」）

合計124.3万t
北海道 67.9%
兵庫 7.0
佐賀 6.8
愛知 2.6
長崎 2.0
その他

⬇ **姫路城**　　（アフロ）

🔍 COLUMN 参考

阪神・淡路大震災
1995年1月17日，淡路島北部を震源とするマグニチュード7.3という地震が発生しました。

奈良県

県庁所在地　奈良市
面　積　3691km²（40位）〈2017年〉
人　口　134.8万人（30位）〈2017年〉

**古代の都,
かきの栽培がさかん**

海に面していない
内陸県だよ。

↑ 吉野すぎ　　（アフロ）

自然

県の北部には**奈良盆地**が広がり,南部には紀伊山地が連なります。県の中央部を**吉野川**が東西に流れています。紀伊山地は降水量が多い地域です。

産業

農業…奈良盆地では, **ため池**をつくり米づくりが発達。五條市や吉野町では**かきやうめ**の栽培がさかん。大阪市や京都市向けの**近郊農業**[➡ P.234]がさかん。

林業…南部では, **吉野すぎ**を生産。

工業…**奈良筆**が伝統的工芸品として有名。

漁業…大和郡山市では**金魚**の養殖がさかん。

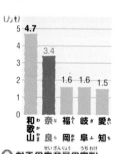

↑ かきの生産量の内訳
〈2016年〉〈2018年版「県勢」〉

↓ 法隆寺

文化・その他

法隆寺[➡ P.426]や**東大寺**[➡ P.436]などの寺院や「**紀伊山地の霊場と参詣道**」は**世界文化遺産**に登録されています。

（アフロ）

COLUMN
参考

観光業がさかんな奈良県
奈良県は, 平城京[➡ P.435]などの都が置かれていたため, 歴史的な建造物が多く, 観光業が県の重要な産業になっています。

和歌山県

県庁所在地 和歌山市
面積 4725km² （30位）〈2017年〉
人口 94.5万人 （40位）〈2017年〉

**みかんやうめの生産量日本一，
近郊農業がさかん。**

和歌山
和歌山平野
紀州漆器
有田川
みかん
紀伊山地
うめ
みかん
まぐろ
太平洋

かき

県のマークは，
「ワカヤマ」のワを
かたどっているね。

↑ 南高梅　　　　（アフロ）

🌳 自然

県の中央部に**紀伊山地**が連なり，県の面積の多くを
山地がしめます。北部には和歌山平野が広がります。

⚙ 産業

農業…**有田川流域**を中心に**みかん**，みなべ町を中心
に**うめ**の栽培がさかん。北部で**かき**の栽培がさかん。
漁業…勝浦港に**まぐろ**や**かつお**が水あげされます。
太地町は**くじら漁**の発祥の地といわれています。
工業…**紀州漆器**や**紀州たんす**などの，伝統的工芸品
の生産がさかん。

いわし類	6060
さば類	5395
あじ類	3686
まぐろ類	557
かつお類	482

0　　　5000　　　10000(t)

↑ 和歌山県で水あげ量が
多い主な魚種
（2015年）（2018年版「県勢」）

🔔 文化・その他

熊野三山（熊野本宮大社，熊野速玉大社，熊野那智
大社）・**高野山金剛峯寺**などが「**紀伊山地の霊場と
参詣道**」として**世界文化遺産**に登録。

↓ 高野山金剛峯寺

🔍 **COLUMN
参考**

捕鯨の現在
国際捕鯨委員会でくじらの保護を理由に，くじらをとる量や地域が制限されています。日本でも，
調査捕鯨の名目でわずかしかとることができません。

07 中国・四国地方

さくっとガイド　まずはここを読んで, 中国・四国地方の特色をつかもう!

中国・四国地方の自然

◆**地形**…中国地方に**中国山地**が, 四国地方に四国山地が東西に連なっています。中国山地はなだらかで, 四国山地は険しい山地です。

◆**気候**…山陰は冬に降水量が多い**日本海側の気候** [➡ P.194], 瀬戸内は1年を通して降水量が少ない**瀬戸内の気候** [➡ P.195], 南四国は, 夏に降水量が多い**太平洋側の気候** [➡ P.194] です。

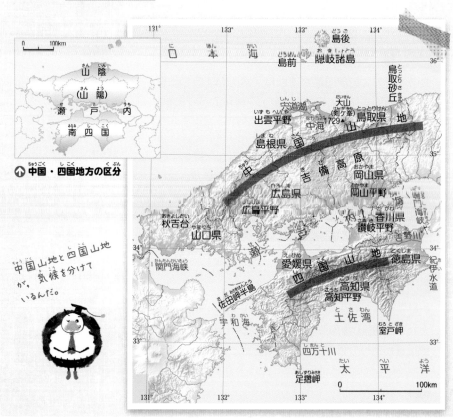

⬆ 中国・四国地方の区分

中国山地と四国山地が, 気候を分けているんだ。

と 鳥取県

県庁所在地 鳥取市
面積 3507km² (41位) 〈2017年〉
人口 56.5万人 (47位) 〈2017年〉

日本最大級の鳥取砂丘, なしの栽培がさかん

松葉がに
すいか
鳥取砂丘
らっきょう
因州和紙
鳥取
大山
なし
日本海
中国山地

県のマークは、鳥と「とっとり」の「と」の字をかたどっているね。

🌳 自然

北部は日本海に面していて, 東側の海岸には日本最大級の砂丘である**鳥取砂丘**があります。南部には, 中国山地が東西に連なっています。西部にある**大山**は伯耆富士と呼ばれる火山です。

⚙ 産業

農業…山の斜面では, 「**二十世紀なし**」の栽培がさかん。鳥取砂丘では, **らっきょう**, すいかを栽培。大山の山ろくでは, 乳用牛や肉用牛の飼育がさかん。

漁業…**境港**は日本海側でもっとも水あげ量が多い港。**松葉がに**(ずわいがにのオス)などが有名。

工業…伝統的工芸品の**因州和紙**などを生産。

🔔 文化・その他

因幡の菖蒲綱引きは, 国の重要無形民俗文化財。

⬆ **日本最大級の鳥取砂丘**
(アフロ)

⬆ **日本なしの生産量の内訳**
(2016年) (2018年版「県勢」)

千葉 13.2%
茨城 10.0
栃木 7.9
福島 7.9
鳥取 7.6
その他
合計 24万7100t

⬇ **因幡の菖蒲綱引き**

(鳥取県)

🔍 COLUMN 参考

鳥取砂丘
南北2.4km, 東西16kmの広さがあり, 日本海からふく風で「**風もん**」と呼ばれる美しいもようができます。

島根県

県庁所在地	松江市
面積	6708km²（19位）〈2017年〉
人口	68.5万人（46位）〈2017年〉

隠岐諸島 / 日本海 / 宍道湖 / しじみ / 中海 / 出雲平野 / 松江 / 石見銀山 / 中国山地

県の形は、横に細長いね。

多くの神話が残る出雲国，宍道湖でしじみ漁

↑ 夕景の美しい宍道湖
（アフロ）

自然

北部は日本海に面していて，南部には中国山地が連なっています。北東部に海水と淡水が混じる**宍道湖**と**中海**が東西にあり，その周りに出雲平野が広がっています。島根半島の沖合に，**隠岐諸島**や**竹島**［→P.177］があります。

産業

農業…出雲平野を中心に米づくりがさかん。
漁業…宍道湖や中海で**しじみ漁**がさかん。日本海では，あじ・ぶり・かになどが水あげされます。
工業…**雲州そろばん**などの伝統的工芸品がある。

文化・その他

出雲大社や**世界文化遺産**に登録されている「**石見銀山遺跡とその文化的景観**」が有名。

茨城 5.2% / その他 / 北海道 9.7 / 合計 9580t / 島根 43.5% / 青森 32.8

↑ しじみの漁かく量の内訳
（2016年）（農林水産省資料）

↓ 出雲大社

（アフロ）

COLUMN 参考

出雲大社
大黒さまとしてしたわれている大国主大神をまつっています。農業や縁結びの神様として全国に知られています。

岡山県

県庁所在地 岡山市
面積 7114km² (17位) 〈2017年〉
人口 190.7万人 (20位) 〈2017年〉

重化学工業が発達, ももの栽培がさかん

蒜山高原
乳用牛
中国山地
吉備高原
マスカット
備前焼
岡山
岡山平野
製油
県の形は丸いね。
瀬戸大橋

↑ 瀬戸内海と瀬戸大橋
(ピクスタ)

🌳 自然

南部は瀬戸内海に面していて, 北部には中国山地, 中央部には吉備高原が広がっています。南部は高梁川や旭川などの下流に**岡山平野**が広がっています。

⚙ 産業

農業…岡山平野を中心に米づくりがさかん。**ぶどう, もも, マスカット**など, くだものの栽培がさかん。蒜山高原では, 乳用牛の飼育がさかん。

漁業…**かき**の**養殖**がさかん。

工業…倉敷市の水島地区で**石油化学コンビナート**や製鉄所が発達。**備前焼**などの伝統的工芸品を生産。

🏯 文化・その他

日本三名園の1つ, **後楽園**があります。瀬戸大橋は岡山県倉敷市と香川県坂出市とを結んでいます。

↑ ぶどうの生産量の内訳
(2016年) (2018年版「県勢」)

山梨 23.7
その他
合計 17万 9200t
長野 16.1
岡山 8.3%
山形 10.4
福岡 4.5

↓ 後楽園

(アフロ)

COLUMN 参考

晴れの国
岡山県は, 年間を通して降水量が少なく, 晴れの日が多いので, 「晴れの国」と呼ばれています。

広島県
（ひろしまけん）

県庁所在地　広島市
面積　8480km²（11位）〈2017年〉
人口　282.9万人（12位）〈2017年〉

2つの世界文化遺産, かきの養殖が日本一

↑ 厳島神社
（学研GPA）

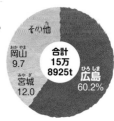

↑ 養殖によるかきの生産量の内訳
（2016年）（農林水産省資料）

合計
15万
8925t
広島 60.2%

その他
岡山 9.7
宮城 12.0

自然

南部は瀬戸内海に面していて，太田川の下流の三角州に広島平野が広がっています。北部は中国山地が連なっています。

産業

農業…瀬戸内海の島々では，みかんなどの栽培がさかん。三次市や世羅町では，まつたけの生産がさかん。

漁業…広島湾でかきの養殖がさかん。

工業…府中町や広島市は自動車工業 [➡ P.269] がさかん。福山市で鉄鋼業，呉市では鉄鋼業 [➡ P.279] や造船業がさかん。熊野筆などの伝統的工芸品を生産。

文化・その他

原爆ドームと厳島神社 [➡ P.454] は，世界文化遺産に登録されています。尾道は，小説や映画の舞台として有名。

広島県のおもな工業

🔩鉄鋼　⚗石油化学　🚗自動車　🚢造船　💻情報機器

広島県

府中　東広島　尾道　福山
広島　竹原
大竹　呉　（因島）

🔍 COLUMN 参考

原爆ドーム [原子爆弾の投下➡ P.617]

原子爆弾により，鉄骨がむきだしになった建物で，負の遺産として世界文化遺産に登録されています。

山口県

県庁所在地 山口市
面積 6113km² (23位)〈2017年〉
人口 138.3万人 (27位)〈2017年〉

日本最大級カルスト地形，ふぐの水あげが多い

県のマークは，「山口」の「山」と「口」をかたどっているね。

日本海
萩焼
秋吉台
山口
山口盆地
ふぐ
自動車
セメント
瀬戸内海
関門海峡

↑ 秋吉台 (アフロ)

🌳 自然

本州の西の端に位置し，日本海と瀬戸内海に囲まれています。山が多い地形で，中央部に山口盆地が広がっています。西部の**秋吉台**は，日本最大級のカルスト地形の台地です。

🔲 鉄鋼
⚙ 石油化学
🚗 自動車
📄 パルプ・製紙
🏭 セメント

山口県
岩国
山陽小野田 防府 周南 下松
宇部 光

↑ 山口県の主な工業

⚙ 産業

農業…みかんの栽培がさかん。
漁業…下関港は，**ふぐの水あげ**が有名。
工業…周南市は，石油化学工業，防府市では自動車工業が発達。宇部市では，石灰石を原料とした**セメント工業**がさかん。伝統的工芸品の**萩焼**を生産。

↑ 水あげされたふぐ

(アフロ)

🔔 文化・その他

九州とは関門トンネルと**関門橋**などで結ばれています。

COLUMN 参考

秋吉台

石灰岩でできた地形です。地上には石灰岩の柱が見られ，地下には石灰岩がとけてできた鍾乳洞が見られます。

徳島県

県庁所在地	徳島市
面積	4147km² (36位) 〈2017年〉
人口	74.3万人 (44位) 〈2017年〉

鳴門海峡
大鳴門橋
さつまいも
徳島
吉野川
しいたけ
すだち
発光ダイオード
阿波尾鶏

讃岐山脈
四国山地

**阿波おどり，
すだちが有名**

山地が多いね。

⤴ 吉野川 （アフロ）

🌳 自然

県の北部に**讃岐山脈**，中央部に**四国山地**が連なっています。**吉野川**沿いには，徳島平野が広がっています。東部は紀伊水道，南部は太平洋に面し，北東部の**鳴門海峡**では，**うず潮**が見られます。

⚙ 産業

農業…**すだち**は全国の生産量の95％以上をしめます。畜産がさかんで，**阿波尾鶏**は全国的に有名です。
漁業…鳴門海峡周辺で，**わかめ**の養殖がさかん。吉野川ではあゆの養殖がさかん。
工業…**藍染**がさかん。阿南市では発光ダイオード（LED）の開発がさかん。

🔔 文化・その他

徳島市の**阿波おどり**に多くの観光客がおとずれます。

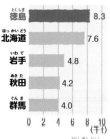

都道府県	千
徳島	8.3
北海道	7.6
岩手	4.8
秋田	4.2
群馬	4.0

0 2 4 6 8 10（千t）

⤴ **生しいたけの生産量が
多い都道府県**
（2016年）（2018年版「県勢」）

⤵ **阿波おどり**
徳島市では毎年8月に行われています。 （アフロ）

COLUMN
参考

鳴門海峡
四国と淡路島の間の海峡で，せまいところは約1.3kmです。潮の流れが速いことから，うず潮を見ることができます。

香川県（かがわけん）

県庁所在地（けんちょうしょざいち）　高松市（たかまつ）
面　積（めんせき）　1877km²（47位（い））〈2017年〉
人　口　96.7万人（39位）〈2017年〉

さぬきうどん，ため池（いけ），
オリーブ（ゆうめい）が有名

オリーブ　小豆島

瀬戸大橋（せとおおはし）

うどん　高松

讃岐平野（さぬきへいや）

うちわ

香川用水

讃岐山脈（さぬきさんみゃく）

はまち

日本で最も面積の
小さい県だね。

 **自　然**（しぜん）

県（けん）の北部（ほくぶ）は**瀬戸内海**（せとないかい）に面（めん）していて，讃岐平野（さぬきへいや）が広（ひろ）がっています。南部（なんぶ）には讃岐山脈（さぬきさんみゃく）が連（つら）なります。降水（こうすい）量（りょう）が少（すく）ないため，1970年代後半（ねんだいこうはん）に香川用水（かがわ）がつくられました。

産　業（さんぎょう）

農業（のうぎょう）…小豆島（しょうど）では，オリーブの栽培（さいばい）がさかん。
漁業（ぎょぎょう）…はまちの養殖（ようしょく）がさかん。
工業（こうぎょう）…坂出市（さかいで）では，造船業（ぞうせんぎょう）や**石油化学工業**（せきゆかがくこうぎょう）［➡ P.281］
　　が発達（はったつ）。丸亀市周辺（まるがめししゅうへん）では，**うちわ**づくりがさかん。
　　さぬきうどんは全国各地（ぜんこくかくち）に出荷（しゅっか）されています。

文化・その他（ぶんか・た）

瀬戸大橋（せとおおはし）が，香川県坂出市（かがわけんさかいで）と岡山県倉敷市児島（おかやまけんくらしきこじま）を結（むす）んでいます。

満濃池（まんのう）…日本一大きなため池です。香川県はため池が多く見られます。　（アフロ）

小豆島のオリーブ（しょうど）　（アフロ）

瀬戸大橋（せとおおはし）　（ピクスタ）

 COLUMN 参考（さんこう）

瀬戸大橋（せとおおはし）
本州四国連絡橋（ほんしゅうしこくれんらくきょう）の1つで，1988年に開通（かいつう）しました。上（うえ）が道路（どうろ），下（した）が鉄道（てつどう）の二層構造（にそうこうぞう）になっています。

愛媛県

県庁所在地 松山市
面　積　5676km²（26位）〈2017年〉
人　口　136.4万人（28位）〈2017年〉

瀬戸内しまなみ海道
タオル
化学製品
製紙
松山
佐田岬半島
みかん
宇和海
真珠
たい
はまち

瀬戸内しまなみ海道で本州とつながる，みかんの産地

県の形は，ななめに細長いね。

↑ みかんの栽培

（アフロ）

🌳 自然

県の北部は瀬戸内海に面していて，高知県との県境には四国山地が連なっています。宇和海沿岸はリアス海岸になっています。西部では，佐田岬半島が大分県に向かってつき出ています。

⚙ 産業

農業…段々畑でみかんやいよかんなどのかんきつ類の栽培がさかん。キウイフルーツの生産量は日本一。
漁業…宇和海沿岸では，まだい，はまち，真珠の養殖がさかんで，収かく量は全国有数。
工業…今治市はタオルの生産がさかん。四国中央市は製紙・パルプ工業，新居浜市は化学工業が発達。

🐱 文化・その他

瀬戸内しまなみ海道で広島県と結ばれています。

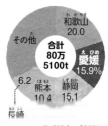

和歌山 20.0
その他
合計 80万5100t
愛媛 15.9%
6.2 熊本
長崎
静岡 15.1
10.4

↓ みかん生産量の内訳
（2016年）〈2018年版「県勢」〉

↓ 養殖まだいの収かく量の内訳

長崎 4.5
高知
その他
7.7
三重 8.7
合計 6万3605t
愛媛 53.8%
熊本 16.4

（2015年）〈2018年版「県勢」〉

COLUMN 参考

段々畑 [→ P.202]
日当たりのよい斜面に階段状につくられた畑。愛媛県では，県内各地でみかんを栽培する段々畑が見られます。

高知県

県庁所在地	高知市
面積	7104km² （18位）〈2017年〉
人口	71.4万人 （45位）〈2017年〉

四国山地
土佐和紙
高知
ゆず
ピーマン
なす
高知平野
ピーマン
土佐湾
室戸岬
太平洋
四万十川
かつおぶし
足摺岬

**野菜の促成栽培と
かつお漁がさかん**

県の形は，積に
細長いね。

⬆ **かつおの一本づり**
（毎日新聞社／アフロ）

合計
30万
6000t

高知 12.7%
熊本 10.0
群馬 7.7
福岡 5.8
茨城 5.8
その他

⬆ **なすの生産量の内訳**
（2016年）（2018年版「県勢」）

🌳 自然

県の南部は太平洋に面し，中部には高知平野が広がっています。北部に**四国山地**が連なっていて，森林の割合が高く県の面積の約85％をしめています。日本有数の清流で知られる**四万十川**が流れています。

⚙ 産業

農業…**高知平野**では，なすや**ピーマン**など野菜の**促成栽培** [→ P.234] がさかん。ゆずの生産量は日本一。
漁業…土佐湾でまぐろとかつおの水あげがさかん。
工業…かつおを加工したかつおぶしづくりがさかん。伝統的工芸品の**土佐和紙**を生産。

🔔 文化・その他

全国に広がる「**よさこい祭り**」が始まったところです。幕末に活やくした坂本龍馬の出身地。

⬇ **よさこい祭り**
…鳴子という農具を鳴らしながらおどり歩きます。
（アフロ）

**COLUMN
参考**

促成栽培
ビニールハウスなどを利用して，農作物をほかの地域よりも早い時期に栽培・出荷する方法。

08 九州地方

さくっとガイド まずはここを読んで，九州地方の特色をつかもう！

九州地方の自然

◆地形…有明海に面して**筑紫平野**，太平洋に面して**宮崎平野**が広がっています。**阿蘇山**，桜島の御岳(北岳)，**雲仙岳(普賢岳)**など多くの火山があります。

◆気候…太平洋側に暖流の**黒潮** [➡ P.196]，日本海側に暖流の**対馬海流** [➡ P.196] が流れるため，全体的に温暖な気候です。特に，沖縄県や鹿児島県の島々は**南西諸島の気候** [➡ P.195] に属しているため，冬でも温暖です。

↑ 噴煙を上げる桜島

九州地方は，火山と島が多いね。

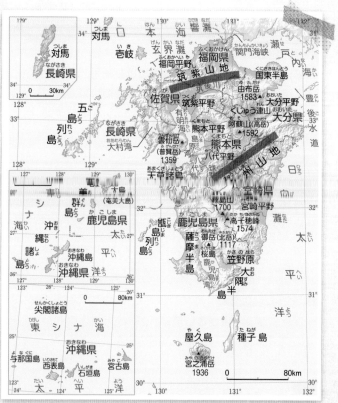

福岡県

県庁所在地	福岡市
面積	4987km² （29位）〈2017年〉
人口	510.7万人 （9位）〈2017年〉

九州地方の中心地, 古代より大陸との窓口

県のマークは, 県花の梅の花をかたどっているんだよ。

⬆ 筑後川と水田が広がる 筑紫平野 　（アフロ）

🌳 自然

県の南西部は**有明海**に面していて, **筑紫平野**が広がっています。佐賀県との県境に筑後川が流れています。県の北部は玄界灘, 周防灘に面しています。

⚙ 産業

農業…筑紫平野を中心に**米づくり**がさかん。八女市周辺では八女茶の栽培がさかん。

工業…苅田町では**自動車工業** [➡ P.269] がさかん。久留米市ではタイヤなどをつくるゴム工業がさかん。博多織, 久留米がすりなどの伝統的工芸品が有名。

⬆ 北九州で鉄鋼業が発達したしくみ

🔔 文化・その他

「『神宿る島』宗像・沖ノ島と関連遺産群」が**世界文化遺産**に登録されています。古代より中国や朝鮮半島との交流の窓口として栄えてきました。

⬇ 博多港を出港するフェリー
韓国の釜山港と結ばれています。

COLUMN 参考

北九州工業地帯（地域）[➡ P.276]

北九州市を中心に発達。1960年代にエネルギー革命のえいきょうでおとろえ, 現在は自動車工業などがさかん。

佐賀県

県庁所在地　佐賀市
面　　積　2441km²（42位）〈2017年〉
人　　口　82.4万人（41位）〈2017年〉

のりの養殖がさかん
伊万里・有田焼が有名

有明海は、遠浅の海だよ。

↑ 筑紫平野（佐賀平野）に張りめぐらされたクリーク
（アフロ）

自然

県の南部は**有明海**，北部は日本海に面しています。福岡県との県境に筑後川が流れ，その周辺に**筑紫平野（佐賀平野）**が広がっています。

産業

農業…筑紫平野では，**クリーク**［➡ P.098］と呼ばれる水路を利用して米づくりがさかん。ハウスみかんの生産量は日本一。麦類の栽培もさかん。

漁業…有明海で**のり**の養殖，ムツゴロウ漁が行われています。

工業…伊万里市・有田町・唐津市では，陶磁器の生産がさかん。鳥栖市にはIC工場が集まっています。

文化・その他

吉野ヶ里遺跡は弥生時代の集落跡として有名です。

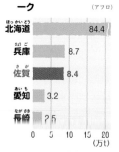

都道府県	生産量（万t）
北海道	84.4
兵庫	8.7
佐賀	8.4
愛知	3.2
長崎	2.5

↑ たまねぎの生産量が多い都道府県
（2016年）（2018年版「県勢」）

↓ のり類の生産量の内訳
（2015年）（2018年版「県勢」）

合計
29万
7370t

兵庫 22.6
佐賀 22.4%
福岡 13.7
熊本 10.0
香川 6.4
その他

COLUMN
参考

有明海
有明海は，長崎県・佐賀県・福岡県・熊本県に囲まれた内海で，古くから干拓が行われています。

長崎県
（ながさきけん）

県庁所在地（けんちょうしょざいち） **長崎市**（ながさき）
面積（めんせき） **4131km²（37位）**〈2017年〉
人口 **135.4万人（29位）**〈2017年〉

対馬（つしま）

五島列島（ごとうれつとう）

多くの島々（しまじま），
漁かく量は全国有数（ぎょりょうぜんこくゆうすう）

造船（ぞうせん）

大村湾（おおむらわん）

真珠（しんじゅ）

IC

IC

雲仙岳（うんぜんだけ）
（普賢岳）（ふげんだけ）

みかん

長崎（ながさき）

びわ

じゃがいも

県のマークは，
「NAGASAKI」
のNの字をかたど
っているんだ。

リアス海岸（かいがん）が続（つづ）く対馬（つしま）

（アフロ）

🌳 自然（しぜん）

島（しま）が多く，入り組んだ**リアス海岸（かいがん）**[➡ P.185] が続（つづ）くため，海岸線（かいがんせん）が北海道（ほっかいどう）に次いで長い都道府県（とどうふけん）です。雲仙岳（うんぜんだけ）（普賢岳（ふげんだけ））は1990年に噴火（ふんか）し，翌年（よくねん）の火砕流（かさいりゅう）で大きな被害（ひがい）が出ました。

びわの生産量（せいさんりょう）の内訳（うちわけ）
（2016年）（2018年版「県勢」）

長崎 24.1%
合計 2000t
千葉 21.5
香川 11.5
愛媛（えひめ）
6.6
鹿児島（かごしま） 5.5
その他（た）

⚙ 産業（さんぎょう）

農業（のうぎょう）…**段々畑（だんだんばたけ）でみかんやびわ**の栽培（さいばい）がさかん。島原半島（しまばらはんとう）で，じゃがいもの栽培（さいばい）がさかん。
漁業（ぎょぎょう）…大村湾（おおむらわん）で，**真珠（しんじゅ）**の養殖（ようしょく）がさかん。東シナ海（ひがしかい）などの漁場（ぎょじょう）にめぐまれ，漁かく量（りょう）は全国有数（ぜんこくゆうすう）。
工業（こうぎょう）…長崎市（ながさき）や佐世保市（させぼ）を中心に**造船業（ぞうせんぎょう）**がさかん。諫早市（いさはや）や大村市（おおむら）にはIC工場（こうじょう）が集（あつ）まっています。

長崎平和祈念像（ながさきへいわきねんぞう）…長崎平和公園（へいわこうえん）にあります。

🔔 文化（ぶんか）・その他

1945年8月9日，長崎市（ながさき）に**原子爆弾（げんしばくだん）**が投下（とうか）されました。

（ピクスタ）

🔍 **COLUMN**
参考（さんこう）
東シナ海（ひがしかい）に広がる大陸（たいりく）だな
大陸（たいりく）だなは，陸地周辺（りくちしゅうへん）の深さ（ふかさ）200mくらいまでの海底地形（かいていちけい）で，プランクトンが豊富（ほうふ）なため魚（うお）が多く集（あつ）まります。

熊本県

県庁所在地	熊本市
面 積	7409km² （15位）〈2017年〉
人 口	176.5万人（23位）〈2017年〉

シリコンアイランドの中心，野菜づくりがさかん

県のマークはカタカナの「ク」をかたどっているね。

⬆ **噴煙を上げる阿蘇山の中岳**　　（アフロ）

🌳 自 然

県の東部に九州山地が連なり，西部の沿岸には熊本平野や**八代平野**が広がっています。北東部には世界最大級の**カルデラ** [→ P.181] をもつ**阿蘇山**があります。

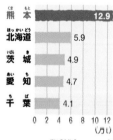

熊 本	12.9
北海道	5.9
茨 城	4.9
愛 知	4.7
千 葉	4.1

0　2　4　6　8　10　12（万t）

⬆ **トマトの生産量が多い都道府県**
（2016年）（2018年版「県勢」）

⚙ 産 業

農業…平野部で米づくりがさかん。トマトや**すいか**などの野菜の栽培がさかん。**い草**の生産量は日本一。阿蘇山の山ろくで肉用牛・乳用牛を飼育。

漁業…島原湾でのり，八代海でくるまえびを養殖。

工業…熊本市にIC工業が進出。シリコンアイランドの中心。かつて，工場廃水が原因で水俣病が発生。

🔔 文化・その他

阿蘇山の雄大な自然や**熊本城**，天草の史跡などがあり，多くの観光客がおとずれます。

⬆ **熊本県にある主なIC工場の位置**

（熊本県企業立地課）

COLUMN 参考

シリコンアイランド
九州地方がICの生産がさかんなためについた呼び名。九州自動車道の周辺などに工場が多くつくられています。

大分県

県庁所在地　大分市
面積　6341km² (22位) 〈2017年〉
人口　115.2万人 (33位) 〈2017年〉

温泉地として有名,
かぼすの産地

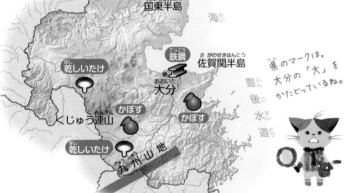

県のマークは,大分の「大」をかたどっているね。

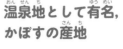
↑ 由布院温泉の金鱗湖 (ピクスタ)

🌳 自然

県の北部に国東半島が瀬戸内海につき出し,西部にくじゅう連山などの火山があります。南東部の豊後水道に面した海岸は,**リアス海岸** [➡ P.185] です。

⚙ 産業

農業…**かぼす**や,ハウスみかんの栽培がさかん。

林業…林産物の**しいたけ**の栽培がさかん。乾しいたけの生産量は日本一。

漁業…佐賀関半島周辺でとれる**関あじ・関さば**は,高級魚として有名。ひらめの養殖がさかんで,収かく量は日本一。

工業…大分市で製鉄業と**石油化学工業** [➡ P.281] が発達。

🔔 文化・その他

温泉が豊富で,**地熱発電所** [➡ P.303] があります。

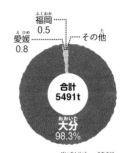

合計 5491t

福岡 0.5
愛媛 0.8
その他
大分 98.3%

↑ **かぼすの生産量の内訳**
(2014年) (2018年版「県勢」)

↓ **八丁原地熱発電所**
…くじゅう連山にある。

(アフロ)

地熱発電
火山や温泉がある地熱地帯で,マグマに熱せられた地下水の発生する水蒸気の勢いを利用して,発電機を回す発電。

宮崎県

県庁所在地　宮崎市
面　積　7735km² (14位)〈2017年〉
人　口　108.9万人 (36位)〈2017年〉

高千穂峡
九州山地
神楽面
マンゴー　宮崎平野　ピーマン
肉用牛　ぶた　きゅうり
霧島山
肉用牛
宮崎
肉用にわとり
ぶた
太平洋

温暖な気候をいかした
促成栽培，神話の国

宮崎平野で促成栽培がさかんだよ。

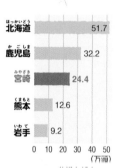

北海道	51.7
鹿児島	32.2
宮崎	24.4
熊本	12.6
岩手	9.2

0 10 20 30 40 50（万頭）

🔼 **肉用牛の飼育頭数が多い都道府県**
(2017年)(2018年版「県勢」)

合計 14.5万t

茨城 23.4%
宮崎 18.6
高知 0.0
鹿児島 9.0
岩手 5.5
その他

🔼 **ピーマンの生産量の内訳**
(2016年)(2018年版「県勢」)

🌳 自然

県の北部に**九州山地**が連なり，南西部に**シラス台地**が広がっています。沖合に**黒潮（日本海流）**[➡ P.196]が流れる宮崎平野は，温暖な気候です。

⚙ 産業

農業…**宮崎平野**では，ピーマンやきゅうりなどの野菜の**促成栽培**[➡ P.234]がさかん。**マンゴー**，かんきつ類，茶，たばこの栽培がさかん。シラス台地では**肉用牛**や**肉用にわとり**などの畜産がさかん。
工業…食料品工業を中心に発達。延岡市で化学工業が発達。宮崎市に**IC工場**[➡ P.280]が進出。

🔔 文化・その他

神話にまつわる祭りや神社があり，また日南海岸や**高千穂峡**などの観光地が有名。

🔽 **高千穂峡** (ピクスタ)

COLUMN 参考

マンゴー
マンゴーは，熱帯原産のくだものです。日本では，宮崎県，鹿児島県，沖縄県などで栽培されています。

鹿児島県

県庁所在地　**鹿児島市**
面　積　9187km²（10位）〈2017年〉
人　口　162.6万人（24位）〈2017年〉

火山灰によるシラス台地，
さつまいもの栽培，
畜産がさかん

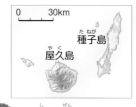

桜島は，現在も
たびたび噴火しているよ。

↑ **噴煙を上げる桜島**
（ピクスタ）

🌳 自然

県の南部に，**薩摩半島と大隅半島**がつき出ています。
火山が多く，**桜島**の活動が活発です。県の広い地域
で，火山灰が積もってできた**シラス台地**が広がって
います。**屋久島**は世界自然遺産に登録されています。

⚙ 産業

農業…シラス台地では**さつまいも**や茶の栽培がさか
ん。ぶた，肉用牛，肉用にわとりの飼育頭（羽）数
は，全国有数。
漁業…枕崎港は，かつおの水あげ量が全国有数。ぶ
り，かんぱち，うなぎの養殖がさかん。
工業…**IC** 工場 [➡ P.280] が進出。

🔔 文化・その他

2011 年に**九州新幹線**の「鹿児島ルート」が開通。

↓ **屋久島の縄文杉**
（ピクスタ）

↓ **さつまいもの生産量の内訳**

徳島
3.3
その他
鹿児島
37.5%
宮崎
10.7
合計
86.1万t
千葉
12.0
茨城
20.0
（2016年）（2018年版「県勢」）

**COLUMN
参考**

シラス台地 [➡ P.238]
水持ちが悪く稲作や畑作にあまり向かないことから，畜産がさかんに行われてきました。

沖縄県

県庁所在地	那覇市	
面積	2281km (44位)	〈2017年〉
人口	144.3万人 (25位)	〈2017年〉

西表島
石垣島
宮古島
肉用牛
さとうきび
パイナップル
パイナップル
パイナップル
さとうきび
沖縄島
パイナップル
久米島
琉球びんがた
那覇
マンゴー

県のマークは，「OKINAWA」の「O」の字をかたどっているね。

琉球王国時代の文化, 観光業が発達

↑ さんごしょうが広がる美しい海
（アフロ）

🌳 自然

沖縄島，宮古島など，160をこえる島々からなる県です。島の周りには美しい**さんごしょう** [➡ P.186] が広がっています。一年を通して温暖な気候で，台風の通り道となることが多いため降水量が多いです。

⚙ 産業

農業…さとうきび，パイナップル，マンゴー，ゴーヤー，洋らん，きくなどの栽培がさかん。畜産もさかんで，黒ぶた「アグー」が有名。
サービス業…観光業など**第三次産業**で働く人が多い。

🏯 文化・その他

かつて**琉球王国** [➡ P.206,475] として栄えていました。首里城あとは世界文化遺産に登録されています。沖縄島に**米軍（アメリカ軍）基地**が多くなっています。

合計 157.4万t
鹿児島 40.4
沖縄 59.6%

↑ さとうきびの生産量の内訳
（2016年）（2018年版「県勢」）

↑ 首里城（復元） （ピクスタ）

COLUMN 参考

米軍（アメリカ軍）基地
日本にある米軍基地の約75%が沖縄県にあります。特に沖縄島に多く，島の面積の約15%をしめています。

地理編

<ruby>地<rt>ち</rt></ruby><ruby>理<rt>り</rt></ruby><ruby>編<rt>へん</rt></ruby>

第1章 世界の中の

服装で見る日本と世界の気候

※シンガポールは都市国家のため，都市名が国名と同じです。

日本の国土

世界には，約190の国があり，気候や人々の暮らしもさまざまです。日本の東京，シンガポール，カナダのモントリオールの3つの都市の服装を見ながら，それぞれの気候を比べてみましょう。

10〜12月 ／ 1〜3月

暑さがやわらぐ。12月は厳しい寒さ。

乾燥していて，冷たい風がふいてくる。

雨季が始まり雨が降りつづく。

雨季が続き，気温が少し下がる。

日本の冬服が必要。

1月は最も寒く，防寒着が必要。

01 世界のすがた

さくっとガイド まずはここを読んで，世界のすがたをおさえよう！

地球の表面は，どうなっているの？

陸地3割

赤道

海7割

　地球の表面は，陸地と海でおおわれています。陸地は，ユーラシア大陸，アフリカ大陸，北アメリカ大陸，南アメリカ大陸，オーストラリア大陸，南極大陸の6大陸とその他の島々からなります。

　海は3大洋とその他の小さな海からなります。陸地と海の表面積を比べると，3:7で海のほうが広くなっています。

地球上の場所は，どのように表すの？

北緯約36度
東経約140度

東京

　地球上の場所を表すには，緯度と経度が使われます。緯度は南北の位置を表し，経度は東西の位置を表します。緯度は赤道，経度は本初子午線を基準に表されます。

　世界各地の時刻はどこでも同じというわけではなく，国や地域によって時刻は異なります。これを時差といいます。例えば，日本の東京が午前9時のとき，イギリスのロンドンは午前0時になります。

❶ 地球のすがた

重要度
★★★

地球

太陽系にある惑星。半径は約6400km，赤道 [→ P.171] の周囲の長さは約4万kmで，やや横長の球形をしています。表面は海と陸地でおおわれています。

約365日かけて太陽の周りを1周し，約24時間かけて1回転（自転）します。

⬆ 宇宙から見た地球

(NASA／ロイター／アフロ)

★★★

6大陸

ユーラシア大陸，アフリカ大陸，北アメリカ大陸，南アメリカ大陸，オーストラリア大陸，南極大陸 [→ P.166] の6つの大陸のこと。

大陸
地球の表面をおおう陸地のうち，特に大きなもの。

島
大陸に比べて小さく，周りを海に囲まれた陸地。

海のほうが大きい。

陸地
28.9

表面積
5.1億
km²

海 71.1%

(平成30年版「理科年表」)

⬆ 地球の表面積にしめる海と陸地の割合

★★★

ユーラシア大陸

6大陸の1つで，面積が最大の大陸。アジア州 [→ P.168] とヨーロッパ州 [→ P.168] に分かれます。

★★★

アフリカ大陸

6大陸の1つで，ユーラシア大陸の次に面積が大きな大陸。周辺の島々とともに，アフリカ州 [→ P.168] を形成しています。

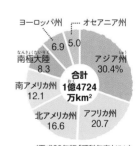

ヨーロッパ州 ‥‥ オセアニア州
6.9 5.0

南極大陸
8.3

南アメリカ州
12.1

北アメリカ州
16.6

合計
1億4724
万km²

アジア州
30.4%

アフリカ州
20.7

(平成30年版「理科年表」ほか)

⬆ 陸地の広さの割合

COLUMN
まめ知識

かつて大陸は1つだった！ 2億年前くらいまで，地球上には「パンゲア」と呼ばれる1つの大きな陸地があったと考えられています。それが分離，移動して，現在のような6つの大陸になったとされています。

北アメリカ大陸
★★★

6大陸の1つ。周辺の島々とともに北アメリカ州 [➡ P.169] を形成しています。

南アメリカ大陸
★★★

6大陸の1つ。周辺の島々とともに，南アメリカ州 [➡ P.169] を形成しています。

オーストラリア大陸
★★★

6大陸の1つで，最も面積が小さい大陸。太平洋の島々とともにオセアニア州 [➡ P.169] を形成しています。

南極大陸
★★★

6大陸の1つ。1年を通じて雪と氷におおわれ，寒さが厳しい大陸です。調査や研究のためにたい在している人はいますが，定住している人はいません。

日本も南極に観測のための基地を置いているよ。

↑ 南極大陸

(ピクスタ)

3大洋
★★★

海洋（海）のうち，特に大きな3つの海洋。太平洋，大西洋，インド洋の3つをさします。面積が最大の海洋は太平洋で，最小はインド洋です。海洋は3大洋のほかに，日本海 [➡ P.187] や地中海などの付属海と呼ばれる小さな海洋があります。

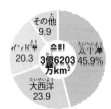

その他 9.9

合計 3億6203万km²

太平洋 45.9%

大西洋 23.9

インド洋 20.3

(平成30年版「理科年表」)

↑ 海洋の広さの割合

太平洋
★★★

3大洋の1つ。世界で最も面積が大きい海で，すべての陸地を合わせた面積よりも大きい海です。ユーラシア大陸 [➡ P.165]，北アメリカ大陸，南アメリカ大陸，オーストラリア大陸，南極大陸に囲まれています。

COLUMN
まめ知識

地中海はたくさんある？ いっぱんに，地中海とはヨーロッパとアフリカの間にある海をさします。しかし，広い意味では，大陸に囲まれた海を地中海といいます。ですから，北極海や，アフリカ大陸とアラビア半島の間にある紅海も，広い意味では地中海です。

地理編

第**1**章 世界の中の
日本の国土

第**2**章 暮らしを支える
食料生産

第**3**章 暮らしを支える
工業生産

第**4**章 私たちの
生活と情報

第**5**章 私たちの
生活と環境

★★★ 大西洋

📖 3大洋の1つ。**ユーラシア大陸** [➡ P.165]，アフリカ大陸 [➡ P.165] 北アメリカ大陸，南アメリカ大陸，南極大陸に囲まれています。

★★★ インド洋

📖 3大洋の1つで，3大洋の中で最も面積が小さい海です。ユーラシア大陸 [➡ P.165]，アフリカ大陸 [➡ P.165]，オーストラリア大陸，南極大陸に囲まれています。

★★★ 陸半球

地球を上空から見た場合，陸地の面積が最も広くふくまれるように見える半球。

★★★ 水半球

地球を上空からみた場合，海の面積が最も広くふくまれるように見える半球。

➡ 陸半球
陸地の面積が49%をしめる。

海洋の面積が89%をしめる。
⬅ 水半球

面積・人口ともに最大の大陸。
ユーラシア大陸

北アメリカ大陸

大西洋

面積最大の海洋。
太平洋

アフリカ大陸

インド洋

大西洋

南アメリカ大陸

オーストラリア大陸
面積最小の大陸。

南極大陸

⬆ 6大陸と3大洋

COLUMN
くわしく
陸半球と水半球の中心は？　陸半球の中心点は，フランス西部の都市ナント付近です。
水半球の中心点は，ニュージーランドの南東のアンティポディーズ諸島付近です。

② 世界の地域区分

重要度
★★★
アジア州

ユーラシア大陸 [➡ P.165] 東部の大部分をしめる地域と，周辺の島々からなる地域。西側はヨーロッパ州と接しています。面積・人口ともに世界の6つの州の中で最大です。**東アジア，東南アジア，南アジア，中央アジア，西アジア**などの地域に分かれます。南アジアに標高8000m級の山々が連なる**ヒマラヤ山脈**があります。

★★★
ヨーロッパ州

ユーラシア大陸 [➡ P.165] の西部と周辺の島々からなる地域。東側はアジア州と接しています。**東ヨーロッパや西ヨーロッパ**などに分けられることもあります。中南部に**アルプス山脈**が連なります。

★★★
アフリカ州

アフリカ大陸 [➡ P.165] と周辺の島々からなる地域。北東部はアジア州と接しています。世界の6つの州の中で2番目に面積が大きく，東部を世界一長い川の**ナイル川**が流れています。

⚖ 比べる **世界の地形ベスト3**

日本とほぼ同じ大きさ。

ヒマラヤ山脈にある。

長い川		大きい湖		高い山	
ナイル川	6695km	カスピ海	37.4万km²	エベレスト	8848m
アマゾン川	6516km	スペリオル湖	8.2万km²	K2	8611m
長江(チャン チアン)	6380km	ビクトリア湖	6.9万km²	カンチェンジュンガ	8586m

(平成30年版「理科年表」)

COLUMN くわしく **山にはさまざまな呼び方や意味がある！** エベレストはチョモランマ，サガルマータとも呼ばれています。K2はカラコルム山脈測量番号2号という意味で，ゴッドウィンオースティン山，チョゴリ山とも呼ばれています。

地理編

第1章 世界の中の日本の国土

第2章 暮らしを支える食料生産

第3章 暮らしを支える工業生産

第4章 私たちの生活と情報

第5章 私たちの生活と環境

★★★ 北アメリカ州

北アメリカ大陸 [➡ P.166] と周辺の島々からなる地域。南側は南アメリカ州と接しています。世界最大の島である**グリーンランド**があります。西部に**ロッキー山脈**が連なります。

★★★ 南アメリカ州

南アメリカ大陸 [➡ P.166] と周辺の島々からなる地域。北側は北アメリカ州と接しています。北部に，流域面積が世界最大の**アマゾン川**が流れ，西部には**アンデス山脈**が連なります。

⬆ アマゾン川　　　　　(ピクスタ)

★★★ オセアニア州

オーストラリア大陸 [➡ P.166] と**太平洋** [➡ P.166] の島々からなる地域。オセアニア州にふくまれる太平洋の島々は，**ポリネシア，ミクロネシア，メラネシア**の３つの地域に分かれます。さんごしょう [➡ P.186] が発達した美しい海が広がります。

人口・面積ともに世界最大。

グリーンランド

アルプス山脈

ヨーロッパ州　シベリア　アジア州　北アメリカ州

中央アジア　ロッキー山脈

西アジア　東アジア

アフリカ州　南アジア　アマゾン川

東南アジア

ヒマラヤ山脈

ナイル川　南アメリカ州

オセアニア州

アンデス山脈

小さな島々が点在。

⬆ 世界の地域区分

COLUMN
くわしく

ポリネシア，ミクロネシア，メラネシアの意味は？　ポリネシアは「多くの島々」，ミクロネシアは「小さな島々」，メラネシアは「黒い島々」を意味します。

③ 世界地図の表し方

重要度
★★★ メルカトル図法

経線と緯線が直角に交わる
図法。2つの地点を結ぶ線
と経線との角度を正しく表
すことができるので，**航海
図**などに利用されています。
緯度が高くなるほど，陸地
が大きくなり，方位も正し
くありません。

東京から見て真東に見えるが，正しくは北東。

サンフランシスコ

東京

正しい真東はこちらになる。

ブエノスアイレス

⬆ **メルカトル図法**…経線と緯線が直角に交わる。

★★★ 正距方位図法

中心からの距離と方位を正しく表し
た図法。中心から離れるにつれて，
陸地の形のゆがみが大きくなります。
中心以外からの2地点間の距離と
方位は正しく表せません。
航空図などに利用されています。

北東

サンフランシスコ

東京

遠い　近い

ケープタウン　マニラ　真東

ブエノスアイレス

★★★ モルワイデ図法

面積を正しく表した図法。方位や
距離は正しくありません。**分布図**
などに利用されています。

⬆ **正距方位図法**…中心からの距離と方位が正しい図法。

地図は，
距離・面積・角度
を同時に正しく
表すことは
できないんだね。

⬆ **モルワイデ図法**…面積が正しい図法。

緯度が高くなるほど，
形がゆがむ。

COLUMN
くわしく

国によって地図が異なる？　私たちがふだん目にする世界地図は，日本が中心近くにえが
かれています。しかし，ヨーロッパではヨーロッパが中心にえがかれた地図が使われ，オーストラリ
アではオーストラリア大陸を中心に置き，南極が上にえがかれた地図も見られます。

④ 地球儀と緯度・経度

地理編

第1章 世界の中の日本の国土

第2章 暮らしを支える食料生産

第3章 暮らしを支える工業生産

第4章 私たちの生活と情報

第5章 私たちの生活と環境

★★★ 地球儀

地球をそのままの形で縮めた模型。地図とちがって，面積，形，距離，方位などを同時に，ほぼ正しく表すことができます。

★★★ 緯度

赤道を基準として（0度として），南北をそれぞれ **90度ずつ** に分けたもの。赤道より北の場所は**北緯**○○度，南の場所は**南緯**○○度と表します。

★★★ 緯線

同じ緯度の地点を結んだ横の線。赤道と平行に引かれています。

（0度の経線）
本初子午線

北極

東京は北緯約36度，東経約140度。

ロンドン

80°
60°
40°
北回帰線

緯度
20°

0°
20°
40°
60°
80°
100° 120° 140°

経度

20°

赤道
（0度の緯度）

南回帰線 南極

経線

緯線

⬆ **緯度と経度**

★★★ 経度

本初子午線 [→ P.172] を基準として（0度として），東西をそれぞれ **180度ずつ** に分けたもの。本初子午線より東の場所は**東経**○○度，西の場所は**西経**○○度と表します。

十二支で真北は「子」，真南は「午」の方角を表すよ。

★★★ 経線

同じ経度の地点を結んだ縦の線。**子午線**ともいいます。

★★★ 赤道

北極と南極との中間にあたる地点を結んだ線。**緯度**の基準（緯度0度）となります。全周は約4万kmにおよびます。赤道より北の地域を**北半球**，南の地域を**南半球**といいます。

マレー半島の南を通る。

赤道

大西洋

インド洋

太平洋

アフリカ大陸の中央部を通る。

南アメリカ大陸の北部を通る。

⬆ **赤道の通る地域**

COLUMN まめ知識

メートルとは？ 19世紀に「1m＝子午線の4分の1（北極から赤道まで）の長さの1000万分の1」と定められました。その後，「1m＝1秒の2億9979万2458分の1の時間に真空の中で光が伝わる長さ」と改められましたが，長さそのものは変わっていません。

171

第1章 世界の中の日本の国土

重要度

★★★
北半球
緯度0度の赤道 [➡ P.171] より北にある地域。日本は北半球にあります。

★★★
南半球
緯度0度の赤道 [➡ P.171] より南にある地域。北半球と季節が逆になります。

↑ 北半球と南半球

★★★
本初子午線
経度0度の経線。経度の基準となります。イギリスの首都ロンドン郊外にある旧グリニッジ天文台を通っています。

★★★
北回帰線
北緯23度26分の緯線。夏至のとき，正午に太陽が真上にきます。

★★★
南回帰線
南緯23度26分の緯線。冬至のとき，正午に太陽が真上にきます。

⑤ 時差のしくみ

★★★
標準時
国や地域が基準として定めている時刻。アメリカ合衆国，カナダ，ロシア連邦，オーストラリアなど，国土が東西に広い国には，いくつもの標準時があり，国内で時刻が異なります。
日本は兵庫県明石市を通る**東経135度**の経線上の時刻を標準時とし，その上を太陽が通過する時刻を正午としています。

日本はじ東京もふくめたすべての場所が，東経135度の経線上の時刻を採用。

東京
明石市
東経135度

↑ 日本の標準時

COLUMN
くわしく

中国の標準時はいくつある？ 中国は東西に広い国で，面積は世界第4位の広さをほこります。しかし，標準時は1つだけで，首都北京の時刻が標準時となっています。

地理編

第1章 世界の中の日本の国土

第2章 暮らしを支える食料生産

第3章 暮らしを支える工業生産

第4章 私たちの生活と情報

第5章 私たちの生活と環境

★★★ 時差

2つの地点の間の標準時のずれ。地球は1日（24時間）で1回転（360度）するので，**経度15度で1時間の時差**（360÷24＝15）が生じます。

日本とイギリスの時差は9時間なので，日本が午後7時の場合，イギリスは同じ日の午前10時になります。

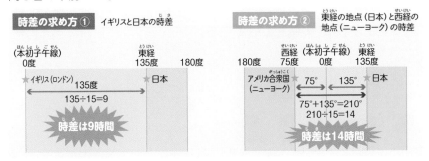

★★★ 日付変更線

地球上での日付を変えるためにつくられている，**180度の経線**付近に引かれた線。この線を西から東（左から右）にこえるときは日付を1日おくらせ，東から西（右から左）へこえるときは日付を1日進めます。

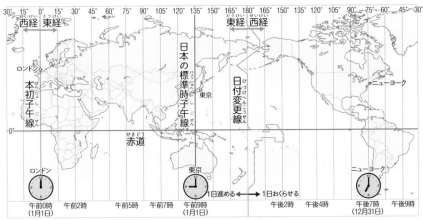

↑ **イギリス（ロンドン）が1月1日午前0時のときの各地の時刻**…イギリスと日本は9時間の時差があります。

COLUMN
まめ知識

サマータイムとは？ 日の出が早まる時期，明るい時間を有効に活用するために朝の始まりを1時間早める制度。高緯度で日照時間の長いヨーロッパやアメリカで導入されていますが，見直しの動きがあります。日本では70年ほど前に数年間導入されましたが，廃止されました。

02 日本の位置と範囲

約190か国が領域をもっている!

約190か国

世界にはたくさんの国があります。海に囲まれた島国もあれば，海に面していない内陸国もあります。それぞれの国は，領土，領海，領空からなる領域をもっています。

領海の外側には，200海里水域（排他的経済水域）と公海が広がります。日本は世界でも有数の広い200海里水域をもっています。

日本って，どのへんにあるの?

日本はユーラシア大陸の東側にある南北に連なる列島で，北海道，本州，四国，九州を中心とする多くの島々からなり立っています。東西南北の端はいずれも島で，東端は南鳥島，西端は与那国島，南端は沖ノ鳥島，北端は択捉島です。

日本と周辺の国々との間には，ロシア連邦との間に北方領土問題があるほか，韓国との間に竹島問題があります。また，尖閣諸島については中国と台湾が領有権を主張しています。

① 国の領域と日本の領土

地理編

第1章 世界の中の日本の国土

第2章 暮らしを支える食料生産

第3章 暮らしを支える工業生産

第4章 私たちの生活と情報

第5章 私たちの生活と環境

重要度
★★★
領域

国の主権（国の意思）がおよぶ範囲。**領土**，**領海**，**領空**からなります。領域には，無断で他国の人が入ることはできません。

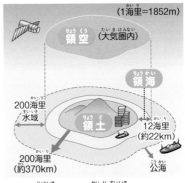

↑ 国の領域と200海里水域

領土
国の主権がおよぶ陸地。

領海
国の主権がおよぶ海域。いっぱんに，海岸線から12海里（約22km）です。

領空
領土と領海の上空にある，国の主権がおよぶ空間。宇宙空間はふくみません。

★★★
200海里水域 （排他的経済水域）

海岸線から**200海里**（約370km）以内の海域のうち，領海を除く海域。**排他的経済水域**ともいいます。この海域にある石油 [➡ P.299] や天然ガス [➡ P.300] などの海底資源や，水産資源（魚や貝など）は，沿岸国が利用する権利をもつと決められています。

★★★
公海

領海と**200海里水域**の外側にある，どの国の領域にも属さない海。公海では，すべての国の船が自由に行き来することができます。

★★★
日本列島

日本を形成する島々。**北海道**，**本州**，**四国**，**九州**の4つの大きな島と，6800をこえる小さな島々からなります。

↑ 日本列島

COLUMN まめ知識

海に関する決まりがある！　領海や200海里水域の設定など，海に関係する決まりは，海の憲法とも呼ばれる国連海洋法条約で定められています。

重要度

★★★

択捉島（えとろふとう）

日本の北端の島。**北海道**に属します。北海道，本州，四国，九州を除くと，日本で一番大きな島です。**北方領土**の１つで，現在は**ロシア連邦** [➡ P.645] が占拠しています。

★★★

南鳥島（みなみとりしま）

日本の東端の島。**東京都**に属します。自衛隊員や気象庁関係者，海上保安庁関係者がたい在し，民間の人は住んでいません。

★★★

沖ノ鳥島（おきのとりしま）

日本の南端にある無人島。**東京都**に属します。潮が満ちるときには一部が海面上に出るのみで，ほとんどが海中にしずみます。沖ノ鳥島が完全にしずんでしまうと日本の**200海里水域** [➡ P.175] が減ってしまうので，日本政府は島の周辺をコンクリートで固めて，水没を防いでいます。

コンクリートで囲まれている。

⬆ **沖ノ鳥島**（おきのとりしま）

(毎日新聞社／アフロ)

★★★

与那国島（よなぐにじま）

日本の西端の島。**沖縄県**に属します。台湾と約110km しかはなれていないため，晴れた日には台湾が見えます。

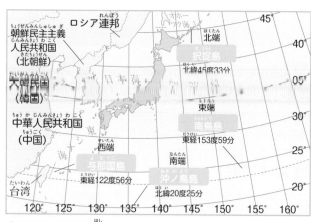

ロシア連邦（れんぽう）
朝鮮民主主義人民共和国（北朝鮮）（ちょうせんみんしゅしゅぎじんみんきょうわこく きたちょうせん）
大韓民国（韓国）（たいかんみんこく かんこく）
中華人民共和国（中国）（ちゅうかじんみんきょうわこく ちゅうごく）
台湾（たいわん）

北端（ほくたん）
択捉島（えとろふとう）
北緯45度33分

東端（とうたん）
南鳥島（みなみとりしま）
東経153度59分

西端（せいたん）
与那国島（よなぐにじま）
東経122度56分

南端（なんたん）
沖ノ鳥島（おきのとりしま）
北緯20度25分

⬆ **日本の東西南北の端**（はし）

COLUMN くわしく

南鳥島沖にレアアース！（みなみとりしまおき） 南鳥島沖の海底に，携帯電話などの電子機器に使われる鉱産資源のレアアースが，世界の消費量の数百年分も埋蔵されていると，大学の研究チームが発表しました。資源のとぼしい日本にとって，重要な資源になると期待されています。

★★★
北方領土

北海道の北東に連なる，**択捉島**，**国後島**，**色丹島**，**歯舞群島**をまとめた呼び名。**北海道**に属する日本固有の領土ですが，第二次世界大戦後にソビエト社会主義共和国連邦（ソ連）に占領され，1991 年にソ連が崩壊したあとは，**ロシア連邦**[➡ P.645] が占拠しています。島内には森林資源，周辺海域では水産資源（魚や貝など）が豊富です。

↑ 北方領土の位置

★★★
竹島

島根県沖の日本海にある島。**島根県**に属します。日本固有の領土ですが，**大韓民国（韓国）**[➡ P.640] が領有権を主張し，1950 年代前半以降，不法占拠しています。

韓国では「独島」と呼んでいるよ。

↑ 竹島の位置

★★★
尖閣諸島

沖縄県の西の東シナ海にある島々。**沖縄県**に属する日本固有の領土ですが，周辺の海域に**石油**[➡ P.299] や**天然ガス**[➡ P.300] が多くある可能性が指摘されると，1970 年代に入って**中華人民共和国（中国）**[➡ P.639] と台湾が領有権を主張し始めました。

2012 年には，日本政府が大部分を国有化しました。

↑ 尖閣諸島の位置

COLUMN
くわしく

島根県には「竹島の日」がある！ 　1905 年 2 月 22 日，竹島が島根県に組みこまれました。2005 年，島根県はその 100 周年を記念して，2 月 22 日を「竹島の日」とすることを決めました。島根県では毎年 2 月 22 日に，記念式典などが開かれています。

03 日本の地形

さくっとガイド まずはここを読んで，日本の地形の特色をおさえよう！

日本はどんな地形をしているの？

4分の3が山地

日本アルプス

特色ある地形をつくりだします。

日本は山がちな地形で，国の面積の約4分の3が山地です。特に中部地方には，3000m級の高い山々が連なる日本アルプスがあります。また，火山が多く，周辺には温泉が多くあります。

山々から流れ出る川は，世界の川と比べて短く流れが急という特ちょうがあります。川は扇状地や三角州など，

日本の周りの海のようすは？

オホーツク海

日本海

リアス海岸

東シナ海

太平洋

縄県周辺の海には，さんごしょうが広がっています。

日本は周りを海に囲まれた島国です。周辺には，太平洋，日本海，オホーツク海，東シナ海が広がります。近くには大陸だなのある浅い海が広がりますが，沖合には伊豆・小笠原海溝や日本海溝などの深い海があります。

日本列島には，半島や岬，湾が多くあります。三陸海岸などには，リアス海岸が見られ，小笠原諸島や沖

地理編

第**1**章 世界の中の日本の国土

第**2**章 暮らしを支える食料生産

第**3**章 暮らしを支える工業生産

第**4**章 私たちの生活と情報

第**5**章 私たちの生活と環境

① 世界と日本の山

重要度
★★★

山地

いくつもの山が広く集まっている所。山脈，高地，高原などがあります。

山脈
山地のうち，山のみねがひとつながりになっている所。

高地
山地のうち，起ふくが小さい所。

高原
山地のうち，表面が平らな所。

★★★ 造山帯

過去に山脈や山地を形成するような激しい地面の運動が起こった地域，または現在起こっている地域。高くて険しい山脈が多く，**火山の噴火** [➡ P.338] や**地震** [➡ P.337] も多く発生します。

★★★ アルプス・ヒマラヤ造山帯

ユーラシア大陸 [➡ P.165] の南部に東西に連なる造山帯。アルプス山脈からユーラシア大陸南部のヒマラヤ山脈をへて，インドネシアにいたります。

⬆ **2つの造山帯と主な山脈**

**COLUMN
まめ知識**

日本アルプスの名前の由来は？ 明治時代に飛驒山脈を訪れたイギリス人鉱山技師のウィリアム・ゴーランドが，ヨーロッパのアルプス山脈にちなんで「日本アルプス」と世界に紹介したのが始まりです。

重要度
★★★

環太平洋造山帯

太平洋 [➡ P.166] を取り囲むように形成された造山帯 [➡ P.179]。火山活動が活発で，地震が多い地域です。日本列島 [➡ P.175] や北アメリカ大陸西部，南アメリカ大陸西部，フィリピン諸島，ニュージーランドなどがふくまれます。

★★★

フォッサマグナ

日本アルプスの東側にのびるみぞ状の地形。西の縁はおおよそ新潟県糸魚川市から静岡県静岡市を結ぶ線で，糸魚川・静岡構造線と呼ばれます。東の縁ははっきりしません。

この線を境として，日本列島を東日本と西日本に分けることがあります。

★★★

日本アルプス

日本の中央部に連なる飛騨山脈（北アルプス），木曽山脈（中央アルプス），赤石山脈（南アルプス）をまとめた呼び名。2000〜3000m級の高い山々が連なり，「日本の屋根」とも呼ばれます。

飛騨山脈（北アルプス）
長野県，岐阜県，富山県，新潟県にまたがる山脈。3000m級の山々が連なります。

木曽山脈（中央アルプス）
長野県から岐阜県，愛知県の県境に連なる山脈。木曽川と天竜川にはさまれています。

赤石山脈（南アルプス）
長野県，山梨県，静岡県にまたがる山脈。3000m級の山々が連なります。

⬆ **日本の主な山地，山脈，高地**

COLUMN
まめ知識

フォッサマグナの名前の由来は？ フォッサマグナとは，昔のヨーロッパの言葉であるラテン語で「大きなみぞ，割れ目」を意味します。明治時代のお雇い外国人 [➡ P.563] であったドイツ人の地質学者ナウマンが命名しました。

地理編

第1章 世界の中の 日本の国土

第2章 暮らしを支える 食料生産

第3章 暮らしを支える 工業生産

第4章 私たちの 生活と情報

第5章 私たちの 生活と環境

★★★ カルデラ

火山の噴火 [➡ P.338] によって，頂上付近が落ちこんだり，ふき飛んだりしてできたくぼ地。周りは外輪山と呼ばれる山々で囲まれ，内部には火口原と呼ばれる平らな土地が広がります。
阿蘇山のように，火口原が農地や住宅に利用されている所もあります。

⬆ 阿蘇山（熊本県）のカルデラ

(ピクスタ)

★★★ 温泉

地中からわき出す温水や鉱水，水蒸気・ガスのうち，特定の物質を多くふくみ，温度が 25 度以上のもの。火山地帯に多くあり，観光や療養，休養に利用されています。温泉の性質によって，色，におい，効果が異なります。

★★★ 富士山

山梨県と静岡県にまたがる火山。標高 3776m の日本一高い山です。古くから信仰の山とされ，多くの文学作品や絵画などにも登場します。周辺地域とともに世界文化遺産 [➡ P.352] に登録されています。

★★★ 有珠山

北海道南西部の洞爺湖の南岸にある火山。古くから火山活動が活発で，2000年の噴火では，周辺地域に大きな被害をもたらしました。

★★★ 桜島（御岳）

鹿児島県の鹿児島湾（錦江湾）にある火山島。1914 年の噴火で大隅半島と陸つづきになりました。現在も活動が活発で，周辺地域に火山灰を降らせることがあります。

★★★ 阿蘇山

熊本県北東部にある火山。世界最大級のカルデラがあります。カルデラ内には町や村があり，鉄道やバスなどが通っています。

COLUMN
くわしく

急増する日本の火山の噴火 2014 年に長野県と岐阜県の県境にある御嶽山が噴火して多くの登山者が犠牲になりました。2015 年に鹿児島県屋久島の西にある口永良部島が噴火して火砕流が発生するなど，近年，日本各地で火山の噴火が発生しています。

② 日本の川と平地

重要度
★★★
信濃川

長野県西部から新潟県にかけて流れ、日本海に注ぐ全長 367km の日本一長い川。長野県内で千曲川と犀川が合流し、新潟県に入ると信濃川と呼ばれます。流域には、**松本盆地**、**長野盆地**、**越後平野** [➡ P.184] などが広がります。

> 世界の川は長くて、流れがゆるやか。
>
> 日本の川は短くて、流れが急。

アマゾン川 6516km
利根川322km
信濃川367km　**メコン川**4425km
ライン川1233km

標高(m)

⬆ **日本の川と世界の川**　(平成 30 年版「理科年表」ほか)

★★★
利根川

群馬県北部から関東平野 [➡ P.184] を北西から南東へ流れ、千葉県と茨城県の東の端で太平洋 [➡ P.166] に注ぐ川。全長 322km は日本第 2 位の長さ、流域面積は 1 万 6840km² で日本一の広さです。

★★★
石狩川

北海道の西部を流れ、日本海 [➡ P.187] に注ぐ川。長さは 268km で日本第 3 位、流域面積は日本第 2 位です。かつて、曲がりくねっていて洪水が多かったため、川をまっすぐにして洪水を防ぐ工事が行われました。

★★★
最上川

山形県の中央を流れ、日本海 [➡ P.187] に注ぐ川。流域に、山形盆地 [➡ P.236]、新庄盆地、庄内平野 [➡ P.184] を形成しています。富士川 (静岡県) と球磨川 (熊本県) とともに日本三大急流の 1 つに数えられています。

★★★
多摩川

山梨県北東部を水源として東京都と神奈川県の県境を流れ、東京湾に注ぐ川。東京都に生活用水を送っています。

COLUMN
まめ知識

日本三大暴れ川は?　洪水や水害が多い川を暴れ川といいます。日本三大暴れ川は、利根川、筑後川、吉野川の 3 つで、それぞれ「坂東太郎 (利根川)」、「筑紫次郎 (筑後川)」、「四国三郎 (吉野川)」と兄弟になぞらえた愛称で親しまれています。

★★★ 筑後川

福岡県と佐賀県の県境を流れ，有明海に注ぐ川。下流域に筑紫平野 [➡ P.184] を形成しています。

★★★ 平地

平らな土地。平野，盆地，台地などがあります。

平野

平地のうち，標高の低い所にあり，海や湖に面している土地。川が運んだ土や砂が積もってできた平野や，氷河，風，波などによってけずられてできた平野などがあります。

日本の平野は，ほとんどが川が運んだ土や砂が積もってできた平野で，河口には三角州 [➡ P.185] が見られる所があります。

盆地

平地のうち，標高の高い所にある，周りを山に囲まれた平らな土地。扇状地 [➡ P.185] が発達する所では，くだもの畑が多く見られます。

台地

平地のうち，周りの土地よりも高くなった平らな土地。畑作が多く行われています。

⬆ 平地の分類

⬆ 日本の主な平地（平野・盆地・台地）と川

COLUMN まめ知識　**筑後川の旧名は?**　筑後川は古くは筑間川，千歳川などと呼ばれていました。しかし，江戸時代に幕府の命令で筑後川と呼ぶようになりました。

重要度

★★★ 関東平野

関東地方の大部分に広がる日本一広い平野。台地や丘陵には，富士山や浅間山などの噴火で生じた**関東ローム（層）**と呼ばれる赤土の層が広がっています。大都市が多く，人口も集中しています。

★★★ 石狩平野

北海道西部の**石狩川** [➡ P.182] の下流域に広がる平野。かつては**泥炭地** [➡ P.223] でしたが，**客土** [➡ P.224] などの土地改良によって**稲作**ができるようになりました。現在は北海道を代表する稲作地帯です。

★★★ 庄内平野

山形県の**最上川** [➡ P.182] の下流域に広がる平野。**稲作**がさかんです。日本海に面した酒田市は江戸時代に米の積み出し港として栄えました。

★★★ 越後平野

新潟県の**信濃川** [➡ P.182] と阿賀野川の下流域に広がる平野。かつては低湿地が広がっていましたが，**分水路** [➡ P.200] やかんがい設備の整備などによって，日本を代表する**稲作地帯**になりました。

★★★ 讃岐平野

香川県の瀬戸内海に面する平野。古くから水不足になることが多かったため，農業用水をためておく**ため池**が多く見られました。現在は，香川用水から水が引かれています。

🔎 **讃岐平野のため池群**　　(熊博毅／アフロ)

★★★ 筑紫平野

筑後川 [➡ P.183] の下流域に広がる平野。福岡県と佐賀県にまたがります。九州地方を代表する**稲作地帯**です。
佐賀県側では，細く入り組んだ**クリーク** [➡ P.201] が多く見られます。

COLUMN
まめ知識

日本一大きなため池は？　　香川県の讃岐平野にある満濃池は，周囲約20kmの日本で最も大きなため池です。満濃池は，9世紀に真言宗を開いた空海が改修したことで知られています。

地理編

第1章 世界の中の 日本の国土

第2章 暮らしを支える 食料生産

第3章 暮らしを支える 工業生産

第4章 私たちの 生活と情報

第5章 私たちの 生活と環境

★★★ 三角州

川が海や湖に出る所に土や砂が積もってできた，低くて平らな土地。三角形に似た形をし，**デルタ**とも呼ばれます。

耕地の多くが**水田** [➡ P.222] に利用されています。

★★★ 扇状地

川が山間部から平地に出る所に土や砂が積もってできた，ゆるやかな傾斜地。扇を広げたような形をしています。

水はけがよいので，**くだもの畑**に利用されることが多くなっています。

⚖ 比べる **三角州と扇状地**

海や湖に面している。

扇状に広がっている。

↑ **三角州(三重県・雲出川河口)** （東阪航空サービス／アフロ）

↑ **扇状地（甲府盆地）** （東阪航空サービス／アフロ）

③ 日本の周りの海

★★★ リアス海岸

山地が海にしずみこんでできた，入江と岬が入り組んだ海岸地形。湾内は波がおだやかなので天然の良港が多く，**養殖漁業（養殖業）** [➡ P.246] がさかんな所が多くあります。

三陸海岸南部（岩手県，宮城県）や**志摩半島**（三重県），長崎県などに見られます。

↑ **リアス海岸(三重県鳥羽市)** （東阪航空サービス／アフロ）

COLUMN まめ知識　**デルタはギリシャ文字に由来!**　デルタと呼ばれる三角州。デルタはギリシャ文字のΔ（デルタ）に形が似ていることから，そのように呼ばれるようになりました。

第1章 世界の中の日本の国土

重要度
★★★

大陸だな

陸地周辺に広がる，深さ200mくらいまでの浅い海底。水産資源（魚，貝，海そうなど）と**石油** [➡ P.299]・**天然ガス** [➡ P.300] などの海底資源が豊富です。

★★★

海溝

深さが数千mにもなる，深いみぞ状の海底。日本の太平洋沖には**千島・カムチャッカ海溝**や**日本海溝**，**伊豆・小笠原海溝**などがあります。

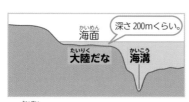

海の深い所は，太陽の光がとどかないからまっ暗だよ。

海面
深さ200mくらい。
大陸だな
海溝

⬆ **海底のようす**

★★★

砂浜海岸

海や風によって運ばれた砂などが積もってできた海岸。なだらかな海岸線が続きます。千葉県の**九十九里浜**が代表的です。

★★★

砂丘

風によって運ばれた砂が積もってできた小高い丘。砂浜海岸の中では，鳥取県の**鳥取砂丘**が代表的です。

★★★

さんごしょう

さんご虫の死がいやぶんぴつ物が固まってできた，石灰質状の地形。水温が高く，すんだ浅い海に発達します。
日本では，**南西諸島** [➡ P.189]（鹿児島県，沖縄県）や**小笠原諸島**（東京都）[➡ P.189] の周辺の海などで見られます。

⬆ **さんごしょう**

(ピクスタ)

COLUMN まめ知識

世界でもっとも深い海は？ フィリピン沖のマリアナ海溝にあるチャレンジャー海淵（とくに深いところ）と呼ばれるところで，深さは約1万920mもあります。

地理編

第**1**章 世界の中の　日本の国土

第**2**章 暮らしを支える　食料生産

第**3**章 暮らしを支える　工業生産

第**4**章 私たちの　生活と情報

第**5**章 私たちの　生活と環境

★★★ **太平洋** [➡P.166]

📖 日本列島の東側から南側にかけて広がる世界一広い海。

★★★ **日本海**

📖 日本列島 [➡ P.175] とユーラシア大陸 [➡ P.165] にはさまれた海。暖流の対馬海流 [➡ P.196] と寒流のリマン海流 [➡ P.196] が流れています。

★★★ **オホーツク海**

📖 北海道の北東部に広がる海。カムチャツカ半島，千島列島，樺太（サハリン），北海道に囲まれています。北海道付近のオホーツク海には，冬から春にかけて，流氷 [➡ P.204] が押し寄せます。

★★★ **東シナ海**

📖 日本の九州と南西諸島，台湾，中国，朝鮮半島に囲まれた海。大部分は浅い大陸だなで，好漁場となっています。また，海底資源の開発が注目されています。

★★★ **海峡**

陸と陸にはさまれて海のせまくなったところ。船が行き来する重要な航路となっています。

★★★ **湾**

陸に入りこんだ海のうち，弓なりに曲がった海岸線をもつもの。

↑ 日本の周りの主な海と湾・海峡

COLUMN
くわしく
海峡は船の難所！ 海峡は幅がせまく，浅く，流れが速い海です。そのため，船にとっては交通の難所となっている所が多く見られます。

④ 日本の湖

重要度
★★★
琵琶湖

滋賀県の中央にある日本一広い湖。滋賀県全体の面積の約６分の１をしめています。「近畿地方の水がめ」として周辺地域の重要な水資源です。かつて赤潮 [➡ P.247] が発生して水質が悪化したため，水質や湖の多様な生物の環境を守る取り組みが，県や市町村によってさかんに行われています。

★★★
サロマ湖

北海道の北東部のオホーツク海沿岸にある湖。面積は日本第３位です。ほたて貝の養殖がさかんです。

★★★
霞ケ浦

茨城県の南部にある湖。面積は琵琶湖に次いで日本第２位です。わかさぎ漁が行われています。

★★★
諏訪湖

長野県の中央部にある湖。周辺では，カメラや時計などの精密機械やＩＣ（集積回路）の生産がさかんです。

★★★
宍道湖

島根県の東部にある湖。海水と淡水（塩分をほとんどふくまない水。真水。）がまじる汽水湖です。古くからしじみ漁がさかんです。

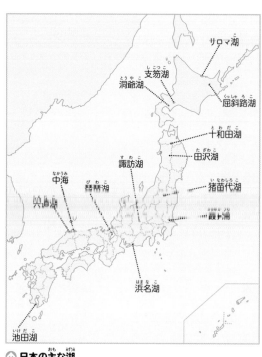

↑ **日本の主な湖**

COLUMN
くわしく

カルデラ湖とは？ カルデラ内に水をたたえた湖のことです。火山の多い日本には，北海道の洞爺湖，支笏湖，青森県と秋田県の県境にある十和田湖，神奈川県の芦ノ湖，鹿児島県の池田湖など，たくさんのカルデラ湖があります。

⑤ 日本の島と半島

地理編

第1章 世界の中の日本の国土

第2章 暮らしを支える食料生産

第3章 暮らしを支える工業生産

第4章 私たちの生活と情報

第5章 私たちの生活と環境

★★★ 南西諸島

九州南方の沖合から台湾にかけて連なる島々。鹿児島県と沖縄県にまたがります。**亜熱帯** [➡ P.192] の気候で，**さんごしょう** [➡ P.186] が広がります。

★★★ 小笠原諸島

東京都の中心部から約1000km南の太平洋上にある島々。父島，母島を中心に大小30あまりの島々があります。**東京都**に属します。**亜熱帯** [➡ P.192] の気候で，大陸と陸続きになったことがなく，独自に進化をとげた固有の動植物が多く見られます。**世界自然遺産** [➡ P.352] に登録されています。

★★★ 屋久島

鹿児島県の南の沖合にある島。**鹿児島県**に属します。日本でも有数の雨が多い地域の1つです。**屋久杉**が生い茂り，樹齢数千年ともいわれる**縄文杉**があります。**世界自然遺産** [➡ P.352] に登録されています。

★★★ 半島

海につき出た，三方が海に面した陸地。

★★★ 岬

島や半島の先端部にある，海などにつき出た陸地。

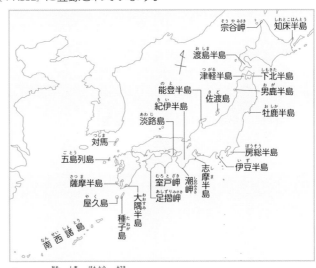

⬆ 日本の主な島，半島，岬

小笠原の名前の由来は？ 1593年に小笠原貞頼が発見したことから小笠原と呼ばれるようになったとされています。明治時代に日本の領土となりました。その後第二次世界大戦後にアメリカ合衆国の支配下に置かれましたが，1968年に日本に返還されました。

04 世界と日本の気候

世界各地の天気や気温は，どこも同じなの？

熱帯

乾燥帯

温帯

冷帯(亜寒帯)

寒帯

世界には，1年中気温が高い地域や雨がほとんど降らない地域，雪や氷におおわれた地域など，さまざまな気候が見られます。世界の気候は大まかに，熱帯，乾燥帯，温帯，冷帯（亜寒帯），寒帯の5つに分けることができます。

日本はどのような気候なの？

1月

冬の日本海側　冬の太平洋側

雪が多い　晴れの日が多い

北西の季節風

日本のほとんどの地域は，温暖で四季が見られる温帯に属します。それでも，地域によって気温や降水量にちがいがあります。日本の気候は大まかに，北海道，太平洋側，日本海側，中央高地，瀬戸内，南西諸島の6つの気候に分けることができます。

日本列島は南北に長いため，北の北海道と南の沖縄県では気温の差が大きくなります。また，季節風や海流も気候に大きな影響をあたえています。

地理編

第**1**章
世界の中の
日本の国土

第**2**章
暮らしを支える
食料生産

第**3**章
暮らしを支える
工業生産

第**4**章
私たちの
生活と情報

第**5**章
私たちの
生活と環境

① 気候に影響をあたえる風

重要度
★★★
季節風

夏と冬とで反対の方向からふく風。東アジアの沿岸から東南アジア，南アジアの沿岸にかけてふきます。**モンスーン**とも呼ばれます。

日本では，夏は太平洋 [➡ P.166] からユーラシア大陸 [➡ P.165] に向かってふく**南東風**で，冬はユーラシア大陸から太平洋に向かってふく**北西風**になります。季節風は山地にあたると，その手前の地域に雨や雪を降らせます。その影響で，夏は太平洋側で雨が多く，冬は日本海側で雪が多く降ります。

 夏と冬の季節風

夏　太平洋側で降水量が多い。
かわいた空気　季節風　雨
日本海　太平洋

冬　日本海側で降水量（雪）が多い。
季節風　雪　かわいた空気
日本海　太平洋

★★★
偏西風

北半球 [➡ P.172] と南半球 [➡ P.172] の中緯度（ほぼ 35〜60 度）付近で，1 年を通じて西からふく風。この風がふく大陸西岸には，温帯が広がっています。

★★★
台風

夏から秋にかけて，太平洋 [➡ P.166] の赤道 [➡ P.171] 付近で発生する**熱帯低気圧**（あたたかい空気のかたまり）のうち，風速が毎秒 17.2m 以上のもの。日本に接近，上陸し，風水害をもたらすこともあります。

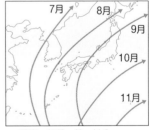

7月　8月　9月　10月　11月

⬆ **月別の台風の主な進路**

COLUMN
くわしく
フェーン現象で山の向こう側が高温に！ しめった空気が山にあたって雲をつくり，雨を降らせます。この空気が山の反対側にふき下りると，乾燥して高温になる現象が起きます。1933 年 7 月，フェーン現象により山形市で 40.8 度になる当時の最高気温を記録しました。

2 世界の気候

重要度
★★★

熱帯

赤道[→ P.171] 付近に広がる，1年を通じて気温が高い気候帯。背の高い常緑樹が生い茂る**熱帯林**が見られます。

1年を通じて雨が多い地域と，雨が多い**雨季**と雨が降らない**乾季**のある地域とに分かれます。

⬆ **カリマンタン島（ボルネオ島）に広がる熱帯林** （ピクスタ）

| | 亜熱帯
熱帯と温帯の中間の気候帯。沖縄の島々など。

★★★
乾燥帯

赤道[→ P.171] よりやや緯度[→ P.171] の高い地域や内陸部に広がる，1年を通じて降水量が少ない気候帯。世界全体の陸地の約4分の1をしめます。

1年を通じて雨がほとんど降らず**砂ばく**が広がる地域と，やや雨が降ってたけの短い草が生える草原が広がる地域とに分かれます。

⬆ **乾燥帯に広がる砂ばく** （ピクスタ）

★★★
温帯

温暖で，適度な降水量がある気候帯。四季の変化が見られます。**日本のほとんどの地域は温帯に属します。**

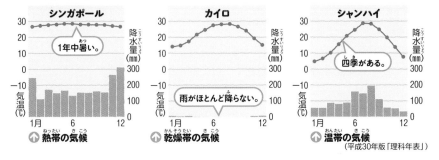

シンガポール
1年中暑い。
⬆ **熱帯の気候**

カイロ
雨がほとんど降らない。
⬆ **乾燥帯の気候**

シャンハイ
四季がある。
⬆ **温帯の気候**
（平成30年版「理科年表」）

COLUMN まめ知識

砂ばくは砂だらけ？ 砂だらけのイメージのある砂ばくですが，砂だらけの砂ばくは全体から見ればほんの一部。ほとんどの砂ばくは，石や岩がころがる荒地のような所です。

★★★ 冷帯（亜寒帯）

夏でもすずしく，冬は寒さが厳しい気候帯。北半球 [➡ P.172] の緯度の高い地域にのみ分布します。**タイガ**と呼ばれる針葉樹林 [➡ P.330] が広がります。日本の北海道は，この気候帯に属します。

★★★ 寒帯

1年中寒さが厳しい気候帯。夏でも気温が10度くらいにしか上がらない地域と，0度未満の地域とに分かれます。
南極大陸 [➡ P.166] や**北極周辺**に分布しています。

★★★ 白夜

北極と南極に近い地域で夏に見られる，1日中太陽がしずまず，うす明るい状態が続く現象。

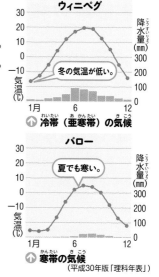

ウィニペグ

冬の気温が低い。

↑ 冷帯（亜寒帯）の気候

バロー

夏でも寒い。

↑ 寒帯の気候
（平成30年版「理科年表」）

地理編

第1章 世界の中の日本の国土

第2章 暮らしを支える食料生産

第3章 暮らしを支える工業生産

第4章 私たちの生活と情報

第5章 私たちの生活と環境

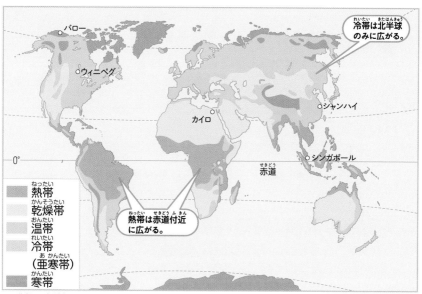

冷帯は北半球のみに広がる。

熱帯は赤道付近に広がる。

0°

赤道

バロー
ウィニペグ
シャンハイ
カイロ
シンガポール

熱帯
乾燥帯
温帯
冷帯（亜寒帯）
寒帯

↑ 世界の気候帯

COLUMN くわしく　**太陽がのぼらない日がある！**　北極と南極では，冬の間の半年間，白夜とは反対に太陽が1日中のぼらない日が続きます。この現象を極夜といいます。

❸ 日本の気候

重要度
★★★
北海道の気候
北海道に分布する気候。**冷帯（亜寒帯）** [➡ P.193] に属
します。夏でもすずしく，冬は寒さが厳しくなります。

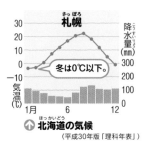
↑ 北海道の気候
（平成30年版「理科年表」）

★★★
太平洋側の気候
本州の太平洋側と九州の大部分に分布する気候。夏
は南東の**季節風** [➡ P.191] の影響で降水量が多く，
冬は乾燥して晴れの日が続きます。

★★★
日本海側の気候
本州の日本海側に分布する気候。夏は晴れの日が続きますが，冬は北西の**季節
風** [➡ P.191] の影響で雨や雪が多く，降水量が多くなります。

⚖ 比べる **日本海側と太平洋側の気候**

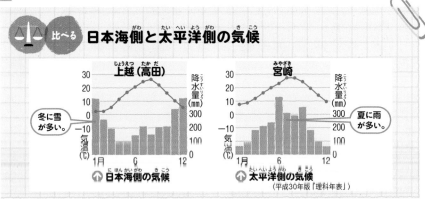

↑ 日本海側の気候 　↑ 太平洋側の気候
（平成30年版「理科年表」）

★★★
中央高地の気候（内陸性の気候）
本州の中部地方の内陸部に分布する気候。季節風 [➡
P.191] が山地にさえぎられるので，年間を通じて降
水量は少なくなります。また，夏と冬の気温差が大
きくなります。

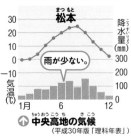
↑ 中央高地の気候
（平成30年版「理科年表」）

COLUMN
くわしく
北海道には梅雨がない？ 　6月～7月にかけて日本列島のほとんどの地域は梅雨になりま
すが，北海道には梅雨はほとんどありません。また，沖縄県は梅雨入りが早く，5月の半ばには
梅雨入りします。

★★★ 瀬戸内の気候

瀬戸内海沿岸に分布する気候。季節風 [→ P.191] が北の中国山地と南の四国山地にさえぎられるため，1年を通じて降水量が少なくなります。冬でも比較的温暖です。

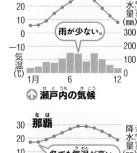

高松

雨が少ない。

↑ 瀬戸内の気候

★★★ 南西諸島の気候

鹿児島県南部の島々と，沖縄県の島々が属する気候。亜熱帯 [→ P.192] の気候に属し，夏は気温が高く，冬でも温暖です。
年間を通じて降水量が多くなります。

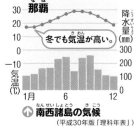

那覇

冬でも気温が高い。

↑ 南西諸島の気候
（平成30年版「理科年表」）

↑ 亜熱帯性植物が育つ沖縄 （ピクスタ）

★★★ 梅雨

日本列島で見られる，6月ごろから7月にかけて雨の日が続く現象。梅雨前線が日本列島に停滞することで発生します。

夏と冬の季節風の向きを，まちがえずにおぼえておこう！

ユーラシア大陸

北西からふく。

季節風 冬

日本海側の気候

北海道の気候

札幌

太平洋側の気候

日本海

上越

松本

瀬戸内の気候

高松

中央高地（内陸性）の気候

宮崎

太平洋

季節風 夏

南東からふく。

南西諸島の気候

那覇

↑ 日本の気候区分と季節風

COLUMN くわしく

ゲリラ豪雨とは？　ごく限られた地域に，1時間の降水量が 50mm をこえるような大雨が短時間に降るはげしい雨のことです。河川が増水したり，道路が水びたしになったり，近年，私たちの生活を混乱させています。この用語は報道機関でよく使われていますが，気象用語ではありません。

4 海流

重要度

★★★ 海流

ほぼ一定の向きに帯状に移動する海水の流れ。**暖流**と**寒流**に分かれます。

★★★ 暖流

周辺の海水に比べて水温が高い海流。ふつう，**緯度** [➡ P.171] の低い海域から緯度の高い海域に向かって流れます。**黒潮（日本海流）**や**対馬海流**などがあります。

⬆ **日本周辺の海流**

★★★ 寒流

周辺の海水に比べて水温が低い海流。ふつう，緯度の高い海域から緯度の低い海域へ流れます。栄養分が豊富でプランクトン [➡ P.248] が多いため，魚が多く集まる好漁場となっています。**親潮（千島海流）**や**リマン海流**などがあります。

★★★ 黒潮（日本海流）

暖流の1つ。フィリピンの東の太平洋からやってきて，**日本列島** [➡ P.175] の太平洋側を北上します。黒みをおびていることから黒潮と呼ばれます。

★★★ 対馬海流

暖流の1つ。沖縄県沖で黒潮から分かれて，日本列島の日本海側を北上します。

★★★ 親潮（千島海流）

寒流の1つ。千島列島から日本列島の太平洋側を南下します。プランクトン [➡ P.248] が豊富で「魚や海そうを育てる海の親」という意味で，親潮と呼ばれます。

★★★ リマン海流

寒流の1つ。シベリア南東部の沿岸を日本列島に沿って南下します。

COLUMN
まめ知識
海流の速さって? 黒潮は世界で最も流れの速い海流の1つです。海水表面の速さは毎秒2mくらいで，時速にすると約7km。人が小走りするくらいの速さです。

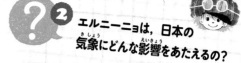

❓ 1 日本の気象は，世界の気象と関係しているの？

➡ 日本の気象は世界の気象と密接な関係があり，日本の反対側で起こった気象現象に影響を受けることもあります。例えば，南アメリカのペルー沖から太平洋中央の赤道にかけての海域で，海面の水温が例年よりも高くなるエルニーニョという現象が，日本の気象に影響をあたえることがあります。

❓ 2 エルニーニョは，日本の気象にどんな影響をあたえるの？

➡ エルニーニョ現象が起こると，日本は例年よりも夏はすずしく，冬は暖かくなるといわれています。これとは逆に，エルニーニョと同じ海域で水温が例年よりも低くなる現象があります。これをラニーニャ現象といいます。この現象が起こると，日本は例年よりも夏は暑く，冬は寒くなるといわれています。

COLUMN はてな ❓で深める　世界とつながっている日本の気象

> 日本は，夏はすずしく，冬は暖かくなる。

太平洋

赤道　　ペルー

> エルニーニョ現象が発生。

⬆ エルニーニョ現象の発生と日本への影響

❓ 3 世界や日本の人間活動が季節を変えたの？

➡ 2018年の夏，日本では「猛暑」と呼ばれる日々が続き，最高気温が40度をこえる都市もありました。アメリカでは最高気温が50度をこえた所もあります。世界の気象に関する研究機関では，生産や経済などの人間活動が季節の調整に影響をあたえているという発表をしています。

05 地域によって異なる生活

さくっとガイド 自然条件のちがいによる,各地のくらしの特ちょうをつかもう!

日本は,どの土地でも同じようなくらしをしているの?

日本には低い土地から高い土地,寒い土地から暖かい土地までさまざまな土地があります。それぞれの土地では,自然条件に合った生活のくふうが見られます。

また,自然条件に合った農産物づくりが行われていて,その土地ならではの特産品づくりが行われています。

自然条件のちがいで,くらしもちがう!

低い土地は,洪水の被害を受けることがあります。これを防ぐために堤防が築かれたり,輪中がつくられたりしています。高い土地では,夏のすずしい気候をいかした高原野菜の栽培が行われています。

北海道や東北地方などの寒くて雪の多い地域では,寒さや雪を防ぐための家のくふう,消雪パイプや流雪溝などのまちの設備が整えられています。暖かい沖縄県では,台風の被害を受けることがあります。そのため,古くからの家では,周りに防風林や石垣をつくって,強い雨や風から家を守ってきました。

① 低い土地のくらし

地理編

第**1**章 世界の中の 日本の国土

第**2**章 暮らしを支える 食料生産

第**3**章 暮らしを支える 工業生産

第**4**章 私たちの 生活と情報

第**5**章 私たちの 生活と環境

重要度
★★★ ## 干拓

海や湖の一部を堤防 [➡ P.200] で閉めきって中の水をぬき，人工的に陸地をつくること。水深が浅い場所で行われ，主に農地（水田）として利用されます。

日本では，九州の**有明海**や秋田県の**八郎潟** [➡ P.224]，岡山県の**児島湾**などが干拓地として知られています。

⬆ **有明海の干拓地** （東阪航空サービス／アフロ）

★★★ ## うめ立て

海や湖を土砂やごみなどでうめ，人工的に土地をつくること。陸地に接してつくったうめ立て地と，陸地から離れたところにつくられたうめ立て地（人工島）があります。主に工業用地，港，住宅地として利用されます。

東京湾や**大阪湾**では大規模なうめ立てが行われています。

⬆ **うめ立てによってつくられた工業用の土地**

（東阪航空サービス／アフロ）

⚖ 比べる **干拓とうめ立て**

干拓

堤防

海や湖

干拓地

中の水をぬいて，陸地をつくる。

うめ立て

土砂やごみなどでうめ立てて，陸地をつくる。

COLUMN まめ知識

かつて湖だったが今は陸地に！ 秋田県の大潟村は，かつて日本で2番目に大きな湖の八郎潟でした。八郎潟では，1957年に農地（水田）をつくるために国による大規模な干拓が始まり，約8割が干拓され1964年に大潟村となりました。

第**1**章 世界の中の日本の国土

重要度
★★★

濃尾平野

愛知県西部から岐阜県南部にかけて広がる平野。**木曽川，長良川，揖斐川**の流域に形成されています。南西部には洪水から集落を守る**輪中**が見られます。

★★★

治水

ダムや堤防をつくって川のはんらんや土砂災害を防いだり，水運や農業用の水路を確保するために川を整備したりすること。

★★★

堤防

川のはんらんや海水の浸入を防ぐために，川岸や海岸につくられた壁のようなもの。コンクリートや土砂などでつくられています。

川のそばにある土手も、堤防の1つだよ。

★★★

分水路

川の途中につくられた，川の水の一部をちがった方向へ流す水路。川のはんらんなどを防ぐためにつくられています。**越後平野** [➡ P.184] ではこの整備により稲作地帯になりました。

★★★

輪中

洪水から家や田畑を守るために，周りを堤防で囲んだ土地。家を田畑より高い場所につくり，さらに高い場所に水屋と呼ばれる避難所をかねた倉庫を備えています。**濃尾平野**などに見られます。

↑ 輪中のしくみ

↑ 濃尾平野の輪中

（東阪航空サービス／アフロ）

COLUMN
まめ知識

200

木曽三川の治水を薩摩藩士が行った！ 今から250年前，木曽川・長良川・揖斐川の洪水を防ぐために，この地とは縁のない遠い薩摩藩（鹿児島県）が江戸幕府から工事を命じられました。苦労の末に困難な工事を行った彼らを「薩摩義士」として今でもたたえています。

地理編

■ 第1章 世界の中の日本の国土

■ 第2章 暮らしを支える食料生産

■ 第3章 暮らしを支える工業生産

■ 第4章 私たちの生活と情報

■ 第5章 私たちの生活と環境

★★★ **水郷**（すいごう）

川や湖の水辺にあり，水路がはりめぐらされている景色のよい地域。「すいきょう」ともいいます。利根川（とねがわ）[➡ P.182] 下流域の茨城県潮来市から千葉県香取市にかけての地域や，滋賀県近江八幡市，福岡県柳川市などが水郷として知られています。

★★★ **クリーク** [➡ P.098]

かんがいや排水（はいすい），水上交通（船）のためにつくられた人工的な水路。日本では，利根川（とねがわ）[➡ P.182] 流域や筑紫平野（つくしへいや）[➡ P.184] に見られます。

水路が曲がりくねっているね！

⬆ **筑紫平野のクリーク**（つくしへいや）　（渡部まなぶ／アフロ）

② 高い土地のくらし

★★★ **高原野菜**（こうげんやさい）

標高（ひょうこう）1000～1300m くらいの高原（こうげん）で，夏のすずしい気候（きこう）をいかした**抑制栽培（よくせいさいばい）**

（おそづくり） [➡ P.235] でつくられる野菜（やさい）。**キャベツ，はくさい，レタス**などに代表（だいひょう）されます。

群馬県嬬恋村（ぐんまけんつまごいむら）や長野県（ながのけん）の**野辺山原（のべやまはら），菅平高原（すがだいらこうげん）**などが代表的（だいひょうてき）な産地（さんち）です。

高原野菜（こうげんやさい）は高冷地野菜（こうれいちやさい）とも呼ばれるよ。

⬆ **嬬恋村のキャベツ栽培**（つまごいむら）（さいばい）　（ピクスタ）

COLUMN まめ知識

菅平高原はラグビーの聖地!!（すがだいらこうげん）（せいち）　長野県北部（ながのけんほくぶ）にある菅平高原（すがだいらこうげん）は全国（ぜんこく）を代表（だいひょう）する高原野菜（こうげんやさい）の産地（さんち）です。ラグビーの聖地としての顔ももっており，100面をこえるラグビーグラウンドが広がります。毎年夏には全国各地（ぜんこくかくち）のラガーマンたちが，合宿を行うためにこの地をおとずれます。

重要度

★★★ 野辺山原

長野県東部の八ヶ岳山ろくに広がる高原。標高は1350〜1400mで，夏でもすずしい気候です。この気候をいかして，夏に**はくさいやレタス**などの**高原野菜** [➡P.201] を栽培する**抑制栽培（おそづくり）** [➡ P.235] がさかんに行われています。

↑ 高原野菜の栽培がさかんな地域

★★★ 嬬恋村

群馬県の西部にある村。ほとんどの地域が標高1000m以上の高原にあり，夏でもすずしい気候です。この気候をいかした**キャベツの抑制栽培（おそづくり）** [➡ P.235] が行われています。

嬬恋村では酪農もさかんだよ。

★★★ 酪農 [➡P.237]

乳牛などを飼って，**乳**をしぼったりそれを加工して，**チーズ**，**バター**などの乳製品をつくる農業。北海道などでさかんです。

★★★ たな田

山の斜面などを切り開いてつくった階段状の小田。**千枚田**ともいいいます。平地が少ない山がちな地域に見られます。山がちな日本では，全国各地で見られます。

↑ 佐賀県のたな田 　(ピクスタ)

★★★ 段々畑

山の斜面を切り開いてつくった階段状の畑。みかん，びわなどのくだものや野菜が栽培されます。

COLUMN
くわしく

たな田は世界中にある！ 　たな田は日本だけでなく，世界中の山間部にあります。特に中国の雲南省や，フィリピンのルソン島のたな田が有名で，ともに世界遺産 [➡ p.352] に登録されています。

③ 寒い土地のくらし

★★★ 雪かき・雪おろし

雪国では，積もった雪の重みで家がつぶれる危険があります。除雪作業は，スコップなどで道路の雪を一か所に集める**雪かき**や，人が屋根にのぼって雪を捨てる**雪おろし**を行ってきました。最近では工夫をこらした家や道路が増えたことで，これらの作業をする手間が少なくなりました。

★★★ 消雪パイプ

道路に雪が積もらないように，地下水をまいて，雪をとかす管。地下水は冬でも水温がわりあい高いので，雪をとかすことができます。

小さな穴から水がふき出してるね。

↑ **消雪パイプ** (ピクスタ)

★★★ 流雪溝

道路の端につくられた雪を捨てるための溝。ここに道路の雪を捨てて，水の流れを利用して雪を川まで流します。

スコップなどを使って，雪を溝にすてるんだ。

↑ **流雪溝** (大塚知則／アフロ)

★★★ ロードヒーティング

道路の下に温水パイプや電熱線を通して，その熱で地面の雪や氷をとかす設備。

地理編

第**1**章 世界の中の日本の国土

第**2**章 暮らしを支える食料生産

第**3**章 暮らしを支える工業生産

第**4**章 私たちの生活と情報

第**5**章 私たちの生活と環境

COLUMN まめ知識 **雪の重さって，どのくらい？** 降ったばかりの雪（新雪）は，1m³あたり50〜150kg，雪の重みで固くしまった雪は250〜500kgにもなります。落雪がいかに危険かわかります。

重要度
★★★

寒い地域の家

北海道は冬の寒さが厳しく，気温は０度以下になります。

このため，家の外には大きな灯油タンクを置き，ストーブの燃料をたくわえたり，げんかんや窓を二重にしたり，かべやゆかに断熱材を入れたりするなど，寒さに備えた家づくりをしています。

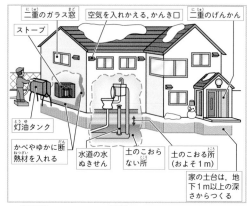

二重のガラス窓　空気を入れかえる，かんき口　二重のげんかん

ストーブ

灯油タンク

かべやゆかに断熱材を入れる

水道の水ぬきせん

土のこおらない所

土のこおる所（およそ１m）

家の土台は，地下１m以上の深さからつくる

⬆ 北海道の家のくふう（一例）

★★★

雪が多い地域の家

東北地方の日本海側や新潟県などの北陸地方は，冬に雪が多く降る地域です。このため，屋根のかたむきを急にして，雪が自然に落ちるようにするなど，雪に備えた家づくりをしています。

屋根のかたむきが急で雪が落ちやすい。

⬆ 雪に備えたつくりの家　　（アフロ）

★★★

流氷

北極や南極周辺の海上で生じた氷の固まりが，風や海流 [➡ P.196] にのって海をただよっているもの。日本では，冬に北海道の**オホーツク海** [➡ P.187] 沿岸に押し寄せます。この影響で，オホーツク海沿岸の港は春先まで閉ざされます。

★★★

アイヌ [➡ P.475]

古くから北海道や樺太（サハリン）南部などに住む**先住民族**。狩猟，採集，漁業を中心とする生活を行い，独自の文化を築いていましたが，明治時代に日本政府によって一方的に，独自の生活や文化をうばわれました。

近年はアイヌ文化を尊重する社会づくりが進められています。北海道内の地名はアイヌの言葉に由来するものが多くあります。

COLUMN
くわしく

流氷の厚さは？　オホーツク海の流氷は，最も厚くなる３月ごろにはオホーツク海北部で厚さ１m，北海道付近で 40〜50cm ほどになります。

★★★ 先住民族
せんじゅうみんぞく

その土地に古くから住んでいる民族。民族とは，言葉，宗教，衣食住など一定の文化的なきずなによって結ばれた人々の集団をいいます [民族➡P.639]。

④ 暖かい土地のくらし
あたた

★★★ 石垣
いしがき

石を積み上げてつくったかべやさく。沖縄県では，台風 [➡P.191] による強風から家を守るために，石垣で周りを囲った伝統的な家が見られます。

沖縄県は台風の被害を受けることが多いよ。

⬆ 沖縄県の伝統的な家の周りにつくられた石垣 (ピクスタ)

★★★ 防風林
ぼうふうりん

家や田畑を風の被害から守るために，人工的につくられた林。風の強い地域に見られます。

★★★ しっくい

かべの上ぬりや，かわらをとめるのに使われる素材。石灰石などを原料にしてつくられます。沖縄県では台風 [➡P.191] の被害に備えて，しっくいでかわらを固定した伝統的な家が見られます。

★★★ 貯水タンク
ちょすい

水不足のときなどに備えて，水をためておくタンク。水不足になやむことが多い沖縄県では，多くの家が屋上に貯水タンクを設置しています。

⬆ 沖縄県の民家の屋上に設置された貯水タンク (J.S.フォト)

COLUMN まめ知識

なぜ，沖縄は水不足になるの？ さんごしょう状の土地で水をたくわえにくいことや，大きな川もなく，また川が短いためすぐに海に流れてしまうことなどが原因です。最近では地下ダムがつくられたことで，農業用水を確保できるようになりました。

重要度

★★★ さとうきび

熱帯や亜熱帯 [➡ P.192] の地域で育つイネ科の植物。
樹液から甘味料の**さとう**がつくられます。
日本では沖縄県や鹿児島県の島々で栽培されていま
すが，近年は生産量が減っています。

さとうきびは，高さ
2m以上にもなるよ。

鹿児島
40.7

計
129.7
万t

沖縄
59.3%

⬆ **さとうきびの生産量の割合**
（2017年）（農林水産省統計）

★★★ パイナップル

熱帯や亜熱帯 [➡ P.192] の地域で育つパイ
ナップル科の植物。果実はそのまま食べ
たり，缶づめやジュースに加工したりし
ます。日本では，鹿児島県の南西諸島や
沖縄県で栽培されています。

⬆ **さとうきびの栽培**

★★★ 琉球王国 [➡ P.475]

15世紀から19世紀にかけて，沖縄県にあった国。中国，東南アジアの国々，
日本などとさかんに貿易や交流をしていました。

★★★ 首里城

沖縄県那覇市にあった，**琉球王国**の国王が
住んでいた城（グスク）。15～16世紀に
かけて建てられましたが，**太平洋戦争** [➡
P.614] 末期の1945年にアメリカ軍の攻撃
で全焼しました。
現在の城は復元されたもので，2000年に
その他の琉球王国時代の城とともに，**世界
文化遺産** [➡ P.352] に登録されました。

⬆ **首里城**

(J.Sフォト)

COLUMN
くわしく

沖縄の今の農業は？ さとうきび栽培も重要な沖縄の農業ですが，近年は，ゴーヤーと呼ばれ
るにがうり，くだもののマンゴーやパッションフルーツなどの栽培がさかんに行われています。特に，
花のきく栽培がめざましく成長して，飛行機で大都市へ運ばれています。

地理編

第1章 世界の中の日本の国土

第2章 暮らしを支える食料生産

第3章 暮らしを支える工業生産

第4章 私たちの生活と情報

第5章 私たちの生活と環境

★★★ 三線（さんしん）

📖 沖縄県に古くから伝わる三味線に似た楽器。胴の部分にヘビの皮をはっているのが特ちょうです。

★★★ 琉球紅型（りゅうきゅうびんがた）

📖 沖縄県に古くから伝わるそめ物。綿や絹の布地を顔料や植物染料を使って染めます。自然や動植物の柄があざやかにえがかれています。

⬆ **琉球紅型**

(田中幸男／アフロ)

★★★ エイサー

📖 沖縄県に古くから伝わる伝統芸能。お盆のころに行われます。さまざまな型がありますが，たいこを鳴らしながら踊り歩くたいこエイサーが知られています。

★★★ アメリカ軍基地（ぐんきち）　[沖縄の本土復帰➡P.629]

📖 アメリカ軍（米軍）が使用している軍事用の基地。日本にあるアメリカ軍基地の**約70%**が沖縄県に集中しています。特に沖縄島は，面積の**約15%**をアメリカ軍基地がしめています。住宅地ととなりあっていることが多く，軍用機による騒音やアメリカ軍兵士による犯罪などが問題となっています。

ヘリコプターのつい落事故も起こっているよ。

■ アメリカ軍基地がある所

⬆ **沖縄県にあるアメリカ軍基地**

COLUMN くわしく　**沖縄のアメリカ軍基地の歴史は？**　第二次世界大戦末期にアメリカ軍が沖縄を占領して，基地をつくったのが始まりです。1951年の日米安全保障条約 [➡P.624] で，日本政府は沖縄にアメリカ軍基地を引き続き置くことを認め，この状況が現在まで続いています。

06 世界と日本の人口

日本の人口の特ちょうは？

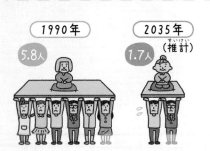

1990年 5.8人

2035年（推計） 1.7人

ある場所に住んでいる人の数を人口といいます。現在，世界の人口は約76億人です（2018年）。中国やインドのような人口が10億人をこえる国もあれば，わずか数万人の国もあります。日本の人口は約1億2700万人で，子どもが少なく，高齢者が多い少子高齢化が進んでいることが特ちょうです。合計特殊出生率は世界的にも低く，総人口にしめる65歳以上の高齢者の割合は27.7％（2017年）にのぼります。2005年には第二次世界大戦後，初めて人口が減り，2050年代には人口が1億人を割ると予測されています。

日本の人口はどのへんに集中しているの？

農村・離島

都市

日本は，人口が多い地域と少ない地域に分かれています。人口が多いのは，東京，大阪，名古屋の三大都市圏です。これらの地域では，過密による交通渋滞や公害などの都市問題が生じています。人口が少ないのは，都市からはなれた農村，山間部，離島などです。このような地域では，過疎による産業のおとろえや交通機関の廃止などが深刻です。これらの問題を改善するために，地方創生の取り組みが行われています。

① 世界の人口

地理編

第1章 世界の中の日本の国土

第2章 暮らしを支える食料生産

第3章 暮らしを支える工業生産

第4章 私たちの生活と情報

第5章 私たちの生活と環境

重要度
★★★
人口密度

ある国や地域の人口を，その国や地域の面積で割って求めた数値。ある地域に，どのくらいの人が集まっているかを表します。ふつうは，1km² あたりの数値を表します。

都市部の人口密度は高く，砂ばくや寒さが厳しい地域では低くなります。

日本はギュウギュウづめだね！

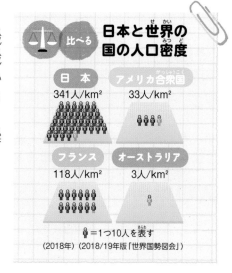

比べる　**日本と世界の国の人口密度**

日本	アメリカ合衆国
341人/km²	33人/km²

フランス	オーストラリア
118人/km²	3人/km²

👤=1つ10人を表す
(2018年)(2018/19年版「世界国勢図会」)

★★★
人口ピラミッド

国や地域の人口を年齢別，男女別に表したグラフ。子どもが多く，高齢者の割合が低い**富士山型**，子どもが少なく，高齢者の割合が高い**つぼ型**，富士山型からつぼ型へ移行する途中の**つりがね型**があります。

発展途上国 [➡ P.210] は富士山型が多く，先進国 [➡ P.210] はつぼ型が多くなっています。

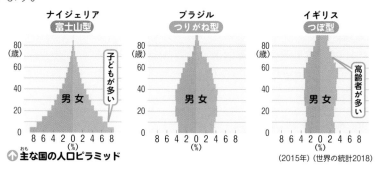

↑ 主な国の人口ピラミッド
(2015年)(世界の統計2018)

COLUMN
〈わしく〉
日本で最も人口密度が高い都道府県は？　最も人口密度が高い都道府県は東京都で，1km² あたり 6255人。最も低いのが面積が最大の北海道で，1km² あたり 68人です（2017年）。

第1章 世界の中の日本の国土

重要度
★★★
先進国（先進工業国）

工業がさかんで，経済が発展している国。日本，アメリカ合衆国，カナダやイギリス，フランス，ドイツなどのヨーロッパの国々などが先進国に数えられます。北半球 [➡ P.172] に多いのが特ちょうです。

★★★
発展途上国

経済発展が遅れている国。かつてヨーロッパやアメリカの植民地だったアジア，アフリカ，南アメリカに多く見られます。開発途上国ともいいます。南半球 [➡ P.172] に多いのが特ちょうです。

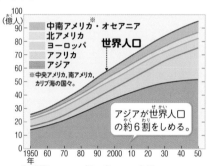

↑ 地域別の人口の移り変わりと予測
(2018/19年版「世界国勢図会」)

★★★
人口爆発

人口が急激に増加する現象。特にアジア，アフリカ，南アメリカの発展途上国で多く見られます。食料不足になったり，労働力が余って失業者が増えたりすることが問題になっています。

② 日本の人口問題

★★★
少子化

出生率が低下して，子どもの数が少なくなること。少子化の背景に，女性が結婚する年齢や出産する年齢が高くなったこと，結婚しない人が増えたこと，育児にお金がかかることから子どもを産まない人が増えたことなどがあります。

★★★
高齢化

総人口にしめる高齢者（65歳以上）の割合が高くなる現象。出生率の低下や平均寿命 [➡ P.212] ののびなどが原因で生じます。先進国に多く見られます。

少子高齢化
少子化と高齢化が同時に進んでいる現象。

COLUMN
くわしく

中国でも少子化が進んでいる？　人口世界一の中国 [➡ P.639] では，人口増加をおさえるために夫婦1組に子ども1人までとする「一人っ子政策」をとってきました。しかし，子どもの数が減り，少子化が問題となってきたため廃止されました。

地理編

第1章 世界の中の日本の国土

第2章 暮らしを支える食料生産

第3章 暮らしを支える工業生産

第4章 私たちの生活と情報

第5章 私たちの生活と環境

★★★ 高齢（化）社会

総人口にしめる**高齢者（65歳以上）**の割合が高い社会。高齢者の割合が7%以上を**高齢化社会**，14%以上を**高齢社会**といいます。
現在の日本は総人口の約28%（2018年）を高齢者がしめる超高齢社会で，2060年には総人口の約40%になると予測されています。

★★★ 少子高齢社会

少子化と**高齢化**が同時に進行している社会。人口が減少するほか，高齢者を支える若者の負担が増えたり，働く人が減って産業がおとろえたりする問題が生じます。

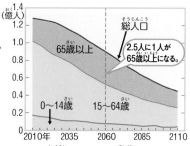

🔍 **日本の将来人口の動き（推計）**
（2017/18年版「日本国勢図会」）

★★★ 出生率

人口に対する出生数（生まれた乳幼児の数）の割合。ふつう，人口1000人あたりの1年間の数値で表します。発展途上国で高く，先進国で低い傾向があります。日本では年々低下しています。

★★★ 死亡率

人口に対する死亡数（死亡した人の数）の割合。ふつう，人口1000人あたりの1年間の数値で表します。発展途上国で高く，先進国で低い傾向があります。

★★★ 合計特殊出生率

1人の女性が一生のうちに，平均して何人の子どもを産むかを表す数値。この数値が低くなると，**少子化**が進んでいることになります。日本では1950年は3.65でしたが，年々低下し，2017年は1.43になっています。

★★★ ベビーブーム

出生数（生まれた乳幼児の数）が急激に増える現象。日本では第二次世界大戦後の1947〜1949年と，そのとき生まれた子が親になった1970年代前半に起こりました。

COLUMN くわしく **人口を維持するための合計特殊出生率は？** 日本では，現在の約1億2700万人の人口を保つには，2.07前後の合計特殊出生率が必要とされています。

重要度
★★★
平均寿命

生まれたばかりの乳幼児が平均して何年生きられるかを表す値。医療が遅れている発展途上国 [➡ P.210] や戦争が起こった国などで短く，医療が発達した先進国 [➡ P.210] で長い傾向があります。
日本の平均寿命は第二次世界大戦後以降にのびています。

> 日本は世界有数の長寿国。

国	男	女
日本	81.1	87.1
スウェーデン	80.6	84.1
フランス	80.1	85.7
ブラジル	71.4	78.9
ナイジェリア	54.7	55.7

⬆ **主な国の平均寿命（歳）**
(2016年)(2018/19年版「世界国勢図会」)

富士山型 （1935年）
子どもが多い。 男 女 高齢者が少ない。
80(歳) 60 40 20 0
8 6 4 2 0 2 4 6 8 (%)

→

つりがね型 （1960年）
男 女
8 6 4 2 0 2 4 6 8 (%)

→

つぼ型 （2017年）
子どもが少ない。 男 女 高齢者が多い。
8 6 4 2 0 2 4 6 8 (%)

⬆ **日本の人口ピラミッドの変化**
(2018/19年版「日本国勢図会」ほか)

③ 人口が多い地域と少ない地域

★★★
三大都市圏

東京，**大阪**，**名古屋**の三大都市と，その周辺に広がる地域。人口や産業が集中しています。日本の総人口の**約52%**が三大都市圏に集中しています。

★★★
都市化

都市の発展にともなって周辺部に住宅，工場，商店などが拡大し，周辺部が都市のようになる現象。

順位	都道府県	人口（万人）
1位	東京都	1372.4
2位	神奈川県	915.9
3位	大阪府	882.3
4位	愛知県	752.5
5位	埼玉県	731.0
45位	高知県	71.4
46位	島根県	68.5
47位	鳥取県	56.5

> 関東地方の都県が上位。

⬆ **人口が多い都道府県と少ない都道府県**
(2017年)(2018/19年版「日本国勢図会」)

COLUMN
まめ知識
日本で平均寿命が長い県は？ 長野県は男性が81.75歳で第2位，女性が87.68歳で第1位です（2017年）。長寿のひけつとしては，働く高齢者が多いこと，野菜を多く食べること，公衆衛生に積極的に取り組んでいることなどが考えられています。

地理編

第1章 世界の中の日本の国土

第2章 暮らしを支える食料生産

第3章 暮らしを支える工業生産

第4章 私たちの生活と情報

第5章 私たちの生活と環境

★★★ ニュータウン

都市に隣接した地域に計画的につくられた新しい市街地。主に，都市の人口の集中を解消するためにつくられました。東京都の**多摩ニュータウン**，大阪府の**泉北ニュータウン**，神奈川県の**港北ニュータウン**などがあります。

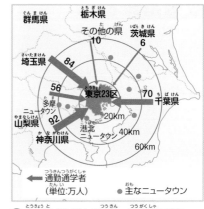

↑ **東京都23区への通勤・通学者の流れ**
(2015年)(2018/19年版「日本国勢図会」ほか)

★★★ ベッドタウン

大都市周辺にある，主に大都市へ通勤する人たちが住む都市。住宅都市ともいいます。昼は都市へ通勤し，夜は寝るために住宅に帰ってくることからこう呼ばれます。

★★★ 都市問題

人口が集中している大都市で起こるさまざまな問題。大気汚染 [→ P.345] や騒音などの**公害**，**住宅不足**，通勤ラッシュや**交通渋滞**，**ごみ処理場の不足**など，さまざまな問題があります。

★★★ ドーナツ化現象

都心部の人口が少なくなり，周辺部の人口が多くなる現象。都心部で住宅や土地の価格が高いことや，生活環境が悪化していることなどによって，周辺に住む人が多くなって生じます。中心部が空洞で，周りが帯状のドーナツのような形に見えることから，この名がつきました。

ドーナツみたいな形をしているね！

人口が少ない

周辺部

中心都市部

人口が多い

↑ **ドーナツ化現象のイメージ**

COLUMN まめ知識　**ベッドタウンは英語ではない?**　ベッドタウンということばは，日本でつくられた和製英語です。英語では，"commuter town" や "bedroom town" などと呼ばれます。

213

重要度

★★★
政令指定都市

内閣がつくる決まり（政令）によって指定された，一定以上の人口をもつ都市。都道府県と同じくらい強い権限をもちます。2018年現在，20都市が指定されています。

政令指定都市は太平洋側に多く，日本海側には少ないね。

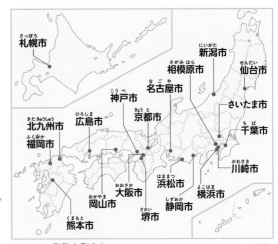

札幌市
新潟市
相模原市
仙台市
名古屋市
神戸市
さいたま市
京都市
北九州市
広島市
千葉市
福岡市
川崎市
浜松市
大阪市
横浜市
岡山市
堺市
静岡市
熊本市

↑ 全国の政令指定都市

(2018年現在)

★★★
昼間人口

ある地域における昼間の人口。通勤・通学する人の数を加えたり，差し引いたりした人口です。
大都市の中心部（都心）では，周辺から通勤・通学してくる人が多いため，**夜間人口よりも昼間人口が多くなります。**

★★★
夜間人口

ある地域における夜間の人口。その地域に住んでいる人口とほぼ同

⚖ 比べる
主な都府県の昼間人口と夜間人口

都府県	昼間人口	夜間人口
東京都	1592	1352
千葉県	558	622
埼玉県	646	727
大阪府	922	884
滋賀県	136	141

昼間人口が多い。 夜間人口が多い。

(単位：万人 2015年) (2018/19年版「日本国勢図会」)

じです。大都市の周辺では大都市に通勤・通学する人が多いため，**昼間人口が少なくなります。**逆に夜は通勤・通学者が帰宅するため，**夜間人口が多くなります。**

214

COLUMN

くわしく

昼夜間人口比率とは？ 夜間人口を100とした場合の昼間人口の指数のことです。昼夜間人口比率の数値が高いほど昼間人口が多く，夜間人口が少ないことを表します。東京都は117.8で，東京都への通勤・通学者が多い埼玉県は88.9となっています（2015年）。

地理編

第1章 世界の中の 日本の国土

第2章 暮らしを支える 食料生産

第3章 暮らしを支える 工業生産

第4章 私たちの 生活と情報

第5章 私たちの 生活と環境

★★★ 過密（化）

一定の地域に人口や産業が集中しすぎている状態。**東京，大阪，名古屋**といった**太平洋ベルト** [→ P.275] の大都市で見られます。住宅不足や土地の価格の上昇，交通渋滞，大気汚染などの公害，ごみ処理場の不足など，さまざまな**都市問題** [→ P.213] が起こります。

1km²あたりの人口
- 1000人以上
- 100〜1000人
- 100人未満
- 資料無し

(2015年)

札幌市
北九州市
京都市
神戸市
福岡市
名古屋市
仙台市
さいたま市
千葉市
東京23区
川崎市
大阪市
横浜市
広島市

⬆ **日本の人口密度と主な都市の分布** （総務省統計局資料）

★★★ 過疎（化）

一定の地域の人口が著しく減少すること。**農村**や**山間部・離島**などで見られます。若い人を中心に，都市に働きに出る人が多いことなどが原因で起こります。

産業がおとろえるほか，**学校や病院の閉鎖**，**交通機関の廃止**などが進み，地域社会の生活を保つのが難しくなります。

★★★ 町おこし（村おこし）

市町村が地元の産業や経済を活性化するために行うさまざまな取り組み。新たな産業をおこしたり，ご当地グルメを開発したり，観光の目玉をつくったりする方法があります。最近見られるＢ級グルメやご当地キャラクターなども町おこしの１つです。

「地域おこし」とも呼ばれるよ。

⬆ **町おこしの例**…鹿島神社（茨城県）の御田植祭で早乙女姿で田植えをする市地域おこし協力隊ら。

（毎日新聞社／アフロ）

COLUMN くわしく　**過疎が進むとどうなるの？**　過疎が進み，人口の半分以上を65歳以上の高齢者がしめる集落を「限界集落」といいます。限界集落は何の対策もしないままでいると，やがて消めつすると考えられています。

町おこしで成功した例

(高松ミミ／アフロ)

⬆ **田んぼアート（茨城県水戸市）**

…色の異なる稲を使い、田んぼに絵をえがきます。都市と農村の交流や公共交通機関の利用促進をはかりました。

(山梨将典／アフロ)

⬆ **水木しげるロード（鳥取県境港市）**

…駅から商店街までの道路に漫画のキャラクターの銅像を置き、原作者の記念館をつくりました。

写真の町，移住で人口増加（北海道東川町）

…30年前に「写真の町」を宣言し（現在は「写真文化首都」），「写真甲子園」というイベントを開いたり，都市からの移住者を受け入れたりして町の人口が増えました。

明日香村古民家活用 おもてなしファンド（奈良県明日香村）

…クラウドファンディングでお金を集めて、空き家を民宿にする取り組みです。

(読売新聞／アフロ)

⬆ **葉っぱビジネス（徳島県上勝町）**

…里山にある葉っぱをレストランの料理のかざりとして売るビジネスを始めて大成功しました。町のお年寄りが中心となって働いて、タブレットなどの情報通信機器を活用しています。

立命館アジア太平洋大学（APU）（大分県別府市）

…グローバル人材育成を目標に海外留学生を受け入れる大学をつくりました。

COLUMN くわしく

クラウドファンディングとは？ 「古民家を再生したい」といったある目的をもった事業を始めるために、インターネットを使って、世界中の人々からお金を集めるしくみです。個人や会社、市町村などさまざま人々が行い、町おこしのための取り組みにも活用する例が増えています。

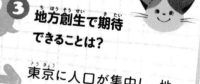

❓1 町を元気にするために町おこしをやっているの?

町の魅力を他の所に住む人々や外国人観光客にも紹介することで, 地元の経済が活発になります。地方に新しい人の流れをつくり, 地方で安定した働く場所ができることは, 「まち・ひと・しごと創生」を目標としている国がかかげている地方創生のねらいの一つでもあります。

❓2 アニメの聖地巡礼が地域を活性化しているの?

アニメの舞台になった場所を訪れる「聖地巡礼」が, 地域活性化になるコンテンツツーリズムとして注目されています。聖地巡礼は国内だけではなく, 外国人観光客も増えています。アニメをきっかけに地域を訪れて, そこに住む人々も活性化できるような取り組みが進んでいます。

COLUMN はてな ❓で深める 地域のチカラ -地方創生-

(山梨将典／アフロ)

↑ アニメ映画の舞台となった飛騨高山駅

❓3 地方創生で期待できることは?

東京に人口が集中し, 地方は過疎化や高齢化が進むといった, 日本全体が直面する大きな課題があります。これを食い止めるために, 地域の特性を生かしたワークライフバランス(仕事と生活の両立)を確立させて, 社会を活気づける取り組みが期待されています。

217

料理の素材はどこから

外国から輸入・・・・ ・・・国産

親子丼

ごはん（米）
1%
99%

のり
4%
96%

さとう
33%
67%

とり肉※
35%
65%

たまねぎ
24%
76%

卵※
3%
97%

国産率が高い！

メインとなるのはとり肉と卵。とり肉はブラジル産がほとんどですが、
卵やそのほかの食材は、ほぼ国産品でまかなえています。

※とり肉と卵については、にわとりの飼料の輸入を考慮しない国内自給率を示しています。

る食料生産

日本は農業がさかんな国ですが，外国から輸入している食料品もたくさんあります。私たちがふだんなにげなく食べている料理にも，じつは外国産のものがたくさん使われています。どんな料理に，どの国のものが使われているかを見てみましょう。

うどん

しょうゆ（小麦,大豆）
25%
75%

かまぼこ
55% 45%

うどん（小麦）
15%
85%

本みりん
1%
99%

ねぎ
11%
89%

かつおだし
23%
77%

和食だけど，アメリカだより！

純日本的なイメージのあるうどんですが，じつは外国産のものが多く使われています。
特に小麦と大豆は国産の割合が低く，輸入が多いのです。その多くはアメリカ産です。

第2章 暮らしを支える食料生産

01 日本の農業の特色と稲作

さくっとガイド まずはここを読んで，日本の農業の特色をおさえよう！

日本の農業の特色は？

 兼業農家が多い

日本では長い間，農業が産業の中心でした。しかし，工業や商業が発達するにつれて農業で働く人が少なくなりました。現在は農業だけで収入を得る専業農家は減り，ほかの仕事の収入もある兼業農家が多くなっています。また，農業で働く人の高齢化と，あとを継ぐ後継者不足も深刻です。この影響で，耕作を放棄された土地が増えています。

耕地はせまいため，せまい耕地に多くの肥料や人を導入して効率よく収かくをあげる集約（的）農業が行われています。

稲作って，どんな農業なの？

稲作は米をつくる農業です。大陸から伝わった稲作は，弥生時代に各地に広がり，それ以降，日本の農業の中心として行われています。

稲作では耕地を有効に利用する二毛作や二期作など，さまざまなくふうがなされてきました。また，稲作に向かない土地は客土やかんがい設備の整備などによって，稲作ができるようにしました。おいしい米や病気に強い米をつくるために，品種改良も行われてきました。

① 日本の農業の特色

地理編

第1章 世界の中の日本の国土

第2章 暮らしを支える食料生産

第3章 暮らしを支える工業生産

第4章 私たちの生活と情報

第5章 私たちの生活と環境

重要度
★★★

専業農家

農業だけで収入を得ている農家。第二次世界大戦前は，日本の半数以上の農家が専業農家でしたが，農業だけでは収入が厳しいことなどからじょじょに減っていき，現在は農家全体の約2割になっています。

日本の農家の数は，20年前と比べて半数以上減っているよ。

★★★

兼業農家

農業だけでなく，それ以外の仕事でも収入を得ている農家。第二次世界大戦後に増え始め，現在は農家全体の約8割が兼業農家となっています。

★★★

販売農家

売ることを目的に農作物を生産する農家のうち，経営耕地面積が30アール以上か，年間販売額が50万円以上の農家のこと。これに対して，自分の家で食べるくらいの農作物を生産する農家を**自給的農家**といいます。

⚖️ 比べる **アメリカ合衆国と日本の農業の規模**

日本の農業はアメリカ合衆国に比べて，かなり規模が小さい。

	アメリカ	日本
農家1人あたり耕地面積	60.5 ha	1.7ha
農家1人あたり穀物生産量*	185.9 t	4.0t
耕地1haあたり肥料消費量	134.7 kg	240.7 kg

（農家は農林水産業従事者。*は2016年，その他は2015年。）
（2018/19年版「世界国勢図会」）

★★★

集約（的）農業

一定の農地に多くの人や物（農薬・肥料など）をつぎこみ，農地を有効に利用した農業。耕地 [➡ P.224] がせまい日本の農業は集約（的）農業が中心です。

COLUMN くわしく

農業で働く人の平均年齢は？ 現在，日本では農業で働く人が減っているだけでなく，高齢化も進んでいます。農業で働く人の3分の2は65歳以上です（2017年）。

2 稲作と冷害

重要度
★★★
稲

種子が米となるイネ科の植物。数か月ほど育てたのち収かくし、種子をとって米とします。

細長く、たくとパサパサした**インディカ米**と、丸みがあり、たくとねばり気が多い**ジャポニカ米**が代表的です。

稲
米

★★★
稲作

稲を栽培する農業で、**米づくり**のこと。高温で雨が多い気候が栽培に適していて、日本をはじめ、中国、東南アジア、南アジアなどでさかんです。日本には大陸から伝わり、弥生時代 [➡ P.403] に本格的に広まりました。

★★★
水田

水をはって、農作物を栽培できるようにした耕地 [➡ P.224]。田・田んぼともいいます。主に稲が栽培されます。

★★★
水田単作

1年に1回、同じ耕地で米だけをつくること。東北地方や北陸地方では冬は寒さが厳しいうえに、雪が多く農作物をつくれないため、水田単作地帯となっている所が多くなっています。

★★★
冷害

夏に低温や日照不足になることによって、農作物の生育がさまたげられる被害。北海道から東北地方の太平洋側にかけて起こることがあります。

北東風の冷たくしめった**やませ**による冷害が知られています。

冷害の多い地域。

やませ

太平洋

↑ やませと冷害の多い地域

COLUMN
くわしく

共同作業が重要！ 稲作農家は、水の管理や肥料をまく時期などのさまざまな仕事を、周りの農家と話し合って行います。また、機械の購入や管理も共同で行っています。

地理編

第1章 世界の中の 日本の国土

第2章 暮らしを支える 食料生産

第3章 暮らしを支える 工業生産

第4章 私たちの 生活と情報

第5章 私たちの 生活と環境

★★★ やませ

初夏から夏にかけて東北地方の太平洋側にふきつける，冷たくしめった北東風。やませがふくと，夏でも気温が上がらず日照時間も短くなります。そのため，稲をはじめとする農作物が育たない冷害が起こることがあります。

❸ 稲作のくふう

★★★ 二毛作

同じ耕地で1年に2回，異なる農作物を栽培すること。中心となってつくられる農作物を**表作**，表作のあとにつくられる農作物を**裏作**といいます。ふつう，稲が表作で，稲作ののち裏作として麦などをつくることが多くなっています。

★★★ 二期作

同じ耕地で1年に2回，同じ農作物を栽培すること。主に，稲作で行われ，東南アジアの国々では米の二期作がさかんです。日本でもかつては高知平野 [→P.235] などで行われていましたが，現在はほとんど行われていません。

比べる 二毛作と二期作

二毛作 — 異なる作物をつくる。 米 → 大豆など

二期作 — 同じ作物をつくる。 米 → 米

★★★ 泥炭地

植物が長い年月をかけてくさりきらないまま，厚く積もった土地。水はけが悪く，酸性度が強いため農業には向きません。そのため，**客土** [→ P.224] や排水を行って，土地の性質を変えて耕地 [→ P.224] にしています。

COLUMN くわしく

三期作が行われているところがある！ ベトナム，カンボジア，インドネシアなど東南アジアの国々の中には，1年間に3回稲作を行う米の三期作が行われている地域があります。

重要度
★★★
客土

ほかの土地から性質のちがう土をもってきて加え，土地の性質を改良すること。主に，泥炭地 [➡ P.223] や火山灰が積もった土地を，農業に適した土地に変えるために行われます。特に，北海道の**石狩平野** [➡ P.184] で行われた客土が知られています。

★★★
干拓 [➡P.199]

海や湖の一部を堤防で閉めきって中の水を抜き，人工的に陸地をつくること。

八郎潟

秋田県の北西部にある湖。かつては日本で2番目に大きな湖でしたが，1950〜60年代に大規模な農地をつくるために国による干拓が行われ，大部分が陸地（**大潟村**）になりました。

ここが干拓地。

⬆ **現在の八郎潟**
（大潟村干拓博物館所蔵）

★★★
耕地

農作物をつくるための土地。ふつう，実際に農作物を栽培している土地を指します。

★★★
耕地整理（ほ場整備）

複雑な形の耕地を単純な形につくり変えたり，農道や用水路，排水路を整えたりすること。耕地整理をすると大型の農業機械を使いやすくなり，農作業の効率が上がります。

用水路
田畑に水を入れる水路。

排水路
田畑で使った水を出す水路。

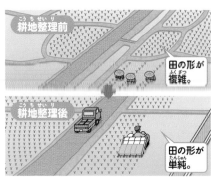

耕地整理前

田の形が複雑。

耕地整理後

田の形が単純。

⬆ **耕地整理の一例**

COLUMN
まめ知識

オランダは干拓地が多い！ ヨーロッパのオランダは，国土面積の約4分の1が干拓によってつくられた海面より低い土地です。オランダでは干拓地のことをポルダーと呼びます。

地理編

第1章 世界の中の日本の国土

第2章 暮らしを支える食料生産

第3章 暮らしを支える工業生産

第4章 私たちの生活と情報

第5章 私たちの生活と環境

★★★ バイオ技術（バイオテクノロジー）

生物がもつ性質や機能を応用した技術。品種改良や遺伝子組みかえ [➡ P.254] などがあります。

★★★ 品種改良 [➡P.253]

農作物や家畜などに人工的に手を加えることによって，よりすぐれた品種をつくり出すこと。病気に強い品種やおいしい品種などをつくり出すことができます。
性質のちがう品種をかけ合わせる（交配させる）方法が一般的ですが，最近は遺伝子組みかえ技術 [➡ P.254] も用いられています。

農林1号
農林22号
→ コシヒカリ（味がよい）

F1
PiNo.4
→ 奥羽292号（寒さに強い）

→ あきたこまち（寒さに強く，味がよい）

↑ 品種改良の例

★★★ ブランド米（銘柄米）

特定の産地でつくられた米の品種のうち，特に優れた性質をもつものとして売り出されている米。産地が独自の名前をつけて販売しています。

コシヒカリ，ひとめぼれ，あきたこまちなど，多くのブランド米があります。

★★★ コシヒカリ

日本を代表する米の品種。新潟県と福井県で開発されました。味がよいことで人気があります。
新潟県魚沼産のものが特に知られています。

計147万ha
コシヒカリ 35.6%
その他
ひとめぼれ 9.4
ヒノヒカリ 8.9
あきたこまち 7.0
ななつぼし 3.5
（2017年）（米穀安定供給確保支援機構）
↑ 品種別の米の作付面積の割合

★★★ 早場米

ほかの地域よりも早い時期に収かくし，出荷される米。台風 [➡ P.191] による洪水などの被害が多い利根川 [➡ P.182] 下流や，冬の訪れが早い北陸地方などで栽培されています。

COLUMN くわしく

コシヒカリの名前の由来は？ コシヒカリは漢字で書くと「越光」。「越国（現在の福井，石川，富山，新潟県）に輝く」という意味をこめて，この名がついたとされています。

225

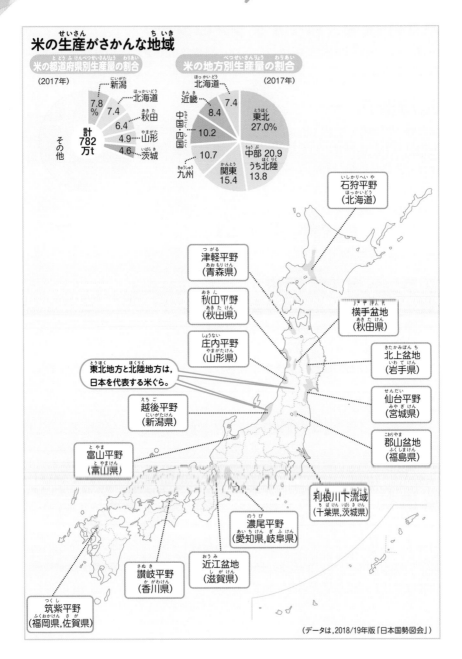

米の生産がさかんな地域

米の都道府県別生産量の割合
（2017年）

- 新潟 7.8%
- 北海道 7.4
- 秋田 6.4
- 山形 4.9
- 茨城 4.6
- 計 782万t
- その他

米の地方別生産量の割合
（2017年）

- 北海道 7.4
- 近畿 8.4
- 中国 四国 10.2
- 九州 10.7
- 関東 15.4
- 東北 27.0%
- 中部 20.9　うち北陸 13.8

石狩平野
（北海道）

津軽平野
（青森県）

秋田平野
（秋田県）

庄内平野
（山形県）

横手盆地
（秋田県）

北上盆地
（岩手県）

仙台平野
（宮城県）

郡山盆地
（福島県）

東北地方と北陸地方は，
日本を代表する米ぐら。

越後平野
（新潟県）

富山平野
（富山県）

利根川下流域
（千葉県,茨城県）

濃尾平野
（愛知県,岐阜県）

讃岐平野
（香川県）

近江盆地
（滋賀県）

筑紫平野
（福岡県,佐賀県）

（データは，2018/19年版「日本国勢図会」）

COLUMN くわしく

稲作に適した条件 稲作は，稲の花がさく夏に高い気温と長い日照時間があり，水が豊富な地域に適した農業です。世界的に見ても中国南部や東南アジアなど，熱帯や亜熱帯の地域で特にさかんです。

❓1 水田には，どんな働きがあるの？

水田は，米をつくる場としてだけでなく，環境にとっても重要な役割があります。水田の稲は酸素をつくり出し，水田にたくわえられた水はじょじょに地下にしみこんで地下水になります。また，水田や水路はいろいろな生き物のすみかになり，生態系においても大きな役割をもっています。

❓2 水田が生態系に果たす役割とは？

水田には，たくさんの生き物がえさを求めて集まってきます。例えば，ミジンコなどの微生物を求めてヤゴ（トンボの幼虫）がやってきて，トンボはカエルのえさになります。そのカエルはサギなどの鳥のえさになります。このように，水田を舞台に豊かな生態系が築かれているのです。

COLUMN はてな **❓で深める**　　　**水田の働き**

❓3 水田の1つであるたな田も大切なの？

たな田 [➡P.202] は，山の斜面につくった水田なので，大雨が降ったときに水をためる緑のダム [➡P.329] の役割も果たしてくれます。たな田をしっかりと管理することで土砂くずれや下流域の洪水を防ぐことができます。しかし，たな田を管理する人が減ったり高齢化などで，維持することが難しくなっています。

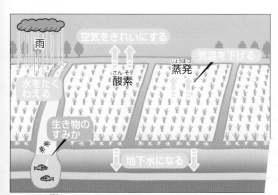

⬆ 水田の働き

雨
空気をきれいにする
気温を下げる
蒸発
酸素
水をたくわえる
生き物のすみか
地下水になる

02 稲作農家の仕事

さくっとガイド まずはここを読んで，稲作農家の仕事の流れをつかもう！

稲作はどれくらいの期間をかけて行うの？

稲作は約半年間にわたって行われます。春に種もみを選び，苗づくり，田おこし，しろかき，田植え，中ぼしなどを行い，秋の収かく（稲かり）をむかえます。収かくされた稲はカントリーエレベーターなどに貯ぞうされます。

これらの農作業には，トラクターや田植え機，コンバインなどの大型の農業機械が使われます。

稲作では，何かくふうはしているの？

稲作のさい，雑草が生えたり，害虫がついたりすると稲の生長が悪くなります。これらの被害を防ぐために，農薬が使われています。また，稲の生長をよくするために化学肥料が使われています。

しかし，農薬や化学肥料は使いすぎると人の健康や環境に害が出ることがあります。そのため，農薬を使わないようにしたり，環境にやさしいたい肥を使ったりする有機農業も行われています。

① 稲作農家の仕事

地理編

第1章 世界の中の
日本の国土

第2章 暮らしを支える
食料生産

第3章 暮らしを支える
工業生産

第4章 私たちの
生活と情報

第5章 私たちの
生活と環境

重要度
★★★

苗

田畑などで育てる前に，ビニールハウス
[➡ P.038] などであるていど育てられた農作物
の幼植物。稲の場合は苗床と呼ばれる場所で
あるていど育てたのち，田に移植します。

⬆ **苗床での苗づくり** (アフロ)

★★★
苗半作

田植え前の苗のできばえで，秋にとれる米の
量が左右されることを表した言葉。苗づくりの大切さを表しています。

★★★
田おこし

田植えの前に田の土をほりおこし，やわらかくする作業。肥料を混ぜながら
行い，栄養分をいきとどかせます。トラクター [➡ P.231] を使って行います。

★★★
しろかき

田植えの前に田に水を入れ，土を細かくくだ
いて田の表面を平らにすること。水の深さに
むらがでないようにしたり，田から水がもれ
るのを防いだりする効果があります。

トラクターで
作業しているね。

⬆ **しろかき** (アフロ)

★★★
田植え

苗を田に植える作業。苗をまとめて入れた苗箱を田植え機 [➡ P.231] に積んで
行います。かつては，人の手で，1つ1つ苗を植えていました。

COLUMN
くわしく

牛や馬は農業機械? かつて日本では，田おこしやしろかきは牛や馬を使って行われていま
した。大型機械の導入が進んでいないアジアの国々の中には，現在でも牛などが使われている
所があります。

第2章 暮らしを支える食料生産

重要度
★★★
中ぼし

田の水を一度全部ぬいて，田をかわかすこと。田の水をぬいて土をかわかすと，ひびわれができ，そこに酸素をふくんだ空気が入って稲の根がよくのびます。

★★★
稲かり

苗 [➡ P.229] が生長して稲となったものをかり取る作業。コンバインで行います。

3月	4月	5月	6月
・種もみを選ぶ ・よい種もみを用意する ・共同作業の計画づくり	・田おこし ・たい肥をまく ・苗を育てる ・健康な土をつくる	・しろかき ・田植え ・田に水を入れ、たがやす ・水の管理 ・じょ草ざいをまく	・みぞをほる ・稲の生長を調べる

7月	8月	9月	10月
・農薬をまく ・中ぼし ・生育調査 ・雑草から稲を守る ・肥料をあたえる ・病気や害虫から稲を守る	・穂が出る	・稲かりの計画づくり ・稲かり　だっ穀 ・乾燥 ・もみすり	・たい肥づくり

⬆ 米づくりの1年の仕事（一例）

★★★
農薬

農作物を病気から守ったり，生長をうながしたり，雑草を取りのぞいたりする薬をまとめた呼び名。ほかにも種子の消毒や害虫の駆除を行います。使いすぎると，環境や人間の健康に害が出ることがあります。

★★★
化学肥料

石油 [➡ P.299] や天然ガス [➡ P.300]，塩，石灰などを原料に，化学的につくられた肥料。使いすぎると，土の養分がおとろえるなどの被害が出ます。

COLUMN
くわしく
「直まき」も行われる！　稲作では，苗を育てて田に移植する方法のほか，稲の種子を田に直接まく「直まき」という方法もあります。

地理編

第1章 世界の中の日本の国土

第2章 暮らしを支える食料生産

第3章 暮らしを支える工業生産

第4章 私たちの生活と情報

第5章 私たちの生活と環境

★★★ **たい肥**

📖 わらやもみがらにぶたや牛のふんや尿などを混ぜて発こうさせた肥料。土をやわらかくしたり，バクテリア（細菌）の活動を活発にしたりする働きがあります。環境にやさしい肥料として注目されています。

★★★ **トラクター（農業用トラクター）**

📖 田おこし [➡ P.229] やしろかき [➡ P.229] に使う大型の機械。

トラクター

ここで田を耕す

★★★ **田植え機**

📖 苗を田に植えるときに使う大型の農業機械。

田植え機

ここに苗をならべる

★★★ **コンバイン**

📖 育った稲のかり取りや，だっ穀（稲を茎からはずす作業）を1台で行う大型の農業機械。

いろんな機械があるんだね。

コンバイン

かり取った稲を運びあげる

⬆ **稲作で使う機械**

★★★ **カントリーエレベーター**

📖 収かくした米などの穀物を集め，乾燥，選別，保存などを行う施設。温度やしつ度を一定に保つことができます。

⬆ **カントリーエレベーター**

（アフロ）

COLUMN くわしく

かつて，ふん尿は商品だった！ 昔，日本では人間のふん尿は貴重な肥料でした。特に江戸時代はふん尿が商品として売買され，ふん尿を専門にあつかう業者がいました。江戸のふん尿は馬や船に積みこまれ各地へと運ばれました。

03 畑作と畜産がさかんな地域

さくっとガイド まずはここを読んで,畑作と畜産についてのポイントをおさえよう!

稲作のほかには,どのような農業が行われているの?

近郊農業

さまざまな農業

促成栽培

高原野菜づくり

日本では稲作のほかにも,野菜やくだもの,花,工芸作物などをつくる畑作もさかんです。

都市の近くで農作物をつくる近郊農業や遠くでつくる輸送園芸農業,出荷時期をずらして農作物をつくる促成栽培や抑制栽培など,さまざまな方法で農作物がつくられています。農作物をつくるさいには,連作や輪作をするなどのくふうがされています。

畜産も重要な農業!!

乳牛 卵用にわとり ぶた

MILK

家畜を飼育して肉や卵,乳製品などをつくる畜産も,日本各地で行われています。

乳牛を飼育する酪農はすずしい地域で行われることが多く,北海道の根釧台地などで行われています。ぶたの飼育は,鹿児島県から宮崎県にかけて広がるシラス台地などでさかんです。BSEや鳥インフルエンザなどの家畜の病気が,畜産農家にとってなやみの種です。

① 畑作がさかんな地域

地理編

第1章 世界の中の
日本の国土

第2章 暮らしを支える
食料生産

第3章 暮らしを支える
工業生産

第4章 私たちの
生活と情報

第5章 私たちの
生活と環境

重要度
★★★ **畑**

水をはらずに，野菜やくだもの，穀物，花などを栽培する耕地。ふつう畑，樹園地，牧草地に分けられます。

★★★ **施設栽培**

温室やビニールハウス [➡ P.038] などの施設の中で野菜，くだもの，花などをつくる方法。風，雨，寒さなどから農作物を守ることができます。

↑ **ビニールハウスを使った施設栽培**
(アフロ)

★★★ **露地栽培**

温室やビニールハウス [➡ P.038] などの施設を使わずに，戸外で農作物を栽培する方法。寒い時期には適さず，害虫の被害を受けやすいという欠点があります。

★★★ **連作**

同じ耕地で同じ農作物を毎年栽培すること。土地の養分がおとろえる害が出るので畑作ではひかえられていますが，稲作 [➡ P.222] では害が少ないため連作が行われています。

1年目	2年目	3年目	4年目
稲作	稲作	稲作	稲作

↑ **連作のしくみの例**

★★★ **輪作**

同じ耕地でいくつかの種類の農作物を，一定の期間順番に栽培する方法。土地の養分のおとろえを防ぐ効果があります。

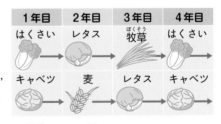

1年目	2年目	3年目	4年目
はくさい	レタス	牧草	はくさい
キャベツ	麦	レタス	キャベツ

↑ **輪作のしくみの例**

**COLUMN
まめ知識** **ビニールハウスは何語？** ビニールハウスは日本でつくられた和製英語で，本来の英語ではありません。英語では「greenhouse」などと呼ばれます。

重要度
★★★

園芸農業

大消費地である都市に出荷する目的で，野菜，くだもの，花などをつくる農業。大都市の近くで行われる**近郊農業**や，都市から遠いところで行われる**輸送園芸農業**（遠郊農業）があります。

★★★ 輸送園芸農業（遠郊農業）

都市から遠い場所で行われる園芸農業。高速道路の整備によって輸送時間が短縮されたことや，保冷トラック[➡ P.250]の発達によって農作物の新鮮さを長期間保てるようになったこと，などによってさかんになりました。

★★★ 近郊農業

大都市の周辺で，大都市に向けた野菜やくだもの，花などを栽培する農業。園芸農業の１つです。

都市に近いため新鮮な状態で農作物を輸送することができ，輸送にかかる費用も安くおさえることができます。東京周辺の千葉県や茨城県で，特にさかんです。

↑ 近郊農業と輸送園芸農業

★★★ 促成栽培（早づくり）

ビニールハウス[➡ P.038]や温室内で太陽熱や暖房などを利用して，ほかの地域よりも早い時期に農作物を栽培する方法。ほかの地域からの出荷が少ない時期に出荷するので，高い値段で取り引きされます。

高知県の**高知平野**や宮崎県の**宮崎平野**など，温暖で暖ぼう費が安くすむ地域でさかんです。

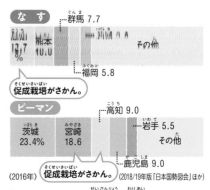

↑ なすとピーマンの生産量の割合

なす

高知 13.7%	熊本 10.0		群馬 7.7		その他

福岡 5.8

促成栽培がさかん。

ピーマン

茨城 23.4%	宮崎 18.6	高知 9.0	岩手 5.5	その他

鹿児島 9.0

促成栽培がさかん。

（2016年）　（2018/19年版「日本国勢図会」ほか）

COLUMN
まめ知識

いちご・すいか・メロンはくだもの？　野菜？　いちご・すいか・メロンはくだものとして食べられていますが，りんごやみかんのような木の実ではなく，苗を植えて収かくすることから，農林水産省の統計上では「果実的野菜」として分類されています。

地理編

第1章 世界の中の日本の国土

第2章 暮らしを支える食料生産

第3章 暮らしを支える工業生産

第4章 私たちの生活と情報

第5章 私たちの生活と環境

★★★
高知平野

高知県南部に広がる平野。なすやピーマンの促成栽培がさかんです。

★★★
宮崎平野

宮崎県南東部に広がる平野。きゅうりやピーマンの促成栽培がさかんです。

★★★
抑制栽培（おそづくり）

ほかの地域よりもおそい時期に農作物を栽培する方法。
ほかの地域と出荷時期をずらすことによって，高い値段で取り引きされます。
群馬県の嬬恋村 [➡ P.236] や長野県の野辺山原 [➡ P.236] などで行われている高原野菜 [➡ P.201] づくりや，愛知県の渥美半島などで行われている電照菊 [➡ P.236] づくりなどがあります。

促成栽培と
抑制栽培の
ちがいをおさえ
ておこう！

キャベツ				神奈川 5.2	
群馬 18.0%	愛知 17.4	千葉 8.9	茨城 7.4		その他

レタス		長崎 6.2	兵庫 4.9	
長野 35.1%	茨城 14.7	群馬 8.6		その他

(2016年)　　　　　　　(2018/19年版「日本国勢図会」)

⬆ キャベツとレタスの生産量の割合

⚖ 比べる **促成栽培（早づくり）と抑制栽培（おそづくり）**

促成栽培（早づくり）

通常の収かく時期 6月〜9月　宮崎平野 10月〜翌6月

（ピーマンの場合の一例）

抑制栽培（おそづくり）

通常の収かく時期 11月〜翌2月　野辺山原 6月〜11月

（はくさいの場合の一例）

COLUMN
まめ知識

きゅうりはどこから来たの？　きゅうりは，漢字で「胡瓜」と書きます。「胡」とは古代中国の西方にあった国のことで，きゅうりが昔，西アジアから伝来したことを表しています。

重要度

★★★ 野辺山原 [➡ P.202]

長野県東部の八ヶ岳山ろくに広がる台地 [➡ P.183]。**はくさいやレタス**などの**高原野菜** [➡ P.201] の栽培がさかんです。

★★★ 嬬恋村 [➡ P.202]

群馬県西部の浅間山山ろくにある村。高原野菜 [➡ P.201] の**キャベツ**の栽培がさかんです。

★★★ 電照菊

施設の中で照明を当て，開花時期を遅らせてつくる菊。菊は日が当たる時間が短くなると開花するので，電灯を照らしたまま昼のように明るくして，開花時期を遅らせます。

抑制栽培（おそづくり） [➡ P.235] の１つで，愛知県の**渥美半島**や沖縄県などで行われています。

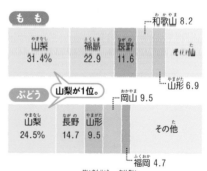

電照菊づくりのしくみ…暗くなる夜は照明をつけて昼のようにします。花をさかせたい時期に照明を消してつぼみをつけさせます。

★★★ 津軽平野

青森県北西部の岩木川流域に広がる平野。すずしい気候をいかして，**りんご**の栽培がさかんです。稲作も行われています。

★★★ 山形盆地

山形県中央部の最上川 [➡ P.182] 流域に広がる盆地。扇状地 [➡ P.185] が発達し，**さくらんぼ，りんご，西洋なし**などのくだものの栽培がさかんです。

★★★ 甲府盆地

山梨県の中央部に広がる盆地。典型的な扇状地 [➡ P.185] が見られ，くだものの生産がさかんです。全国を代表する**ももとぶどう**の産地となっています。

もも

山梨 31.4%	福島 22.9	長野 11.6	和歌山 8.2	その他	山形 6.9

山梨が1位。

ぶどう

山梨 24.5%	長野 14.7	山形 9.5	岡山 9.5	その他	福岡 4.7

ももとぶどうの生産量の割合

(2017年) （農林水産省統計）

COLUMN まめ知識

茶は中国から伝わった！ 鎌倉時代初期に日本の僧が中国から持ち帰り，茶の専門書を書きました。現在最もいっぱん的な煎茶の製法は，永谷宗円（宗七郎）が江戸時代につくりました。

地理編

第1章 世界の中の日本の国土

第2章 暮らしを支える食料生産

第3章 暮らしを支える工業生産

第4章 私たちの生活と情報

第5章 私たちの生活と環境

★★★ **工芸作物**

主に，加工されて製品にされる農作物。茶，たばこ，こんにゃくいも，さとうきび [➡ P.206] がよく知られています。

あい
そめ物の原料になる

なたね
油の原料になる

さとうきび
さとうの原料になる

い草
たたみ表の原料になる

⬆ **主な工芸作物**

★★★ **牧ノ原**

静岡県中部の大井川下流域に広がる台地。明治時代に開拓されて以来，茶の栽培がさかんになりました。温暖で，日照時間が長い気候が茶の栽培に適しており，現在は日本を代表する茶の産地となっています。

★★★ **予冷センター（予冷庫）**

📖 冷ぼう設備を備えた集出荷用の倉庫。農作物が出荷されるまで保存します。

② 畜産がさかんな地域

★★★ **畜産**

📖 牛，ぶた，にわとり，羊などの家畜を飼育して，肉，乳，卵などを生産する産業。

★★★ **酪農** [➡ P.202]

📖 乳牛ややぎなどを飼育して乳をしぼり，飲料や乳製品をつくる畜産。日本では主に乳牛を飼育し，**牛乳**や**バター・チーズ**をつくるものをさします。北海道の**根釧台地** [➡ P.238] や岩手県の**北上高地**，栃木県の那須野原など，各地の高原を中心に行われています。

COLUMN まめ知識

にわとりは何と鳴く？ にわとりの鳴き声を言葉で表すと，日本では「コケコッコー!」がいっぱん的です。しかし，英語では「クックドゥドゥルドゥ!」，ドイツでは「キケリキー!」，フランスでは「ココリコ!」と表現します。

第2章 暮らしを支える食料生産

重要度
★★★
根釧台地

北海道の東部の根室から釧路にかけて広がる台地。日本を代表する**酪農** [➡ P.237] **地帯**です。火山灰土におおわれ，気候も冷りょうなため，農作物の栽培に適しません。このため，1950年代から酪農に力が入れられ，現在のような酪農地帯になりました。

⬆ 根釧台地の酪農

★★★
シラス台地

鹿児島県から宮崎県南部にかけて広がる，火山灰などが積もってできた台地 [➡ P.183]。**畜産** [➡ P.237] がさかんです。乾燥して水もちが悪いため，畑作は乾燥に強い**さつまいも**の栽培が中心でしたが，かんがい設備が整えられるなどした結果，野菜，茶，花などの栽培も行われるようになりました。集中豪雨のときなどに土砂くずれが発生しやすくなっています。

⬆ シラス台地の分布する地域

★★★
BSE

牛の脳組織がおかされ，全身がまひして牛が死んでしまう病気。牛海綿状脳症，狂牛病とも呼ばれています。人間が BSE に感染した牛を食べると，重い病気にかかる危険性が高いとされています。
日本でも BSE に感染した牛が見つかっていますが，牛肉として出荷される前に厳しい検査が行われています。

★★★
鳥インフルエンザ

鳥どうしが感染するインフルエンザ。本来は鳥の病気ですが，鳥と人が濃厚な接触をすることなどによって，人間に感染することもあります。鳥インフルエンザから新型インフルエンザが発生する危険性があるとされています。
感染した鳥が見つかると，殺して処分をしなければならないため，にわとりを飼っている農家は大きな打撃を受けます。

COLUMN
まめ知識

ぶたはいのしし？ ぶたはもともと，いのししを人間が飼いならしたものです。古代に世界のあちこちで，ぶたが飼われるようになりました。逃げ出したぶたが野生化することがありますが，何代かあとはだんだん，いのししのような姿に戻っていきます。

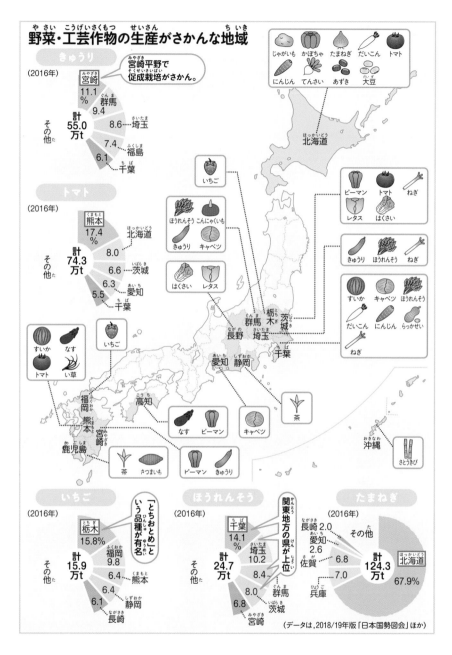

野菜・工芸作物の生産がさかんな地域

地理編

第1章 世界の中の日本の国土

第2章 暮らしを支える食料生産

第3章 暮らしを支える工業生産

第4章 私たちの生活と情報

第5章 私たちの生活と環境

きゅうり

(2016年)

宮崎平野で促成栽培がさかん。

宮崎 11.1%
群馬 9.4
埼玉 8.6
福島 7.4
千葉 6.1
その他
計 55.0万t

トマト

(2016年)

熊本 17.4%
北海道 8.0
茨城 6.6
愛知 6.3
千葉 5.5
その他
計 74.3万t

いちご

(2016年)

「とちおとめ」という品種が有名

栃木 15.8%
福岡 9.8
熊本 6.4
静岡 6.4
長崎 6.1
その他
計 15.9万t

ほうれんそう

(2016年)

関東地方の県が上位

千葉 14.1%
埼玉 10.2
群馬 8.4
茨城 8.0
宮崎 6.8
その他
計 24.7万t

たまねぎ

(2016年)

長崎 2.0
愛知 2.6
佐賀 6.8
兵庫 7.0
その他
北海道 67.9%
計 124.3万t

(データは、2018/19年版「日本国勢図会」ほか)

じゃがいも かぼちゃ たまねぎ だいこん トマト
にんじん てんさい あずき 大豆

北海道

ピーマン トマト ねぎ
レタス はくさい

きゅうり ほうれんそう ねぎ

すいか キャベツ ほうれんそう
だいこん にんじん らっかせい
ねぎ

いちご

ほうれんそう こんにゃくいも
きゅうり キャベツ

はくさい レタス

群馬 栃木 茨城
長野 埼玉
千葉

すいか なす
トマト い草

いちご

愛知 静岡

福岡 熊本

宮崎

鹿児島

高知

茶

なす ピーマン
キャベツ

茶 さつまいも
ピーマン きゅうり

沖縄

さとうきび

239

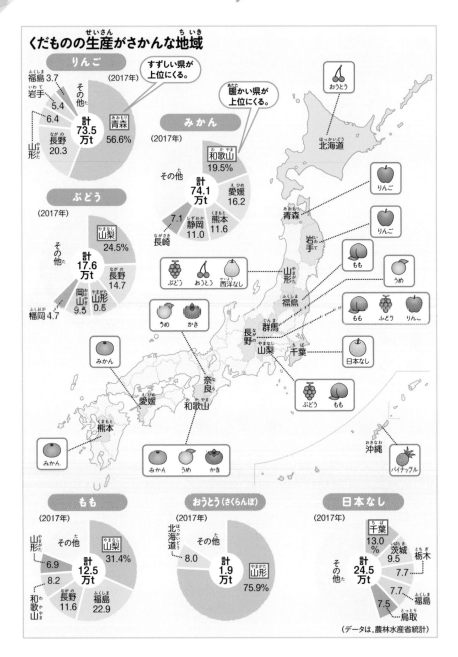

くだものの生産がさかんな地域

りんご
（2017年）

すずしい県が上位にくる。

福島 3.7
岩手 5.4
6.4
山形
長野 20.3
その他
計73.5万t
青森 56.6%

みかん
（2017年）

暖かい県が上位にくる。

その他
和歌山 19.5%
計74.1万t
愛媛 16.2
7.1 静岡 11.0 熊本 11.6
長崎

ぶどう
（2017年）

その他
山梨 24.5%
計17.6万t
長野 14.7
岡山 9.5
山形 0.5
福岡 4.7

北海道
おうとう

青森 りんご
りんご
岩手 もも
山形 ぶどう おうとう 西洋なし
うめ
福島 群馬 もも ふどう りんご
うめ かき
長野 山梨 千葉
みかん
日本なし
奈良
愛媛 和歌山 ぶどう もも
熊本
みかん
みかん うめ かき
沖縄 パイナップル

もも
（2017年）

山形
その他
山梨 31.4%
6.9
8.2
和歌山
長野 11.6
福島 22.9
計12.5万t

おうとう（さくらんぼ）
（2017年）

北海道 8.0
その他
計1.9万t
山形 75.9%

日本なし
（2017年）

千葉 13.0%
茨城 9.5
栃木 7.7
計24.5万t
その他
7.7 福島
7.5
鳥取

（データは，農林水産省統計）

ももが災いをはらう？　古代中国ではももには災いをはらう力があると信じられ，ももの節句にはももの花を浮かべたお酒を飲んでいました。その習慣が日本に伝わって，ももの花を飾ったり，江戸時代の人々に親しまれていた白酒がそえられたりするようになりました。

地理編

第1章 世界の中の日本の国土

第2章 暮らしを支える食料生産

第3章 暮らしを支える工業生産

第4章 私たちの生活と情報

第5章 私たちの生活と環境

畜産がさかんな地域

乳用牛
（2018年）

計132.8万頭

北海道 59.6%

栃木 3.9
熊本 3.2
岩手 3.2
群馬 2.6
その他

肉用牛
（2018年）

計251.4万頭

北海道 20.9%
鹿児島 13.1
宮崎 9.7
熊本 5.1
岩手 3.6
その他

シラス台地が広がる。

ぶた
（2018年）

計918.9万頭

鹿児島 13.8%
宮崎 8.9
北海道 6.8
千葉 6.7
群馬 6.7
その他

シラス台地が広がる。

乳用牛　肉用牛　ぶた

北海道

岩手

肉用にわとり

乳用牛

栃木　茨城

千葉

卵用にわとり

卵用にわとり

熊本
宮崎
鹿児島

乳用牛

肉用牛　ぶた　肉用にわとり

肉用牛　ぶた　肉用にわとり　卵用にわとり

卵用にわとり
（2018年）

計1.4億羽

茨城 8.0%
千葉 6.8
鹿児島 5.7
岡山 5.3
広島 4.8
その他

肉用にわとり
（2018年）

計1.4億羽

宮崎 20.5%
鹿児島 19.3
岩手 16.2
青森 5.1
北海道 3.6
その他

（データは，農林水産省「畜産統計」）

小岩井農場の名前の由来は？　岩手県の岩手山のふもとには日本最大級の総合農場の小岩井農場があります。「小岩井」という名前は地名ではなく，農場をつくった小野，岩崎，井上氏の3人の名字から1字ずつとってつけられました。

04 日本の水産業

さくっとガイド まずはここを読んで、水産業についてのポイントをおさえよう!

水産業には、どんなものがあるの?

水産業とは、魚、貝、海そうをとったり、育てたり、加工したりする産業です。このうち、とったり、育てたりする仕事を漁業といい、大きく「とる漁業」と「育てる漁業」に分けることができます。

とる漁業とは、自然の中で育った魚や貝をとる漁業で、沿岸漁業、沖合漁業、遠洋漁業があります。育てる漁業とは、人の手で魚や貝を育ててからとる漁業で、養殖漁業（養殖業）と栽培漁業があります。

日本は水産業がさかんなの?

海に囲まれた日本では、古くから水産業がさかんです。日本列島の周辺は世界的な好漁場の1つで、三陸海岸沖にある潮目（潮境）と東シナ海などに広がる大陸だなには特に多くの魚が集まります。

これらの海でとれた魚は漁港に水あげされ、魚市場に集められます。ここでせりにかけられたあと、さまざまな過程をへて、それぞれの家庭に届きます。

地理編

第1章 世界の中の日本の国土

第2章 暮らしを支える食料生産

第3章 暮らしを支える工業生産

第4章 私たちの生活と情報

第5章 私たちの生活と環境

① 漁業の種類

重要度 ★★★
とる漁業

人の手で育てずに，自然の中で育った魚や貝，海そうをとる漁業。**沿岸漁業，沖合漁業，遠洋漁業**をさします。魚のとりすぎや各国の**200海里水域** [→ P.175] の設定などによって，とる漁業による漁かく量は減少しています。

★★★
沿岸漁業

陸に近い海域で，小型船で行う漁。主に日帰りで行います。定置あみや地引きあみなどを使って行います。

★★★
沖合漁業

海岸から80〜200kmくらいの沖で，中型船で行う漁。数日かけて行います。底引きあみや巻きあみ，棒受けあみなどを使って行います。

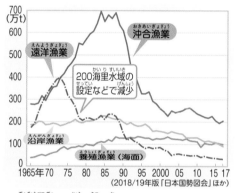

↑ 漁業別漁かく量の移り変わり

（2018/19年版「日本国勢図会」ほか）

★★★
遠洋漁業

陸地から遠く離れた海で，大型船で行う漁。数か月から1年くらいかけて行います。底引きあみ漁 [→ P.245] の1つであるトロールあみや，まぐろはえなわ [→ P.245] などを使って行います。

★★★
ソナー

音波によって水中の物体を探知する装置。漁業では，海中の魚をさがすための装置（魚群探知機）として用いられています。

↑ かつおを水あげする遠洋漁業船

(アフロ)

COLUMN まめ知識

まぐろ船の生活は？ 特定の休日はなく，魚のいない日や漁場を移動する日が休日です。部屋は相部屋ですが，役職がつくと個室があたえられます。日本に帰ると，30〜45日くらいの休日があたえられます。（岩手県遠洋まぐろ漁業者協会資料より）

2 さまざまな漁法

重要度 ★★★
巻きあみ漁
大きなあみで魚の群れを取り囲み，あみの底をしぼるようにしてとる漁。いわし，あじ，さばなどをとります。

重要度 ★★★
定置あみ漁
魚の群れが集まる所に大きなあみをはり，あみに入ってきた魚をとる漁。ぶり，にしん，いわしなどをとります。

重要度 ★★★
さしあみ漁
海底にあみをはりめぐらせ，あみにからませてとる漁。えびやかにをとります。

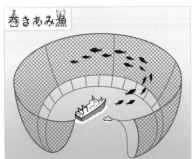
巻きあみ漁

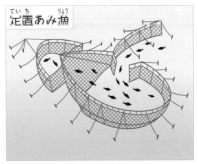
定置あみ漁

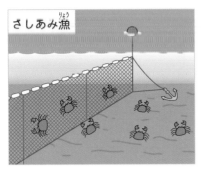
さしあみ漁

とる魚によって漁法がちがうんだね。

伝統のムツゴロウ漁とは？ 九州地方の有明海では，伝統的なムツゴロウの引っかけ漁「むつかけ」が行われています。これはどろの中にいるムツゴロウを探し，エサのついていないかぎばりを竹ざおを使って投げ，ムツゴロウの体に引っかけるというものです。

重要度
★★★

いかつり

 明かり（集魚灯）でいかをおびきよせ，えさに見せかけたつりばりでつり上げる漁。

★★★

まぐろはえなわ

 長いなわに，つりばりのついたたくさんの枝なわをつけて，一度に多くのまぐろをとる漁。

★★★

かつおの一本づり

 えさをまいてかつおを集め，さおで一尾ずつつり上げる漁。

★★★

底引きあみ漁

 船でふくろ状のあみを引いて，海底近くにいる魚をとる漁。かれいやすけとうだらなどをとります。遠洋漁業ではトロールあみを使います。

いかつり

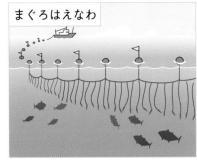

まぐろはえなわ

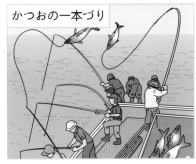

かつおの一本づり

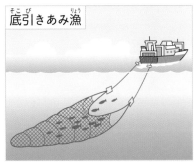

底引きあみ漁

COLUMN まめ知識

かつおの一本づりのくふうとは？ かつおの一本づりで使われるつりばりは，ふつうのつりばりとちがってカギ状になっていません。そのため，つり上げた魚はいちいち人の手ではずす必要がなく，空中で船にふるい落とすことができます。こうすることで次々と魚をつることができます。

第2章 暮らしを支える食料生産

重要度
★★★
育てる漁業（つくり育てる漁業）

人の手で育てる過程をへて，魚や貝，海そうなどをとる漁業。養殖漁業（養殖業）と栽培漁業をさします。日本では，**とる漁業** [➡ P.243] による漁かく量が減少しているため，近年は育てる漁業に力を入れています。

★★★
養殖漁業（養殖業）

小さな魚，貝，海そうをいけすや水そうなどの施設を使ってえさをあたえて人の手で育て，大きくなってからとる漁業。計画的に出荷できるので収入が安定しますが，えさ代が高くつくことや，えさによって海がよごれることが問題となっています。

のり類や貝類の養殖が多いよ。

⬆ 養殖漁業（養殖業）のようす　　(アフロ)

★★★
栽培漁業

卵からかえした稚魚，稚貝を一定の期間施設で育てたあとで海や川に放流し，自然の中で成長してからとる漁業。

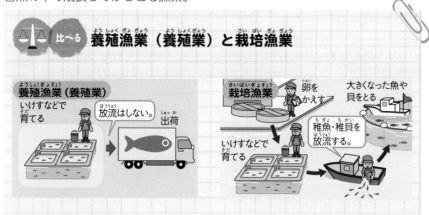

⚖ 比べる **養殖漁業（養殖業）と栽培漁業**

養殖漁業（養殖業）
いけすなどで育てる　放流はしない。　出荷

栽培漁業
卵をかえす　大きくなった魚や貝をとる
いけすなどで育てる　稚魚・稚貝を放流する。

養殖はどこで行われているの？　魚や貝の養殖は日本全国で行われています。魚だけを見てみると，南の地域でさかんです。これは，北の地域のように水温が低いと魚がえさを食べる量が減ってしまい，育ちが悪くなってしまうためです。

地理編

第1章 世界の中の日本の国土

第2章 暮らしを支える食料生産

第3章 暮らしを支える工業生産

第4章 私たちの生活と情報

第5章 私たちの生活と環境

③ 日本の周りの漁場

★★★ 潮目（潮境）

暖流 [➡ P.196] と寒流 [➡ P.196] が出合う海域。海水が上昇して海底の栄養分も上昇するため，魚のえさとなる**プランクトン** [➡ P.248] が豊富です。このため，たくさんの魚が集まる好漁場となっています。

日本近海では，東北地方の**三陸海岸**沖に暖流の**黒潮（日本海流）** [➡ P.196] と寒流の**親潮（千島海流）** [➡ P.196] が出合う潮目があります。

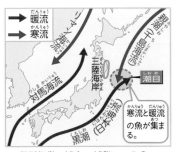

→ 暖流
→ 寒流

対馬海流

黒潮（日本海流）

津軽暖流

千島海流（親潮）

三陸海岸

潮目

寒流と暖流の魚が集まる。

⬆ **三陸海岸と潮目（潮境）の位置**

★★★ 三陸海岸

東北地方の青森県南部から宮城県北部にかけての太平洋岸に続く海岸。青森県，岩手県，宮城県の旧国名の陸奥，陸中，陸前の３つの「陸」の字をとって，「三陸」と呼ばれます。

南部の海岸線は典型的な**リアス海岸** [➡ P.185] で，湾内は波がおだやかです。そのため，天然の良港が多く，養殖地としても適しています。

★★★ 赤潮

海や湖で**プランクトン** [➡ P.248] が異常発生し，水面が赤く染まって見える現象。工場廃水や生活廃水にふくまれる栄養分が増えすぎることで発生します。

発生すると水中の酸素が不足し，魚や貝などが大量に死ぬことがあります。

東京湾，大阪湾，瀬戸内海など各地で発生しています。

海が赤く染まっているね。

⬆ **赤潮**

(ピクスタ)

COLUMN まめ知識　「**青潮**」という現象もある！　赤潮と同じような原因で海や湖の水面が青く染まって見える現象を青潮といいます。また，同じような原因で湖や沼が緑色に見える現象をアオコといいます。

重要度

★★★ 回遊魚

えさを求めたり，産卵に適した場所を求めたりして，一定の道すじを広い範囲にわたって移動する魚類。**かつお，まぐろ，あじ**などが代表的です。

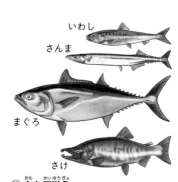

いわし

さんま

まぐろ

さけ

↑ **主な回遊魚**

★★★ プランクトン

水中にただよっている微生物をまとめた呼び名。ほかの生物のえさとなり，生態系において重要な役割をもちますが，増えすぎると**赤潮** [➡ P.247] の原因となり，漁業に大きな被害が出ます。

★★★ 魚付き林（魚付き保安林）

魚の群れを集めるために海岸沿いにつくられた森林。水面にかげをつくったり，海中に養分を流したり，水のよごれを防いだりする働きがあり，魚がすみやすい環境をつくっています。

★★★ マングローブ

熱帯や亜熱帯 [➡ P.192] の地域の海岸や河口に育つ森林。陸上では鳥類などのすみかになり，水中にのびた根は魚などのすみかになるなど，豊かな生態系をつくっています。また，沿岸部を強風や大波から守る防波堤のような働きもあります。

日本では，沖縄県と鹿児島県の南西諸島 [➡ P.189] で見られます。

東南アジアでは，日本へ輸出するためのえびの養殖池をつくるために，多くのマングローブがばっさいされているよ。

↑ **マングローブ**

(ピクスタ)

COLUMN まめ知識 **近大マグロは夢の養殖を実現!!** 回遊魚であるまぐろは泳ぎ続けないと死んでしまうため，いけすなどで育てることは不可能と考えられていました。しかし，近畿大学が30年以上かけて研究した結果，人工ふ化から大きくなるまで育てあげる完全養殖に成功しました。

★★★ 海洋牧場（かいようぼくじょう）

沿岸海域に人工的につくられた，魚を管理して，育てる施設。魚のすみかをつくったり，人工的にえさをやったりしています。陸上で行われている牛やぶたの牧場の海洋版といえます。

人工衛星 （魚のいる所を見つける）

水産加工工場

沖合養殖場

えさをまくロボット

光を海底に送る（海そうを育てる）

魚群探知機

人工魚しょう（魚のすみか）

⬆ 海洋牧場のしくみ

★★★ 魚しょう（ぎょしょう）

海底からつき出た岩場のような所。魚のすみか，産卵場，えさ場などになると考えられています。魚の数を増やすためにつくった石やブロック，使われなくなった船などをしずめた人工的な魚しょうもあります。

④ 魚が届くまで

★★★ せり

📖 品物を売りたい人と買いたい人が集まって値段をつけあい，最も高い値段をつけた人に売る方法。

たくさんの人がいるね！

⬆ せりのようす　　　（アフロ）

★★★ おろし売人（おろし売業者）

📖 生産者から品物を買い，仲買人や小売店 [➡ P.250] に売る人。または，会社をいいます。

COLUMN くわしく

せりはどうやって行うの？　水産物のせりでは，買い手は買いたい値段や数を指で示します。売り手はいちばん高い値をつけた買い手を指名して，売買が成立します。その間，わずか数秒間というのでおどろきです。

第2章 暮らしを支える食料生産

重要度
★★★
仲買人（なかがいにん）

市場でおろし売人（おろし売業者）[➡ P.249] から品物を買って，小売店に売る人。

★★★
小売店（こうりてん）

生産者，おろし売人（おろし売業者）[➡ P.249]，仲買人から品物を買い，消費者に品物を売る店。スーパーマーケットや八百屋さん，魚屋さんなどのことです。おろし売人（おろし売業者）を通さずに，生産者から直接品物を買うこともあります [産地直送➡ P.255]。

★★★
保冷トラック（保冷車）（ほれいトラック（ほれいしゃ））

低温を保つ荷台を備えつけたトラック。水産物や農作物を新鮮な状態で運ぶことができます。

温度を下げる冷とう機を備えた冷とう車もあるよ。

⬆ 魚を運ぶ保冷トラック（保冷車） (アフロ)

★★★
コールドチェーン

農作物や水産物の新鮮さを保つために温度を低くしたまま，産地から消費地まで運ぶしくみ。魚を例にとると，魚をとったあと漁船の中で冷とうし，市場でも冷とう庫に保存して，消費地へは保冷トラックで輸送します。

魚が家庭に届くまで

漁 → 水あげ → 漁港 → 市場（産地） おろし売人 せり 仲買人 → 加工工場 → 缶づめ・かまぼこ

保冷トラック

市場（消費地） せり おろし売人 仲買人 → 小売店 スーパーマーケット，魚屋さんなど → 家庭

COLUMN
まめ知識

消費期限と賞味期限のちがいは？ 消費期限は開封していない状態で保存した場合に，安全に食べられる期間のことです。賞味期限は開封していない状態で保存した場合においしく食べられる期間のことで，期間を過ぎたら食べられなくなるとは限りません。

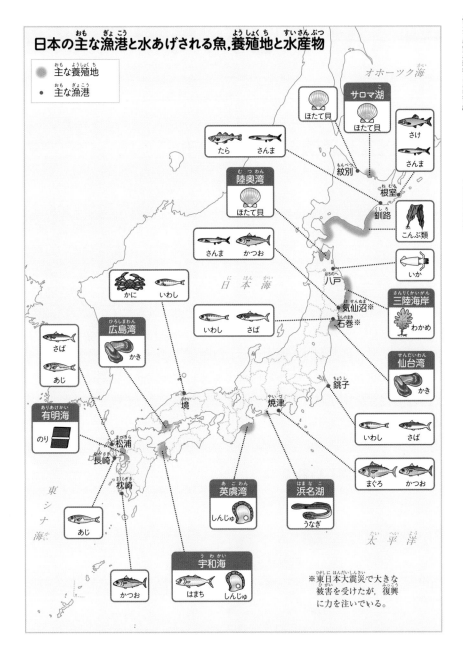

日本の主な漁港と水あげされる魚, 養殖地と水産物

- 主な養殖地
- 主な漁港

オホーツク海

サロマ湖
ほたて貝

ほたて貝

さけ
さんま

たら　さんま

紋別

根室

陸奥湾
ほたて貝

釧路
こんぶ類

八戸
いか

さんま　かつお

日本海

三陸海岸
わかめ

気仙沼※
石巻※

かに　いわし

いわし　さば

広島湾
かき

仙台湾
かき

さば
あじ

銚子

境
焼津

有明海
のり

松浦
長崎
枕崎

いわし　さば

まぐろ　かつお

あじ

東シナ海

英虞湾
しんじゅ

浜名湖
うなぎ

太平洋

宇和海
はまち　しんじゅ

かつお

※東日本大震災で大きな
被害を受けたが, 復興
に力を注いでいる。

地理編

第1章 世界の中の日本の国土

第2章 暮らしを支える食料生産

第3章 暮らしを支える工業生産

第4章 私たちの生活と情報

第5章 私たちの生活と環境

COLUMN くわしく

境港は何と読む?　日本海側で最も水あげ量が多い境港があるのは, 鳥取県の境港市です。漁港を指す場合は「さかいこう」, 都市を指す場合は「さかいみなと」なので, まちがえないようにしましょう。

05 これからの日本の農業と食料生産

安全性を高める農業が行われている!!

最近,消費者から安心,安全な食べ物を求める声が高まっています。それにこたえるために農家では,たい肥などの有機肥料を使ったり,あいがも農法などを行ったりして,できるだけ環境や人体に害の少ない自然のものを利用した農業を行っています。これを有機農業(有機農法,有機栽培)といいます。

また,食品がどのようにつくられ,運ばれてきたかを知ることができるトレーサビリティが導入され,消費者が安心して食品を買えるようなしくみがつくられています。

食料をめぐる新しい動き

これまで食料は,生産者からおろし売人(おろし売業者)をへて消費者に届くのがいっぱん的でした。しかし,最近は生産者から直接消費者に届ける産地直送も行われています。

また,収かくした産物を地元で消費する地産地消の動きも活発化しています。

地理編

第1章 世界の中の日本の国土

第2章 暮らしを支える食料生産

第3章 暮らしを支える工業生産

第4章 私たちの生活と情報

第5章 私たちの生活と環境

❶ 食の安心・安全

重要度 ★★★

有機農業

化学肥料 [➡ P.230] や農薬 [➡ P.230] などを使わずに，たい肥 [➡ P.231] やふん尿，微生物など自然のものを利用して行う農業。有機農法，有機栽培ともいいます。環境にやさしく，人の健康に害が出る心配がほとんどありません。

一定の期間，有機農業でつくられたと認められた農作物，加工食品，畜産物には，それを証明する**有機 JAS マーク**がつけられています。

★★★

有機肥料

動植物を利用した肥料。自然のものをいかしているので，環境に害がありません。ふん尿，たい肥 [➡ P.231]，魚肥（魚を肥料にしたもの）などがあります。化学肥料 [➡ P.230] に対して有機肥料と呼ばれます。

有機肥料も化学肥料も，それぞれによさがあるんだよ。

★★★

あいがも農法

田植え [➡ P.229] から2か月間くらい，あいがもを田に放って行う農法。環境にやさしい有機農業の1つです。

あいがもは水田の害虫や雑草を食べるため農薬を使わなくてすみ，そのふんは肥料になります。また，稲の根を足でふんでじょうぶにしてくれるという利点もあります。

⬆ **あいがも農法** (ピクスタ)

★★★

品種改良 [➡P.225]

農作物や家畜などに人工的に手を加えることによって，品質のよい新しい品種をつくり出すこと。

COLUMN くわしく　有機 JAS 規格とは？　品質・製法・管理方式について国が定めた規格を日本農林規格（JAS 規格）といいます。有機農業でつくられた農産物には有機 JAS マークがつきます。これからは国際規格の認証も取るようにして，国産農産物の輸出拡大をねらっています。

第2章 暮らしを支える食料生産

重要度
★★★

遺伝子組みかえ作物

遺伝子（生物の性質を決める役割のあるもの）を人工的に操作することで、それまでとはちがった形や性質をもつようにつくりかえた農作物。害虫に強い農作物、味がよい農作物、生産性が高い農作物などを効率よくつくることができますが、人体や環境に悪い影響をあたえないかなど、安全性が議論されています。

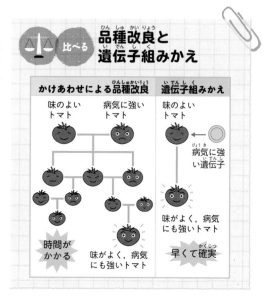

⚖ 比べる　品種改良と遺伝子組みかえ

② 食料の流通・輸入

★★★

地産地消

ある地域で生産された農産物や水産物を、その地域で消費すること。輸送にかかる費用を減らしたり、輸送にともなって出る二酸化炭素（→P.351）の排出量を減らしたりする利点があります。また、生産者の顔が見えるので安心感があるほか、地元の農業や漁業を盛りたてる役割もあります。

⬆ 地産地消のイメージ

とれたてが食べられそうだね！

COLUMN
くわしく

遺伝子組みかえ作物には表示義務がある!!　日本では、遺伝子組みかえでつくった大豆、とうもろこし、じゃがいも、なたねなどや、それらからつくられた食品を売る場合には、遺伝子組みかえ作物であることを表示しなければいけないと法律で定められています。

254

★★★ **産地直送（さんちちょくそう）**

農産物や水産物を生産者から直接，消費者に届けること。ふつう，ものが生産地から家庭に届くまでにはおろし売人（おろし売業者）[➡ P.249]などが間に入るため値段が高くなります。産地直送はおろし売人を通さないため，値段が安くなります。

[➡ P.249]

小売店で買う場合

生産者 → おろし売人 → 小売店 → 家庭

産地直送の場合

生産者 → 配送業者 → 家庭

⬆ **産地直送（さんちちょくそう）のイメージ**

産地直送はどのような生産者から買ったかわかるため，安心感もあるね。

★★★ **フードマイレージ**

食料の輸送が環境にどれだけ影響をあたえるかを表す数値。

> フードマイレージ
> ＝食料の重量(t)×生産地から消費地までの距離(km)

で求めます。単位は t・km です。
生産地と消費地が遠くなるほど数値が大きくなり，輸送のための燃料の消費量や二酸化炭素 [➡ P.351] の排出量が多いことを表します。
地産地消は，フードマイレージを低くおさえられます。

[➡ P.351]

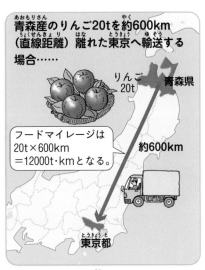

青森産のりんご20tを約600km（直線距離）離れた東京へ輸送する場合……

りんご 20t　青森県

フードマイレージは
20t×600km
＝12000t・kmとなる。

約600km

東京都

⬆ **フードマイレージの求め方**

日本は世界各地から食材を輸入しているので，世界的にもフードマイレージの値が高い国だよ。

地理編

第1章 世界の中の日本の国土

第2章 暮らしを支える食料生産

第3章 暮らしを支える工業生産

第4章 私たちの生活と情報

第5章 私たちの生活と環境

COLUMN くわしく　**地産地消の課題とは？**　人口の多い都市部では地元の農産物の量が追いつかず，過疎が進む農村地域ではその反対で，農産物の量は多いのですが消費できる人口が少ないことです。学校給食に導入するなど，このバランスを調整する市町村が増えています。

食品ロス

重要度
★★★

まだ食べられるのに捨てられてしまう食品のことです。日本の食品ロスは，年間600万トンをこえており，1人1日当たりお茶わん1ぱい分の食べ物が捨てられていることになります。日本は，多くの食べ物を輸入しながら，大量に食べ物を捨てていることになります。スーパーやコンビニなどで賞味期限を過ぎた食品，レストランなどで客が食べ残した料理も食品ロスとなっています。

世界の食料援助量
約320万トン (2015年)
※国連世界食糧計画（WFP）による

日本の食品ロス
約646万トン (2015年)
※環境省発表による

⬆ 世界の食料援助量と日本の食品ロスの比かく

★★★ フードバンク

食品メーカーやスーパーや農業関係者などから，まだ食べられる食品をゆずり受けて，福祉施設や生活に困っている人へ無償で配布するボランティア活動。

あまった食品をたくわえて分配することから「フードバンク（食べ物の銀行）」といいます。

福祉と環境の両方の面から続けていきたいね。

食品会社
印字ミスや箱のつぶれ

スーパーマーケット
売れ残り

食品輸入会社
卸売業者
余った在庫

農協・農家
規格外のもの

食品の寄贈

フードバンク

無償で提供

福祉施設

子ども食堂

災害のときのたき出しなど

⬆ フードバンクのしくみ

★★★ 食育

さまざまな経験を通して，食についての知識を身につけて，健全な食生活を行うことのできる力をつけるための教育。食べ物を大事にする感謝の心や，栄養バランスや食事マナー，安全や品質のよい食品を選ぶ能力，地域の食べ物と文化に関する歴史などを学びます。

COLUMN
まめ知識

フードドライブに参加しよう！ 個人では，家庭であまっている食品を，フードバンクを行っている団体へ持ちよるフードドライブという活動に参加することができます。「ドライブ」とは車の運転ではなくて運動や寄付のことを指しています。

地理編

第1章 世界の中の日本の国土

第2章 暮らしを支える食料生産

第3章 暮らしを支える工業生産

第4章 私たちの生活と情報

第5章 私たちの生活と環境

重要度
★★★

トレーサビリティ

食品を生産した人，生産日，生産方法などの生産についての情報や，どのような経路で運ばれてきたかなどの流通についての情報を，消費者自身が確認できるしくみ。消費者に安心して食品を買ってもらうことを主な目的として導入されています。

具体的には，農作物や魚，肉などに生産者やおろし売人（おろし売業者）[➡ P.249]などの情報を組みこんだバーコード[➡ P.318]やICカードを付け，消費者が情報端末機器などを使って情報を確認するしくみです。

情報がたくさんあるから安心感があるね。

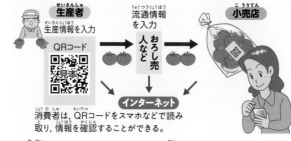

生産者
生産情報を入力
QRコード
具本
流通情報を入力
おろし売人など
小売店
インターネット

消費者は，QRコードをスマホなどで読み取り，情報を確認することができる。

⬆ 野菜のトレーサビリティ・システムの例

★★★

食品リサイクル法

レストランやスーパーマーケットなどから出る食料廃棄物を，肥料などの資源としてリサイクル[➡ P.080]するための法律。ごみを減らし，資源を有効に使うことを目的にしています。

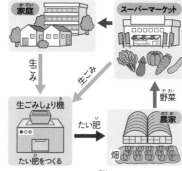

家庭
スーパーマーケット
生ごみ
生ごみ
野菜
生ごみしょり機
たい肥
農家
たい肥をつくる
畑

⬆ 生ごみリサイクルの例

⬆ 生ごみたい肥化施設（茨城県）

（三木光／アフロ）

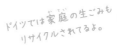

ドイツでは家庭の生ごみもリサイクルされてるよ。

🔍 COLUMN くわしく

食品偽装問題が発生！ 最近，食品業界において，食品の生産地や原材料，賞味期限などをいつわる食品偽装問題が発生しています。このため，トレーサビリティの重要性が高まっています。

第2章 暮らしを支える食料生産

★★★ 農業協同組合（JA）

農家どうしがお互いを助け合うためにつくった組織。**農協**とも呼ばれます。農家に対して農業技術のアドバイスをするほか，農業用の機械，肥料，農薬 [➡ P.230] の販売や農作物の共同販売などを行っています。

★★★ 生産調整（減反政策）

米の生産量を減らすために，米づくりを休んだり（**休耕**），米以外の農作物をつくったり（**転作**）することを進めた，日本政府の政策。

第二次世界大戦後，日本では食の洋風化などによって，米以外の作物を食べることが増えたことなどから米があまるようになりました。このため，政府は1970年代はじめから米の生産調整（減反政策）を行ってきました。

2018年度から新たな米政策が始まり，50年近く続いてきたこの政策は廃止されました。

★★★ 休耕

一時的に田畑での耕作をやめること。

★★★ 転作

それまでつくっていた農作物の栽培をやめて，ほかの農作物をつくること。いっぱんには，米から米以外の農作物に変えることをいいます。

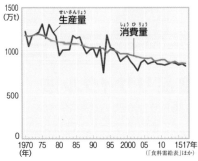

⤴ 米の生産量と消費量の変化

▲▲▲ 食糧法

米の生産や流通についてのきまりを定めた法律。1995年から実施されました。以前は米の生産や流通については**食糧管理法**という法律によって厳しく管理されていましたが，食糧法によって規制がゆるめられ，米の生産や流通の自由度が高まりました。2004年に大はばな改正がされてからは食糧法から改正食糧法となり，米の流通がほぼ自由化されました。これによって，**ブランド米（銘柄米）** [➡ P225] の生産や**産地直送** [➡ P.255] の動きが進みました。

COLUMN まめ知識

米政策の移り変わり　第二次世界大戦中や戦後は食料不足によって国が米を増産する政策をとっていました。その後は米があまるようになり生産調整へと転換，現在は国による生産数量目標の配分にたよらない生産をめざすことになりました。

地理編

第1章 世界の中の日本の国土

第2章 暮らしを支える食料生産

第3章 暮らしを支える工業生産

第4章 私たちの生活と情報

第5章 私たちの生活と環境

重要度 ★★★

食料自給率

国内で消費される食料のうち，国内生産でまかなえる食料の割合。国内での生産量÷消費量×100で求められます。食料自給率は外国からの輸入が多いと低くなり，国内の生産量が多い場合は高くなります。

日本では，安い外国産の農作物の輸入が増えていることや，農業で働く人が減っていることなどから，食料自給率が低くなっています。重さではなく，金額や熱量（カロリー）で計算されることもあります。

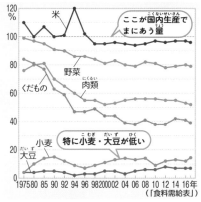

ここが国内生産でまにあう量

米

野菜

くだもの

肉類

小麦

大豆

特に小麦・大豆が低い

1975 80 85 90 92 94 96 98 2000 02 04 06 08 10 12 14 16年
（「食料需給表」）

⬆ 日本の食料自給率の移り変わり

比べる 各国の食料自給率

	小麦	豆類	くだもの類	肉類
アメリカ	170	171	74	116
イギリス	82	39	5	69
ドイツ	152	6	25	114
フランス	190	78	57	98
日 本	14	8	39	52

⬆ 各国の食料自給率（2013年，日本は2017年度）

日本の自給率の平均は38%

（「食料需給表」）

★★★

TPP11（環太平洋経済連携協定11）[➡P.292]

太平洋[➡P.166]を取りまく国々が，貿易やサービスの動きを活発にするための取り決め。アメリカ合衆国が参加をとりやめましたが，2018年に日本をふくむ11か国で合意しました。参加国は，物やサービスにかかる税金（**関税**[➡P.291]）や輸入量の制限をなくしたり，

⬆ TPP11の署名式に集まった参加国代表

大きく減らしたりすることになっています。日本は，米や肉類などの税金はのこすことができましたが，代わりに税率を低くした輸入枠を設定することになりました。

COLUMN くわしく

日本の食料自給率が低いとどうなるの？ 食料自給率が低いと，日本に食料を輸出している国が不作になったり，その国と日本の関係が悪くなったりしたときに，日本国内で必要な量の食料を確保できなくなってしまいます。

暮らしを支え

身のまわりの主な石油製品

工業とは，自然からとれたものなどを加工して，ものをつくる仕事です。
日本は工業がたいへんさかんで，私たちの身のまわりには工業でつくられたもの
があふれています。
特に，石油は多くのものに使われており，石油がなければ私たちの暮らしは成り
立たないといってもよいくらいです。

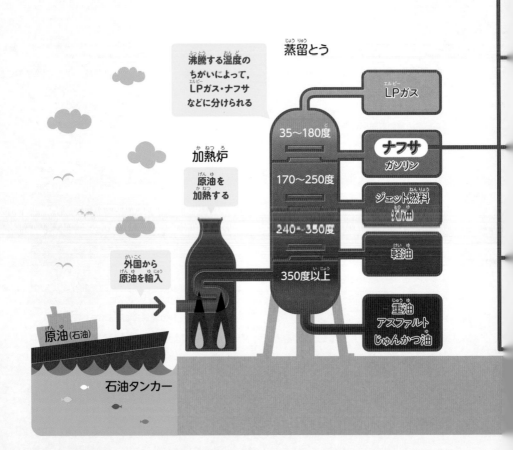

沸騰する温度の
ちがいによって，
LPガス・ナフサ
などに分けられる

蒸留とう

LPガス

35～180度 ナフサ ガソリン

加熱炉

原油を
加熱する

170～250度 ジェット燃料 灯油

240～350度 軽油

外国から
原油を輸入

350度以上

重油
アスファルト
じゅんかつ油

原油(石油)

石油タンカー

る工業生産

ナフサから身のまわりのいろいろなものがつくられる

プラスチック
- 電化製品の部品
- ペットボトル
- ラップ

合成せんい
- セーター
- ロープ
- カーペット

合成ゴム
- ボール
- 長ぐつ
- タイヤ
- ゴム手ぶくろ

合成洗ざい
- 洗ざい
- シャンプー・リンス

その他
- ペンのインク
- 接着剤
- ばんそうこう

※上記は一例で，石油を使っていないものもあります。

01 自動車工場の様子

さくっとガイド まずはここを読んで，自動車工場の様子をつかもう！

自動車づくりでは，どんなくふうをしているの？

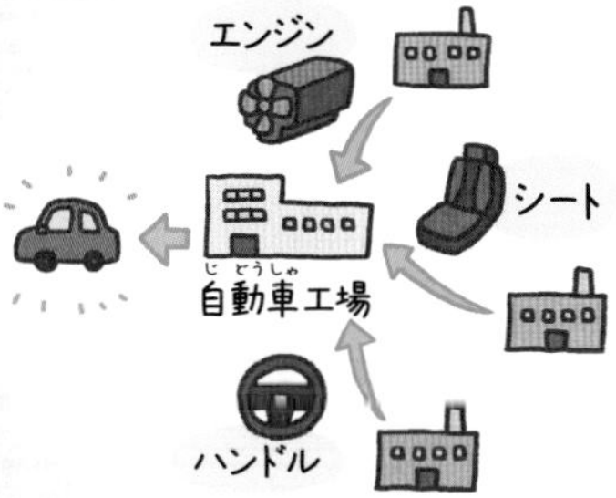

自動車には，エンジンやシート，ハンドルなど約2～3万個もの部品が使われています。これらの部品は，それぞれ専門につくる関連工場で生産され，自動車工場で必要なときに，必要な数だけ自動車工場に届けられています。これは，時間や費用のむだを少なくするためのしくみで，ジャストインタイムといいます。

また自動車会社では，危険な作業を産業用ロボットにまかせたり，流れ作業を取り入れたりしています。これは自動車づくりを安全に，効率よく行うためのくふうです。

自動車はどのような順序でつくられているの？

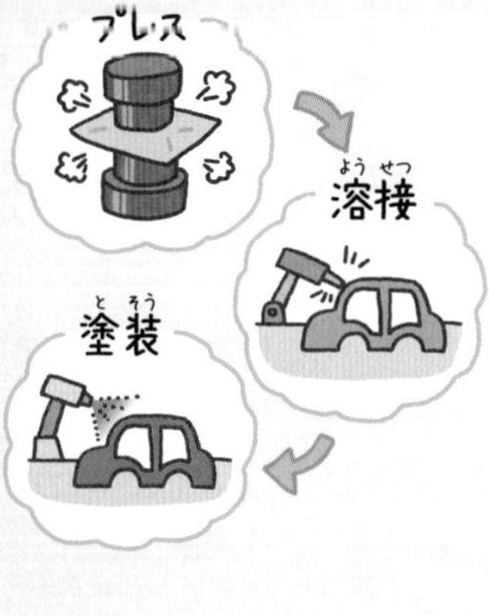

自動車づくりは，プレス→溶接→塗装→組み立て→検査の順序で行われています。

プレスは鉄板から屋根などの車体をつくる作業，溶接は車体をつなぎあわせる作業です。このあと，自動車に色をぬる塗装を行い，いろいろな部品を取りつけていく組み立ての作業が行われます。

組み立てられた自動車は細かく検査したあと，各地に出荷されていきます。

① 自動車工場の様子

地理編

第1章 世界の中の日本の国土

第2章 暮らしを支える食料生産

第3章 暮らしを支える工業生産

第4章 私たちの生活と情報

第5章 私たちの生活と環境

重要度 ★★★

自動車工場

自動車をつくる工場は，**プレス**や**溶接**，**塗装，組み立て** [➡ P.265, 266] など，自動車をつくる工程ごとの工場が集まっています。工場がつくられる所は，広い敷地があり，材料や製品の輸送に便利な高速道路沿いなど，交通の発達している所です。鉄鋼業 [➡ P.279] や石油化学工業 [➡ P.281] とちがって原料を直接輸入しているわけではないので，臨海部のほかに内陸部にも多く見られます。

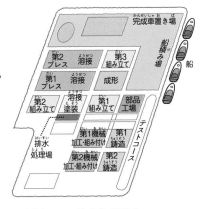

↑ 自動車工場の配置図（臨海部の工場）

重要度 ★★★

関連工場

自動車工場（組み立て工場）からの注文を受けて，シート（いす）やハンドル，ライトなどの部品をつくっている工場。関連工場は，自動車工場が必要な部品を必要な量だけ，決められた時刻におさめています [ジャストインタイム➡ P.264]。

シートなど大きな部品をつくる関連工場の下には，シートの部品になる布やネジなどさらに細かい部品をつくる関連工場があります。

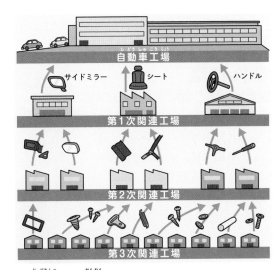

↑ 自動車工場と関連工場のつながり

 COLUMN まめ知識 **はじめての自動車は蒸気自動車!** 1770年ごろ，フランス人のキュニョーという人が発明した自動車は水蒸気の力で走る蒸気自動車でした。蒸気機関車が走るようになるのは1800年代はじめのことですから，それよりも早く自動車が生まれていたのです。

② 自動車ができるまで

重要度
★★★
ジャストインタイム

関連工場 [➡ P.263] が，自動車工場（組み立て工場）の生産ラインの速さに合わせて，決められた量の部品を決められた時刻に届けるしくみ。

このようなしくみをとることで，自動車工場では部品を置いておくスペースのむだがなくなります。また関連工場は必要な量だけ生産して届けるので，つくりすぎがなくなります。

⬆ **自動車部品をつくる関連工場**
（毎日新聞社／アフロ）

★★★
生産ライン（ライン）

製品をつくりあげる1つの流れのこと。自動車の組み立てラインでは，**コンベア**（車体をのせて一定の速さで動く装置）で流れてくる車体に，順番に部品を取りつけていきます。

★★★
流れ作業

製品の生産で，働く人がそれぞれの仕事を受け持って，順序よく製品をつくりあげていくやり方。製品を，**効率よく，大量に生産**するのに適したしくみです。

自動車工業では，アメリカ合衆国で，20世紀はじめに流れ作業が取り入れられました。これにより自動車の大量生産が可能になって，自動車の普及が急速に進みました。

⬆ **流れ作業による自動車の組み立て**
（写真提供：トヨタ自動車株式会社）

COLUMN
くわしく

ジャストインタイムでこまることは？ ジャストインタイムは効率のよいしくみですが，関連工場が部品をおさめる時間がおくれると自動車工場の生産ラインが止まってしまいます。2011年の東日本大震災のときには，被害を受けて部品がおさめられなくなった工場がありました。

プレス

自動車をつくるとき，プレス機械で鉄板を打ち抜いたり，曲げたりして屋根やボンネット，ドアなど車体の一部をつくる工程。

鉄板は，製鉄所でつくられ，太く巻かれた状態で自動車工場に運ばれてきます。これを必要な大きさに切り，さまざまな金型を使ってプレスします。

↑ プレスの様子

(写真提供：トヨタ自動車株式会社)

溶接

金属の部品をつなぎ合わせること。自動車工場では，プレスしてできた車体の部品をつなぎ合わせ，車体の形に仕上げる工程をいいます。

溶接の方法には，鉄板と鉄板の間に電流を流し，その熱でつなぎ合わせる方法などがあります。

溶接ロボット

↑ 溶接の様子

(写真提供：トヨタ自動車株式会社)

高熱や火花が発生し，危険な作業なので，ほとんどは**溶接ロボット**が行います。

産業用ロボット

人間にかわってさまざまな仕事をするロボットのうち，工業など産業の分野で使われているロボットのこと。自動車工場では，溶接や塗装 [➡ P.266] などで活躍しています。

コンピューターのプログラムで管理され，人間のうでのように動いて，一度にたくさんの作業を正確にこなすことができます。機械工場などさまざまな工場で利用されています。 **?で深める** P.267

COLUMN
まめ知識

木炭で走る自動車もあった！ 第二次世界大戦中，日本は石油など資源が不足しました。そこで，木炭を燃やし，木炭ガスを燃料とする自動車が現れました。ただし，エンジンがかかるまで時間がかかることなどが難点でした。

地理編

第1章 世界の中の日本の国土
第2章 暮らしを支える食料生産
第3章 暮らしを支える工業生産
第4章 私たちの生活と情報
第5章 私たちの生活と環境

重要度

★★★

塗装

車体に色をぬる工程。主に塗装ロボットが行います。

まず、よごれを洗い流して下ぬりをしてから、色をきれいに見せるために中ぬりをします。ついで、実際に色をつける上ぬりを行います。

このように、何度も塗装をくりかえしたあと、色のぐあいをチェックします。

塗装ロボット

↑ 塗装の様子 （写真提供：トヨタ自動車株式会社）

★★★

組み立て

コンピューターで管理された組み立てラインを流れてくる車体に、関連工場 [➡ P.263] などでつくられたシートやハンドル、エンジンなどを取りつけていく工程。重い部品の取りつけには機械が使われます。

★★★

検査

組み立てられた自動車に、水もれがないか、ブレーキがきくか、ドアがしまるかなどを確認する作業。たくさんの検査こう目に合格すると、自動車が完成します。

自動車ができるまで

プレス

溶接

塗装

出荷

検査

組み立て

COLUMN
くわしく

植物も自動車の部品になる!? 石油は将来的にはなくなってしまう資源です。そこで、石油からではなく植物からプラスチックをつくり、シートなどの部品に使っている自動車もあります。

➡ ロボットが活やくしているのは自動車工場だけではありません。身近な所では,人間の代わりにゆかなどを清掃してくれる清掃ロボットがあります。ほかにも,地雷探査やピラミッド内部の調査,海洋調査,宇宙開発など,人間が作業するのが難しい場面で活やくしています。

⬆ アメリカ同時多発テロや福島第一原子力発電所の事故の際に使われたロボット「パックボット」
(ZUMA Press／アフロ)

COLUMN はてな
? で深める さまざまな分野で活やくするロボット

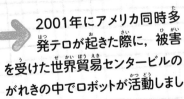

? 2 ロボットが実際に
活やくした例は?

➡ 2001年にアメリカ同時多発テロが起きた際に,被害を受けた世界貿易センタービルのがれきの中でロボットが活動しました。
2011年に起きた東日本大震災[➡P.337]の際には,福島第一原子力発電所内部の調査のためにロボットが使われました。

? 3 これからはどんな
ロボットが生まれるの?

➡ 少子高齢化[➡P.210]が進む日本では,お年寄りの生活を助けるロボットが求められています。日常生活を支援するだけでなく,老人ホームなどで会話の相手をすることが期待されています。また,働く人が減っている農業の分野では,作業を行うロボットを求める声も高まっています。

02 日本の自動車工業

自動車は日本の大事な輸出品

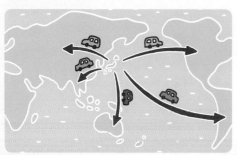

外国へ行くと，多くの国で日本の自動車を見かけます。日本の自動車は世界各国に輸出されていて，自動車の生産は日本の産業を支える重要な工業です。日本の自動車工業都市の中で，特に生産がさかんな都市に愛知県の豊田市があります。豊田市では，働く人の大部分が自動車づくりに関係のある会社で働いています。

近年は，外国に工場をつくって，現地生産を行うことも増えています。

最近はどんな自動車がつくられているの?

ハイブリッドカー

電気自動車

自動車の排出ガスには空気をよごす物質がふくまれています。そのため，最近では，空気をよごさず，環境にやさしい自動車づくりに力が注がれています。

例えば，排出ガスの少ないハイブリッドカーのほか，排出ガスをまったく出さない電気自動車や燃料電池自動車などの生産・開発がさかんに進められています。

また，人間が運転をしなくても自動で走ることができる自動運転車の開発も進んでいます。

地理編

第1章 世界の中の日本の国土

第2章 暮らしを支える食料生産

第3章 暮らしを支える工業生産

第4章 私たちの生活と情報

第5章 私たちの生活と環境

① 日本の自動車生産

重要度 ★★★

自動車工業

乗用車やトラック，オートバイなどをつくる工業。自動車の生産は，部品となる鉄鋼やゴム，ガラスなどをつくる工業とも密接に結びついていて，日本の重要な産業になっています。日本の輸出を支える工業でもあります。

日本の自動車の生産台数は，1980年代には世界一になりましたが，現在（2017年）は中国，アメリカ合衆国についで第3位です。

★★★

豊田市

愛知県の都市で，日本を代表する**自動車工業都市**。1930年代に自動車工場 [➡ P.263] ができてから自動車の生産がさかんになり，1959年には，市名もそれまでの挙母市から自動車会社の名前をとって豊田市と変わりました。自動車工場を中心に，部品をつくる多くの**関連工場** [➡ P.263] が集まっていて，市の工業で働く人の約4分の3は自動車関連の仕事に従事しています。

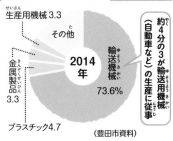

生産用機械3.3

その他

金属製品3.3

2014年

輸送機械 73.6%

約4分の3が輸送用機械（自動車など）の生産に従事

プラスチック4.7

（豊田市資料）

⬆ 豊田市の工業別従業者数の割合

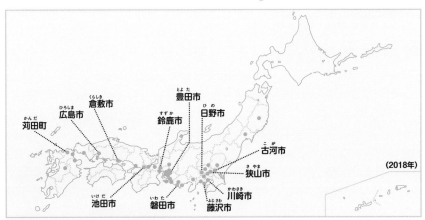

苅田町

広島市

倉敷市

豊田市

鈴鹿市

日野市

古河市

狭山市

川崎市

池田市

磐田市

藤沢市

（2018年）

⬆ 自動車組み立て工場がある主な都市

COLUMN
くわしく

日本でナンバーワンの工業都市・豊田市　豊田市の工業生産額は全国の都市の中で最も多く，都道府県の工業生産額にあてはめてみても，上位10位以内に入ります（2014年）。そして，工業生産額の90%以上が輸送用機械（自動車など）です。

② これからの自動車づくり

重要度 ★★★
低公害車

窒素酸化物や硫黄酸化物など大気をよごす物質や，二酸化炭素の排出量が少ない自動車。**エコカー**とも呼ばれます。**公害** [➡ P.345] を防ぐだけでなく，限りある資源の消費をおさえ，地球環境にやさしい自動車として開発が進められています。代表的なものに，ハイブリッドカーや電気自動車，燃料電池自動車などがあります。

二酸化炭素が増えると地球温暖化が進んでしまうんだ。

★★★
ハイブリッドカー

複数の動力を利用した自動車。電気で動く**モーター**とガソリンで動く**エンジン**を使って走るものがいっぱん的です。
モーターとエンジンを使い分けることで，エネルギーの消費をおさえることができ，二酸化炭素の排出も低くおさえることができます。低公害車の中で，近年，特に普及が進んでいます。

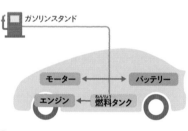

⬆ **ハイブリッドカーのしくみ**

★★★
電気自動車

バッテリー（蓄電池）にたくわえた電気でモーターを回転させて走る自動車。EVともいいます。排出ガスを出さず，騒音がとても少ない自動車です。専用のスタンドのほか，家庭用の電源から充電することもできます。
また，構造が比較的かんたんで部品も小さくできるため，1人乗りなどの小回りのきく自動車をつくりやすくなっています。

⬆ **電気自動車**

（写真提供：トヨタ自動車株式会社）

COLUMN くわしく **カーシェアリングとは？** 最近，マイカーを保有する人が減って「若者のクルマばなれ」といわれるようになりました。それに比例して，必要なときにだけ自動車を共同使用するカーシェアリングの利用が増えています。

★★★
燃料電池自動車

タンクにためた水素と空気中の酸素を化学反応させ，発生した電気でモーターを動かして走る自動車。低公害車の１つです。燃料電池で発電するので，電気自動車のように充電する必要がありません。また，水素と酸素によってできる水だけを排出するので，有害な排出ガスがいっさい出ません。

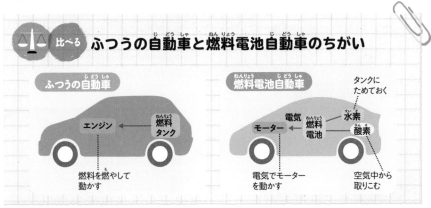

比～る ふつうの自動車と燃料電池自動車のちがい

ふつうの自動車
エンジン ← 燃料タンク
燃料を燃やして動かす

燃料電池自動車
タンクにためておく
電気 → モーター
燃料電池 ← 水素
酸素
電気でモーターを動かす
空気中から取りこむ

★★★
エアバッグ

自動車が衝突したときに自動的にふくらみ，乗っている人の体がハンドルやガラスなどにぶつかる衝撃をやわらげる装置。
人の頭や胸を守るもののほか，自動車の側面がぶつかったときに，カーテンのように前から後ろまでを広くおおうものもあります。

↑ エアバッグ （写真提供：トヨタ自動車株式会社）

★★★
自動車のリサイクル

リサイクル [➡ P.080] とは，使った製品を原料にもどして，再び資源として再利用すること。
自動車工業でも，資源を大切にするために，自動車のさまざまな部品をリサイクルしています。例えば，車体やドアなどは，鉄やアルミニウムを取り出して，いろいろな工業製品に利用しています。

リサイクルのために，部品を取り外しやすくつくられている自動車もあるんだって。

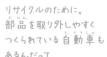

COLUMN くわしく

自動運転の時代へ？ ドライバーが操作しなくても自動で動く車のことです。2020 年をめどに日本政府は限定した地域で自動走行の実用化をめざしています。バスや電車のない地域に住むお年寄りが買い物や病院へ行きやすくなるなど，生活が便利になると期待されています。

③ 各地へ運ばれる自動車

重要度
★★★

キャリアカー

自動車を運ぶ専用のトラック。自動車工場で生産されて検査 [➡ P.266] を終えた自動車は，各地の自動車販売店や港などへキャリアカーで運ばれます。

⬆ キャリアカー　　　　　　　　　（ピクスタ）

★★★

自動車運搬船

自動車を運ぶ専用船。船内は何層ものデッキ（甲板）に分かれ，大きい船では7000台ほどの自動車を積むことができます。海外への輸出のほか，国内でも遠くの地域に輸送する場合は船が使われます。船による輸送は，一度にたくさんの自動車を運べるので1台あたりの輸送費用が安くなるほか，排出ガスが少なくてすみます。

⬆ 自動車運搬船　　　　　（東阪航空サービス／アフロ）

★★★

現地生産

工業製品を，海外につくった工場で生産すること。日本では，自動車や家電製品などをアジアなど海外で生産してその製品を輸入することが増えています。[産業の空洞化➡P.293]

現地生産は，輸出の増えすぎをおさえるほか，現地の人々をやとうことで，その国の経済発展にもつながります。また，アジアの国々の場合は，働く人の**賃金が安い**ため，企業にとって生産費用が安くなります。

現地生産が大きく増えている。

⬆ 日本の自動車メーカーの国内生産・輸出・海外生産

（2018/19年版「日本国勢図会」ほか）

COLUMN
まめ知識

自動車運搬船は大きい自動車でもだいじょうぶ！ 自動車運搬船には，自動車がぎっしりならべられていますが，背の高い自動車を乗せる場合は，デッキの天井の一部を高くしています。

⬆ 車イスのまま乗り降りできる自動車 　(アフロ)

⬆ ノンステップバス 　(坂本照／アフロ)

? で深める　人にやさしい自動車

COLUMN　はてな

?1 これからの自動車づくりに求められることは?

建物やまちの施設のバリアフリー [➡P.365] 化が求められていますが，自動車も同じです。お年寄りや体の不自由な人でも乗り降りがしやすいように，ドアを広くした自動車がつくられています。車いすのまま乗ることができるスロープつきの自動車や，足を使わず手だけで運転できる自動車もあります。

?2 バスやタクシーはどうなっているの?

お年寄りや体の不自由な人でも乗り降りがしやすいように段差を小さくした「ノンステップバス」の普及が進んでいます。また，車いすでも乗り降りができ，さまざまな人が心地よく乗ることができる，ユニバーサルデザイン [➡P.365] のタクシーの開発・導入も始まっています。

03 日本の工業の特色

さくっとガイド まずはここを読んで,日本の工業の特色をおさえよう!

どんなところで工業がさかんなの?

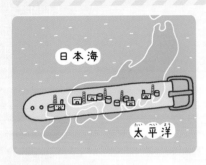

日本海

太平洋

工場が多く集まって工業がさかんな場所は,工業地帯や工業地域と呼ばれます。

左の図を見てみましょう。工場が海沿いにベルト（帯）のように連なっていますね。ここは太平洋ベルトと呼ばれていて,工業地帯や工業地域が集中している所です。

日本は資源にとぼしく,工業原料のほとんどを外国から輸入しているため,船で輸入するのに便利な海沿いの地域に,工業地帯や工業地域が集まっているのです。

どんな工業がさかんなの?

第二次世界大戦前…

軽工業中心

1960年代から…

重化学工業中心

もともと,日本の工業の中心はせんい工業などの軽工業でしたが,1960年代から金属,機械,化学などの重化学工業が発達しました。

金属工業には鉄鋼業,機械工業には自動車工業,化学工業には石油化学工業などがあります。特に生産が多いのが,自動車をはじめとする機械工業です。

鉄鋼業や石油化学工業,自動車工業などは大工場が多いですが,機械の部品などをつくる工場には中小工場が多く見られます。

地理編

第1章 世界の中の日本の国土

第2章 暮らしを支える食料生産

第3章 暮らしを支える工業生産

第4章 私たちの生活と情報

第5章 私たちの生活と環境

① 工業がさかんな地域

重要度
★★★

太平洋ベルト

関東地方南部から九州地方北部にかけての海沿いにベルト（帯）のように連なる，工業のさかんな地域。

日本では，主な燃料や原料を外国から輸入し，加工した工業製品を輸出する**加工貿易** [➡ P.294] で工業が発展してきました。そのため，輸入や輸出に便利で工業港をつくりやすい臨海部で早くから工業が発達しました。近年は，高速道路の発達につれて，九州・東北地方などの内陸部にも機械工業 [➡ P.280] を中心とする工業地域が発達しています。

★★★

工業地帯・工業地域

工場がたち並び，工業がさかんな地域。ふつう，第二次世界大戦前から発達している京浜，中京，阪神，北九州の４つを「工業地帯」と呼び，第二次世界大戦後に発達したその他の地域を「工業地域」と呼んでいます。最近では北九州工業地帯を北九州工業地域と呼ぶこともあります。

(東阪航空サービス／アフロ)

⬆ 上空から見た京浜工業地帯

★★★

京浜工業地帯

東京都と神奈川県にまたがる工業地帯。かつては日本最大の工業地帯でしたが，近年は，日本全体にしめる工業生産額の割合が下がりました。重化学工業 [➡ P.279] の中心は神奈川県の**横浜市**や**川崎市**の臨海部で，鉄鋼業 [➡ P.279] や石油化学工業 [➡ P.281] の大工場が集まっています。

東京都は新聞社や出版社が多いので，特に印刷業が発達しています。

計 8兆5616億円

輸送用機械 18.8%

印刷 11.6

電気機械 9.5

食料品 9.1

情報通信機械 8.1

その他

印刷や情報関連産業がさかん。

(2015年) (2018/19年版「日本国勢図会」)

⬆ 東京都の工業生産額の割合

COLUMN まめ知識

四大工業地帯？ それとも三大工業地帯？ 早くから工業が発達した京浜，中京，阪神，北九州工業地帯が四大工業地帯と呼ばれていました。しかし，北九州工業地帯の地位が下がった現在は，北九州をのぞく３つの工業地帯を三大工業地帯と呼ぶようになっています。

第3章 暮らしを支える工業生産

重要度
★★★
中京工業地帯

愛知県と三重県北部，岐阜県南部に広がる工業地帯。主な工業地帯，工業地域の中で最も多い工業生産額をあげています。日本最大の自動車工業都市の**豊田市** [➡ P.269] があり，**自動車を中心とする機械工業** [➡ P.280] の割合が特に大きいことが特色です。ほかに，**東海市**で鉄鋼業，**四日市市**で石油化学工業 [➡ P.281] が発達しています。**瀬戸市**ではよう業 [➡ P.282] がさかんです。

★★★
阪神工業地帯

大阪府と兵庫県にまたがる工業地帯。早くからせんい工業を中心とする工業が発達しました。**堺市や神戸市，姫路市**などの臨海部に**重化学工業** [➡ P.279] の大工場が集まっていますが，内陸部には機械部品や日用品などをつくる**中小工場** [➡ P.283] が多いことが特色です。

比べる

三大工業地帯の工業生産額割合

		金属	機械	化学	食料品	せんい	その他
京浜工業地帯 計 26.1兆円		8.2%	48.7	18.2		0.5	10.8
中京工業地帯 計 57.1兆円		9.4%	68.1	7.4	4.9		0.9
阪神工業地帯 計 32.4兆円		20.4%	37.0	17.1	1.3		11.0

特に機械工業の割合が高い。

(2015年) (2018/19年版「日本国勢図会」)

★★★
北九州工業地帯（地域）

福岡県の北九州市を中心とする工業地帯。かつては四大工業地帯の１つにあげられていましたが，第二次世界大戦後に地位が下がり，現在では北九州工業地域とも呼ばれます。明治時代に政府によって**八幡製鉄所**がつくられ，**鉄鋼業** [➡ P.279] を中心に発達しました。近年は鉄鋼業などの金属工業 [➡ P.279] の割合が減り，機械工業 [➡ P.280] の比重が高くなっています。

八幡製鉄所

明治時代に現在の北九州市の八幡につくられた製鉄所。近くに鉄鋼の原料である石炭の産地があったことなどからつくられ，日本で重工業が発達するきっかけになりました。
明治時代の日本の産業革命遺産の１つとして世界遺産に登録されています。

COLUMN くわしく

九州北部に石炭の大産地があった！ 日本は，かつては石炭が豊富で，九州北部にも筑豊炭田という大炭田がありました。しかし，1960 年ごろから石炭産業はおとろえて筑豊炭田も閉山され，北九州市の鉄鋼業も全国における地位が下がりました。

地理編

第1章
世界の中の
日本の国土

第2章
暮らしを支える
食料生産

第3章 暮らしを支える
工業生産

第4章
私たちの
生活と情報

第5章
私たちの
生活と環境

★★★ 関東内陸工業地域

埼玉県，群馬県，栃木県に広がる工業地域。近年，東北自動車道などの高速道路網が発達して材料や製品の輸送が便利になり，**機械工業** [➡ P.280] を中心に工業生産額をのばしています。いくつもの中小工場が集まる**工業団地** [➡ P.283] が各地に見られます。

↑ 工業団地（栃木県宇都宮市）

★★★ 京葉工業地域

千葉県の東京湾岸に広がる工業地域。1960年代からうめ立て [➡ P.199] が進み，**製鉄所**や**石油化学コンビナート** [➡ P.281] があい次いでつくられました。**千葉市**や**君津市**で鉄鋼業，**市原市**などで**石油化学工業** [➡ P.281] が発達しています。

★★★ 東海工業地域

静岡県の太平洋沿岸に広がる工業地域。**浜松市**で楽器やオートバイの生産がさかんで，**磐田市**で**自動車工業** [➡ P.269]，**富士市**で製紙・パルプ工業 [➡ P.281] が発達しています。

大部分の工業地帯や工業地域が太平洋ベルトにあるね。

太平洋ベルト

北陸工業地域

阪神工業地帯

関東内陸工業地域

京浜工業地帯

京葉工業地域

北九州工業地帯（地域）

瀬戸内工業地域

中京工業地帯

東海工業地域

↑ **太平洋ベルトと主な工業地帯・工業地域**

COLUMN くわしく　**群馬県と栃木県は，どの工業地域？**　群馬県と栃木県は，埼玉県とともに関東内陸工業地域にふくまれます。ただし，埼玉県を京浜工業地帯として，その代わりに茨城県を入れて，北関東工業地域と呼ばれることもあります。

重要度
★★★

瀬戸内工業地域

岡山県，広島県，山口県，香川県，愛媛県の瀬戸内海沿岸に広がる工業地域。特に**倉敷市の水島地区**（岡山県）に大規模な臨海工業地域が発達しています。ほかに，**福山市**（広島県）で鉄鋼業，**広島市**（広島県）で自動車工業 [➡ P.269]，**周南市**（山口県）や**岩国市**（山口県）などで**石油化学工業** [➡ P.281] がさかんです。

⬆ **水島地区（倉敷市）の工業地域**

★★★

北陸工業地域

北陸地方の新潟県，富山県，石川県，福井県に広がる工業地域。新潟市で食料品工業，高岡市（富山県）でアルミ関連の工業が発達しています。

地場産業 [➡ P.285] も発達し，**三条市**（新潟県）で金物，**燕市**（新潟県）で洋食器，**鯖江市**（福井県）でめがねのフレームづくりがさかんです。

⬆ **三条市の金物工場**　　　（鎌形久／アフロ）

主な工業地域の工業生産額の割合

		金属	機械	化学	食料品	せんい
北陸工業地域	計 30.8兆円	16.9%		41.4		16.5	せんい 0.7
京葉工業地域	計 12.7兆円	20.4%	12.8	41.2	14.6	0.2
東海工業地域	計 16.4兆円	8.2%	50.6	10.3	14.8	0.7
瀬戸内工業地域	計 31.2兆円	18.7%	36.5	20.7	8.0	2.2

化学の割合が大きい。

（2015年）（2018/19年版「日本国勢図会」）

⊕ COLUMN くわしく

瀬戸内工業地域は塩田だった？　塩田とは，海岸で海水を蒸発させて塩をつくる施設のことです。瀬戸内は昔から塩の産地でした。この塩田のあと地を，工業用地として利用しています。

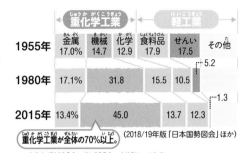

② いろいろな工業

地理編

第1章 世界の中の日本の国土

第2章 暮らしを支える食料生産

第3章 暮らしを支える工業生産

第4章 私たちの生活と情報

第5章 私たちの生活と環境

★★★ 重化学工業

鉄鋼や自動車など比較的重い製品をつくる重工業と，化学工業を合わせた呼び名。日本では，第二次世界大戦後，工業の中心がせんい工業などの軽工業 [➡ P.281] から重化学工業に変わりました。近年は，電子部品など進んだ技術をいかした電子工業に力が注がれるようになっています。

	重化学工業			軽工業		
	金属	機械	化学	食料品	せんい	その他
1955年	17.0%	14.7	12.9	17.9	17.5	
1980年	17.1%	31.8		15.5	10.5	5.2
2015年	13.4%	45.0		13.7	12.3	1.3

重化学工業が全体の70%以上。 (2018/19年版「日本国勢図会」ほか)

↑ 重化学工業と軽工業の割合の変化

★★★ 金属工業

重化学工業の１つで，鉄鉱石 [➡ P.300] や銅鉱石，ボーキサイトなどの鉱物から鉄や銅，アルミニウムなどを取り出し，加工する工業。鉄鋼業が代表的です。

レアメタル（希少金属）[➡ P.300]

ニッケル，コバルト，マンガンなど，産出量が少なく貴重な金属をいいます。電子工業などの先端技術産業（ハイテク産業）[➡ P.280] に欠かせない金属です。

★★★ 鉄鋼業

鉄鉱石 [➡ P.300] から鉄鋼をつくり，加工する工業。鉄鋼をつくる工場を製鉄所といいます。

鉄鋼をつくるには，まず，鉄鉱石とコークス，石灰石を高炉（溶鉱炉）に入れてとかし，銑鉄をつくります。ついで，銑鉄をさらに熱して鋼をつくり，この鋼から板（鋼板）や管（鋼管）などの製品がつくられます。

(2017年)

室蘭　加古川　呉　鹿島　八幡　大分　千葉　君津　和歌山　川崎　名古屋　福山　倉敷（水島）

↑ **主な鉄鋼工場** （2018/19年版「日本国勢図会」）

重要度
★★★
機械工業

鉄などの材料から自動車や電子部品など，さまざまな機械をつくる工業。工業生産額は日本全体の工業の中で最も多く，約45％をしめますが（2015年），近年は，日本の工場を海外に移し，現地生産 [→ P.272] をする企業が増えています。

★★★
IC（集積回路）

半導体（条件によって電気を通したり通さなかったりする物質）であるシリコンの基板（チップ）に，複雑な電気回路を配置したもの。パソコンなどさまざまな製品の頭脳として使われ，産業に欠かせないという意味で，「産業の米」と呼ばれるようになりました。小さくてたくさん運ぶことができ，しかも高価なので航空機や高速道路を使っても利益がでます。そのため，空港の近くや高速道路沿いに工場が多く見られます。

内陸部にも多い。

（2018/19年版「日本国勢図会」）

⬆ 主な半導体工場 　　　　　　　　　（2017年）

シリコンバレー
アメリカ合衆国西部の，サンフランシスコ近郊のサンノゼ周辺の地域。ICなど先端技術産業が発達しているため，ICに使うシリコンにちなんで，シリコンバレー（バレーは「谷」の意味）と呼ばれます。

⬆ IC 　　　　　　　　　　（ピクスタ）

★★★
先端技術産業（ハイテク産業）

時代の先端を行く，高度で進んだ技術（ハイテクノロジー）をいかした産業。コンピューターやインターネット [→ P.310] などの情報通信技術産業（ICT産業），航空機やロケットの開発のような航空宇宙産業のほか，バイオ技術 [→ P.225] のように農業や水産業でも先端技術がいかされています。

COLUMN くわしく 　　九州が「シリコンアイランド」と呼ばれるわけ 　　九州は早くから空港近くや高速道路ぞいでIC（集積回路）の生産がさかんになりました。このため，同じくICの生産がさかんなアメリカ合衆国のシリコンバレーにちなんで，「シリコンアイランド」と呼ばれています。

地理編

第1章 世界の中の日本の国土

第2章 暮らしを支える食料生産

第3章 暮らしを支える工業生産

第4章 私たちの生活と情報

第5章 私たちの生活と環境

★★★ 石油化学工業

石油を原料にして製品をつくる工業。石油精製工場を中心にさまざまな石油関連製品をつくる工場がパイプラインで結びついている所を**石油化学コンビナート**といいます。

製品にはプラスチックや合成ゴム，化学肥料 [➡ P.230]，合成洗剤などがあります。工場は鉄鋼業 [➡ P.279] と同じように臨海部に集中しています。

★★★ コンビナート

原料，燃料，製品などの面で関係が深い工場どうしが結びついて，総合的に生産をしている工場の集団。このうち，石油関連の工場が結びついたものを**石油化学コンビナート**，鉄鋼関連の工場が結びついたものを鉄鋼コンビナートといいます。

↑ **主な石油化学コンビナート** (2017年)

(2018/19年版「日本国勢図会」)

★★★ 軽工業

工業のうち，比かく的軽く，日常で使うような製品をつくる工業。**せんい工業**や**食料品工業**，**よう業** [➡ P.282] のほか，**製紙・パルプ工業**，印刷業などがあります。このうち製紙・パルプ工業は静岡県の富士市や愛媛県の四国中央市などで，印刷業は新聞社や出版社の多い東京都などでさかんです。

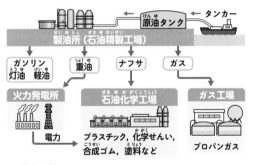

↑ **石油化学コンビナートのしくみ**

★★★ 製紙・パルプ工業

紙やパルプをつくる工業。パルプは木材からせんいをとったもので，紙の原料になります。紙は，ほかに古紙も紙の原料になります。

COLUMN まめ知識　**原油と石油はちがう？**　油田からほり出された状態のものが原油で，石油化学工業では，これを精製してガソリン，ナフサや灯油，軽油などの石油製品がつくられます。いっぱんに，これらの原油と石油製品を合わせて石油といいます。

せんい工業

重要度 ★★★

糸や織物（布）などをつくる工業。せんいには，綿花，羊毛，生糸，麻などからとる天然せんいと，石油化学工業 [➡ P.281] でつくられるポリエステルやアクリルなどの合成せんい（化学せんい）などがあります。

日本の近代的なせんい工業は明治時代後半から急速に発達し，生糸や綿糸は日本を代表する輸出品でした。第二次世界大戦後，重化学工業 [➡ P.279] の発達につれて，工業にしめる割合は大きく下がりました。

食料品工業

重要度 ★★★

農作物や畜産物，水産物を加工して食料品をつくる工業。日本の軽工業 [➡ P.281] の中では最も高い工業生産額があります。特にさかんな都道府県は，酪農 [➡ P.237] がさかんで水産物の漁かく量も多い北海道，シラス台地 [➡ P.238] で肉用牛やぶたの飼育がさかんな鹿児島県などです。

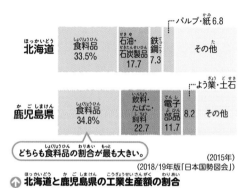

北海道	食料品 33.5%	石油・石炭製品 17.7	鉄鋼 7.3	その他（パルプ・紙 6.8）
鹿児島県	食料品 34.8%	飲料・たばこ・飼料 22.7	電子部品 11.7	8.2 その他（よう業・土石）

どちらも食料品の割合が最も大きい。

(2015年)
(2018/19年版「日本国勢図会」)

⬆ 北海道と鹿児島県の工業生産額の割合

よう業

重要度 ★★★

かまを使って粘土や石などを高温で焼いたりとかしたりして，食器，タイルなどの焼き物（陶磁器）[➡ P.287] やガラス，セメントなどをつくる工業。伝統工業の陶磁品は小規模な工場でつくられますが，ガラスやセメントは比かく的大規模な工場でつくられます。セメントの原料の石灰石は国内で自給でき，全国各地に工場があります。特に山口県や関東地方に多くあります。

ファインセラミックス

特殊な原料を焼き固めた陶磁器。特に熱に強くかたい性質があり，電子部品などさまざまな機械製品に利用されています。

食器　便器　タイル　ガラス　セメント　レンガ

⬆ いろいろなよう業製品

COLUMN まめ知識

瀬戸物と唐津物って同じもの？ どちらも焼き物（陶磁器）のことです。瀬戸焼をつくる愛知県瀬戸市や唐津焼をつくる佐賀県唐津市は昔から陶磁器の大産地だったため，陶磁器のことをこう呼ぶようになりました。主に東日本では瀬戸物，西日本では唐津物と呼ばれています。

地理編

第1章 世界の中の日本の国土

第2章 暮らしを支える食料生産

第3章 暮らしを支える工業生産

第4章 私たちの生活と情報

第5章 私たちの生活と環境

③ 工場と工業団地

★★★ 大工場

いっぱんに，働く人が300人以上の工場。大工場の数は，日本の工場全体の約1％しかありませんが，大規模な生産設備をもっているため，働く人1人あたりの生産額は多くなります。

★★★ 中小工場

いっぱんに，働く人が1〜299人の工場を中小工場といいます。大工場からの注文を受けて部品などをつくる関連工場（下うけ工場）が多く，経営が不安定になりがちですが，独自のすぐれた技術をもち，先端技術産業（ハイテク産業）[➡ P.280] の分野で活躍している中小工場も多く見られます。

比べる

大工場と中小工場の割合

	大工場	中小工場
工場数	0.8%	99.2
働く人の数	30.0%	70.0
工業生産額	51.9%	48.1

大工場は数は少ないが工業生産額は多い。

(2014年)

(2018/19年版「日本国勢図会」)

★★★ 工業団地

工場を集めるために計画的に整備された，工場が集中している地区。ふつう，同じ業種の工場が集まっています。原材料やできあがった製品の輸送に便利なように，高速道路沿いに多く見られます。内陸部には，自動車や電気機器などの組み立て式の工業の工業団地が見られます。

COLUMN くわしく

がんばる中小工場!　大阪府東大阪市などの中小工場は，各工場が協力して気象観測や実験，通信などの装置がおさめられた人工衛星「まいど1号」をつくりました。また，東京都と千葉県の中小工場は，深海用無人探査機「江戸っ子1号」をつくりました。

04 古くから伝わる工業

手づくりが魅力の伝統工業

工場でつくられる茶わん

手づくりの茶わん

　私たちの身の回りにはたくさんの工業製品があります。その多くは機械で大量に生産されたものですが,なかには,古くから受けつがれてきた技術をもとに,1つ1つ手でつくられた製品もあります。このような製品づくりが伝統工業で,機械でつくったものとはちがう魅力のある工芸品がつくられています。

　伝統工業では,後継者の不足などになやむ産地が多く見られます。そのため国では,さまざまな伝統工業製品を伝統的工芸品に指定して伝統工業を守り,育てています。

伝統的工芸品にはどんなものがある?

焼き物

和紙

織物

ぬり物

　伝統的工芸品には,着物などの織物や,茶わんなどの焼き物(陶磁器),おぼんやおわんなどのぬり物(漆器),日本の伝統的な紙である和紙などがあります。

　これらの工芸品は,主に産地の名前がつけられています。例えば,岡山県備前地方でつくられている備前焼,福井県越前地方でつくられている越前和紙,石川県輪島市でつくられている輪島塗などです。

地理編

第1章 世界の中の日本の国土

第2章 暮らしを支える食料生産

第3章 暮らしを支える工業生産

第4章 私たちの生活と情報

第5章 私たちの生活と環境

① 伝統工業と地場産業

重要度
★★★

伝統工業

地域でとれる原材料をいかし，古くから受けつがれてきた技術をもとに，主に手づくりで織物 [➡ P.286]，焼き物(陶磁器)，ぬり物(漆器) [➡ P.287] などをつくる工業。江戸時代に藩のすすめでさかんになったものや，雪の多い東北地方や北陸地方で，農作業のできない冬の農家の副業として発達したものなどがあります。機械を使った近代工業による製品が広まるにつれて，原材料の不足や技術を受けつぐ後継者の不足が目立つようになりました。

国や県などは，伝統工業を守る取り組みをしているよ。

★★★

地場産業

地元の中小企業や個人によって行われる，地域との結びつきが強い産業。江戸時代，あるいはそれ以前から続くものと，明治時代以降の比かく的新しい時期に始まったものとがあります。

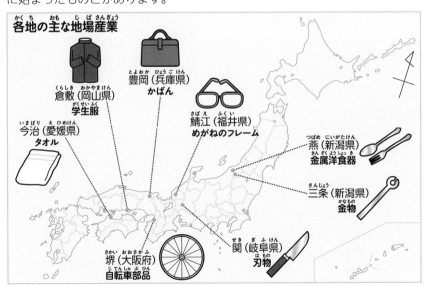

各地の主な地場産業

豊岡(兵庫県)
かばん

倉敷(岡山県)
学生服

今治(愛媛県)
タオル

鯖江(福井県)
めがねのフレーム

燕(新潟県)
金属洋食器

三条(新潟県)
金物

堺(大阪府)
自転車部品

関(岐阜県)
刃物

COLUMN
くわしく

伝統工芸の達人・伝統工芸士　国によって指定された伝統的工芸品づくりをしている人の中で，特にすぐれた技術を持つ人は伝統工芸士に認定されます。技術を伝え，伝統工芸のよさを広めています。

重要度
★★★

伝統的工芸品

国が，伝統工業 [➡ P.285] をさかんにするために定めた法律（伝統的工芸品産業の振興に関する法律）に基づいて指定された工芸品。2018年11月現在，全国で232の工芸品が指定されています。

指定される条件は，

①主に日常生活で使われていること。

②主に**手づくり**であること。

③主に100年以上にわたって**伝統的な技術や技法で**つくられてきたこと。

④伝統的な原材料が使われていること。

⑤一定の地域にある程度まとまった産地があること，などです。

⬆ 伝統的工芸品のマーク

★★★

織物

絹糸や綿糸，麻糸など天然の糸を織ってつくった布。絹糸は生糸，綿糸は綿花（植物のわたの種子を包むせんい）からつくられ，麻糸は麻のせんいからつくられます。

絹織物には，つくり方によって，羽二重やちりめん，つむぎなどがあります。

⬆ 織物づくりの様子

(安藤寛／アフロ)

★★★

製糸業

蚕のまゆから**生糸**をつくる工業。生糸から絹織物の材料になる絹糸がつくられます。また，生糸をとるために蚕のえさになるくわを栽培してまゆを生産する産業を**養蚕業**といいます。

日本では，明治時代から第二次世界大戦前ごろまで生糸は重要な輸出品だったため，各地でさかんに養蚕が行われました。現在は生糸のほとんどを輸入しています。

綿，羊毛，麻などのせんいから糸をつくる工業を紡績業というよ。

🔍 COLUMN くわしく
蚕ってどんな生き物？ 蚕は，カイコガというがの幼虫で，白いいも虫です。成長すると，糸をはきだしてまゆをつくります。このまゆをゆでて，ほぐれた糸をよりあわせて生糸がつくられます。

地理編

第1章 世界の中の日本の国土

第2章 暮らしを支える食料生産

第3章 暮らしを支える工業生産

第4章 私たちの生活と情報

第5章 私たちの生活と環境

★★★ 染め物

あいや紅花といった草木などからつくった染料で織物を染めたもの。織物全体を1つの色で染めたり，手がきで模様をえがいたりする方法があります。
模様染めのうち，京都府で発達した**友禅染**は，花や鳥などを題材にしたはなやかな染め物として有名です。

★★★ 焼き物（陶磁器）

粘土や石の粉末を練って形をつくり，乾燥させたのち焼いたもの。茶わんや皿，つぼなどがあります。
原料や焼く温度などにより，陶器と磁器に分けられます。

⬆ 陶器(岡山県の備前焼)
(小野里隆夫／アフロ)

⬆ 磁器(石川県の九谷焼)
(HIROYUKI OZAWA／アフロ)

★★★ ぬり物（漆器）

けやき，あすなろ（ひば）などの木で形をつくり，うるし（うるしの木の樹液）をぬり重ねた器。おわんやおぼん，重箱などがつくられています。
うるしで模様をえがき，色粉を散らせる蒔絵などのかざりをほどこしたものもあります。
代表的な漆器に，**輪島塗**（石川県），**津軽塗**（青森県）などがあります。

⬆ 漆器づくりの様子

★★★ 和紙

古くから日本でつくられてきた紙。障子紙や書道用紙などに利用されています。
原料は，こうぞやみつまた，がんぴなどの木です。これらの木の皮をにてせんいを取り出し，水とねばりけのある物質を加え，「すけた」という道具を使ってすきます。そのあと，日光で乾燥させると，和紙ができあがります。**越前和紙**（福井県），**美濃和紙**（岐阜県）などがあります。

近年はインテリア用品としても使われているんだって。

各地の主な伝統的工芸品① 織物，染め物，焼き物（陶磁器）

↑ 京友禅　（石田義正／アフロ）

京友禅

小千谷ちぢみ
（新潟県）

十日町がすり
（新潟県）

九谷焼
（石川県）

益子焼
（栃木県）

西陣織
（京都府）

結城つむぎ
（茨城県，栃木県）

伊万里・有田焼
（佐賀県）

信楽焼
（滋賀県）

備前焼
（岡山県）

琉球びんがた
（沖縄県）

↑ 信楽焼　（三木光／アフロ）

COLUMN
くわしく

288

ろくろってどう使うの？　ろくろは焼き物をつくるときに使う回転台で，ここに粘土を置き，回転させます。そして粘土に両手を慎重にあてながら，茶わんなどの丸い形をつくっていきます。

各地の主な伝統的工芸品② ぬり物（漆器），和紙，その他

地理編

第1章 世界の中の日本の国土

第2章 暮らしを支える食料生産

第3章 暮らしを支える工業生産

第4章 私たちの生活と情報

第5章 私たちの生活と環境

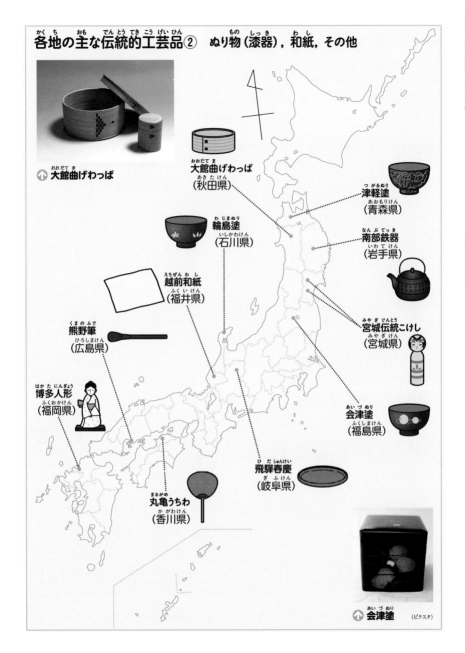

↑ 大館曲げわっぱ

大館曲げわっぱ
（秋田県）

津軽塗
（青森県）

南部鉄器
（岩手県）

輪島塗
（石川県）

越前和紙
（福井県）

熊野筆
（広島県）

宮城伝統こけし
（宮城県）

博多人形
（福岡県）

会津塗
（福島県）

飛騨春慶
（岐阜県）

丸亀うちわ
（香川県）

↑ 会津塗　（ピクスタ）

COLUMN くわしく

曲げわっぱって何？　すぎなどの木のうすい板を曲げてつくられる木工品で，今はおひつや弁当箱などにも使われています。秋田県大館市に伝わる大館曲げわっぱは，江戸時代，豊富な秋田すぎをいかした武士の内職としてさかんにつくられました。

05 日本の貿易・運輸

日本はどんな貿易をしているの?

加工貿易

輸入　燃料・原料

工場で加工

輸出　工業製品

　貿易とは，国と国とが品物の売り買いをすることで，それぞれの国の産業や暮らしに重要な役割をもっています。そのため，貿易のあり方をめぐって国どうしが対立すること（貿易摩擦）もあります。

　かつて，日本は，資源や原料を輸入し，製品を輸出する加工貿易がさかんでした。

　しかし近年は，アジアなどの外国に工場をつくり，そこで生産した製品を輸入することが増えました。また，外国の工場での製品づくりが増えるにつれて日本国内の生産がおとろえ，産業の空洞化という問題が起こるようになりました。

貿易品はどうやって運ばれているの?

石油タンカー

コンテナ船

航空機

　日本は海に囲まれているので，貿易品は，主にコンテナ船やタンカーなどの大型の船で運ばれています。

　近年は，電子部品などの高価で小さいものや，新鮮さが大切な品物の貿易がさかんになっているので，これらの輸送に適した航空機輸送も増えています。そのため，成田国際空港は日本で最も貿易額が多い港になっています。

① 日本と世界の貿易

地理編

第1章 世界の中の日本の国土

第2章 暮らしを支える食料生産

第3章 暮らしを支える工業生産

第4章 私たちの生活と情報

第5章 私たちの生活と環境

重要度
★★★

貿易

国と国との商品の売り買いのこと。外国に商品を売ることを**輸出**，外国から商品を買うことを**輸入**といいます。日本は，かつては**アメリカ合衆国**が最大の貿易相手国でしたが，現在は**中国**との貿易額（輸出額と輸入額の合計）が最も多くなっています。

貿易収支

輸出額と輸入額の差。輸出額が輸入額を上回ることを貿易の**黒字**，輸入額が輸出額を上回ることを貿易の**赤字**といいます。日本は1981年から2010年までの長い間，貿易の黒字が続いていました。

★★★

関税

輸出入品にかけられる税。ある商品を外国から輸入する際に高い関税をかけると，その商品の国内での価格が高くなります。そのため，同様の商品を生産する国内の産業を保護することができます。

逆に，関税が低いと，安い外国商品におされて国内商品の売れ行きが落ちる心配があります。

関税を高くすると，外国は日本に輸出しにくくなって問題になるんだ。

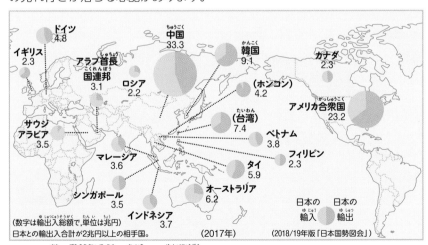

ドイツ 4.8
イギリス 2.3
アラブ首長国連邦 3.1
ロシア 2.2
中国 33.3
韓国 9.1
カナダ 2.3
（ホンコン） 4.2
アメリカ合衆国 23.2
サウジアラビア 3.5
マレーシア 3.6
（台湾） 7.4
ベトナム 3.8
フィリピン 2.3
シンガポール 3.5
インドネシア 3.7
タイ 5.9
オーストラリア 6.2

日本の輸入　日本の輸出

（数字は輸出入総額で，単位は兆円）
日本との輸出入合計が2兆円以上の相手国。
（2017年）　（2018/19年版「日本国勢図会」）

↑ 日本の主な貿易相手国（地域）と輸出入額

COLUMN まめ知識

明治時代，日本は関税を自由に決められなかった！　関税をどのようにかけるかは国内の産業にとって重要です。江戸時代末に幕府が開国して貿易を始めたとき，日本に関税を自由に決める権利がありませんでした。この権利を回復したのは1911（明治44）年です。

重要度
★★★

貿易の自由化

輸入品に**関税** [➡ P.291] をかけたり，輸入量や種類を制限したりせずに，自由に貿易を行うこと。

日本では，第二次世界大戦後，重要な農産物に高い関税をかけて国内産業を保護してきましたが，自由な貿易を求める外国の要求にこたえ，1990年代以降，牛肉やオレンジなどの輸入の自由化を進めました。

★★★

TPP11（環太平洋経済連携協定11）[➡P.259]

オーストラリアやカナダなど太平洋 [➡ P.166] を取り囲む国々が，**貿易の自由化**だけでなく，人の移動やお金の投資などを自由にして経済的な結びつきを強めることを目的とした取り決め。2018年に日本をふくむ11か国で合意しました。

経済連携協定（EPA）

特定の国や地域どうしの貿易に関する関税などの壁をなくして自由貿易をめざすFTA（自由貿易協定）に加え，人と人との交流，工場の設置やお金の投資など，はば広い経済関係を結ぶ協定。2018年現在，日本は14の国と，ASEAN（東南アジア諸国連合）[➡ P.649]，TPP11，EU（ヨーロッパ連合）[➡ P.645] などとEPAを結んでいます。

★★★

貿易摩擦

国と国との間で，貿易のあり方をめぐって起こる対立。特に1980年代に，日本とアメリカ合衆国との間で，日本の大はばな貿易黒字によって深刻化しました。このころ，日本の自動車の輸出が急増し，アメリカ合衆国では日本製自動車におされて，アメリカ製自動車の売り上げが落ちました。このため，アメリカ合衆国は日本に輸出規制を求めてきました。

これに対して日本は，自動車をアメリカ合衆国の現地工場で生産する現地生産 [➡ P.272] をするなどして輸出をおさえ，貿易摩擦の解消をはかりました。

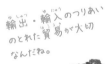
輸出・輸入のつりあいのとれた貿易が大切なんだね。

COLUMN
くわしく

高い関税をかけるとなぜ問題なの？ 輸入品に高い関税をかけるなどして自国の産業を守る政策を保護貿易といいます。各国がこの政策をとると，世界の貿易がおとろえ，経済が発展しません。第二次世界大戦前，各国の保護貿易が原因で対立が深刻になりました。

★★★ 産業の空洞化

国内の企業が工場を海外に移すことなどによって，国内でものをつくる力がおとろえる現象。近年，日本では，アジアなどに工場を移し，現地で生産する企業が増えています [現地生産➡ P.272]。そのため，日本国内では閉鎖する工場の増加や生産の減少が見られ，人々が働く場を失うこともありました。その背景として，アジアでは人々の賃金が安いため，生産費が安いことなどがあげられます。

★★★ 円高・円安

円高とは外国の通貨に対して円の価値が上がることで，円安とは外国の通貨に対して円の価値が下がること。外国とお金の取り引きをする場合，日本の100円はアメリカ合衆国の何ドルと交換できるかなどを決める必要があります。この交換比率を**為替相場**といい，毎日変わっています。

例えば，1ドル＝100円の交換比率が1ドル＝80円になった場合，円の価値が上がったことになり，これを**円高**といいます。逆に1ドル＝120円になった場合は，円の価値が下がったことになり，**円安**といいます。

比べる **円高・円安と輸出入の関係**

円高のとき（例：1ドル＝80円）

日本「安いから買う！」／外国「よく売れるなあ」　輸入　800円 ← 10ドル　**輸入しやすい**

日本「輸出しても売れないなあ」／外国「高いから買わない」　1000円 輸出 → 12.5ドル　**輸出しにくい**

円安のとき（例：1ドル＝120円）

日本「高いから買わない」／外国「輸出しても売れない」　1200円 ← 10ドル　**輸入しにくい**

日本「よく売れるなあ」／外国「安いから買うわ！」　1000円 輸出 → 8.3ドル　**輸出しやすい**

地理編

第1章 世界の中の日本の国土

第2章 暮らしを支える食料生産

第3章 暮らしを支える工業生産

第4章 私たちの生活と情報

第5章 私たちの生活と環境

COLUMN くわしく

ドルにもいろいろなドルがある！　ドルというと，ふつうはアメリカ合衆国の通貨のドルをさします。しかし，ほかにもドルを通貨の単位としている国や地域があります。その場合は，カナダドル，オーストラリアドル，ホンコンドルなどと，国や地域名をつけています。

第3章 暮らしを支える工業生産

重要度
★★★
グローバル化

世界中で，国境を越えて人やもの，資金，情報の結びつきが強まり，世界が1つのようになること。交通網や通信網の発達によって，近年，世界は急速にグローバル化が進んでいます。貿易の自由化 [→ P.292] もその1つです。

重要度
★★★
加工貿易

原材料を輸入し，それを加工して**製品として輸出**する貿易の形。資源にとぼしい日本の貿易の特色でしたが，近年は機械類など工業製品の輸入が増え，その形がくずれています。

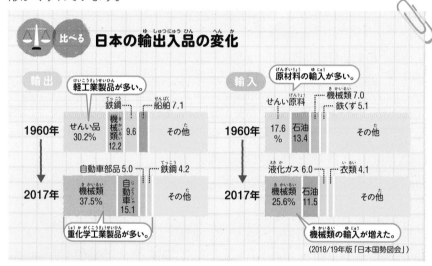

⚖ 比べる **日本の輸出入品の変化**

輸出

軽工業製品が多い。

1960年
せんい品 30.2%／機械類 12.2／鉄鋼 9.6／船舶 7.1／その他

2017年
機械類 37.5%／自動車 15.1／自動車部品 5.0／鉄鋼 4.2／その他

重化学工業製品が多い。

輸入

原材料の輸入が多い。

1960年
せんい原料 17.6%／石油 13.4／機械類 7.0／鉄くず 5.1／その他

2017年
機械類 25.6%／石油 11.5／液化ガス 6.0／衣類 4.1／その他

機械類の輸入が増えた。

(2018/19年版「日本国勢図会」)

2 日本の運輸

重要度
★★★
物流（流通）

商品が，農家や工場などの生産者から家庭などの消費者に届くまでの流れのこと。商品を運ぶだけでなく，倉庫に保管したり荷物の出し入れをしたりする作業などもふくみます。

COLUMN
くわしく

乗りかえに便利なハブ空港 国際線や国内線の各地を結ぶ航空路線が集まり，人やものの移動の拠点になっている空港のことをハブ空港といいます。自転車の車輪の中央部分を「ハブ」と呼ぶことから，こう呼ばれています。

地理編

第1章 世界の中の日本の国土

第2章 暮らしを支える食料生産

第3章 暮らしを支える工業生産

第4章 私たちの生活と情報

第5章 私たちの生活と環境

重要度
★★★

運輸

自動車や鉄道，船，航空機などで人やものを輸送すること。運輸に関係する仕事のことを運輸業，または運送業といいます。

日本では，道路網の整備が進むとともに，人（旅客），もの（貨物）ともに，自動車（トラック）による輸送の割合が大きく増え，鉄道の割合が減りました。船による輸送は，大きく重いものの輸送に適しています。航空機輸送は，軽くて値段の高い電子部品や，新鮮さが大切な野菜や花，魚などの輸送に適しています。

 比べる **いろいろな輸送手段の長所と短所**

	長所	短所
自動車	戸口から戸口へ直接運べる	大気のよごれや交通渋滞が起こる
鉄道	重いものも運びやすい	比かく的時間がかかる
船	重いものを大量に運べる	工場へは貨物の積みかえが必要
航空機	遠くまで速く運べる	小さくて軽いものに限られる

★★★
コンテナ船

コンテナと呼ばれる荷物をつめた大型の箱を運ぶ船。コンテナは大きさが統一されているので，積みこみが楽です。石油 [➡ P.299] などを運ぶ**タンカー**とともに，海上輸送の中心的な役割を果たしています。

陸上では，コンテナごとトラックや貨車に移しかえて運ぶことができ，貨物の出し入れの手間がはぶけます。

⬆ **コンテナ船**
(ピクスタ)

★★★
モーダルシフト

トラックによる貨物輸送を鉄道や船に切りかえること。トラックは<u>地球温暖化</u> [➡ P.351] の原因になる二酸化炭素を多く排出しますが，鉄道や船では排出量が少ないため，環境にやさしい方法といえます。自動車による道路の交通渋滞を減らせるという長所もあります。

COLUMN くわしく

パークアンドライドで地球温暖化を防ぐ！ パークアンドライドとは，郊外から都市に来るとき，都心近くで自動車を駐車（パーク）し，バスや電車などの公共交通機関に乗りかえる（ライド）ことです。地球温暖化の原因になる二酸化炭素の排出をおさえ，交通渋滞を緩和します。

第3章 暮らしを支える工業生産

重要度
★★★

成田国際空港

千葉県成田市にある国際空港。1978年に開港しました。旅客の輸送だけでなく貨物の輸送も多く，**日本最大の貿易港**になっています。

輸出入品は，電子部品など小さく軽いものが中心です。魚などの生鮮食料品の輸送もさかんなことから，「成田漁港」とも呼ばれます。

比べる 成田国際空港と名古屋港の輸出品のちがい

小さく高価なものが中心。

成田国際空港（千葉県）		名古屋港（愛知県）	
金（非貨へい用）	7.7%	自動車	24.5%
科学光学機器	6.0	自動車部品	18.3
集積回路（IC）	4.0	内燃機関	4.3
電気回路用品	4.0	金属加工機械	3.9

重く，かさばるものが中心。

(2017年)（2018/19年版「日本国勢図会」）

新幹線

★★★

時速200km以上で走ることのできる高速鉄道。1964年に，初めての新幹線である東海道新幹線が開通し，日本の交通の高速化に大きな役割を果たしてきました。現在（2018年），北海道新幹線や北陸新幹線を建設中です。

全国の新幹線（2018年6月現在）

東海道新幹線　（ピクスタ）

北海道新幹線
秋田新幹線
北陸新幹線
上越新幹線
山陽新幹線
東北新幹線
山形新幹線
九州新幹線
東海道新幹線

札幌
新函館北斗
新青森
秋田
盛岡
新庄
新潟
金沢
敦賀
長野
高崎
福島
新大阪
東京
武雄温泉
長崎
新鳥栖
博多
新大阪
鹿児島中央

--- 建設・計画中

COLUMN
くわしく

リニア中央新幹線とは？　リニア中央新幹線は，超電導電磁石で浮き上がり，時速約500kmで走ることができる新幹線です。神奈川，山梨，長野，岐阜県などを通り，東京から大阪まで約1時間で走る予定です。2027年度に品川（東京）〜名古屋間の開通をめざしています。

地理編

第**1**章　世界の中の日本の国土

第**2**章　暮らしを支える食料生産

第**3**章　暮らしを支える工業生産

第**4**章　私たちの生活と情報

第**5**章　私たちの生活と環境

日本の主な輸入品の輸入先 (2017年)

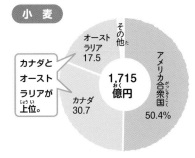

小麦

- その他
- オーストラリア 17.5
- カナダ 30.7
- アメリカ合衆国 50.4%
- 1,715億円

カナダとオーストラリアが上位。

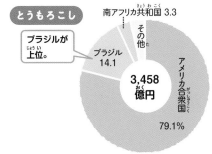

とうもろこし

- 南アフリカ共和国 3.3
- その他
- ブラジル 14.1
- アメリカ合衆国 79.1%
- 3,458億円

ブラジルが上位。

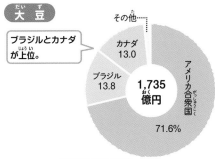

大豆

- その他
- カナダ 13.0
- ブラジル 13.8
- アメリカ合衆国 71.6%
- 1,735億円

ブラジルとカナダが上位。

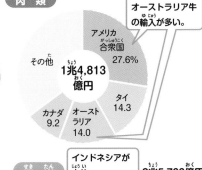

肉類

- アメリカ合衆国 27.6%
- その他
- タイ 14.3
- オーストラリア 14.0
- カナダ 9.2
- 1兆4,813億円

アメリカ牛とオーストラリア牛の輸入が多い。

原油　7兆1,549億円

| サウジアラビア 40.2% | アラブ首長国連邦 24.5 | カタール 7.4 | クウェート 6.9 | その他 |

ペルシア湾岸の国が7割以上。

石炭　2兆5,703億円

| オーストラリア 62.3% | インドネシア 12.9 | ロシア 9.0 | その他 |

インドネシアが上位。

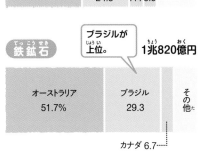

鉄鉱石　1兆820億円

| オーストラリア 51.7% | ブラジル 29.3 | その他 |

カナダ 6.7

ブラジルが上位。

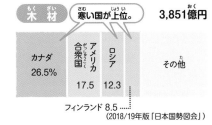

木材　3,851億円

| カナダ 26.5% | アメリカ合衆国 17.5 | ロシア 12.3 | その他 |

フィンランド 8.5

寒い国が上位。

(2018/19年版「日本国勢図会」)

COLUMN　くわしく

アラブ首長国連邦ってどんな国？　日本の石油の輸入先として重要な国です。ドバイやアブダビなど7つの国（首長国）が集まってできています。経済発展がめざましく，観光業がさかんで，ドバイには世界一高いビルであるブルジュ・ハリファ（828m）があります（2018年現在）。

06 資源とエネルギー

資源には，どんなものがあるの?

自然界にあり，人間の活動に利用されるものを資源といいます。広い意味ではたくさんのものが資源に数えられますが，代表的なものとして，石油，石炭，天然ガス，鉄鉱石などがあります。これらの資源は，エネルギー源として用いられたり，ものをつくる際の原材料として用いられたりします。

日本は資源がとぼしいため，これらの資源のほとんどを外国からの輸入にたよっています。

エネルギーには，どんなものがあるの?

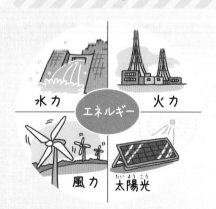

ものを動かしたり，熱や光をつくりだしたりする力をエネルギーといいます。エネルギーには，水力，火力，太陽光，風力，原子力など，さまざまなものがあり，人間の生活に欠かせないものとなっています。

現在，世界のエネルギーの中心となっているのは石油ですが，将来なくなる可能性があることや，燃やすと地球温暖化の原因になる二酸化炭素を出すことが問題となっています。

地理編

第1章 世界の中の日本の国土
第2章 暮らしを支える食料生産
第3章 暮らしを支える工業生産
第4章 私たちの生活と情報
第5章 私たちの生活と環境

❶ 世界と日本の資源

重要度 ★★★
鉱産資源（鉱物資源，地下資源）

地下に埋蔵されており，エネルギー資源 [➡ P.301] や工業の原材料として利用できる鉱物や岩石。石油，石炭，天然ガス，鉄鉱石，ウラン，マンガン，ボーキサイト，ダイヤモンドなど，たくさんの種類があります。埋蔵量に限りがあり，将来なくなると考えられています。

★★★
化石燃料

大昔の動植物が分解されてできたエネルギー資源 [➡ P.301] をまとめた呼び名。**石油，石炭，天然ガス** [➡ P.300] などがあります。エネルギー資源として重要ですが，燃やすと**地球温暖化** [➡ P.351] の原因となる**二酸化炭素** [➡ P.351] を排出することが問題となっています。

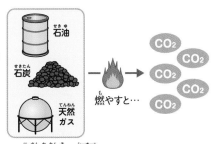

⬆ **二酸化炭素（CO_2）が発生するしくみ**

★★★
石炭

大昔の動植物が分解されてできた化石燃料。火力発電 [➡ P.301] の燃料や鉄の原料として利用されます。かつては世界のエネルギー資源 [➡ P.301] の中心でしたが，第二次世界大戦後に石油にとってかわられました（エネルギー革命 [➡ P.301]）。

★★★
石油

大昔の動植物が分解されてできた，液体状の化石燃料。地底や海底から採掘され，加工されたのち，火力発電 [➡ P.301] や自動車，船などの燃料として使われます。工業原料としても重要で，プラスチックなどの原料にもなります。

⬆ **メキシコ国営の石油採掘施設**

(ロイター／アフロ)

COLUMN くわしく

資源はなくならない？ 　石油はあと数十年でなくなると予測されてきましたが，技術開発でこれまで採れなかった地下の深い層から採取できるようになったシェールオイルの登場により，その考えは変わってきています。

重要度
★★★

天然ガス

動植物が分解されてできた気体状の化石燃料 [➡ P.299]。火力発電や家庭の都市ガスなどに使われます。天然ガスを冷やし，圧力をかけて液体状にしたものを**液化天然ガス（LNG）**といい，輸出入の際には液化天然ガスに加工されてLNGタンカーで運ばれます。

LNGタンカー (ピクスタ)

★★★

鉄鉱石

鉄の原料となる鉱産資源 [➡ P.299]。

★★★

ウラン

原子力発電の燃料になる鉱産資源。原子力発電はウランや**プルトニウム**を核分裂させて行います。

★★★

レアメタル（希少金属）

生産量や流通量が少ない貴重な金属。**ニッケル**，**コバルト**，**タングステン**などがあります。埋蔵量が少なかったり，加工するのが難しかったりすることから，生産量や流通量が少なくなっています。
携帯電話をはじめとする最新の電子機器に多く使われるため，近年，貴重な資源としての重要度を増しています。

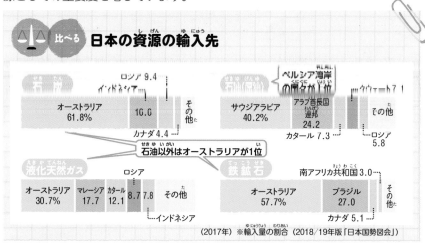

比べる **日本の資源の輸入先**

石炭
ロシア 9.4
インドネシア

| オーストラリア 61.8% | 16.6 | その他 |

カナダ 4.4

石油（原油）
ペルシア湾岸の国々が上位
クウェート 7.1

| サウジアラビア 40.2% | アラブ首長国連邦 24.2 | その他 |

カタール 7.3
ロシア 5.8

石油以外はオーストラリアが1位

液化天然ガス
ロシア

| オーストラリア 30.7% | マレーシア 17.7 | カタール 12.1 | 8.7 | 7.8 | その他 |

インドネシア

鉄鉱石
南アフリカ共和国 3.0

| オーストラリア 57.7% | ブラジル 27.0 | その他 |

カナダ 5.1

(2017年) ※輸入量の割合 (2018/19年版「日本国勢図会」)

COLUMN
くわしく

「燃える氷」メタンハイドレートとは？ 天然ガスの主な成分であるメタンガスをふくむ氷のような物質です。日本の200海里水域（排他的経済水域）[➡ P.175] 内の海底に大量に埋蔵されていることが確認されて，新しい資源（「夢の国産資源」）として注目を集めています。

② 世界と日本のエネルギー

地理編

第1章 世界の中の日本の国土

第2章 暮らしを支える食料生産

第3章 暮らしを支える工業生産

第4章 私たちの生活と情報

第5章 私たちの生活と環境

★★★ エネルギー資源

動力，熱，光などを生み出すエネルギーとして利用できる資源。石油 [➡ P.299]，石炭 [➡ P.299]，天然ガス，水力，風力，太陽光，地熱，バイオマスなどがあります。

★★★ エネルギー革命

動力や発電など，エネルギー源の中心が急速に変わること。日本では，主に1960年代に起こった石炭 [➡ P.299] から石油 [➡ P.299] への変化をさします。

★★★ 石油危機（オイル・ショック） [➡ P.626]

1973年の第4次中東戦争によって起こった石油 [➡ P.299] 不足と，それにともなって世界経済が混乱したできごと。

★★★ 水力発電

水の力を利用して発電する方法。ダム [➡ P.070] にたまった水を落下させたり，流したりしてタービン（発電機の羽）を回して発電します。燃料が不要で，二酸化炭素 [➡ P.351] を排出しない環境にやさしいエネルギーです。
建設費が高いことや，建設の際に自然を破壊するなどの問題があります。

⬆ 水力発電所（ダム）　　（アフロ）

★★★ 火力発電

化石燃料 [➡ P.299] を燃やした熱で蒸気を発生させ，その蒸気でタービン（発電機の羽）を回して発電する方法。現在，日本の発電の中心ですが，地球温暖化 [➡ P.351] の原因となる二酸化炭素 [➡ P.351]や，大気汚染を引き起こす窒素酸化物，硫黄酸化物などを排出するなどの問題があります。

⬆ 火力発電所　　（ピクスタ）

COLUMN　まめ知識

日本最大のダムは？　富山県の黒部川上流にある黒部ダムは日本最大級のアーチ式ダムで，高さは186mで日本一です。高さ世界一のダムはタジキスタンのヌレークダムで，300mの高さがあります（2018年）。

第3章 暮らしを支える工業生産

重要度
★★★

原子力発電

ウラン [➡ P.300] やプルトニウムを核分裂させて得た熱で蒸気を発生させ，その蒸気でタービン（発電機の羽）を回して発電する方法。少量の燃料で大量の電力を得られますが，放射性廃棄物の処理の問題や，事故の際に放射性物質が放出されるおそれがあるなど，安全性をめぐる問題があります。[福島第一原子力発電所の事故➡ P.338]

↑ 原子力発電所

（田中正秋／アフロ）

発電所は全国にあるんだね！

- ● 水力発電所
- ▲ 火力発電所
- ■ 原子力発電所（停止中もふくむ）

（2018年）

水力は内陸の山間部に集中。

原子力は福井県の臨海部に集中。

火力は大都市の臨海部に集中。

↑ 主な発電所の分布

（2018/19年版「日本国勢図会」ほか）

★★★

太陽光発電

太陽電池などを使って，太陽の光を電力に変える発電方法。発電の際に二酸化炭素 [➡ P.351] を排出しない環境にやさしいエネルギーとして注目されていますが，季節や天候に発電量が影響されるという問題があります。最近は，自宅に太陽光パネルを設置する家が増えています。

★★★

風力発電

風の力で風車を回して発電する方法。発電の際に二酸化炭素 [➡ P.351] を排出しませんが，風の少ないところや風の弱い日は発電量が少ないという問題があります。

COLUMN
くわしく

風力発電は体に悪い？ 自然を利用した環境にやさしい風力発電ですが，騒音や低周波が発生する問題があります。風力発電所の近くに住む人々の中には，頭痛，目まい，はき気などの健康被害をうったえる人もいます。

地理編

第1章 世界の中の 日本の国土

第2章 暮らしを支える 食料生産

第3章 暮らしを支える 工業生産

第4章 私たちの 生活と情報

第5章 私たちの 生活と環境

★★★ 地熱発電

火山の地下深くにある熱のたまった層から蒸気や熱水を取り出し，その力を利用してタービン（発電機の羽）を回して発電する方法。**二酸化炭素** [➡ P.351] の排出量が少ないエネルギーで，火山の多い日本では有効と考えられています。

⤴ 地熱発電所

★★★ 再生可能エネルギー [➡P.352]

資源がなくなる心配がなく，くり返し使うことができるエネルギー。**二酸化炭素** [➡ P.351] を排出しない環境にやさしいエネルギーとして，注目されています。**風力，水力，太陽光，地熱，バイオマス**などがあります。**新エネルギー，自然エネルギー**と同じ意味で使われます。

★★★ バイオマス

動物のふんにょう，もみがら，木くず，さとうきび [➡ P.206]，とうもろこしなど，生物に由来するエネルギー資源 [➡ P.301]。これらを発こうさせたり，燃やしたりしてつくりだしたエネルギーを**バイオエネルギー**といいます。

バイオ燃料

バイオマスを加工してつくった燃料。とうもろこし，さとうきび，木くずなどを発こうさせた**バイオエタノール**や，動物のふん尿を発こうさせた**メタンガス**などがあります。

ブラジルでは，バイオ燃料が自動車の燃料として使われているよ！

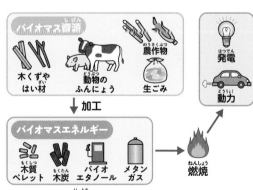

⤴ バイオマスの利用

COLUMN くわしく

再生可能エネルギーの課題とは？ 再生可能エネルギーは，日照時間や風の有無などの自然状況に左右されます。そのため，電力が安定せず，発電コストも比かく的高くつくことが課題となっています。

私たちの生

携帯電話の契約数の変化

現在の私たちの生活は，たくさんの情報であふれています。そのような生活の中で情報をやりとりするために欠かせないものとなったのが，携帯電話です。1990 年からの携帯電話の歴史と契約数の変化を，グラフと年表で見てみましょう。さまざまな機能の進化とともに，契約数が増え続けていることがわかります。

契約数
6094万件

契約数
87万件

1990年	2000年

携帯電話の歴史

▼軽量・小型化が進む

↑1989 年発売の携帯電話
（写真提供：株式会社 NTT ドコモ）

▼着信メロディの機能がつく

▼電子メールのサービスが始まる

▼インターネットが使えるようになる

▼カメラ機能がつく

▼QRコードが読み取れるようになる

▼GPS機能がつく

活と情報

契約数
1億1954万件

契約数
1億6727万件

2010年　　　　　**2017年**

▼
買い物ができるようになる
（電子マネー機能のはじまり）

▼
SNSが流行する

▼
スマートフォンの発売開始

⬆2018年発売のスマートフォン
（写真提供：株式会社NTTドコモ）

契約数データ出典：2018/19年版「日本国勢図会」

01 情報を伝える

さくっとガイド　まずはここを読んで情報を伝える方法をおさえよう!

情報を伝える方法には，どんなものがあるの?

ニュースをお伝えします。

ねえねえ知ってる?

お、大事件だ。

　私たちが，だれかとできごとなどの情報のやりとりをする方法として早くから発達したものに，手紙，はがきなどの郵便や電話があります。

　これらは個人と個人の間で情報のやりとりをする方法ですが，たくさんの人に一度に多くの情報を伝える方法もあります。これが新聞やテレビ，ラジオなどで，これらをマスメディアといいます。

インターネットが発達して，情報のやりとりが大変化!

インターネット

　情報を伝える方法として，近年重要になってきたのがインターネットです。

　コンピューターどうしをつなげたこのしくみを使えば，だれでも，世界中の人とすばやく情報のやりとりが行えます。

　インターネットを利用する手段には，パソコンだけでなく，携帯電話，スマートフォン，タブレット型などの携帯情報端末（モバイル端末）があります。最近は，これらの端末を利用して，だれでも，どこにいても情報のやりとりができるようになってきました。

地理編

第1章 世界の中の日本の国土

第2章 暮らしを支える食料生産

第3章 暮らしを支える工業生産

第4章 私たちの生活と情報

第5章 私たちの生活と環境

重要度 ★★★

郵便

はがきや手紙を各地に送り届けるしくみ。日本では，明治時代の1871年に郵便制度が導入されました。日本国内では，距離に関係なく同じ料金で送ることができます。かつて日本では，郵便に関する仕事は国が行っていましたが，2007年に4社に分割され，民間の企業が行うようになりました（**郵政民営化**）。

★★★

電話

音声を電気信号に変え，はなれた人と会話をする方法。電線を使って行われる固定電話（家庭や会社などの電話）と，無線で行われる移動電話（携帯電話など）があります。
1990年代後半から携帯電話が広まり，加入数は固定電話を上回るようになりました。また近年は，**インターネット** [➡ P.310] の技術を使ったＩＰ電話の利用も増えています。

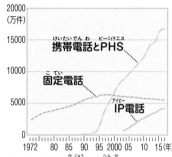

⬆ **日本の電話加入数の変化**
（PHSは移動電話の一種）
（2018/19年版「日本国勢図会」ほか）

★★★

新聞

社会のできごとを人々に広く伝えるため，紙に印刷して定期的に発行されているもの。多くは毎日発行される日刊紙で，その大部分は，新聞社から新聞販売所に届けられ，販売所から各家庭に配達されています。重大なできごとが起こったときは，臨時の号外が配られることがあります。

テレビとともに，**マスメディア** [➡ P.308] の中心的な役割をになっていて，その報道内容や主張は世論 [➡ P.308] に大きな影響をあたえています。

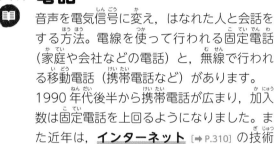

社説には，それぞれの新聞社の主張がのせられているよ。

⬆ **新聞の社説** （毎日新聞社提供）

COLUMN まめ知識

ハトが電子メールのかわり？ ハトは，どこにいても巣に帰る本能をもっています。この本能を利用したのが伝書バトで，日本では1960年代まで新聞社で利用されていました。事件写真のフィルムや原稿を足にくくりつけ，現場と新聞社を行き来させるのです。

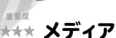

第4章 私たちの生活と情報

重要度
★★★ メディア

情報を伝える方法のこと。新聞 [➡ P.307] やテレビなど**マスメディア**と呼ばれるもののほか，**インターネット** [➡ P.310] などもあてはまります。また，ＣＤやＤＶＤなど情報を記録するものもメディアと呼ばれています。

★★★ マスメディア

新聞 [➡ P.307]，テレビ，ラジオ，雑誌など，多くの人に，一度に大量の情報を伝える方法のこと。マスメディアによって情報が伝えられることを**マスコミュニケーション**，略して**マスコミ**といいます。マスメディアそのものをマスコミと呼ぶこともあります。

> **世論**
> 政治などの重要な問題に関する多くの人々の意見のまとまり。多くの情報を伝えるマスメディアは人々の意見に大きな影響をあたえ，世論を形づくる働きがあります。そのため，正確で公正な情報を伝える必要があります。

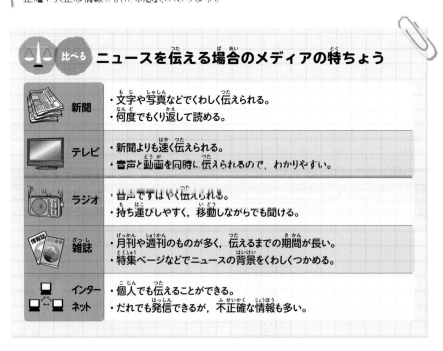

比べる ニュースを伝える場合のメディアの特ちょう

新聞	・文字や写真などでくわしく伝えられる。 ・何度でもくり返して読める。
テレビ	・新聞よりも速く伝えられる。 ・音声と動画を同時に伝えられるので，わかりやすい。
ラジオ	・音声ではやく伝えられる。 ・持ち運びしやすく，移動しながらでも聞ける。
雑誌	・月刊や週刊のものが多く，伝えるまでの期間が長い。 ・特集ページなどでニュースの背景をくわしくつかめる。
インターネット	・個人でも伝えることができる。 ・だれでも発信できるが，不正確な情報も多い。

COLUMN まめ知識 **かわら版は江戸時代のマスメディア？** 江戸時代，火事やかたきうちなどの事件のようすを書き，紙に刷って売られたものがかわら版です。当時の庶民の「情報紙」で，売子が読みながら売って歩いたので，「読売」ともいわれました。

★★★ NHK（日本放送協会）

ラジオ，テレビの公共放送をしている組織。民間放送局とちがい，コマーシャルは流さず，視聴者が支はらう受信料で運営されています。

★★★ 民間放送

民間の会社が運営している放送。スポンサー（広告主）から受け取る広告料が主な収入で，番組の合間に広告（コマーシャル）を流しています。
そのため，より多くの広告料を得ることをめざして番組の視聴率を上げることに力を入れています。

テレビの報道番組ができるまで

編集会議

何のニュースを放送するか決める

取材

記者とカメラマンが取材に出かける

原稿作成

番組で読む原稿をつくる

スタジオで放送

本番中は副調整室で番組の進行の指示を出す

映像の編集

取材してきたニュースをまとめる

COLUMN まめ知識 **カラーテレビを広めた東京オリンピック** [⇒ P.625]
カラーテレビの本放送が始まったのは 1960（昭和 35）年で，カラーテレビが急速に広まり始めたのは 1964 年の東京オリンピックが始まるころです。「オリンピックはカラーで見たい！」という人が一気に増えたのです。

地理編

第1章 世界の中の日本の国土
第2章 暮らしを支える食料生産
第3章 暮らしを支える工業生産
第4章 私たちの生活と情報
第5章 私たちの生活と環境

第4章 私たちの生活と情報

重要度
★★★

地上デジタル放送

放送衛星などの人工衛星を使わず，地上の送信所を使ったデジタル方式によって行う放送のこと。特ちょうとして，映像が高画質であること，番組表などの文字のデータを送れること，双方向の働きがあることなどがあげられます。
日本では，テレビの地上波の放送は，一部の地域を除いて，2011年7月からそれまでのアナログ放送にかわってデジタル放送になりました。

双方向

情報を伝える方向が一方的ではなく，情報を受ける人のほうからも情報を送れること。地上デジタル放送では，視聴者が番組のアンケートにその場で答えたり，クイズに参加したりすることができます。

★★★

インターネット

世界中のコンピューターを結ぶネットワーク。1990年代からいっぱんの人々が利用できるようになり，2000年代に急速に広まりました。
インターネットを利用して**ウェブサイト** [➡P.315] を見たり，**電子メール**を送受信したり，**インターネットショッピング** [➡P.316] をしたりできるようになり，人々の生活が大きく変わりました。

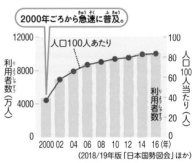

2000年ごろから**急速に普及**。

(2018/19年版「日本国勢図会」ほか)

⬆ **インターネット利用者数の変化**

★★★

ブロードバンド

高速で大量の情報を送るのに適したインターネットの通信回線。光ファイバーや電話線を利用したＡＤＳＬ回線などがあります。
ブロードバンド回線の発達によって，多くの情報を必要とする動画や音楽などもすばやく送受信できるようになりました。

インターネットを利用するには，プロバイダーという接続業者と契約する必要があるよ。

COLUMN
まめ知識

東京スカイツリーって，何の役目をしているの？ 東京スカイツリーは地上デジタル放送の送信などをしています。東京タワーは，災害時など東京スカイツリーで送信できないときのバックアップなどをします。

光ファイバー ★★★

光を使って情報を伝えるケーブル。ガラスやプラスチックなど光をよく通す材料が使われています。
大量の情報を高速で伝えることができ，近年は，インターネットを利用するときの中心的な回線になっています。

⬆ 光ファイバー

(ピクスタ)

地理編

第1章 世界の中の日本の国土

第2章 暮らしを支える食料生産

第3章 暮らしを支える工業生産

第4章 私たちの生活と情報

第5章 私たちの生活と環境

電子メール（Eメール） ★★★

インターネットを利用してやりとりできる文字のメッセージ。写真などのファイルもいっしょに送ることができます。
電子メールは便利ですが，中には宣伝などのために何度も送られてくる迷わくメールや，添付されたファイルに**コンピューターウィルス** [➡ P.323] が組みこまれたメールもあるので，注意が必要です。

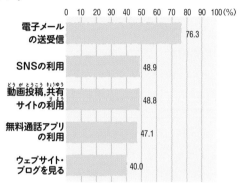

| | 0 | 10 | 20 | 30 | 40 | 50 | 60 | 70 | 80 | 90 | 100(%) |

電子メールの送受信　76.3
SNSの利用　48.9
動画投稿,共有サイトの利用　48.8
無料通話アプリの利用　47.1
ウェブサイト・ブログを見る　40.0

(2016年 複数回答) (2018/19年版「日本国勢図会」)

⬆ **インターネットの主なサービスの利用率**

通信衛星 ★★★

国際電話やテレビ中継など，長距離の無線通信を行うために打ち上げられた人工衛星。遠くはなれた所と通信を行うときに電波を中継する役目をしています。
通信衛星のことを略してCSといい，この人工衛星を使ったテレビ放送をCS放送といいます。

放送衛星

放送に利用するために打ち上げられた人工衛星。この人工衛星を使ったテレビ放送をBS放送といいます。

テレビの衛星放送は，アンテナで受信して見るんだよ。

COLUMN まめ知識
最初のニュースが衝撃的だった衛星中継　1963（昭和38）年11月23日，通信衛星を利用して日本とアメリカ合衆国の間で初めてテレビ中継が行われました。このときアメリカ合衆国から最初に飛び込んできたのが，ケネディ大統領暗殺の衝撃的なニュースでした。

311

第4章 私たちの生活と情報

★★★
GPS（全地球測位システム）

人工衛星を利用して，地球上のどこにいるかを正確に測定するしくみ。

地球の周りに多く打ち上げられている人工衛星が発信する電波を受信装置が受け取り，衛星との距離を割り出して現在の位置を測ります。もともとは航空機や船で利用されてきました。

近年は車の**カーナビゲーション**（カーナビ）や携帯電話，スマートフォンなどでもGPSが利用され，目的地へ行くルートなどを知ることができます。

★★★
携帯情報端末（モバイル端末）

持ち運びしやすい小型の情報機器のこと。小型のノートパソコンや**携帯電話**，**スマートフォン**，**タブレット型端末**などがあります。

携帯電話は，もともとは電話として利用されるだけでしたが，インターネットにつなげてさまざまな機能を持つようになり，2000年代初めには多くの人に使われるようになりました。最近では，スマートフォンやタブレット型端末が広まっています。

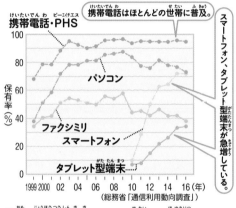

携帯電話・PHS　　携帯電話はほとんどの世帯に普及。

スマートフォン、タブレット型端末が急増している。

保有率（％）

パソコン

ファクシミリ

スマートフォン

タブレット型端末

1999 2000 02 04 06 08 10 12 14 16（年）

（総務省「通信利用動向調査」）

⬆ **主な情報通信機器の広まり**（世帯ごとの保有率）

★★★
電子書籍

紙に印刷した本ではなく，電子機器の画面上で読める電子出版物のこと。電子ブック，デジタルブックともいいます。主にインターネットから文章や画像のデータをダウンロード [➡ P.316] して読むことができます。専用の端末やパソコン，タブレット型端末，スマートフォンなどで利用できます。

⬆ **タブレット型端末で読める電子書籍**

（アフロ）

COLUMN
まめ知識

体の一部になるコンピューター　最近は，うで時計型やめがね型の携帯情報端末が開発されています。こういう端末はウェアラブル（身につけられるという意味）端末といいます。めがね型のものは，スマートフォンなどと連動してレンズに電子メールの受信通知などが表示されます。

地理編

第1章 世界の中の日本の国土

第2章 暮らしを支える食料生産

第3章 暮らしを支える工業生産

第4章 私たちの生活と情報

第5章 私たちの生活と環境

★★★ ドローン

遠くから操作したり自動運転できる飛行機やヘリコプターのことです。人が乗ることはできません。軍事用のほかに，農薬や肥料の散布に使われる産業用のものや，レース競技に使われるもの，趣味としてドローンを楽しむホビー用などがあります。カメラを付けて映像を撮影したり，センサー類を付けて気圧やガスなどのデータを収集したりすることができます。将来的には荷物の配送サービス，人が入れない危険な場所への調査など，さまざまな場面で活用が期待されています。

↑ ドローン

(奴賀義治／アフロ)

蜂の飛ぶときの音に似ていることから，ドローンという名前がついたんだよ。

★★★ AR（拡張現実）・VR（仮想現実）

ARとは，コンピューターを使って，実際に目に見える現実の風景の中に何かほかの情報を重ねて見せることです。カメラを通して現実の風景にキャラクターを投影するゲームなどが，ARを活用した例の1つです。

VRとは，バーチャルリアリティを略した言葉です。コンピューター上に人工的な環境をつくり出して，その空間にいるように感じられる技術です。

(Rodrigo Reyes Marin／アフロ)

↑ VR機器…ゴーグルとヘッドセットをつけると360度のすべての方向に映像が映し出されます。

ゲームでよく使われているけど，これからは医療や教育などの現場に広がっていきそうだよ。

COLUMN まめ知識

未来の接客・ロボットが店員に！ 工場の作業用ロボットはすでに導入されていますが，人の代わりとなるロボットとして，カフェや小売店での接客用ロボット店員が導入されつつあります。人にそっくりなアンドロイド社員が受付をするホテルや会社もあります。

02 情報ネットワークをいかす

さくっとガイド まずはここを読んで，情報ネットワークのポイントをおさえよう！

たくさんの情報がゆきかう社会

情報通信技術はこういうことにいかされている

高速の通信回線を引く / ソフトウェアをつくる / パソコンをつくる

　　ふだん，私たちは新聞やテレビ，ラジオなどからできごとや生活に役立つ情報を得ています。また，情報通信技術（ICT）が発達してインターネットが普及してからは，ネットワークから情報を得るだけでなく，だれでも自分で情報を発信できるようになりました。

　　このように，多くの情報がゆきかう現在のような社会を情報（化）社会と呼んでいます。

ネットワークはこんなことにも利用されている

自宅　新住所を登録します。

了解しました。

市役所

　　インターネットは，電子メールのやりとりをしたり，お気に入りのウェブサイトを見たり，インターネットショッピングをしたり，いろいろ便利な利用法があります。

　　政府や市役所の仕事も，住民とネットワークでつながったことで便利になりました。住民が役所に行かなくても，自宅でネットワークを利用していろいろな手続きを行うことができるのです。

　　災害のときもネットワークは大切な働きをします。大きな地震が起こるときに発表される緊急地震速報もその1つです。

重要度
★★★

情報ネットワーク

コンピューターなどの情報機器どうしを網の目のようにつないで，情報をやりとりするしくみ。インターネットに代表されます。医療や教育，防災 [➡ P.342] などに役立てられています。

★★★

情報（化）社会

情報が大量に生み出され，生活や産業の中で重要な役割を果たしている社会。情報（化）社会が発達した背景として，**情報通信技術**が発達し，インターネットが広まったことがあります。

情報（化）社会では，新しい情報が次々に生まれてきますが，大量の情報をそのまま信じるのではなく，どの情報が正しく，どの情報が自分にとって必要かをしっかり見極めることが大切です [メディアリテラシー➡ P.325]。

★★★

情報通信技術（ICT）

パソコンやスマートフォンなどの情報通信機器をつくったり，これらの機器で動くさまざまなソフトウェア [➡ P.316] などをつくったりする技術。情報通信技術が発達して社会が大きく変化したことをIT革命（ICT革命）と呼びます。

★★★

ウェブサイト

個人や会社，団体などがインターネット上でつくり，公開している文書や画像のこと。**ウェブページ**，**ホームページ**などともいいます。

ウェブサイトのトップページでは，主に，作成・管理している個人や会社の自己紹介，サイトマップとしてサイト内にどのような項目があるかなどがのせられています。関連するサイトへつながるリンクをのせることもあります。

⬆ **ウェブサイトの例**

COLUMN
くわしく

インターネットはくもの巣？ インターネット上でウェブサイトを利用するしくみは，wwwと呼ばれています。wwwはワールド（世界）ワイド（広い）ウェブ（くもの巣）の略で，世界中のウェブサイトがくもの巣のように張りめぐらされているので，こう呼ばれます。

重要度
★★★

ソフトウェア

コンピューターに組みこまれ，コンピューターを動かすプログラムのこと。単にソフトともいいます。
コンピューター全体を動かす基本的なソフトをシステムソフト（基本ソフト，ＯＳ）といい，電子メール [➡ P.311] を送受信するためのソフトや画像を管理するソフトなど特定の仕事をするソフトを，**アプリケーション**（ソフトウェア）といいます。

アプリケーションのことはアプリともいうよ。

★★★
📖

ダウンロード

ネットワークでつながっているコンピューターから自分のコンピューターにソフトウェアや画像などのデータ（ファイル）を保存すること。
ソフトなどをウェブサイト [➡ P.315] からダウンロードする場合は，そのソフトなどに不正な働きをするコンピューターウィルス [➡ P.323] がふくまれている場合もあるので注意が必要です。

★★★
📖

インターネットショッピング（オンラインショッピング）

インターネットを利用した買い物のこと。ネットショッピングともいいます。
インターネット上の店のウェブサイト [➡ P.315] にのせられている商品の写真や説明を見て注文をします。実際の商品を手にとって買うことはできませんが，いつでも，店から遠い地域でも買い物をすることができます。

ネット オ クション

インターネット ショッピ グの方法 1つ。インターネットオークションの略です。オークションとは，売りに出された品物について，何人かの人がそれぞれ買いたい金額を示し（入札という），最も高い金額を示した人が買う権利を得る（落札という）しくみです。

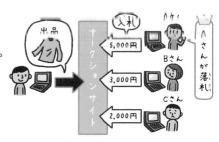

⬆ **ネットオークションのしくみ**

最近はスマートフォン上でフリーマーケットのように売買できるフリマアプリがあるよ。

COLUMN
まめ知識

インターネットには情報の倉庫が必要 データを保管し，必要なときにデータを送るコンピューターをサーバーといいます。電子メールを送信すると，自分のプロバイダー（接続業者）のサーバーにいったん保管されたのち，相手のプロバイダーのサーバーに送られていきます。

地理編

第1章 世界の中の 日本の国土

第2章 暮らしを支える 食料生産

第3章 暮らしを支える 工業生産

第4章 私たちの 生活と情報

第5章 私たちの 生活と環境

★★★ ソーシャル・ネットワーキング・サービス（SNS）

同じ学校の人どうし，同じ趣味をもつ人どうしなど，さまざまな人々がインターネット上で交流できるサービス。特に2000年代初めごろから世界的に広まりました。

個人間の利用だけでなく，多くの企業が自社商品や店ぽの宣伝などのために利用しています。Facebook，LINE，Twitter，Instagram などがあります。

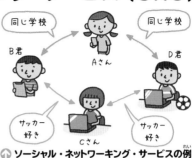
⬆ ソーシャル・ネットワーキング・サービスの例

★★★ 電子マネー

現金のかわりに使える**電子のお金**。いっぱんに，あらかじめ機械を使ってお金を入金（チャージ）しておき，店や駅の改札などで機械に読み取らせることで料金の支払いをすませます。主に交通系や流通系などのICカードを利用します。ICカードとは，さまざまな情報を記録できる電子回路（IC）が組みこまれたカードのことです。

⬆ 駅の改札のカード読み取り機

(アフロ)

★★★ 電子政府・電子自治体

コンピューターネットワークを国や地方公共団体（都道府県や市区町村）のさまざまな仕事に活用すること。

国や地方公共団体が仕事を効率よく行えるようになるとともに，住民の負担も軽くなります。例えば，住民が住所を変えたときは市区町村への届け出が必要ですが，役所へ行かなくても，パソコンで手続きをすますことができます。

⬆ 電子政府のウェブサイト

COLUMN くわしく

SNS のへい害とは？ 睡眠時間をけずってまで SNS 内の友人との交流に打ちこんでしまう「SNS 依存」や，「必ず返信しなければならない」と思うことで苦痛を感じてしまう「SNS 疲れ」などが報告されています。

重要度
★★★
住民基本台帳ネットワーク（システム）

国や都道府県，市区町村などの仕事を，簡単にすばやく行うためにつくられたネットワーク。略して**住基ネット**といいます。

住民基本台帳とは，住民の氏名，生年月日，性別，住所などを記録したもので，住民に関する仕事のもとになります。台帳の情報は，市区町村どうしがネットワークを結ぶことで全国で利用できます。また，希望者には氏名や住所などが記録された住民基本台帳カードが交付されます。

⬆ **住民基本台帳カード**

★★★
バーコード

白黒のしまもようのコード。線の太さや間隔によって数字や文字を示し，メーカー，金額などの商品の情報などが記録されています。商品の包装などについていて，店のレジの読み取り機でさまざまな情報を読み取ります。

QRコード
点を使い，バーコードよりも多くの情報を記録できるコード。携帯電話やスマートフォンのカメラで読み取ることができます。

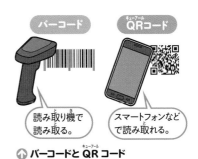

読み取り機で読み取る。

スマートフォンなどで読み取れる。

⬆ **バーコードと QR コード**

★★★
遠隔医療

インターネットなどの通信技術を利用して，遠くはなれた病院どうしで情報をやりとりするしくみ。通信技術の発達によってレントゲンなどの画像をインターネットで送り，診断を病院間で相談できるようになるなど，治療の向上に役立ちます。また，医療施設が整っていない離島や山間部で，特に役に立つと期待されています。

インターネットを使った診断➡

都会の病院

インターネット

離島の病院

画像を送り，相談する。

COLUMN
くわしく

晴れでもアメダス？ アメダス（AMeDAS）とは，気象庁の地域気象観測システムのことで，英語の頭文字をとってこう呼ばれています。各地の雨や風，気温などの変化を細かく監視し，災害の防止に重要な役割を果たしているシステムです。

★★★ 電子カルテ

患者の診療に関する記録（カルテ）を電子化したもの。患者にどのような薬を出し，どのような検査を受けたかなどをパソコンの画面で簡単に調べることができます。その病院内だけでなく，総合病院と小さな診療所が同じ患者の診療内容を確認，診断することができるため，協力して治療を行うことができます。

★★★ 気象衛星

宇宙から気象観測を行う人工衛星。日本では**ひまわり**という愛称で呼ばれています。

赤道上空の約3万5800kmの高さを地球の自転と同じ向きで地球の周りを回っていて，常に地球上の同じ範囲を観測できます。

低気圧や台風 [➡ P.191] の動きなどの観測データは，テレビや新聞などの天気予報に利用されています。

05月31日15時00分

tenki.jp

⬆ **気象衛星が撮影した日本の上空**

（日本気象協会tenki.jp）

★★★ 緊急地震速報

気象庁 [➡ P.342] が地震の発生直後に出す情報。震源でゆれが始まったことを地震計が感知し，強いゆれが来る前にすばやく知らせます。

いっぱんに，最大震度5弱以上と予測される地震の際に，震度4以上と予測される地域に出され，テレビやラジオ，携帯電話などで文字や音声で知らせます。速報が出されてから強いゆれが来るまでの数秒か数十秒間に安全な場所にのがれたり，工場の機械や電車を止めたりすることができます。

① 地震計　② 気象庁

震源　ゆれの始まりを感知　緊急地震速報を発表

⬆ **緊急地震速報のしくみ**

COLUMN
くわしく

気象衛星は止まったまま動かない？　気象衛星などの人工衛星は地球の自転と同じ速さ（24時間で1回転）で，地球の周りを回っているため，地上から見ると，地球の上空で止まったまま動かないように見えます。そのため，こういう人工衛星を静止衛星といいます。

重要度
★★★
Jアラート

全国瞬時警報システムのことで，Jアラートともいいます。地震 [➡ P.337] や津波 [➡ P.338] などの大規模な自然災害，他国からの弾道ミサイルの発射などの緊急事態の発生のときに，国から住民にすぐに情報を知らせることを目的に消防庁が整備した警報システム。人工衛星と市区町村の防災無線を通して瞬時に伝えられます。災害情報は気象庁，他国からの武力攻撃などの国民保護に関する情報については内閣官房が担当します。携帯電話会社の緊急速報メールにも配信されます。

緊急事態の発生

地震情報（気象庁）　事態の覚知　人工衛星

国民保護情報（内閣官房）　消防庁　市町村役所

携帯電話会社

緊急速報メール　ケーブルテレビ コミュニティFM　防災行政無線（屋外スピーカー）

⬆ Jアラートのしくみ

★★★
IoT

「モノのインターネット」と呼ばれています。自動車，家電製品，ロボット，施設などのあらゆるモノがインターネットにつながり，情報のやり取りをすることで新しい価値が生まれていくしくみです。

これまでのインターネットにつながれてなかったモノが結びついていくんだね。

★★★
ビッグデータ

インターネットやコンピューターが高速で処理されて，ICT（情報通信技術）[➡ P.315] が進んだことで集められた大量のデジタルデータ。このデータを活用することで，使う人の要望に応じたサービスを提供することができたり，新しい産業をつくり出そうとする動きが広まったりしています。

オープンデータ
国や地方公共団体 [➡ P.383] の公共データ，教育機関や企業などがもっている，だれでも入手することができて，どんな目的でも自由に使えて，編集することができ，共有できるデータ。

COLUMN
まめ知識

IoT といえば「スマート××」！　モノのインターネットということで，電話がインターネットにつながったことからスマートフォンと呼び，これも立派な IoT の製品です。エアコンや冷蔵庫などのスマート家電，これらをすべて管理するスマートホームなどがあります。

★★★ AI（エーアイ）

人工知能（じんこうちのう）のこと。記憶（きおく），学習，判断（はんだん）などの人間の知能（ちのう）をコンピューター上で人工的につくり，これまで人間が脳内（のうない）で考えていた作業を代わりにコンピューターが行うことができます。最近の AI は，ぼう大なビッグデータ [➡ P.320] を読みこんで，基本的（きほんてき）な情報（じょうほう）を教えると自分の力で学習して覚（おぼ）えていこうとします。これをディープラーニングといいます。AI の発達（はったつ）で，交通は自動運転（じどううんてん）システム，医療（いりょう）は病気の診断（しんだん）などが可能（かのう）になっていきます。

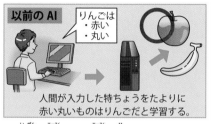

↑ 以前（いぜん）の AI（エーアイ）と今の AI（エーアイ）の比（ひ）かく

どんどんかしこくなっていくんだね。

★★★ シェアリングエコノミー

空き部屋，中古品（ちゅうこひん），タクシー，個人（こじん）がもっている技術（ぎじゅつ）などのスキル，これらのモノやサービスを，インターネットを通して多くの人と共有（きょうゆう）・交換（こうかん）して，ほかの人が使（つか）えるようにするサービス。貸（か）したい人と借（か）りたい人をつなげるシェアリングサービスの会社が増えています。使われていない資産（しさん）を活用することのほかに，少子化（しょうしか）が進む日本の人材不足（じんざいぶそく）を補（おぎな）うこともできると期待（きたい）されています。

空いている部屋を日本を訪（おとず）れた外国人観光客（かんこうきゃく）に貸す民泊（みんぱく）も増えているよ。

（読売新聞／アフロ）

↑ 民泊（みんぱく）を利用（りよう）する外国人旅行者（りょこうしゃ）

COLUMN まめ知識 **第四次産業革命（だいよじさんぎょうかくめい）とは？** 蒸気機関（じょうききかん）→電力やモーター→コンピューターの活用により，これまで三度の産業革命（さんぎょうかくめい）が起きていました。そして今は，IoT（アイオーティー），ビッグデータ，AI（エーアイ）によって新たな経済発展（けいざいはってん）が起こり，社会構造（しゃかいこうぞう）が変わろうとしています。これを第四次産業革命と呼んでいます。

地理編

第1章 世界の中の日本の国土
第2章 暮らしを支える食料生産
第3章 暮らしを支える工業生産
第4章 私たちの生活と情報
第5章 私たちの生活と環境

第4章 私たちの生活と情報

03 情報を使いこなす

さくっとガイド まずはここを読んで，情報を使うときのポイントをおさえよう！

情報を上手に使いこなすために大切なことは？

コンピューターウィルス

助けてー

インターネットはいろいろなことに活用できて便利ですが，問題もあります。その1つは，コンピューターウィルスを他人のパソコンに侵入させるなどの犯罪が多いことです。

コンピューターウィルスは，パソコンをこわしたり，大切な個人情報をぬすんだりします。ワクチンソフト(アンチウィルスソフト)というウィルス対策ソフトでしっかりパソコンを守っておきましょう。

インターネットを使うマナーを身につけよう

はい！こんなことも書くなんて！

ほかにインターネットで問題になっていることとして，ネットで流れる情報には，根拠のないうわさ話や，他人を傷つけるものなどが多いことがあります。

インターネットを利用するときは，こうした情報が正しいかどうか，あるいは自分にとって必要かどうかを判断する力(メディアリテラシー)を身につけることが必要です。また，うわさ話のようなあやふやな情報や人を傷つける情報は，決して流さないようにしましょう。

重要度
★★★

コンピューターウィルス

悪意によってつくられ，他人のコンピューターに入りこんで不正な働きをするプログラム。コンピューターを勝手に動かしたり，データを破壊したりします。

ウェブサイト [➡ P.315] からダウンロード [➡ P.316] したファイルに組みこまれている場合や，電子メールに添付されたファイルにふくまれている場合などがあります。

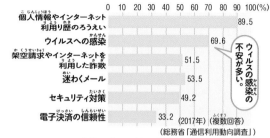

↑ インターネット利用で感じる主な不安の内容

★★★

ワクチンソフト（アンチウィルスソフト）

コンピューターが**コンピューターウィルス**に感染していないかどうか検査し，感染している場合はウィルスを取り除くソフトウェア [➡ P.316]。ウィルス対策ソフトとも呼ばれます。

パソコンやスマートフォンでインターネットを使うときは，必ずこうしたソフトを使い，ウィルスの感染を防ぐことが必要です。

★★★

サイバー犯罪

コンピューターやインターネットを利用した犯罪。インターネット上で他人をだましてお金を支はらわせる犯罪が特に多くなっています。

また，コンピューターウィルスを使って他人のコンピューターに不正に入りこむ犯罪もあります。

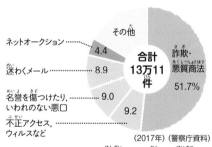

↑ サイバー犯罪などに関する警察への相談件数の割合

不正アクセス

他人のパスワード [➡ P.324] を無断で使い，他人のコンピューターを不正に使う犯罪。ウィルスを使ってこのようなことが行われる場合もあります。

ウィルスにはワクチンがきく コンピューターウィルスは，インフルエンザウィルスのように人間の体に害をあたえるものにたとえて，こう呼ばれます。ワクチンソフトは，人体内のウィルスの活動を防ぐワクチンの働きと似ているので，こう呼ばれます。

323

第4章 私たちの生活と情報

重要度

★★★ 個人情報

個人の氏名，住所，生年月日，電話番号など本人と特定できる情報。関係のない他人が知ることで，本人が迷わくを受けるおそれがあります。多くの情報がやり取りされる情報（化）社会[➡P.315]が進んで，こうした個人情報を守ることの重要性が高まり，2003年には，国，地方公共団体，企業などに対して個人情報を正しくあつかうルールなどをまとめた**個人情報保護法**[➡P.365]が定められました。

不要なダイレクトメールが送られてくる

〇〇様 お買得商品ごあんない

また きた…

悪意のある人が他人になりすます

あ，母さんオレやけど…

⬆ 個人情報が知られて迷わくを受ける例

★★★ プライバシー

[プライバシーの権利➡P.365]

他人には知られたくない私生活のこと。だれでも，どのようなくらしをしているかなど，他人には教えたくないことがあります。こうした情報をプライバシーといい，他人が勝手に電子掲示板に書きこむなどして，公開してはいけません。

★★★ パスワード

コンピューターやインターネットを利用するときに，本人であることを証明するための文字や数字の組み合わせ。前もって任意で決めておきます。インターネットショッピング[➡P.316]をするときなどは，他人がいつわってアカウントを利用できないようにするため，本人しか知らないパスワードを入力することになっています。

名前や電話番号など，他人が簡単に推測できる文字や数字はパスワードに使わないようにしよう。

★★★ 著作権

文章や映像，音楽などで，それをつくった人だけが持っている権利。他人がこれらの作品を勝手に使うことは，法律で禁止されています。例えば，アニメや音楽などを，作者に無断でコピーして売ったり，インターネットで流したりすることは著作権をおかすことになります。

COLUMN くわしく

にせもののサイトにご用心 悪意ある人が他人のパスワードをぬすむ手口に，パスワードを入力する画面を本物のサイトとそっくりにつくって表示させ，入力させるというものがあります。こうしたやり方をフィッシングといいます。

地理編

第1章 世界の中の日本の国土

第2章 暮らしを支える食料生産

第3章 暮らしを支える工業生産

第4章 私たちの生活と情報

第5章 私たちの生活と環境

★★★ 情報格差 （デジタルデバイド）

人々の間に情報を利用する機会に差があること。年齢，所得，教育などの差によって生じます。例えば，発展途上国では，先進国に比べてインターネットが広まっていない国が多く見られます。国内でも，いっぱんに高齢者はパソコンなどの新しい情報機器に不慣れな人が多く，若い人との格差があります。

こうした格差は，生活の便利さだけでなく，働く機会の差や収入の差などを生み出すことにもつながります。

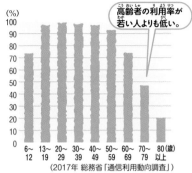

高齢者の利用率が若い人よりも低い。

(2017年 総務省「通信利用動向調査」)

⬆ 世代ごとのインターネット利用率

★★★ 報道被害

新聞，テレビ，週刊誌などの**メディア** [➡ P.308] の報道によって被害を受けること。例えば，メディアの記者が事件の関係者に強引な取材をすることで個人のプライバシーの権利がおかされることがあります。また，無実の人を犯人のようにあつかった報道によって，その人や家族が傷つく場合もあります。

★★★ 情報モラル

情報をやり取りする際に気をつけなければならないマナーやルールのこと。例えば，インターネット上で情報を発信するときは，相手にとって不快な表現や差別的な表現をしないように気をつけなければなりません。また，個人情報の取りあつかいや，著作権をおかさないように注意することも必要です。

★★★ メディアリテラシー

メディア [➡ P.308] が伝える情報をそのまま信じるのではなく，自分にとって**どんな情報が必要かを選び，活用する能力**のこと。

情報があふれる現在の社会では，かたよった情報やまちがった情報も多くあります。これらの情報を正しく読み解く能力を養うことが重要になっています。

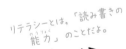
リテラシーとは，「読み書きの能力」のことだよ。

COLUMN くわしく

フィルタリングで有害なサイトをシャットアウト！ インターネットには違法で有害なサイトもあります。こうしたサイトに誤って接続しないようにする機能をフィルタリングといいます。この機能は多くのワクチンソフトに取り入れられています。

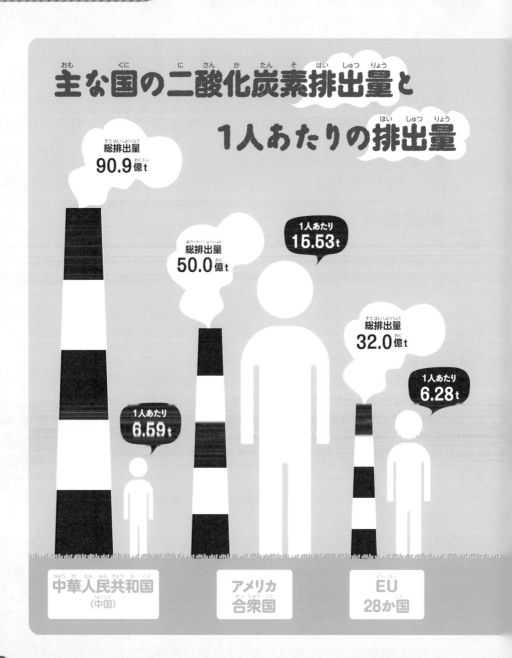

活と環境

私たちの暮らしは自然環境と密接に結びついているため，環境を守っていくことは私たちにとって重要な課題です。二酸化炭素は地球温暖化の原因となる温室効果ガスの1つで，排出量が多いほど地球温暖化を進行させます。二酸化炭素の排出量が多い主な国の全体の排出量と，人口1人あたりの排出量を見てみましょう。日本は，世界の排出量は世界6位ですが，人口1人あたりの排出量はこの中では3番目に高い数値になります（2015年）。

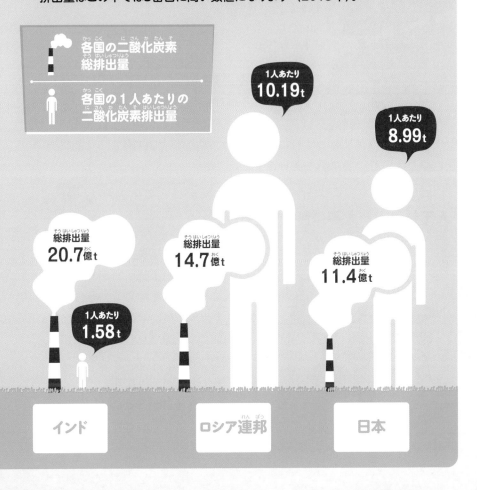

各国の二酸化炭素
総排出量

各国の1人あたりの
二酸化炭素排出量

1人あたり
10.19t

1人あたり
8.99t

総排出量
20.7億t

総排出量
14.7億t

総排出量
11.4億t

1人あたり
1.58t

インド

ロシア連邦

日本

01 森林とともに生きる

さくっとガイド　まずはここを読んで，森林の大切さをおさえよう！

森林はいろいろな働きをしてくれる！

僕たちが雨水をたくわえているんだ。

きれいな水！

日本は国土面積の約3分の2が針葉樹林や広葉樹林の森林におおわれています。

森林には大切な働きがいくつもあります。その1つが，雨水をたくわえる「緑のダム」としての働きです。

ほかにも，きれいな空気をつくったり，木々の根で土砂くずれを防いだり，野生動物のすみかになったりしています。家の周りで強風を防ぐ防風林の役目などをしている森林もあります。

人工林は人が大事に育てている！

りっぱな木になるんだぞ。

50年後…

大きく育ったな。

森林には，自然に育っている天然林と，人が育てている人工林とがあります。人工林は，人が苗木を植えてから生長して木材にするまで長い年月がかかります。

その間には，雑草をかりとる下草がりや，森林の中の余分な木を切る間伐など，さまざまな仕事があります。

しかし，近年は日本の木材（国産材）よりも輸入木材のほうが多く利用されるようになっています。また，林業で働く人が減っていることもなやみです。

1 森林の種類と働き

地理編

第1章 世界の中の 日本の国土

第2章 暮らしを支える 食料生産

第3章 暮らしを支える 工業生産

第4章 私たちの 生活と情報

第5章 私たちの 生活と環境

重要度
★★★

緑のダム

森林がダムのような働きをしていることをさしたことば。森林の多い山は，落ち葉などが積もってスポンジのようになった栄養分豊かな土が広がっています。森林に降った雨は，このような土に吸いこまれて地中にたくわえられ，栄養分をふくんだ水がゆっくりと川に流れ出します。

⚖ 比べ～る

雨水のゆくえ（森林の多い山と森林の少ない山）

★★★

森林浴

森林を歩いてすがすがしい気分にひたること。森林は二酸化炭素を吸って，きれいな空気をつくり出します。また樹木はよいかおりを出します。これらのことから，森林を歩くとすがすがしく，気持ちが安らぐと考えられています。

緑のカーテンで夏もすずしく　森林の中を歩くと，夏でもひんやりしますね。これは葉から水分が蒸発するとき，周りの温度を下げるからです。そのため，窓際にアサガオやヘチマなどのつる植物を育て，カーテンのようにすると部屋がすずしくなります。

重要度

★★★ 針葉樹林

すぎ，まつ，ひのきなど，細長い葉をもつ木（針葉樹）がしげった森林。針葉樹は生長が早く，まっすぐにのびるので，家の柱などに利用されています。

北海道のように，夏でも低温の冷帯（亜寒帯）[➡ P.193] 気候の地域には広い針葉樹林帯が見られます。

⬆ 針葉樹林 （ピクスタ）

★★★ 広葉樹林

ぶなやかえでなど，はばの広い葉をもつ木（広葉樹）がしげった森林。広葉樹は，美しい木目をいかして家具などに利用されています。

広葉樹林には，秋に葉を落とす落葉広葉樹林と葉を落とさない常緑広葉樹林があります。

照葉樹林
常緑広葉樹林のうち，温帯で暖かい地方に広がる森林。しい，くすのき，つばきなどのように葉が厚く，表面がつやつやしている木がしげる森林をいいます。

⬆ 秋の広葉樹林 （ピクスタ）

★★★ 国有林

国が所有し管理している森林。森林は，国有林と，都道府県，市町村や個人，企業などが所有している民有林（公有林，私有林）とに分かれます。

国有林は，国土の約2割，森林全体の約3割をしめています。奥地の山地や川の源流付近などにあり，川に水をもたらすほか，野生動物のすみかなどとして重要な働きをしています。

広葉樹林は，秋の紅葉がきれいね。

COLUMN くわしく

森林には，地球温暖化を防ぐ役割がある！ 地球温暖化は二酸化炭素などの増加が原因とされています。そのため日本も二酸化炭素を減らす量を設定しましたが，その量の3分の2は森林が吸収してくれる分です。温暖化を防ぐために森林が大きな役割を果たしてくれています。

地理編

第1章 世界の中の日本の国土

第2章 暮らしを支える食料生産

第3章 暮らしを支える工業生産

第4章 私たちの生活と情報

第5章 私たちの生活と環境

★★★ 人工林

人が苗木を山に植えて育てている森林。主に木材を生産するためにつくられます。日本の人工林のほとんどは，すぎ，ひのき，からまつなどの生長の早い**針葉樹林**です。

日本では，第二次世界大戦後，建築用材を生産するために各地でさかんに人工林がつくられましたが，国産材の利用が減るとともに，手入れの行き届かない森林が増えました。

★★★ 天然林

自然に落ちた種などが芽を出し，自然（天然）の力で育った森林。日本の森林の約半分が天然林で，その多くは**広葉樹林**です。

天然林でも，幼い木がよく育つようにかれた木などを取り除くなど，人の手が加えられることもあります。

↑ 屋久島の原生林　(ピクスタ)

★★★ 原生林

天然林のうち，まったく人の手が入っていない森林。

日本では，<u>世界自然遺産</u> [➡ P.352] に登録されている**白神山地** [➡ P.334]（青森県，秋田県）や，**屋久島** [➡ P.189]（鹿児島県），**知床**（北海道）などの原生林が有名です。

★★★ 三大美林

森林の中で，特に美しく，よい木材を生産する森林。いっぱんに，天然林の三大美林として，**青森ひば**，**秋田すぎ**，**木曽ひのき**があげられ，人工林の三大美林として，**天竜すぎ**，**尾鷲ひのき**，**吉野すぎ**があげられます。

天然の三大美林
- 青森ひば（青森県）
- 秋田すぎ（秋田県）
- 木曽ひのき（長野県）

人工の三大美林
- 天竜すぎ（静岡県）
- 尾鷲ひのき（三重県）
- 吉野すぎ（奈良県）

↑ 三大美林

COLUMN まめ知識

高知県は面積の約84%が森林！　森林面積が最も広いのは北海道で，全国の森林の約5分の1をしめています。しかし，県の面積にしめる森林（草地をふくむ）の割合が最も高いのは高知県で，面積の84%が森林です（2016年）。

第5章 私たちの生活と環境

重要度
★★★
防風林 [➡P.205]

季節風 [➡P.191] や台風 [➡P.191] など，風による被害を防ぐために人工的につくられた林。田畑や家の周り，海岸などにつくられます。

★★★
屋敷林 （屋敷森）

家の周りにつくられた森林。風から家を守るほか，夏の強い日射しを防いですずしくする働きもあります。

かつては，落ち葉を肥料にしたり，枝を燃料に利用したりするなど，人々の生活と密接に結びついていました。

砺波平野（富山県）や関東平野西部の山沿いなど，季節風 [➡P.191] の影響を強く受ける地域に多く見られます。

⬆ 砺波平野（富山県）の屋敷林　（ピクスタ）

★★★
林業

苗木を植えて育て，木材を生産する産業。苗木を植えてから生長して伐採するまで50〜80年ぐらいかかり，厳しい作業が続く仕事です。

近年は，輸入木材におされて林業経営が厳しくなっています [➡木材自給率 P.334]。また，若い人を中心に林業で働く人が減り，高齢化が進んでいることもなやみです。

農業と水産業で働く人の数も減っているよ。

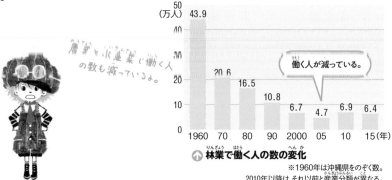

働く人が減っている。

⬆ 林業で働く人の数の変化

※1960年は沖縄県をのぞく数。
2010年以降は，それ以前と産業分類が異なる。
（2018年版「日本のすがた」ほか）

COLUMN
まめ知識

しいたけって，農作物？　しいたけなどのきのこは，森林をいかしてつくられるもので，特用林産物と呼ばれています。くぬぎなどの原木（丸太）にしいたけ菌を植えつけて育てますが，今では，大部分がおがくずなどを利用して室内で育てられています。

★★★ 下草がり

山に苗木を植え（植林）たあと，苗木の生長をさまたげる雑草を取り除く作業。苗木は，苗場（苗畑，苗床）で約3年育ててから山に植え付けられます。植え付けられた苗木が大きくなるまでは，下草がりはほぼ毎年，主に雑草が増える夏に行います。

★★★ 枝打ち

生長した木の余分な枝を切る作業。植林してから10～15年ほどたつと，枝がのびてきて周りの木と重なり合い，林の中が暗くなります。そのため，余分な枝をつけ根から切り落とします。
切った枝のあとは，木が生長すると樹皮におおわれてわからなくなり，節のないよい木材になります。

↑ 枝打ち　(大木克仁／アフロ)

★★★ 間伐

木が育ってきたあと，木と木の間を広げ，日光がよくあたるように，弱った木などを切る作業。こうすることによって，残った木は，根を張ったじょうぶで大きな木になります。

↑ 間伐　(大木克仁／アフロ)

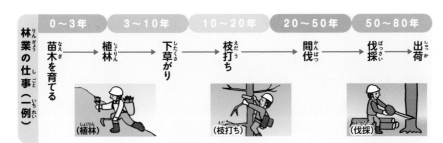

林業の仕事（一例）

| 0～3年 | 3～10年 | 10～20年 | 20～50年 | 50～80年 |
| 苗木を育てる（植林） | 植林 | 下草がり | 枝打ち（枝打ち） | 間伐 | 伐採（伐採） | 出荷 |

いろいろある木炭の働き　木をむし焼きにした木炭は，昔は火ばちやいろりで燃やして暖めるために家庭に欠かせないものでした。今は，においを消す働きをいかして冷蔵庫に入れたり，水をきれいにする働きをいかして浄水器に入れたりしています。

第5章 私たちの生活と環境

重要度
★★★
白神山地

青森県と秋田県にまたがる山地。世界的に見ても貴重な**ぶなの原生林**が広がり，1993年，**世界自然遺産** [➡ P.352] に登録されました。
動物のえさになる植物が豊富で，ツキノワグマ，ニホンザル，クマゲラなどさまざまな野生動物がすみ，動植物の宝庫になっています。

白神山地は，日本で初めて世界遺産に登録された場所の1つだよ。

重要度
★★★
木材自給率

国内で使う木材を国内産（国産材）でまかなう割合。日本の木材自給率は現在（2016年），約35％です。

かつて，日本では木材はほとんど国内生産で足りていました。しかし，外国産木材のほうが安いことなどから，木材の輸入が増え，自給率は一時20％以下になりました。

近年は，国産材を見直す動きがさかんになり，自給率はやや上がっています。

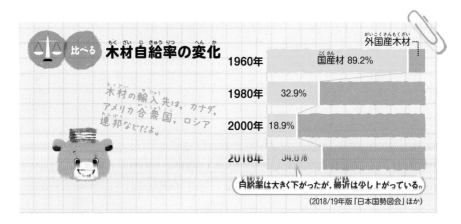

比べる **木材自給率の変化**

木材の輸入先は，カナダ，アメリカ合衆国，ロシアなどだよ。

1960年	国産材 89.2% 外国産木材
1980年	32.9%
2000年	18.9%
2016年	34.8%

自給率は大きく下がったが，最近は少し上がっている。

(2018/19年版「日本国勢図会」ほか)

重要度
★★★
マングローブ [➡P.248]

1年中暖かい**熱帯や亜熱帯** [➡ P.192] の地域で，河口付近の海水と真水が入り混じったところにしげる森林。日本では**南西諸島** [➡ P.189] に見られます。

COLUMN
くわしく

334

「森は海の恋人」のわけ　森林の豊富な山には栄養分豊かな土が広がっています。この栄養分は川に流れ出て，海に注ぎます。そして，海で魚のえさのプランクトン [➡ P.248] を育て，プランクトンを食べに多くの魚が集まります。森が海の魚を集めているというわけです。

❓1 里山とはどんな自然なの？

➡ 里山は，森林と都市の中間にあり，人がそこに集落をつくり，農作業を行うことで，人と関わりの深い森となりました。また，さまざまな生物がすむ環境でもあり，食料や木材などを生み出す場所，美しい景観，伝統的な文化行事を受け継いでいくなど，日本のふるさとともいわれています。

❓2 里山でいま何が起こっているの？

➡ 里山では人口が減り，高齢化が進みました。まきや炭などの森からの産物を燃料に使う生活ではなくなり，宅地の開発で里山が切り開かれていき，森は荒れ，里山にいた生物たちも姿を消していきました。人の手が加わることで，維持されていた里山の生態系がくずれてしまったのです。

COLUMN はてな ❓で深める　　里山を守る

❓3 環境保全活動の重要な里地里山とは？

➡ 里山は，持続可能な社会づくりの原点であるとして，ふたたび注目を集めて，里山を再生するさまざまな取り組みが行われています。環境省は，全国の500か所を「重要里地里山」として選び，各地の特ちょう的な取り組みを集めて，はば広く情報発信を行っています。

(読売新聞 / アフロ)

⬆ 野生復帰したコウノトリがいる田んぼ
（兵庫県豊岡市）

第5章 私たちの生活と環境

02 自然災害に備える

さくっとガイド　まずはここを読んで,日本で起こる自然災害をおさえよう!

災害が多い日本!

火山の噴火

地震

日本列島は,大地の動きが活発な環太平洋造山帯の一部です。そのため,地震や火山の噴火がたびたび起こります。

地震は,建物をこわし,多くの人命をうばう被害を出します。2011年に起こった東日本大震災のように,地震によって大きな津波が発生することもあります。

川のはんらんもよく起こる!

日本には,夏から秋にかけて台風がしばしば接近し,風水害をもたらします。さらに6～7月ごろには梅雨になり,季節による降水量の変化が大きい気候です。また,日本の山地から流れ出す川は,短く,流れが急です。これらのために,洪水が起こりやすくなっています。

大雨は,洪水による川のはんらんをもたらすだけでなく,がけくずれや土石流などの土砂災害も引き起こします。

こうした災害を防ぐために,気象庁は,常に気候の変化を観測し,災害が起こりそうなときには注意報や警報を出して,人々に注意を呼びかけています。

① 地震と火山の噴火

★★★ 地震

地球の表面は十数個のプレート（大きな岩盤）でおおわれています。このプレートどうしがぶつかり合ったり引きずりこまれたりして地震が発生します。また，プレートの影響で，断層（岩盤のずれ）が動いても起こります。

日本は世界でも地震の多い地域にあります。

震度

地震の際に，場所ごとの地面のゆれの強さを表す数値。ふつう震源地からはなれるほど，震度は小さくなります。

マグニチュード

地震そのもののエネルギーの大きさを表す数値。1つの地震に1つの数値しかありません。

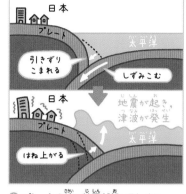

⬆ **プレートの境で地震が起こるしくみ**

★★★ 阪神・淡路大震災 [➡P.633]

1995年1月17日，淡路島（兵庫県）の北を震源として起こった地震（兵庫県南部地震）による災害。地震のマグニチュードは7.3でした。

大都市神戸市（兵庫県）を中心に被害が広がりました。多くの建物がたおれたほか，各地で火事が起こり，約6400人の死者・行方不明者が出ました。

★★★ 東日本大震災 [➡P.633]

2011年3月11日，東北地方の**三陸海岸沖**を震源として起こった地震（東北地方太平洋沖地震）による災害。地震のマグニチュードは9.0で，震源域が三陸海岸沖から茨城県沖まで広がる巨大な地震でした。

地震にともなって**津波** [➡ P.338] が発生し，2万人近くの死者・行方不明者が出ました。また，**福島第一原子力発電所**で大きな事故が起こりました [➡ P.338]。

COLUMN くわしく

南海トラフ巨大地震がくる！ 東海地方の駿河湾から九州の東方沖にかけて，南海トラフと呼ばれる水深4000m級の深い溝があります。この場所では巨大地震がくり返し発生し，近い将来にマグニチュード9クラスの巨大地震が発生すると予想されています。

福島第一原子力発電所の事故 [➡ P.388]

★★★

2011年3月11日の**東日本大震災** [➡ P.337] の際に，福島県の福島第一原子力発電所（福島第一原発）で起こった事故。地震と巨大な津波が福島第一原発をおそい，冷却装置が故障しました。これによって水素爆発が起こり，大量の**放射性物質（放射能）**が大気中に放出されました。
　この結果，発電所周辺の人々が避難をしいられ，農業や水産業などに多くの被害が出ました。放射能をへらす除染作業は2018年3月で完了しました。

津波

★★★

海底の地形が急激に変化して海面が盛り上がり，大きな波が沿岸に押し寄せる現象。海底で地震 [➡ P.337] が起こったり，火山が噴火したりしたときに発生します。
東日本大震災 [➡ P.337] では，10m級の巨大な津波が岩手県，宮城県，福島県を中心とする沿岸地域をおそいました。

火山の噴火

★★★

火山の地下のマグマ（熱でとけた液体状の岩石）が上昇して溶岩や火山灰をふき上げること。日本は大地の活動が活発な**環太平洋造山帯** [➡ P.180] の一部で，火山の多い国です。そのため，たびたび噴火による被害が出ています。
　近年では，1990年から始まった長崎県の雲仙岳（普賢岳）の噴火の際に，翌年発生した**火砕流**によって40人あまりの死者・行方不明者が出ました。
　また，2000年の三宅島（東京都）の噴火の際には，島の全住民が島外に避難しました。

火砕流

★★★

火山の噴火によって生じた高温の火山灰や溶岩が，火山ガスとともに山の斜面を一気に流れ下るもの。
近年では，1990年に長崎県の雲仙岳（普賢岳）が噴火した際には，翌年大規模な火砕流が発生しました。

⬆ 雲仙岳（普賢岳）で発生した火砕流
（読売新聞／アフロ）

COLUMN
まめ知識

富士山も噴火する危険があるの？ 　富士山はいつ噴火してもおかしくないといわれている火山です。最近の時期に起こった噴火は江戸時代の1707年（宝永大噴火）で，このときは，現在の神奈川県川崎市で約5cmの火山灰が積もったという記録があります。

地理編

第1章 世界の中の日本の国土

第2章 暮らしを支える食料生産

第3章 暮らしを支える工業生産

第4章 私たちの生活と情報

第5章 私たちの生活と環境

主な大地震と火山

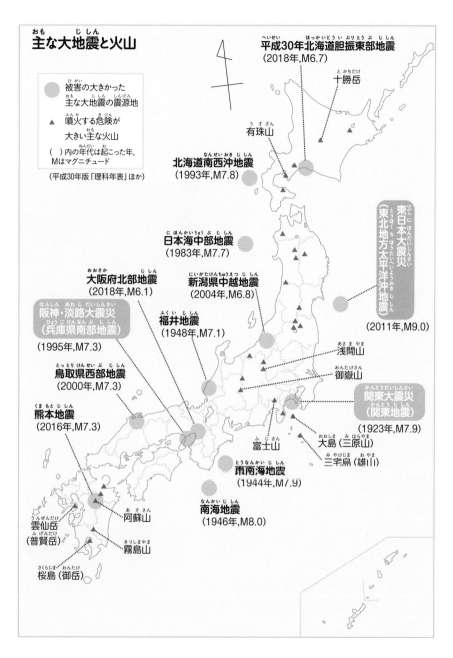

● 被害の大きかった主な大地震の震源地

▲ 噴火する危険が大きい主な火山

（　）内の年代は起こった年，Mはマグニチュード

（平成30年版「理科年表」ほか）

平成30年北海道胆振東部地震
（2018年，M6.7）

十勝岳

有珠山

北海道南西沖地震
（1993年，M7.8）

日本海中部地震
（1983年，M7.7）

東日本大震災
（東北地方太平洋沖地震）
（2011年，M9.0）

大阪府北部地震
（2018年，M6.1）

新潟県中越地震
（2004年，M6.8）

阪神・淡路大震災
（兵庫県南部地震）
（1995年，M7.3）

福井地震
（1948年，M7.1）

浅間山

御嶽山

鳥取県西部地震
（2000年，M7.3）

関東大震災
（関東地震）
（1923年，M7.9）

熊本地震
（2016年，M7.3）

富士山

大島（三原山）

三宅島（雄山）

雲仙岳
（普賢岳）

阿蘇山

東南海地震
（1944年，M7.9）

霧島山

南海地震
（1946年，M8.0）

桜島（御岳）

COLUMN
くわしく

スマトラ島沖でも大津波が起こった！　2004年，インドネシアのスマトラ島沖で起こった地震は，マグニチュードが東日本大震災のときとほぼ同じ9.1でした。このときも大津波が起こり，周辺の国々で，合わせて28万人以上が犠牲になりました。

2 土砂災害と水害

重要度 ★★★

📖 土砂災害

がけくずれや土石流，地すべりなど，斜面の土砂が流れ下って家や田畑などに被害をもたらす災害。

梅雨 [➡ P.195] の時期の長雨や集中豪雨，台風 [➡ P.191] のときの大雨，地震 [➡ P.337] などが原因で起こります。

★★★

がけくずれ

がけの斜面の土砂や岩が突然くずれ落ちること。家をおしつぶしたり，道路にくずれ落ちて交通が止まったりします。

大雨が降ったときに，水が地面にしみこんで起こるほか，地震 [➡ P.337] のゆれによって起こることもあります。

⬆ がけくずれ

(高橋よしてる／アフロ)

★★★

📖 土石流

山腹や川底の土砂が水とともに谷や山の斜面を一気に流れ下ること。山津波とも呼ばれます。家や田畑がおし流される被害が出ます。

大雨によって起こるほか，地震 [➡ P.337] によって起こることもあります。このような被害を防ぐために，砂防ダムがつくられている所があります。

★★★

📖 砂防ダム

土石流のように，山地で土砂が流れ出すのを防ぐためにコンクリートなどでつくられたダム。砂防えん堤ともいいます。

土砂や岩をくい止め，少しずつ川の下流に流して被害を防いでいます。

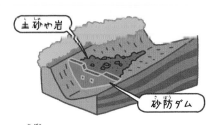

⬆ 砂防ダムのしくみ

COLUMN
まめ知識

砂防ダムと貯水ダムのちがい　ダムでも，砂防ダムと，川の水をせき止めて水をたくわえる貯水ダムとはちがいます。水をたくわえるダムは，洪水を防いだり，生活用水，農業用水，工業用水として利用したり，水力発電に利用したりするためにつくられています。

地理編

第1章 世界の中の日本の国土

第2章 暮らしを支える食料生産

第3章 暮らしを支える工業生産

第4章 私たちの生活と情報

第5章 私たちの生活と環境

★★★ 集中豪雨

短時間のうちに，せまい範囲の地域に集中的に大雨が降ること。

梅雨 [➡ P.195] の終わりごろや台風が近づいてきたときなど，急速に積乱雲が発達したときに起こり，川のはんらんなどの水害やがけくずれなどの**土砂災害**が起こりやすくなります。

集中豪雨のうち，特に短時間にせまい地域に集中して大雨が降ることを**ゲリラ豪雨**と呼ぶことがあります。

★★★ 水害

大雨が降って川がはんらんしたり，海沿いで**高潮**が押し寄せたりする災害。

山がちな日本では，流れが急で流域面積のせまい川が多いため，大雨が降ると川の水量が急に増え，洪水が起こりやすくなります。

そのため，昔から各地でダムをつくったり，堤防 [➡ P.200] を築いたりする**治水** [➡ P.200] が行われてきました。

★★★ 高潮

台風 [➡ P.191] や，発達した低気圧が近づいたときに海沿いの地域をおそう高い波。気圧が下がって海面が吸い上げられたり，強風によって海水がふき寄せられたりして起こります。2013 年には，フィリピンで台風によって高さ数mの高潮が押し寄せ，大きな被害が出ました。

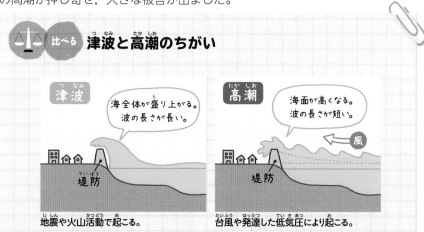

比べる **津波と高潮のちがい**

津波
海全体が盛り上がる。波の長さが長い。
地震や火山活動で起こる。

高潮
海面が高くなる。波の長さが短い。
台風や発達した低気圧により起こる。

COLUMN くわしく **雨が少ないときも災害が起こる**　長い間雨が降らず，農作物がかれたり，飲み水が不足したりする被害を干害といいます。瀬戸内海に面した讃岐平野（香川県）などは降水量が少ない地域で，昔から多くのため池をつくったり用水を引いたりして干害に備えてきました。

第5章　私たちの生活と環境

重要度

竜巻
★★★

積乱雲にともなう上昇気流によって生じる，うずまきのような激しい風。台風 [➡ P.191] が近づくときなど，大気の状態が不安定になった場合に発生します。短時間に帯状のせまい範囲に被害をもたらし，地表の自動車をまき上げたり，建物を破壊したりします。

積乱雲

竜巻

↑ 竜巻のしくみ

雪害
★★★

雪が降ることによって生じるさまざまな被害。雪が道路に積もることで交通がまひしたり，交通事故が起こりやすくなったりします。また，屋根に積もることで家がつぶれる被害や，落雪による危険があります。

気象庁
★★★

雨や風などの状態を観測して天気予報を出したり，火山の動きを監視したりしている国土交通省に属する機関。大雨などによって災害が起こりそうなときには**注意報**や**警報**を発表して人々に災害への備えを呼びかけています。

> **注意報・警報**
> 気象庁が，災害が起こりそうなときに発表する予報。
> 特別大きな災害が起こりそうな場合は**特別警報**を発表し，避難などを呼びかけています。
> **緊急地震速報** [➡ P.319] も特別警報にあたります。

③ 防災の動き

防災
★★★

地震 [➡ P.337]，火事，津波 [➡ P.338] などの災害を防ぐこと。防災の手段としては，洪水を防ぐためのダムの建設や津波を防ぐための防波堤の建設，ふだんの防災訓練 [➡ P.083] や防災教育など，さまざまなものがあります。

ライフライン
★★★

電気，ガス，水道，通信など，日常生活に欠かせない設備。災害が起きてライフラインが使えなくなると，その地域は大きな混乱をきたします。

COLUMN
くわしく

特別警報が出たら，すぐに避難！　数十年に一度のこれまで経験したことのないような重大な危険がせまったときに特別警報が出ます。すぐに避難所に避難するか，避難所に行けないときは安全な所に移ることが必要です。

地理編

第1章 世界の中の日本の国土

第2章 暮らしを支える食料生産

第3章 暮らしを支える工業生産

第4章 私たちの生活と情報

第5章 私たちの生活と環境

★★★ 減災

地震 [➡ P.337] などの災害による被害をできるだけ少なくする取り組み。防災とちがい，減災はあらかじめ被害の発生を想定した上で，被害を最小限におさえるのが目的です。

地震のときは
家具がたおれてケガをしたり
避難するときに出入口を
ふさいだりするんだ！

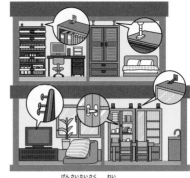

↑ 家の中の減災対策の例

★★★ 自助

自分自身や家族の命と財産を，自分で守る取り組みのこと。主な取り組みとしては，非常食や災害用簡易トイレなどを準備しておく，家の耐震化を確保しておく，ハザードマップ [➡ P.084] で避難場所を確認しておく，家族どうしで災害時の安否確認の伝達手段をどうするか話し合っておく，などがあります。

★★★ 共助

近所や地域の人々とたがいに助け合うこと。地域の人の避難を誘導したり，けが人の救護を手伝ったりします。災害のときに助け合いができるように，日常でも地域で助け合いについて備えることが大切です。

★★★ 公助

国や県・市区町村，消防・警察・自衛隊などの公的な機関による救助や支援のこと。

一つの要素だけでは被害の拡大を防げないよ。自助・共助・公助がたがいに連けいすれば，災害時に大きな力となるね。

↑ 自助・共助・公助

COLUMN まめ知識

防災を学ぶ学校がある 阪神・淡路大震災を経験した兵庫県には，環境防災科を設置した高校があります。普通科目の授業のほかに，防災に関する特色あるカリキュラムを学習します。この高校の生徒たちは，各地で起こっている災害地でボランティアとして活やくしています。

03 環境を守る生活

さくっとガイド まずはここを読んで, 環境問題のポイントをおさえよう!

工業の発達によって公害が発生!

工業などの産業が発達すると, 人々の生活は便利になっていきます。その一方で, 環境を守ることをおろそかにすると, 大気汚染や水のよごれなどによって, 人々の健康やくらしに害をあたえることになります。このような被害を公害といいます。公害には, ほかにも騒音や振動, 地盤沈下などがあります。

日本では, 1950 年代後半から重化学工業が急速に発達するとともに, 四大公害病と呼ばれる深刻な公害病が問題になりました。

どんな公害病が起こったの?

四大公害病のうち, 九州地方の八代海沿岸で発生した水俣病は, 工場の廃水による海水のよごれが原因でした。新潟水俣病（第二水俣病）も同じような原因で発生しました。

また, 富山県の神通川下流域では川や農地のよごれによるイタイイタイ病, 三重県の四日市市では大気のよごれによる四日市ぜんそくと呼ばれる公害病が起こりました。

地理編

第1章 世界の中の 日本の国土

第2章 暮らしを支える 食料生産

第3章 暮らしを支える 工業生産

第4章 私たちの 生活と情報

第5章 私たちの 生活と環境

① さまざまな公害

重要度
★★★

公害

工業などの産業や人間の活動によって環境や人々の生活に被害が出ること。**大気汚染**（空気のよごれ），新幹線や飛行機，工場などによる**騒音**や**振動**，**悪臭**（いやなにおい），**水のよごれ**などがあります。

日本では，高度経済成長 [➡ P.624] 中の 1950 年代から 1960 年代にかけて重化学工業 [➡ P.279] が急速に発達するとともに，公害が大きな問題になりました。

2016 年度 7万47件

騒音 22.9 ％

古典型 7

大気汚染 21.0

悪臭 13.7

水のよごれ 9.2

その他 2.9

ごみ 13.2

他のその公害

その他

（2018年版「日本のすがた」）

⬆ **公害に対する苦情の割合**

★★★

大気汚染

工場などから出るばい煙や細かいちり，自動車の排出ガスなどによって空気がよごれること。よごれた空気を吸って，ぜんそくなどの病気にかかる人もいます [四日市ぜんそく➡ P.347]。

（Imaginechina/アフロ）

⬆ **PM2.5 による中国の大気汚染の様子**

PM2.5

直径 2.5 μm 以下の小さなつぶをまとめた呼び名。工場のばい煙や自動車の排出ガスなどにふくまれ，大気中にただよいます。細かいので，吸うと肺の奥にまで達し，健康に被害が出ます。

中国では PM2.5 の増加によって，空がかすんで見えるほどの大気汚染が深刻です。

★★★

ダイオキシン

プラスチックを燃やしたときなどに発生する毒性の強い化学物質。発がん性があります。大気中に出ると土や川，海の底にたまり，農作物や魚などに取りこまれ，それを食べた人間に害をおよぼします。被害を防ぐため，ごみ焼却施設ではダイオキシンの排出をおさえるしくみが取り入れられています。

COLUMN くわしく

捨てられたごみも公害 工場などから出るごみを産業廃棄物といいます。産業廃棄物は出す会社や個人が責任をもって処理しなければなりません。しかし，それを無視して捨てられるごみがあとをたちません。

第5章 私たちの生活と環境

重要度
★★★
地盤沈下

地下水のくみ上げすぎなどにより土地がしずんでいくこと。工業用水や農業用水として多くの地下水を利用したり，雪の多い地域で道路上の雪をとかすために地下水を利用 [消雪パイプ➡ P.203] したりしている地域などで発生します。地震によって生じることもあります。東京湾岸や大阪湾岸などには，地盤沈下により地面が海面より低くなった地域もあります。

⬆ 地震で地盤沈下した土地
(望月仁 / アフロ)

★★★
四大公害病 [➡P.625]

水俣病，新潟水俣病（第二水俣病），イタイイタイ病，四日市ぜんそくの４つの公害病。主に，重化学工業 [➡ P.279] が急速に発達した 1950 年代から 1960 年代にかけて明らかになり，多くの人が苦しみました。これらの公害病になった人々は救済を求めて，原因をつくった企業をうったえました。裁判の結果，企業は被害者の救済を命じられました。

★★★
水俣病

熊本県と鹿児島県の八代海沿岸地域でおこった公害病。水俣市の化学工場の廃水にふくまれた**メチル水銀（有機水銀）**で海の魚や貝が汚染され，それを食べた人やそのお腹にいた子どもが病気になりました。

手足がしびれたり，目や耳が不自由になったりする被害が出ます。亡くなった人も多くいました。

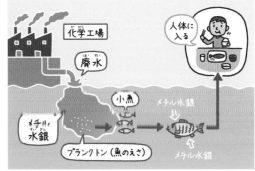
⬆ **水俣病の発生のしくみ**

COLUMN
くわしく

四大公害病は，なぜ多くの被害者を出したの？ 当時，日本は高度経済成長の時期で会社は生産を増やすことに大きな力を注いでいました。そのため，会社や政府の環境を守るための対策が不十分だったことが大きな原因です。

★★★
新潟水俣病（第二水俣病）

新潟県の阿賀野川下流域で起こった公害病。
化学工場からの廃水にふくまれた**メチル水銀（有機水銀）**によって汚染された
魚や貝を食べた人に，水俣病と同じような
症状が発生しました。

水銀に関する水俣条約

水銀と水銀を使用した製品の製造と輸出入を規制
する国際条約。水銀が人体や環境にあたえる影響
を減らすことを目的に2013年に結ばれました。
採択と署名のための会議は水俣市と熊本市で開か
れ，世界中から多くの人が集まりました。

⬆ **水俣条約の採択会議** （読売新聞／アフロ）

★★★
イタイイタイ病

富山県の神通川下流域でおこった公害病。上流の鉱山の廃水にふくまれた**カド
ミウム**という有害物質が川の水や周辺の農地を汚染したため発生しました。
骨がもろくなって折れ，激しい痛みに苦しむ病気で，汚染された農地で栽培さ
れた米などを食べたり，水を飲んだりした人々の間に起こりました。

★★★
四日市ぜんそく

三重県の四日市市で起こった公害病。ぜんそくとは，息をするのが苦しく，激
しいせきが止まらない病気です。四日市市の石油化学コンビナート [➡ P.281]

のけむりにふくまれた亜硫
酸ガスで大気が汚染されて，
それをすった人々の間に起
こりました。

海や川のよごれと空気
のよごれが原因だね。

⬆ **四大公害病が発生した所と原因**

COLUMN
〈くわしく〉
イタイイタイ病の名前の由来は？ 病気にかかった人たちが痛みに苦しんで「いたい，い
たい」とさけんだことからイタイイタイ病と呼ばれるようになりました。

2 環境を守るために

重要度
★★★

環境基本法

環境を守るための基本的な決まりを定めた法律。1967年に定められた公害対策基本法にかわって，1993年に制定されました。

よりよい環境をつくるために，国や地方公共団体，企業，人々の責任を明らかにしています。また，地球温暖化[➡ P.351]など地球規模の環境問題にも，世界の国々と協力しながら取り組んでいくことを定めています。

今の日本の環境保護の基準になっているよ。

★★★

公害対策基本法 [➡P.625]

1967年につくられた公害に対処するための法律。企業，国，都道府県，市町村に対して，公害を防ぐために取り組むべきことを定めています。1993年に環境基本法ができたことによって廃止されました。

★★★

公害防止条例

公害を防ぐために，都道府県や市町村が定めた条例[➡ P.384]。

例えば東京都は，2003年にディーゼル車の排出ガスに規制を設ける条例を定めました。

★★★

環境アセスメント（環境影響評価）

環境に大きな影響をおよぼすおそれのある大規模な開発を行うときに，事前にその影響を調査・予測して地域住民や関係者の意見を求める制度。

これらの意見を取り入れた上で，環境を守るため開発の計画を修正し，決定します。

1997年に，環境悪化を防ぐことを目的に，環境アセスメント法（環境影響評価法）が制定されました。

環境影響評価法は，環境保護への高まりを受けて制定されたよ。

COLUMN
くわしく

日本の公害問題の原点と言われるのは？ 明治時代に栃木県で起きた足尾銅山鉱毒事件は，日本の公害問題の原点と言われます。銅山から流れ出た有害物質が周辺の川や農地を汚染しました。当時の衆議院議員の田中正造が問題の解決に力をつくしました。

★★★ エコタウン（事業）

家庭や工場から出るごみ（廃棄物）をリサイクル [➡ P.080] することによって廃棄物をゼロにすることや，それに関連する産業をおこすことをめざす事業。
エコタウン事業に取り組む都道府県や市町村は，国からの援助を受けることができます。

パソコンをリサイクルしているんだね。

⬆ 北九州市のエコタウン事業 （アフロ）

地理編

第1章 世界の中の日本の国土
第2章 暮らしを支える食料生産
第3章 暮らしを支える工業生産
第4章 私たちの生活と情報
■第5章 私たちの生活と環境

★★★ 環境省

環境に関するさまざまな仕事をする国の機関。1971年に設立された環境庁 [➡ P.625] が2001年に環境省にかわりました。国内の公害を防ぐ仕事をしたり，地球温暖化 [➡ P.351] をはじめとする地球規模の環境問題に取り組んだりしています。

★★★ 環境モデル都市

地球温暖化 [➡ P.351] の原因となる二酸化炭素などの排出量を減らすために積極的な取り組みをしており，それを国に評価・選定された都市。
リサイクル [➡ P.080] を徹底したり，再生可能エネルギー [➡ P.303] を活用したり，環境学習を行ったりしています。

⬆ 主な環境モデル都市…2018年現在，23都市が選ばれています。

COLUMN くわしく
公害の経験をいかす水俣市　水俣病の原因となった工場のある水俣市は現在，環境を守るためにエコタウン事業に力を入れています。2008年に環境モデル都市に選定され，水俣病の教訓をいかした取り組みを進めています。

04 地球環境を守る

> **さくっとガイド** まずはここを読んで地球の環境問題についておさえよう！

世界ではどんな環境問題が起こっているの？

地球温暖化が進むと…

環境問題は世界の各地で起こっています。特に地球規模で大きな問題になっているのが地球温暖化です。これは，大気中に二酸化炭素などが増えることが原因で地球の気温が上昇していくことです。

地球温暖化が進むと，海水面の上昇によって土地がしずんだり異常気象が発生したりします。また，砂漠化や酸性雨なども世界的な環境問題です。

自然や文化を守るためにどんな条約が結ばれたの？

大切な環境を守るために

世界の環境を守るために，国際連合（国連）が中心になってさまざまな条約が結ばれています。水鳥などのすみかになる湿地を守るためのラムサール条約もその１つです。

また，国連の専門機関であるユネスコ（国連教育科学文化機関）で，貴重な自然遺産や建物などの文化遺産を守るために世界遺産条約が結ばれました。日本では，白神山地や屋久島，京都や奈良の文化財，富士山などいくつもの自然遺産と文化遺産がこの条約に登録されています。

地理編

第1章 世界の中の
日本の国土

第2章 暮らしを支える
食料生産

第3章 暮らしを支える
工業生産

第4章 私たちの
生活と情報

第5章 私たちの
生活と環境

重要度
★★★

地球温暖化 [→P.667]

地球の気温が上昇すること。大気中の**二酸化炭素**やメタンなど**温室効果ガス**が増加することで起こると考えられています。地球温暖化が進むと，北極や南極などの氷がとけて海水面が上昇するため，低い土地は水没するおそれが出ています。また，各地で異常気象が発生することも指摘されています。

★★★

温室効果ガス

二酸化炭素，メタン，フロンガスなど，地球温暖化を引き起こすガス。温室効果ガスが増えると，地球に熱がたまって温室のような状態になり，地球温暖化が起こります。

二酸化炭素

化石燃料（石油や石炭など）[→ P.352] を燃やしたときなどに出る気体。自動車，工場，火力発電所 [→ P.301] などの排出ガスにふくまれます。

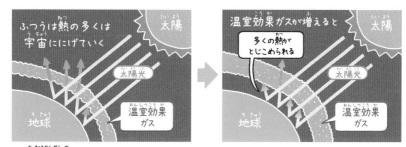

↑ **地球温暖化のしくみ**

★★★

京都議定書

温室効果ガスの削減目標を定めた国際的な文書。1997 年の**地球温暖化防止京都会議**で採択されました。先進国に対して，具体的な数値で温室効果ガスの削減を義務づけています。二酸化炭素の排出量世界一の中国に削減義務がないことや，排出量第 2 位のアメリカ合衆国の離脱などが問題でした。

2020 年以降の新たな国際ルールとして，2016 年には**パリ協定**が発効されました。産業革命前からの世界の平均気温の上昇を，すべての国が 2 度未満におさえることが目標です。しかし，こちらもアメリカ合衆国が離脱してしまいました。

COLUMN
まめ知識

地球温暖化が進むと日本はどうなる？　21 世紀末の日本の平均気温は，このままだと，20 世紀末に比べて最大で 6.4 度上がると考えられています。そうなると，海面は最大 88cm ぐらい上昇し，砂浜の 9 割以上がなくなってしまう可能性があります。

第5章 私たちの生活と環境

重要度
★★★

化石燃料

石油や石炭，天然ガスなどのこと。燃やすと，二酸化炭素 [➡ P.351] が大気中に増えるので，地球温暖化 [➡ P.351] の原因にもなります。

★★★

再生可能エネルギー [➡P.303]

自然界のエネルギーで，化石燃料とちがい，いつまでも長く，くり返して利用できるエネルギー。二酸化炭素 [➡ P.351] をほとんど出しません。

⚖ 比べる 主な再生可能エネルギーと特色

エネルギー	特色
太陽光	屋根に太陽電池パネルを設置し，家庭でも発電できる。天候に影響されやすい。
風力	風があれば夜でも発電できる。安定した風のふく場所が必要。
地熱	火山の地下などの熱水や蒸気を利用。日本は火山が多いので，資源が豊富。
バイオマス（生物資源）	木材や家庭の生ごみ，家畜のふん尿などを燃やしたり，発こうさせたりする。

⬆ 太陽電池パネル (ピクスタ)

⬆ 風力発電の風車

★★★

世界遺産条約

人類にとって貴重で，将来にわたって残していきたい自然や建造物を世界遺産として登録し，保護していくことを目的とする条約。1972 年，国際連合（国連）のユネスコ（国連教育科学文化機関 [➡ P.661]）の総会で結ばれました。遺跡などの文化遺産と，地形や動植物などの自然遺産，この両方の価値がある複合遺産に分けられています。[世界遺産登録地➡ P.356]

COLUMN
まめ知識

バイオマスは，燃やしても二酸化炭素は増えないの？ 木材や生ごみなど植物の燃料は，生長するときに二酸化炭素を取りこんでいます。そのため，これらを燃やしたときに二酸化炭素が出ても，取りこんだ分を出すだけで大気中の二酸化炭素は増えないとされています。

地理編

第**1**章 世界の中の日本の国土

第**2**章 暮らしを支える食料生産

第**3**章 暮らしを支える工業生産

第**4**章 私たちの生活と情報

第**5**章 私たちの生活と環境

重要度

★★★ ラムサール条約

湿原や沼，干潟（潮が引くと陸地が現れる所）と，そこにすむ生物を守っていくことを目的に結ばれた条約。正式には，「特に水鳥の生息地として国際的に重要な湿地に関する条約」といいます。条約を結んだ国には，登録された湿地を守ることが義務づけられます。

日本では，2018年現在，**琵琶湖**（滋賀県）や**釧路湿原**（北海道）など52か所が登録されています [ラムサール条約

登録地➡P.358]。

イランのラムサールという都市で結ばれたことから，ラムサール条約と呼ばれるよ。

★★★ 生物多様性条約

1992年に開かれた**地球サミット** [➡ P.669] で結ばれた条約。

地球上の森や川，海などには多くの生物がたがいに支え合いながら生きています。このことを生物多様性といいます。地球環境にとって大切なさまざまな生物を守っていくために結ばれました。

★★★ ナショナルトラスト運動

市民団体が市民や企業などから寄付を集め，美しい自然や歴史的な建物などを買い取り，守っていく運動。買い取らずに寄付されることもあります。

日本では，経済が発達して各地で開発が進んだ1960年代から始まりました。

（毎日新聞社／アフロ）

⬆️ トトロのふるさと基金が取得した森（埼玉県の狭山丘陵）…アニメ映画「となりのトトロ」のモデルになった森林を守るためのナショナルトラスト運動の1つ。

★★★ 外来種

もともとその地域に生息していなかったけれど，人間の活動によって外国から入ってきたり，国内のほかの地域からもちこまれたりした動物や植物。アメリカザリガニやシロツメクサなども外来種です。中には，在来種を食べるなど地域の生態系へ悪影響をおよぼすものや，危険な毒をもつものもあります。

COLUMN まめ知識 **地球の生物の種類でいちばん多いのは？** 地球上には，現在わかっているだけで，ほにゅう類などのせきつい動物やこん虫，植物，それに細菌などもふくめると約175万種の生物がいると考えられています。その半分あまりをしめ，最も多いのがこん虫です。

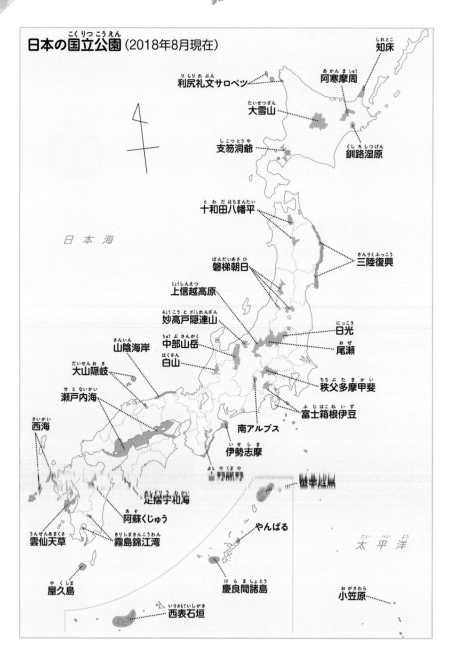

日本の国立公園 (2018年8月現在)

知床

阿寒摩周

利尻礼文サロベツ

大雪山

支笏洞爺

釧路湿原

十和田八幡平

三陸復興

磐梯朝日

上信越高原

妙高戸隠連山

日光

中部山岳

尾瀬

山陰海岸

白山

大山隠岐

秩父多摩甲斐

瀬戸内海

富士箱根伊豆

西海

南アルプス

伊勢志摩

日本海

足摺宇和海

阿蘇くじゅう

やんばる

太平洋

雲仙天草

霧島錦江湾

屋久島

慶良間諸島

小笠原

西表石垣

COLUMN
まめ知識

国立公園とは? 日本を代表する美しい自然の景勝地を,国が指定して維持管理する自然公園です。日本の国立公園は環境省が管理しています。2018年現在で34か所の国立公園があります。

地理編

第1章 世界の中の日本の国土

第2章 暮らしを支える食料生産

第3章 暮らしを支える工業生産

第4章 私たちの生活と情報

第5章 私たちの生活と環境

(竹林修／アフロ)

🔍 **阿寒摩周国立公園（北海道）**…阿寒湖・屈斜路湖・摩周湖の3つのカルデラ湖があります。阿寒国立公園を，2017年に名称を改めました。

(熊谷公一／アフロ)

🔍 **三陸復興国立公園（青森・岩手・宮城県）**…陸中海岸国立公園を，震災からの復興のために2013年に名称を改めました。

(南俊夫／アフロ)

🔍 **小笠原国立公園（東京都）**…亜熱帯の海洋島で独自の進化をとげた動植物や生態系が広がっています。世界遺産にも登録されています。

(熊澤正幸／アフロ)

🔍 **中部山岳国立公園（長野・岐阜・富山・新潟県）**…北アルプスと呼ばれる飛驒山脈一帯をしめています。ライチョウが生息しています。

(新海良夫／アフロ)

🔍 **足摺宇和海国立公園（愛媛・高知県）**…四国南西部の変化に富んだ海岸の景観が見られます。

(西垣良次／アフロ)

🔍 **霧島錦江湾国立公園（宮崎・鹿児島県）**…日本初の国立公園の1つとして1934年に指定されました。火山のめぐみである温泉地が周囲に多くあります。

COLUMN くわしく **国立公園満喫プロジェクト** 環境省は日本の国立公園を世界水準の「ナショナルパーク」としてのブランド化をすすめ，「国立公園満喫プロジェクト」として8か所の国立公園を選び，2020年を目標に外国人観光客をひきつける取り組みを始めました。

日本の世界遺産登録地 (2018年8月現在)

● 世界自然遺産
● 世界文化遺産

知床
（2005年登録）

白川郷・五箇山の
合掌造り集落
（1995年登録）

法隆寺地域の
仏教建造物
（1993年登録）

白神山地
（1993年登録）

「神宿る島」
宗像・沖ノ島と
関連遺産群
（2017年登録）

古都奈良の
文化財
（1998年登録）

平泉-仏国土（浄
土）を表す建築・
庭園及び考古学
的遺跡群-
（2011年登録）

姫路城
（1993年登録）

原爆ドーム
（1996年登録）

日光の社寺
（1999年登録）

石見銀山遺跡と
その文化的景観
（2007年登録）

富岡製糸場と
絹産業遺産群
（2014年登録）

ル・コルビュジエの建築作品-
近代建築運動への顕著な貢献-
（2016年登録）

厳島神社
（1996年登録）

富士山-信仰の対象と
芸術の源泉（2013年登録）

古都京都の文化財（1994年登録）

紀伊山地の霊場と参詣道（2004年登録）

明治日本の産業革命遺産
（製鉄・製鋼,造船,石炭産業）
（2015年登録）

釜石

佐賀　八幡　萩

韮山

長崎と天草地方の
潜伏キリシタン関連遺産
（2018年登録）

三池

鹿児島

長崎

小笠原諸島
（2011年登録）

屋久島
（1993年登録）

（環境省資料）

琉球王国のグスク及び関連遺産群（2000年登録）

COLUMN
まめ知識

縄文時代から生きているすぎの木　　世界自然遺産の屋久島には縄文すぎと呼ばれるすぎの巨木があります。樹齢は数千年ともいわれています。数千年前というと日本では縄文時代なので，この木を縄文すぎと呼ぶようになったといわれています。

⤴ **白神山地（青森県，秋田県）**…人の手が加わっていないぶなの原生林が広がっています。
[➡ P.334]
(ピクスタ)

⤴ **平泉（岩手県）**…平安時代に平泉を中心に栄えた文化の遺跡。中尊寺金色堂（写真）などの文化遺跡があります。
(中尊寺所蔵)

⤴ **白川郷・五箇山の合掌造り集落（岐阜県・富山県）**…独特の建築様式の民家がたち並んでいます。
(ピクスタ)

⤴ **古都奈良の文化財（奈良県）**…東大寺や春日山原始林，平城宮の跡などがあります。写真は東大寺の大仏殿。
(写真提供：奈良市観光協会，撮影：矢野建彦)

⤴ **姫路城（兵庫県）**…江戸時代初めに完成した城。白壁の美しい姿から白鷺城とも呼ばれます。
[➡ P.501]
(エムオーフォトス／アフロ)

⤴ **原爆ドーム（広島県）**…第二次世界大戦末期の原子爆弾の被害と平和の大切さをうったえる「負の遺産」として登録されています。
[原子爆弾の投下 ➡ P.617]

地理編

第1章 世界の中の日本の国土

第2章 暮らしを支える食料生産

第3章 暮らしを支える工業生産

第4章 私たちの生活と情報

第5章 私たちの生活と環境

COLUMN
くわしく

和食が世界無形文化遺産に！ ユネスコ [➡ P.661] は，形のない無形文化遺産を守る条約も結んでいます。この無形文化遺産に，2013年，伝統的な日本食・和食が登録されました。地域ごとのさまざまな食材をいかし，四季の変化と結びついた食文化が評価されました。

日本のラムサール条約登録地 (2018年8月現在)

釧路湿原…特別天然記念物のタンチョウやシマフクロウなどがすんでいます。

クッチャロ湖

サロベツ原野

雨竜沼湿原

宮島沼

ウトナイ湖

大沼

阿寒湖

濤沸湖

野付半島・野付湾

風蓮湖・春国岱

霧多布湿原

厚岸湖・別寒辺牛湿原

釧路湿原

仏沼

大山上池・下池

立山弥陀ヶ原・大日平

円山川下流域・周辺水田

三方五湖

中池見湿地

片野鴨池

中海

宍道湖

宮島

瓢湖

佐潟

芳ヶ平湿地群

伊豆沼・内沼

志津川湾

蕪栗沼・周辺水田

化女沼

尾瀬

奥日光の湿原

涸沼

渡良瀬遊水地

谷津干潟

葛西海浜公園

東海丘陵湧水湿地群

秋吉台地下水系

東よか干潟

藤前干潟

琵琶湖

串本沿岸海域

肥前鹿島干潟

くじゅう坊ガツル・タデ原湿原

漫湖

蕰牟田池

荒尾干潟

与那覇湾

名蔵アンパル

慶良間諸島海域

屋久島永田浜

久米島の渓流・湿地

(環境省資料)

COLUMN
まめ知識

358

まりもがすむ阿寒湖 まりもとは，その名のとおり，まり（ボール）のように丸くなった藻のことです。ラムサール条約に登録されている北海道の阿寒湖のものは特に大きく美しく，国の特別天然記念物に指定されています。

政治編 <ruby>政<rt>せい</rt></ruby><ruby>治<rt>じ</rt></ruby><ruby>編<rt>へん</rt></ruby>

私たちの暮ら

国によって違う消費税率

日本で1000円のサッカーボール,外国の消費税がかかるといくら?

高 ←

ヨーロッパ	**27%** ハンガリー 1270円	**25%** クロアチア,スウェーデン,デンマーク,ノルウェー 1250円	**24%** アイスランド 1240円 ⚽⚽

アフリカ	**20%** マダガスカル 1200円	**20%** モロッコ 1200円	**19.25%** カメルーン 1193円 ⚽⚽

南アメリカ	**22%** ウルグアイ 1220円	**21%** アルゼンチン 1210円	**19%** チリ 1190円 ⚽⚽

北中アメリカ	**18%** ドミニカ共和国 1180円	**17.5%** バルバドス 1175円	**16.5%** ジャマイカ 1165円 ⚽⚽

オセアニア	**15%** サモア 1150円	**15%** ニュージーランド 1150円	**12.5%** バヌアツ 1125円 ⚽⚽

アジア・中東	**18%** トルコ 1180円	**17%** イスラエル1170円	**17%** 中国 1170円 ⚽⚽

世界の主な国々の消費税率を，地域ごとに，高い国々と低い国々に分けて並べました。国旗をデザインしたサッカーボールはどれも 1000 円とします。かかる消費税の税率によって，買うときに支はらう金額が変わります。その金額を比べると，消費税率の違いがわかりますね。

しと政治

 政治編

○8% 国旗をデザインしたサッカーボール
各国の消費税率
各国の消費税を価格に足した金額

日本 1080円 — 国名

1000円のサッカーボール。日本の消費税8%分を価格に足すと，1080円。もし，日本以外の国の消費税がかかると，支はらう金額はいくらでしょう?

→ 低

 17%
ルクセンブルク 1170円

8%
リヒテンシュタイン 1080円

✚ 7.7%
スイス 1077円

 19%
ナイジェリア 1190円

17%
スーダン 1170円

13%
エジプト 1130円

 14%
エクアドル 1140円

12%
ベネズエラ 1120円

 10%
スリナム，パラグアイ 1100円

 10%
ハイチ 1100円

7%
パナマ 1070円

5%
カナダ 1050円

 10%
オーストラリア 1100円

10%
パプアニューギニア 1100円

9%
フィジー 1090円

○8%
日本 1080円
※2019年10月に10%に上がる予定。

7%
シンガポール 1070円

7%
タイ 1070円

消費税とは，サッカーボールなどの品物を買ったり，美容院で髪を切るなどのサービスを利用したりしたときに，その品物やサービスの価格にかかる税金です。集められた税金は，公共しせつの建設や社会保障などのために使われます。

※消費税は，外国では付加価値税ともいいます。2018年4月現在の各国の標準の税率をもとに作成しています。
（全国間税会総連合会 「世界の消費税[付加価値税]152か国（ポスター図柄）…実施国と税率…平成30年4月版」）

01 日本国憲法

さくっとガイド まずは，日本国憲法のポイントをおさえよう！

日本国憲法は何のために定められたの？

1945年8月，太平洋戦争が終わると，日本を民主主義の国にするためのさまざまな改革が始まりました。

その改革の中心が，新しい憲法をつくることでした。

草案(下書き)が作成され，議会での話し合いが行われ，1946年11月3日，日本国憲法が公布されました。

日本国憲法には，国民主権，基本的人権の尊重，平和主義という3つの原則があります。

基本的人権にはどんなものがあるの？

日本国憲法には5つの基本的人権が定められています。

差別を受けずにだれもが同じあつかいを受ける権利(平等権)，国から制約を受けずに自由に活動したり，なりたい職業を自由に選ぶことができる権利(自由権)，国の政治や地方の政治に参加する権利(参政権)，基本的人権がおかされたときに救済を求める権利(請求権)，人間らしい生活の保障を要求する権利(社会権)の5つです。

重要度
★★★

憲法

国の主権者や政治のしくみなど，国の基本的なあり方を定めた法。

すべての法の中で**最上級の法(最高法規)**であり，憲法に反するすべての法律や命令などは無効となります。

↑ 法の構成

★★★

日本国憲法 [➡P.621]

◆**作成**…1945年8月，日本は**ポツダム宣言** [➡ P.617] を受け入れて，民主的な政府をつくる義務を負いました。そのため，大日本帝国憲法 [➡ P.575] を全面的に改めた憲法改正案を作成しました。

◆**成立**…憲法改正案は，帝国議会で審議され，1946(昭和21)年11月3日に**日本国憲法**として**公布**され，翌年5月3日から**施行**されました。

◆**3つの原則**…日本国憲法は，国民主権，基本的人権の尊重，平和主義の3つが基本的な原則になっています。

日本国憲法と大日本帝国憲法

大日本帝国憲法		日本国憲法
天皇(天皇は政治のすべてを統治)	主権者	国民(天皇は象徴)
法律の範囲内で自由や権利を認める	国民の権利	永久不可侵の基本的人権を保障
兵役，納税，(教育)	国民の義務	教育，勤労，納税
天皇に協賛する機関	議会	国権の最高機関，唯一の立法機関
天皇を助けて政治を行う	内閣	議院内閣制
天皇の名において裁判	裁判所	司法権は独立
天皇が陸海軍を指揮	軍備	平和主義(戦争放棄)

国民主権 [➡ P.366]
国の政治のあり方を最終的に決める権限(**主権**)が国民にあること。

基本的人権の尊重
基本的人権 [➡ P.364] とは，人が生まれながらにして持っている基本的な権利のことで，日本国憲法は，**おかすことのできない永久の権利**として保障しています。

平和主義 [➡ P.367]
戦争を放棄して，世界平和を願うという理想をかかげています。

↑ 日本国憲法を支える3つの柱

重要度 ★★★ 基本的人権

人が生まれながらにして持つ基本的な権利。日本国憲法は，基本的人権を**おかすことのできない永久の権利**として保障し，**公共の福祉**に反しない限り最大限に尊重されるとしています。また憲法は，国民に対して基本的人権をむやみに使うことをいましめ，公共の福祉のために利用する責任があるとしています。

公共の福祉とは，みんなの利益や幸福のことだよ。

重要度 ★★★ 基本的人権の種類

◆**平等権**…差別を受けずにだれもが同じあつかいを受ける権利。日本国憲法では，国民はだれでも**法の下に平等**であると定められています。

◆**自由権**…国から制約を受けず，自由に行動する権利。日本国憲法は，**身体の自由**，**精神の自由**，**経済活動の自由**を保障しています。

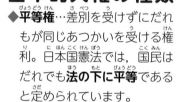

比べる 自由権の内容

身体の自由	奴隷のようなあつかいを受けたり，強制的に働かされたりしない，など
精神の自由	自分の良心に従う自由，信教の自由，表現の自由，学問の自由，など
経済活動の自由	住みたいところに住み，自分が望む職業を選ぶことができる，など

◆**社会権**…国に対して人間らしい生活の保障を要求する権利。**生存権**，**教育を受ける権利**，**勤労の権利**，**労働基本権**などがあります。

生存権 [➡ P.394]

健康で文化的な最低限度の生活を営む権利のこと。社会権の基本となる権利です。

労働基本権（労働三権）

労働者が団結して組合をつくったり(団結権)，使用者と対等に話し合ったり(団体交渉権)，労働者が要求を通すためにストライキなどをする(団体行動権，争議権) 3つの権利をいいます。

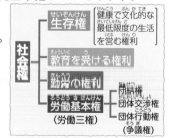

社会権の内容

社会権
- 生存権（健康で文化的な最低限度の生活を営む権利）
- 教育を受ける権利
- 勤労の権利
- 労働基本権（労働三権）
  - 団結権
  - 団体交渉権
  - 団体行動権（争議権）

◆**参政権**…国民が政治に参加する権利。国民は，選挙で投票する**選挙権**と，選挙に立候補する**被選挙権**を持っています [➡ P.379]。

◆**請求権**…基本的人権がおかされた場合，国などに救済を求める権利。**裁判を受ける権利**，国家賠償請求権，刑事補償請求権などがあります。

COLUMN まめ知識

社会権の初登場場はドイツ 社会権の基本となる生存権は，1919年に制定されたドイツのワイマール憲法で世界で初めて定められました。そのため社会権を，20世紀の権利(20世紀的人権)ともいいます。

★★★
ユニバーサルデザイン

年齢や障がいの有無，性別や国籍などに関係なく，すべての人にとって使いやすい施設や製品づくりを目指すこと。はばを広くした駅の改札や，広いスペースをとり音声ガイドなどが備えてある多目的トイレなどがこれにあたります。

バリアフリー
障がいのある人や高齢者が安全，快適に行動できるように，身体的，精神的，社会的な障害（バリア）をなくす（フリー）こと。

ノーマライゼーション
障がいのある人とない人が，区別されずにともに生きる環境を目指すこと。

> ユニバーサルデザインの考えで整備された公園もあるよ。

★★★
新しい人権

社会生活の変化にともなって，主張されるようになった人権。日本国憲法には定められていませんが，裁判の結果や法律をつくることで確立された権利です。
◆**環境権**…健康で快適な環境を求める権利。
◆**知る権利**…国や地方公共団体 [➡ P.383] に情報の公開を求める権利。**情報公開法**や情報公開条例を制定。
◆**プライバシーの権利**…私生活をみだりに公開されない権利。
◆**自己決定権**…自分の生き方などについて，自由に決定する権利。

環境基本法 [➡ P.348]
わが国の環境政策の基本的な方向を示し，環境行政を総合的に進めていくための法律。

個人情報保護法
国や地方公共団体，民間の情報管理者に，個人情報を慎重に管理するよう義務づけた法律。

★★★
国民の義務

日本国憲法には，**教育**，**勤労**，**納税**の３つが定められています。

⬆ 普通教育を受けさせる義務

⬆ 勤労の義務

⬆ 納税の義務

COLUMN まめ知識
環境権の根拠 環境権は，日本国憲法第25条の「健康で文化的な最低限度の生活を営む権利」（生存権）や，第13条の「幸福追求の権利」などを根拠にして主張されるようになりました。

第1章 私たちの暮らしと政治

重要度
★★★
国民主権

国の政治のあり方を最終的に決める権限を**主権**といいます。日本国憲法は主権が**国民**にあることを明確に定めています。大日本帝国憲法 [➡ P.575] の下では，天皇に主権がありました。

国民主権にもとづく政治のしくみ

国民は，選挙で選んだ代表者（国会議員）を通じて政治に参加し，国民の代表機関である国会が，**国権の最高機関** [➡ P.371] の地位にあります。

★★★
天皇の地位と仕事

◆**地位**…天皇は，**日本国や日本国民統合の象徴**であって，その地位は主権者である日本国民の総意（全体の意思）にもとづいています。

象徴

形のないものを具体的なもの（目に見えるもの）で表そうとしたもの。天皇が日本国や日本国民統合の象徴であるということは，天皇が日本国や日本国民のまとまりという，目に見えないものを具体的に表す（連想させる）立場にあることを意味しています。

◆**仕事**…政治についての決定権を持たず，形式的・儀礼的な**国事行為**を，**内閣の助言と承認**にもとづいて行います。

国事行為

日本国憲法に定められた天皇が行う行為。国会の指名にもとづいて**内閣総理大臣を任命**したり，内閣の指名にもとづいて**最高裁判所長官を任命**するほか，右のようなものが定められています。

資料 日本国憲法前文（一部）

……ここに主権が国民に存することを宣言し，……そもそも国政は，……その権威（国の政治の重み）は国民に由来し，その権力は国民の代表者がこれを行使し，その福利（幸福や利益）は国民がこれを享受する（受ける）。

資料 日本国憲法第1条

天皇は，日本国の象徴であり日本国民統合の象徴であって，この地位は，主権の存する日本国民の総意にもとづく。

招集した国会の開会を告げる天皇
（ロイター／アフロ）

天皇の国事行為

内閣の助言と承認 → 天皇

- 任命権
  - 内閣総理大臣の任命
  - 最高裁判所長官の任命
- 国事行為
  - 憲法改正・法律・条約などの公布
  - 国会の召集
  - 衆議院の解散
  - 総選挙の施行の公示
  - 栄典（文化勲章など）の授与
  - 外国使節の受け入れなど

国会の召集や衆議院の解散を決めるのは内閣。

COLUMN
くわしく
天皇の行為は内閣の責任 天皇の国事行為には内閣の助言と承認が必要です。そのため，国事行為についての責任は天皇にはなく，内閣がその責任を負うと日本国憲法で定められています。

政治編

第1章 私たちの
暮らしと政治

★★★ 平和主義

国際協調（各国と力を合わせること）によって，世界の平和を求めていこうとする考え方。

日本国憲法は，前文で国際協調主義を宣言し，**第9条**で**戦争の放棄**を定めて，徹底した平和主義をとっています。

日本国憲法第9条の定める平和主義

◇ **戦争の放棄**…国と国との争いを解決する手段としての戦争を永久に放棄します。

◇ **戦力の不保持**…陸海空軍その他の戦力をもちません。

◇ **交戦権の否認**…他国と戦いを交える権利を認めません。

資料 日本国憲法第9条(要約)

①日本国民は，正義と秩序をもとにした国際平和を心から願い，戦争や武力によるおどし，武力の行使は，国と国の争いを解決する手段としては，永久に放棄する。
②この目的を達成するため，陸海空軍その他の戦力は，これをもたない。また，国の交戦権は認めない。

日本国憲法は，平和憲法といわれているよ。

★★★ 自衛隊

◆ **目的**…外からの侵略に対して国土を防衛するほか，国の治安維持などを目的に設置されました。

◆ **発足**…1950年に設置された**警察予備隊**が，1952年に保安隊になり，1954年に**自衛隊**になりました。

◆ **組織**…陸上自衛隊，海上自衛隊，航空自衛隊からなり，**防衛省**の下に置かれています。最高指揮権は，内閣総理大臣にあります。

↑ 東日本大震災で災害救助活動をする自衛隊
（ロイター／アフロ）

◆ **憲法と自衛隊**…自衛隊が**日本国憲法第9条**に違反するかどうかをめぐり，自衛隊を認める立場と認めない立場の間で長い間論争になってきました。**政府**は，主権国家には自衛権があり，憲法は自衛のための必要最小限の実力をもつことは禁止していないと説明しています。反対する立場の人々は，自衛隊は**戦力の不保持**に違反していると考えています。

COLUMN まめ知識 **自衛隊の災害救助活動** 2011年3月11日に発生した東日本大震災 [⇒ P.387] では，のべ1000万人以上の自衛隊員が人命救助や情報収集などさまざまな支援活動を行いました。

第1章　私たちの暮らしと政治

◆**自衛隊の海外派遣**…自衛隊は，外国に派遣されることもあります。外国での**平和維持活動（PKO）** [➡P.664] への参加，難民救済，災害の復興支援などさまざまな活動も行っています。

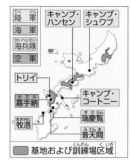

↑ 沖縄県のアメリカ軍基地

重要度
★★★
日米安全保障条約 [➡P.624]

日本が他国から武力攻撃を受けたときは，日本と**アメリカ合衆国** [➡ P.646] が共同して防衛することを約束した条約。日本と東アジアの平和を守ることを目的としています。そのため日本は，**アメリカ軍** [➡ P.207] に**基地**を提供しています。1951年，サンフランシスコ平和条約 [➡ P.623] と同時に結ばれました。

★★★
非核三原則 [➡P.631]

日本の核兵器に対する基本政策。
核兵器を**「持たず，つくらず，持ちこませず」**という原則をかかげています。

日本にあるアメリカ軍の基地のうち約70%が沖縄県にあるよ。

被爆国の日本

日本は，広島と長崎に**原子爆弾** [➡ P.617] を落とされたただ1つの被爆国です。そのため，日本は世界の先頭に立って核兵器の廃絶や軍縮をうったえ続けています。

★★★
日本国憲法の改正

日本国憲法は国の**最高法規**であるため，改正には法律の改正よりも厳しい手続きが定められています。具体的な手続きは，憲法第96条をもとに，2007年に制定された国民投票法（投票年齢は18歳以上）に定められています。

◆**国会の発議**…各議院の総議員の3分の2以上の賛成で発議します。

◆**国民の承認**…国民投票によって過半数の賛成が必要です。

◆**天皇の公布**…天皇が国民の名で公布します。

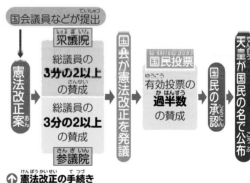

↑ **憲法改正の手続き**

国会議員などが提出

憲法改正案 → 衆議院 総議員の**3分の2以上**の賛成／参議院 総議員の**3分の2以上**の賛成 → 国会が憲法改正を発議 → 国民投票 有効投票の**過半数**の賛成 → 国民の承認 → 天皇が国民の名で公布

COLUMN
まめ知識

集団的自衛権って？ ある国が武力攻撃を受けたとき，その国と密接な関係にある国がともに防衛にあたる権利のことを，集団的自衛権といいます。

?1 国民の祝日って何?

➡ 国民の祝日とは,「国民の祝日に関する法律」によると, 美しいならわしを育てながら, よりよい社会と豊かな生活を築くために, 国民みんなで祝い, 感謝し, 記念する日のことです。

この法律で,「国民の祝日は休日とする」と定められています。

?2 法律に定められた休日は国民の祝日だけなの?

➡ いいえ, 実は, 日曜日が国民の祝日に当たると, 振替休日が設けられるので, 休日が1日増えます。

また, 例えば9月の第3月曜日の敬老の日が9月21日, 秋分の日が9月23日の年は, 間の9月22日は「国民の休日」という休日になります。

COLUMN はてな ? で深める　国民の祝日

日	月	火	水	木	金	土
		1	2	3	4	5
6	7	8	9	10	11	12
13	14 国民の休日	15	16	17	18	19
20	21 敬老の日	22	23 秋分の日	24	25	26
27	28	29	30			

9月

⬆ 9月22日が国民の休日となる年もあります。

?3 春分の日, 秋分の日はいつ決まるの?

➡ 春分の日と秋分の日は, 法律では月日を定めていません。春分の日と秋分の日は, 天文観測によって決まるため, 国立天文台が毎年2月に翌年の春分の日, 秋分の日を発表することになっています。これなら次の年のカレンダーの印刷にも間に合いますね。

02 国の政治

さくっとガイド まずは，国の政治のポイントをおさえよう！

国の政治は，どのように進められているの？

国会が国のきまり（法律）を定め，内閣は国会が定めた法律や予算をもとに実際に政治を行います。裁判所は争いごとを解決したり，国会が定めた法律や，内閣が行う政治が憲法に違反していないかどうかを判断します。

このように，国の政治は権力が1つの機関に集中しないように，国会，内閣，裁判所が仕事を分担して進めています。この政治のしくみを三権分立といいます。

選挙が行われる理由は？

法律などを定め，国の政治の方針を決めるのは国会ですが，法律などを定めるために国会で話し合うのは，国民が選挙で選んだ，国会議員（国民の代表者）です。つまり，国会議員を選挙で選ぶことで，国民は国の政治に参加しているのです。

選挙で投票する権利（選挙権）は，国民が政治に参加するための大切な権利であり，国の政治のあり方を最終的に決める権限（主権）は国民にあります。

① 国会・内閣・裁判所のはたらき

重要度
★★★

国会

主権者である国民が選挙で選んだ代表者(国会議員)で構成された，国権(国の権力)の最高機関。また，ただ1つの立法機関であり，法律は国会のみがつくることができます。

↑ 国会議事堂

★★★

衆議院と参議院

日本の国会を構成している2つの議院。議会(国会)が2つの議院から成り立っていることを二院制(両院制)といいます。衆議院と参議院の2つの議院で

それぞれ話し合う(審議する)ことで，国の政治の方針を慎重に決める(議決する)ことができます。

衆議院			参議院	
465人	小選挙区選出 289人 比例代表選出 176人	議員数	※ 248人	選挙区選出 148人 比例代表選出 100人
4年	(解散があれば任期中 でも資格を失う)	任期	6年	(3年ごとに半数ずつ 改選される)
満25歳以上の国民		被選挙権	満30歳以上の国民	

選挙に立候補できる年齢。

※2019年の参議院議員選挙から245名，2022年の参議院議員選挙から248名となる。

★★★

国会の種類

国会には常会のほか，特別会や臨時会があります。

常会(通常国会)
毎年1回1月中に開かれ，主に次の年度の国の予算を話し合って決めます。

特別会(特別国会)
衆議院の解散後の総選挙の日から30日以内に開かれ，新しい内閣総理大臣を指名します。

臨時会(臨時国会)
内閣が必要と認めたときや，衆議院・参議院どちらかの議院の総議員の4分の1以上の要求があったときなどに開かれます。

常会の会期は，原則として150日間だよ。

COLUMN くわしく
参議院の緊急集会とは？ 衆議院の解散中に，国会の議決が必要となったとき，内閣の求めによって，参議院が召集されます。

第1章 私たちの暮らしと政治

重要度
★★★
国会の主な仕事

国の政治の方針を決めます。

◆**法律**をつくります（立法）。

◆内閣から出された国の**予算（案）**を話し合って（審議），予算を決めたり（議決），予算が正しく使われたかを調べます。

◆国会議員の中から**内閣総理大臣**を指名します。

⬆ 衆議院本会議での議決の様子　（毎日新聞社／アフロ）

◆内閣が外国と結んだ**条約**を承認します。

◆必要なときに国会に裁判所をつくって，裁判官をやめさせるかどうかを決めます（**弾劾裁判** [➡ P.376]）。

◆国の政治が正しく行われているかを調査します（国政調査権）。

◆憲法の改正（案）を国民に提案（発議）します。

★★★
法律ができるまで

⬆ **法律ができるまでの流れ**

法律をつくることができるのは国会 [➡ P.371] のみです。

①法律案は，**内閣**と**国会議員**のどちらも国会に提出できます。

②法律案は，衆議院か参議院の議長に提出されます。

③提出された法律案は**議長**から**委員会**に送られ，話し合われたのちに**本会議**で議決され，もう1つの議院に送られます。原則として，衆議院と参議院の意見が一致したときに法律になります。

④成立した法律は，**天皇**が公布します。

意見が一致しなかったときは，衆議院の意見が優先されるよ。

COLUMN
くわしく

公聴会はいつ開かれる？　委員会での話し合いのとき，専門的な知識を持っている人や議題に関係の深い人などから意見を聞くために公聴会という会議が開かれることがあります。重要な議題を話し合うときに開かれ，予算を話し合うときには必ず開かれます。

★★★ 衆議院の優越

衆議院の議決や権限が参議院よりも重くみられること。**法律案**の議決，**予算**の議決，**条約**の承認，**内閣総理大臣の指名**の議決が両議院で異なった場合，衆議院の議決が優先されます。また，予算を先に審議する権限（予算の**先議権**）や，内閣 [➡ P.374] に対して**信任・不信任**の決議ができるのは衆議院にのみ認められた権限です。これは，衆議院は，参議院に比べて任期が短く**解散**もあることから，参議院より国民の意見を反映していると考えられているためです。

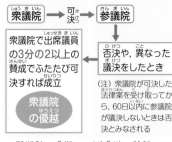

衆議院で出席議員の3分の2以上の賛成でふたたび可決すれば成立

衆議院の優越

（注）衆議院が可決した法律案を受け取ってから，60日以内に参議院が議決しないときは否決とみなされる

⬆ **法律案の議決での衆議院の優越**…衆議院で先に審議する場合です。

★★★ 衆議院の解散

衆議院の全議員の資格を任期が終わる前に失わせること。**国会** [➡ P.371] と**内閣** [➡ P.374] が対立したときなどに，解散後の**総選挙**で国民の意思を問うために行われます。

解散されると，必ず衆議院議員の総選挙が行われるんだね。

内閣不信任決議

衆議院が内閣を信任しないと決めること。この決議が行われると，内閣は総辞職するか衆議院を解散します。

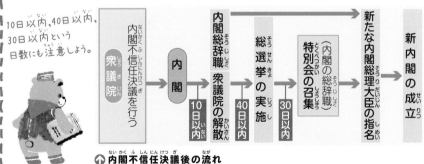

10日以内，40日以内，30日以内という日数にも注意しよう。

衆議院 → 内閣不信任決議を行う → 内閣 → 10日以内 → 内閣総辞職 衆議院の解散 → 40日以内 → 総選挙の実施 → 30日以内 → （内閣の総辞職）特別会の召集 → 新たな内閣総理大臣の指名 → 新内閣の成立

⬆ **内閣不信任決議後の流れ**

衆議院の解散後 40 日以内に衆議院議員の総選挙が行われ，その総選挙の日から 30 日以内に**国会(特別会)** が召集されます。この国会でこれまでの内閣は**総辞職**し，新たな内閣総理大臣が指名されて新内閣が成立します。

COLUMN くわしく

予算の議決，条約の承認，内閣総理大臣の指名での衆議院の優越 衆議院と参議院が異なる議決をした場合，会議(両院協議会)を開いて衆議院と参議院の意見の調整をはかります。それでも意見が一致しないときは，衆議院の議決がそのまま国会の議決になります。

重要度

★★☆
内閣

内閣総理大臣と国務大臣で構成され，国会 [➡ P.371] が決めた法律や予算にもとづいて国の行政を担当する最高機関。

法律にもとづいて，実際に政治を行うことを行政というよ。

★★★
内閣のしくみ

内閣の長である内閣総理大臣は首相とも呼ばれ，国会議員の中から国会の指名にもとづいて，天皇が任命します。ふつうは，衆議院で多数をしめる政党の党首が選ばれます。

国務大臣は，内閣総理大臣が任命し，その過半数は国会議員でなければなりません。ほとんどの国務大臣は，内閣のもとにある各省や庁の責任者(大臣)として行政の仕事を行います。

⤴ 閣議

（読売新聞／アフロ）

| 閣議
| 内閣の仕事の方針を決める会議。内閣総理大臣とすべての国務大臣が参加します。

★★★
議院内閣制

内閣が国会 [➡ P.371] の信任の上に成立し，国会に対して責任を負うしくみ。

日本の場合，国会と内閣の間に次のような関係があります。

◆内閣総理大臣は，国会議員の中から国会の議決で指名され，国務大臣の過半数は国会議員です。

◆内閣は憲法に定めるすべての仕事について責任を負い，国会に対して，連帯責任を負います。

◆衆議院で内閣不信任の決議が可決されたときは，内閣は総辞職するか衆議院を解散 [➡ P.373] します。

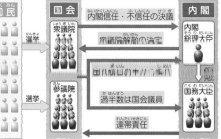

⤴ 日本の議院内閣制

| 内閣の総辞職
| 内閣は，①内閣不信任の決議が衆議院で可決され，内閣が10日以内に衆議院を解散しないとき，②衆議院議員の総選挙後，最初の国会が召集されたとき，③内閣総理大臣が死亡や辞職などで欠けたときに総辞職します。

COLUMN
まめ知識

374

アメリカ合衆国の大統領制　アメリカ合衆国の大統領は，事実上国民の選挙で選ばれるため，議会に議席をもたず，議会の信任も必要ありません。しかし，大統領は，議会を解散することはできません。議院内閣制に比べて，権力の分立がより厳しくなっています。

内閣の仕事

内閣の仕事は，憲法 [➡ P.363] や法律に定められています。次が主な仕事です。

◆法律や予算にもとづいて国の政治を行います。

◆外国と**条約**を結びます。

◆予算(案)や法律案をつくり国会 [➡ P.371] に提出。

◆**政令**を定めます。

◆天皇の国事行為 [➡ P.366] に助言と承認をあたえます。

◆最高裁判所長官を指名し，その他の裁判官を任命します。

⬆ **外国との交渉も内閣の仕事**

(代表撮影／ロイター／アフロ)

政令

内閣が，法律に定められたことを実施するために定める命令。

省庁

内閣のもとに置かれている行政機関。その多くが**国務大臣**を長(大臣)として，行政の仕事を分担しています。

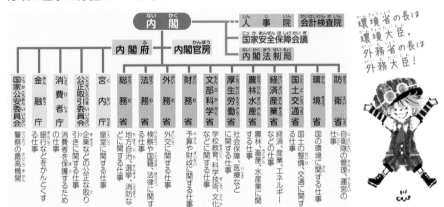

環境省の長は環境大臣，外務省の長は外務大臣！

⬆ **国の行政機関**

公務員

国の機関で働く国家公務員と，地方公共団体 [➡ P.383] で働く地方公務員があります。憲法は，すべての公務員は，国民全体のために奉仕しなければならないと定めています。

政治編

第1章 私たちの暮らしと政治

COLUMN くわしく

結んだだけでは条約は成立しない？ 条約の成立には，内閣が外国と結ぶことのほか，国会の承認を必要とすると日本国憲法に定められています。この2つの条件がそろったうえで，天皇が公布します。

重要度
★★★
裁判所

人々の間で起こった争いや犯罪などを，憲法や法律にもとづいて解決するはたらきをもつ機関。このはたらきを**司法**といい，**日本国憲法** [➡ P.363] は，司法権は裁判所だけがもつと定めています。

↑ **最高裁判所（大法廷）**

★★★
司法権の独立

国会 [➡ P.371] や内閣 [➡ P.374] など，ほかの政治権力に干渉されずに裁判が行われること。そのためには，**裁判官の独立**や**身分保障**が必要です。

裁判官の独立
裁判官は自己の**良心**に従って裁判を行い，**憲法と法律**にのみしばられるということ。裁判にあたっては，だれからもさしずされたり圧力を受けたりしません。

資料 **日本国憲法第76条**

③すべて裁判官は，その良心に従い独立してその職権を行い，この憲法および法律にのみ拘束される。

この条文では，良心，憲法，法律の3つの言葉が大切！

★★★
裁判官の身分保障

裁判を公正に行うため，裁判官の身分が守られていること。
日本国憲法は，裁判官は，**国民審査**や**弾劾裁判**，または，病気などで裁判官を続けることができないと裁判によって決定された場合を除いて，やめさせられることはないと定め，その身分を保障しています。

国民審査
最高裁判所の裁判官に限って，裁判官として**適任かどうか**を**国民の投票**で決めるしくみ。「やめさせたほうがよい」とする票が過半数（全体の半分より多い）の場合，その裁判官はやめさせられます。

弾劾裁判
裁判官にふさわしくないとうったえられた裁判官について，**やめさせるかどうか**を判断する裁判。国会 [➡ P.371] 内に設けられた**弾劾裁判所**で，国会議員の中から選ばれた裁判員（衆議院，参議院のそれぞれから7人ずつ，計14人）によって行われます。

COLUMN
くわしく

国民審査の方法 最高裁判所の裁判官に任命後，最初の衆議院議員の総選挙のときに行います。投票用紙には裁判官の名前が書かれていて，国民は「やめさせたほうがよい」と思う裁判官の上のらんに×印を，やめさせなくてもよい場合は何も書きません。その後は10年ごとに審査が行われます。

★★★
裁判所の種類

裁判所には，**最高裁判所**と下級裁判所があり，下級裁判所には**高等裁判所**，**地方裁判所**，**家庭裁判所**，**簡易裁判所**があります。

最高裁判所	
長官	裁判官(14人) (計15人)

下級裁判所

高等裁判所 (全国8か所)	地方裁判所 (全国50か所)
家庭裁判所 (全国50か所)	簡易裁判所 (全国438か所)

⬆ 裁判所の種類

最高裁判所
司法権の最高機関。東京都に1つだけ設けられ，最高裁判所長官と14名の最高裁判所裁判官がいます。

★★★
民事裁判

お金の貸し借りや取り引きをめぐる個人や企業の間の争い，または権利や義務に関する争いを裁く裁判。

★★★
刑事裁判

強盗，放火，殺人など，罪を犯した疑いのある人を裁く裁判。

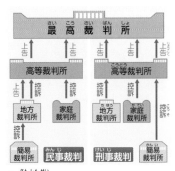

比べる **民事裁判と刑事裁判**

	民事裁判	刑事裁判
裁判所へのうったえ	裁判所にうったえた者を原告，うったえられた者を被告という。	裁判所にうったえるのは検察官，うったえられた者を被告人という。
裁判	どちらの意見が正しいかの判断を下す。	被告人が有罪であるか無罪であるかの判断を下す。

刑事裁判と人権の保障	
取り調べのとき，自分に不利になる質問には答えなくてもよい権利(**もく秘権**)が認められています。また，ごう問やきょうはくによって自白(自分からうち明ける)した内容は，裁判のとき証拠にはなりません。

★★★
三審制

裁判の結果(判決)に不服な場合，さらに上級の裁判所に裁判のやり直しを求め，原則として同じ事件について**3回まで裁判が受けられる**しくみ。裁判を公正・慎重に行い，裁判の誤りを防ぎ人権を守ることを目的としています。
第一審の判決に対するうったえを**控訴**，第二審の判決に対するうったえを**上告**といいます。

最 高 裁 判 所

上告	上告 上告	上告
高等裁判所		高等裁判所
上告 控訴		控訴 上告 控訴
地方裁判所 家庭裁判所		地方裁判所 家庭裁判所
控訴		
簡易裁判所 民事裁判		刑事裁判 簡易裁判所

⬆ 三審制のしくみ

15人の裁判官による裁判 最高裁判所には，5人の裁判官によって行われる小法廷3つと，15人全員の裁判官によって行われる大法廷があります。違憲立法審査 [➡ P.378] など重要な裁判は大法廷で行われます。

第1章 私たちの暮らしと政治

重要度 ★★★

裁判員制度

国民が**裁判員**として刑事裁判 [➡ P.377] に参加し（第一審のみ），うったえられた人（被告人）が有罪か無罪か，有罪ならどのような刑罰にするかを，裁判官とともに決める制度。
裁判員は20歳以上で選挙権のある人の中からくじで選ばれます。裁判員は，裁判官とともに，証人の話を聞いたり，証拠を調べたりします。国民の意見が裁判に反映されることで，国民の裁判への理解と信らいが深まることが期待されています。

⬆ 裁判員制度による模擬裁判（読売新聞／アフロ）

2 国会・内閣・裁判所と国民のつながり

★★★

三権分立

国の権力を，**立法権**，**行政権**，**司法権**の三権に分け，それぞれ国会 [➡ P.371]，内閣 [➡ P.374]，裁判所 [➡ P.376] に分担させるしくみ。
三権がおたがいに**よく制し合う**ことで，国の権力が1つの機関に集中して勝手に使われることを防ぎ，国民の自由と権利を守ることを目的としています。

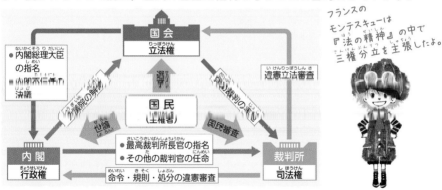

⬆ 日本の三権分立

フランスのモンテスキューは『法の精神』の中で三権分立を主張したよ。

違憲立法審査権

法律などが**憲法**に違反していないかどうかを裁判所が判断する権限。最高裁判所がこの権限の最終的な決定権をもつため，最高裁判所は**「憲法の番人」**とも呼ばれます。

COLUMN くわしく

三権に対する国民の役割 国民は，立法権（国会）に対しては国会議員の選挙，行政権（内閣）に対しては世論，司法権（裁判所）に対しては国民審査で三権が適切に使われているかをチェックしています。

378

③ 民主政治と選挙

★★★ 選挙

国会議員や地方公共団体 [➡ P.383] (都道府県や市町村)の首長(知事や市(区)町村長)や議員を,投票によって選ぶこと。

主権をもつ国民が,意思を示す大切な機会であり,自分たちの願いを実現してくれる代表者を選ぶことで,政治に参加することになります。

比べる	選挙権と被選挙権		
	国　会	地方公共団体	
	衆議院議員 / 参議院議員	都道府県 首長 / 議員	市(区)町村 首長 / 議員
被選挙権	25歳以上 / 30歳以上	25歳以上	
選挙権	18歳以上の日本国民		

★★★ 選挙権・被選挙権

選挙権は,選挙で**投票**する権利です。
被選挙権は,選挙に**立候補**する権利(資格)です。

★★★ 選挙権の拡大

有権者数 (万人)

実施年	0　　　1000　　　2000　　　3000　　　4000
1890年	1.1% ❶
1902年	2.2% 男子25歳以上, 直接国税10円以上
1920年	5.5% 男子25歳以上, 直接国税3円以上
1928年	19.8% ❷
1946年	48.9% ❸

1945年,女性にも選挙権が認められた。

(%で示した数値は全人口にしめる割合)

⬆ **選挙権の拡大**

❶1890年の日本初の選挙で,選挙権があったのは直接国税を**15円以上**納める,**25歳以上の男子**のみでした。

❷1925年(実施は1928年),納税額の制限がなくなり,25歳以上の男子のみによる**普通選挙** [➡ P.601] が実現しました。

❸1945年(実施は1946年),**20歳以上の男女**による普通選挙が実現しました。

❹2015年(実施は2016年),選挙権年齢が18歳以上に引き下げられました。

★★★ 選挙の原則

現在の選挙には,次のような原則があります。

◆**普通選挙**…一定の年齢(18歳以上)になったらだれでも選挙権をもちます。
◆**平等選挙**…1人1票の投票権をもちます。投票の価値は平等です。
◆**直接選挙**…有権者が直接候補者に投票します。
◆**秘密選挙**…投票をするときに自分の名前を投票用紙に書かないで投票します。

COLUMN まめ知識

公職選挙法って? 選挙のしくみを定めた法律です。投票のしかた,立候補した人が行う演説などの選挙運動のルールなど,選挙に関するさまざまなことがくわしく定められています。せっかく当選しても,この法律に違反していると,その当選が取り消されることがあります。

重要度

★★★ ## 選挙制度

議員を選ぶ選挙制度には，小選挙区制，大選挙区制，比例代表制などがあります。

小選挙区制

1つの選挙区から1人の代表者を選びます。小選挙区制では，落選者に投じられた票（**死票**）が多くなるという問題点もあります。

大選挙区制

1つの選挙区から2人以上の代表者を選びます。

比例代表制

各政党の**得票数（率）**に応じて議席を配分します。死票が少ないという利点があります。

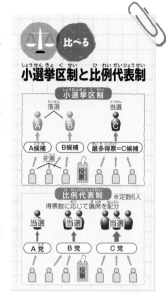

比べる
小選挙区制と比例代表制

★★★ ## 衆議院議員選挙

議員数465人のうち，289人を小選挙区制で選び，残り176人を比例代表制で選びます [➡ P.371]。この方法を，**小選挙区比例代表並立制**といいます。

★★★ ## 参議院議員選挙

参議院議員は，43の都道府県と2つの合区の選挙区制と，全国を1つの単位とした比例代表制で選べます [➡ P.371]。

小選挙区制は大政党に有利になりやすいんだ。

★★★ ## 1票の格差

選挙区によって，議員1人が**当選するための票数に差がある**こと。小選挙区制では，選挙区ごとの有権者数と議員数の割合は，できるだけ等しくなければなりません。現在，議員1人当たりの有権者数に2倍ほどの差がある選挙区があり，1票のもつ価値が異なることが問題となっています。

比べる
衆議院議員1人当たりの有権者数

（万人）0　10　20　30　40　50

選挙区	有権者数
東京1区	(2.21)
北海道1区	(2.17)
東京3区	(2.16)
鹿児島5区	(1.03)
宮城5区	(1.00)
福島4区	(1.00)

（2016年9月）
（　）は，福島4区を1.00としたときの値

（総務省）

COLUMN
くわしく

投票用紙に何を書く？　　参議院議員選挙の比例代表制では，非拘束名簿式が採用され，有権者は投票用紙に政党名を書いても候補者名を書いてもよいことになっています。いっぽう，衆議院議員選挙の比例代表制では政党名だけを書いて投票します。

★★★ 投票率の低下

📖 選挙 [→ P.379] に行かない人が増えているということ。原因には，若者を中心に「投票しても政治は変わらない」と考える人や，政治に無関心な人が増えたことなどがあります。投票しない人が増えると，投票した一部の人の考えだけで選挙の結果が決まることになります。投票することは，政治に関する意見を示す大切な権利であることを認識する必要があります。

投票率が50％だと選挙権を持つ人のうち，投票したのはわずか半数なんだ。

④ 政党と政党政治

★★★ 政党

政治の理想や進め方(**政策**)について同じ考えをもつ人々でつくる団体。政党は国民の意見や要望をまとめ，国や地方の政治に反映させるほか，政治の情報を国民に提供します。

| 公約・マニフェスト
| 政党や候補者が，選挙のときに国民にうったえる**政策**などの約束。

★★★ 政党政治

議会で，議席を多くしめた政党が内閣をつくるなど，**政党を中心に運営される**政治。

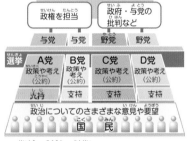
↑ 政党と国民の関係

| 与党と野党
| 与党は内閣をつくって政権を担当している政党，野党は与党以外の政権を担当していない政党で，与党の行きすぎなどをおさえる役割があります。

★★★ 世論(よろん)

📖 政治や社会の問題についての**国民の多くの意見のまとまり**。世論は，テレビや新聞などを通じてつくられ，政治を動かす大きな力になります。

COLUMN まめ知識

内閣をつくるのは1つの政党だけ？ 2つ以上の政党が協力して内閣をつくることがあります。これを連立政権(連立内閣)といい，単独で議会の過半数の議席をしめる政党がないときなどに組織されます。1990年代のはじめに8つの政党，会派による内閣が組織されたことがあります。

第1章 私たちの暮らしと政治

03 地方の政治

さくっとガイド　まずは，地方の政治のポイントをおさえよう！

地方の政治はなぜ必要なの？

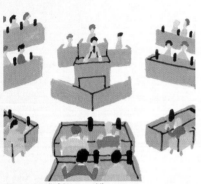

人々は，さまざまな願いをもって，それぞれの地域で暮らしています。

都道府県や市(区)町村(地方公共団体)は，「高齢者の生活や子育てを支える制度や施設をつくってほしい」「安心して暮らせるまちづくりをしてほしい」といった人々の願いを実現するため，政治(地方自治)を進めています。地方の政治では，その地域だけのきまり(条例)を定めることができるなど，その地域の実情に合った政治を実現するためのしくみが取り入れられています。

人々の意見を取り入れるため，どんなしくみがあるの？

地方の政治では，地域の人々の意見が取り入れられるように，いくつかの住民の権利が認められています。例えば，新しい条例を定めてほしい，議会を解散して新しい議員を選んでほしいなどと請求できる権利(直接請求権)や，地域の重要な問題に，住民が賛成・反対の意思を表明(住民投票)できる権利が認められています。

① 地方自治のしくみ

重要度
★★★

地方自治

住民が自分たちの住んでいる地域の政治を，自分たちの意思と責任で行うこと。

地域住民が自ら政治を行うことで，地域の実情にあった，地域住民の意思を尊重した政治を実現させることが地方自治のねらいです。

↑ 地方公共団体の広報誌

★★★

地方公共団体（地方自治体）

都道府県や市(区)町村など，地方自治を行う単位を**地方公共団体**といいます。

★★★

地方公共団体の主な仕事

公園，道路，河川などを整備し管理する

学校，図書館などの施設を整備し管理する

水道，電車・バス事業などを行う

住民の安全を守る警察と消防の仕事を行う

ごみの収集と処理など保健衛生の仕事を行う

国からたのまれて，戸籍や国会議員選挙の仕事などを行う

COLUMN くわしく　**地方自治の保障**　地方自治は，日本国憲法や地方自治法で保障されています。憲法は地方自治の基本原則を定め，地方自治法には地方公共団体の組織や運営のほか，住民の権利も定めています。

第1章 私たちの暮らしと政治

重要度
★★★

地方議会

◆**種類**…都道府県議会と市(区)町村議会
があります。

◆**議員**…議会の議員は，住民の**直接選挙**
で選ばれます。

◆**議会の仕事**…条例の制定や予算の議決
などを行います。

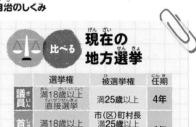

↑ **地方議会**

(毎日新聞社／アフロ)

| 条例
| 法律の範囲内で地方議会が定めるき
| まり。定めた**地方公共団体**のみに**適**
| **用**されます。

↑ **地方自治のしくみ**

★★★

首長（地方公共団体の長）

◆**種類**…都道府県知事と市(区)町
村長があり，ともに住民の**直接
選挙**で選ばれます。

◆**仕事**…その地方公共団体の**予算案**をつ
くって地方議会に提出し，地方議会で
決められた予算にそって行われる仕事
や**税金を集める仕事**などを指揮します。

比～る
現在の地方選挙

	選挙権	被選挙権	任期
議員	満18歳以上 直接選挙	満25歳以上	4年
首長	満18歳以上 直接選挙	市(区)町村長 満25歳以上 都道府県知事 満00歳以上	4年

| 主な行政委員会
| ◇**教育委員会**…公立学校の**管理**，学術，文
| 化などに関する仕事を行います。
| ◇**公安委員会**…都道府県に置かれ，**警察の仕事**を管理します。
| ◇**選挙管理委員会**…**選挙に関する事務**を行います。

★★★

首長と地方議会の関係

◆**不信任決議**…議会は，首長の方針に反対であれば，
首長の不信任の議決をすることができます。

◆**解散**…首長は，不信任の議決をされた場合，議会を
解散するか，解散しないときは首長の職を失います。

↑ **首長と地方議会の関係**

COLUMN
くわしく

なぜ監査委員「会」じゃないの？ 地方公共団体の事務の監査を行う監査委員は，そ
れぞれの監査委員が独立して仕事を行います。そのため，監査委員会ではなく，監査委員といわ
れます。

② 地方自治と住民参加

★★★ 住民の権利

地方自治では，住民自身が地域の政治を監視し，直接政治に参加して意思表示ができるように，**直接請求権**を保障し，**住民投票** [➡ P.386] の制度などを取り入れています。

★★★ 直接請求権

地域住民の**一定数の署名**を集めて首長や選挙管理委員会などに対して行う請求で，住民の意思を地方自治に反映させる有力な権利です。

◆**条例の制定・改廃の請求**…住民が**条例の制定・改正・廃止**を地方議会で話し合うよう請求することができます。

◆**監査請求**…住民は，地方公共団体のお金などが正しく使われているかを調べるよう請求することができます。

◆**解職請求(リコール)**…住民は，**地方議会の議員**，**首長**，副知事，副市(区)町村長，委員会の委員などを**やめさせる**よう請求することができます。

◆**解散請求**…住民は，その地方公共団体の**議会を解散**し，議員の選び直しをするよう請求することができます。

解職請求と解散請求は，人の地位や職をうばってしまう請求なので，署名数の条件が厳しくなっているんだ。

⚖ 比べる　直接請求の種類とその内容

請求の種類	必要な署名数	請求先	請 求 の 効 果
条例の制定・改廃の請求	有権者の**50分の1**以上	首 長	●首長が地方議会で話し合ってもらい，結果を公表する
監 査 請 求		監査委員	●監査を行って，結果を公表・報告する
首長・議員の解職請求	有権者の**3分の1**以上	選挙管理委員会	●住民投票を行って，過半数の同意があれば職を失う
議会の解散請求		選挙管理委員会	●住民投票を行って，過半数の同意があれば解散する

COLUMN まめ知識

地方自治は「民主主義の学校」　地方自治はもっとも身近な政治参加の機会であり，人々は地方自治を通じて政治を知ります。すなわち地方自治は，民主主義を経験し，学習するうえで重要な役割を果たしており，この意味で，地方自治は「民主主義の学校」といわれています。

385

重要度
★★★

住民投票（条例にもとづく住民投票） ?で深める P.389

地方公共団体が，その地域の住民の暮らしに深くかかわる問題について，**住民の意思を問う**ための制度。住民投票を行うための**条例**を制定して実施します。新しい住民の政治参加の1つの方法として注目されています。
これまで，原子力発電所の建設や市町村合併をめぐって，住民の賛成・反対を問う住民投票が多く行われました。

市町村合併の相手先を問う
（秋田県由利郡岩城町〔現：由利本荘市〕）2002年

原子力発電所でのプルサーマル計画の実施（新潟県刈羽村）2001年

特別区の導入
（大阪府大阪市）2015年

岩国基地の空母艦載機移転受け入れ
（山口県岩国市）2006年

市町村合併の是非
（長野県下伊那郡平谷村）2003年

さいたま市との合併
（埼玉県上尾市）2001年

原子力発電所の誘致
（三重県海山町）2001年

吉野川可動堰の建設（徳島県徳島市）2000年
（2000年以降の主な住民投票）

⬆ 主な住民投票の例

★★★ オンブズマン制度

住民の立場で**行政を監視する**人を**オンブズマン**といいます。この制度によって，住民は地方公共団体の機関や職員に対する意見や苦情を，オンブズマンを通して伝えられるようになりました。
日本で最初に神奈川県川崎市で「市民オンブズマン」が取り入れられました。

⬆ オンブズマン制度のしくみ

★★★ 住民運動

地域に住んでいる人々が，共通した地域の問題について，自主的な組織をつくって解決に取り組む運動。**市民運動**ともいいます。新しい地域づくりや**自然環境の保護**などを目的に行われています。

ナショナルトラスト運動 [➡ P.353]

自然環境や歴史的遺産を保護するために，市民らが**土地や建物を買ったり**寄付を受けたりして保存や管理をする運動。和歌山県の**天神崎**の自然を守る運動や，埼玉県狭山丘陵の**トトロの森**を守る運動などが有名です。

⬆ 原子力発電に反対するデモ行進
（ロイター／アフロ）

COLUMN まめ知識　**平谷村の住民投票**　長野県平谷村で市町村合併について意見を聞くために実施された住民投票では，大人だけではなく，初めて中学生以上の住民も参加して行われました。

③ 災害が発生したときの政治のはたらき

★★★ 東日本大震災 〔➡P.337, 633〕

2011（平成23）年3月11日に東北地方の三陸沖を震源として起こった，**地震と津波**による大災害。**岩手，宮城，福島，茨城県**などの広い範囲で大きな被害が出ました。死者・行方不明者は約2万人，全壊・半壊を合わせてこわれた建物は40万戸をこえ，38万人以上の人々が避難所での生活を送りました。津波によって水につかった面積は，JR山手線（東京都）の内側の面積の約9倍にあたる約5.6万ヘクタールにおよび，農地，農業施設，農作物，漁港，漁船，養殖業などに大きな被害が出ました。

⬆ **宮古市をおそう巨大津波**　（提供：宮古市／ロイター／アフロ）

★★★ 熊本地震

2016年（平成28年）4月14日以降に熊本県と大分県で起こった一連の地震。熊本県益城町では最大震度7の揺れが2回観測されました。この地震で熊本城の一部が倒壊したほか，全壊・半壊の住宅は4万戸をこえ，約20万人が避難するなど大きな被害が出ました。

★★★ 災害救助法

災害が発生したとき，被災者の保護と社会の秩序の保全をはかるための法律。**東日本大震災**でも適用され，国が都道府県や市町村，日本赤十字社などの団体や国民の協力のもとに，応急的に必要な救助を行い，**避難所や仮設住宅**の設置，食料や飲料水の提供，医療，被災者の救出，がれきの除去などが行われました。

災害時相互応援協定

災害が発生したときには，市町村どうしが**相互に応援し合う**という約束。災害が発生すると，協定を結んでいる市町村は，必要な物資や機材などを届けたりして，被災した市町村の要請にこたえます。

COLUMN くわしく　**震災をきっかけに制定された法律**　東日本大震災からの復興をはかるための法律として，東日本大震災復興基本法のほか，復興財源確保法，東日本大震災復興特別区域法，震災特例法，復興庁設置法などが制定されました。被災者を支援するための特別な予算も成立しました。

重要度

★★★
復旧・復興

被災地をもとにもどし，人々の生活や産業をふたたびさかんにすること。

東日本大震災 [➡ P.387] では，国は災害復旧のための**補正予算**を成立させ，県や市町村と協力して，**仮設住宅**をつくったり，電気・ガス・水道などの**ライフライン** [➡ P.342]，道路などを修復したり，がれきの除去を行いました。東日本大震災の後に，**東日本大震災復興基本法**が制定され，被災した人々の生活支援や，産業をふたたびさかんにするための支援が行われています。

★★★
東日本大震災復興基本法

東日本大震災からの**復興**をすみやかに進め，活力ある日本の再生をはかることを目的とし，2011年に施行された法律。国や県，市町村の責務，**復興庁**の設置などを定めています。

復興庁

東日本大震災からの復興を目的に，2012年に設置された国の**行政機関**。福島第一原子力発電所の事故による被害もふくめ，東日本大震災からの復興に関する行政事務をすみやかに進めます。

⬆ **ボランティアによる炊き出し（石巻市）**

(WesleyCheek／アフロ)

★★★
ボランティア

自らの意思で，社会的な人助け事業に**無報酬**で参加する人々。

東日本大震災でも，各地から多くのボランティアがかけつけ，炊き出しやがれきの除去などの支援活動を行いました。

★★★
福島第一原子力発電所の事故 [➡P.338]

東日本大震災で**津波**におそわれた，福島第一原子力発電所で起きた爆発事故。大量の**放射性物質**がもれ出し，周辺の人々は避難生活を続けています。原発事故の処理を終わらせるには，多くの時間と努力が必要です。放射線の不安を取りのぞくため，まず**除染**が進められました。

⬆ **放射性物質の除染作業**

(Photoshot／アフロ)

COLUMN
まめ知識

1995年は日本のボランティア元年　1995年1月17日，阪神・淡路大震災が起き，大きな被害をもたらしました。このとき全国から集まったボランティアは，のべ100万人以上。これをきっかけに，災害時にボランティアを受け付けるしくみが整い始めました。

？1 住民投票を行うには どうすればいいの？

住民が，地域の重要な問題について住民投票を行いたいときは，市などの議会に，住民投票条例を定めてもらう必要があります。

そのため住民は，条例の制定を求めるのに必要な，有権者の50分の1以上の署名を集めなければなりません。

？2 署名が集まったら どこへ持っていくの？

住民は，集めた署名とともに，首長に対して，住民投票条例の制定を求める直接請求を行います。必要な署名数が集まったことが確認されると，首長は，議会で話し合い，条例を制定するかどうかを決めてもらいます。

COLUMN　はてな　？で深める

条例にともなう 住民投票までの手続き

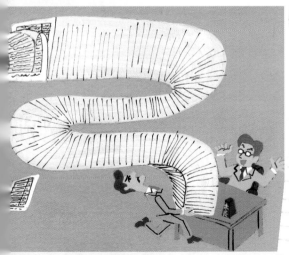

↑ 集めた署名は，市長などの首長のところに持っていきます。

？3 条例が制定されたら どうするの？

議会で住民投票条例が制定されると，いよいよ住民投票を行うことができます。決められた年齢以上の住民は賛成か反対かの投票を行います。

このようにして住民は，住民投票を行うことで，地域の重要なことがらについて，自分たちの意見を示すことができるのです。

04 税のしくみと私たちの暮らし

さくっとガイド まずは、税金のポイントをおさえよう！

なぜ税金を集めるの？

国や地方公共団体が国民や会社などから集めるお金を税金といいます。

税金は、国民や会社の資産、働いて得た収入などに対してかけられます。

税金は私たちの暮らしに必要な道路や公園、学校や教育・文化施設をつくったり、私たちの安全を守るための警察や消防の仕事、高齢者や障がいのある人の支援（社会保障制度）などの費用に使うために集められています。

国や地方公共団体は、どのようにお金を使っているの？

国や地方公共団体が収入（歳入）を得て、それを支出（歳出）する経済活動を財政といいます。財政は、1年ごとに決めた予算に従って行われます。国の歳入で最も多いのは、税金によるものです。国の歳出で最も多いのは、国民の生活を保障するのに必要な費用（社会保障関係費）です。

地方公共団体の歳入で最も多いのは、地域の住民や会社から集めた税金です。ほかに、国から配布される費用（地方交付税交付金）などがあります。

① 税のはたらきと財政

重要度
★★★

税金(租税)

国や地方公共団体 [→ P.383] が,国民や会社などから集めるお金。国や地方公共団体の活動の費用にあてられます。

★★★

税金の種類

国が集める税金を**国税**,地方公共団体が集める税金を**地方税**といいます。

また,税金を納める人と実際に税金を負担する人が同じ税金を**直接税**,税金を納める人と実際に税金を負担する人が異なる税金を**間接税**といいます。

比べる 税金の種類

	国 税	地方税
直接税	所得税 法人税 相続税	住民税 事業税※ 固定資産税
間接税	消費税 関 税※ 酒 税	地方消費税

※関税…輸入品にかけられる税
※事業税…個人や会社が行う事業にかかる税

★★★

主な税金(税金の集められ方)

◆**所得税**…会社に勤める人や商売をする人の所得(利益)にかかる税金。所得が多くなるほど高い率でかけられます。

◆**法人税**…会社の所得にかかる税金。

◆**消費税**…商品やサービスの値段に一定の割合でかかる税金。代金といっしょに払い,店などが税務署に納めます。

◆**住民税**…市(区)町村など住んでいる地域に納める税金。

◆**固定資産税**…土地や建物を持っている人にかかる税金。

所得とは,収入からそれを得るためにかかった費用などを差し引いたものだよ。

★★★

税金の使われ方

国民生活をより安心・安全なものにするための費用にあてられます。

⬆ **公共施設などの整備**

⬆ **安全な暮らしを守る**

⬆ **高齢者や障がい者を支援**

⬆ **平等に教育を受けられるようにする**

COLUMN まめ知識

税の負担はみんな同じ? 消費税のようにみんなに同じ割合でかかる税金は,収入の少ない人ほど負担が重くなります。これに対し,所得税など,所得の多い人ほど払う税金の割合(率)を高くしている税もあります。このしくみを累進課税といいます。

重要度
★★★

財政と予算

財政とは，国や地方公共団体が税金(租税) [➡ P.391] などを集め，さまざまな**公共のものやサービス**の提供のためにお金を**支出**する経済活動のこと。
予算とは，1年間の収入(**歳入**)と支出(**歳出**)を項目別にふり分けた計画。
財政は，1年ごと(年度ごと)に見積もった予算に従って行われます。

★★★

財政のはたらき

公共施設の建設や，社会保障，警察・消防の仕事などの
公共サービスの提供を行います。
これらは，民間の会社では提供することがむずかしい仕事なので，国や地方公共団体が費用を負担します。

財政には，景気をよくして経済を安定させるはたらきもあるよ。

★★★

国の歳入(収入)

主に**税金(租税)**による収入と，国が民間から借り入れた借金である**公債金**が大きな割合をしめています。公債金はここ20年ほどで大きく増えています。

その他
公債金
34.5
歳入
97兆7128
億円
税金・印紙収入
60.5%
(2018年度)
(2018/19年版「日本国勢図会」)

⬆ 国の歳入の内訳

★★★

国の歳出(支出)

◆**社会保障関係費**…国民の生活の保障
に必要な費用。
◆**国債費**…国が借りたお金の返済や利
子を支払うための費用。
◆**地方交付税交付金**…地方公共団体の財政の格差をならすために，国から地方
公共団体に配分される費用。

歳出　97兆7128億円 (2018年度)

社会保障関係費 33.7%	国債費 23.8	地方交付税交付金 15.7	その他

⬆ 国の歳出の内訳

(2018/19年版「日本国勢図会」)

★★★

地方財政の歳入と歳出

◆**歳入(収入)**…地方公共団体が住民から集める**地方税**や，国から配分される**地方交付税交付金**と**国庫支出金**など。
◆**歳出(支出)**…住民の社会福祉にあてる**民生費**や，学校教育に必要な**教育費**，道路や橋をつくるための**土木費**など。

その他
地方債
10.5
国庫支出金
16.3
歳入
88兆1087
億円
地方税
44.8%
地方交付税交付金など
18.6
(2018年度)
(2018/19年版「日本国勢図会」)

⬆ 地方財政の歳入

COLUMN
まめ知識

国の収入の半分近くは借金!　国は国債という証書を発行して国民から借金をして，収入の不足を補っています。この借金が公債金です。借金は返さなくてはなりません。国債を大量に発行する(国の借金が増える)と，その返済の負担を，将来の人々にも負わせることになります。

重要度
★★★

自主財源

地方公共団体が自ら集めることができる財源。地域の住民や会社が納める地方税が大部分をしめています。

★★★

依存財源

国から地方公共団体に配分される補助金などによる財源。使いみちが自由な**地方交付税交付金**や使いみちが指定されている**国庫支出金**，借金である**地方債**などがふくまれています。

現在，多くの地方公共団体の財政は自主財源が少なく，依存財源に頼らざるをえない状況なんだ。

★★★

所得の再分配

所得の多い人から税金を多く集めて，社会保障制度 [➡ P.394] を通じて所得の少ない人に分配し，所得格差の改善をはかるしくみ。

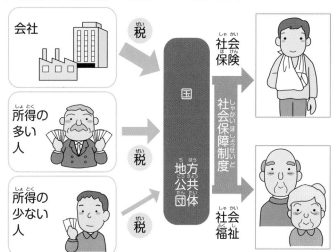

⤴ **所得の再分配のしくみ**

COLUMN くわしく

いかに歳入を確保するか 財政難の地方公共団体は，歳入を増やすため，働く世代の移住や会社の誘致などを積極的にすすめています。また，近年，ふるさと納税制度を活用し，地域に住んでいない人々から多くの寄付金を集めている地方公共団体もあります。

② 社会保障と国民の生活

★★★ 社会保障制度

病気やけが，失業や高齢などで生活に苦しむすべての国民を，国の責任で助け，国民の生活を保障するしくみ。

日本で社会保障制度が整えられたのは，第二次世界大戦後に日本国憲法で**生存権**［➡ P.364］が定められてからです。

◆**日本の社会保障制度の4つの柱**…社会保険，公的扶助，社会福祉，公衆衛生。

社会保険

国民から保険料を集め，病気や失業のときや，老後の生活の保障のために保険金を給付したり，**サービス**（介護サービス）を提供したりします。

公的扶助

生活保護ともいい，生活の苦しい人々に対して生活費，医療費などを国が支給する制度。**生活保護法**にもとづきます。

社会福祉

児童や身体障がい者，高齢者など働くことが困難な人々を保護・援助する制度。**児童福祉**，**障がい者福祉**，**高齢者福祉**などがあります。

公衆衛生

病気の予防や環境衛生の改善を進め，国民全体の健康の増進をはかります。**保健所**の活動などがこれにあたります。

資料 日本国憲法 第25条（生存権）

①すべて国民は，健康で文化的な最低限度の生活を営む権利を有する。

②国は，すべての生活部面について，社会福祉，社会保障および公衆衛生の向上および増進に努めなければならない。

憲法第25条にもとづいて，国は，社会保障制度を整えているんだ。

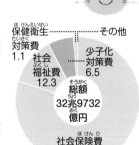

社会保障関係費の割合

保健衛生対策費 1.1
その他
社会福祉費 12.3
少子化対策費 6.5
総額 32兆9732億円
社会保険費 80.1%
（2018年度）
（2018/19年版「日本国勢図会」）

比べる 社会保険の種類	社会保険	●**健康保険（医療保険）**…病気などの場合に支給 ●**年金保険**…老後の生活の保障のために支給 ●**介護保険**…介護が必要な人が，サービスを受ける ●**雇用保険**…失業した場合，一定期間支給

COLUMN くわしく **生活保護法** 日本国憲法第25条の定めにもとづいて，定められた法律です。国が生活が苦しいすべての国民に対して必要な保護を行い，最低限度の生活を保障するとともに，その自立を助けることを目的としています。

歴史編

時代で変わる，平均寿命

平均寿命の移り変わり

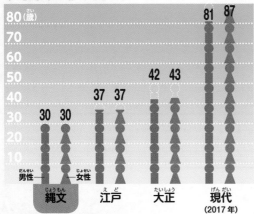

	縄文	江戸	大正	現代(2017年)
男性	30	37	42	81
女性	30	37	43	87

縄文時代の平均寿命は，約30歳※。現在と比べると，かなり短かったと考えられています。病院などの医療機関がなく，病気で幼いうちに亡くなることも多かったことが原因として挙げられます。
※現代の平均寿命の計算方法とは異なります。

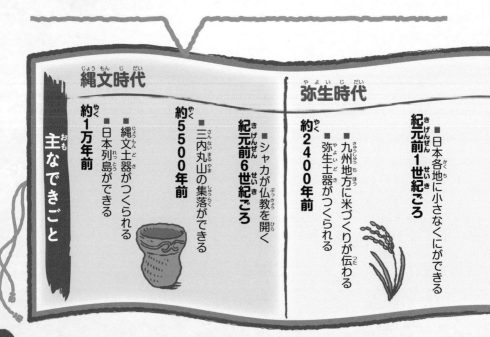

縄文時代

主なできごと

約1万年前
■日本列島ができる

約5500年前
■縄文土器がつくられる
■三内丸山の集落ができる

紀元前6世紀ごろ
■シャカが仏教を開く

弥生時代

紀元前1世紀ごろ
■日本各地に小さなくにができる

約2400年前
■九州地方に米づくりが伝わる
■弥生土器がつくられる

らし

大仙古墳vs ピラミッド！

大仙古墳とピラミッドの大きさ

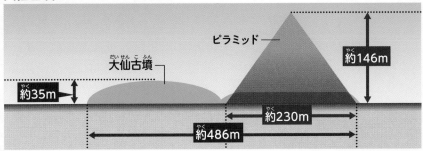

ピラミッド

大仙古墳

約146m

約35m

約230m

約486m

大仙古墳は，エジプトのピラミッドと比べてみると，どんなに大きいかがわかります。高さはピラミッドに及ばないものの，たての長さは倍以上。底面積では，実は世界一！　こんなお墓をつくれた，大きな力を持った人がいたのです。

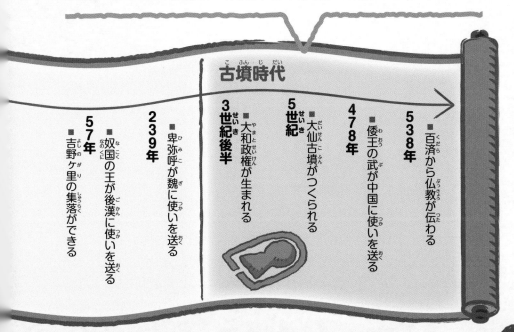

古墳時代

57年
■吉野ケ里の集落ができる

239年
■奴国の王が後漢に使いを送る

■卑弥呼が魏に使いを送る

3世紀後半
■大和政権が生まれる

5世紀
■大仙古墳がつくられる

478年
■倭王の武が中国に使いを送る

538年
■百済から仏教が伝わる

第1章 大むかしの暮らし

01 縄文時代の暮らし

さくっとガイド まずはここを読んで，時代の流れをつかもう！

日本の歴史，始まりはいつ？

日本の歴史に出てくる一番古い時代は，旧石器時代です。

当時の日本はユーラシア大陸と陸続きでしたが，気温が高くなり海水面が上がると，大陸からはなれました。こうして日本列島ができたのが，今から約1万年前です。

平和な暮らしが続いた縄文時代

日本列島ができはじめたころ，約1万2000年前に始まったのが縄文時代です。縄のような文様のある縄文土器が使われていたので，こう呼ばれます。

縄文時代の人々は，しかやいのししなどを狩り，川や海で漁をして，一部ではくりなどの栽培も行っていました。たて穴住居に家族で住み，女性をかたどったものが多い人形の土偶を使って，まじないやいのりを行ったと考えられています。

縄文時代は争いがなく，人々は食べ物などを平等に分け合い，遠くの人とも交流をして物々交かんを行い，平和に暮らしていたようです。

| 3年 | 4年 | 5年 | 6年 | 発展 |

歴史編

第1章 大むかしの暮らし

第2章 天皇と貴族の世の中

第3章 武士の世の中へ

第4章 全国統一

第5章 江戸幕府の政治

第6章 移り変わる武士の世の中

第7章 近代国家への歩み

第8章 日清・日露戦争と日本の動き

第9章 戦争と新しい日本の始まり

重要度

★★★ 旧石器時代

今から1万年前ごろまでの時代。人々は，木の実や草などを採集したり，**打製石器**や骨角器 [➡ P.400] を使い，狩りや漁をしたりして，移動して暮らしていました。この時期を旧石器時代といい，数百万年も続きました。

↑ 大陸と陸続きだったころの日本

ユーラシア大陸

日本海（湖だった）

ナウマンゾウや人々が移動してきた。

野尻湖 ナウマンゾウの化石が出土。

陸続き

太平洋

★★★ 岩宿遺跡

日本にはないとされていた旧石器時代が，初めて確認された遺跡。群馬県みどり市にあります。1946年，行商をしていた相沢忠洋によって打製石器が発見され，1949年から発掘調査が行われました。

★★★ 打製石器 [磨製石器➡P.400]

自然の石を打ち欠いてつくった石器。使いみちに合わせて，さまざまな種類の石器がつくられました。

↑ 打製石器

（明治大学博物館）

★★★ 縄文時代

今から約1万2000年前から紀元前4世紀ごろまで，1万年近く続いた時代。この時代の文化を縄文文化といいます。打製石器に加えて，**磨製石器** [➡ P.400] や**縄文土器** [➡ P.400] を使うようになりました。

人々は，木の実や植物を採集し，弓矢や石器，骨角器 [➡ P.400] などを使って狩りや漁を行い，収かくは公平に分け合って暮らしていたと考えられています。

石を打ち欠いて道具にしたんだね。

日本と大陸が陸続きだった証拠 ナウマンゾウは，昔，中国や日本などにいた象の一種。長野県の野尻湖からは，数万年前の地層から，ナウマンゾウのきばの化石が発掘されました。このことから，当時の日本は大陸と陸続きだったと考えられています。

第1章 大むかしの暮らし

重要度
★★★
縄文土器

黒みを帯びた茶色で，厚手でもろい縄文時代 [→ P.399] の土器。表面に縄などを転がしてつけた，縄目の複雑な文様があるものが多いことから，縄文土器 [弥生土器➡ P.404] と呼ばれています。食べ物の煮たきや，貯蔵などに使用されました。

縄目の文様がある。

↑ 縄文土器

（明治大学博物館）

★★★
磨製石器 [打製石器➡P.399]

石の表面をと石や砂などでみがいて形を整え，するどくした石器。木を切るための石のおの，穀物をかるための石がま，矢じりの刃などがつくられました。

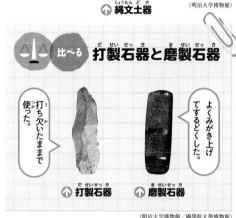

⚖ 比べる 打製石器と磨製石器

打ち欠いたままで使った。

よくみがき上げてするどくした。

↑ 打製石器　　↑ 磨製石器

（明治大学博物館／國學院大學博物館）

★★★
骨角器

動物や魚などの骨や角，きばなどでつくった道具。つり針，もり，矢じりなどがありました。

★★★
たて穴住居

主に縄文時代 [➡ P.399] から奈良時代 [➡ P.435] にかけて広く使われた住居。地面を 50cm ほどほり下げて，床にあたる部分をやや低くし，壁をつくり，穴をほって柱を立て，屋根を草などでふきました。内部には中央に炉があり，たたみなら 5～6 畳くらいの広さのものが多く，ふつう 4～5 人(1家族)が生活しました。

↑ たて穴住居（内部）

（青森県教育庁文化財保護課）

COLUMN
まめ知識

縄文時代はあたたかかった？　縄文時代初めの日本の平均気温は現在よりも約 1～2 度高かったと考えられています。日本列島の海岸線も，貝塚などの分布から現在の海岸線よりかなり内陸まで入りこんでいたことがわかっています。

第1章 大むかしの暮らし

第2章 天皇と貴族の世の中

第3章 武士の世の中へ

第4章 全国統一

第5章 江戸幕府の政治

第6章 移り変わる武士の世の中

第7章 近代国家への歩み

第8章 日清・日露戦争と日本の動き

第9章 戦争と新しい日本の始まり

★★★ 土偶

📖 粘土を焼いてつくった人形。女性をかたどったものが多く，豊かな収かく，家族のはん栄，魔よけなどをいのってつくられたと考えられています。

↑ 土偶 （茅野市尖石縄文考古館）

★★★ 貝塚

📖 縄文時代 [➡ P.399] の人々が，食べた貝類の殻，動物や魚の骨，土器や石器，骨角器などの不要物を捨てた，ごみ捨て場のあと。貝塚からは，当時の人々の食べ物や生活に使われた道具がわかり，その分布などから当時の海岸線を知ることもできます。

★★★ 大森貝塚

📖 明治時代の 1877 年，アメリカ合衆国の動物学者モースが，横浜から東京へ向かう列車の中から大森貝塚（東京都）を発見し，発掘調査を行いました。これが日本で最初の貝塚に関する学術調査でした。モースは 1877 年から 2 年間，東京大学で動物学を教えました。

★★★ 三内丸山遺跡

📖 青森県にある縄文時代の大集落のあと。発掘調査の結果，約 35 ヘクタール（1ヘクタールは 1 万 m²）にもおよぶ巨大な集落であることがわかりました。今から 5500 年ほど前から約 1500 年間も続き，多いときには 500 人以上が定住していたと考えられています。それまで，縄文時代の人々は，食べ物を求めて移動して暮らしていたと考えられていましたが，その常識はくつがえされました。また，くり，ごぼう，豆類，ひょうたんなどが栽培されていたことや，遠方の地域とも，交流が行われていたこともわかっています。

↑ 三内丸山遺跡 （青森県教育庁文化財保護課）

COLUMN まめ知識

縄文クッキーはどんな味？ 縄文時代，土器を使ってあくぬきができるようになり，どんぐりを食べるようになりました。どんぐりは縄文人の主要な食べ物の 1 つで，クッキーのようなものもつくられていました。縄文人のレシピで今でもつくることはできますが，それほどおいしくないそうです。

02 米づくりの広がり

米づくりが伝わったのは, いつ？

今から約2400年前, 大陸からやって来た人々によって, 九州北部に米づくりが伝えられました。米づくりは, やがて東北地方にまで広がりました。

米づくりが広がっていった約2400年前から約1700年前ごろまでの600〜700年間を, 弥生時代といいます。

弥生時代の道具や建物は, どんなもの？

米づくりでは, さまざまな道具が使われました。木製のすきやくわで土地を耕し, 田げたをはいて種もみをまき, 石包丁で稲の穂をつみとりました。収かくした稲の穂は, 湿気を防ぐため, 高床の倉庫にたくわえました。

米づくりとともに, 青銅器や鉄器も伝わりました。青銅器は主に祭りの道具として, 鉄器は農具や武器として使われました。

また, 赤みがかった茶色で, かざりが少なく, 縄文土器よりもうすくてかたい弥生土器がつくられました。

重要度
★★★

弥生時代

本格的な米づくりが始まった約2400年前から約1700年前までの600～700年間。この時代の文化を，弥生文化といいます。

米づくりの始まり

現在日本でつくられている米（ジャポニカ種）の栽培が始まった場所は，中国の長江の中・下流域とされてきました。近年は，長江よりさらに南を流れる珠江の中流域とする説もあります。

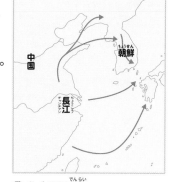

米づくりの伝来

米づくりは，約2400年前，中国や朝鮮半島から移り住んできた人々（**渡来人** [➡ P.417]）によって伝えられました。気候の温暖な西日本を中心に定着した米づくりは，100年余りのうちに九州から東北地方にまで広がっていきました。

 米づくりの伝来

?で深める P.407

田げた

水田で作業をするときに，足がしずみこまないようにくふうした木製の道具。種もみまきなどのとき，作業がしやすいように，足につけました。

↑ 米づくりの様子　(大阪府立弥生文化博物館)

水田での作業がしやすいように，道具をくふうしたんだね。

→ 田げた

COLUMN まめ知識

米の種類　米の種類は，大きくジャポニカ種（つぶが短い）とインディカ種（つぶが長い）の2つに分けられます。日本で出土する米の種類はジャポニカ種で，この出土地をたどることで，米づくりのおおまかな伝来のルートを知ることができます。

重要度

★★★ 石包丁

稲の穂をつみとるための石器。
弥生時代の稲かりは，稲の根元でかるのではなく，**穂先をつみとる**方法でした。

⬆ **石包丁の使い方**

★★★ 高床の倉庫

稲の穂など，収かくしたものを保存するための倉庫。湿気を防ぐために床を高くし，はしごをかけて出入りしたと考えられています。

また，倉庫の中にねずみが入らないように，「**ねずみ返し**」と呼ばれるしかけもくふうされていました。
高床の倉庫は銅鐸や弥生土器などにえがかれ，**登呂遺跡** [➡ P.406]や**吉野ヶ里遺跡** [➡ P.411] でも使われていたことが確認されています。

ねずみ返し

⬆ **高床の倉庫**

（静岡市立登呂博物館）

★★★ 弥生土器

赤みがかった茶色で，うす手でかたく，かざりや文様の少ない**弥生時代** [➡ P.403] の土器。この土器は，現在の東京都文京区弥生で発見されたことから，**弥生土器** [縄文土器➡ P.400] と名づけられ，時代の名前や文化の名前にもなっています。貯蔵用のつぼ，煮たき用のかめ，盛りつけ用の皿や高坏など，多くの種類が発見されています。

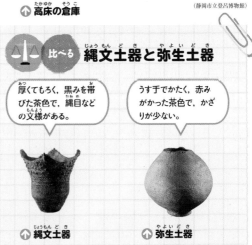

⚖ 比べる **縄文土器と弥生土器**

厚くてもろく，黒みを帯びた茶色で，縄目などの文様がある。

うす手でかたく，赤みがかった茶色で，かざりが少ない。

⬆ **縄文土器**

⬆ **弥生土器**

（明治大学博物館／東京大学総合研究博物館所蔵）

COLUMN
まめ知識

矢板って何？　あぜ道の土のくずれや水もれなどを防ぐために補強した板状のくいで，一方がとがっていて土の中に打ちこみやすくしてありました。田と水路の境界に，2列に並べて打ちこんで間に土などを入れ，あぜ道としました。

★★★ 青銅器

銅とすずを合わせてつくった金属器。銅剣, 銅矛, 銅鐸, 銅鏡などがあります。初めは武器などとして使用されましたが, しだいに祭りの道具として用いられました。

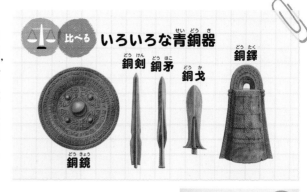

⚖ 比べる **いろいろな青銅器**

銅剣　銅矛　銅戈　銅鐸

銅鏡

★★★ 銅鐸

寺のつりがねを平たくしたような形の青銅器。祭りのための宝物だったと考えられています。表面に米づくりの様子や, 高床の倉庫がえがかれたものがあり, 当時の米づくりの様子を知ることができます。

当時の様子がえがかれている。

⬆ 銅鐸…高床の倉庫がえがかれたものもある。
（東京国立博物館）

★★★ 鉄器

鉄でつくられた道具。農具や木製品をつくる工具としてや, 戦いのときの武器などとして, 実際に使用されました。鉄器が使用されるようになると, 農業生産が高まり, 権力者の勢力を強めることになりました。

鉄器は実用品として, 活用されたんだ。

★★★ むら

米づくり [➡ P.403] が始まると, 人々は農作業に便利な低地に定住するようになり, たて穴住居 [➡ P.400] で生活しました。やがて生産量が増加し, 食べ物をたくわえられるようになると, 人口が増え, 小さなむらは大きなむらへと成長していきました。大きなむらは, 支配者の出現で, やがて**くに** [➡ P.409] へと発展していきました。

COLUMN まめ知識　**米づくりが行われていたことは, どうやってわかるの？**　米づくりが行われていたことは, もみのあとが残る土器, プラントオパール（イネ科の植物にふくまれ化石化して残った物質）や, 土中にそのまま残された花粉などの調査から知ることができます。

重要度
★★★

登呂遺跡

静岡市の安倍川東岸で発見された，弥生時代 [→ P.403] の代表的な農耕集落の遺跡。この遺跡からは，弥生土器 [→ P.404]，木製農具や，たて穴住居 [→ P.400] のほか，**高床の倉庫** [→ P.404]，水田のあとなど，米づくりに関するいろいろなものが発掘されました。

（静岡市立登呂博物館）

⬆ **登呂遺跡**

★★★

板付遺跡

福岡市にある，縄文時代末期から弥生時代 [→ P.403] にかけての遺跡。縄文土器とともに水田のあとが発掘され，今から約 2300 年前（紀元前3世紀前後）には，すでに米づくりが行われていたことがわかりました。弥生時代前期の**たて穴住居** [→ P.400] 群や，井戸のあとなども発見されました。

（ピクスタ）

⬆ **板付遺跡**

★★★

唐古・鍵遺跡

奈良県にある，弥生時代 [→ P.403] の代表的な遺跡。周りを堀に囲まれた集落（環濠集落 [→ P.412]）です。100余りのたて穴住居 [→ P.400] のあとや，多くの木製農具，土器，石器などが発掘されました。

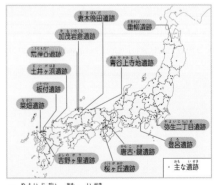

亀ヶ岡遺跡
砂沢遺跡
垂柳遺跡
荒神谷遺跡
青谷上寺地遺跡
土井ヶ浜遺跡
板付遺跡
菜畑遺跡
弥生二丁目遺跡
登呂遺跡
吉野ヶ里遺跡
唐古・鍵遺跡
桜ヶ丘遺跡

・主な遺跡

⬆ **弥生時代の主な遺跡**

COLUMN
くわしく

時代で変わる集落の場所 縄文時代の集落の多くは台地につくられましたが，弥生時代に米づくりがさかんになると，人々は農作業に便利な水田の近くの低地にも集落をつくって定住するようになりました。住まいは縄文時代と変わらず，たて穴住居でした。

? 1 弥生時代の米は赤かった？

➡ 現在，日本で栽培されている米の多くは白い米（白米）ですが，弥生時代に栽培されていたのは，主に赤い米（赤米）や黒い米（黒米）だったといわれています。

赤米や黒米は，白米より栄養が豊かなので，現在でも健康のために食べる人がいます。

? 2 米をどんなふうに調理したの？

➡ 弥生時代の人々は，主に，玄米のまま弥生土器を使って水で煮て，おかゆのようにして食べていたようです。

また，もみのまま焼いて焼き米にしたり，蒸した米をおにぎりのようににぎったりすることもあったと考えられています。

COLUMN はてな ? で深める　弥生人の食文化

クローズ アップ！
弥生のごはん

アワビ
汁物
炊き込みごはん
煮物
タイ

⬆ 弥生時代の食事（身分の高い人の場合）

? 3 どんなメニューだったの？

➡ 身分の高い人は，山菜と玄米を蒸したもの，焼いたタイやアワビ，煮たさといもやぶた肉，干したフグなどを食べていたと考えられています。

ふつうの人は，煮た赤米，アサリやタコ，焼いたアユ，いった大豆などを食べていたようです。

03 むらからくにへ

さくっとガイド　まずはここを読んで,時代の流れをつかもう!

支配者が現れた!

米づくりがさかんになると,暮らしも変わっていきました。

みんなをまとめる指導者が現れ,その指導のもとで,人々は協力して米づくりや祭りを行いました。やがて,身分の差や貧富の差が生まれ,強いむらが弱いむらを従えて,小さなくにへと発展していき,指導者は支配者となって王と呼ばれるようになりました。

小国の分立と邪馬台国

紀元前後ごろの日本は,100余りの小国が分立していました。九州北部にあった奴国の王は,57年に後漢(中国)にみつぎ物をおくり,皇帝から金印を授けられました。

3世紀には,邪馬台国が30ほどの小国を従え,女王の卑弥呼がうらないやまじないで政治を行っていました。卑弥呼は,239年に,魏(中国)に使いを送り,皇帝から「親魏倭王」の称号や銅鏡100枚などを授けられました。

重要度
★★★

指導者の出現と貧富の差

米づくり [➡ P.403] が始まると，農作業での共同作業を指図したり，祭りをとり行ったりする，**むら** [➡ P.405] の指導者が現れました。また，米づくりがさかんになるにつれて，家族の労働力の差や土地のよしあしなどから，たくわえに差が生まれ，貧富の差ができてきました。

（大阪府立弥生文化博物館）

農作業を指図する指導者。

⬆ 米づくりの作業を指導する人

★★★

支配者の出現

米づくり [➡ P.403] がさかんに行われ，生産能力が向上してたくわえができると，生産物や土地，用水などをめぐって，周辺のむら [➡ P.405] との間で争いが起こるようになりました。争いに勝ったむらは負けたむらを従え，**指導者**はやがて強い力を持つ支配者となっていきました。

★★★

豪族

強い力を持ったむら [➡ P.405] の**指導者**。周辺のむらとの争いに勝ったむらは，負けたむらを吸収し，しだいに勢力を広げ，やがて小さな**くに**に発展していきました。

★★★

くに

弥生時代 [➡ P.403] になると，強いむら [➡ P.405] が弱いむらを従えて吸収し，より勢力を広げ，小さなくにを形成するようになりました。さらに勢力を強めたくには，大きなくにへと発展していきました。くにの支配者は**王**と呼ばれるようになり，大きな力を持つようになっていきました。

このころのくにの様子は，佐賀県で発掘された**吉野ヶ里遺跡** [➡ P.411] から知ることができます。

むらは小さなくにへ，小さなくには，さらに大きなくにへと発展！

?で深める P.413

COLUMN
まめ知識

弥生時代の始まりはいつ？　弥生時代は，今から約2400年前（紀元前4世紀ごろ）に始まったとされていますが，最近の研究では，これよりさらに600年ほどさかのぼり，紀元前10世紀ごろに始まったとする説も発表されています。

第1章 大むかしの暮らし

祭り
重要度 ★★★

弥生時代 [➡ P.403]，豊かな収かくや家族の
はん栄などを願って神にいのる祭りが行わ
れ，祭りの道具として銅鐸 [➡ P.405] など
の青銅器 [➡ P.405] が用いられました。

⬆ 祭りの様子

倭
★★★

大むかしに中国で使われていた，日本の呼
び名。中国の漢（前漢）の歴史を記した『漢
書』地理志など，中国の多くの歴史書では，
日本のことを倭と表記しています。日本で
もこの文字を「ヤマト」と読んで，7～8世紀ごろまで使っていました。

奴国
★★★

現在の福岡市付近にあったとされる小国。中国の歴史書である『漢書』地理志には，
紀元前後のころの倭（日本）は，100余りの小国が分立していたとあります。
また『後漢書』東夷伝には，この小国の1つである奴国の王が，57年に後漢の
光武帝に使いを送り，金印を授かったと書かれています。

金印
★★★

江戸時代の1784年，福岡県の博多湾にある志賀島で
発見された印章。「漢委奴国王」と刻まれており，奴国
の王が，後漢の光武帝から授かったものと考えられて
います。奴国の王は中国の皇帝にその地位を認めても
らい，奴国の力をほかのくにに示そうとしたと考えら
れています。

➡ 金印（上）と
印面（右）

(福岡市博物館所蔵　画像提供　福岡市博物館／DNPartcom)

江戸時代に、
農民が発見
したらしい！

弥生時代の植物性の食料　弥生時代の遺跡から出土する植物性の食料の第1位はど
んぐりで，米は第2位です。地面をほってつくった穴などにどんぐりを貯蔵して食料とし，米の不
足を補っていたと考えられます。この穴を「ドングリ・ピット」といいます。

★★★ 『魏志』倭人伝

中国の歴史書の『三国志』のうち，魏 [➡ P.412] について記した部分。倭人伝は，そのうちの日本に関する内容です。朝鮮半島から倭（日本）への行き方，倭の地理，風俗，政治，社会，**邪馬台国**の**卑弥呼**に関することなどが書かれています。

★★★ 邪馬台国

3世紀の日本にあった地域的な統一国家。30ほどの小国を従えていました。このころ，小さな国どうしがしばしば争い，世の中が乱れていました。そこで，諸国の王が話し合い，**卑弥呼**という女王を立てると，世の中がおさまったといいます。

邪馬台国が日本のどこにあったかについては，九州北部説と畿内（近畿）説が有力ですが，まだ特定されていません。

↑ 3世紀ごろの東アジアと邪馬台国の位置

★★★ 卑弥呼

邪馬台国の女王。巫女のような性格を持ち，うらないやまじないで政治を行いました。宮殿には1000人の女性の召し使いがいて，弟が政治を助けていました。239年に魏（中国）[➡ P.412] に使者を送り，皇帝から**「親魏倭王」**の称号や金印，100枚の銅鏡などを授かりました。

★★★ 吉野ヶ里遺跡

佐賀県にある，弥生時代 [➡ P.403] 後期の大規模な集落のあと。周りを二重のさくで囲われた**環濠集落** [➡ P.412] でした。物見やぐら，多くの**たて穴住居** [➡ P.400]，**高床の倉庫** [➡ P.404] 群などがあったことがわかり，1〜3世紀ごろの**くに** [➡ P.409] の様子を知ることができます。

（写真 渡部まなぶ／アフロ）

↑ 吉野ヶ里遺跡

歴史編

第1章 大むかしの暮らし
第2章 天皇と貴族の世の中
第3章 武士の世の中へ
第4章 全国統一
第5章 江戸幕府の政治
第6章 移り変わる武士の世の中
第7章 近代国家への歩み
第8章 日清・日露戦争と日本の動き
第9章 戦争と新しい日本の始まり

COLUMN まめ知識　**弥生時代のおしゃれって？**　『魏志』倭人伝には，弥生時代の人々は全身にいれずみをしていたと書いてあります。また，遺跡からはガラス玉やまが玉などのアクセサリーがたくさん見つかっています。

第**1**章 大むかしの暮らし

重要度
★★★

環濠集落

弥生時代 [➡ P.403] の集落の形態の1つで，周囲が堀で囲まれています。二重，三重に堀をめぐらせたり，土塁や逆茂木を設けたりしたものもあります。敵の侵入を防ぐ目的でつくられたものと考えられています。

（国営海の中道海浜公園事務所所有）

⤴ 環濠集落の堀（吉野ヶ里遺跡）

★★★

纒向遺跡

奈良県にある，弥生時代末期から**古墳時代** [➡ P.415] 前期にかけての大集落の遺跡。複数の古墳 [➡ P.415] を持つ遺跡の総称で，**卑弥呼** [➡ P.411] の墓ではないかという説もある箸墓古墳がふくまれます。この遺跡がつくられた主な時期は3世紀で，前方後円墳 [➡ P.415] 発祥の地とされています。

★★★

漢（中国）

中国最初の統一王朝である秦の滅亡後，中国を統一した国。長安（今の西安）に都を置き，周辺の遊牧民族を攻めるなどして中央アジア，朝鮮，ベトナム北部にまで領土を広げ，大帝国を築きました。紀元前202〜紀元後8年までを前漢といい，一時ほろび，25年に再興されました。25〜220年を後漢といいます。

⤴ 2世紀ごろの東アジア

★★★

魏（中国）

220〜265年。後漢がほろんだあと，呉・蜀とともに，中国の三国時代を形成した国（王朝）。239年，皇帝が**邪馬台国** [➡ P.411] の**卑弥呼** [➡ P.411] に「**親魏倭王**」の称号や金印，100枚の銅鏡を授けたとされています。

中国の王朝の名前と時期をおさえよう。

COLUMN
まめ知識

逆茂木って何？ 　先をとがらせた木でつくった，敵の侵入を防ぐためのさくのことです。上の写真のように，とがらせた方を上にして，堀の周りなどに立てていました。

❓1 戦いは米づくりと関係があったの?

▶ 米づくりが始まると、たくわえた米や米づくりに適した土地をめぐって、むら同士が争うようになりました。

弥生時代の遺跡からは、矢が刺さったまま埋葬された骨や、首から下だけの人骨などが見つかっていて、激しい戦いがあったことがわかります。

❓2 どんな武器を使っていたの?

▶ 戦いが起こるようになった弥生時代、戦うための道具である「武器」も登場しました。矢・やり・剣から身を守る盾やよろいは木製でした。そのほか、青銅器でできた矛や、縄文時代には狩りに使っていた弓矢も、武器として使われるようになりました。

COLUMN はてな ❓で深める　　戦いが始まる!

敵だー! 敵!!
ぬう〜〜

守りが固い!

↑ 環濠集落の様子

❓3 むらの対策は万全だったの?

▶ 敵から自分のむらを守るために、むらの周りを堀で囲んだ「環濠集落」も弥生時代の遺跡には多く見られます。先をとがらせた木の棒である逆茂木をたくさん立て、その周りに堀を二重にめぐらせ、さらに見張りを置くなど、しっかりと守りを固めていました。

04 古墳と大和朝廷の統一

さくっとガイド まずはここを読んで，時代の流れをつかもう！

古墳って何？

大きい
だろう！

豪族

3世紀後半から7世紀ごろにかけて，大王（のちの天皇）や豪族の大きな墓（古墳）がつくられました。この時代を古墳時代といいます。

前が四角形で後ろが円形の前方後円墳（大仙古墳など）が最も大きな形式の古墳です。大王や豪族の権力が強いほど大きな古墳がつくられたといいます。また，古墳からは当時のすぐれた土木技術を知ることができます。

大和朝廷が成立！

大王

大和朝廷

3世紀後半に，大和（奈良県），河内（大阪府）などの地域の豪族が連合して，強大な力を持った大和政権を成立させました。この政府を大和朝廷といいます。

大和朝廷は大王を中心として，4世紀までに大和地方を統一し，5世紀の末ごろまでには，九州地方から東北地方南部まで支配を広げていきました。

歴史編

第1章 大むかしの 暮らし

第2章 天皇と貴族の 世の中

第3章 武士の 世の中へ

第4章 全国統一

第5章 江戸幕府の 政治

第6章 移り変わる 武士の世の中

第7章 近代国家への 歩み

第8章 日清・日露戦争と 日本の動き

第9章 戦争と新しい 日本の始まり

重要度
★★★
古墳時代

3世紀後半から7世紀ごろまでの，**古墳**がつくられた時代。3世紀後半に成立した**大和朝廷** [➡ P.416] は，5世紀の末ごろまでには，九州地方から東北地方南部までを支配しました。

★★★
古墳

大きな力を持つ**大王** [➡ P.416] や**豪族** [➡ P.409] の巨大な墓。古墳には，**前方後円墳**，円墳，方墳などの種類があります。

?で深める P.419

★★★
前方後円墳

前方が方形(四角形)，後方が円形をした形式の古墳。古墳の中では，最大の形式で，近畿地方に多く分布しています。**大仙(仁徳陵)古墳**，五色塚古墳(兵庫県)などがあります。

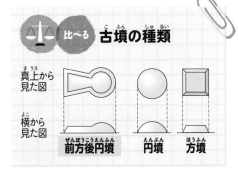

比べる 古墳の種類

真上から見た図

横から見た図

ぜんぽうこうえんふん | えんふん | ほうふん
前方後円墳 | **円墳** | **方墳**

★★★
大仙（仁徳陵）古墳

大阪府堺市にある，代表的な**前方後円墳**。5世紀につくられ，全長約486m，はば約305m，高さ約35mで，世界最大級の墓といわれています。この大きさから，強大な権力を持った**大王** [➡ P.416] の墓であることがわかります。仁徳天皇の墓ではないかともいわれています。

(学研・資料課)
⬆ **大仙（仁徳陵）古墳**

COLUMN まめ知識

ヤマトタケルノミコトってだれ？ 『古事記』や『日本書紀』にえがかれている英雄。天皇である父の命令で，九州南部や東国を平定したとされています。実際は，複数の人物が行った大和朝廷の国土統一を，1人の英雄が行った物語としてえがいているものと考えられています。

第1章 大むかしの暮らし

重要度

★★★ はにわ

古墳[➡ P.415]の上や周りに置かれた土製品(焼き物)。古墳の土のくずれ止めやかざりに使われました。人間,動物,家などさまざまな形のものがあり,当時の様子を知ることができます。

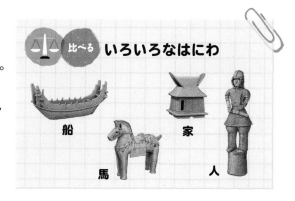

比べる　いろいろなはにわ

船　馬　家　人

★★★ 副葬品

遺体とともに古墳[➡ P.415]に埋葬した品物。弥生時代には,かめ棺に青銅器[➡ P.405]などがいっしょに納められましたが,古墳時代になると,棺の中や石室に,鏡や玉,装飾品,武器,農具,生前に使っていたものなどが納められました。

比べる　いろいろな副葬品

銅鏡　まが玉　よろい　耳かざり　かぶと

★★★ 大和朝廷(大和政権)

近畿地方にできた強大な政府。大和地方(奈良県)では早くから米づくり[➡ P.413]が行われ,多くの豪族[➡ P.409]が現れました。3世紀後半になり,大和,河内(大阪府南東部),和泉(大阪府南部)などの地域に分立していた有力な豪族が連合しました。この政権を大和政権,その政府を大和朝廷と呼びます。大和朝廷は大王を中心に,4世紀までに大和地方を統一し,5～6世紀ごろには九州地方から東北地方南部までの豪族や王たちを従えました。

★★★ 大王

各地の王の上に立つという意味で,大王と呼ばれます。大和朝廷での最高位を表しています。のちに,天皇[➡ P.433]と呼ばれるようになりました。

COLUMN
まめ知識

ヒスイの原産地はどこ?　まが玉などの材料になるヒスイは,約5000年前の縄文時代中期に,新潟県の糸魚川で縄文人が加工を始めました。ヒスイの原産地は限られているので,出土地点から当時の交易の様子を考えることができます。

歴史編

第**1**章 大むかしの 暮らし

第**2**章 天皇と貴族の 世の中

第**3**章 武士の 世の中へ

第**4**章 全国統一

第**5**章 江戸幕府の 政治

第**6**章 移り変わる 武士の世の中

第**7**章 近代国家への 歩み

第**8**章 日清・日露戦争と 日本の動き

第**9**章 戦争と新しい 日本の始まり

渡来人
★★★

中国や朝鮮半島から日本列島に移住してきた人々。かんがい工事や堤防を築く技術，鍛冶，造船，養蚕，機織り，**須恵器** [➡ P.418]（かたい土器）など大陸のすぐれた学問や技術を日本に伝えました。5世紀の初めには**漢字**を，6世紀には**儒教**や**仏教**を伝えました。**大和朝廷** [➡ P.416] は渡来人を保護し，朝廷の記録を残す仕事や財政，外交文書の作成などにあたらせました。

漢字
★★★

中国でつくられた文字。**渡来人**などが日本に伝えました。それまでの日本では，文字は使われていませんでした。公式には5世紀の初めごろ，百済（朝鮮）[朝鮮半島の情勢➡ P.418] から**大和朝廷** [➡ P.416] に伝えられたとされています。漢字の音を使って日本語を書き表すようになり，紙や墨も伝わったことで，記録ができるようになりました。稲荷山古墳(埼玉県)から出土した**鉄剣** [➡ P.418] に115の漢字が刻まれています。

儒教（儒学）
★★★

仁(思いやりの心)による政治思想。紀元前6世紀ごろ(春秋時代)の中国で，**孔子**が儒教(儒学)のもとを開きました。その教えは『**論語**』にまとめられ，中国の政治や文化に大きな影響をおよぼし，のちに朝鮮半島や日本に伝わりました。

仏教の伝来
★★★

仏教は，紀元前6世紀ごろ，インドで**シャカ**が開いた宗教。「人間はみな平等で，心の迷いを除けば，この世の苦しみから救われる」と説きました。日本には，6世紀に百済（朝鮮）の王が仏像と経典を公式に伝えました。実際には，それ以前に渡来人がもたらしていたと考えられています。
仏教の受け入れをめぐって，**蘇我氏** [➡ P.423] と**物部氏**が対立し，仏教の受け入れに積極的な蘇我氏が，反対する物部氏を破りました。仏教は，日本の政治，文化，生活などに大きな影響をあたえました。

アジアを中心に広まっていったんだ。

COLUMN くわしく

氏姓制度とは？ 氏は祖先が同じと考える人々の集団で，姓は朝廷での地位と仕事を表す称号です。大王が氏に姓をあたえて，朝廷の決まった仕事を行わせました。

重要度
★★★

須恵器

山の斜面を利用してつくった**のぼりがま**を使って，高温で焼かれた土器。それまでの縄文土器 [➡ P.400] や弥生土器 [➡ P.404] などとはちがう，渡来人 [➡ P.417] が伝えた新しい技術で焼かれました。

（加賀市所蔵）

⬆ 須恵器

★★★

鉄剣の銘

稲荷山古墳（埼玉県）から出土した鉄剣には，115 の漢字が刻まれています。この中の「**ワカタケル大王**」とは倭の五王のうちの「武」（雄略天皇）だと考えられています。また，江田船山古墳（熊本県）から出土した鉄刀にも「ワカタケル大王」と刻まれています。このことから，大和朝廷 [➡ P.416] の支配の広がりがわかります。

（所有：文化庁／写真提供：埼玉県立さきたま史跡の博物館）

「ワカタケル大王」と刻まれている。

⬆ 稲荷山古墳出土の漢字が刻まれた鉄剣

★★★

中国の情勢

魏 [➡ P.412]，呉，蜀の 3 国に分かれて争っていた三国時代の中国を，280 年に晋が統一しました。晋は，420 年にほろび，まもなく 2 つの王朝が対立する南北朝時代となりました。南朝と大和朝廷 [➡ P.416] は関係が深く，南朝の歴史書である『宋書』倭国伝には，5 世紀に大和朝廷の 5 人の王が南朝に使いを送ったと書かれています。

★★★

朝鮮半島の情勢

4 世紀の初め，高句麗が楽浪郡をほろぼして支配を広げ，4 世紀半ばには南東部に新羅，南西部に百済がおこりました。4〜5 世紀ごろ，この 3 国が対立し，倭（日本）は朝鮮半島南部の伽耶（加羅，任那）に勢力をのばしていました。高句麗の好太王の碑文によると，400 年前後，倭はここを足場にして百済と結んで高句麗や新羅と戦いました。

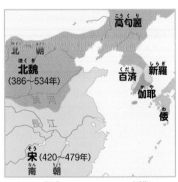

高句麗
北朝
北魏
（386〜534年）
新羅
百済
伽耶
倭
長江
宋（420〜479年）
南朝

⬆ 4〜5 世紀ごろの東アジアの情勢

COLUMN
くわしく

倭の五王って？ 　中国の歴史書には，5 世紀に大和政権の 5 人の王（倭の五王）が朝鮮半島南部の支配を認めてもらおうと，たびたび中国に使いを送ったという記録があります。この五王とは，讃・珍・済・興・武で，済は允恭天皇，興は安康天皇，武は雄略天皇とされます。

?1 巨大な古墳はどのようにつくられたの?

古墳は，大王や豪族の墓です。大王や豪族は，多くの人々を使い，日本各地から巨大な石を集めるなどして，古墳をつくらせました。

長い年月のかかる巨大な古墳づくりでは，すぐれた技術をもつ渡来人たちが活やくしました。

?2 古墳の構造はどうなっていたの?

古墳の多くは，表面に石がしきつめられています。内部には，石室という部屋があり，死者を納めた棺が置かれました。棺や石室に納められた鏡やよろいなどの副葬品を調べると，当時の人々がどのようなものを使っていたのかがわかります。

COLUMN はてな ?で深める 古墳からわかること

ボク 円墳！

あたし 前方後円墳！

は方墳とします。

古墳をいろいろ

おれなんか 前方後方墳 だぜ！

↑ いろいろな古墳の形

?3 古墳からわかることって?

古墳をつくるのに多くの材料と人の力が必要なことや，古墳から多くの副葬品が出土することから，古墳づくりを命じた大王や豪族が，強大な権力と大きな富をもっていたことがわかります。

また，前方後円墳の分布は，大和朝廷の支配の広がりを示しています。

天皇と貴族

大仏の大きさは校舎くらい！

大仏の大きさ比べ

3階建ての校舎とほぼ同じ！

約15m

小学6年生男子
145cm
(平均身長)
約10人分

東大寺の大仏は，高さ約15m。小学生の身長の約10倍ほど！　現代の建物と比べると，3階建ての校舎ぐらいです。

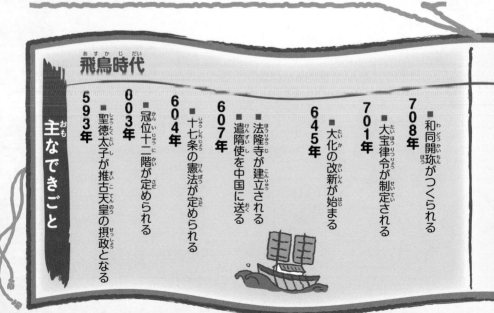

飛鳥時代

主なできごと

593年
聖徳太子が推古天皇の摂政となる

003年
冠位十二階が定められる

604年
十七条の憲法が定められる

607年
遣隋使を中国に送る
法隆寺が建立される

645年
大化の改新が始まる

701年
大宝律令が制定される

708年
和同開珎がつくられる

の世の中

勢力拡大の秘策は「結婚」！

藤原氏の出世のしくみ

天皇
娘
藤原氏

天皇のおじいちゃんになった！

次の天皇へ

子

天皇

藤原氏は娘を天皇に嫁がせて，生まれた子を天皇にする作戦を取り大成功。天皇の親戚となることで，どんどん勢力を強めていきました。

奈良時代

710年
■平城京に都を移す

743年
■墾田永年私財法が定められる

752年
■東大寺の大仏が完成する

753年
■鑑真が来日する

平安時代

794年
■平安京に都を移す

894年
■遣唐使を停止する

1016年
■藤原道長が摂政になる

01 聖徳太子の政治

聖徳太子が登場！

聖徳太子は，593年におばの推古天皇の摂政となり，天皇を中心とする新しい国のしくみを整えようとしました。

聖徳太子は，蘇我馬子と協力して，天皇の力を強め，隋（中国）の文化や制度を取り入れ，国づくりを進めていきました。

聖徳太子はどんな政治をしたの？

603年，冠位十二階の制度を定め，能力や功績のある人を役人に取り立てました。

604年には十七条の憲法を定め，朝廷の役人が政治を行ううえでの心構えを示しました。

また，607年には法隆寺を建てて，人々に仏教の教えをすすめました。

聖徳太子は外国との交流にも力を入れ，607年，隋（中国）の進んだ政治制度や文化，学問を取り入れるために，小野妹子を遣隋使として送りました。

歴史編

第**1**章 大むかしの暮らし

第**2**章 天皇と貴族の世の中

第**3**章 武士の世の中へ

第**4**章 全国統一

第**5**章 江戸幕府の政治

第**6**章 移り変わる武士の世の中

第**7**章 近代国家への歩み

第**8**章 日清・日露戦争と日本の動き

第**9**章 戦争と新しい日本の始まり

重要度 ★★★

飛鳥時代（あすかじだい）

古墳時代 [➡ P.415] の一部で，推古天皇が即位した 592 年から平城京 [➡ P.435] に都を移した 710 年までの約 120 年間。せまい意味では，推古天皇の時代を指します。飛鳥文化 [➡ P.425] が栄えました。

★★★

蘇我氏（そがし）

大和朝廷の財政や外交を担当した有力な豪族。渡来人 [➡ P.417] を保護し，仏教の受け入れに反対した物部氏をたおして，全盛期をむかえました。

推古天皇のもとでは，**蘇我馬子**が**聖徳太子**と協力して政治を行いました。天皇とも婚姻関係を結び，一時は天皇をしのぐ勢力を持ちましたが，**大化の改新** [➡ P.429] でたおされました。

★★★

聖徳太子（しょうとくたいし）

574〜622 年。593 年，おばの**推古天皇の摂政**となり，蘇我馬子と協力して天皇中心の政治を目指しました。**冠位十二階** [➡ P.424] や**十七条の憲法** [➡ P.424] を定め，中国に**遣隋使** [➡ P.425] を送るなどしました。また，**法隆寺** [➡ P.426] を建てて仏教を広めました。

?で深める P.427

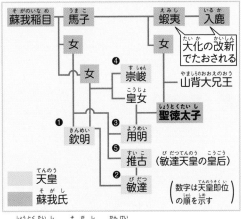

↑ 聖徳太子と蘇我氏の関係

★★★

摂政（せっしょう）

天皇が幼かったり，病弱だったり，女性だったりしたときに，天皇を助けて政治を行う役職。593 年，聖徳太子が女性の推古天皇の摂政となって政治を始めました。平安時代 [➡ P.443] には，藤原氏が摂政や関白の役職を独占して**摂関政治** [➡ P.444] を行いました。

COLUMN くわしく

蘇我氏と物部氏　大和朝廷の有力な豪族であった蘇我氏と物部氏は，代々対立を続けてきましたが，仏教の受け入れをめぐってその対立は激化しました。蘇我馬子と物部守屋のときには，天皇の後継争いも加わった戦いとなり，敗れた物部氏はほろびました。

重要度
★★★
冠位十二階

603年に聖徳太子 [➡ P.423] が定めた制度。官職を子孫が代々受けつぐ世襲制をやめて，家柄や出身地に関係なく，能力や功績のある人物を役人に取り立てました。

徳・仁・礼・信・義・智の6つをそれぞれ大小に分けて12の位とし，それを色分けした冠で区別しました。

冠　位	冠の色	冠　位	冠の色
1 大徳		7 大信	
2 小徳		8 小信	
3 大仁		9 大義	
4 小仁		10 小義	
5 大礼		11 大智	
6 小礼		12 小智	

⬆ 冠位十二階

★★★
十七条の憲法

604年に聖徳太子 [➡ P.423] が定めた，朝廷の仕事に対する役人の心構えを示したもの。仏教や儒教 [➡ P.417] の教えを取り入れ，天皇の命令に従うことなどが書かれていました。

史料　十七条の憲法（一部）

第1条　人の和を大切にしなさい。
第2条　仏教をあつく信仰しなさい。
第3条　天皇の命令には必ず従いなさい。
第12条　地方の役人が，勝手に人々から税を受け取ってはいけません。

★★★
隋（中国）

589年，北朝から出た隋が南朝をほろぼして，中国を統一しました。隋は，律令 [➡ P.433] という法律を定め，皇帝の力を強めて中央集権の政治を進めていきましたが，618年にほろびました。

日本からは，607年に聖徳太子 [➡ P.423] が，遣隋使を派遣しました。

強大な統一王朝だったんだ！

高句麗
新羅
百済
日本
大興城（長安）
洛陽
隋

---------- 隋代の大運河
〰〰〰 万里の長城

⬆ 7世紀初めごろの東アジア

COLUMN まめ知識

聖徳太子が十七条の憲法にこめた思い　第1条の「人の和を大切に…」には続きがあり，「人々がそれぞれの立場に関わりなく協力し，よく話し合えば，問題は必ず解決できます。」という内容です。豪族どうしの争いが絶えない時代に生きた聖徳太子の思いが伝わりますね。

歴史編

第1章 大むかしの暮らし

第2章 天皇と貴族の世の中

第3章 武士の世の中へ

第4章 全国統一

第5章 江戸幕府の政治

第6章 移り変わる武士の世の中

第7章 近代国家への歩み

第8章 日清・日露戦争と日本の動き

第9章 戦争と新しい日本の始まり

★★★ 遣隋使

聖徳太子 [➡ P.423] が隋と国交を開き，その進んだ制度や文化を取り入れるために送った使節。607年に送られた小野妹子に持たせた国書の書き出しには，「日出づるところ(日本)の天子，書を日没するところ(隋)の天子にいたす」と書かれてあったといい，対等の国交を結ぼうとしたことがうかがえます。隋の皇帝・煬帝は，これに対して激怒したともいわれます。

★★★ 小野妹子

607年，聖徳太子 [➡ P.423] の命で遣隋使として中国にわたった人物。隋の使者をともなって日本に帰国しました。使者が中国に帰国するときには，いっしょに留学生や留学僧 [➡ P.432] をともなって，再び隋にわたりました。

世界とすでにつながってたんだ!

★★★ 飛鳥文化

推古天皇の即位から，約120年間の飛鳥時代 [➡ P.423] に栄えた文化。飛鳥文化は，飛鳥地方(奈良盆地南部)を中心に栄えた日本で最初の仏教文化で，法隆寺 [➡ P.426] に代表されます。また，中国，朝鮮をはじめ，ギリシャ，ペルシャ(西アジア)，インドなどの文化の影響が見られることから，国際性のある文化でもありました。

★★★ 飛鳥大仏

蘇我馬子が建立した飛鳥寺に安置されている，本尊の釈迦如来像。7世紀の初め，鞍作止利(止利仏師)によってつくられたとされています。日本でつくられた，現存する最古の仏像です。火災などにあったため，そのほとんどが鎌倉時代に補修されたものです。

(飛鳥寺（安居院）)

⬆ 飛鳥大仏

COLUMN まめ知識

飛鳥地方はどのような気候？ 　約120年もの間都が多く置かれた飛鳥地方は，現在の奈良県の奈良盆地南部に位置しています。この飛鳥地方の気候は，おだやかで生活しやすいものでした。ひょっとしたら，これが長い間政治の中心地だった理由かもしれません。

重要度

★★★ 法隆寺

聖徳太子 [➡ P.423] が607年に建てたといわれる寺。現在のものは再建された建物ですが，現存する世界最古の木造建築で，飛鳥時代 [➡ P.423] の建築様式を伝えています。中門の柱のふくらみ（**エンタシス**）には，ギリシャ建築の影響が見られます。1993年に，世界文化遺産に登録されました。

↑ 法隆寺

中央がふくらんでいる。

↑ エンタシス

★★★ 釈迦三尊像

法隆寺の金堂にある本尊。聖徳太子 [➡ P.423] のめい福をいのって鞍作止利（止利仏師）がつくったとされています。中国の南北朝時代の仏像様式の影響を受けています。中央の像（中尊）の高さは86.4cm です。

不思議なほほえみをうかべている。

★★★ 玉虫厨子

法隆寺にある仏像を入れる入れ物。金銅透かし彫りのかざり金具の下に，玉虫の羽根をしきつめたところからこの名があります。宮殿の形をしており，台座にえがかれた絵は，飛鳥時代 [➡ P.423] を代表する絵画として有名です。

↑ 釈迦三尊像

★★★ 石舞台古墳

奈良県の明日香村にある7世紀（前半）の古墳。**蘇我馬子の墓**とする説があります。早くから土がなくなり，横穴式の石室がむき出しになっていることから，石舞台古墳と呼ばれています。

もとは方墳ともいわれる。

石がむき出しになっている。

↑ 石舞台古墳

COLUMN くわしく **エンタシスはどんな様式？** 建物の円柱の中央部に，わずかなふくらみを持たせる建築様式。ギリシャのパルテノン神殿などに見られ，日本には中国から伝わりました。法隆寺の金堂，中門，五重塔や，唐招提寺の金堂などに見られます。

❓1 一度に10人の話を聞き分けた?

➡️ 聖徳太子は，子どものころからすぐれた能力をもっていたといわれています。

あるとき，10人もの人が同時に話しかけてきたにもかかわらず，すべて正確に聞き分けて，それぞれに答えた，という話が伝わっています。

❓2 聖徳太子と蘇我馬子はどんな関係?

➡️ 蘇我馬子は，聖徳太子のおばである推古天皇のおじ。つまり，聖徳太子にとって馬子はおおおじです。さらに聖徳太子の妻は，蘇我馬子の娘でした。そんな2人が協力して，天皇中心の政治を目指しました。

COLUMN はてな **❓で深める 聖徳太子ってどんな人?**

日出づる処の天子より…
日没する処の天子へ…

無礼者!!

ぼくが届けまーす！

小野妹子

日本　隋

⬆️ 聖徳太子が隋（中国）に使者を送る

❓3 隋との国交はそれまでと何がちがうの?

➡️ 聖徳太子より前の時代，日本の王や大王は，邪馬台国の卑弥呼のように中国の皇帝にみつぎ物を送っていました。

聖徳太子は対等な立場で国交を開こうと考えました。そこで，中国に対して初めて対等な立場で国書を書き，小野妹子に持たせました。

第2章 天皇と貴族の世の中

02 大化の改新と天智天皇

さくっとガイド まずはここを読んで，時代の流れをつかもう!

大化の改新ってどんなできごと?

蘇我氏をたおしたぞ!
これからは天皇中心の
政治にするのだ!

中臣鎌足

中大兄皇子

645年，中大兄皇子は中臣鎌足らとともに，蘇我入鹿らをたおして政治の改革を進めました。これを大化の改新といいます。

大化の改新では，皇室や豪族が支配していた土地や人々を，公地・公民として，国が直接支配することにしました。また，中国から帰国した留学生や僧の協力を得て，新しい政治のしくみをつくっていきました。

天智天皇の政治と壬申の乱

これが新しくできた
政治の方針である!
みんな従うように。

律令

中大兄皇子は，668年に即位して天智天皇となりました。

天智天皇は，日本で最初の全国的な戸籍をつくり，律令にもとづく政治への歩みを始めました。

天智天皇の死後の672年，天智天皇の弟の大海人皇子と天皇の子の大友皇子が天皇の位をめぐって戦いました。この戦いを壬申の乱といいます。

壬申の乱に勝った大海人皇子は，即位して天武天皇となりました。

428

歴史編

第1章 大むかしの暮らし

第2章 天皇や貴族の世の中

第3章 武士の世の中へ

第4章 全国統一

第5章 江戸幕府の政治

第6章 移り変わる武士の世の中

第7章 近代国家への歩み

第8章 日清・日露戦争と日本の動き

第9章 戦争と新しい日本の始まり

重要度 ★★★

大化の改新

645年，**中大兄皇子**や**中臣鎌足**が中心となり，**蘇我氏** [➡P.423] の蝦夷・入鹿親子をたおして始めた政治改革。**聖徳太子** [➡P.423] の死後，その一族をほろぼし**大和朝廷** [➡P.416] の権力を独占していた蘇我氏をたおして，**唐（中国）** [➡P.431] のような強力な国家をつくろうとしました。「**大化**」という初めての年号を定めたことから，この改革を大化の改新といいます。

比べる 大化の改新前後の社会

改新前の社会		改新後の社会
氏姓制度	特色	律令政治 [➡P.433]
大王を中心とする豪族の連合政権		天皇を中心とする中央集権国家
皇室・豪族の私有	土地	国有（公地）
皇室・豪族の私有	人民	公民
皇室も豪族の1つ	天皇	天皇の力は絶対的なもの
土地・私有民を持つ	豪族	朝廷に仕える貴族

★★★

中大兄皇子（天智天皇）

626～671年。645年，中臣鎌足らとともに蘇我氏 [➡P.423] をたおし，**大化の改新**を始めました。都を大津宮（滋賀県）に移し，668年に天智天皇となって，初めての全国的な戸籍 [➡P.430] をつくるなど，改新政治を進めました。

★★★

中臣鎌足（藤原鎌足）

614～669年。645年，中大兄皇子らとともに蘇我氏 [➡P.423] をたおし，**大化の改新**を始めました。亡くなる直前に，天智天皇から藤原の姓を授けられました。平安時代 [➡P.443] に摂関政治 [➡P.444] を進めた藤原氏の祖です。

★★★

蘇我入鹿

？～645年。蘇我蝦夷の子。学問にすぐれた評価を受けたとされています。聖徳太子 [➡P.423] の死後，皇極天皇の時代に父の蝦夷とともに政治を行い，大きな勢力をふるいました。しかし，蘇我氏の独裁的な政治には不満が高まり，645年，中大兄皇子や中臣鎌足らによってたおされました（**大化の改新**）。

クーデターが起こった！

COLUMN まめ知識

中大兄皇子と中臣鎌足の出会い まりをけって遊ぶけまりをしているとき，中大兄皇子がまりをけった拍子にくつが飛んでしまいました。それを鎌足が拾って差し出したことがきっかけで知り合ったといわれています。以後2人は急速に接近し，蘇我氏打倒の計画を練ったようです。

第2章 天皇と貴族の世の中

重要度
★★★
公地・公民

大化の改新 [➡ P.429] で示された政治の方針の1つ。中央集権化を進めるため，皇族や豪族 [➡ P.409] が私有していた土地や人々を，全て国家（天皇）のものとして，直接支配するようになりました。

★★★
戸籍

戸（家）ごとに，人数，名前，性別，家族関係などをまとめたもので，台帳に記されました。6年ごとにつくられ，**班田収授**や租の税の取り立てなどに利用されました。670年に，**天智天皇** [➡ P.429] が日本で最初の戸籍をつくりました。

★★★
班田収授法

律令政治 [➡ P.433] の基本となる土地制度。唐（中国）の制度にならって実施されました。全国の人民の戸籍をつくって，6歳以上の男女に公地（**口分田**）をあたえ，死ぬと国に返させる制度です。口分田をあたえられた農民には，**租**，**調**，**庸**などの税や兵役の義務などが課せられました。

★★★
口分田

班田収授法で人々にあたえられた土地のこと。戸籍にもとづいて，6歳以上の良民（農民など）の男子に2段（約23アール），女子にその3分の2の口分田をあたえ，死ぬと国に返させました。奴婢（低い身分とされた人々）には，良民の3分の1の口分田があたえられました。

★★★
租

口分田をあたえられた人々に課せられた税の1つ。稲の収かく高の約3％を，税として納めました。

★★★
調

口分田をあたえられた人々に課せられた税の1つ。成年男子に課せられ，織物や地方の特産物を納めるもので，直接都まで運ばなければなりませんでした。都へ運ぶ旅費や食料などは自己負担だったため，その負担が大きく，とちゅうでうえ死にする者や，口分田を捨ててにげ出す者も少なくありませんでした。

COLUMN
くわしく

防人はつらかった？ 防人は，九州地方の防衛のために置かれた兵士で，兵役を課せられた者の中から選ばれました。東国の農民が派遣されることが多く，『万葉集』にも防人の歌が東国の方言でよまれています。

歴史編

第**1**章 大むかしの 暮らし

第**2**章 天皇と貴族の 世の中

第**3**章 武士の 世の中へ

第**4**章 全国統一

第**5**章 江戸幕府の 政治

第**6**章 移り変わる 武士の世の中

第**7**章 近代国家への 歩み

第**8**章 日清・日露戦争と 日本の動き

第**9**章 戦争と新しい 日本の始まり

★★★
庸

口分田をあたえられた人々に課せられた税の１つ。成年男子に課せられた税で，１年に 10 日都で働くか，布などを納めるもので，農民が直接都まで運ばなければなりませんでした。土地によっては，布の代わりに米，塩，綿などの特産物を納めることもありました。

租…稲
調…織物 特産物
庸…布など

⬆ 大化の改新で示された税のしくみ

農民の負担が 大きかったんだね。

★★★
国司

律令政治 [➡ P.433] のもとで国ごとに置かれた，地方の役人。中央の豪族が任命され，任国の行政，治安，裁判などにあたりました。任期は 6 年間(のちに４年間)で，国司が事務を行う役所を国府といい，国ごとに置かれました。国府は現在も地名として残っているところがあります。

★★★
唐（中国）

618 年，隋(中国) [➡ P.424] がほろびると新たに唐が中国を統一し，都を**長安**(現在の西安)に置きました。７世紀後半には，朝鮮半島北部，中央アジア，ベトナムにまで領土を広げ，大帝国となりました。

唐は，律令 [➡ P.433] を整えて中央集権政治を行いました。長安には，周辺の国々や地域から，多くの使節や留学生が集まり，国際色豊かな文化が栄えました。日本からもたびたび**遣唐使** [➡ P.440] を送り，唐の影響を受けた**天平文化** [➡ P.437]が栄えました。

中国の王朝の 移り変わりを 確認しよう！

COLUMN くわしく
国郡里制度って何? 大化の改新で示された方針の１つ。地方を国，郡，里に分け，国ごとに中央の貴族を国司として派遣し，その下に郡司・里長を置いて治めさせました。

第2章 天皇と貴族の世の中

★★★

重要度
★★★

留学生・留学僧

遣隋使 [➡ P.425] や遣唐使 [➡ P.440] に同行して中国にわたった学生や僧侶。中国の学問や文化，宗教などを学んで帰国しました。特に大化の改新 [➡ P.429] 直前には，蘇我氏 [➡ P.423] の独裁政治をやめさせ，唐 [➡ P.431] のような強力な国家をつくる必要性を感じていて，大化の改新の大きな力となりました。

天武天皇（大海人皇子）

？〜686年。天智天皇 [➡ P.429] の弟。大海人皇子。壬申の乱で天智天皇の子の大友皇子と戦い，これを破りました。翌年，都を再び飛鳥（奈良県）にもどして即位し，天武天皇となりました。律令制や歴史書の編さんを命じ，天皇の地位を高めました。

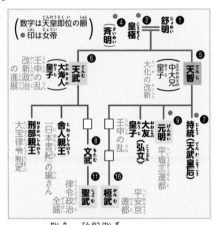

↑ 7〜8世紀の天皇系図

壬申の乱

天智天皇 [➡ P.429] の死後の672年，天皇の位をめぐって，天智天皇の子の大友皇子と，天智天皇の弟の大海人皇子が争った戦い。吉野（奈良県）で兵を挙げた大海人皇子は，美濃（岐阜県）に進んで東国をおさえたのち，大友皇子の軍を破りました。勝利した大海人皇子は，都を飛鳥に移して即位し，天武天皇となりました。

大宝律令

701年に，唐（中国）[➡ P.431] の律令にならって制定された法令。天皇を頂点とする中央集権のしくみが整えられ，以後，律令政治が実質的には約200年続きました。

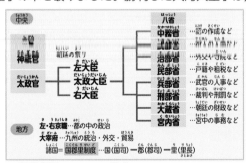

↑ 大宝律令にもとづく政治のしくみ

COLUMN
まめ知識

「日本」という国号の始まり　倭に代わる「日本」という国号は，7世紀後半から用いられるようになり，701年の大宝律令で法的に決まったと考えられています。703年，唐におもむいた遣唐使が「日本国使」と名乗ったとされ，これが「日本」を名乗った最初の確かな事例とされています。

歴史編

第1章 大むかしの暮らし
第2章 天皇と貴族の世の中
第3章 武士の世の中へ
第4章 全国統一
第5章 江戸幕府の政治
第6章 移り変わる武士の世の中
第7章 近代国家への歩み
第8章 日清・日露戦争と日本の動き
第9章 戦争と新しい日本の始まり

★★★ 律令（律令政治）

律は刑罰について定めたもの，令は国の制度や政治の決まりなどについて定めたもの。律令にもとづく政治を，**律令政治**といいます。

★★★ 天皇

4～5世紀ごろに大きく成長した豪族がなった，大和朝廷 [➡ P.416] の中心的な存在。政治的な権力と神のような権威をかね備え，大王 [➡ P.416] と呼ばれました。大王に代わって**天皇**という称号が用いられるようになった時期は，聖徳太子 [➡ P.423] のころという説と，天武天皇のころという説があります。

★★★ 貴族

8世紀の初めごろ，律令政治のもとで有力な豪族が各種の特権をあたえられ，国家権力と結びついた上級の役人。貴族には，位や官職によって，土地や高い給与があたえられ，その地位は子孫に受けつがれました。

★★★ 和同開珎

708年につくられ，長い間，日本最古といわれてきた貨幣。

★★★ 富本銭

日本最古の貨幣。1999年に，飛鳥池工房遺跡(奈良県明日香村)から多数発見されました。これは和同開珎よりも古く，7世紀後半につくられた貨幣だと考えられています。しかし，どのくらい流通したのかはわかっていません。

お金って，こんなに古くからあったんだ！

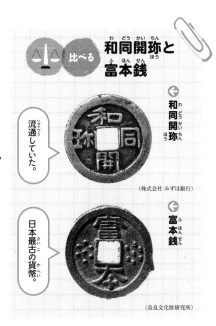

和同開珎と富本銭

流通していた。

和同開珎
(株式会社 みずほ銀行)

日本最古の貨幣。

富本銭
(奈良文化財研究所)

COLUMN まめ知識　**日本初の時計?**　漏刻とは，中大兄皇子(天智天皇)がつくったとされる水時計で，これで人々に時刻を知らせたといわれています。この漏刻は，日本で最初の時計といわれています。この水時計がつくられた6月10日は現在，時の記念日になっています。

433

03 平城京と聖武天皇

さくっとガイド まずはここを読んで, 時代の流れをつかもう!

平城京はどんな様子?

元明天皇

ここが新しい都です。

気に入ったわ!

710年, 唐(中国)の都長安にならって, 奈良に都がつくられました。これを平城京といいます。

北の中央に政府の役所や天皇の住む皇居などが置かれた大内裏がありました。道路は東西, 南北に碁盤の目のように並び, 役人の住宅, 大寺院や田畑もありました。

また, 東西2つの市が設けられ, 10万人近くの人々が暮らしていました。平城京の様子は「青丹よし 奈良の都は 咲く花の におうがごとく 今さかりなり」とうたわれました。

聖武天皇の政治

ついに大仏様が完成したぞ…!

聖武天皇

聖武天皇は, 仏教の力で社会の不安をしずめ国を治めようとして, 人々に仏教を信仰することをすすめました。

国ごとに国分寺と国分尼寺を, 都には全国の国分寺の中心として東大寺を建てました。そして東大寺の本尊として, 高さ15メートルもの大仏をつくりました。この大仏づくりには, 僧の行基が協力しました。

歴史編

第1章 大むかしの暮らし

第2章 天皇と貴族の世の中

第3章 武士の世の中へ

第4章 全国統一

第5章 江戸幕府の政治

第6章 移り変わる武士の世の中

第7章 近代国家への歩み

第8章 日清・日露戦争と日本の動き

第9章 戦争と新しい日本の始まり

奈良時代

重要度 ★★★

奈良に都（**平城京**）が置かれた710年から，平安京 [➡ P443] に移されるまでの70年余りの時代。

平城京

★★★

唐(中国) [➡ P.431] の都の長安にならって，元明天皇が710年に奈良につくった都。南北約5km，東西約6kmに道路が規則正しく並び，皇居や政府の役所が置かれた大内裏(平城宮)や役人の住宅，田や畑などがありました。また，

(奈良市役所所蔵)

平城宮

朱雀門

朱雀大路

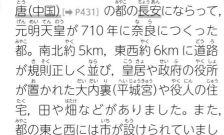
↑ 平城京 (復元模型)

都の東と西には市が設けられていました。平城京には10万人近くの人々が暮らし，その美しさは，「青丹よし　奈良の都は　咲く花の　におうがごとく　今さかりなり」とうたわれました。

長安

★★★

唐(中国) [➡ P.431] の都が置かれた都市で，現在の西安。長安には，日本をはじめ，朝鮮，インド，西アジアなどから，使節や留学生，商人などが多く集まり，8世紀の玄宗皇帝のころには人口は100万人をこえ，国際都市として栄えました。日本からは，**遣唐使** [➡ P.440] が十数回も派遣され，留学生・留学僧 [➡ P.432] も同行しました。

三世一身の法

★★★

723年，朝廷が出した開墾を進めるための法令。奈良時代，税や労役が農民にとって大きな負担だったため，口分田 [➡ P.430] を捨ててにげ出す者が増えました。また，自然災害などで荒れ地が増えたことで，口分田が不足していきました。朝廷は諸国に土地の開墾を命じましたが，うまく進みませんでした。そこでこの法を定めて，新しくかんがい施設(用水)をつくって土地を開墾した者には，3代に限って私有を認めることにしました。

COLUMN
〈わしく

朱雀門って？　天皇の住まい(皇居)や役所がある平城宮の正面にあった正門を，朱雀門といいます。ここから，都を東西に分ける，はば約70mもある大きな道路，朱雀大路がのびていました。

重要度
★★★

墾田永年私財法

743年，朝廷が出した開墾を進めるための法令。三世一身の法 [→ P.435] では，国に土地を返す時期が近づくと耕作をやめてしまい，再び荒れ地になってしまいました。そこで，この法を出して，新しく開墾した土地を永久に私有することを認めました。有力な貴族や寺社などは，これによって開墾を進めて私有地を増やしていったため，公地・公民 [→ P.430] 制が大きくくずれていきました。このような私有地は，のちに荘園 [→ P.452] と呼ばれるようになりました。

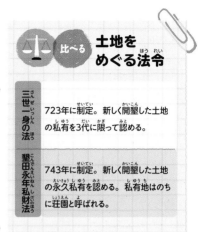

⚖ 比〜る **土地をめぐる法令**

| 三世一身の法 | 723年に制定。新しく開墾した土地の私有を3代に限って認める。 |
| 墾田永年私財法 | 743年に制定。新しく開墾した土地の永久私有を認める。私有地はのちに荘園と呼ばれる。 |

★★★

大宰府

律令 [→ P.433] 制度のもとで，現在の福岡県に置かれた役所。九州地方の統治，海岸防備や，中国や朝鮮との外交，外国使節の接待などにあたりました。また，九州の防衛のための兵士である**防人**が置かれました。

★★★

聖武天皇

701〜756年。東大寺を建立した，奈良時代 [→ P.435] の天皇。このころ，貴族の争いや天災，伝染病の流行，凶作などが続き，律令 [→ P.433] 制度が乱れ始めていました。聖武天皇は仏教の力で世の中の不安をしずめようとして，国ごとに国分寺・国分尼寺を，都に東大寺を建て，本尊として大仏を置きました。

★★★

東大寺

8世紀，**聖武天皇**が仏教の力で世の中の不安をしずめるため，奈良の都（平城京 [→ P.435]）に建てた寺。本尊として**大仏**が置かれました。

（東大寺）

⬆ **東大寺大仏殿**

COLUMN くわしく **貨幣はいつから使われた？** 708年に和同開珎がつくられてから10世紀までに，12種類の貨幣（皇朝十二銭という）が出され，朝廷はこれらの貨幣の使用を進めましたが，あまり広まりませんでした。

歴史編

第1章 大むかしの暮らし

第2章 天皇と貴族の世の中

第3章 武士の世の中へ

第4章 全国統一

第5章 江戸幕府の政治

第6章 移り変わる武士の世の中

第7章 近代国家への歩み

第8章 日清・日露戦争と日本の動き

第9章 戦争と新しい日本の始まり

★★★ 大仏

聖武天皇が建立した東大寺の本尊。正式には，盧舎那仏といいます。752年，大仏に目を入れる開眼供養の式典(完成式)が盛大に行われました。

？で深める P.441

(写真 Steve Vidler／アフロ)

⬆ 東大寺の大仏

★★★ 行基

668～749年。奈良時代の僧。布教のかたわら，諸国をめぐって橋や用水路をつくるなど，社会事業を行っていました。朝廷は，初め行基の活動をおさえていましたが，のちに人々の信頼が厚い行基を重く用いて，大仏づくりに農民の協力を得ようとしました。行基は朝廷の期待にこたえ，大仏づくりに協力しました。

★★★ 国分寺・国分尼寺

聖武天皇が，国の不安をしずめようとして，国ごとに建立した寺。

(武蔵国分寺跡資料館)

⬆ 国分寺 （復元模型）

★★★ 天平文化

聖武天皇の時代(8世紀前半)を中心に栄えた文化。
天平文化は，遣唐使 [➡ P.440] などによってもたらされた唐(中国)[➡ P.431] の文化の影響を強く受けているほか，シルクロードを通り，ローマ，西アジア(イランなど)，インドなどの影響も見られる国際性のある文化です。
また，正倉院 [➡ P.438] の宝物に代表される仏教文化が貴族の間に広まりました。

天平文化は，国際色豊かな文化だったんだ！

COLUMN くわしく

大仏の造営 大仏づくりは，初めは近江（滋賀県）の紫香楽宮で始まりましたが，都が平城京にもどると大仏づくりの仕事も奈良に移されました。大仏づくりには，当時の人口の約4割にあたる，のべ260万人が働いたといわれます。

437

重要度
★★★

正倉院

（正倉院正倉）

奈良～平安時代，役所や大寺院の倉庫を正倉といい，正倉が集まっている場所を正倉院といいました。現存する正倉は**東大寺** [➡ P.436] にある一棟のみのため，現在，正倉院といえば，これを指します。**校倉造**という建築様式で建てられています。**聖武天皇** [➡ P.436] の遺品などの宝物が納められていました。（現在，宝物はコンクリート造りの宝庫に移されています。）

校倉造…三角形の木材を井の字の形に組み合わせて壁にした。

湿気を防ぐため，床を高くしてある。

⬆ 正倉院

★★★

鑑真

（唐招提寺）

688～763年。唐（中国）[➡ P.431] の高僧。僧になる資格をあたえることができるすぐれた僧として，**遣唐使** [➡ P.440] が鑑真に来日することを依頼しました。鑑真は，日本にわたろうとしましたが，5回も渡航に失敗して盲目となってしまいました。しかし，6度目の航海で来日に成功し，日本に仏教の**戒律**（おきて）を伝え，唐招提寺を開きました。

⬆ 鑑真

★★★

唐招提寺

奈良市にある律宗（仏教の宗派の1つ）の総本山。唐（中国）[➡ P.431] から来日した鑑真が，759年に建てました。

⬆ 唐招提寺金堂

★★★

『古事記』

稗田阿礼が暗記していた神話や伝承を，712年に，元明天皇の命令で，朝廷の役人である**太安万侶**が書き記した歴史書。日本の国生みの神話から推古天皇の時代までを，上・中・下の3巻にまとめました。

COLUMN
〈わしく〉

校倉造って？ 建築様式の1つ。柱を使わないで三角形の木材を組み合わせて壁とし，風通しを良くして，湿気を防ぐことができるようにしてあります。中国やインドなどにもこの建築の手法が見られますが，東大寺の正倉院はその代表的なものです。

歴史編

第1章 大むかしの暮らし

第2章 天皇と貴族の世の中

第3章 武士の世の中へ

第4章 全国統一

第5章 江戸幕府の政治

第6章 移り変わる武士の世の中

第7章 近代国家への歩み

第8章 日清・日露戦争と日本の動き

第9章 戦争と新しい日本の始まり

★★★ 『日本書紀』

720年に，天武天皇 [➡ P.432] の皇子の**舎人親王**らがまとめた歴史書。日本の神代の時代（神武天皇の前までの時代）と神武天皇から持統天皇までの時代の歴史を，年代を追って全30巻にまとめました。

★★★ 『風土記』

713年に天皇が諸国に命じてつくらせた地理書。国ごとに地名の由来，伝説，産物などをまとめて報告しました。今日まで完全に残っているものは『**出雲国(島根県)風土記**』だけです。常陸(茨城県)，播磨(兵庫県)，豊後(大分県)，肥前(佐賀県・長崎県)の4か国の『風土記』は，一部が残されています。

★★★ 『万葉集』

わが国最古の歌集。編者は大伴家持といわれています。5世紀初めから759年までの間の，天皇から農民まで，あらゆる身分の人の作品およそ**4500首**が収められています。漢字の音や訓を使って日本語の音を表した「**万葉がな**」が使われました。

史料 『万葉集』より

ひむがしの　野にかぎろひの
立つみえて　かへりみすれば
月かたぶきぬ　柿本人麻呂

韓衣　裾に取りつき　泣く子
らを　置きてぞ来ぬや
母なしにして　防人の歌

★★★ 貧窮問答歌

山上憶良の歌。筑前国(福岡県)の役人だったとき，貧しい農民の生活を見聞きしてつくったといわれています。

史料 貧窮問答歌

…ぼろぼろに破れたものを身にまとい，たおれかけた小屋の地面にわらをしいて，父母はわたしのまくらの方に，妻子は足元の方でなげき悲しんでいる。かまどには火の気はなく，米を蒸すこしきもくもの巣だらけだ。それなのに，むちを持った里長が税を取り立てに，寝ているところまで来て大きな声を上げている。世の中とは，こんなにもどうしようもないものか。　　(『万葉集』より　一部要約)

COLUMN くわしく **正倉院の宝物と光明皇后** 聖武天皇の死後の756年，きさきだった光明皇后が天皇の愛用品を東大寺に奉納したのが，正倉院の宝物の始まりとされています。そのほか，大仏の開眼供養に使われた道具など，さまざまなものが納められ，現代まで伝えられました。

第2章 天皇と貴族の世の中

重要度
★★★
木簡

墨で文字を書いた木の札。地方から都に送った調 [➡ P.430] や庸 [➡ P.431] の荷札や，役所への連絡文書などを記すのに使われました。役所内ではメモ用紙のようにも使われました。遺跡などから出土した木簡から，当時の様子を知ることができます。

（奈良文化財研究所）

⬆ 木簡

重要度
★★★
遣唐使

唐(中国) [➡ P.431] との友好を保ち，朝鮮半島の情報を収集するとともに，唐の進んだ政治制度や文化などを学ぶために送られた使節。630年に第1回の遣唐使が送られ，894年に菅原道真 [➡ P.445] の進言で停止されるまで，十数回続きました。

重要度
★★★
シルクロード

紀元前2世紀ごろに漢(中国) [➡ P.412] とヨーロッパや西アジアを結んだ交通路。中国産の絹が運ばれたことから，シルクロード(絹の道)といいます。シルクロードを通って中国に運ばれたものがのちに，遣唐使などによって日本にも伝えられました。

⬆ 遣唐使の航路

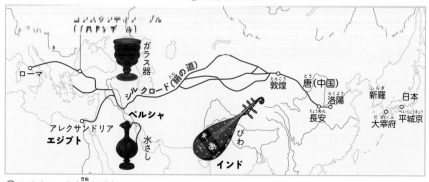

⬆ シルクロード(絹の道)

COLUMN
まめ知識

奈良時代の農民の住居ってどんなもの？ 奈良時代になっても，農民は古墳時代とあまり変わらないたて穴住居に住んでいました。こののち，西日本からしだいに掘っ立て柱の住居が普及していきました。

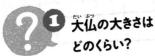

？1 大仏の大きさはどのくらい？

奈良時代に聖武天皇が建立した東大寺の大仏は，座高が約15m，顔のはばが3.2m，手のひらの長さが2.6m，足の大きさが3.7mもありました。大仏の完成式は，つくり始めてから約7年後に開かれました。インド人の僧も出席し，盛大に行われました。

？2 なぜ行基に協力してもらったの？

大仏づくりにはとても多くの人の力が必要でした。働く人々を集めるため，聖武天皇は，社会事業を行って人々に信頼されていた僧の行基に協力を求めました。

行基の呼びかけもあって，日本全国から，のべ260万人が大仏づくりに協力しました。

COLUMN はてな ？で深める 東大寺の大仏と人々

カンタン4ステップ！ 大仏のレシピ

1 中型づくり
2 外型づくり
3 流し込み
4 みがき

完成図

↑大仏のつくり方

？3 大仏の完成で，人々の生活は変わったの？

奈良時代，重い税などを負担していた農民の生活はとても苦しいものでした。聖武天皇は，国中の幸せを願って大仏の建立を決めました。しかし，農民は大仏づくりに協力してつかれ果て，大仏が完成したあとも負担は変わらず，苦しい生活が続きました。

04 平安京と藤原道長

さくっとガイド まずはここを読んで,時代の流れをつかもう!

平安京の目的は?

794 年,桓武天皇は都を今の京都に移しました。これを平安京といいます。これ以後の約 400 年間を平安時代といいます。

桓武天皇は,政治に口を出す仏教関係の寺院や僧を奈良に残したまま都を移すことで,律令政治を立て直そうとしました。

摂関政治と藤原氏

藤原氏は,天皇が幼いときには摂政として,成人すると関白となって政治を行いました。これを摂関政治といいます。

摂関政治は,11 世紀前半の藤原道長・頼通父子のときに最も栄えました。

藤原氏は,朝廷の高い位を独占し,さらに地方の豪族からは荘園を寄付され,多くの収入を得て栄えました。藤原道長は,3 人目の娘が天皇のきさきに決まったとき「この世をば わが世とぞ思う 望月の 欠けたることも なしと思えば」と,満足な気持ちをうたによみました。

重要度
★★★

平安時代

794 年に，**桓武天皇**が京都の平安京に都を移してから，鎌倉幕府 [➡ P.458] が成立する（12 世紀末）までの約 400 年間。貴族の政治や文化が栄え，11 世紀前半には，**藤原氏**が権力をにぎって摂関政治 [➡ P.444] を行いました。

★★★

平安京

794 年に，桓武天皇が唐（中国）の都である**長安** [➡ P.435] にならって，奈良の平城京 [➡ P.435] から現在の京都市に移した都。以後，約 1100 年間，日本の都でした。

奈良時代 [➡ P.435] の中ごろから，政権をめぐる貴族間の争いや僧の影響力が強まり，政治が乱れました。桓武天皇は，仏教勢力を奈良に残し

（京都市歴史資料館）
↑ 平安京（復元模型）

たまま，都を京都に移すことで仏教勢力との関係を断ち，人心を一新して，**律令政治** [➡ P.433] を立て直そうとしました。

★★★

坂上田村麻呂

758～811 年。平安時代の武将。8 世紀末に，東北地方で朝廷の支配に従わない蝦夷を平定するため，**桓武天皇**から**征夷大将軍** [➡ P.458] に任命されました。

★★★

桓武天皇

737～806 年。784 年，都を平城京 [➡ P.435] から京都の長岡京に移し，さらに 794 年**平安京**に移した天皇。仏教勢力からはなれ，人心を一新して律令政治 [➡ P.433] を立て直そうとしました。地方政治の乱れを防ぐために，国司 [➡ P.431] や郡司の監督を強化しました。また，農民の負担を減らすために，農民から兵士をとるのをやめて，郡司の子弟などによる新しい軍隊をつくりました。8 世紀末には，蝦夷の平定のため**坂上田村麻呂**を征夷大将軍 [➡ P.458] に任命して，東北地方の支配を進めました。

COLUMN
くわしく

長岡京は建設中止!? 784 年に，桓武天皇は，平城京から現在の京都府向日市・長岡京市付近の長岡京に都を移すことを決めました。大規模な都づくりを始めましたが，これを指揮した藤原種継が暗殺され，建設事業もうまくいかなかったため，都づくりは中止されました。

歴史編

第1章 大むかしの暮らし
第2章 天皇と貴族の世の中
第3章 武士の世の中へ
第4章 全国統一
第5章 江戸幕府の政治
第6章 移り変わる武士の世の中
第7章 近代国家への歩み
第8章 日清・日露戦争と日本の動き
第9章 戦争と新しい日本の始まり

第2章 天皇と貴族の世の中

重要度 ★★★ 藤原道長

966～1027年。**藤原氏**は，大化の改新 [➡ P.429] で活やくした中臣(藤原)鎌足 [➡ P.429] の子孫。対抗する有力な貴族を次々に退けて9世紀ごろから勢力をのばしました。娘を天皇のきさきにし，生まれた子を天皇にして，天皇の**外戚**(祖父)として政治の実権をにぎりました。道長は，1016年には摂政 [➡ P.423] となって，一族の者を重要な職につけて，**摂関政治**の全盛期を築きました。

★★★ 藤原頼通

992～1074年。藤原道長の子。父の道長とともに**摂関政治**の全盛期を築きました。宇治(京都府)に，**平等院鳳凰堂** [➡ P.447] を建てました。

★★★ 摂関政治

平安時代に藤原氏が，天皇が幼いときは摂政 [➡ P.423] として，成人してからは関白として，朝廷の実権をにぎって行った政治。11世紀前半の**藤原道長・頼通**父子のときに摂関政治が全盛となりました。

★★★ 摂政と関白

摂政 [➡ P.423] は，天皇が幼いときに，天皇に代わって政治を行う朝廷の役職。関白は，天皇が成人したのち，天皇を助けて政治を行う朝廷の役職。

（右上の系図）

大化の改新 ▶ 藤原の姓を受ける → 鎌足

大宝律令制定 → 不比等 [北家]

聖武天皇 ─ 光明子(光明皇后) ─ 房前

孝謙(称徳)天皇 ─ 冬嗣

皇族以外の摂政の初め ─ 良房

関白の初め ─ 基経

摂関政治全盛 ─ 道長 ─ 純友

摂関政治全盛 平等院鳳凰堂 ─ 頼通

▲ 純友の乱

摂政・関白の地位を独占して政治を行った。

⬆ 藤原氏の略系図

多くを藤原氏がしめている。

	藤原氏	その他の貴族
858年(良房のころ)	5人	14人
887年(基経のころ)	7人	16人
969年(実頼のころ)	11人	18人
1017年(道長のころ)	20人	24人
1065年(頼通のころ)	18人	25人
1072年(教通のころ)	17人	25人
1100年(忠実のころ)	12人	26人

⬇ 朝廷の重要な職を独占する藤原氏

摂政・関白と摂関政治の関係を考えよう。

COLUMN くわしく

蝦夷ってどんな人々? 古くから東北地方などに住んでいた人々。大和朝廷に従わなかったため，たびたび朝廷から平定のための大軍が送られました。初め，征夷大将軍とは，蝦夷を平定する軍の総指揮官のことでしたが，のちに武家政権のかしらのことを指すようになりました。

歴史編

第1章 大むかしの暮らし

第2章 天皇と貴族の世の中

第3章 武士の世の中へ

第4章 全国統一

第5章 江戸幕府の政治

第6章 移り変わる武士の世の中

第7章 近代国家への歩み

第8章 日清・日露戦争と日本の動き

第9章 戦争と新しい日本の始まり

★★★ 菅原道真

845～903年。平安時代 [➡ P.443] 前期の学者・政治家。894年に遣唐大使に任命されると，唐の国力のおとろえや航海の危険などを理由に，**遣唐使** [➡ P.440] 派遣の停止を朝廷に進言して認められました。のちに右大臣になりましたが，藤原氏の策略で，九州の大宰府 [➡ P.436]（福岡県）に流されました。死後，学問の神様として人々に信仰されるようになりました。

★★★ 遣唐使の停止

630年から送られていた遣唐使 [➡ P.440] は，894年，**菅原道真**の進言で，派遣の停止が認められました。その理由としては，①唐の勢力がおとろえたこと，②日本では，唐文化を消化して，もはや学ぶところが少なくなったこと，③国が財政難になっていたこと，④東シナ海の航路は遭難が多く，危険をおかしてまで中国にわたろうとする意欲を失っていたこと，などが挙げられます。また，中国から

（兵庫県立歴史博物館）

↟ **遣唐使船（復元模型）**

の船が来航し，商人などによる私的な貿易がさかんに行われていたことも大きな理由となりました。このころから，日本独自の**国風文化** [➡ P.446] が発達しました。

★★★ 最澄

767～822年。平安時代の僧。804年，**遣唐使** [➡ P.440] とともに唐にわたり，仏教を学んで翌年に帰国し，比叡山の**延暦寺**（滋賀県）を拠点に**天台宗**を広めました。政治からはなれ，山中での修行を重んじ，国家の平安をいのることを目的としていました。**伝教大師**ともいいます。

★★★ 空海

774～835年。平安時代の僧。804年，**遣唐使** [➡ P.440] とともに唐にわたり，仏教を学んで806年に帰国し，高野山に**金剛峯寺**（和歌山県）を建てて**真言宗**を広めました。真言宗は，天台宗と同様，政治からはなれ，山中での修行を重んじ，国家の平安をいのることを目的としていました。**弘法大師**ともいいます。

COLUMN くわしく

新しい仏教とは？ 平安時代に最澄や空海が広めた仏教は，山の中での修行や，密教と呼ばれるまじないやいのりを重んじていました。奈良時代の仏教とはちがい，政治からはなれたこれらの新しい仏教は支持され，貴族たちの間で広まっていきました。

重要度
★★★

浄土信仰（浄土教）

念仏を唱えて阿弥陀仏にすがれば，死後に極楽浄土に生まれ変われるという教え。世の中への不安（**末法思想**）が高まり，10世紀半ばごろから急速に広がりました。空也や源信が現れて浄土信仰を唱えると，貴族から民衆の間にも広まりました。浄土信仰の広まりにともなって建てられた建物に，**平等院鳳凰堂**や**中尊寺金色堂** [➡ P.454] があります。

★★★

国風文化

遣唐使 [➡ P.440] 派遣の停止後のころから発達し始め，摂関政治 [➡ P.444] の全盛期に栄えた文化。大陸の影響に学びながら，日本の風土や生活に合った，優美で細やかな貴族文化で，多くの文学作品や絵画などが生まれました。

★★★

寝殿造

平安時代 [➡ P.443] の貴族の邸宅の建築様式。日本風で，広い庭には自然の美しさがたくみに取り入れられました。主人の住む寝殿を中心に，ほぼ左右対称につくられています。池をつくった広々とした庭では，けまりなどが行われました。

屋敷の一辺が100m以上もあった。

（京都文化博物館）

⬆ **寝殿造（復元模型）**

★★★

貴族の正装

唐風から日本風の服装に代わり，男子は**衣冠**や**束帯**，女子は女房装束（**十二単**）が正式の服装とされました。いずれも優美で豪華な服装でした。

十二単は
美しい！

束帯

女房装束（十二単）

⬆ **貴族の正装**

（国立歴史民俗博物館）

COLUMN
まめ知識

貴族の結婚って？　平安時代の貴族の結婚は，夫婦は別々に住み，男性が女性のもとに通う形式が一般的でした。そのため，生まれた子どもは母方の家で育てられ，母方の縁が重んじられました。

歴史編

第1章 大むかしの暮らし
第2章 天皇と貴族の世の中
第3章 武士の世の中へ
第4章 全国統一
第5章 江戸幕府の政治
第6章 移り変わる武士の世の中
第7章 近代国家への歩み
第8章 日清・日露戦争と日本の動き
第9章 戦争と新しい日本の始まり

かな文字

平安時代 [➡ P.443] の初期につくり出された, 漢字をくずした「**ひらがな**」と, 漢字のへんやつくりからとった「**かたかな**」のこと。ひらがなは主に女性の間に広まり, 自分の考えや感情を自由に表現できるようになり, **紫式部**や**清少納言**などのすぐれた女性の文学者が現れました。

ひらがな		かたかな	
以以ゐゐ	い	イ	伊のへん
呂ろろ	ろ	ロ	呂の略
波波なは	は	ハ	漢数字の八
仁にに	に	ニ	漢数字の二
保保伺ほ	ほ	ホ	保のつくりの下部

⬆ **かな文字の発達**

紫式部

978？～1016？年。夫の死後, 一条天皇の中宮(きさき)彰子(藤原道長 [➡ P.444] の娘)に仕えました。その経験から, 貴族社会のありさまを長編小説『源氏物語』として著し, 世界的にも高い評価を得ています。

（©徳川美術館イメージアーカイブ／DNPartcom）

⬆ **源氏物語絵巻**　　　　（徳川美術館所蔵）

清少納言

10世紀後半～11世紀前半。一条天皇の皇后(きさき)定子(藤原道隆の娘)に仕え, その才能を重んじられました。随筆『枕草子』を著しました。

大和絵

日本の自然や風俗を, やわらかい線と美しい色さいでえがいた絵画。貴族の屋敷のびょうぶや絵巻物などにえがかれました。

平等院鳳凰堂

浄土信仰の広がりの中で, 藤原頼通 [➡ P.444] が宇治（京都府）につくった阿弥陀堂。「この世」に極楽浄土を築こうとしました。

⬆ **平等院鳳凰堂**　　　　（平等院）

COLUMN まめ知識

紫式部の清少納言評　　紫式部は日記の中で, 清少納言のことを,「漢文学の知識をひけらかして得意になっていて, がまんがならない。こんな人は 将来ろくなことがない。」とこき下ろしています。紫式部の主人と清少納言の主人がライバルだったことも関係があるかもしれません。

武士の世の

いざ鎌倉！ ご恩と奉公の絆

ご恩と奉公のしくみ

ご恩
領地をあたえる・守る

将軍

戦う

奉公

御家人

武士が政治の中心となった鎌倉時代，将軍と御家人はご恩と奉公で結ばれていました。この関係が幕府の支配の土台となりました。

平安時代

主なできごと

1086年
・白河上皇が院政を始める

1167年
・平清盛が太政大臣になる

1180年
・源頼朝が伊豆で兵をあげる

1185年
・壇ノ浦の戦いで平氏がほろびる

鎌倉時代

1192年
・源頼朝が征夷大将軍に任命される

1221年
・承久の乱が起こる

1232年
・御成敗式目が制定される

中へ

朝廷が南北に2つ？

2つになった朝廷

足利尊氏

北朝
（京都）

後醍醐天皇

南朝
（吉野）

後醍醐天皇と対立した足利尊氏は，京都に新しい天皇を立てました（北朝）。後醍醐天皇は吉野（奈良県）に逃れ（南朝），2つの朝廷は数十年間対立を続けました。

室町時代

- 1274・1281年
  - ■元寇
- 1333年
  - ■鎌倉幕府がほろびる
- 1338年
  - ■足利尊氏が征夷大将軍に任命される
- 1398年
  - ■このころ金閣が完成する
- 1404年
  - ■足利義満が明と貿易を始める
- 1467年
  - ■応仁の乱が起こる
- 1489年
  - ■銀閣が完成する

01 武士の成長

武士はどのようにしておこったの?

　10世紀ごろから地方政治が乱れるようになると, 豪族や力の強い有力な農民は, 土地を守り勢力を広げるために, 一族の者や家来に武芸を習わせました。これが武士のおこりです。

　武士は, やがて武士団をつくっていきました。なかでも, 源氏と平氏は大武士団のかしらとして力を強めていきました。

平氏政権と源平の争乱

　平治の乱で源義朝を破った平清盛は, やがて, 武士として初めて太政大臣となって政治の実権をにぎりました。しかし, 一族を中心に朝廷の政治を思うままに動かしていたため, 貴族, 寺社, 諸国の武士が反感を強めていきました。

　1180年, 源頼朝が平氏をたおそうとして伊豆(静岡県)で兵を挙げ, 富士川の戦い, 一ノ谷の戦いなどに勝って, 1185年には壇ノ浦の戦いで平氏をほろぼしました。

重要度
★★★
武士団

豪族や有力な農民は，土地を守り，勢力を広げるために，一族の者(家の子)や家来(郎党)に武芸を習わせました。やがて，国の役所を警備していた武士や土着の貴族などと結びついて，武士団を形成していきました。なかでも，天皇の子孫の**源氏** [➡ P.452] や**平氏** [➡ P.452] は，多くの武士を従え，その棟梁(かしら)として，大武士団となって勢力を強めていきました。

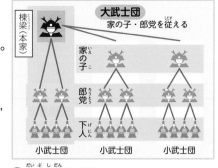
↑ **大武士団のしくみ**

平将門の乱と**藤原純友の乱**を地方武士が平定したことから，朝廷や貴族は武士の力を認めるようになり，屋敷や身辺の警護などをさせるようになりました。

★★★
平将門の乱

935 年，下総(千葉県と茨城県の一部)の豪族の**平将門**が，一族の領地争いから起こした反乱。一時，関東一帯を支配して新皇を名乗りましたが，940 年，東国の武士らにたおされました。

★★★
藤原純友の乱

939 年，**藤原純友**が伊予(愛媛県)の**国司** [➡ P.431] を務めたのち，瀬戸内海の海賊勢力と結んで起こした反乱。941 年，源経基らの武士に平定されました。

↑ **地方武士の反乱**

★★★
院政

1086 年，**白河天皇** [➡ P.452] が位をゆずって**上皇**となり，上皇の御所(院)で行った政治。藤原氏の勢力が弱まると，**摂関政治** [➡ P.444] がおとろえ，院政が始まりました。院政は，実質的には約 100 年も続きました。

COLUMN
まめ知識

平将門のたたり!? 　東京都千代田区大手町には平将門の首塚があります。平将門の乱ののち，京都に送られた将門の首が飛んできてここに落ちたといわれています。この首塚を取りこわそうとすると，事故が起こったり人が亡くなったりするため，将門のたたりだといわれています。

重要度
★★★

白河上皇（天皇）

1053～1129年。1086年に位を幼い堀河天皇にゆずり，御所の院で **院政** [➡ P.451] を始めた上皇。これによって，引き続き強い権力をもって政治を行い，のちに，出家して白河法皇となりました。院政は，上皇と天皇との対立も引き起こしました。

★★★

荘園

743年に **墾田永年私財法** [➡ P.436] が制定され，開墾した土地の永久私有が認められると，貴族や寺社などは競って土地を開墾し，私有地を広げました。この私有地がのちに荘園と呼ばれるようになりました。地方豪族は，この土地を保護してもらうために，有力な貴族や寺社などに土地を寄進しました。

★★★

平氏

桓武天皇のひ孫に始まり，平の姓を授かって臣下となりました。やがて武士の棟梁（かしら）になり，西国に勢力を広げました。のちに，平清盛が太政大臣となって政権をにぎりました。

★★★

源氏

清和天皇の孫に始まり，源の姓を授かって臣下となりました。やがて武士の棟梁（かしら）になり，主に東国に勢力を広げました。のちに，**源頼朝** [➡ P.455] が **鎌倉幕府** [➡ P.458] を開きました。

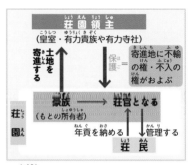

藤原氏の勢力がおとろえてきた理由

① 天皇との血縁関係が弱まり，外戚としての権力をふるえなくなった。
② 地方政治の乱れで，荘園からの収入が減った。
③ 藤原氏の内部で，官職をめぐる争いが起こった。

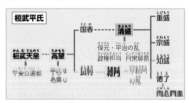

⬆ 荘園のしくみ

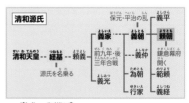

⬆ 平氏の略系図

⬆ 源氏の略系図

COLUMN
まめ知識

白河上皇の3つのなげき 絶対的な権力をほこった白河上皇ですが，「賀茂川の水（こう水），双六の賽（さいころの目），山法師（延暦寺の僧兵）だけは，思いのままにならない」となげきました。当時，延暦寺は，朝廷へ僧兵を送って要求を通そうとすることがありました。

★★★ 保元の乱

1156年，崇徳上皇と後白河天皇の対立に藤原氏の内部争いがからみ，武士を巻きこんで始まった戦い。平清盛と源義朝が味方した天皇方が勝ち，2人は中央の政界に進出していきました。

★★★ 平治の乱

1159年，平清盛と源義朝の勢力争いに藤原氏の内部争いがからんで起こった戦い。平清盛が勝ち，やがて政治の実権をにぎりました。源義朝の子の源頼朝 [➡ P.455] は伊豆国（静岡県）に流されました。

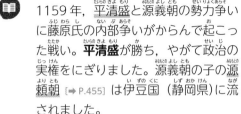

（東京国立博物館）

⬆ 平治の乱

★★★ 平清盛

1118〜1181年。保元の乱と平治の乱に勝ち，1167年に武士として初めて太政大臣となって政治の実権をにぎりました。藤原氏と同様に一族を高位高官につけて貴族のような政治を行い，平氏の全盛期を築きました。平氏は多くの国や荘園を支配し，多くの収入を得るなどして栄華をほこりました。また，清盛は，兵庫の港（大輪田泊）を修築して，日宋貿易 [➡ P.454] を行いました。

（六波羅蜜寺／撮影・浅沼光晴）

⬆ 平清盛

★★★ 太政大臣

律令政治 [➡ P.433] における最高の官職で，太政官の長官。平清盛が武士として初めて太政大臣になり，貴族に代わって政治の実権をにぎりました。

いちばん上の位までのぼりつめたんだね！

COLUMN まめ知識

「平氏にあらずんば人にあらず」 平清盛の妻時子の兄の時忠が言ったとされる言葉。平氏一門が支配する国は30余国（全国の半分）ほどもあり，清盛は武士として初めて太政大臣になりました。平氏の全盛とおごりを表した言葉です。

第**3**章 武士の世の中へ

★★★ 日宋貿易

日本と宋(中国)との貿易。10世紀末ごろから,宋の商船が日本に来ていました。12世紀後半になって,平清盛 [➡ P.453] が兵庫の港(大輪田泊)を修築し,瀬戸内海航路を整えて,貿易を積極的に行いました。

	日宋貿易での 主な輸出入品	
輸出品	硫黄・刀剣	
	漆器・金	
輸入品	宋銭(銅銭)・絹織物	
	陶磁器・香料	
	書物	

比べる

★★★ 宋(中国)

960〜1127年は北宋,1127〜1279年は南宋と呼びます。北宋は北方民族の圧ぱくを受けてほろび,王朝の一族が南に移って再建しました。これを南宋といいます。北方民族や元に圧ぱくされて国力はふるいませんでしたが,日本との行き来がさかんで,日宋貿易が行われました。

★★★ 厳島神社

瀬戸内海に面した広島県廿日市市宮島町にあり,世界文化遺産に登録されています。平清盛 [➡ P.453] が安芸守に就任したころから,平氏 [➡ P.452] の守り神としてまつられ,こののち航海の安全を守る神として信仰されました。また,平氏一門の繁栄を願って,「平家納経」が納められました。

⤴ 厳島神社　　　　　　　　　(ピクスタ)

★★★ 奥州藤原氏

平泉(岩手県)を本拠地にして,11〜12世紀の約100年間,3代にわたって奥羽の地(東北地方)を支配した豪族。前九年合戦,後三年合戦の後に栄えました。源義経をかくまったとして,1189年に,源頼朝に攻められて滅亡しました。中尊寺金色堂などは,世界文化遺産に登録されています。

⤴ 中尊寺金色堂…初代の藤原清衡が建てた阿弥陀堂。

COLUMN
くわしく

以仁王の挙兵　　以仁王は後白河天皇の子で,全国に平氏打倒の命令を出して戦いましたが,平清盛に敗れました。しかし,以仁王の挙兵は,以後の源平の戦いのきっかけとなり,その命令は全国に伝えられ,源氏から次々と兵を挙げる者が出ました。

歴史編

第1章 大むかしの暮らし

第2章 天皇と貴族の世の中

第3章 武士の世の中へ

第4章 全国統一

第5章 江戸幕府の政治

第6章 移り変わる武士の世の中

第7章 近代国家への歩み

第8章 日清・日露戦争と日本の動き

第9章 戦争と新しい日本の始まり

★★★ 源頼朝

1147〜1199年。源義朝の子。鎌倉（神奈川県）を拠点に武家政治を始めた，鎌倉幕府 [➡ P.458] の初代将軍。平治の乱 [➡ P.453] に敗れて伊豆国（静岡県）に流され，その後，兵を挙げ，1185年に壇ノ浦の戦いで平氏 [➡ P.452] をほろぼしました。1189年には，平泉にのがれていた弟の源義経をたおし，奥州藤原氏もほろぼしました。1192年，征夷大将軍 [➡ P.458] に任じられました。

★★★ 源平の戦い

1180年，源頼政が以仁王を立てて兵を挙げてから，1185年，源氏 [➡ P.452] が壇ノ浦で平氏 [➡ P.452] をほろぼすまでの戦い。源頼朝は伊豆（静岡県）で兵を挙げ，鎌倉（神奈川県）を本拠地にして勢力を固め，弟の源義経らを送って平氏と戦いました。 ?で深める P.469

↑ 源平の戦い

★★★ 壇ノ浦の戦い

1185年，平氏 [➡ P.452] 一族がほろんだ，源平最後の戦い。源義仲によって京都から西に追いやられた平氏は，壇ノ浦（山口県）で源義経らと戦いほろびました。

★★★ 源義経

1159〜1189年。源義朝の子，頼朝の弟。奥州藤原氏のもとで成長し，源平の戦いで活やくしました。平氏 [➡ P.452] がほろびたのち，頼朝と対立するようになった義経は奥州藤原氏のもとにのがれましたが，裏切られ，自害しました。

↑ 壇ノ浦の戦い　　　　　　　　　(赤間神宮)

COLUMN まめ知識

源義経は生きていた？ 　源義経は実は生きていて，大陸にわたり，「チンギス＝ハンとしてモンゴル帝国を建国した」や「中国を統一する清朝の皇帝の祖先となった」などの伝説があります。義経が人々に人気があったことから，ほかにもさまざまな伝説がつくられました。

02 鎌倉幕府の政治

さくっとガイド まずはここを読んで，時代の流れをつかもう！

鎌倉幕府の成立と執権政治

よく働いた者には ほうび（土地）を やろう。

将軍

御家人

源頼朝は鎌倉（神奈川県）で武家政治を始め，1192年には征夷大将軍に任命されました。この武士の政府を鎌倉幕府といいます。将軍と御家人は，ご恩と奉公の関係で結ばれ，将軍は御家人の領地を認め，御家人は将軍に忠誠をつくしました。

源頼朝の死後は，頼朝の妻，政子の実家の北条氏が代々執権の職について幕府の政治を行いました。

武士と民衆の暮らし

ヤーッ！

笠懸だ！

笠懸

あっ 外れた！

武士は，ふだんは自分の領地に住み，農業を行い，いざというときに備えて，流鏑馬や笠懸などの武芸にはげみました。

新田開発が進み，二毛作も始まり，寺や神社の門前などでは定期市が開かれるようになりました。

また，戦乱やききんが続く世の中で人々は仏教に救いを求め，法然（浄土宗）・親鸞（浄土真宗）・日蓮（日蓮宗）などが新しい仏教を開きました。また，禅宗も伝わりました。

歴史編

第1章 大むかしの暮らし

第2章 天皇と貴族の世の中

第3章 武士の世の中へ

第4章 全国統一

第5章 江戸幕府の政治

第6章 移り変わる武士の世の中

第7章 近代国家への歩み

第8章 日清・日露戦争と日本の動き

第9章 戦争と新しい日本の始まり

鎌倉時代

重要度 ★★★

鎌倉（神奈川県）に幕府が置かれた，約140年間。源頼朝 [➡ P.455] は，鎌倉に本格的な武士の政権である幕府を開きました。これ以後，江戸幕府 [➡ P.505] の滅亡まで，武家政治が約700年間続きました。鎌倉は，三方が山で前面が海という，守りやすく攻められにくい地形で，源氏 [➡ P.452] とのゆかりも深く，本拠地にふさわしい場所でした。

この辺りに幕府の建物があった。

三方が山，前面が海で守りやすい。

⬆ 鎌倉の地形　　　　　　(国立歴史民俗博物館)

守護・地頭

重要度 ★★★

平氏滅亡後，源頼朝 [➡ P.455] は，支配を全国に広げようとして，弟の源義経 [➡ P.455] をとらえることを口実に，1185年，全国に守護と地頭を設置することを朝廷に認めさせ，それぞれ御家人を任命しました。

守護と地頭の設置で，頼朝が全国を軍事的に支配するようになりましたが，国司 [➡ P.431] を任命している朝廷の力も強く，各国は朝廷(公)と武家政権(武)とに支配される公武二重支配の形になりました。

守護
主に東国の有力な御家人が任命されました。国ごとに置かれ，国内の御家人の監督や軍事，警察の仕事にあたりました。

地頭
荘園 [➡ P.452] や公領(国司の支配地)に置かれ，土地の管理や年貢(税)の取り立て，犯罪の取りしまりなどを行いました。

御家人

重要度 ★★★

鎌倉時代，将軍と主従関係を結んだ武士。幕府の勢力が強かった東国の武士の多くがなりました。鎌倉幕府は，御家人とのご恩と奉公 [➡ P.458] による結びつきで成り立っていました。

COLUMN　まめ知識

「一所懸命」ってどんな意味？　「一所懸命」とは，鎌倉時代の武士が自分の領地を命がけで守ったことから生まれた言葉で，現在使われている「一生懸命」という言葉は，これが変化したものです。

第**3**章 武士の世の中へ

重要度
★★★

鎌倉幕府

源頼朝 [➡ P.455] が鎌倉(神奈川県)に開いた武家政権。源平の戦い [➡ P.455] のさなか,頼朝は鎌倉で武家政治を始め,1192 年,征夷大将軍に任じられました。幕府のしくみは,朝廷の複雑なしくみに比べて,簡単で実情に即したものでした。中央には,侍所,政所,問注所などが置かれました。地方には守護・地頭 [➡ P.457] が,京都には六波羅探題 [➡ P.460] が置かれました。

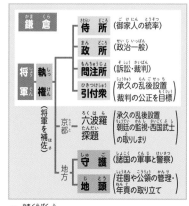
↑ 鎌倉幕府のしくみ

★★★

征夷大将軍

もとは,東北地方に住む蝦夷を攻める軍の最高司令官。平安時代に坂上田村麻呂 [➡ P.443] が任命されました。1192 年に,源頼朝 [➡ P.455] が征夷大将軍に任命されてからは,武士をまとめる最高の地位を指すようになりました。

★★★

いざ鎌倉

鎌倉幕府に一大事が起こったときには,御家人 [➡ P.457] は真っ先に鎌倉にかけつけるという,御家人の将軍に対する奉公を表した言葉。戦いが起こるなど,いざというときに備えて,御家人は,ふだんから武芸をみがいていました。

★★★

ご恩と奉公

鎌倉幕府(将軍)と武士(御家人 [➡ P.457])が,土地を仲立ちにして結んだ主従関係のこと。この主従関係を封建制度といいます。

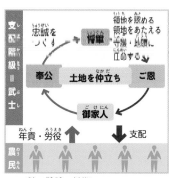
↑ ご恩と奉公の関係

ご恩
将軍は御家人の領地を認めて保護し,功績があると新しい土地をあたえました。

奉公
御家人は将軍に忠誠をちかい,鎌倉や京都の警備を行い,戦いのときは一族を率いて参加しました。

COLUMN
くわしく

458

鎌倉に幕府を置いた理由 ①関東は古くから源氏の地盤で,鎌倉は源氏にゆかりの深いところでした。②平氏が貴族化しておとろえたことから,頼朝は貴族の影響を受けない,都から遠くはなれた鎌倉を選んだともいいます。③鎌倉は周りを海と山に囲まれ,守りやすい地形でした。

歴史編

第1章 大むかしの暮らし

第2章 天皇と貴族の世の中

第3章 武士の世の中へ

第4章 全国統一

第5章 江戸幕府の政治

第6章 移り変わる武士の世の中

第7章 近代国家への歩み

第8章 日清・日露戦争と日本の動き

第9章 戦争と新しい日本の始まり

★★★ 武士の屋敷

武士は，ふだんは一族とともに領地に住み，農業を営んでいました。簡素で実用的な館を建て，主人のいる母屋を中心に，周囲には防衛のための堀や土塁をめぐらせました。武士が守るやぐら門があり，屋敷内や周囲には，馬場，馬小屋，耕作地などがあり，矢をつくるための竹やぶなどもありました。

（清浄光寺〈遊行寺〉）

↑ 武士の屋敷

★★★ 執権

鎌倉幕府の将軍を補佐する役職。源氏 [➡ P.452] の将軍は3代で絶え，政治の実権をにぎった北条氏が，代々執権の地位について，その地位を独占しました（執権政治）。

★★★ 承久の乱

1221年，後鳥羽上皇が政治の実権を朝廷に取りもどそうとして，幕府打倒の兵を挙げて敗れた戦い。京都で院政 [➡ P.451] を行っていた後鳥羽上皇は，源氏 [➡ P.452] の将軍が3代で絶えたのを知ると，全国の武士に2代執権北条義時の追討を命じて，幕府打倒の兵を挙げました。幕府方は大軍で京都に攻め上り，朝廷軍を打ち破りました。

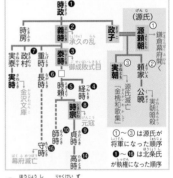
↑ 北条氏の略系図

★★★ 後鳥羽上皇

1180〜1239年。承久の乱を起こした上皇。1221年，源氏の将軍が絶えたのを知って幕府打倒の兵を挙げましたが，幕府の大軍に敗れ，隠岐（島根県）に流されました。

朝廷に政権を取りもどそうとしたんだ。

COLUMN くわしく

鎌倉幕府の3代将軍ってどんな人？ 　3代将軍源実朝は，武芸よりも公家文化に親しみ，和歌やけまりを好んだといわれています。特に和歌では，『金槐和歌集』という和歌集をつくりました。『新古今和歌集』の編者で有名な歌人でもあった藤原定家や，後鳥羽上皇とも交流しました。

重要度
★★★

北条政子

1157〜1225年。**源頼朝**[➡ P.455]の妻。
頼朝の死後，父の北条時政や弟の北条義時
らと**鎌倉幕府**[➡ P.458]の政治の実権をに
ぎりました。1221年に起こった**承久の乱**
[➡ P.459]では，**御家人**[➡ P.457]に対し，
頼朝の業績や**ご恩**[➡ P.458]を説き，団結
して朝廷側と戦うことをうったえました。

史料
**北条政子の
うったえ**

頼朝殿が平氏をほろぼして鎌倉
に幕府を開いてから，そのご恩
は山よりも高く，海よりも深い。
名誉を大切にする武士ならば，
よからぬ者（朝廷軍）を討ち取
り，そのご恩に報いなさい。
（『吾妻鏡』一部要約）

★★★

六波羅探題

承久の乱[➡ P.459]後，京都に設置された
鎌倉幕府の重要な機関。朝廷の監視や京都の警備，西国武士の支配などにあた
りました。北条氏の一族が，代々この役職につきました。

★★★

北条泰時

1183〜1242年。北条義時の子で，**鎌倉幕府**[➡ P.458]の3代**執権**[➡ P.459]。
承久の乱[➡ P.459]のときには，幕府軍を率いて朝廷の軍を破り，乱ののちに
は六波羅探題の長官になりました。その後3代執権となり，1232年，**御成
敗式目**(貞永式目)を制定しました。

★★★

御成敗式目（貞永式目）

1232年，3代執権**北条泰時**が，**御家人**[➡
P.457]に対して**裁判の基準**を示すために，
武士の慣習にもとづいて制定しました。
51か条からなり，**律令**[➡ P.133]に比べて
簡単でわかりやすいものでした。守護・地
頭[➡ P.457]の任務や，御家人[➡ P.457]の
所領に関する決まりも定められています。
日本で最初の武家法で，のちの武家法の手
本とされました。

史料 **御成敗式目**

一，諸国の守護の仕事は，京都
の御所や鎌倉を警備するよう
御家人に命じたり，謀反や殺
人などの犯罪人の取りしまり
に限る。
一，けんかのもとになる悪口を
言ってはならない。
（一部要約）

COLUMN
まめ知識

武士と武芸 鎌倉時代の武士は，幼いころから，放した犬を馬に乗ったままで射る犬追物や，
馬を走らせながら笠などの的を弓で射る笠懸や流鏑馬などで，武芸のうでをみがきました。

歴史編

第1章　大むかしの　暮らし

第2章　天皇と貴族の　世の中

第3章　武士の　世の中へ

第4章　全国統一

第5章　江戸幕府の　政治

第6章　移り変わる　武士の世の中

第7章　近代国家への　歩み

第8章　日清・日露戦争と　日本の動き

第9章　戦争と新しい　日本の始まり

★★★ 農業の発達

鎌倉時代 [➡ P.457] になると，かんがい設備が整い，用水路もさかんにつくられ，水車も利用されるようになりました。すき・くわなどの鉄製農具や牛や馬にすきをつけて田畑を耕す**牛馬耕**が広まったことから，開墾も進みました。また，稲の品種改良が行われ，草や木の灰が肥料として使われるようになり，生産量が増えました。近畿地方を中心に，同じ耕地で1年に2回，別の作物（米と麦）をつくる**二毛作**も始まりました。

★★★ 定期市

人が多く集まる寺社の門前や交通の要地で，月3回，決まった日に開かれた市。市での売買には，中国との**日宋貿易** [➡ P.454] で輸入された宋銭が使われました。

（清浄光寺／遊行寺）

⤴ **定期市（福岡の市－岡山県）**

★★★ 東大寺南大門 ［東大寺➡p.436］

源平の戦い [➡ P.455] で**平氏** [➡ P.452] に焼き討ちされ，鎌倉時代初期に再建された門。宋（中国）の大仏様という，雄大で力強い建築様式を取り入れました。両わきには**金剛力士像**が安置されています。

（東大寺／撮影・飛鳥園）

⤴ **東大寺南大門**

★★★ 金剛力士像

仁王像ともいう，**東大寺南大門**の両わきに安置されている一対の彫刻。仏師の**運慶**，**快慶**らが制作にたずさわりました。武家の時代を反映した，力強く写実的な彫刻です。

（東大寺／撮影・飛鳥園）

➡ **金剛力士像**

COLUMN まめ知識

武士の帽子－折烏帽子　鎌倉時代の武士はみな，折烏帽子をかぶっていました。折烏帽子は，和紙でつくられていて，表面にはうるしがぬられていました。当時の武士にとって，この帽子をかぶらずに人前に出ることは，とても恥ずかしいことだったといわれています。

重要度

★★★ 『新古今和歌集』

1205年，後鳥羽上皇 [➡ P.459] の命令で藤原定家らがまとめた和歌集。せん細で優美な歌が多く，このような歌を新古今調といいました。後鳥羽上皇や藤原定家，西行，藤原俊成らが代表的な歌人です。

史料 藤原定家の和歌

みわたせば
花ももみぢも　なかりけり
浦の苫屋の　秋のゆふぐれ

★★★ 『方丈記』

鎌倉時代 [➡ P.457] 初期の歌人で随筆家の**鴨長明**(1155？〜1216年)が著した随筆。世の無常(はかなさ)やむなしさを思い，山里にかくれ住んだ気持ちが記されています。

★★★ 『徒然草』

鎌倉時代 [➡ P.457] 末期〜室町時代初期の歌人で随筆家の**兼好法師**（吉田兼好，1283？〜1350？年）が著した随筆。乱れた世の中や，人間の生き方などを批評しました。

★★★ 『平家物語』

軍記物を代表する作品。平氏 [➡ P.452] 一門の盛衰を調子のよい文章でわかりやすくえがくとともに，「栄えるものは必ずほろびる」という世のはかなさを説いたもので，無常感がにじみ出ています。目の見えない琵琶法師によって，武士や民衆の間に語り伝えられ，文字の読めない人々にも親しまれました。

軍記物は，鎌倉時代のころの，合戦を題材にした作品だよ。

史料 『平家物語』

祇園精舎の鐘の声，諸行無常の響きあり。沙羅双樹の花の色，盛者必衰の理をあらはす。おごれる人も久しからず，ただ春の夜の夢のごとし。
（一部要約）

↑ **琵琶法師**

(東京国立博物館)

COLUMN くわしく

鎌倉新仏教が迫害された理由　念仏宗…法然は，読経する僧侶よりも，念仏を唱える人々のほうが救われると説いたため，読経や戒律を重んじる旧仏教に迫害されました。日蓮宗…日蓮は，他の宗派をすべて否定したので，他の宗派から迫害を受けました。

★★★ 法然 (ほうねん)

1133〜1212年。浄土宗の開祖。初め天台宗 [最澄➡P.445] を学びましたが，学問や修行を重視する旧仏教にあき足らず，**浄土宗**を開きました。

（東京国立博物館）

↑ **説法する法然** (せっぽう)

★★★ 親鸞 (しんらん)

1173〜1262年。法然の弟子で，浄土宗を進めて**浄土真宗**(一向宗)を開きました。「南無阿弥陀仏」(念仏)を唱えて阿弥陀仏にすがれば，だれでも極楽に生まれ変わることができ(**他力本願**)，罪を自覚した悪人こそ救われると説きました。

★★★ 日蓮 (にちれん)

1222〜1282年。**日蓮宗**の開祖。法華経を信仰し，「南無妙法蓮華経」という題目を唱えれば，人も国家も救われると説きました。辻説法(道ばたで通行人に向かって仏教の教えを説くこと)を行い，幕府を批判したり，他の宗派を非難したりしたため，迫害を受けました。

★★★ 禅宗 (ぜんしゅう)

宋(中国)[➡ P.454] から伝わった，座禅によって自分の力でさとりを開く(**自力本願**)仏教。栄西の伝えた**臨済宗**は幕府の保護を受け，上級武士や貴族に広まり，道元の伝えた**曹洞宗**は権力をきらい，地方武士や農民などに広まりました。

⚖ 比べる 鎌倉仏教の宗派 (かまくらぶっきょうのしゅうは)

宗派		開祖	教え・特色	広がり
念仏宗	浄土宗	法然	念仏を唱え，阿弥陀仏にすがれば，極楽浄土に生まれ変わる。	貴族・上級武士
	浄土真宗	親鸞	悪人こそ救われる。	地方武士・農民
	時宗	一遍	踊り念仏で布教。	武士・庶民
日蓮宗	(法華宗)	日蓮	題目を唱えれば人も国も救われる。他宗を激しく非難する。	東国武士・近畿の商工業者
禅宗	臨済宗	栄西	宋から伝わる。座禅を行い自力でとる。幕府の保護を受ける。	貴族・上級武士
	曹洞宗	道元	権力をきらう。	地方武士・農民

COLUMN くわしく

遊行上人・一遍 (ゆぎょうしょうにん・いっぺん)　踊り念仏で布教した一遍は，自分の教えを広めるために全国を旅したので，遊行(いろいろな国をめぐり歩くこと)上人と呼ばれました。一遍の開いた時宗の，総本山の清浄光寺は，別名「遊行寺」とも呼ばれています。

第1章 大むかしの暮らし
第2章 天皇と貴族の世の中
第3章 武士の世の中へ
第4章 全国統一
第5章 江戸幕府の政治
第6章 移り変わる武士の世の中
第7章 近代国家への歩み
第8章 日清・日露戦争と日本の動き
第9章 戦争と新しい日本の始まり

03 元との戦いと鎌倉幕府の滅亡

さくっとガイド まずはここを読んで、時代の流れをつかもう!

元が攻めてきたぞー!

わあ!暴風雨だ!

元軍がにげていくぞ!

引き上げろ!

御家人たちの活やくや暴風雨もあって、

元の皇帝フビライ=ハンは、日本に対し、元に従うことを要求してきましたが、執権北条時宗はこれを退けました。このため元は、文永の役、弘安の役の2度にわたって九州北部に攻めてきました(元寇)。日本は、元軍の集団戦法や火薬兵器に苦しめられましたが、元軍は大陸に引き上げました。

鎌倉幕府、たおれる!

今回の戦い、はうびなしかよ!

幕府

御家人

せっかく元軍と戦ったのに…!

元寇で、多くの戦費を負担した御家人たちの生活は苦しくなりました。幕府は十分なほうびをあたえることができなかったため、御家人の不満は高まりました。幕府は、御家人の生活苦を救うために借金を帳消しにする徳政令を出しましたが、かえって経済が混乱し、幕府の力はおとろえていきました。

やがて、後醍醐天皇は足利尊氏、新田義貞らの協力で、1333年、鎌倉幕府をほろぼしました。

モンゴル帝国

重要度 ★★★

チンギス゠ハンがモンゴル民族を統一して，1206年に建国した帝国。中国の北方で遊牧生活を送っていたモンゴル民族の中からおこり，やがて中国から西アジア，南ロシア，ヨーロッパにまたがる帝国へ発展しました。

🔵 モンゴル帝国の広がり

元

★★★

モンゴル帝国の5代皇帝**フビライ゠ハン**は，中国やモンゴルなどの東アジアを本国として，1271年に都を大都(現在の北京)に移し国号を元としました。1279年，元は宋(中国) [➡ P.454] をほろぼし，中国を統一しました。

フビライ゠ハン

★★★

1215～1294年。チンギス゠ハンの孫で，モンゴル帝国の5代皇帝。1271年に国号を元とし，1279年に宋(中国) [➡ P.454] をほろぼして中国を統一しました。**高麗**(朝鮮) [➡ P.466] を従え，日本も従えようとして，1274年と1281年の2度日本に攻めてきました(**元寇** [➡ P.466])が，失敗しました。

東西文化の交流

★★★

モンゴル帝国が領土を拡大し，海上の交通も発展していくと，東西文化の交流がさかんになりました。西方からはイスラム文化が中国へ，中国からは火薬，羅針盤，印刷術などが西方へ伝えられました。また，ヨーロッパから商人やキリスト教の宣教師などが元を訪れました。**フビライ゠ハン**に仕えた，『世界の記述(東方見聞録)』で知られるマルコ゠ポーロも，イタリアの商人でした。

木版印刷術・火薬・羅針盤と製紙法を，中国の四大発明というんだよ。

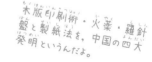

歴史編

COLUMN まめ知識　『**世界の記述(東方見聞録)**』に記された日本って？　「ジパング(日本)の住民は礼ぎ正しい。かれらが持つ黄金は無限である。国王の宮殿は，屋根も広間もみんな黄金づくりである。フビライはこの国を征服しようとして，大艦隊をこの国に向かわせた(元寇のこと)」とありました。

第3章 武士の世の中へ

重要度
★★★
元寇

鎌倉時代 [➡ P.457] の中ごろに起こった，元 [➡ P.465] の日本への襲来。中国を支配したフビライ=ハン [➡ P.465] は，朝鮮半島の高麗を従え，日本も従えようとして，日本にたびたび使者を送って，服属を要求しました。執権北条時宗は元の要求を退け，襲来に備えて九州北部の防備を固めましたが，元は2度にわたって襲来しました。

——	文永の役の元軍進路
——	弘安の役の元軍進路
▲▲▲	石塁・石塁跡

合浦（今のマサン）／高麗／朝鮮海峡／対馬／壱岐／玄界灘／筑前／博多／大宰府／平戸島／平戸／肥前／肥後

⬆ 元軍の進路

文永の役

1274年，元と高麗の連合軍が九州北部に襲来しました。元軍は，火薬兵器（てつはう）と集団戦法で日本軍を苦しめましたが，内紛や暴風雨のため引き上げました。

弘安の役

1281年，元軍が再び襲来しましたが，沿岸の石塁（防塁）や御家人 [➡ P.457] の活やくで上陸できず，暴風雨もあって元軍は引き上げました。

★★★
北条時宗

1251～1284年。鎌倉幕府 [➡ P.458] 8代執権 [➡ P.459]。元寇（文永の役・弘安の役）では，御家人 [➡ P.457] を指揮してこれを退けました。また，鎌倉に円覚寺を建てました。

★★★
高麗

918年におこった朝鮮の国（王朝）。936年に，新羅が滅亡したあとの朝鮮半島を統一し，1392年まで続きました。13世紀には元 [➡ P.465] に服属し，元軍とともに日本に襲来（元寇）しました。

（円覚寺）

⬆ 円覚寺の舎利殿…円覚寺の境内にある建物。

COLUMN
くわしく

「てつはう」って何？　「てつはう」は，火薬の入った球を飛ばして敵の近くで爆発させる兵器。直接敵をたおすというよりは，大きな音でおどろかす効果をねらったものでした。元軍は，他にも毒をぬった矢を放つなど，それまでの日本にはなかった戦い方をしました。

★★★ 蒙古襲来絵詞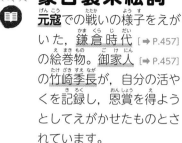

元寇での戦いの様子をえがいた，鎌倉時代 [➡ P.457] の絵巻物。御家人 [➡ P.457] の竹崎季長が，自分の活やくを記録し，恩賞を得ようとしてえがかせたものとされています。

（宮内庁三の丸尚蔵館）

↑「蒙古襲来絵詞」（左が元軍，右が竹崎季長）

★★★ 竹崎季長

1246〜？年。肥後国(熊本県)の御家人 [➡ P.457]。1274年，文永の役で手がらを立てましたが，恩賞をもらえなかったため，「蒙古襲来絵詞」に，自分の活やくをえがかせ，鎌倉に出向いて幕府の役人に直接うったえました。また，1281年の弘安の役でも活やくしました。

★★★ 徳政令（永仁の徳政令）

借金の張消しを命じる法令。永仁の徳政令は，元寇などの出費のため生活が苦しくなった御家人 [➡ P.457] を救おうと，1297年に鎌倉幕府 [➡ P.458] が出しました。御家人の領地の売買や質入れを禁じ，すでに売られた土地はただで取り返させ，借金の帳消しを命じました。徳政令で御家人は一時的には救われましたが，経済が混乱して，生活はいっそう苦しくなりました。

★★★ 悪党

鎌倉時代 [➡ P.457] 〜南北朝時代 [➡ P.468] に，幕府や荘園領主に反抗した地方の武士や農民たちのこと。強いという意味で「悪」の字が用いられました。地頭 [➡ P.457] や名主の中にも，悪党になる者がいました。

（国立国会図書館）

↑ 悪党

COLUMN まめ知識

高麗に攻めこめ！ 元の襲来を受けた鎌倉幕府は，これに対抗するために，元に従って襲来した朝鮮半島の高麗に攻めこむ計画を立て，西国の武士や九州の御家人などに命じましたが，実行はされませんでした。元でも3度目の日本襲来の計画がありましたが，実行されませんでした。

第3章 武士の世の中へ

重要度
★★★

鎌倉幕府の滅亡

元寇 [➡ P.466] ののち，幕府の財政は苦しくなり，十分な恩賞をあたえられなくなりました。幕府は，徳政令 [➡ P.467] を出して御家人 [➡ P.457] の生活を救おうとしましたが，かえって経済が混乱しました。このような中，後醍醐天皇が倒幕計画を進めましたが失敗。しかし，楠木正成ら新興の武士が天皇方について兵を挙げ，足利尊氏 [➡ P.471] が京都の六波羅探題 [➡ P.460] を攻め落とし，新田義貞が鎌倉を攻めて，1333年に鎌倉幕府 [➡ P.458] をほろぼしました。

★★★

建武の新政

鎌倉幕府 [➡ P.458] をほろぼした後醍醐天皇が始めた，天皇中心の新しい政治。しかし，公家(貴族)重視だったため，命がけで戦った割に恩賞が少ないなど武士の不満が高まり，足利尊氏 [➡ P.471] が兵を挙げ，2年余りでくずれました。

★★★

後醍醐天皇

1288～1339年。96代の天皇。鎌倉幕府 [➡ P.458] をたおす計画が2度失敗して，隠岐(島根県)に流されました。鎌倉幕府滅亡後に始めた建武の新政は，公家(貴族)重視の政治であったため，武士の不満を買い，足利尊氏 [➡ P.471] らに京都を追われました。吉野(奈良県)にのがれ，南朝を開きました。

★★★

南北朝の争乱

足利尊氏 [➡ P.471] が京都に新たな天皇を立てる(北朝)と，後醍醐天皇は吉野にのがれました(南朝)。以後，諸国の武士はどちらかの朝廷について争い，約60年にわたって争乱が続きました。1392年に統一されるまでのこの時代を，南北朝時代といいます。

史料 二条河原の落書

・このごろ都ではやっているものは，夜討ちや強盗，にせの天皇の命令，囚人や急を告げる早馬，たいしたこともないのに起こる騒ぎ……。
（一部要約）

↑ 建武の新政のときに京都の鴨川の二条河原にかかげられた落書(いたずら書き)…乱れた政治の様子を皮肉っている。

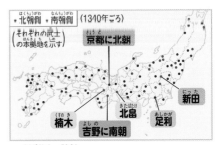

・北朝側 ・南朝側 （1340年ごろ）
それぞれの武士の本拠地を示す

京都に北朝
楠木
吉野に南朝
北畠
足利
新田

↑ 南北朝の争乱

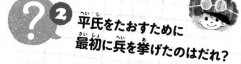

❓1 平治の乱のあと，頼朝はどうしていたの?

平治の乱に敗れて平氏にとらえられた源頼朝は，13歳でした。初め，平清盛は頼朝を処刑しようとしましたが，結局は命を助け，伊豆に流します。頼朝は，このののち平氏打倒の兵を挙げるまでの約20年間，北条氏らの監視のもと，伊豆で暮らしました。

❓2 平氏をたおすために最初に兵を挙げたのはだれ?

1180年，京都で源頼政が以仁王を立てて兵を挙げたのが最初です。2人は平氏に敗れますが，これをきっかけに各地の源氏が兵を挙げました。伊豆で兵を挙げた源頼朝もその1人です。頼朝は鎌倉を本拠地として戦いを進めました。

COLUMN はてな ❓で深める　源氏と平氏の戦い

1185年　れきしNEWS
壇ノ浦の戦い → 平氏滅亡!

↑ 壇ノ浦の戦い

❓3 源氏はどのように平氏を追いつめたの?

富士川の戦いで敗れた平氏は，源頼朝や源義仲に追われ，京都を出て西へのがれました。その後，源義経が率いる源氏の軍に，一ノ谷の戦い，屋島の戦いで敗れ，さらに西へのがれた平氏は，1185年，壇ノ浦の戦いでついにほろぼされました。

第3章 武士の世の中へ

04 室町幕府と応仁の乱

さくっとガイド まずはここを読んで，時代の流れをつかもう！

室町幕府の成立と勘合貿易

> よし、ピッタリ合うな！
> 正式な貿易船と
> 認めよう。

明

本字勘号

1338年，足利尊氏は征夷大将軍に任命され，京都に幕府を開きました。3代将軍足利義満が京都の室町に幕府を移したことから，足利氏の幕府を室町幕府といいます。足利義満は，南北朝を統一し，有力な守護大名をおさえて，幕府の全盛期を築きました。

また，足利義満は中国(明)の求めに応じて倭寇を禁止して勘合(日明)貿易を行い，貿易の利益を幕府の財源としました。

応仁の乱が起こる！

> なに!? 王右
> いつの間に！
> 家臣　家臣
> 下剋上じゃー！
> ワシが大名になる！

守護大名の細川氏と山名氏の対立に将軍足利義政のあとつぎ争いがからんで，1467年に応仁の乱が起こりました。この戦乱は地方にも広がり，約100年間も続く戦国時代となりました。

応仁の乱のころから，下の身分の者が上の身分の者を実力でたおす下剋上の風潮が広まりました。実力のある武士や力の強い守護大名は，領国支配を強化し，戦国大名へと成長していきました。

重要度
★★★

室町時代

1338年，足利尊氏が征夷大将軍 [➡ P.458] に任命されて京都に幕府を開いてから，1573年に15代将軍足利義昭が織田信長 [➡ P.491] に京都から追放されるまで，足利氏の幕府が続いた約240年間。

★★★

足利尊氏

1305〜1358年。室町幕府の初代将軍。鎌倉幕府 [➡ P.458] の有力な御家人 [➡ P.457] でしたが，幕府をたおそうとする後醍醐天皇 [➡ P.468] を助け，建武の新政 [➡ P.468] を実現させました。建武の新政に対する武士の不満を受けて兵を挙げ，京都に新たな天皇を立てると(北朝)，後醍醐天皇は吉野にのがれました(南朝)。

1338年に，北朝から征夷大将軍 [➡ P.458] に任命され，京都に幕府を開きました。

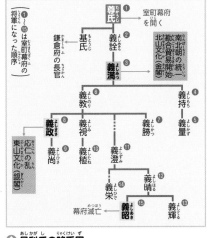

↑ 足利氏の略系図

★★★

室町幕府

1338年，足利尊氏が京都に開いた幕府。3代将軍足利義満 [➡ P.472] が京都の室町に御所(「花の御所」と呼ばれた)を建くことから，この幕府を室町幕府と呼びます。

鎌倉幕府 [➡ P.458] の執権 [➡ P.459] にあたる管領が，将軍を補佐して政治の全般を見る体制で，三管領(斯波氏，畠山氏，細川氏)が交代で任命されました。

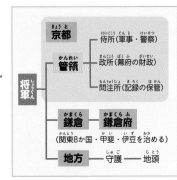

↑ 室町幕府のしくみ

歴史編

第1章 大むかしの暮らし

第2章 天皇と貴族の世の中

第3章 武士の世の中へ

第4章 全国統一

第5章 江戸幕府の政治

第6章 移り変わる武士の世の中

第7章 近代国家への歩み

第8章 日清・日露戦争と日本の動き

第9章 戦争と新しい日本の始まり

COLUMN
まめ知識

天龍寺船って何？ 足利尊氏は，後醍醐天皇の死後，天皇のめい福をいのって，京都に天龍寺を建てることにしました。そこで尊氏は，中国(元)に天龍寺船を派遣して貿易を行い，この利益を寺院の建設費の一部としました。

471

第3章 武士の世の中へ

重要度
★★★

守護大名

一国を領地として支配するようになった守護[→P.457]。足利尊氏[→P.471]は、守護に年貢の半分を取る権利をあたえ、荘園領主は、守護に年貢の取り立てを請け負わせました。これらのことが守護の荘園侵略を進めることになり、守護は荘園[→P.452]や公領を領地とし、任国の地頭[→P.457]や地侍を従えて領主化していきました。

鎌倉時代	→	南北朝時代

守護
・任国の軍事・警察
主従関係はない
地頭
・荘園の管理

任国の領地化

守護大名
家臣として支配
地頭　武士　荘官

⬆ 守護から守護大名へ

★★★

足利義満

1358〜1408年。足利尊氏[→P.471]の孫で、室町幕府[→P.471]の3代将軍。京都の室町の御所(花の御所)に幕府を移しました。幕府のしくみを整え、守護大名をおさえ、幕府の全盛期を築きました。1392年に、南北朝を1つにまとめました。金閣を建て、勘合(日明)貿易を始めました。

(鹿苑寺)

⬆ 足利義満

★★★

金閣

3代将軍足利義満が、京都の北山の別荘に建てた建物。建築様式がちがう3層からなり、建物に金箔がはられたので、金閣という名があります。

(鹿苑寺)

⬆ 金閣

★★★

勘合(日明)貿易

明(中国)が、倭寇の取りしまりと国交を求めてきたことから、1404年、義満は貿易の利益を幕府の財源とするため、明との貿易を始めました。正式の貿易船は、倭寇と区別するため勘合という合い札を用いたことから、勘合貿易といいます。

本字壹號

⬆ 勘合

COLUMN
くわしく
472

将軍の妻は高利貸し?　8代将軍足利義政の妻・日野富子は、関所を設けて通行税をとったり、高利貸しをしたりするなどして、蓄財にはげみました。応仁の乱のときには、敵方にまで金を貸したといわれています。「天下の貨幣は、みな富子のもとに集まる」とさえいわれました。

★★★ 倭寇（わこう）

朝鮮半島や中国沿岸で貿易を強要し，ときには海賊的な行為を働いた，九州北部や瀬戸内海沿岸の武士や漁民などの集団。朝鮮半島や中国の人々から倭寇と呼ばれ，おそれられました。倭寇の中には，朝鮮人や中国人も多くいました。

⬆ 室町時代の海上交通（むろまち じだい）

★★★ 足利義政（あしかが よしまさ）

1436〜1490年。室町幕府 [➡ P.471] の8代将軍。守護大名の力をおさえきれず，政治を妻の日野富子や重臣に任せきりにしていました。1467年には，義政のあとつぎをめぐる争いから**応仁の乱**が起こりました。将軍でいる間に**徳政令** [➡ P.467] を13回も出して経済を混乱させました。京都の東山に**銀閣**を建てました。

★★★ 銀閣（ぎんかく）

8代将軍**足利義政**が，京都の東山の別荘に建てた建物。建物は2層からなり，下層に書院造，上層に禅宗 [➡ P.463] の様式が取り入れられて，銀箔をはる計画があったともいわれています。

（慈照寺）

⬆ 銀閣（ぎんかく）

★★★ 応仁の乱（おうにんのらん）

守護大名の細川氏と山名氏の対立に，将軍や，管領家のあとつぎ争いがからんで，1467年に京都で起こった戦乱。全国に広がった戦乱は，1477年まで11年間も続き，京都は焼け野原となりました。将軍の力はおとろえ，こののち約100年間におよぶ**戦国時代** [➡ P.474] となりました。

？で深める P.477

（真正極楽寺）

⬆ 応仁の乱（おうにんのらん）

COLUMN
まめ知識

「西陣」ってどんなところ？ 現在の京都市にある地名の「西陣」は，応仁の乱のときに，西軍の大将の山名氏の陣地があったことからつけられました。京都の伝統的な織物である西陣織は，この「西陣」の地で発展した織物です。

歴史編

第1章 大むかしの暮らし
第2章 天皇と貴族の世の中
第3章 武士の世の中へ
第4章 全国統一
第5章 江戸幕府の政治
第6章 移り変わる武士の世の中
第7章 近代国家への歩み
第8章 日清・日露戦争と日本の動き
第9章 戦争と新しい日本の始まり

第3章 武士の世の中へ

重要度

★★★ 戦国時代

応仁の乱 [➡ P.473] のあとから，室町幕府の滅亡 [➡ P.492] （1573年）まで，あるいは豊臣秀吉 [➡ P.497] の全国統一までの約100年間。下剋上の風潮が広まり，全国各地に**戦国大名**が登場して戦いをくり広げました。

★★★ 戦国大名

応仁の乱 [➡ P.473] ののち登場した，実力で領国を統一して支配した大名。城を建て，その周りに城下町 [➡ P.479] をつくって商工業を保護しました。独自の**分国法（家法）**を定めて，家臣や領民を取りしまりました。主な戦国大名に甲斐(山梨県)の武田信玄，薩摩(鹿児島県)の島津貴久，越後(新潟県)の上杉謙信，安芸(広島県)の毛利元就などがいます。

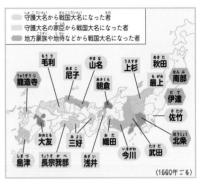

　守護大名から戦国大名になった者
　守護大名の家臣から戦国大名になった者
　地方豪族や地侍などから戦国大名になった者

毛利　山名　上杉　秋田
龍造寺　尼子　朝倉　最上　南部　伊達　佐竹
大友　三好　織田　北条
島津　長宗我部　浅井　今川　武田

（1560年ごろ）

⬆ **主な戦国大名の分布**

★★★ 下剋上

「下の身分の者が上の身分の者に打ち勝つ」という意味で，大名の家臣らが実力で主君に取って代わること。農民が領主に反抗して一揆を起こすことも下剋上の一種。この動きは14世紀の初めから見られましたが，応仁の乱 [➡ P.473] のあと，しだいにさかんになり，下剋上によって多くの**戦国大名**が生まれました。

★★★ 分国法（家法）

戦国大名が自分の領国を治める目的で定めた独自の法令。家法ともいいます。家臣団の統制，農民の生活に関する規定，訴訟に関することなどが主な内容です。違反者は厳しく罰せられました。朝倉孝景条々，今川仮名目録，塵芥集，などがあります。

史料 分国法

① けんかをしたときは，理由にかかわらず両方罰すること。
　　　　　　　（塵芥集—伊達氏）
② 許しを得ないで他国に手紙を出してはならない。
　　　　（甲州法度之次第—武田氏）

COLUMN
まめ知識

六分一殿ってどんな人？　山陰地方を根拠地とする山名氏の一族は，全国66か国のうち6分の1にあたる11か国の守護となっていたことから，六分一殿と呼ばれました。

歴史編

第**1**章 大むかしの
暮らし

第**2**章 天皇と貴族の
世の中

第**3**章 武士の
世の中へ

第**4**章 全国統一

第**5**章 江戸幕府の
政治

第**6**章 移り変わる
武士の世の中

第**7**章 近代国家への
歩み

第**8**章 日清・日露戦争と
日本の動き

第**9**章 戦争と新しい
日本の始まり

★★★ ## 足軽

戦いの際に，歩兵・雑兵として参加した者。放火や略奪などを行い，敵をかく乱したといわれます。**応仁の乱** [➡ P.473] のころから動きが目立ってきましたが，**戦国時代**になって，このような特しゅな技能を持つ雑兵を足軽と呼ぶようになりました。

戦国大名は，足軽を弓隊・やり隊などのように編成しました。**織田信長** [➡ P.491] が組織した足軽鉄砲隊 [➡ P.492] が有名です。

★★★ ## 朝鮮国

1392 年に**李成桂**が，政治の乱れや**倭寇** [➡ P.473] に苦しんでいた**高麗** [➡ P.466] をほろぼして建てた国。都を漢城（現在のソウル）に置きました。**朱子学** [➡ P.533] が発達し，**ハングル**という独自の文字がつくられました。印刷には，金属の活字が使われるようになりました。
日本との貿易も行われるようになり，日本は綿織物や経典などを輸入し，銅・硫黄などを輸出しました。

アンニョンハセヨ
안녕하세요
（こんにちは）

⬆ ハングルの一例

★★★ ## 琉球王国 [➡P.206]

3 つの国に分かれていた沖縄を，15 世紀の初めに中山王の尚巴志が統一し，建てた国。中国，日本，朝鮮をはじめ，東南アジアなどと，中継貿易を活発に行いました。また，都である首里の港の那覇は，国際貿易港として栄えました。

★★★ ## アイヌ [➡P.204]

蝦夷地(北海道)などで，古くから狩りや漁，交易などを行っていた人々。
14 世紀には，津軽半島(青森県)の十三湊を経由した日本海航路で，昆布，アザラシやラッコの毛皮などが，京都にまで運ばれていました。しかし，本州から進出した和人としばしば争いが起こり，1457 年，首長のコシャマインを中心に立ち上がりましたが，和人に敗れました。

COLUMN
くわしく

ハングルって何？ 朝鮮では，15 世紀の半ばごろまで独自の文字を持たず，朝鮮語は漢字を使って表記してきましたが，1446 年，4 代目の王の世宗のときに独自の表音文字であるハングルをつくって公布しました。韓国や北朝鮮で現在でも一般的に使われています。

第3章 武士の世の中へ

★★★ 惣（惣村）

室町時代[➡ P.471]，農村につくられた自治組織。農業生産が高まり収かくが安定してくると，有力な農民を中心に村ごとにまとまり，やがて，荘園のわくをこえて団結するようになりました。農民らは，有力な農民や年長者を中心に寺や神社で**寄合**を開き，用水や入会地（共同利用地）の使い方や村のおきて（決まり），行事などを決めました。

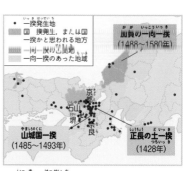

史料 村のおきて

一，家を売った者は，100文につき3文づつを村に納めなければならない。

二，身元保証のないよその村の者を村に住まわせてはならない。
（一部要約）

★★★ 一揆

農民などが中心になって団結し，支配者に反抗した行動。

★★★ 土一揆

室町時代[➡ P.471]，農民が団結して起こした**一揆**。荘園領主や守護大名[➡ P.472]に年貢を減らすことや，土倉・酒屋などの高利貸しに借金の帳消しを求めて起こしました。1428年，近江国（滋賀県）の馬借[➡ P.480]らが，幕府に**徳政令**[➡ P.467]を要求する正長の土一揆を起こしました。

↑ 一揆の発生地

★★★ 山城国一揆

1485年，山城国（京都府）で起こった一揆。国人（地方に暮らす有力武士）と農民が団結して，守護大名の畠山氏の軍勢を国外に追い出し，こののち8年間自治を行いました。

★★★ 加賀の一向一揆

浄土真宗[親鸞➡ P.463]（一向宗）の信仰で結びついた信者（武士と農民）が起こした一揆。1488年，加賀国（石川県）で守護大名の富樫氏をほろぼし，こののち約100年間も自治を行いました。

COLUMN まめ知識

鄭和の遠征って？ 中国よりも南の地域との貿易の利益に目をつけた中国（明）の3代皇帝永楽帝は，家臣の鄭和に南海遠征を命じました。鄭和は大船団を率いて7回も遠征を行い，アフリカ東岸まで達したといいます。最初の遠征は，足利義満が勘合貿易を始めたころのことです。

？1 戦国の世が始まったきっかけは?

1467年, 将軍のあとつぎ争いに守護大名の細川氏と山名氏の争いがからんで始まったのが, 応仁の乱です。

この乱は京都を中心に11年間も続きました。その後, 戦乱は全国に広まり, 約100年間続く戦国の世となりました。

山名氏＆足利義尚・日野富子

細川氏＆足利義視

VS

西

東

⬆ 応仁の乱が始まったころの対立関係

COLUMN はてな ？で深める　戦国の世が始まる!

？2 戦国の世の特ちょうは?

下剋上です。室町時代, 守護大名の多くは将軍のいる京都で暮らし, 応仁の乱では多くの守護大名が京都で戦いました。その間, 大名のいない領国では, 家臣が力をつけ, 下剋上によって領国をうばう者も現れました。信仰で結びついた人々にほろぼされた大名もいます。

？3 応仁の乱のあと, 世の中はどうなったの?

将軍の力はおとろえ, 各地に, 領国を独自に支配する戦国大名が現れました。室町時代の後半, 戦国大名が戦いを続けた約100年間を戦国時代といいます。また, 応仁の乱によって京都はあれ, 乱をさけて地方にのがれた公家や僧によって, 京都の文化が地方に広まりました。

05 産業の発達と室町文化

さくっとガイド   まずはここを読んで，時代の流れをつかもう！

どんな産業が発達したの？

自分で耕すより楽になったぞ！

室町時代には，農業技術の進歩で米と麦の二毛作が広まりました。また，牛や馬を使った耕作，かんがい用の水車，草木灰などの肥料の使用がさらに広まり，収かく高が増えました。大工，機織りなどの手工業の職人が増加し，月6回の定期市も発達しました。

商人や手工業者は座と呼ばれる同業者組合を結成し，貴族や寺社などに税を納め，営業を独占しました。

室町文化の特色は？

金閣　銀閣

足利義満　足利義政

どうだ，ワシの建てた金閣は？

ぼくの銀閣もなかなかでしょう！

室町時代には，幕府が京都に置かれたこともあって，貴族と武家の文化がとけ合った簡素で深みのある文化が起こりました。足利義満のころには金閣に代表される北山文化が，足利義政のころには銀閣に代表される東山文化が栄えました。

また，現代の和風建築のもとになった書院造が広まり，観阿弥・世阿弥父子が能を大成し，雪舟は水墨画（すみ絵）を完成させました。

歴史編

第1章 大むかしの暮らし

第2章 天皇と貴族の世の中

第3章 武士の世の中へ

第4章 全国統一

第5章 江戸幕府の政治

第6章 移り変わる武士の世の中

第7章 近代国家への歩み

第8章 日清・日露戦争と日本の動き

第9章 戦争と新しい日本の始まり

重要度
★★★

門前町

寺社の門前やその付近に発達した町。お参りする人々のための宿泊所や商人などでにぎわいました。伊勢神宮のある宇治・山田（三重県），善光寺のある長野（長野県），浄土真宗の寺院を中心につくられた寺内町の吉崎（福井県）などが有名です。

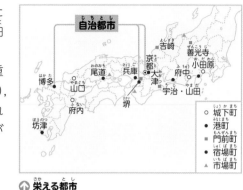

↑ 栄える都市

城下町

戦国大名 [➡ P.474] が城を中心にしてつくった町。家臣団や商工業者，寺社などを集め，領国内を治める政治や経済の中心地としました。小田原（神奈川県），山口（山口県），府内（大分県）などがあります。

港町

港を中心に発達した町。商業の発達や勘合（日明）貿易 [➡ P.472] などで堺（大阪府）・博多（福岡県）などの港町が栄え，国内の取り引きや明（中国）との貿易を行う商人が多く集まりました。

いろんな都市が発達したんだ！

宿場町

街道の宿場を中心に発達した町。旅人のための宿泊施設を置いたり，輸送のための人馬を調達したりしました。街道の分かれ道の信濃追分（長野県），川や海に接した桑名（三重県）や山越えの重要地の小田原（神奈川県）などがあります。

陸上交通の要地に置かれたよ！

COLUMN
まめ知識

「草戸千軒」って？　草戸千軒とは，現在の広島県福山市にあった，鎌倉時代から室町時代にかけて栄えた中世の町です。「千軒」というのは，家がちょうど千軒あったという意味ではなく，家がたくさんあってにぎわった町によくつけられた名称です。

重要度
★★★
自治都市

経済的に豊かな町の商工業者ら（京都では町衆，堺などでは会合衆）が寄合を開き，話し合いで政治が行われた都市。特に堺（大阪府）では，町の周囲に堀をめぐらし，武士をやとって町を守り，**戦国大名** [➡ P.474] に対抗しました。

★★★
町衆

経済的に豊かな町の商工業者。町の自治を行い，祭りのときは中心になるなど，庶民的な文化を生み出しました。特に京都の町衆は，伝染病のやくばらいを願って，八坂神社の祭りである祇園祭を行い，豪華な山鉾をくり出しました。

（米沢市）（上杉博物館）

⊕ 祇園祭

★★★
問（問丸）

鎌倉時代～室町時代 [➡ P.471] に発達した運送業者。問丸ともいいます。港や川沿いに倉庫を構え，水上（海上）運送にあたっていましたが，のちに，卸売りの専門業者（問屋）になりました。

★★★
座

鎌倉時代 [➡ P.457] ～室町時代 [➡ P.471] の商工業者（商人や手工業者）の同業者組合。貴族や寺社などに税を納め，その代わりに保護を受けて，営業の独占や税の免除などの特権を得ました。

★★★
馬借

馬を使って陸上運送にあたった運送業者。問屋のもとで，馬の背で年貢 [➡ P.515] や生活物資などの輸送を行いました。正長の土一揆 [➡ P.476] を起こすなど，しばしば土一揆の中心ともなりました。

馬を使って輸送。

（石山寺）

⊕ 馬借

COLUMN
まめ知識

「日本のベネチア」ってどこ？　日本にやって来たイエズス会のポルトガル人宣教師ガスパル＝ヴィレラは，自治を行う堺を見て，イエズス会への手紙の中で，「イタリアのベネチアのように自治が行われている」と述べました。

★★★ 北山文化

室町時代の初期，3代将軍足利義満 [➡ P.472] の時代の文化。義満が京都の北山に建てた金閣 [➡ P.472] に代表されます。貴族の文化と武家の文化が融合した文化で，能（能楽）や連歌が発達しました。

★★★ 東山文化

15世紀の中ごろ，8代将軍足利義政 [➡ P.473] の時代の文化。義政が京都の東山に建てた銀閣 [➡ P.473] に代表されます。禅宗 [➡ P.463] の僧が中国からもたらした水墨画がさかんとなり，書院造 [➡ P.482] の部屋に書画・生け花(立花)などがかざられ，簡素で深みのある文化が発達しました。

★★★ 世阿弥

1363？～1443？年。能楽師で，謡曲（能楽）の台本の作者。足利義満 [➡ P.472] の保護を受けて，父の観阿弥とともに能（能楽）を大成しました。能の理論書の『風姿花伝(花伝書)』を書きました。

★★★ 能（能楽）

室町時代に，観阿弥・世阿弥父子によって大成された演劇。平安時代 [➡ P.443] から行われていた，民間芸能である猿楽（物まねに曲芸や奇術を組み合わせたもの)や，田楽（田植えのときに豊作をいのって行ったおはやしや踊り）などをもとに大成されました。3代将軍足利義満 [➡ P.472] の保護を受けて，武家の間に広まりました。

(国立歴史民俗博物館)

⬆ 能の舞台

比べる 各時代の文化の特色

飛鳥文化	7世紀前半，飛鳥地方に都が置かれた時代の文化。日本で最初の仏教文化。
天平文化	8世紀の奈良時代の文化。貴族中心の国際色豊かな仏教文化。
国風文化	11世紀前半の摂関政治の全盛期に栄えた文化。日本の自然や風土，生活に合った優美な貴族文化。
鎌倉文化	12世紀末～14世紀初めの鎌倉時代の文化。武士の気風を反映した素ぼくで力強い文化。

歴史編

第1章 大むかしの暮らし

第2章 天皇と貴族の世の中

第3章 武士の世の中へ

第4章 全国統一

第5章 江戸幕府の政治

第6章 移り変わる武士の世の中

第7章 近代国家への歩み

第8章 日清・日露戦争と日本の動き

第9章 戦争と新しい日本の始まり

COLUMN まめ知識

「土倉」「酒屋」って何？　土倉は，「とくら」とも呼ばれる質屋。酒屋は，酒造業者ですが高利貸し業も営みました。どちらも幕府に営業税を納めることで保護を受けました。この営業税は，幕府にとって重要な財源でした。

第3章 武士の世の中へ

★★★ 雪舟

1420〜1506年。禅宗 [➡ P.463] の僧で水墨画（すみ絵）の画家。中国（明）にわたって水墨画を学び，帰国後，宋 [➡ P.454]・元 [➡ P.465] の水墨画の様式にとらわれない日本独自の水墨画を大成しました。代表作に「山水長巻」，「秋冬山水図」，「天橋立図」などがあります。

（東京国立博物館蔵／Image:TNM Image Archives）

⬆ 秋冬山水図（雪舟作）

★★★ 水墨画（すみ絵）

墨のこい，うすいをぬり分けて，自然の風景などをえがいた絵画。禅宗 [➡ P.463] の僧によって中国（宋 [➡ P.454] や元 [➡ P.465]）から伝えられました。雪舟が日本独自の水墨画を大成しました。

★★★ 書院造

室町時代 [➡ P.471] に発達した建築様式。床の間やちがいだなをつくり，たたみをしきつめ，明かり障子やふすまを用いました。
書院とは，禅宗 [➡ P.463] 寺院の学問所のことで，書院造は現代の和風建築のもとになりました。銀閣 [➡ P.473] と同じ敷地内にある東求堂同仁斎（足利義政 [➡ P.473] の書斎）が有名です。

（慈照寺）

⬆ 書院造（東求堂同仁斎）

★★★ 御伽草子

室町時代 [➡ P.471] に多く書かれた，おとぎ話に絵を入れた物語。民衆の夢や幸福を求める話が多く，人々に親しまれました。『浦島太郎』，『一寸法師』，『物くさ太郎』，『酒呑童子』など，現在にまで伝えられているものが数多くあります。

⚖比〜る いろいろな 建築様式

校倉造	奈良時代。東大寺の正倉院。
寝殿造	平安時代。有力貴族の屋敷。
武士の館	鎌倉時代。武士の屋敷。
書院造	室町時代。銀閣の東求堂同仁斎が代表例。和風建築のもと。

COLUMN まめ知識

地方へ広まった文化 応仁の乱で都があれ果てると，貴族（公家）や僧は地方の有力者をたよったり，戦国大名の招きに応じたりして地方へ行きました。このため，都の文化が地方に伝わり，特に大内氏の山口には，雪舟ら多くの文化人が集まり，「小京都」と呼ばれました。

★★★ 茶の湯

決まった作法でお茶をいれ，客をもてなすこと。茶を飲む習慣は，鎌倉時代に臨済宗 [禅宗➡ P.463]を開いた栄西 [禅宗➡ P.463]が，中国から伝えました。はじめ禅僧の間で行われていましたが，室町時代には作法などが整えられ茶の湯として流行し，やがて町衆 [➡ P.480]の間に広がり，さらに武士の間にも広まっていきました。安土桃山時代 [➡ P.491]になると，千利休 [➡ P.502]によりわび茶 [➡ P.502]としてその作法が完成されました。

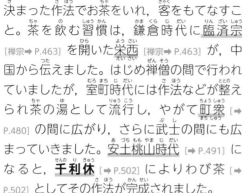

（東京国立博物館）

↑ 茶の湯

★★★ 生け花（立花）

草木の枝や花などを切り，花器に入れてかざること。室町時代には立花という形式が整い，書院造の床の間などをかざりました。

（学研・資料課）

↑ 生け花

★★★ 足利学校

下野国（栃木県）にあった教育機関。1439年，関東地方の武将だった上杉憲実が再興し，日本各地から儒学 [➡ P.417]を学ぶ人々が集まりました。のちに，「坂東の大学」として，ヨーロッパに紹介されました。

（学研・資料課）

↑ 足利学校

★★★ 民衆の生活

室町時代の行事や習慣などは，現代にまで伝えられているものが数多くあります。

衣服	小袖が用いられるようになりました。
食事	それまでは1日2食でしたが，1日3食となりました。
行事	正月のもよおしや，盆踊り，祭りなどが活発に行われるようになりました。

COLUMN まめ知識

「枯山水」って何？ 禅宗の影響を受けてつくられた庭園。水を使わず，一面に白い砂をしきつめ，庭石を置いて水の流れを表したものを枯山水の庭園と呼びました。京都の龍安寺や西芳寺（苔寺）などの庭園が，枯山水で有名です。

第4章 全国統一

桶狭間の戦い，信長の本領発揮！

桶狭間の戦いでの戦力差

2,000人 **25,000人**

織田軍　今川軍

1560年の桶狭間の戦いでは，今川義元が率いる2万5,000人の軍勢を，織田信長はわずか2,000人の軍を率いて奇襲して，勝利しました。

室町時代

主なできごと

- 1492年　■コロンブスが西インド諸島に到達する
- 1543年　■鉄砲が伝来する
- 1549年　■キリスト教が伝来する
- 1560年　■桶狭間の戦いが起こる
- 1573年　■室町幕府がほろびる

安土桃山時代

- 1575年　■長篠の戦いが起こる
- 1582年　■本能寺の変が起こる　■太閤検地が始まる

こんなに高い姫路城の天守閣!

姫路城の高さ

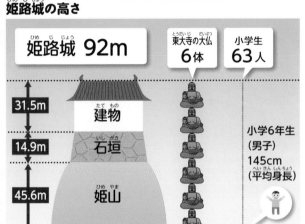

桃山文化を代表する壮大な城,姫路城(兵庫県)。小高い山(姫山)の上に建つ天守閣の高さは実に海抜92ｍ。東大寺の大仏なら約6体分,小学生なら約63人分の高さです。

江戸時代

■刀狩が行われる
1588年

■全国統一
1590年

■朝鮮侵略
1592・1597年

■関ケ原の戦いが起こる
1600年

■徳川家康が征夷大将軍に任命される
1603年

■大阪冬の陣・夏の陣
1614・1615年

01 ヨーロッパ人との出会い

さくっとガイド まずはここを読んで，時代の流れをつかもう！

戦国最強の武器，鉄砲が伝わる！

1543年，ポルトガル人を乗せた中国の船が，九州の種子島（鹿児島県）に流れ着きました。このときに初めて日本に鉄砲が伝わりました。このころの日本は戦国時代だったため，鉄砲は強力な武器として，堺（大阪府）や国友（滋賀県）などの刀鍛冶の職人の手で大量に生産され，またたく間に戦国大名の間に広まりました。

また，鉄砲が普及したことで，全国統一が急速に進みました。

キリスト教の伝来と南蛮貿易

ポルトガル人やスペイン人が日本に来るようになると，長崎や平戸（長崎県）で貿易も行われるようになり（南蛮貿易），ヨーロッパの文化や品物が入ってくるようになりました。

1549年，フランシスコ＝ザビエルが鹿児島に来てキリスト教を伝えました。キリスト教はしだいに広まり，戦国大名の中には，貿易の利益のため，キリスト教徒になる者も現れました（キリシタン大名）。

歴史編

第1章 大むかしの暮らし

第2章 天皇と貴族の世の中

第3章 武士の世の中へ

第4章 全国統一

第5章 江戸幕府の政治

第6章 移り変わる武士の世の中

第7章 近代国家への歩み

第8章 日清・日露戦争と日本の動き

第9章 戦争と新しい日本の始まり

鉄砲（の伝来）

重要度 ★★★

1543年に，ポルトガル人を乗せた中国船が種子島（鹿児島県）に流れ着き，日本に初めて伝えた武器。このころの日本は**戦国時代**[→ P.474]だったので，鉄砲は戦いを有利に進めるための新しい武器として，**戦国大名**[→ P.474]に注目されました。堺（大阪府），国友（滋賀県），根来（和歌山県）などでさかんにつくられるようになり，またたく間に全国に広がっていきました。

↑鉄砲

（種子島時邦所有）

種子島

重要度 ★★★

鹿児島県南部の大隅諸島に属する島。1543年，ポルトガル人によって初めて鉄砲が伝えられました。このため，当時，国産の**鉄砲**（火縄銃）のことを種子島（銃）とも呼びました。このときのポルトガル人が，日本に初めて来たヨーロッパ人だといわれています。

鉄砲によって，戦いの勝敗が早く決まるようになった！

ポルトガル（人）

重要度 ★★★

ヨーロッパ南部の大西洋に面し，スペインの西側にある国。ポルトガル人は，1543年，日本に初めて**鉄砲**を伝えました。その後も，キリスト教の布教や貿易などを目的に日本に来航しました。

キリスト教の伝来

重要度 ★★★

1549年，**イエズス会**[→ P.488]の宣教師**フランシスコ＝ザビエル**[→ P.488]が鹿児島に来て，日本に初めてキリスト教（カトリック）を伝えました。その後，多くの宣教師が来日し，西日本の大名の保護を受けて，キリスト教は九州や近畿地方に広まっていきました。

?で深める P.495

COLUMN まめ知識

日本には「ねじ」がなかった？　鉄砲のつつの底は「ねじ」でふさがれていました。当時の日本には「ねじ」をつくる技術がなく，鉄砲づくりに取り組んだ八板清定（金兵衛）は底のふさぎ方がわからず，苦心しました。鉄砲づくりを通して，日本に「ねじ」の原理も伝わりました。

重要度
★★★

フランシスコ゠ザビエル

1506〜1552年。スペインの宣教師。宗教改革のの^{せんきょうし} ^{しゅうきょうかいかく}ちに**イエズス会**を結成し，カトリックの勢力回復のた^{けっせい} ^{せいりょくかいふく}め，インド・東南アジアなどで布教しました。1549^{ふきょう}年には鹿児島に来て，日本に初めてキリスト教を伝え^{かごしま} ^{はじ}ました。ザビエルは，平戸(長崎県)，山口，京都，豊^{ひらど} ^{ながさきけん} ^{やまぐち} ^{きょうと} ^{ぶん}後府内(大分県)などをおとずれ，約2年3か月の間，^{ごふないおおいたけん} ^{やく}日本で布教しました。^{ふきょう}

（神戸市立博物館蔵 Photo:Kobe City Museum/DNPartcom）

⬆ **フランシスコ゠ザビエル**

★★★

イエズス会

16世紀前半にドイツやスイスで起こった宗教改革に対して，カトリック教会^{せいき} ^お ^{しゅうきょうかいかく} ^{たい}を立て直すために設立された組織。プロテスタントが広まり，カトリック側は^{せつりつ} ^{そしき}**フランシスコ゠ザビエル**らが中心となってイエズス会を設立し，アジアやアメ^{せつりつ}リカなどで布教に努めました。^{ふきょう} ^{つと}

★★★

南蛮貿易

^{なんばんぼうえき}

16世紀後半に行われたポルトガル人やスペ^{せいき} ^{こうはん}イン人との貿易。当時の日本では，ポルトガ^{ぼうえき}ル人やスペイン人を南蛮人と呼び，南蛮人と^{なんばんじん} ^{なんばんじん}の貿易を南蛮貿易といいました。取り引きは^{ぼうえき} ^{なんばんぼうえき}主に堺(大阪府)，長崎や平戸(長崎県)で行わ^{おも} ^{さかいおおさかふ} ^{ながさき} ^{ひらどながさきけん}れました。中国産の生糸，絹織物，香辛料，^{さんきいと} ^{きぬおりもの} ^{こうしんりょう}鉄砲，火薬，ガラス製品などが輸入され，主^{てっぽう} ^{かやく} ^とに銀，刀剣，漆器などが輸出されました。^{きん} ^{とうけん} ^{しっき} ^{ゆしゅつ}

（神戸市立博物館蔵 Photo:Kobe City Museum/DNPartcom）

⬆ **南蛮船と南蛮人**

★★★

南蛮文化

^{なんばんぶんか}

南蛮貿易やキリスト教の伝来を通して伝えられた，ヨーロッパの文化。キリス^{でんらい} ^{つた} ^{ぶんか}ト教の影響が強く，キリスト教の文学や絵画が多くありました。ヨーロッパの^{えいきょう}医学や天文学，航海術などが伝えられました。活版印刷術も伝えられ，『イソ^{いがく} ^{てんもんがく} ^{こうかいじゅつ} ^{つた} ^{かっぱんいんさつじゅつ} ^{つた}ップ物語』や『**平家物語**』[➡ P.462]などがローマ字で印刷されました。^{ものがたり} ^{へいけものがたり} ^{いんさつ}

COLUMN
まめ知識

南蛮人と紅毛人はどんな人?^{なんばんじん} ^{こうもうじん} ^{ひと}　このころ，ポルトガル人やスペイン人は，南方から来た外^{なんぽう} ^き国人という意味で南蛮人と呼ばれました。それに対して，オランダ人やイギリス人は，かみの毛が^{いみ} ^{なんばんじん} ^よ ^{たい} ^け赤かったことから紅毛人と呼ばれ，南蛮人と区別されていました。^{あか} ^{こうもうじん} ^{なんばんじん} ^{くべつ}

歴史編

第1章 大むかしの暮らし

第2章 天皇と貴族の世の中

第3章 武士の世の中へ

第4章 全国統一

第5章 江戸幕府の政治

第6章 移り変わる武士の世の中

第7章 近代国家への歩み

第8章 日清・日露戦争と日本の動き

第9章 戦争と新しい日本の始まり

★★★ キリシタン大名

キリスト教の信者(キリシタン)となった大名。**戦国大名** [➡ P.474] の中には,貿易の利益を得るためにキリスト教を保護し,自ら信者になる者が現れました。これをキリシタン大名といいます。

★★★ 天正遣欧少年使節

1582年,九州のキリシタン大名,有馬晴信,大村純忠,大友宗麟がローマ教皇のもとに送った,13〜14歳の4人の少年使節。伊東マンショ,千々石ミゲル,中浦ジュリアン,原マルチノで,ヨーロッパをおとずれた最初の日本人だといわれています。4人はヨーロッパ各地で大歓迎を受けましたが,帰国したときには,豊臣秀吉 [➡ P.497] がキリスト教を禁止していました。

中浦ジュリアン　伊東マンショ
原マルチノ　千々石ミゲル

(京都大学附属図書館)

⬆ **4人の遣欧少年使節**

★★★ 新航路の発見

ヨーロッパの人々はアジアの物資を安く手に入れるため,イスラム商人らが勢力を持つ地中海を通らずに,直接アジア(インドや中国)に行く航路を求めていました。

コロンブス　1492年,西インド諸島に到達し,のちにアメリカ大陸にも到達しました。

バスコ=ダ=ガマ　1498年,アフリカ南端の喜望峰を回ってインドに到達し,インド航路を発見しました。

マゼランの船隊　1522年,世界一周を達成しました。(船長のマゼランは,とちゅう,フィリピンで戦死しました。)

スペインとその植民地
ポルトガルとその植民地

スペイン勢力圏　ポルトガル勢力圏　ポルトガル勢力圏　スペイン勢力圏

ポルトガル
スペイン

リスボン　バロス

コロンブス(1492〜93)西インド諸島に到達　サンサルバドル島

太平洋

大西洋

ゴア　マカオ　日本
カリカット　フィリピン
マラッカ　モルッカ諸島

インド洋　ジャワ

マダガスカル

バスコ=ダ=ガマ(1497〜99)インド航路発見　喜望峰

マゼランの船隊(1519〜22)世界一周

⬆ **新航路の発見**

COLUMN くわしく

支倉常長は何をした人?　仙台藩(宮城県)主の伊達政宗は,1613年,支倉常長をヨーロッパに送りました。スペインとの貿易が目的だったともいわれます。常長はローマ教皇に会って政宗の手紙をわたしましたが,帰国したとき日本ではキリスト教が禁止されていました。

02 <ruby>天<rt>てん</rt></ruby><ruby>下<rt>か</rt></ruby>をねらう<ruby>織<rt>お</rt></ruby><ruby>田<rt>だ</rt></ruby><ruby>信<rt>のぶ</rt></ruby><ruby>長<rt>なが</rt></ruby>

さくっとガイド まずはここを読んで, <ruby>時<rt>じ</rt></ruby><ruby>代<rt>だい</rt></ruby>の<ruby>流<rt>なが</rt></ruby>れをつかもう!

<ruby>天<rt>てん</rt></ruby><ruby>下<rt>か</rt></ruby>を<ruby>統<rt>とう</rt></ruby><ruby>一<rt>いつ</rt></ruby>するぞ! しかし…

1560年に桶狭間の戦いで今川義元を破った織田信長は, 1573年に室町幕府をほろぼし, 1575年には長篠の戦いで武田氏を破りました。また, 1576年には, 琵琶湖(滋賀県)のほとりに安土城を築き, 全国統一の拠点としました。

しかし, 1582年, 家臣の明智光秀に攻められ, 自害しました(本能寺の変)。

<ruby>信<rt>のぶ</rt></ruby><ruby>長<rt>なが</rt></ruby>の<ruby>商<rt>しょう</rt></ruby><ruby>工<rt>こう</rt></ruby><ruby>業<rt>ぎょう</rt></ruby><ruby>政<rt>せい</rt></ruby><ruby>策<rt>さく</rt></ruby>

織田信長は, 商工業を発展させる政策を積極的に進めました。

人や軍隊, 物資の自由な行き来をさまたげる関所をなくして, 交通の便をよくしました。また, 安土城下では, 楽市・楽座によって, 税を免除し, 座の特権をなくしました。こうして商工業者を安土城下に集め, だれでも自由に商売できるようにして, 商工業の発展をはかりました。

歴史編

第1章 大むかしの暮らし
第2章 天皇と貴族の世の中
第3章 武士の世の中へ
第4章 全国統一
第5章 江戸幕府の政治
第6章 移り変わる武士の世の中
第7章 近代国家への歩み
第8章 日清・日露戦争と日本の動き
第9章 戦争と新しい日本の始まり

重要度 ★★★

安土桃山時代

織田信長が室町幕府 [➡ P.471] をほろぼした 1573 年から，徳川家康 [➡ P.505] が江戸幕府 [➡ P.505] を開いた 1603 年までの 30 年ほどの時代。戦国時代 [➡ P.474] の戦いに明け暮れる世の中が，全国統一へと向かった時代です。信長の安土城 [➡ P.493] があった安土（滋賀県）と，豊臣秀吉 [➡ P.497] の伏見城があった桃山（京都府）の地にちなんだ時代名です。

★★★

織田信長

1534〜1582 年。尾張（愛知県）の戦国大名 [➡ P.474]。1560 年に桶狭間の戦いで今川義元を破って勢力を強め，1573 年に室町幕府 [➡ P.471] をほろぼしました。1576 年には安土城 [➡ P.493] を築き，城下で楽市・楽座 [➡ P.493] などの政策を進めました。1582 年，家臣の明智光秀 [➡ P.494] にそむかれ，自害しました（本能寺の変 [➡ P.494]）。

（長興寺）
↑ 織田信長

↑ 織田信長の全国統一の経過

★★★

桶狭間の戦い

1560 年，織田信長が駿河（静岡県）の戦国大名・今川義元を破った戦い。今川義元が大軍を率いて織田信長の領地の尾張に入ったため，信長は桶狭間（愛知県）で今川軍を奇襲して打ち破りました。こののち，織田信長は勢力を大きくのばしていきました。

★★★

天下布武

織田信長の，武力で天下を治めるという意思を表した言葉。信長は印章に「天下布武」の文字をほって使いました。信長の全国統一への強い思いをよく表したものといえます。

（浄厳院）
↑ 天下布武の印章

COLUMN くわしく

織田信長が関所を廃止したのはなぜ？ 鎌倉〜室町時代の関所は，関所を通る人々から通行税を取る目的で置かれ，物資の輸送や軍隊の移動をさまたげていました。信長は，統一事業を進めるために，関所を廃止して，交通の便をよくしようとしたのです。

室町幕府の滅亡

重要度 ★★★

1568 年，**織田信長** [➡ P.491] は京都に入り，足利義昭を室町幕府の 15 代将軍につけました。しかし，その後義昭は信長と敵対するようになり，1573 年，信長は義昭を京都から追放しました。こうして，約 240 年間続いた**室町幕府** [➡ P.471] は滅亡しました。

長篠の戦い

★★★

1575 年，織田信長と徳川家康 [➡ P.505] の連合軍が甲斐(山梨県)の武田勝頼(武田信玄の子)を破った戦い。同盟を結んでいた信長と家康は，三河(愛知県)の長篠で，**足軽鉄砲隊**を組織し，大量の**鉄砲** [➡ P.487] を使って，騎馬隊を中心とした武田の軍を打ち破りました。

馬防柵

騎馬隊

足軽鉄砲隊

🔱 **長篠の戦い**

(徳川美術館所蔵 ©徳川美術館イメージアーカイブ／DNPartcom)

足軽鉄砲隊

★★★

鉄砲 [➡ P.487] を持った足軽で組織された軍隊。足軽鉄砲隊の活やくで戦いの勝敗が早く決まるようになり，全国統一が早まったといわれています。

(東京国立博物館蔵 Image:TNM Image Archives)

🔱 **鉄砲を持つ足軽**

延暦寺の焼き討ち

★★★

1571 年，**織田信長** [➡ P.491] が比叡山延暦寺(滋賀県)を焼き討ちにしたできごと。信長に敵対していた仏教勢力の比叡山延暦寺は，1570 年の姉川の戦いで，織田信長と戦った浅井氏や朝倉氏に味方しました。信長は延暦寺を焼き討ちにし，**一向一揆** [➡ P.476] や**石山本願寺** [➡ P.494] との戦いなどでも，仏教勢力と戦い続けました。いっぽうで，仏教勢力をおさえるために，キリスト教を保護しました。

COLUMN
まめ知識

織田信長はあまい物が好きだった？ 宣教師のルイス＝フロイスは，日本でのキリスト教の布教許可をもらうために，ガラスびんに入った「こんぺいとう」を信長にプレゼントしました。砂糖をふんだんに使ったこんぺいとうは，信長をたいへん喜ばせたといわれています。

歴史編

第1章 大むかしの 暮らし

第2章 天皇と貴族の 世の中

第3章 武士の 世の中へ

第4章 全国統一

第5章 江戸幕府の 政治

第6章 移り変わる 武士の世の中

第7章 近代国家への 歩み

第8章 日清・日露戦争と 日本の動き

第9章 戦争と新しい 日本の始まり

★★★
一向一揆との戦い

一向一揆 [➡ P.476] は，織田信長 [➡ P.491] の統一事業をさまたげた勢力の１つ。戦国大名 [➡ P.474] のほかに，延暦寺などの寺院勢力や一向一揆の勢力が信長と敵対していました。信長は，統一事業をさまたげる一向一揆の中心となっていた石山本願寺 [➡ P.494] を，11年にわたる戦いの末に降伏させました。

★★★
安土城

織田信長 [➡ P.491] が全国統一の本拠地として，琵琶湖東岸の安土(滋賀県)に築いた城。５層７階の大規模な城で，天守閣 [➡ P.501] の内部は狩野永徳 [➡ P.501] のふすま絵や屏風絵でかざられていたと伝えられています。1582年の本能寺の変 [➡ P.494] の直後に焼失しました。

（内藤昌 復元© /安土城郭資料館）

⬆ 安土城（復元模型）

★★★
楽市・楽座

市の税や座 [➡ P.480] の特権を廃止して，だれもが自由に営業することを認めた政策。戦国大名が領内の産業をさかんにし，富ませるために行いました。織田信長が安土城下で出したものが有名です。

🖼 史料 **楽市令**

一，この安土を楽市としたので，座は廃止し，税や労役を免除する。

一，京都へ上り下りする商人は，安土に必ず宿をとること。

一，他国から安土に来て住み着いた者は，前から住んでいた者と同様にあつかう。

（一部要約）

★★★
キリスト教の保護

織田信長 [➡ P.491] が行った政策。信長は，統一事業をさまたげる寺院や一向一揆 [➡ P.476] などの仏教勢力をおさえ，南蛮貿易 [➡ P.488] の利益を得るために，キリスト教を保護しました。

COLUMN
まめ知識

信長の家来・弥助 信長は宣教師が連れていた黒人に初めて会ったとき，黒いはだは墨をぬっているからだと思い，体を洗わせたといいます。この黒人は，日本語が話せたので信長に気に入られて家来となり，弥助と命名され，本能寺の変では勇かんに戦ったと伝えられています。

重要度

★★★ 石山本願寺

15世紀末，摂津(大阪府)の石山(大阪市)に建てられた**浄土真宗（一向宗）** [親鸞➡P.463] の寺院。しだいに武装するようになり，各地の**一向一揆** [➡P.476] を指導しました。織田信長 [➡P.491] の攻撃にも，毛利氏の支援を受け，11年間にわたって抵抗しました。1580年，信長の武力に屈服して講和し，寺を明けわたすとき，寺は焼失しました。

のちに，このあと地に，**豊臣秀吉** [➡P.497] が**大阪城** [➡P.497] を築きました。

★★★ 本能寺の変

1582年，**明智光秀**が，本能寺(京都府)にいた主君の織田信長 [➡P.491] をおそって自害させたできごと。光秀は，中国地方の毛利氏と戦っていた**豊臣(羽柴)秀吉** [➡P.497] の援軍に向かうとちゅう，信長を急襲しました。

★★★ 明智光秀

1528?-1582年。本能寺の変で，主君の織田信長 [➡P.491] をたおした武将。信長に仕えて，各地を転戦して手がらを立て，大名となりました。1582年，本能寺の変のわずか十数日後，中国地方での戦いから京都へ引き返した**豊臣秀吉** [➡P.497] と京都の山崎で戦って敗れ (山崎の戦い)，にげるとちゅう農民に殺されたといわれています。

★★★ 南蛮寺

日本国内に建てられたキリスト教の教会。キリシタン寺ともいわれます。**イエズス会** [➡P.488] により京都に建てられたものが有名で，そのほか，山口や豊後府内(大分県)などにも建てられました。

↗ **南蛮寺**

(神戸市立博物館蔵　Photo:Kobe City Museum/DNPartcom)

COLUMN まめ知識

ルイス＝フロイスは信長をどう見ていた？ 宣教師ルイス＝フロイスは，織田信長のことを「武芸を好み，あらっぽくて無礼で，名誉を大切にする。決断力があり，戦術にすぐれているが，部下の言うことはほとんど聞かない。」と書き残しています。

❓① 日本に初めて来たヨーロッパ人は?

1543年，1隻の中国船が種子島に流れ着きました。この船に乗っていたポルトガル人が，日本に初めて来たヨーロッパ人であるといわれています。このとき日本に鉄砲が伝わりました。日本は戦国時代だったので，鉄砲はまたたく間に広まっていきました。

❓② ザビエルを日本に連れてきたのはだれ?

ザビエルがマラッカ（現在のマレーシア）で布教していたときに出会った，アンジロウ（ヤジロウ）という鹿児島出身の日本人です。アンジロウと出会ったことで，ザビエルは日本へのキリスト教の布教を決めました。

COLUMN はてな ？で深める ヨーロッパ人との交流

キリスト教を広めに来ましたよ〜。

生糸　地球儀

ザビエル

リスト教も〜けど，

ほーっ

貿易もいいねぇ!

↑ キリスト教の伝来と南蛮貿易

❓③ 鉄砲とキリスト教のほかには何が伝わったの?

ザビエルに続く宣教師たちの来日やヨーロッパ人との貿易（南蛮貿易）を通して，さまざまなものが日本に伝わります。その中には，じゃがいも，すいか，ガラス，地球儀，めがねなど，現在の私たちにとって身近な品々もたくさんありました。

03 天下をとった豊臣秀吉

さくっとガイド まずはここを読んで，時代の流れをつかもう！

全国統一を達成したぞ！

やったぞ！ついに全国統一じゃ！

豊臣秀吉は，本能寺の変のあと明智光秀をたおし，信長の後継者となりました。1583年には，大阪城を築いて全国統一の拠点としました。続いて四国・九州の大名を降伏させ，1590年には小田原（神奈川県）の北条氏をたおし，東北地方の伊達氏などを従わせて，全国統一を完成させました。

織田信長と豊臣秀吉の時代を安土桃山時代といいます。

兵農分離と対外政策

武器を取り上げ，年貢をしっかり納めさせよ！！

豊臣秀吉は，土地と農民を支配し，確実に年貢を納めさせるために，検地（太閤検地）を始めました。また，農民らが一揆を起こすのを防ぐために刀狩を行って，農民や寺院などから武器を取り上げました。

また，明（中国）の征服をくわだて，朝鮮に服従と協力を求めましたが断られたため，1592年と1597年の2度にわたって朝鮮に大軍を送りました。しかし，秀吉の死もあって軍を引き上げ，くわだては失敗しました。

重要度
★★★

豊臣秀吉
（とよとみひでよし）

1537〜1598年。全国を統一した尾張（愛知県）の武将。**織田信長** [➡ P.491] の家臣で，**本能寺の変** [➡ P.494] のあと**明智光秀** [➡ P.494] をたおして信長の後継者となりました。**大阪城**を築いて本拠地とし，朝廷から関白に任じられて統一事業を進めました。1590年に小田原（神奈川県）の北条氏をほろぼし，全国統一を達成しました。**検地（太閤検地）**や**刀狩** [➡ P.498] などを行い，封建支配のしくみを固めました。1592年と1597年には**朝鮮侵略** [➡ P.499] を行い，その最中に亡くなりました。

⬆ **豊臣秀吉** （高台寺）

★★★

大阪城
（おおさかじょう）

豊臣秀吉が全国統一の本拠地とした城。**石山本願寺** [➡ P.494] のあと地に建てました。**大阪冬の陣・夏の陣** [➡ P.506] で落城し，焼失しました。江戸時代初期，**江戸幕府** [➡ P.505] によって再建されました。

⬆ **大阪城（秀吉が建てたもの）** （東京大学史料編纂所）

★★★

検地（太閤検地）
（けんち（たいこうけんち））

豊臣秀吉が1582年から始めた全国的な土地調査。ものさしやますの単位を統一して，田畑の面積を調べ，収かく高を**石高** [➡ P.498] で表しました。また，田畑の耕作者をすべて検地帳に登録し，農民の耕作する権利を認める代わりに，**年貢** [➡ P.515] を納める義務を負わせました。秀吉が行った検地で，**荘園** [➡ P.452] 制は完全になくなりました。

⬆ **検地の様子（江戸時代）** （学研・資料課）

ます （芥田家）

ものさし ➡ （尚古集成館）

COLUMN
まめ知識

豊臣秀吉はなぜ征夷大将軍になれなかったの？ 源頼朝以後，征夷大将軍になれたのは，源氏の子孫だけでした。農民出身ですが将軍になりたかった秀吉は，将軍だった足利義昭の養子になろうとしましたが，拒否されました。

重要度

★★★ 刀狩

豊臣秀吉 [➡ P.497] が武士以外の者から刀，弓，やり，鉄砲 [➡ P.487] などの武器を取り上げた政策。1588 年，農民の反抗を防ぎ，田畑の耕作に専念させるために刀狩令を出しました。

★★★ 石高

田畑の値打ちを，その田畑でとれる米の量（体積）で表したもの。諸大名の領地も石高で表され，10 万石の大名などというようになりました（一石は約 180L）。石高に応じて，軍事上の負担が課せられました。

★★★ 兵農分離

武士と農民の身分の区別をはっきりさせたこと。豊臣秀吉 [➡ P.497] が行った検地(太閤検地) [➡ P.497] と刀狩によって，武士と百姓，町人（商人や職人）の身分がはっきり区別されるようになりました。これにより，江戸時代 [➡ P.505] へと続く身分制度の基礎が固まりました。

★★★ バテレン追放令

豊臣秀吉 [➡ P.497] が出したキリスト教禁止令。秀吉は，初めはキリスト教の布教を許していましたが，長崎の町がイエズス会 [➡ P.400] に寄付されていることを知ると，キリスト教は国内統一のさまたげになるとして，キリスト教の宣教師（バテレン）を国外に追放しました。しかし，貿易 [南蛮貿易➡ P.499] は認めていたので，キリスト教の信者はその後も増加しました。

キリスト教に対する政策は，変わっていったんだね。

COLUMN まめ知識
豊臣秀吉が定めた五奉行と五大老って？ 豊臣政権の役職。五奉行は，石田三成，浅野長政ら秀吉の家来である５人で実務を行いました。徳川家康，前田利家ら５人の有力な大名は，五大老として政務を合議で行いました。しかし，秀吉の死後は機能しなくなりました。

歴史編

第1章 大むかしの 暮らし

第2章 天皇と貴族の 世の中

第3章 武士の 世の中へ

第4章 全国統一

第5章 江戸幕府の 政治

第6章 移り変わる 武士の世の中

第7章 近代国家への 歩み

第8章 日清・日露戦争と 日本の動き

第9章 戦争と新しい 日本の始まり

★★★ 全国統一の達成

本能寺の変 [➡ P.494] 後，織田信長 [➡ P.491] の後継者の地位を勝ち取った豊臣秀吉 [➡ P.497] は，1583年，大阪城 [➡ P.497] を築いて全国統一の本拠地とし，1587年，薩摩(鹿児島県)の島津氏を降伏させました。1590年，小田原(神奈川県)の北条氏をたおし，東北地方の伊達氏らを降伏させて，全国統一を達成しました。秀吉は幕府を開かず，朝廷から1585年に関白 [➡ P.444]，1586年に太政大臣 [➡ P.453] に任命され，統一事業を進めました。

★★★ 秀吉の経済政策

豊臣秀吉 [➡ P.497] は検地(太閤検地) [➡ P.497] や刀狩のほかに，織田信長 [➡ P.491] と同様，関所の廃止，楽市・楽座 [➡ P.493] なども行いました。また，主な港町 [➡ P.479] (長崎，堺，博多)や金山(佐渡金山)，銀山(石見銀山)を直接支配し，経済上の重要地をおさえました。

★★★ 朝鮮侵略

豊臣秀吉 [➡ P.497] が2度にわたって朝鮮を侵略した戦い。明(中国)を征服しようとして，朝鮮に日本への服従と協力を要求しましたが，拒否されたことが原因です。

| 文禄の役（1592〜1593年）
義兵と呼ばれる朝鮮の民衆の抵抗や明(中国)の援軍，李舜臣の率いる水軍(亀甲船)の活やくなどにより，休戦しました。

| 慶長の役（1597〜1598年）
休戦となり，講和の話し合いが持たれましたが成立しなかったため，再び兵を送りました。しかし，苦戦が続き，秀吉の死で兵を引き上げました。

朝鮮侵略の影響で，朝鮮の国土はあれ果て，明(中国)の国力はおとろえ，豊臣氏は没落を早めることになりました。

鉄板でおおわれている。

（Alamy／APS通信社）

亀甲船 ➡

COLUMN くわしく　李舜臣ってどんな人？　朝鮮の武将の李舜臣は，船の上面を亀の甲のような形をした鉄板でおおったがんじょうな船(亀甲船)を建造し，侵略する日本軍に大きな打撃をあたえました。李舜臣率いる水軍や明の援軍などにより補給路を断たれた日本軍は，苦戦におちいりました。

04 桃山文化

さくっとガイド まずはここを読んで，時代の流れをつかもう!

桃山文化の特色は?

姫路城

立派な
お城じゃのう!

全国が統一された安土桃山時代には，新しい大名や大商人の気風を反映した，豪華で壮大な文化が栄えました。この文化を桃山文化といいます。

また，南蛮貿易によって，ヨーロッパから新たな文化が流入し，人々の間に広まっていきました。

桃山文化の文化遺産

出雲の阿国

ああ…
美しい…!

かぶき踊り

支配者の権威を示す雄大な天守閣を持つ城がつくられました。その城や屋敷のふすまや屏風などには，狩野永徳らによる障壁画と呼ばれるはなやかな絵画がえがかれました。

千利休は，大名や大商人の間で流行していた茶の湯をわび茶として完成させました。

芸能では，出雲(島根県)の阿国が始めた阿国歌舞伎と呼ばれるかぶき踊りが流行しました。

歴史編

第1章 大むかしの暮らし
第2章 天皇と貴族の世の中
第3章 武士の世の中へ
第4章 全国統一
第5章 江戸幕府の政治
第6章 移り変わる武士の世の中
第7章 近代国家への歩み
第8章 日清・日露戦争と日本の動き
第9章 戦争と新しい日本の始まり

桃山文化

重要度 ★★★

織田信長 [➡ P.491] と豊臣秀吉 [➡ P.497] が活やくした，安土桃山時代 [➡ P.491] に栄えた文化。新興の大名や海外貿易などで活やくする大商人らの気風を反映した，豪華で力強く，活気に満ちた文化です。また，この時代は，南蛮貿易がさかんに行われ，ヨーロッパから新たな文化が流入しました。この文化を南蛮文化 [➡ P.488] といいます。

姫路城

★★★ 📖

兵庫県姫路市にある壮大で豪華な城。江戸時代 [➡ P.505] の初めに池田輝政が完成させました。5層の天守閣を中心にした城です。高くそびえる天守閣など，壮大なつくりは，桃山文化を代表するものです。外観の美しい白壁から白鷺城とも呼ばれます。世界文化遺産に登録されています。

（ピクスタ）

⬆ 姫路城

天守閣

★★★ 📖

城の中心にある最も高い建物。本来は，戦いに備える物見やぐらや武器などを納める倉庫のような役割でしたが，やがて支配者の権力を周りに示すものになりました。

狩野永徳

★★★

1543～1590年。狩野派の代表的な画家。織田信長 [➡ P.491] や豊臣秀吉 [➡ P.497] に仕え，豪華で力強いすぐれた作品を多く残しました。その絵は障壁画 [➡ P.502] と呼ばれ，安土城 [➡ P.493] や秀吉が京都に築いた聚楽第などのふすまや屏風にえがかれました。「唐獅子図屏風」が有名です。

（宮内庁三の丸尚蔵館）

⬆ 「唐獅子図屏風」（狩野永徳画）

COLUMN
まめ知識

日本にも西洋式の城がある？ 江戸時代，西洋式の城が2つ築かれました。1つは北海道函館市にある五稜郭，もう1つは長野県佐久市の龍岡城です。どちらも星型をしていて，江戸時代の末につくられました。

重要度

★★★ **障壁画** _{しょうへきが}

安土桃山時代 [➡ P.491] から江戸時代 [➡ P.505] 初めにかけて，城や邸宅の壁，ふすま，屏風，板戸などにえがかれた絵画。**狩野永徳** [➡ P.501] や，狩野山楽，長谷川等伯らの絵師が活やくしました。

★★★ **わび茶** _{ちゃ}

12世紀末に，僧の栄西 [➡ P.463] が宋（中国）[➡ P.454] から伝えた茶を飲む習慣が，禅宗の僧の間に広まっていました。**室町時代** [➡ P.471] には，茶の湯 [➡ P.483] として人々の間に広まっていきました。**安土桃山時代** [➡ P.491] には，簡素な茶室で静かに茶を味わう**わび茶**として**千利休**が大成しました。

⬆ **茶道** _{さどう}

★★★ **千利休** _{せんのりきゅう}

1522～1591年。茶の湯 [➡ P.403] を**わび茶**として大成しました。堺（大阪府）の大商人。織田信長 [➡ P.491] や豊臣秀吉 [➡ P.497] に仕えました。のちに秀吉のいかりを買い，切腹させられました。千利休の子孫たちによって，表千家，裏千家などの流派がつくられ，現代に受けつがれています。

★★★ **有田焼** _{ありたやき}

日本の代表的な陶磁器 [➡ P.287]。豊臣秀吉 [➡ P.497] の朝鮮侵略 [➡ P.499] のときに日本に連れてこられた朝鮮人の李参平が，肥前（佐賀県）の有田でつくり始めました。有田町には，李参平をたたえる碑が建てられています。

朝鮮人が伝えたんだ。

⬆ **有田焼** _{ありたやき}

COLUMN
くわしく

朝鮮から伝わった技術 _{ちょうせん　つた　ぎじゅつ}　　佐賀県の有田焼のほかに，鹿児島県の薩摩焼や山口県の萩焼なども，朝鮮侵略の際に日本に連れてこられた朝鮮の技術者によってつくられたのが始まりです。有田焼はその後，ヨーロッパへも輸出されました。

★★★ 出雲の阿国

生没年不詳。出雲大社(島根県)の巫女(神に仕える女性)といわれ，阿国歌舞伎を始めたとされる女性。京都でかぶき踊りを行い，のちに江戸でも踊りました。かぶき踊りは，念仏踊りからしだいに演劇的になり，女性が男装して踊って人気を得ました。のちに，**歌舞伎** [➡ P.542] に発展しました。

⬆ 阿国歌舞伎 (京都大学附属図書館)

★★★ 小歌

安土桃山時代 [➡ P.491] に流行した歌謡。恋の歌などが歌われました。

★★★ 三味線

安土桃山時代 [➡ P.491] のころから演奏されるようになった楽器。琉球(沖縄県) [➡ P.475] から伝わった三線を改良してつくられたとされています。**浄瑠璃** [➡ P.542]，小歌などの伴奏に使われました。

⬆ 三味線を演奏する人々
(彦根城博物館所蔵　画像提供：彦根城博物館/DNPartcom)

★★★ 南蛮屏風

安土桃山時代 [➡ P.491] から江戸時代 [➡ P.505] 初めにかけて，**南蛮人** [➡ P.488] の風俗や生活様式などをえがいた絵画。南蛮船が日本の港に入港した様子や，日本人と南蛮人の交易の様子などがえがかれました。世界地図や西洋の風俗などをえがいたものも多く残されています。

⬆ 南蛮屏風 (神戸市立博物館蔵　Photo:Kobe City Museum/DNPartcom)

歴史編

第1章 大むかしの暮らし
第2章 天皇と貴族の世の中
第3章 武士の世の中へ
第4章 全国統一
第5章 江戸幕府の政治
第6章 移り変わる武士の世の中
第7章 近代国家への歩み
第8章 日清・日露戦争と日本の動き
第9章 戦争と新しい日本の始まり

COLUMN まめ知識

信長や秀吉は南蛮文化が気に入っていた？　織田信長は，長篠の戦いに西洋風の鉄かぶとを持っていきました。また，上杉謙信にマントをおくったといわれています。豊臣秀吉は，西アジアの絹織物を仕立てた陣羽織を着たり，スリッパを使ったりしたといわれています。

05 幕府を開いた徳川家康

さくっとガイド まずはここを読んで，時代の流れをつかもう！

天下分け目の戦い！

石田三成なんぞに負けるな！

家康

豊臣秀吉の死後，徳川家康の力が強まってくると，豊臣氏をもり立てようとする石田三成らは，家康をたおそうとして，1600年に兵を挙げました。これを関ヶ原の戦いといいます。

この戦いに勝った家康は，豊臣秀吉の子の秀頼を一大名の地位に落とし，政治の実権をにぎりました。

江戸幕府の成立と豊臣氏の滅亡

大名と協力して全国を支配するのだ！

幕藩体制

1603年，徳川家康は朝廷から征夷大将軍に任命され，江戸幕府を開きました。これ以後の約260年間を江戸時代といいます。

将軍は大名と主従関係を結び，幕府と藩の力で全国の土地と人々を支配する制度をつくり上げました。これを幕藩体制といいます。

また，家康は徳川氏の支配を確立するため，大阪冬の陣・大阪夏の陣を起こして豊臣氏をほろぼしました。

歴史編

第1章 大むかしの暮らし

第2章 天皇と貴族の世の中

第3章 武士の世の中へ

第4章 全国統一

第5章 江戸幕府の政治

第6章 移り変わる武士の世の中

第7章 近代国家への歩み

第8章 日清・日露戦争と日本の動き

第9章 戦争と新しい日本の始まり

重要度
★★★

江戸時代

徳川家康が，1603年に**征夷大将軍** [→ P.458] に任命されて**江戸幕府**を開いてから，1867年に**徳川慶喜** [→ P.555] が**大政奉還** [→ P.555] するまでの約260年間。

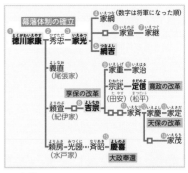

徳川氏の略系図 →

（数字は将軍になった順）

★★★

徳川家康

1542～1616年。**江戸幕府**の初代将軍。三河(愛知県)の大名の子に生まれ，織田氏や今川氏の人質になるなど，苦労して育ちました。織田信長 [→ P.491] と同盟し，のちに豊臣秀吉 [→ P.497] に従って関東地方を治めました。1600年の**関ヶ原の戦い**に勝って政治の実権をにぎり，1603年，**征夷大将軍** [→ P.458] に任命されて**江戸幕府**を開きました。

（臨済寺）

↑ **徳川家康**

★★★

関ヶ原の戦い

徳川家康と，豊臣氏をもり立てようとする**石田三成** [→ P.506] らの戦い。豊臣秀吉 [→ P.497] の死後，家康の勢力がのびてくると，三成らが家康をたおそうとして，1600年に兵を挙げました。家康を中心とする東軍と，三成らの西軍に分かれて約18万人の軍勢が関ヶ原(岐阜県)で激突し，東軍が勝ちました。

★★★

江戸幕府

1603年に，**徳川家康**が江戸(東京都)に開いた幕府。中央に常設の最高職である**老中** [→ P.513] を4～5人置いて，政務を分担させました。ほかに若年寄が老中を補佐し，臨時の最高職として**大老** [→ P.552] が置かれました。京都には**京都所司代** [→ P.514] が置かれ，地方には遠国奉行などが置かれました。

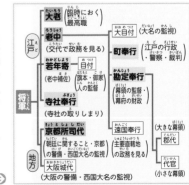

江戸幕府のしくみ →

COLUMN まめ知識

狂歌にみられる信長・秀吉・家康　織田信長，豊臣秀吉と続いた全国統一への歩みは，徳川家康によって完成されました。この歩みは，「織田がつき　羽柴がこねし　天下もち　すわりしままに　食うは徳川」と，狂歌にうたわれました。羽柴とは秀吉のことです。

重要度

★★★
豊臣秀頼

1593〜1615年。**豊臣秀吉** [➡ P.497] の子。**関ヶ原の戦い** [➡ P.505] で豊臣氏をもり立てようとする西軍が敗れたあと，豊臣秀頼は65万石余りの一大名の地位に落とされました。その後，豊臣氏をほろぼそうとした**徳川家康** [➡ P.505] は，1614年に大阪冬の陣，翌年に大阪夏の陣を起こします。この戦いで敗れた秀頼と母の淀殿(君)は，ともに自害しました。

★★★
大阪冬の陣・夏の陣

徳川家康 [➡ P.505] が豊臣氏をほろぼした戦い。1614年の大阪冬の陣と，1615年の大阪夏の陣の2度にわたります。この結果，徳川氏による全国支配が確立しました。

⬆ **大阪夏の陣**
(大阪城天守閣)

大阪冬の陣

豊臣氏をほろぼそうとする徳川家康は，豊臣氏が建てた方広寺の鐘の銘に言いがかりをつけ，1614年，大阪冬の陣を起こしました。間もなく講和して大阪城の堀をうめさせました。

大阪夏の陣

1615年，再び戦いが起こり，大阪城は落城しました。**豊臣秀頼**と母の淀殿(君)は自害し，豊臣氏は滅亡しました。

★★★
石田三成

1560〜1600年。安土桃山時代 [➡ P.491] の武将。子どものころから**豊臣秀吉** [➡ P.497] に仕えていました。小田原(神奈川県)の北条氏攻めや朝鮮侵略 [➡ P.499] などで活やくしました。秀吉の死後，**徳川家康** [➡ P.505] に対抗して，秀吉の子の**豊臣秀頼**をもり立てようとしましたが，1600年の**関ヶ原の戦い** [➡ P.505] で敗れて，処刑されました。

石田三成は、秀吉の五奉行の1人だったんだ。

家康のひ孫が女性の天皇に 徳川家康は，2代将軍秀忠の娘の和子を後水尾天皇のきさきとし，朝廷への影響力をますます強くしました。和子の娘は明正天皇として即位しました。これは奈良時代の称徳天皇以来，859年ぶりの女性の天皇でした。

歴史編

第1章 大むかしの暮らし

第2章 天皇と貴族の世の中

第3章 武士の世の中へ

第4章 全国統一

第5章 江戸幕府の政治

第6章 移り変わる武士の世の中

第7章 近代国家への歩み

第8章 日清・日露戦争と日本の動き

第9章 戦争と新しい日本の始まり

★★★ 将軍

江戸幕府 [➡ P.505] の最高職で，征夷大将軍 [➡ P.458] のこと。江戸幕府の将軍は，初代の徳川家康 [➡ P.505] から，3代徳川家光 [➡ P.513]，5代徳川綱吉 [➡ P.533]，8代徳川吉宗 [➡ P.533] と続いていき，最後の将軍である15代徳川慶喜 [➡ P.555] が，大政奉還 [➡ P.555] をしました。

★★★ 幕藩体制

全国を幕府領と大名領(藩)に分け，幕府を中心に，将軍と大名の強い力で土地と人々を支配した政治制度。江戸幕府 [➡ P.505] は，参勤交代 [➡ P.513] などを定めた武家諸法度 [➡ P.512] で大名を統制し，厳しい身分制度 [➡ P.514] で人々を支配しました。

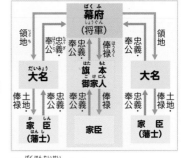

↑ 幕藩体制のしくみ

★★★ 藩

大名の領地やその支配のしくみ。江戸時代 [➡ P.505] の中ごろには，260余りの藩がありました。諸藩では，幕府の老中 [➡ P.513] にあたる家老を筆頭に，奉行などを置いて領内の政治を見ました。また，諸藩は領内だけで通用する藩札(紙幣)を発行することができました。

寺社領1.2 …… 皇室・公家領0.5

旗本領 9.9

幕府領地 15.9

幕府直轄地(幕領) 府幕領地 約2643万石

大名領 72.5%

(安藤博『徳川幕府県治要略覧』による)

↑ 江戸時代中期の領地の割合

★★★ 大名

将軍から，1万石 [石高➡ P.498] 以上 (米一石は重さで約150kg) の領地をあたえられた武士。領地と領民を支配する権限を認められ，家臣団の統制や領内の支配に強い独立性を持っていました。幕府は，大名を親藩 [➡ P.511]，譜代大名 [➡ P.511]，外様大名 [➡ P.511] に分けて支配しました。

COLUMN
まめ知識

1万石未満でも大名? 下野国(栃木県)の喜連川氏は，室町幕府の初代将軍，足利尊氏の子孫だったため，5000石でも10万石並の格式があたえられた大名であり，蝦夷地(北海道)の松前氏は，米がとれなかったため石高がありませんでしたが，大名でした。

朱印船が減り，鎖国へ！

朱印船の渡航数

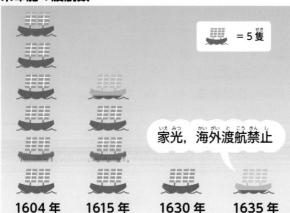

🚢 = 5隻

家光，海外渡航禁止

1604年　1615年　1630年　1635年

江戸幕府は，初め，朱印状（渡航の許可状）を発行して貿易を推進していました。しかし3代将軍家光は海外渡航を禁止し，1641年には鎖国と呼ばれる体制が完成しました。

江戸時代

主なできごと

1607年　■朝鮮通信使が初めて来日する

1609年　■琉球王国が薩摩藩に征服される

1612年　■幕領でキリスト教が禁止される
　このころ、山田長政がシャムに渡る

1615年　■最初の武家諸法度が出される

1629年　■絵踏が始まる

1635年　■日本人の海外渡航と帰国を禁止する

政治

出島は意外と小さかった！

出島の大きさ

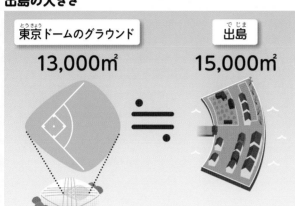

東京ドームのグラウンド
13,000㎡

出島
15,000㎡

江戸幕府は鎖国下でも，出島（長崎県）限定でオランダとの貿易を続けました。出島の面積は，東京ドームの中にあるグラウンドとほぼ同じです。

1689年
■ 唐人屋敷ができる

1669年
■ シャクシャインが松前藩と戦う

1641年
■ オランダ商館を出島に移す

■ オランダ風説書の提出が始まる

1639年
■ ポルトガル船の来航を禁止する

1637年
■ 島原・天草一揆

■ 参勤交代が制度化される

01 幕府のしくみと徳川家光

さくっとガイド まずはここを読んで，時代の流れをつかもう！

江戸幕府のしくみ

江戸幕府の日常の政治の最高職として老中が置かれ，老中を助ける役職として若年寄が置かれました。老中のもとでは，町奉行，勘定奉行などが政務を分担しました。臨時の最高職として大老が置かれることもありました。

地方では，京都に朝廷や西国大名の監視のために京都所司代が置かれ，長崎，奈良，日光（栃木県）などには遠国奉行が置かれました。

徳川家光，登場！

3代将軍徳川家光は，大名を集めて，「初代・2代将軍はみなの仲間だったが，私は生まれながらの将軍である。みなは私の家来である。これが不満なら幕府に戦いをしかけるがよい。」と宣言しました。

こうして，大名の取りしまりを強め，武家諸法度に参勤交代の制度を加え，多くの場合，大名に1年おきに江戸と領地を往復させました。これは大名にとって，経済的に大きな負担となりました。

歴史編

第1章 大むかしの 暮らし

第2章 天皇と貴族の 世の中

第3章 武士の 世の中へ

第4章 全国統一

第5章 江戸幕府の 政治

第6章 移り変わる 武士の世の中

第7章 近代国家への 歩み

第8章 日清・日露戦争と 日本の動き

第9章 戦争と新しい 日本の始まり

重要度
★★★

大名の配置

江戸幕府 [➡ P.505] は，反抗する大名 [➡ P.507] が現れるのをおさえるために，大名の配置をくふうしました。

親藩や譜代大名を，関東，東海，近畿などの重要地に配置しました。

外様大名は江戸から遠い地域に配置し，たがいに監視させるようにしました。

★★★

親藩

親藩は徳川氏の親せきの大名。関東，東海，近畿などの重要地に配置されました。特に尾張(愛知県)，紀伊(和歌山県)，水戸(茨城県)は御三家と呼ばれ，重んじられました。

★★★

譜代大名

関ヶ原の戦い [➡ P.505] 以前から，徳川氏に仕えていた大名。関東，東海，近畿などの重要地に配置され，外様大名を監視し，江戸を守るという役割がありました。老中 [➡ P.513]，若年寄などの幕府の要職につくことができました。

★★★

外様大名

関ヶ原の戦い [➡ P.505] ののちに徳川氏に従った大名。幕府は，外様大名が幕府に反抗することを防ぐために，九州や東北など，江戸から遠い地域に多く配置しました。また，外様大名同士でその動きを監視させました。

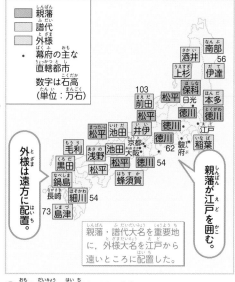

親藩
譜代
外様
● 幕府の主な直轄都市
数字は石高（単位：万石）

南部
酒井　56
上杉
伊達
保科
前田　103
松平　日光
本多
徳川
徳川
松平
池田　井伊
徳川　江戸
京都　徳川
駿府　稲葉
毛利
浅野　池田　62
松平　徳川　54
黒田
鍋島
蜂須賀
細川　54
長崎　73
島津

外様は遠方に配置。

親藩が江戸を囲む。

親藩・譜代大名を重要地に，外様大名を江戸から遠いところに配置した。

🔍 主な大名の配置（1664年）

外様大名は，石高が多いよ。上の地図を見てみよう！

江戸幕府が天皇や公家を統制 江戸幕府は，禁中並公家諸法度という法律で，天皇と公家(貴族)が守るべきことを定めました。第一条に，天皇は政治に関与せず学問を優先することが定められています。また，公家(貴族)の官位や衣服などについても細かく規定しました。

重要度

★★★ 旗本

将軍に直属する1万石未満の家臣。将軍に会うこと(御目見え)ができました。18世紀初めには，約5200人いたといわれています。江戸幕府 [➡ P.505] のさまざまな役職につき，中には勘定奉行や町奉行に就任する者もいました。

★★★ 御家人

将軍に直属する1万石未満の下級の家臣。将軍に会うこと(御目見え)はできませんでした。御家人は，18世紀初めには約1万7000人いたといわれています。御家人と旗本，さらに大名の家臣を合わせて「旗本八万騎」と呼ばれ，幕府の常備軍となっていました。

御家人 [➡ P.457] は，もともとは，鎌倉時代 [➡ P.457] に将軍と主従関係を結んだ武士のことです。

★★★ 武家諸法度

大名 [➡ P.507] を統制するための法令。1615年に，徳川家康が定め，2代将軍徳川秀忠の名前で出されたのが最初です。以後，将軍が代わるたびに出されました。

右の史料の2番目は参勤交代についての規定，3番目は大名が幕府に対して反抗することを防ぐための規定，4番目は大名同士がひそかに結びつくのを防ぐための規定でした。

> **史料 武家諸法度**
>
> 一，文武弓馬の道にはげむこと。
> 一，大名は領地と江戸に交代に住み，毎年四月に参勤せよ。
> 一，新しく城を築いてはならない。城の修理をする場合は奉行所に届け出ること。
> 一，大名は，幕府の許可なく勝手に結婚してはならない。
> （1635年に家光が出したもの 一部要約）

★★★ 大名の取りつぶし

初代将軍徳川家康 [➡ P.505] から3代将軍家光までの約50年間に，あとつぎのないことにより55家（「日本史総覧」より），幕府のとがめにより55家（「日本史総覧」より）が取りつぶされました。また，幕府は思うままに大名 [➡ P.507] の領地がえをしました。中には，約200年の間に13回も領地がえされた大名もいました。

COLUMN まめ知識

商人が武士になる? 　江戸時代の身分は代々受けつがれるもので，基本的には変わることはありませんでした。しかし，百姓の次男以下の者が都市に出て職人（町人）になったり，豊かな商人（町人）が御家人株を買って武士になったりするといったこともありました。

★★★ 徳川家光
とく　がわ　いえ　みつ

1604〜1651年。江戸幕府の3代将軍。1635年に**武家諸法度**を改定して，**参勤交代**を制度化しました。また，貿易を統制し，**鎖国**[➡ P.520]と呼ばれる体制を完成させました。17世紀の中ごろには，おふれ書き[➡ P.515]を出して，**年貢**[➡ P.515]を確実に取り立てるために，農民の衣食住を統制したといわれています。家光が行った政策によって，**幕藩体制**[➡ P.507]がほぼ確立しました。

★★★ 老中
ろう　じゅう

将軍に直属して政務を行う，**江戸幕府**[➡ P.505]の常設の最高職。大目付や町奉行を支配し，参勤交代の事務などをあつかいました。**譜代大名**[➡ P.511]が任命され，定員は4〜5名で，そのうち毎月1人を政務の責任者としました（月番制）。

★★★ 参勤交代
さん　きん　こう　たい

大名[➡ P.507]を江戸に1年，領地（**藩**[➡ P.507]）に1年と交互に住まわせる制度。1635年，3代将軍徳川**家光**が**武家諸法度**の中で制度化しました。大名の妻子は，人質として江戸の屋敷に住まわせました。大名には，江戸と領地の二重生活で経済的な負担が大きくかかりました。**❓で深める P.517**

参勤交代の旅費 20
（佐賀藩）
国元での費用 48%
江戸屋敷での費用 28
大阪での費用 4
1655年

↑ **大名の出費**（佐賀藩）

★★★ 大名行列
だい　みょう　ぎょう　れつ

参勤交代で江戸と領地を行き来するときの，大名と家臣の隊列。幕府は大名行列の人数を決めていましたが，大名たちは威信を示そうとするため，大規模になることも多く，数千名にもなりました。

→ 大名行列
だいみょうぎょうれつ

（石川県立歴史博物館）

COLUMN
まめ知識

大名行列の実態は？ 大名行列は，大名の威信を民衆（人々）に示そうと，見た目のはなやかさが競われました。しかし，領地と江戸近辺以外で人目がなくなると，費用の節約のため，行列に加わっていた者を帰したり，ものすごい速さで進んだりすることもあったそうです。

第5章 江戸幕府の政治

重要度 ★★★
京都所司代

江戸幕府 [➡ P.505] の主要な役職。譜代大名 [➡ P.511] の中から選ばれました。京都の警備、朝廷に関する政務をあつかい、朝廷や西国大名などの動きを監視しました。

★★★
身分制度

江戸幕府は支配体制を強化するために、**江戸時代** [➡ P.505] の初めに身分制度を確立しました。豊臣秀吉 [➡ P.497] が行った**検地** [➡ P.497] や刀狩 [➡ P.498] によって進んだ**兵農分離** [➡ P.498] を受けついで、**武士**、**百姓**、**町人** [➡ P.516] などの身分を定め、武士を支配階級とする社会をつくりました。同じ身分の中でも上下の差があって、身分は原則として親から子へ代々受けつがれました。

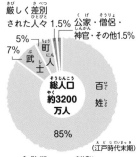

厳しく差別された人々 1.5%　公家・僧侶・神官・その他1.5%

5%
7%
町人
武士

総人口
約3200
万人

百姓

85%

（江戸時代末期）

➡ **身分別人口の割合**

★★★
武士

江戸幕府 [➡ P.505] のもとで、支配階級だった身分。全人口の約7％で、百姓や町人の上に立つ身分として、いろいろな特権をもちました。武士には、**将軍** [➡ P.507] を頂点として、その下には**大名** [➡ P.507] と直属の**旗本** [➡ P.512] ・**御家人** [➡ P.512] がいました。

また、大名にもそれぞれ家臣がいて、ピラミッド型の身分関係を構成していました。家臣は**城下町** [➡ P.479] に住み、俸禄(米)や給金で生活し、ふだんは城の警備や領内の政治などを行いました。

★★★
武士の特権

武士が持つ、特別な権利。名字・帯刀(刀を差すこと)が許され、武士に対して無礼をはたらいた**百姓**や町人に対して、武士に正当な理由があれば、「切り捨て御免」が許され、罪にはなりませんでした。

特権をもつ武士は
わずか7%だったんだよ。
上のグラフを見てみよう!

COLUMN
まめ知識

「入り鉄砲に出女」って何?　大名の幕府への反抗を警戒した幕府が、江戸に鉄砲などの武器が無断で持ちこまれないよう、また、人質として江戸に住む大名の妻子が領地ににげ帰らないよう、箱根（神奈川県）などの関所で厳しく監視したことをいいます。

歴史編

第1章 大むかしの 暮らし

第2章 天皇と貴族の 世の中

第3章 武士の 世の中へ

第4章 全国統一

第5章 江戸幕府の 政治

第6章 移り変わる 武士の世の中

第7章 近代国家への 歩み

第8章 日清・日露戦争と 日本の動き

第9章 戦争と新しい 日本の始まり

★★★ 百姓（主に農民）

年貢を納め，武士の生活を支える身分。幕府や藩の厳しい統制を受け，苦しい生活を送りましたが，武士の生活を支えることから，武士に次ぐ身分とされました。

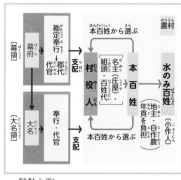

↑ 農村支配のしくみ

本百姓 検地帳に登録され，年貢を納める責任を負わされた者で，主に地主や自作農のこと。村の寄合に出席する権利を持ち，村役人もこの中から選ばれました。

水のみ百姓 多くの場合，本百姓の土地を借りて耕す小作人など，検地帳に登録されなかった下層の農民。水を飲んで暮らすほど貧乏な百姓という意味です。

★★★ 名主（庄屋）

村役人の長で，現在の村長にあたる有力者。本百姓の中から選ばれ，**年貢**の取り立てや農業用水の管理，村の政治などを行いました。関東では名主，関西では庄屋と呼びました。

★★★ 年貢

本百姓が領主に納める税。本百姓（検地帳に登録された百姓）には，年貢が一定の割合でかけられ，米などの農産物，その他の特産物などを納めました。

★★★ おふれ書き

江戸幕府 [➡P.505] や藩が，農民の生活などを規制するために出した決まり。農民の生活を衣食住にわたって厳しく統制したといわれています。幕府が1649年に出したとされますが，近年，これを疑問視する声が強まっています。

史料 百姓へのおふれ書き

一，朝は早起きをして草をかり，昼は田畑の耕作，晩には縄をない，俵を編み，一心に仕事をせよ。
一，酒や茶を買って飲んではいけない。
一，雑穀（麦や粟，ひえなど）をつくり，米を多く食いつぶさないこと。
（一部要約）

COLUMN まめ知識 「百姓は死なぬように生きぬように」？ 徳川家康は，年貢を納めさせる本百姓に関して，「百姓は死なぬように，生きぬようにと心得て，年貢を取り立てよ」と言ったといわれています。

第5章 江戸幕府の政治

★★★

町人

主に城下町 [→ P.479] などの都市に住んでいた商人や職人。町人に対する幕府や藩 [→ P.507] の統制は百姓 [→ P.515] と比べて厳しくありませんでした。特に商人の中には，富をたくわえ，しだいに力を強めていく者もいました。町では自治が行われ，江戸では町奉行所のもとで，町役人(町年寄や町名主)が選ばれました。町人の身分関係は，職人は親方と徒弟(弟子)，商人は主人と奉公人(番頭，手代，丁稚)に分かれていました。

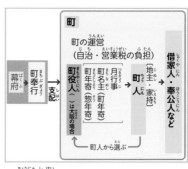

```
              町
           町の運営
        (自治・営業税の負担)
  幕      町  町  月  ┐
  府  支  奉  名  行  町役人   借家人・
      配  行  主  事  (町年寄)  奉公人など
          (町年寄)      │(地主・
          町年寄  町    →  町人  家持)
          惣年寄        │
          町人から選ぶ
      ┌──────────┐
      │は大阪の場合
```
⬆ 町人支配のしくみ

★★★

厳しい差別

百姓 [→ P.515] や町人よりも低い身分とされ，身なりや職業，住む場所などできびしい差別を受けたえた身分・ひにん身分などの人々がいました。これらの人々は差別されながらも，死んだ牛馬の皮を使ったはき物づくりや芸能など，社会的に必要とされる仕事や，文化を支えていました。

★★★

日光東照宮

栃木県日光市にある，徳川家康 [→ P.505] をまつった神社。権現づくりと呼ばれる複雑な建築様式で，当時の技術を集めたはなやかな陽明門が有名です。世界文化遺産に登録されています。

(日光東照宮)

⬆ 日光東照宮(陽明門)

★★★

琉球王国 [→P.475]

現在の沖縄県にあった国。1609年に薩摩藩(鹿児島県)に征服されました。薩摩藩は琉球を独立した王国と見せかけ，中国(明・清)との貿易を続けさせました。また，江戸幕府の将軍や琉球国王が代わるごとに，琉球王国から江戸へ使節が送られ，将軍にあいさつしました。

COLUMN
まめ知識

江戸の人口は世界一? 18世紀初めの江戸の人口は，町人だけでも50万人をこえていて，参勤交代の武士などを加えると100万人をこえていたといわれます。当時，イギリスのロンドンが約86万人，フランスのパリが約55万人だったことと比べると，江戸は世界的な大都市でした。

?1 武家諸法度をつくったのはだれ？

1615年，最初の武家諸法度が2代将軍徳川秀忠の名前で出されました。このとき，江戸幕府を開いた家康は将軍職を子の秀忠にゆずっていましたが，幕府の実権はにぎっていました。武家諸法度の作成を指示したのも，家康でした。

?2 徳川家康はなぜ将軍職をゆずったの？

家康が征夷大将軍となり，江戸幕府を開いたとき，大阪城にいる豊臣氏を支持する大名もたくさんいました。家康はわずか2年で将軍職を秀忠にゆずり，こののち徳川氏が将軍職をついでいくことを，全国の大名に示したのでした。

COLUMN はてな ?で深める　徳川氏の支配の始まり

大名行列だ！

↑大名行列

?3 参勤交代でどんな変化があったの？

武家諸法度で制度化された参勤交代では，大名行列にかかる費用も大名にとって重い負担でした。いっぽう，大名行列が通ることで街道が発達し，宿場町が栄え，また，江戸の文化が地方に，地方の文化が江戸に伝わりました。

02 キリスト教の禁止と鎖国

さくっとガイド まずはここを読んで，時代の流れをつかもう!

島原・天草一揆が起こる!

天草四郎

キリスト教禁止反対!

1637年，九州の島原(長崎県)・天草(熊本県)地方のキリスト教徒を中心とする農民らは，キリスト教の禁止と重い税に反対して一揆を起こしました。天草四郎をかしらとして，幕府に激しく抵抗しましたが，幕府の大軍に敗れました。

こののち，幕府はキリスト教徒の取りしまりをさらに強めました。信者を発見するために絵踏を行い，ふまなかった者はキリスト教徒として罰せられました。

鎖国って何?

オランダと中国は貿易を許すぞ。

オランダ

中国

ポルトガルは来航禁止

1641年，3代将軍徳川家光は，キリスト教を布教しないオランダの商館を長崎の出島に移し，長崎でオランダと中国に限り，貿易を許しました。この体制を鎖国といいます。

鎖国によって，幕府は貿易の利益と海外からの情報を，ほぼ独占することになりました。

歴史編

第1章 大むかしの暮らし

第2章 天皇と貴族の世の中

第3章 武士の世の中へ

第4章 全国統一

第5章 江戸幕府の政治

第6章 移り変わる武士の世の中

第7章 近代国家への歩み

第8章 日清・日露戦争と日本の動き

第9章 戦争と新しい日本の始まり

重要度
★★★

朱印船貿易

朱印状（海外への渡航を許可する証書）を持った船（朱印船）が，東南アジアなどで行った貿易。九州の大名[➡ P.507]や西日本の大商人らは，徳川家康[➡ P.505]から朱印状をあたえられ，朱印船貿易を行いました。東南アジアには，貿易を行う人々によって日本町が形成されました。日本は主に銀，銅，硫黄などを輸出し，中国産の生糸，絹織物，砂糖などを輸入しました。

16世紀～17世紀前半
◎ 日本町のある地
● 日本人の住む地
⚓ 日本船の貿易港
― 朱印船の航路

明（1368～1644）
日本

長崎　鹿児島　寧波　高山国（台湾）　トンキン　マカオ　ルソン　マニラ　シャム　ツーラン　アユタヤ　カンボジア　バンコク　プノンペン　リゴル　マレー　マラッカ　スマトラ　ボルネオ　セレベス　ジャワ　バタビア

⬆ 朱印船の航路と日本町

★★★

日本町

江戸時代[➡ P.505]の初め，東南アジアなどにつくられた日本人の住む町。朱印船貿易がさかんになるにつれ，海外に移り住む日本人が増え，東南アジアの各地に日本町が形成されました。シャム（タイ）のアユタヤの日本町にわたった山田長政のように，国王の信頼を得て，地方長官になる者もいました。

★★★

宣教師

キリスト教を海外に広める人。宗教改革の影響で，日本にもフランシスコ＝ザビエル[➡ P.488]などの宣教師がやって来ました。キリスト教の布教のほかに，教育や医りょう，天文学などのヨーロッパの文化を日本に伝えました。

★★★

キリスト教の禁止

江戸幕府[➡ P.505]は1612年に最初のキリスト教の禁止令を幕領に出し，翌年には全国に出しました。主君より神を敬うという，キリスト教の教えが幕府の支配のさまたげとなることや，信者が団結して一揆を起こすことなどをおそれました。

COLUMN
くわしく

山田長政ってどんな人？　シャム（タイ）の日本町のかしらとなった山田長政は，日本人の軍隊を率いて活やくし，国王に信頼されて高い地位を得ました。しかし，シャムの国王が亡くなると，後継者争いに巻きこまれて，毒殺されました。

重要度

★★★　島原・天草一揆

九州の島原(長崎県)と天草(熊本県)地方で起こった一揆。1637年, 島原・天草地方のキリスト教徒を中心とする人々は, 厳しい年貢の取り立てとキリスト教の取りしまりに反対して**一揆**[→ P.476] を起こしました。約3万数千人が, **天草四郎**をかしらにして約4か月にわたって幕府に激しく抵抗しましたが, 幕府の大軍に敗れました。

(朝倉市秋月博物館)

⬆ **島原・天草一揆**(嶋原陣図御屏風 -戦闘図-)

★★★　天草四郎

1621～1638年。**島原・天草一揆**のかしら。**豊臣秀吉** [→ P.497] に仕えた大名である小西行長の家臣, 益田氏の子で, 本名は益田時貞。16歳で一揆軍のかしらとなって幕府軍と戦いましたが, 敗れて戦死しました。

★★★　絵踏

キリスト教徒を発見するために用いられた方法。**江戸幕府** [→ P.505] は, キリスト教徒を発見するために, キリストや聖母マリアの像(踏絵)を人々に強制的にふませ, ふまなかった者やためらった者をキリスト教徒とみなして処罰しました。また, 仏教の信者であることを寺に証明させ, 証明された人の名は, 宗門改帳に記させました。

(東京国立博物館)

⬆ **踏絵**

★★★　鎖国

キリスト教を布教する国との貿易を禁止し, 江戸幕府が貿易の利益を独占した政策。3代将軍**徳川家光** [→ P.513] は, 1639年にポルトガル船の来航を禁止し, 1641年, 平戸(長崎県)のオランダ商館を長崎の**出島**に移し, オランダとの貿易をここだけで許しました。また, 中国との貿易は長崎の**唐人屋敷**で行われました。鎖国と呼ばれる体制は, 200年以上続きました。**❓で深める P.523**

COLUMN くわしく

大名が海外に追放された?　1613年に全国的にキリスト教の禁教令が出されると, 翌年, キリシタン大名の高山右近をふくむ300人余りのキリシタンが, 仏教に改宗しなかったことを理由に, マカオとフィリピンのマニラに追放されました。

出島
★★★

長崎港内につくられた扇形の人工島。もともとポルトガルの商人が住んでいましたが，1639年，ポルトガル船の来航が禁止され，1641年，平戸(長崎県)にあったオランダ商館を移しました。鎖国中，幕府の監視のもと，オランダとの貿易はここで行われました。

(長崎歴史文化博物館)

↑出島

唐人屋敷
★★★

長崎につくられた，中国人の居住地。江戸時代の初め，中国(明・清)とは正式な国交はありませんでしたが，民間の商船が長崎に来航していました。やがて幕府は，中国人の居住を長崎の唐人屋敷に限定して貿易を認め，屋敷外での交易を禁止しました。

オランダ風説書
★★★

オランダ商館長が，江戸幕府 [⇒ P.505] に提出した海外情報の報告書。幕府は，オランダ商館長に対して，海外の情報を毎年提出することを義務づけました。幕府が世界の情勢を知る重要な情報源の1つで，これにより幕府は，1853年のペリー [⇒ P.551] の来航も事前に知っていたといわれています。

4つの窓口
★★★

鎖国下で，海外と交流のあった長崎，対馬，薩摩，松前の4つの地域。対馬藩(長崎県)は，朝鮮の釜山に置かれた倭館で貿易を行いました。薩摩藩(鹿児島県)は，琉球王国(沖縄県)を通して中国との貿易を行いました。また，蝦夷地(北海道)の南部を領地とした松前藩は，アイヌ [⇒ P.475] の人々と交易を行っていました。

↑鎖国下で対外的に開かれた窓口

COLUMN まめ知識

メキシコにわたった日本人がいた? 京都の商人でキリシタンの田中勝介(助)は，徳川家康の命令でメキシコ(当時スペイン領)にわたってスペインとの通商を求めました。通商は実現せず，帰国しました。かれは太平洋を往復した最初の日本人です。

第5章 江戸幕府の政治

重要度
★★★
朝鮮通信使

江戸幕府の将軍が代わるごとなどに，祝賀のために送られてきた朝鮮の使節。朝鮮とは，豊臣秀吉 [➡ P.497] の朝鮮侵略 [➡ P.499] のあと国交がとだえていましたが，対馬藩(長崎県)の努力で回復しました。対馬藩主の案内で江戸まで来るとちゅうの各地で歓迎を受け，学者などと交流しました。

(長崎県立対馬歴史民俗資料館)

⬆ 朝鮮通信使

★★★
唐子踊

朝鮮通信使が立ち寄った牛窓町(岡山県瀬戸内市)に伝わる踊り。江戸へ向かう朝鮮通信使が伝えた踊りと考えられています。朝鮮の服装に似た衣装を着た子どもたちが，音に合わせて踊ります。

(学研・資料課)

⬆ 唐子踊の様子

★★★
雨森芳洲

1668〜1755 年。対馬藩(長崎県)に仕えた，江戸時代 [➡ P.505] 中ごろの儒学 [➡ P.417] 者。朝鮮との外交の仕事に従事しました。朝鮮語や中国語にすぐれていて，通訳なしに朝鮮通信使などと会話ができたといわれています。

★★★
シャクシャイン

?〜1669 年。蝦夷地(北海道)に住むアイヌ [➡ P.475] の人々の指導者。松前藩の少量の米と，アイヌの人々の大量の海産物を交かんする，不当な交易に不満を持つアイヌの人々を率いて，1669 年，松前藩や商人に戦いをいどみました。しかし，2 か月におよぶ戦いののちに敗れ，松前藩にだまされて殺されました。こののち，アイヌの人々はさらに厳しい支配を受けるようになりました。

(学研・資料課)

⬆ シャクシャイン

COLUMN
くわしく

謝恩使と慶賀使って何? 琉球(沖縄県)から江戸に送られた使節。琉球国王が代わると謝恩使が，幕府の将軍が代わると慶賀使が送られました。薩摩藩は使節を異国風の服装で行進させ，幕府と薩摩藩の権威が遠い「異国」にまでおよんでいることを国内の人々に印象づけました。

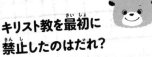

? 1 キリスト教を最初に禁止したのはだれ？

豊臣秀吉が禁止しました。しかし、大きな利益が得られるため、貿易は行いました。宣教師は貿易船で来日したので、キリスト教の信者はその後も増え続けました。

徳川家康も貿易をさかんに行ったため、江戸時代になって信者はさらに増え、幕府はそれをおそれるようになりました。

? 2 鎖国の間、なぜオランダとは貿易したの？

オランダは、キリスト教の宗派の中でもプロテスタントの国で、日本に布教をしなかったからです。貿易を禁止したスペインとポルトガルは、当時アジアへの布教を積極的に進めていたカトリックの国。貿易と同時に布教もさかんに行いました。

COLUMN はてな ？で深める　キリスト教の禁止

↑絵踏によるキリスト教の取りしまり

? 3 絵踏はどのように行われたの？

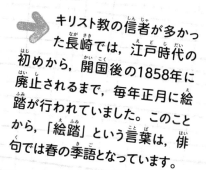

キリスト教の信者が多かった長崎では、江戸時代の初めから、開国後の1858年に廃止されるまで、毎年正月に絵踏が行われていました。このことから、「絵踏」という言葉は、俳句では春の季語となっています。

小判の重さは変わらないけど…

小判にふくまれる金の割合の変化

金
86%
(15.5g)

重さ
約 17.9g

金
57%
(10.2g)

1600年
慶長小判

1695年
元禄小判

綱吉

江戸幕府の5代将軍綱吉は，財政難の対策として貨幣の質を落として発行量を増やしました。小判の重さを変えずに，ふくまれている金の量を減らしたのです。

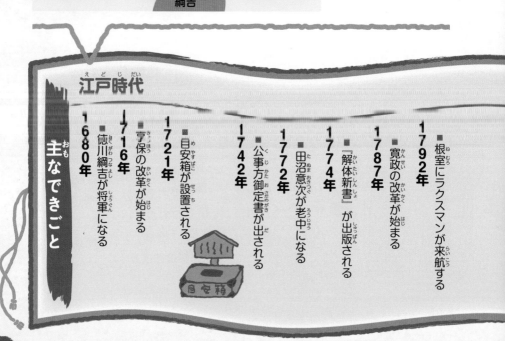

江戸時代

主なできごと

- 1680年　徳川綱吉が将軍になる
- 1716年　享保の改革が始まる
- 1721年　目安箱が設置される
- 1742年　公事方御定書が出される
- 1772年　田沼意次が老中になる
- 1774年　『解体新書』が出版される
- 1787年　寛政の改革が始まる
- 1792年　根室にラクスマンが来航する

士の世の中

教育の充実，寺子屋増加！

寺子屋の年平均設置数の移り変わり

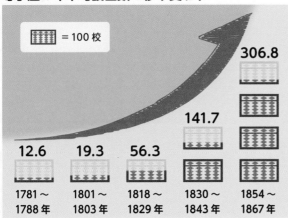

= 100 校

306.8

141.7

12.6　19.3　56.3

| 1781〜
1788年 | 1801〜
1803年 | 1818〜
1829年 | 1830〜
1843年 | 1854〜
1867年 |

寺子屋では「読み・書き・そろばん」などの実用的な知識を庶民の子どもたちに教えていました。寺子屋の設置数は，19世紀前半に，急激に増えています。

1798年
■『古事記伝』が完成する

1821年
■『大日本沿海輿地全図』が完成する

1825年
■異国船打払令が出される
■このころ、葛飾北斎が

えがき始める
「富嶽三十六景」を

1837年
■このころ、歌川広重が「東海道五十三次」をえがき始める
■大塩平八郎の乱が起こる

1841年
■天保の改革が始まる

1856年
■渋染一揆が起こる

525

01 産業と交通の発達

さくっとガイド まずはここを読んで，時代の流れをつかもう！

米の収かくを増やせ！

すごい！ 米が ポロポロとれるぞ！

千歯こき

備中ぐわ

幕府や藩の収入は，主に年貢から得ていました。そのため，年貢を増やそうとして新田開発に力を注ぎました。その結果，18世紀の初めには，耕地面積は豊臣秀吉のころに比べて約2倍になりました。

農具の発明や改良も行われ，土を深く耕す備中ぐわ，脱こく用の千歯こき，もみを選別する千石どおしや唐箕などが使われました。また，たい肥，ほしか，油かすなどの肥料も使われるようになりました。

交通の発達

日光道中
甲州道中
中山道
奥州道中
京都
江戸
大阪
東海道

陸上交通では，江戸の日本橋を起点に東海道，中山道，甲州道中，奥州道中，日光道中の五街道が整備されました。交通の重要なところには関所が，大きな川には渡しが置かれ，交通や物資の取りしまりにあたりました。

海上交通では，西廻り航路・東廻り航路や，江戸・大阪間の航路が開かれました。

歴史編

第1章 大むかしの暮らし

第2章 天皇と貴族の世の中

第3章 武士の世の中へ

第4章 全国統一

第5章 江戸幕府の政治

第6章 移り変わる武士の世の中

第7章 近代国家への歩み

第8章 日清・日露戦争と日本の動き

第9章 戦争と新しい日本の始まり

重要度
★★★

村役人

江戸時代 [➡ P.505]，村の政治の中心となった役人。本百姓 [➡ P.515] の中から名主（村役人の長，関西では庄屋という）[➡ P.515]，組頭（名主の補佐），百姓代（年貢 [➡ P.515] の割り当て，会計の監視など）の村役人が選ばれ，幕府や藩の支配のもとで，年貢を取り立てたり，命令を伝えたりして村を治めました。本百姓は寄合を開き，村のおきてを定め，違反した者は村八分（火事と葬式以外は協力しない＝仲間はずれ）にすることもありました。

★★★

五人組

江戸時代 [➡ P.505]，百姓 [➡ P.515] を統制するためにつくられた制度。本百姓 [➡ P.515] の5〜6戸を1組とし，たがいに監視させ，年貢 [➡ P.515] の納入や，犯罪の防止に連帯責任を負わせました。町人に対しても同じような制度がつくられました。

★★★

新田開発

新しい耕地を開発すること。江戸幕府や藩は，年貢 [➡ P.515] の増収をはかるため，新田の開発に力を注ぎました。そのため，18世紀初めごろの耕地面積は，豊臣秀吉 [➡ P.497] のころに比べて約2倍になりました。

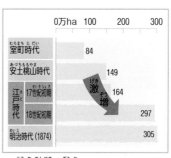

	0万ha	100	200	300
室町時代	84			
安土桃山時代		149		
江戸時代 17世紀初期		164		
江戸時代 18世紀初期			297	
明治時代(1874)			305	

↑ 耕地面積の増加

★★★

千歯こき

脱穀（穂からもみをはずす）の農具。江戸時代 [➡ P.505] に発明され，全国に広まっていきました。「こきばし」を使っていたときよりも作業の能率が上がりました。

↑ 千歯こき

江戸時代になると，農業がとても発達したんだ。

COLUMN
くわしく

江戸時代にはどんな漁が行われたの？　漁網を使う漁が近畿地方から広まり，九十九里浜（千葉県）のいわし漁，紀伊（和歌山県）や土佐（高知県）のかつお・くじら漁，蝦夷地（北海道）のにしん・こんぶ漁などが知られています。いわしは，干して肥料（ほしか）に加工されました。

重要度

★★★
備中ぐわ

土地を深く耕すことのできる農具。**江戸時代** [➡ P.505] 中ごろから全国で使われるようになり，先が3～4本に分かれていて，荒地の開こんや田おこしなどの能率が高まりました。

↑ 備中ぐわ

★★★
商品作物

売って現金を得るために栽培する農作物。都市で織物などの手工業が発達すると，農村では，原料となる綿や麻，染料の藍や紅花，照明用の油をとる菜種など，商品作物の栽培が広まりました。

↑ 紅花の畑
(学研・資料課)

★★★
特産物

各地の特有の産物。米の生産が増えて.ゆうが.まれ，財政を安定させようとした幕府や藩は，厳しく制限されていた作物栽培の規制をゆるめ，商品作物としての特産物の生産を進めました。こうして生まれた特産物は，開かれた西廻り航路や東廻り航路 [➡ P.531] など，全国的に流通しました。

現在でもつくられているものがたくさんあるね。

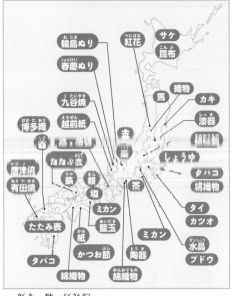
↑ 各地の主な特産物

地図内のラベル：
輪島ぬり／春慶ぬり／九谷焼／越前紙／博多織／有田焼／唐津焼／たたみ表／たたみ表／タバコ／綿織物／かつお節／紙／藍玉／ミカン／塩／銀／鉄／米／金／薬／紅花／昆布／サケ／馬／織物／カキ／漆器／絹織物／しょうゆ／茶／タバコ／絹織物／タイ／カツオ／水晶／ブドウ／ミカン／陶器／綿織物

COLUMN
くわし〈

江戸時代には，どんな鉱山があったの？ 江戸時代には，佐渡金山(新潟県)，生野銀山(兵庫県)などのほか，足尾銅山(栃木県)や別子銅山(愛媛県)などが開発されました。17世紀の初めごろ，日本は世界有数の金と銀の産出国でした。

歴史編

第1章 大むかしの暮らし

第2章 天皇と貴族の世の中

第3章 武士の世の中へ

第4章 全国統一

第5章 江戸幕府の政治

第6章 移り変わる武士の世の中

第7章 近代国家への歩み

第8章 日清・日露戦争と日本の動き

第9章 戦争と新しい日本の始まり

★★★ 三都

江戸時代 [➡ P.505] に栄えた**江戸・大阪・京都**の３つの都市。江戸は「**将軍のおひざもと**」と呼ばれました。大阪は「**天下の台所**」と呼ばれました。また，京都は朝廷がある古くから続く都で，文化の中心地として栄えました。

★★★ 「将軍のおひざもと」

江戸のこと。**江戸幕府** [➡ P.505] が置かれ，政治の中心地だったことから，「将軍のおひざもと」と呼ばれました。
18世紀の初めごろは，**町人** [➡ P.516] と**武士** [➡ P.514] を合わせた人口が100万人をこえる，世界有数の大都市となりました。

★★★ 「天下の台所」

大阪のこと。商業の中心地として発達し，全国の物資の集散地だったことから，「天下の台所」と呼ばれました。
江戸幕府や諸藩が**蔵屋敷**を置いて，年貢 [➡ P.515] の米や特産物が取り引きされました。

★★★ 蔵屋敷

諸藩が，領地から納めさせた年貢米や特産物を現金にするため，商業や金融の中心地であった大阪や江戸などに置いた，倉庫のある屋敷。特に大阪に多く置かれました。蔵役人や蔵元，掛屋などが管理し，商人を通して売りさばかれました。

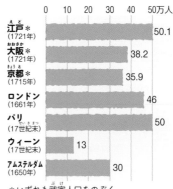

＊いずれも武家人口をのぞく
⬆ 世界の主な都市の人口

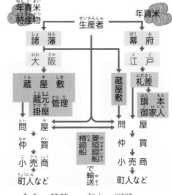

⬆ 江戸・大阪での物資の流通

⬆ 蔵屋敷　　　　　（学研・資料課）

COLUMN まめ知識　**百姓は気楽だった？**　江戸時代の武士の，百姓に対する考え方を示すものとして，「年貢さえ納めてしまえば，百姓ほど気楽なものはないのだから，子々孫々まで申し伝えてよく働くように」と記された文書が残されています。

第6章 移り変わる武士の世の中

重要度
★★★
株仲間
江戸幕府 [➡ P.505] や諸藩が結成を許可した，商工業者の同業者組織。幕府や諸藩に税を納めて保護を受け，営業を独占して大きな利益を得ました。老中 [➡ P.513] 田沼意次 [➡ P.535] は結成を積極的にすすめ，老中水野忠邦 [➡ P.537] は解散させました。鎌倉時代 [➡ P.457] から室町時代 [➡ P.471] にかけての商工業者の同業者組織は座 [➡ P.480] です。

★★★
両替商
貨幣の交換や預金，貸し付けなど，現在の銀行のような仕事をした商人。江戸時代 [➡ P.505] には，貨幣の流通がさかんになりましたが，東日本で金貨が，西日本では銀貨が，主に用いられていたので，東西の取り引きには貨幣の交換が必要でした。両替商は大きな利益を得て栄え，江戸の三井，大阪の鴻池のように大名 [➡ P.507] に貸し付ける者もいました。

★★★
五街道
江戸の日本橋を起点にして整えられた5つの街道。参勤交代 [➡ P.513] が制度化され，諸産業が発達してくると，しだいに交通網が整備されるようになりました。幕府は，東海道，奥州道中，日光道中，中山道，甲州道中の五街道を整えて幹線道路とし，直接管理しました。また，重要地に通じる脇街道も整えられていきました。

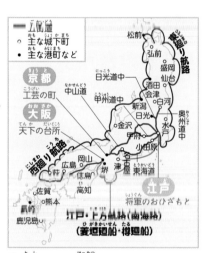

↑ 都市と交通の発達

★★★
関所
街道の要所に設置された，人々や物資の往来を監視するための施設。江戸幕府 [➡ P.505] は，大名 [➡ P.507] の反乱や，「入り鉄砲と出女」 [➡ P.514] を防ごうとしました。幕府が直接管理した関所は，東海道の箱根など全国に約50か所ありました。

COLUMN
くわしく
幕府が直接支配した都市があった？ 幕府は，重要な都市である江戸・大阪・京都の三都のほか，奈良・長崎・堺（大阪府）・伊勢山田（三重県）・駿府（静岡県）などを直接支配しました。江戸以外の地域に置かれた奉行をまとめて遠国奉行といいます。

歴史編

第1章 大むかしの暮らし

第2章 天皇と貴族の世の中

第3章 武士の世の中へ

第4章 全国統一

第5章 江戸幕府の政治

第6章 移り変わる武士の世の中

第7章 近代国家への歩み

第8章 日清・日露戦争と日本の動き

第9章 戦争と新しい日本の始まり

★★★ 一里塚（いちりづか）

江戸の日本橋を起点にして，主な街道の1里(約4km)ごとに設けられた塚。多くは塚の上に榎や松を植えて，旅人の目印にしました。

★★★ 渡し（わた）

橋のない大きな川を船でわたるためにつくられた施設。幕府は，大井川など東海道沿いの重要な川には，橋をかけず，渡しを置きました。これは，反乱を起こした大名 [➡ P.507] が江戸にせめ入ることを防ぐための政策の1つでした。

⬆ 日本国道路元標（複製）…五街道の基点であった日本橋にある。

[写真：アフロ]

★★★ 西廻り航路・東廻り航路（にしまわりこうろ・ひがしまわりこうろ）

各地の米や特産物を江戸や大阪に運ぶために，商人の河村瑞賢によって開かれた航路。

西廻り航路（にしまわりこうろ）
東北地方や北陸地方の米や特産物 [➡ P.528] を，日本海側と瀬戸内海を通って大阪に運ぶための航路。

東廻り航路（ひがしまわりこうろ）
東北地方や北陸地方の米や特産物 [➡ P.528] を，太平洋側を通って江戸に運ぶための航路。

★★★ 菱垣廻船・樽廻船（ひがきかいせん・たるかいせん）

江戸時代 [➡ P.505]，大阪と江戸とを行き来した定期船。菱垣廻船は，木綿，油，酒などを運びましたが，積み荷が落ちないようにひし形に交差した囲いがあったこと，樽廻船は初め樽につめた酒を運んでいたことから，こう呼ばれました。

⬆ 菱垣廻船

(物流博物館)

COLUMN まめ知識

箱根用水はどんな役割を果たしたの？ 1670年，箱根（神奈川県）の芦ノ湖から駿河（静岡県）の深良村（裾野市）までトンネルを掘って，湖の水をひく箱根用水がつくられました。この水を使って，荒れ地を開こんして，新田開発が行われました。[箱根用水➡ P.095]

02 政治改革と外国船の接近

さくっとガイド　まずはここを読んで，時代の流れをつかもう!

これが幕政の三大改革だ!

天保の改革	享保の改革	寛政の改革
水野忠邦	徳川吉宗	松平定信

1716年，8代将軍徳川吉宗は享保の改革を始め，公事方御定書を定めたり，目安箱を設置したりしました。1787年には，老中松平定信が寛政の改革を始め，旗本・御家人の借金の帳消しや，凶作・ききんに備えて米をたくわえさせるなどの政策を行いました。また，1841年，老中水野忠邦は天保の改革を始め，株仲間の解散や江戸に出かせぎにきていた農民を村に帰すなどの政策を行いました。

外国船を打ち払え!

外国船は来るなー!

1792年，ロシアのラクスマンが根室(北海道)に来航し，1804年にはロシアのレザノフが通商を求めて長崎に来航しました。また，イギリス船も各地に現れるようになりました。こうして，外国船が日本に接近するようになると，幕府は，異国船(外国船)打払令を出して，日本の沿岸に近づく外国船への砲撃を命じ，鎖国を続けました。

重要度
★★★
徳川綱吉

1646〜1709年。江戸幕府 [➡ P.505] の5代将軍。儒学 [➡ P.417] の中でも特に朱子学をすすめ、江戸の湯島に幕府の学問所を置きました。また、寺院建築や派手な生活をしたことなどから幕府の財政が悪化し、貨幣の質を落として発行量を増やしたことから物価が上がり、人々の生活は苦しくなりました。さらに、きょくたんな動物愛護令である**生類憐みの令**を出したため、「犬公方」と呼ばれて、人々の反感を買いました。

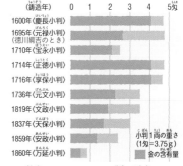

（鋳造年）

1600年〈慶長小判〉	
1695年〈元禄小判〉（徳川綱吉のとき）	
1710年〈宝永小判〉	
1714年〈正徳小判〉	
1716年〈享保小判〉	
1736年〈元文小判〉	
1819年〈文政小判〉	
1837年〈天保小判〉	
1859年〈安政小判〉	
1860年〈万延小判〉	

小判1両の重さ
（1匁＝3.75g）
金の含有量

⬆ **金貨にふくまれる金の量の変化**

★★★
朱子学

宋（中国）の時代（12世紀）に、朱熹（朱子）が大成した儒学の一派。上下の身分の秩序を重視し、主君に対する忠誠や親に対する孝行が大切であると説きました。日本には鎌倉時代 [➡ P.457] に伝わり、江戸時代 [➡ P.505] の初めに幕府の学問とされました。

★★★
生類憐みの令

5代将軍徳川綱吉が出した、きょくたんな動物愛護令。動物を殺すことや、食料として生きた鳥や魚を売ることを禁止し、違反した者を厳しく罰しました。綱吉が戌（犬）年生まれだったため、特に犬を大切にするように命じました。野犬を保護するために巨大な犬小屋をつくり、多くの費用を使いました。

★★★
徳川吉宗

1684〜1751年。江戸幕府 [➡ P.505] の8代将軍。1716年、御三家の1つの紀伊藩（和歌山県）の藩主から将軍となり、幕府財政の再建と幕府政治の引きしめを目指して、**享保の改革** [➡ P.534] を始めました。特に米の値段の安定に努めたことから、「米将軍」と呼ばれました。改革の結果、幕府の財政は一時的に立ち直りました。

第1章 大むかしの暮らし

第2章 天皇と貴族の世の中

第3章 武士の世の中へ

第4章 全国統一

第5章 江戸幕府の政治

第6章 移り変わる武士の世の中

第7章 近代国家への歩み

第8章 日清・日露戦争と日本の動き

第9章 戦争と新しい日本の始まり

COLUMN
まめ知識
水戸黄門は全国を旅した？　水戸藩（茨城県）の藩主徳川光圀は、時代劇で有名な水戸黄門のモデルです。水戸黄門が諸国を旅したというのは後世のつくり話ですが、家来の助さんのモデルとなった人物は、『大日本史』の情報や資料集めで諸国を訪ねています。

第6章 移り変わる武士の世の中

重要度
★★★
享保の改革

江戸幕府 [→ P.505] の8代将軍**徳川吉宗** [→ P.533] が1716〜1745年にかけて行った幕政の改革。吉宗は，**徳川家康** [→ P.505] の政治を理想として，悪化した幕府財政の立て直しや幕府政治の引きしめを目指しました。**公事方御定書**を制定し，**目安箱**を設置しました。武士に質素，倹約，武芸をすすめ，能力のある人材を登用しました。さらに，**新田開発** [→ P.527] をすすめるとともに，上米の制（**大名** [→ P.507] に，1万石につき100石の米を納めさせる）を定めて，代わりに**参勤交代** [→ P.513] で江戸にいる期間を半年に短縮しました。また，学問では，キリスト教に関係のない漢訳洋書の輸入を許可しました。

★★★
公事方御定書

徳川吉宗 [→ P.533] が**享保の改革**で定めた法令。1742年，裁判の基準を定め，裁判の公正をはかるために出しました。上下2巻で，下巻は「御定書百箇条」とも呼ばれ，過去の裁判で示された刑罰などが収められています。

★★★
目安箱

徳川吉宗 [→ P.533] が設置した，江戸の人々の意見を聞くための投書箱。目安箱への投書によって，貧しい人々の病気の治療を行う小石川養生所（東京都文京区）の設置や，江戸の防火体制の整備などが行われました。

★★★
百姓一揆

江戸時代の**百姓** [→ P.515] が起こした領主に対する集団的な抗議行動。百姓は，**年貢** [→ P.515] の減免や不正な代官の交代，**藩** [→ P.507] の専売制廃止などを求め，要求が通らないと城下などへ押し寄せることもありました。特にききんのときに，多く起こりました。

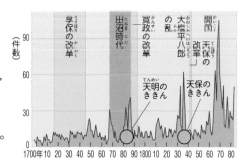

↑ 百姓一揆の発生件数の変化

534

COLUMN
〈くわしく〉
『**西洋紀聞**』って何？　イタリア人宣教師シドッチは，鎖国中の日本にキリスト教を布教しようとして，武士に変装して屋久島（鹿児島）に密入国し，とらえられました。学者の新井白石は，シドッチを取り調べて知った西洋の様子を『**西洋紀聞**』という書物にまとめました。

歴史編

第1章 大むかしの暮らし

第2章 天皇と貴族の世の中

第3章 武士の世の中へ

第4章 全国統一

第5章 江戸幕府の政治

第6章 移り変わる武士の世の中

第7章 近代国家への歩み

第8章 日清・日露戦争と日本の動き

第9章 戦争と新しい日本の始まり

★★★ 打ちこわし

江戸や大阪などの都市の貧しい人々が，集団で起こした暴動。特にききんのときに，多く起こりました。米の買いしめや売りおしみをする米屋や大商人などがおそわれました。

(東京国立博物館蔵 Image:TNM Image Archives)

↑ 打ちこわし

★★★ 田沼意次

1719〜1788年。江戸幕府 [➡ P.505] の老中 [➡ P.513]。商人の豊かな経済力を利用した積極的な経済政策で，幕府の財政を立て直そうとしました。商工業者の株仲間 [➡ P.530] の結成を積極的にすすめて，一定の税を納めさせ，幕府の収入を増やそうとしました。また，長崎貿易の拡大に努め，蝦夷地（北海道）開拓も計画しました。しかし，天災があいつぎ，百姓一揆や打ちこわしが続く中で老中をやめさせられました。

↑ 長崎貿易の様子
(長崎歴史文化博物館)

★★★ 株仲間の奨励

老中田沼意次の行った政策。商工業者が株仲間 [➡ P.530] を結成することを積極的にすすめ，その代わり，運上金や冥加金などの営業税を納めさせ，幕府の収入を増やそうとしました。しかし，幕府の役人と商人との結びつきが強まり，わいろがさかんに行われ，批判が高まりました。 **?で深める P.539**

★★★ 松平定信

1758〜1829年。8代将軍徳川吉宗 [➡ P.533] の孫で，江戸幕府 [➡ P.505] の老中 [➡ P.513]。吉宗の政治を理想として，寛政の改革 [➡ P.536] を行いました。幕府の学問所での朱子学 [➡ P.533] 以外の講義を禁止し，旗本 [➡ P.512] や御家人 [➡ P.512] の借金を帳消しにしました。しかし，日常生活に関する取りしまりが厳しすぎたため人々の反感をかい，十分な効果は上がりませんでした。

COLUMN くわしく

江戸時代の大ききんって？ 江戸時代には享保・天明・天保年間に大ききんが起こりました。中でも，1782年の東北地方の冷害に始まる天明のききんは，翌年の浅間山の噴火が追い打ちをかけ，不作で食料が不足し，全国で多数の餓死者が出ました。

第6章 移り変わる武士の世の中

重要度
★★★
寛政の改革

江戸幕府 [➡ P.505] の老中 [➡ P.513] 松平定信 [➡ P.535] が 1787〜1793 年にかけて行った幕政の改革。幕府体制の再建を目指して，昌平坂学問所（幕府の学校）での朱子学 [➡ P.533] 以外の講義を禁止し，生活に苦しむ旗本 [➡ P.512] や御家人 [➡ P.512] を救うため，商人からの借金を帳消しにする法令を出しました。また，ききんで荒れていた農村の復興のために，江戸などに出かせぎに来た百姓 [➡ P.515] を村に帰しました。しかし，内容が厳しすぎて，人々の反感をかいました。

> **史料 寛政の改革への期待と批判を風刺する狂歌**
>
> ＊…田沼意次のこと
> ＊＊…白河藩主（福島県）だった松平定信のこと
>
> 期待（改革前）…田や沼や　よごれた御代を改めて　清らにすめる　白河の水
> 批判（改革後）…白河の　清きに魚のすみかねて　もとのにごりの　田沼恋しき

★★★
渋染一揆

1856 年，厳しい差別 [➡ P.516] を受けていた人々が起こした一揆。岡山藩では，えた身分の人々に対して，「衣類はがらのない藍染（青色），渋染（茶色）の木綿に限る」などの倹約令を出しました。人々はこのような差別政策に反対し，団結して立ち上がったため，藩は倹約令を実行しませんでした。

★★★
大塩平八郎の乱

1837 年，もと大阪町奉行所の役人で陽明学（儒学の1つ）者の大塩平八郎が中心となって起こした反乱。天保のききんで苦しむ人々を見て，奉行所に救済を願い出ましたが聞き入れられず，そのうえ大商人の米の買いしめを見のがしているのを知って，反乱を起こしました。反乱は半日でしずめられましたが，もと役人による反乱は幕府に衝撃をあたえました。

🔺 大塩平八郎の乱
（大阪歴史博物館）

COLUMN
くわしく
間宮林蔵（1775〜1844 年）って何をした人？ 幕府の命令で千島や樺太などの探検を行いました。1808 年，それまで半島だと思われていた樺太が島であることを確認しました。この功績から樺太とシベリアの間は，間宮海峡と名づけられました。

536

★★★ 水野忠邦

1794～1851年。江戸幕府 [➡ P.505] の老中 [➡ P.513]。1834年に老中となり，1841年から天保の改革を行いました。株仲間の解散などの政策を行いましたが，内容があまりにも厳しかったため，2年余りで失敗に終わりました。

★★★ 天保の改革

江戸幕府 [➡ P.505] の老中 [➡ P.513] 水野忠邦が1841～1843年にかけて行った幕政の改革。文武を奨励し，派手な生活や乱れた風俗を取りしまり，株仲間の解散を命じ，倹約令を出してぜいたく品を禁じました。また，農村を立て直すために，人返し令を出して百姓 [➡ P.515] の出かせぎを禁止して農村に帰し，農業にはげませました。幕府の力を強めようとして，上知(地)令を出して江戸・大阪の周辺を幕府が直接支配しようとしましたが，関係する大名 [➡ P.507] や旗本 [➡ P.512] の強い反対が起こり，老中をやめさせられました。

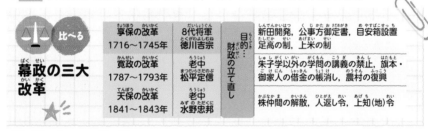

幕政の三大改革	比べる			目的…財政の立て直し	
		享保の改革 1716～1745年	8代将軍 徳川吉宗		新田開発，公事方御定書，目安箱設置 足高の制，上米の制
		寛政の改革 1787～1793年	老中 松平定信		朱子学以外の学問の講義の禁止，旗本・御家人の借金の帳消し，農村の復興
		天保の改革 1841～1843年	老中 水野忠邦		株仲間の解散，人返し令，上知(地)令

★★★ 株仲間の解散

水野忠邦が行った政策。水野忠邦は，物価が上がる原因は株仲間 [➡ P.530] にあるとして，株仲間の解散を命じ，物価を引き下げようとしました。しかし，ほとんど効果はなく，株仲間からの税収が減り，商品の流通も乱れて経済が混乱しました。

★★★ からかさ連判状

百姓一揆 [➡ P.534] に参加した人々が署名した誓約書。百姓一揆の中心人物は処刑されてしまうため，中心人物がだれかわからないように，円形や楕円形に署名しました。

（福島県歴史資料館）

↑ からかさ連判状

COLUMN くわしく

ロシアの使節の要求は？ 1804年，ロシア使節レザノフは，日本人漂流民を連れて長崎に来航し，幕府に通商を求めましたが，幕府は半年も返事をのばした末に断りました。おこったレザノフは，部下に蝦夷地（北海道）周辺の日本の支配地を襲撃させました。

重要度
★★★

問屋制家内工業

江戸時代[→ P.505]の中ごろ，織物業などでおこった生産のしくみ。問屋などが，資金や原料，道具を農民に貸して生産させ，製品を買い取るしくみです。

★★★
工場制手工業（マニュファクチュア）

江戸時代[→ P.505]の後半におこった生産のしくみ。有力な問屋や大地主が，労働者を工場（仕事場）に集め，分業によって効率よく製品をつくりました。

⬆ **工場制手工業（織物業）** （愛知県図書館）

★★★
貨幣経済

ものの売買に貨幣を使用する経済。18世紀には，自給自足に近かった農村で肥料や農具などを買う現金が必要になるなど，貨幣経済が広がりました。このため，売る目的でつくる**商品作物**[→ P.528]の栽培がさかんになりました。

★★★
外国船の来航

18世紀末から19世紀にかけて，市場や資源などを求めてアジアに進出していたヨーロッパ諸国や，捕鯨船の寄港地や中国との貿易の中継地を求めていたアメリカ合衆国の船が，日本近海にたびたび現れました。1792年にロシア使節のラクスマンが根室（北海道）に来航し，1804年にはレザノフが長崎に来航して幕府に通商を求めました。

ロシア船の来航
イギリス船の来航
アメリカ船の来航

ロシア
函館 根室
1792ラクスマン

清 朝鮮
大阪 浦賀 江戸
下田
1804レザノフ 長崎 1837モリソン号
1853プチャーチン 1853ペリー
1808フェートン号 1849イギリス船
1854プチャーチン
イギリス （数字は来航年）
アメリカ合衆国

⬆ **18・19世紀の外国船の来航**

★★★
異国船（外国船）打払令

1825年，日本の沿岸に近づく，中国とオランダ以外の外国船の撃退を命じた法令。1808年に**フェートン号事件**が起こるなど，相次ぐ外国船の来航に対して，**鎖国**[→ P.520]の体制を守ろうとした幕府は，外国船の砲撃を命じました。
しかし，1842年に，アヘン戦争で清（中国）がイギリスに敗れたことを知ると，異国船（外国船）打払令を改め，外国船に燃料，水，食料の補給を許しました。

COLUMN くわしく

モリソン号事件って何？ アメリカ船モリソン号が日本人漂流民を連れて，日本との通商を求めるために来航したとき，幕府が異国船（外国船）打払令に基づいて砲撃した事件。渡辺崋山や高野長英らは人道的な立場から幕府を批判したため幕府によって処罰されました（蛮社の獄）。

鎌倉時代から室町時代に
かけての，商工業者の同
業者組織は「座」といいます。貴
族や寺社などに税を納め，営業を
独占する特権を得てもうけました。
　織田信長は，座の特権を廃止
するなどして自由に商売ができるよ
うにし，商工業を発展させようとし
ました。

江戸時代の商工業者の同
業者組合である「株仲間」
は，幕府や藩に税を納めることで
営業を独占して，大きな利益を得
ていました。
　幕府の政治改革では，政策の
ちがいから，株仲間の結成を進め
た老中と，解散させた老中がいま
した。

COLUMN はてな ? で深める　時代で変わる同業者組織

↑ 座と株仲間

18世紀後半の老中の田沼
意次は，株仲間の納める
税で幕府の財政を立て直そうとし
て，結成を進めました。
　19世紀中ごろ，老中の水野忠
邦は，物価が上がる原因が株仲
間にあると考えて解散させました
が，物価は下がりませんでした。

03 江戸時代の文化と新しい学問

さくっとガイド まずはここを読んで, 時代の流れをつかもう!

上方中心, 元禄文化!

元禄文化は, 17世紀末〜18世紀初めに上方(大阪や京都など)で発達した町人中心の文化です。文学では, 井原西鶴が浮世草子(小説)を著し, 松尾芭蕉が俳諧を芸術にまで高めました。また, 近松門左衛門は人形浄瑠璃や歌舞伎の台本作家として活やくしました。

絵画では, 尾形光琳が屏風などに装飾画をえがき, 菱川師宣は浮世絵をえがきました。

化政文化は江戸が中心!

化政文化は, 19世紀初めに江戸を中心に発達した町人中心の文化です。権力者に対する皮肉やこっけいが喜ばれました。小説では十返舎一九や滝沢馬琴らが活やくしました。

絵画では, 葛飾北斎が「富嶽三十六景」, 歌川広重が「東海道五十三次」などの風景画をえがいて人気を得ました。また, 喜多川歌麿が美人画を, 東洲斎写楽が役者絵をえがきました。

元禄文化

重要度 ★★★

江戸時代の前半，上方（大阪，京都など）を中心に栄えた町人文化。大きな富をたくわえ，比かく的自由な生活をしていた町人の気風を反映した，明るく活気に満ちた文化です。17世紀末から18世紀初めにかけての江戸幕府5代将軍徳川綱吉 [➡ P.533] のころ（元禄期），国内の平和が続き，町人 [➡ P.516] の生活が豊かになる中で発達しました。

年代	文学	美術	芸能
1630年			
40	井原西鶴（浮世草子） 松尾芭蕉（俳諧）	菱川師宣（浮世絵創始者） 狩野探幽（狩野派全盛）	坂田藤十郎（歌舞伎役者）
50	近松門左衛門（浄瑠璃台本）	尾形光琳（装飾画大成）	市川団十郎（歌舞伎役者）
60			
70			
80			
90		元禄期	
1700			
10			
20			

⬆ 元禄文化で活やくした人々

井原西鶴

★★★

1642〜1693年。元禄文化を代表する浮世草子の作家。大阪の豊かな町人 [➡ P.516] の家に生まれました。町人や武士 [➡ P.514] の生き方や考え方をいきいきとえがきました。『好色一代男』，『日本永代蔵』，『世間胸算用』などが代表作です。

浮世草子

★★★

町人 [➡ P.516] や武士 [➡ P.514] の生活や考え方をありのままに表現した，江戸時代 [➡ P.505] に流行した小説。井原西鶴が代表的な作家です。

松尾芭蕉

★★★

1644〜1694年。元禄文化を代表する俳人。各地を旅して，俳諧（俳句）を芸術にまで高めました。その新しい作風は蕉風と呼ばれ，多くの弟子がいました。俳諧紀行文の『奥の細道』を著しました。

元禄文化の井原西鶴，松尾芭蕉，近松門左衛門は覚えておこう。

歴史編

第1章 大むかしの暮らし

第2章 天皇と貴族の世の中

第3章 武士の世の中へ

第4章 全国統一

第5章 江戸幕府の政治

第6章 移り変わる武士の世の中

第7章 ねむり

第8章 日清・日露戦争と日本の動き

第9章 戦争と新しい日本の始まり

COLUMN まめ知識

酒井田柿右衛門ってだれ？ 酒井田柿右衛門は，江戸時代の初め，白い磁器に赤の色を中心としたあざやかな色を付ける手法を発明した，有田焼（焼き物）の陶工です。美しい有田焼（佐賀県）は17世紀中ごろからさかんに輸出され，ヨーロッパで人気を呼びました。

第6章 移り変わる武士の世の中

重要度
★★★

近松門左衛門

1653〜1724年。**元禄文化** [➡ P.541] を代表する，**人形浄瑠璃**や**歌舞伎**の脚本(台本)作家。歴史上の物語や事件を題材に，義理と人情にしばられてなやむ男女の姿をえがき，『曽根崎心中』や『国性(姓)爺合戦』などの名作を残しました。

★★★

歌舞伎

江戸時代 [➡ P.505] に発達した演劇。**出雲の阿国** [➡ P.503] が始めたかぶき踊りから発達しました。その後，男性が演じるようになりました。**近松門左衛門**などの脚本(台本)作家と，市川団十郎や坂田藤十郎らの名優が出て，熱狂的な人気を呼び，町人たちの娯楽として定着しました。

⬆ 歌舞伎の舞台 (中村座内外図屏風)
(東京国立博物館)

★★★

人形浄瑠璃

江戸時代 [➡ P.505] に人気を得た，物語に節をつけ，**三味線** [➡ P.503] などを伴奏して語る浄瑠璃に合わせて人形をあやつる芸能。**近松門左衛門**が脚本(台本)を書くなどして芸術的なものに発展しました。現在は，文楽として受けつがれています。

★★★

菱川師宣

1618?〜1694年。**江戸時代** [➡ P.505] 前半の**浮世絵** [➡ P.517] 師。町人の風俗を美しくえがく浮世絵を始めました。特に美人画を得意としていて，「見返り美人図」が代表作です。

浮世絵は，木版画で広まったよ。

⬆ 見返り美人図
(東京国立博物館)

歴史編

第1章 大むかしの暮らし
第2章 天皇と貴族の世の中
第3章 武士の世の中へ
第4章 全国統一
第5章 江戸幕府の政治
第6章 移り変わる武士の世の中
第7章 近代国家への歩み
第8章 日清・日露戦争と日本の動き
第9章 戦争と新しい日本の始まり

★★★ 尾形光琳 (おがたこうりん)

1658～1716年。**元禄文化** [➡ P.541] を代表する画家・工芸家。はなやかな大和絵風の装飾画を大成しました。代表作に「紅白梅図屏風」・「燕子花図屏風」・「八橋蒔絵螺鈿硯箱」などがあります。

（東京国立博物館蔵 Image:TNM Image Archives）

⬆ **八橋蒔絵螺鈿硯箱** (やつはしまきえらでんすずりばこ)

★★★ 📖 国学 (こくがく)

日本の古典を研究し，儒教や**仏教** [➡ P.417] の影響を受ける前の日本人の考え方や精神を明らかにしようとする学問。**江戸時代** [➡ P.505] 中期(18世紀)，**本居宣長**が『古事記伝』を著して，国学を大成しました。

★★★ 📖 本居宣長 (もとおりのりなが)

1730～1801年。**江戸時代** [➡ P.505] 中ごろの国学者。伊勢(三重県)の松阪に生まれ，国学者の賀茂真淵の門人となりました。真淵のすすめで『**古事記**』[➡ P.438] の研究に取り組み，35年かけて『古事記伝』44巻を著し，**国学**を大成しました。自宅の「鈴屋」で多くの門人を育てました。

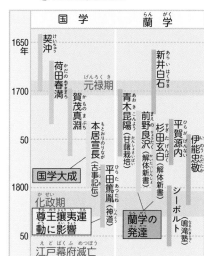

	国学		蘭学	
1650年	契沖 荷田春満	元禄期	新井白石	
1700	賀茂真淵		青木昆陽 前野良沢(甘藷栽培)	新井白石
50	本居宣長(古事記伝)		杉田玄白(解体新書) 平賀源内	伊能忠敬
1800	**国学大成**		平田篤胤(神道)	シーボルト(鳴滝塾)
	化政期		**蘭学の発達**	
50	**尊王攘夷運動に影響**			
	江戸幕府滅亡			

⬆ **国学・蘭学の発達と代表的人物** (らんがく はったつ だいひょうてきじんぶつ)

★★★ 📖 蘭学 (らんがく)

西洋の学問や文化を，オランダ語を通して研究する学問。8代将軍**徳川吉宗** [➡ P.533] がキリスト教に関係のない漢訳洋書の輸入を認めたこともあって，蘭学の研究が進みました。18世紀後半，**杉田玄白** [➡ P.544] らが『**解体新書**』[➡ P.544] を出版すると，急速に広まっていきました。

COLUMN まめ知識

「からくり儀右衛門」ってどんな人?　久留米藩(福岡県)に生まれた田中久重は，万年時計，からくり人形，蒸気船・蒸気機関の模型，電信機などをつくった発明家です。「からくり儀右衛門」と呼ばれ，「東洋のエジソン」とも呼ばれました。

重要度

★★★ 前野良沢

1723～1803年。**江戸時代** [➡ P.505] 中ごろの医師・**蘭学** [➡ P.543] 者。**杉田玄白**らと江戸で行われた死体の解剖を見て，オランダ語の医学書『ターヘル＝アナトミア』の人体図の正確さに感心し，日本語に訳すことを決意しました。1774年に『**解体新書**』を出版しました。

★★★ 杉田玄白

1733～1817年。**江戸時代** [➡ P.505] 中ごろの医師・蘭学者。小浜藩(福井県)の藩医の子として江戸で生まれ，オランダ医学を学びました。江戸で行われた死体の解剖を見て，オランダ語の医学書『ターヘル＝アナトミア』の人体図の正確さに感心し，その翻訳を決意しました。**前野良沢**らと約4年をかけて日本語に訳し，1774年に『**解体新書**』として出版しました。また，ПП や告白談や『蘭学事始』として発表しました。

杉田玄白

(早稲田大学図書館蔵)

★★★ 解体新書

1774年に出版された西洋医学書。前野良沢，**杉田玄白**らが，オランダ語で書かれたドイツの医学書『ターヘル＝アナトミア』を約4年をかけて日本語に訳し，『**解体新書**』として出版しました。これをきっかけに，**蘭学** [➡ P.543] が急速に広まっていきました。

『解体新書』(とびら絵とさし絵)

(国立大学法人東京医科歯科大学図書館)

★★★ 平賀源内

1728～1779年。**江戸時代** [➡ P.505] 中ごろの植物学者・作家・画家。讃岐国(香川県)高松藩の生まれ。長崎や江戸で学び，寒暖計やエレキテル(摩擦起電機)の製作，西洋画の制作，陶器の紹介など，さまざまな面で才能を発揮しました。

COLUMN くわしく

適塾(適々斎塾)って何?　『解体新書』の出版以降，蘭学を学ぶ人が増え，各地に蘭学塾がつくられました。適塾は，江戸時代末の蘭学者・緒方洪庵が大阪で開いた蘭学塾です。ここで，福沢諭吉など，幕末から明治維新にかけて活やくした多くの人が学びました。

★★★ 藩校

諸藩 [➡ P.507] が領国内に設立した藩士(武士)の子どもの教育機関。江戸時代 [➡ P.505] の中ごろ以降に多く設立され，有能な人材を育てて藩の力を強くするために，儒学（朱子学 [➡ P.533]）や武芸などの教育を行いました。会津藩(福島県)の日新館，水戸藩(茨城県)の弘道館，薩摩藩(鹿児島県)の造士館などがありました。

★★★ 寺子屋

町人 [➡ P.516] や百姓 [➡ P.515]（主に農民）の子どもの教育機関。武士の浪人，僧，神官，医師などが町人や百姓の子どもたちに「読み・書き・そろばん」などの実用的な知識を教えました。

[田原市博物館]

↑ 寺子屋（渡辺崋山「一掃百態図」）

★★★ 化政文化

19世紀初めの文化・文政期のころに，江戸を中心に栄えた町人文化。このころは，思想や風俗の取りしまりが厳しく，武士などの権力を持つ者に対する皮肉やこっけいによる風刺が喜ばれました。葛飾北斎 [➡ P.546]・歌川広重(風景画)，十返舎一九 [➡ P.546]（こっけい本），与謝蕪村・小林一茶（俳諧），滝沢馬琴(読本) らが活やくしました。

比べる　元禄文化と化政文化

	元禄文化		化政文化
時期	17世紀末～18世紀初め		19世紀初め
場所	上方中心		江戸中心
中心	町人(大商人)		町人(民衆)
特色	明るく活気に満ちた文化		皮肉やこっけいによる風刺

★★★ 歌川広重

1797～1858年。江戸時代 [➡ P.505] 後期の浮世絵 [➡ P.547] 師。各地を旅して，細やかな表現で美しい風景画を残しました。「東海道五十三次」や「名所江戸百景」などが代表作です。

↑「東海道五十三次」（歌川広重画）

[個人蔵]

COLUMN
まめ知識

江戸時代の人々はどのくらい字が読めたの？　江戸時代の末には，全国に多くの寺子屋がありました。都市では貸本屋が繁盛するなど，江戸時代の末の識字率（字を読める人の割合）は世界的に見ても高い水準だったといわれています。

第6章 移り変わる武士の世の中

重要度 ★★★ 葛飾北斎

1760～1849年。江戸時代 [➡ P.505] 後期の浮世絵師。風景画を得意とし，色の明るさや暗さを強調する独特の画風を生み出し，力強い線と奇抜な構図が特色です。富士山をいろいろにえがき分けた「富嶽三十六景」や，「北斎漫画」などが代表作です。

（個人蔵）

⬆「富嶽三十六景」神奈川沖浪裏
（葛飾北斎画）

重要度 ★★★ 十返舎一九

1765～1831年。江戸時代 [➡ P.505] 後期の作家。弥次郎兵衛（弥次さん）と喜多八（喜多さん）を主人公とするこっけい本の『東海道中膝栗毛』が，大ベストセラーとなり，以後，約20年間にわたって続編が書き続けられました。

重要度 ★★★ 喜多川歌麿

1753～1806年。江戸時代 [➡ P.505] 後期の浮世絵師。女性の上半身や顔を画面いっぱいにえがく人首絵の様式を取り入れ，多くの美人画を残しました。代表作は「婦女人相十品」です。

（東京国立博物館）

⬆「婦女人相十品」のうちポッピンをふく女
（喜多川歌麿画）

重要度 ★★★ 東洲斎写楽

18世紀末ごろ。江戸時代 [➡ P.505] 後期の浮世絵師。役者絵（歌舞伎 [➡ P.542]）や力士（相撲）絵などを得意とし，単純な線と色で人物の特徴をたくみにとらえて人柄に表現しました。代表作は「市川鰕蔵」，「中山富三郎」などです。

この絵，すごい迫力！

⬆「市川鰕蔵」（東洲斎写楽画）
（慶應義塾）

ハンサムな人（美男子）を二枚目というのはなぜ？ 江戸時代，歌舞伎が演じられていた小屋の正面にかかげられた看板の二枚目には美男役の名前が，三枚目には道化役（人を笑わせる役）の名前が記されたことから，ハンサムな人を二枚目と呼ぶようになりました。

★★★ 浮世絵

📖 江戸時代 [➡ P.505] に流行した，世の中の様子や風俗などをえがいた絵画。江戸時代の初めごろ，菱川師宣 [➡ P.542] が大成しました。18世紀後半に，鈴木春信が多色刷りの浮世絵版画(錦絵)を始めました。錦絵は大量に刷られ，大流行しました。

★★★ 川柳

5・7・5の俳諧(俳句)の形を借りて，政治や社会の様子を皮肉ったもの。こっけいや皮肉が好まれた江戸時代 [➡ P.505] の後期に流行しました。代表的な作者は柄井川柳です。

★★★ 狂歌

5・7・5・7・7の和歌の形を借りて，政治や社会の様子を皮肉ったもの。和歌などをもじってつくることが多く，教養のある武士 [➡ P.514] や町人 [➡ P.516] の間で広まりました。大田南畝(蜀山人)が有名です。

★★★ 伊能忠敬

📖 1745〜1818年。江戸時代 [➡ P.505] 後期の地理学者。下総(千葉県)佐原の商人で名主だった伊能忠敬は，50歳から天文学や測量術などを学び始めました。56歳から72歳までの16年間に，日本全国約4万kmを歩いて測量し，正確な日本地図をつくりました。

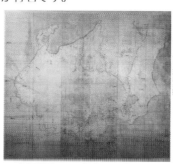
(千葉県香取市 伊能忠敬記念館)

⬆ 伊能忠敬の日本全図 (一部)

⬆ 江戸時代の測量の様子

(個人蔵)

COLUMN
まめ知識

日本の沿岸は再測量の必要なし！ 1861年にイギリスの測量艦隊は，幕府に日本沿岸の測量を要求しました。しかし幕府の役人が持っていた伊能忠敬の地図を見て，そのあまりの正確さにおどろき，こんな地図があるなら改めて測る必要はないと中止してしまったそうです。

近代国家へ

開国！輸出の主力は生糸！

幕末の主な輸出品

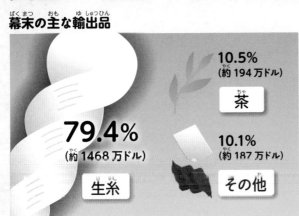

10.5%
（約194万ドル）
茶

79.4%
（約1468万ドル）
生糸

10.1%
（約187万ドル）
その他

1865年 輸出額 計1849万ドル

開国した幕末の日本の輸出の中心は，生糸でした。明治時代の初めには，質のよい生糸の大量生産を目指して，富岡製糸場が操業を開始しました。

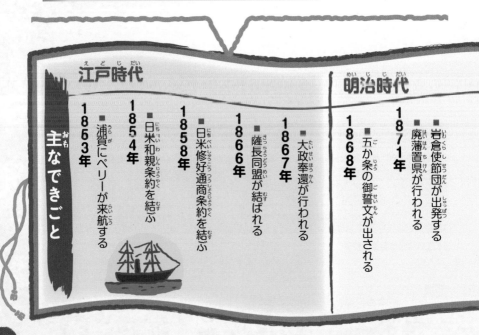

江戸時代

主なできごと

1853年 浦賀にペリーが来航する

1854年 日米和親条約を結ぶ

1858年 日米修好通商条約を結ぶ

1866年 薩長同盟が結ばれる

1867年 大政奉還が行われる

明治時代

1868年 五か条の御誓文が出される

1871年 廃藩置県が行われる 岩倉使節団が出発する

の歩み

1872年，鉄道開通！

国有鉄道の路線距離の広がり

1872年
新橋～横浜 29km

1877年
大阪～京都 105km

590km

1889年
新橋～神戸

1872年，新橋・横浜間に日本初の鉄道が開通しました。1889年には東海道線が全通し，主要な港と都市を鉄道がつなぐようになりました。

1872年
■新橋—横浜間に鉄道が開通する
■富岡製糸場が操業を開始する

1873年
■西郷隆盛が政府を去る（征韓論）

1885年
■伊藤博文が内閣総理大臣になる

1889年
■大日本帝国憲法が制定される

1905年
■第1回衆議院議員選挙が行われる
■夏目漱石が『吾輩は猫である』を発表

第7章 近代国家への歩み

01 開国と幕府の滅亡

> **さくっとガイド** まずはここを読んで，時代の流れをつかもう！

鎖国，やめました！

開国しなさーい！

しかたないから港を開こう。鎖国も終わりだな。

1853年，アメリカのペリーが開国を求めて浦賀に来航しました。1854年には，幕府はペリーとの間で日米和親条約を結び，下田（静岡県）と函館（北海道）を開港しました。

さらに，1858年，大老の井伊直弼が日米修好通商条約を結び，函館・新潟・神奈川（横浜）・兵庫（神戸）・長崎の5港を開きました。しかし，この条約は，日本にとって不平等な内容のものでした。

江戸幕府，たおれる！

15代将軍徳川慶喜

政権を朝廷に返すことにする。

無念じゃ…。

やったぞ！新しい時代の到来だ！

薩摩藩（鹿児島県）や長州藩（山口県）などによる倒幕運動が進む中で，15代将軍徳川慶喜は，1867年，大政奉還を行い，朝廷に政権を返しました。朝廷は王政復古の大号令を出して，天皇の政治にもどることや幕府の廃止を宣言しました。こうして，約260年間続いた江戸幕府はほろびました。

歴史編

第1章 大むかしの 暮らし

第2章 天皇と貴族の 世の中

第3章 武士の 世の中へ

第4章 全国統一

第5章 江戸幕府の 政治

第6章 移り変わる 武士の世の中

第7章 近代国家への 歩み

第8章 日清・日露戦争と 日本の動き

第9章 戦争と新しい 日本の始まり

重要度
★★★

ペリー

1794〜1858年。アメリカ合衆国の東インド艦隊司令長官。1853年，4せきの軍艦(黒船)を率いて琉球 [➡ P.475] (沖縄県)に立ち寄ったのちに浦賀(神奈川県)に来航し，江戸幕府 [➡ P.505] に大統領の手紙を差し出して開国を求めました。1854年，再び来航し，日米和親条約を結びました。

⬆ 黒船の来航

(一般財団法人 黒船館)

★★★

日米和親条約

1854年に，江戸幕府 [➡ P.505] がアメリカ合衆国のペリーとの間で結んだ条約。幕府は下田(静岡県)と函館(北海道)の2港を開港し，入港するアメリカの船に燃料や水，食料などを補給することや，下田に領事を置くことなどを認めました。こうして鎖国 [➡ P.520] の体制はくずれ

ました。さらに幕府は，同様の内容の条約を，イギリス，ロシア，オランダとも結びました。

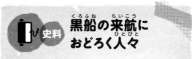

史料 黒船の来航に おどろく人々

泰平の ねむりをさます 上喜撰
たった四はいで 夜もねむれず
＊上喜撰は上等な茶のことで，蒸気船にかけている。ペリー艦隊の来航にあわてる当時の世相を表している。

★★★

ハリス

1804〜1878年。アメリカ合衆国の外交官。1856年，最初の総領事として下田に着任しました。1858年，井伊直弼との間で日米修好通商条約 [➡ P.552] を結びました。

★★★

井伊直弼

1815〜1860年。彦根藩(滋賀県)の藩主。1858年，江戸幕府 [➡ P.505] の大老 [➡ P.552] となり，朝廷の許しのないままにハリスとの間で日米修好通商条約 [➡ P.552] を結びました。独裁的な政治を行い，反対する人々を処罰しました(安政の大獄)。その翌年暗殺されました(桜田門外の変 [➡ P.553])。

COLUMN まめ知識

アメリカが日本に開国をせまったのはなぜ？ アメリカ合衆国は，中国との貿易や太平洋での捕鯨のため，日本を燃料や食料の補給地としたいと考えていました。なお，1853年のペリーは，太平洋を横断せず，大西洋，インド洋を通って浦賀(神奈川県)に来航しました。

第7章 近代国家への歩み

重要度

★★★ 大老

江戸幕府 [➡ P.505] の臨時の最高職。老中 [➡ P.513] の上に，必要に応じて置かれ，重要な事がらの決定などに加わりました。譜代大名 [➡ P.511] の中から選ばれましたが，酒井，土井，井伊，堀田の有力大名が独占しました。

★★★ 日米修好通商条約

1858年，大老の井伊直弼 [➡ P.551] が，朝廷の許しのないまま，アメリカ合衆国総領事ハリス [➡ P.551] との間で結んだ通商条約。函館，神奈川(横浜)，長崎，兵庫(神戸)，新潟の5港を開き，貿易を行うことになりました。この条約は，相手国の**領事裁判権(治外法権)**を認め，日本に**関税自主権**のない不平等な条約でした。さらに幕府は，オランダ，ロシア，イギリス，フランスともほぼ同じ内容の条約を結びました。(安政の5か国条約)

日米修好通商条約で開港の5港

函館(両方の条約で開港)

新潟

神奈川(横浜)

下田

長崎

兵庫(神戸)

日米和親条約で開港の2港

(下田は，日米修好通商条約の締結で閉鎖)

⬆ **日米和親条約と日米修好通商条約の開港地**

★★★ 領事裁判権(治外法権)

罪をおかした外国人を，その国にいる領事が自分の国の法律で裁判できる権利。**日米修好通商条約**などでは，日本は相手国に対してこの権利を認めていたので，日本で罪をおかした外国人を，日本の法律で裁くことができませんでした。**領事裁判権(治外法権)の撤廃** [不平等条約の改正➡ P.582] が実現するのは，1894年です。

★★★ 関税自主権

国が輸入品にかける税金の税率(関税 [➡ P.291])を，自主的に決める権利のこと。**日米修好通商条約**などでは，日本に，この権利がありませんでした。**関税自主権の回復** [不平等条約の改正➡ P.582] が実現するのは，1911年です。

COLUMN くわしく

552

安政の大獄ってどんな事件？ 江戸幕府の大老井伊直弼は，自らの独裁的な政治に反感が強まると，反対派の大名，志士などを死罪や謹慎にするなど厳しく処罰しました。のちに15代将軍となる一橋(徳川)慶喜も，隠居・謹慎を命じられています。

歴史編

第1章 大むかしの暮らし

第2章 天皇と貴族の世の中

第3章 武士の世の中へ

第4章 全国統一

第5章 江戸幕府の政治

第6章 移り変わる武士の世の中

第7章 近代国家への歩み

第8章 日清・日露戦争と日本の動き

第9章 戦争と新しい日本の始まり

★★★ 吉田松陰

1830〜1859年。長州藩(山口県)の藩士。下田(静岡)でペリー [➡ P.551] の艦隊の船に乗りこもうとして失敗し、萩(山口県)の牢獄に入りました。おじが開いた松下村塾という塾を引き継ぎ、のちに倒幕運動や明治維新で活やくした、高杉晋作 [➡ P.554] や伊藤博文 [➡ P.575] らを育てました。しかし、幕府の対外政策を批判したためにとらえられ、処刑されました(安政の大獄)。

★★★ 桜田門外の変

1860年3月、大老井伊直弼 [➡ P.551] が暗殺された事件。井伊直弼の行った安政の大獄などに反発した水戸藩(茨城県)の浪士らが、江戸城の桜田門外で井伊直弼を暗殺しました。これ以後、幕府の力は急速におとろえました。

⬆ 桜田門外の変

(東京大学史料編纂所)

★★★ 尊王攘夷運動

外国人を追い払えという攘夷論と、天皇の権威を高めようとする尊王論が結びついた政治運動。開国後、政治や経済の面で外国からの圧力が強まるにつれ、水戸藩(茨城県)などの武士を中心に高まりました。やがて、運動の中心は長州藩 [➡ P.554] へと移りました。

★★★ 薩摩藩

江戸時代、現在の鹿児島県にあった藩 [➡ P.507]。1862年、生麦村(神奈川県横浜市)で薩摩藩士が、3人のイギリス人を殺傷しました(生麦事件)。イギリスは、この事件の報復として、翌年、鹿児島を砲撃しました(薩英戦争)。この砲撃によって、薩摩藩は欧米の力を知らされ、外国と戦うのでなく、強い国づくりを目指し、新しい政府をつくる運動(倒幕運動)へと進んでいきました。

外国の力を知った薩摩藩や長州藩は、倒幕へと進んでいったんだ。

COLUMN まめ知識

日本の国旗の始まりは? 1854年、日本の船と外国の船を区別するために、目印となる旗が必要になりました。勝海舟も乗っていた咸臨丸は、白地に赤い丸(日の丸)の船印(旗)を使いました。これが日本の国旗として日の丸が使われた最初だといわれています。

第7章 近代国家への歩み

重要度

★★★ 長州藩

江戸時代，現在の山口県にあった藩 [→ P.507]。1863年，長州藩は攘夷の実行のため，下関海峡を通る外国船を砲撃しました。翌年，砲撃に対する報復として，四国連合艦隊が下関を攻撃し，下関砲台を占領しました。この事件で長州藩は攘夷の不可能をさとり，強い国づくりを目指し，新しい政府をつくる運動(倒幕運動)へと進んでいきました。

★★★ 四国連合艦隊

下関砲台を占領したアメリカ合衆国，オランダ，フランス，イギリスの連合艦隊。1863年，長州藩が下関海峡を通る外国船を砲撃したため，翌年，報復のために下関を攻撃し，砲台を占領しました。

★★★ 高杉晋作

1839～1867年。江戸時代 [→ P.505] 末の長州藩(山口県)の武士。吉田松陰 [→ P.553] の松下村塾で学び，尊王攘夷運動 [→ P.553] に参加しました。四国連合艦隊の下関への砲撃で攘夷の不可能をさとり，外国に対抗できる統一国家をつくることが必要と考え，藩を率いて倒幕運動を進めました。

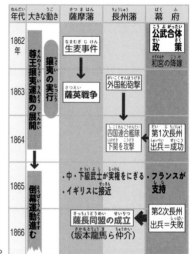

年代	大きな動き	薩摩藩	長州藩	幕府
1862年	尊王攘夷運動の展開 攘夷の実行	生麦事件		公武合体政策 和宮の降嫁
1863		薩英戦争	外国船砲撃	
1864			四国連合艦隊下関を攻撃	第1次長州出兵＝成功
1865	倒幕運動進む	・中・下級武士が実権をにぎる ・イギリスに接近		フランスが支持
1866		薩長同盟の成立 (坂本龍馬ら仲介)		第2次長州出兵＝失敗

🔷 薩摩藩・長州藩・幕府の動き

《横浜開港資料館》

🔷 下関砲台を占領する四国連合艦隊

★★★ 「ええじゃないか」

世直しを求める民衆運動の1つ。1867年，伊勢神宮(三重県)のお札が降ってきたといって，「ええじゃないか」とはやしながら踊り歩く騒ぎが，東海地方や近畿地方などで起こりました。これは，人々の世直しへの期待と，物価高などによる生活苦など，世の中への不安を表したものでした。

COLUMN くわしく

奇兵隊って何？ 高杉晋作が，下関海峡を通る外国船を砲撃した直後に結成した軍隊。長州藩(山口県)の正規軍ではないという意味。身分の低い武士，足軽，百姓，町人から組織し，実力中心主義でした。幕府による第2次長州出兵などで活やくをしました。

★★★ 薩長同盟

薩摩藩(鹿児島県) [➡ P.553] と長州藩(山口県)の軍事同盟。土佐藩(高知県)出身の坂本龍馬らは，欧米諸国に対抗できる強い国をつくるためには，敵対していた薩摩藩と長州藩が結びつくことが必要だと考えて，両藩の結集をはかりました。1866 年，両藩は坂本龍馬らの仲立ちで，薩長同盟を結ぶことに成功し，倒幕のためのさまざまな協力をすることを約束しました。

★★★ 坂本龍馬

1835～1867 年。土佐藩の下級武士。江戸に出て勝海舟 [➡ P.556] の教えを受け，尊王攘夷論から開国論にかわりました。そののち，幕府の海軍操練所で航海術を学び，長崎で海運会社「海援隊」を設立しました。1866 年，敵対していた薩摩藩(鹿児島県) [➡ P.553] と長州藩(山口県)を接近させ，薩長同盟を結ばせることに成功しました。1867 年，京都の近江屋で暗殺されました。

★★★ 徳川慶喜

1837～1913 年。江戸幕府 [➡ P.505] 最後の将軍。幕末の動乱期に 15 代将軍となり，幕政の改革をはかりました。しかし，倒幕派の勢力におされ，1867 年，政権を朝廷(天皇)に返上しました(大政奉還)。その後，王政復古の大号令 [➡ P.556] と同時に，官職と領地を返すことを命じられました。

★★★ 大政奉還

15 代将軍徳川慶喜が，1867 年に朝廷(天皇)に政権を返上したできごと。薩摩藩 [➡ P.553]，長州藩，公家などの武力倒幕の動きが高まる中，慶喜は新しい政府で中心に立とうとして，朝廷(天皇)に政権を返上しました。これで，約 260 年続いた江戸幕府はほろびました [➡ P.556]。

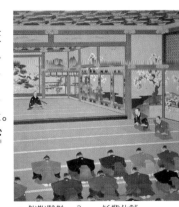

⬆ **大政奉還を告げる徳川慶喜**
(屯田丹陵「大政奉還」聖徳記念絵画館)

COLUMN くわしく **新撰(選)組って何？** 近藤勇，土方歳三らが組織した新撰組は，京都の警備を行う京都守護職配下の集団でした。1864 年，京都の旅館池田屋で尊王攘夷派の志士をおそったことで注目をあびました。これが，禁門の変(蛤御門の変)のきっかけとなったといわれています。

重要度
★★★

江戸幕府の滅亡

「ええじゃないか」[➡ P.554] や，一揆や打ちこわしなどが起こって社会不安が広がり，薩長同盟 [➡ P.555] が結ばれるなど倒幕運動が高まりました。このような中，15代将軍徳川慶喜 [➡ P.555] は，1867年，大政奉還 [➡ P.555] を行いました。これによって約260年続いた江戸幕府 [➡ P.505] はほろび，同時に鎌倉幕府 [➡ P.458] の成立から約700年続いた武家政治が終わりました。?で深める P.557

↑ 倒幕運動に活やくした人々と出身地

公家｜三条実美／岩倉具視
高杉晋作／井上馨／木戸孝允／伊藤博文／山県有朋
大隈重信／副島種臣／江藤新平
長州（山口県）／京都
肥前（佐賀県）
薩摩（鹿児島県）
土佐（高知県）／坂本龍馬／後藤象二郎／板垣退助
大久保利通／西郷隆盛

★★★

王政復古の大号令

1867年に，江戸幕府 [➡ P.505] を廃止し，天皇の政治にもどすことを宣言したもの。大政奉還 [➡ P.555] の2か月後に出されました。

★★★

勝海舟

1823〜1899年。江戸時代 [➡ P.505] 末〜明治時代 [➡ P.560] の武士・政治家。蘭学 [➡ P.543] や兵学を学び，長崎の海軍伝習所で海軍の技術を研究しました。1860年，咸臨丸の艦長としてアメリカにわたりました。戊辰戦争 [➡ P.559] では，幕府の代表として西郷隆盛 [➡ P.559] と交渉し，江戸城の無血開城を実現しました。

★★★

咸臨丸

江戸幕府海軍の軍艦。日本の船として初めての太平洋横断に成功しました。日米修好通商条約 [➡ P.552] の確認のため，アメリカ合衆国へ向かって出航しました。このときの艦長は，勝海舟でした。

↑ 咸臨丸 （横浜開港資料館）

COLUMN くわしく

江戸城の無血開城って？ 新政府軍と旧幕府軍との戦い（戊辰戦争）のとき，戦うことなく江戸城が新政府軍へ明けわたされたことをいいます。旧幕府の代表勝海舟と，新政府軍の西郷隆盛の話し合いで実現しました。

❓1 薩摩藩と長州藩はどのように倒幕を目指したの?

➡️ 開国後，薩摩藩と長州藩は，外国勢力を日本から追い出すこと（攘夷）が不可能であると知り，欧米諸国に対抗できる強い国をつくろうと考えました。

1866年，坂本龍馬らの仲介で2つの藩は薩長同盟を結び，協力して倒幕を目指しました。

❓2 徳川慶喜はなぜ大政奉還をしたの?

➡️ 薩長同盟が成立し，世直しを求める一揆や打ちこわしが起こる中で，15代将軍徳川慶喜は1867年，朝廷に政権を返上しました（大政奉還）。慶喜は一度政権を返したうえで，幕府に代わる新しい政府ができたら，その中で自分がリーダーになろうと考えていたためでした。

COLUMN はてな ❓で深める　江戸幕府滅亡のなぞ

薩長同盟成立！

ぜよ！

薩摩藩　長州藩

⬆️薩長同盟

❓3 朝廷はどのように対応したの?

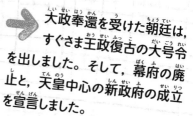

➡️ 大政奉還を受けた朝廷は，すぐさま王政復古の大号令を出しました。そして，幕府の廃止と，天皇中心の新政府の成立を宣言しました。

これによって，徳川慶喜は新政府に加わることができなくなりました。

第7章 近代国家への歩み

02 明治維新

さくっとガイド まずはここを読んで，時代の流れをつかもう！

明治新政府が成立！

これからは
〇〇県とし，
私が治める！

〇〇藩 → 〇〇県

政府が任命した役人（知事）

元の大名

江戸幕府に代わって成立した明治新政府は，日本を近代国家にするためのさまざまな政策を進めました。1868年，新政府の政治の基本方針である五か条の御誓文を発表しました。また，廃藩置県を行って，中央から府知事・県令（のちの県知事）を派遣し，地方の政治を行わせました。この結果，中央の政府が，全国を治めるしくみができあがりました。

豊かで強い国を目指して…

学制 徴兵令 地租改正

どれもみんなはんたーい！

明治新政府は，富国強兵の方針にもとづいて①学制を公布して，6歳以上の男女に義務教育を定め，近代的な学校制度の基本を定めました。②強い軍隊をつくるために徴兵令を出し，満20歳以上の男子に兵役の義務を負わせました。また，③地租改正を行い，土地の所有者に地租（税）として地価の3％を現金で納めさせることにしました。しかし，いずれも厳しすぎるとして反対一揆が起こりました。

戊辰戦争

重要度 ★★★

1868〜1869年の明治新政府軍と旧幕府軍の戦い。新政府に不満を持つ旧幕府側の諸藩や旧幕臣らは，各地で新政府軍と戦いました。1868年の鳥羽・伏見（京都府）の戦いに始まり，江戸城の無血開城，会津（福島県）戦争など，約1年半にわたって戦いが続きました。1869年の函館の五稜郭（北海道）の戦いで，新政府軍が旧幕府軍を破り，全国を完全に支配しました。

凡例
→ 新政府軍進路
→ 旧幕府軍退路
■ 主な倒幕派藩
■ 主な旧幕府方藩
× 主な戦場

五稜郭の戦い
（1868年12月〜69年5月）

会津戦争
（1868年8〜9月）

鳥羽・伏見の戦い
（1868年1月）

会津藩

桑名藩

長州藩

彰義隊の戦い
（1868年5月）

薩摩藩　土佐藩

↑ 戊辰戦争

西郷隆盛

★★★

1827〜1877年。薩摩藩 [➡ P.553] の藩士。倒幕運動の指導者。1866年に薩長同盟 [➡ P.555] を結んで倒幕運動を進め，戊辰戦争で新政府軍を指揮し，江戸城を無血開城しました。明治新政府の要職につきましたが，征韓論 [➡ P.565] が受け入れられずに政府を去り，1877年，西南戦争 [➡ P.573] を起こして敗れました。

大久保利通

★★★

1830〜1878年。薩摩藩 [➡ P.553] の藩士。倒幕運動の指導者。明治新政府の中心人物として，版籍奉還 [➡ P.560] や廃藩置県 [➡ P.561] などを行いました。また，地租改正 [➡ P.562] や殖産興業 [➡ P.562] 政策をおし進めて，征韓論 [➡ P.565] を退け，中央集権政治の確立に努めました。

木戸孝允（桂小五郎）

★★★

1833〜1877年。長州藩 [➡ P.554] の藩士。倒幕運動の指導者。1866年に薩長同盟 [➡ P.555] を結んで倒幕運動を進め，のちに明治新政府の中心人物となりました。五か条の御誓文 [➡ P.560] の草案作成に参加し，版籍奉還 [➡ P.560] や廃藩置県 [➡ P.561] などをおし進めました。

西郷隆盛・大久保利通・木戸孝允は維新の三傑と呼ばれているよ。

COLUMN
くわしく

一世一元の制って何？　天皇一代の間は年号（元号）を変えることなく1つの年号を用いる制度。明治時代から取り入れられました。それまでは，よいことがあったり，天災が起こったりした場合や，政治上で大きな問題が起こったりしたときなどに年号を変えることがありました。

第**7**章 近代国家への歩み

重要度

★★★ 明治時代

1868年の明治政府成立から，1912年7月30日の明治天皇が亡くなるまでの時代。

★★★ 明治維新

明治新政府が，日本を近代化するために行った改革と，それにともなう社会の動き。**五か条の御誓文**で新しい政治の方針を示し，**富国強兵と殖産興業** [➡ P.562] を目指して，さまざまな改革を行いました。

太政官（政府の最高官庁）

左院（法律をつくる機関）	正院（太政官の最高機関）	右院（行政をつかさどる機関）
太政大臣 (34歳) 三条実美	左大臣 （欠員）	右大臣 (46歳) 岩倉具視

参議
- (44歳) 西郷隆盛 肥
- (38歳) 木戸孝允 長
- (34歳) 板垣退助 土
- 大隈重信 肥

⬆ **明治新政府のしくみ（1871年8月）**

- 公 公家出身
- 薩 薩摩藩 〃
- 長 長州藩 〃
- 土 土佐藩 〃
- 肥 肥前藩 〃

- 神祇官 (神道)
- 外務省 (外交)
- 大蔵省 (財政) 大久保利通 (長官41歳)
- 兵部省 (軍事)
- 文部省 (教育) 大木喬任 39歳
- 工部省 (産業)
- 司法省 (法律)
- 宮内省 (皇室)

★★★ 五か条の御誓文

明治新政府の政治の基本方針。1868年，天皇が公家（貴族）や大名を率いて，神に誓うという形で出されました。世論の尊重，国民の一致協力，旧制度の改革，先進文明を取り入れることなどが述べられています。

史料 **五か条の御誓文（現代語訳）**

一，政治は，会議を開いてみんなの意見を聞いて決めよう。
一，みんなが心を合わせて，国の政治を行おう。
一，すべての人々の願いがかなえられるような政治を行おう。
一，これまでの悪いならわしは改めよう。＊
一，新しい知識を世界に学ぼう。

＊悪いならわしとは攘夷のこと。

★★★ 五榜の掲示

国民の守るべき心得を示した，5枚の立て札。1868年，**五か条の御誓文**が出された翌日に，殺人・放火・盗みの禁止，キリスト教の禁止などを示しました。これは，江戸時代とあまり変わらない方針でした。

★★★ 版籍奉還

1869年，藩主（大名）に土地と人民を天皇（朝廷）に返させた政策。明治新政府の成立後も，大名が領地（藩）の支配を続けていました。**大久保利通** [➡ P.559] や**木戸孝允** [➡ P.559] らは，中央集権国家をつくるために，藩に土地（版図）と人民（戸籍）の支配権を朝廷に返させました。

COLUMN
くわしく

藩閥政府って何？　明治新政府は，倒幕運動に活やくした薩摩（鹿児島県）・長州（山口県）・土佐（高知県）・肥前（佐賀県）の4藩の出身者が要職を独占したことから，藩閥政府と呼ばれました。のちにおこった自由民権運動では，この藩閥政府の打倒が目標とされました。

★★★ 廃藩置県

1871年，藩 [➡ P.507] をやめて，全国に府と県を置いた政策。**版籍奉還**ののちも旧藩主（知藩事）と人民の間に封建的な関係が残りました。明治新政府は，これを完全に断ち切るために廃藩置県を行い，中央から府には府知事を，県には県令（のちの県知事）を派遣して地方政治にあたらせました。こうして，中央集権政治の基礎が確立しました。

★★★ 四民平等

江戸時代 [➡ P.505] の身分制度 [➡ P.514] をやめて，皇族以外の四民（武士や百姓・町人）をすべて平等にしようとした政策。明治新政府は，天皇の一族を皇族，公家（貴族）・**大名** [➡ P.507] を華族，**武士** [➡ P.514] を士族，**百姓** [➡ P.515]・**町人** [➡ P.516] を平民としました。

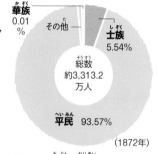

華族 0.01%
その他
士族 5.54%
総数 約3,313.2万人
平民 93.57%
（1872年）

⬆ **新しい身分の割合**

★★★ 解放令

1871年，「えた・ひにん」など差別されてきた身分をやめるとした法令。これにより，差別されてきた人々も平民とされましたが，それに見合う十分な政策が行われなかったため，結婚や職業などで差別は根強く残りました。

★★★ 富国強兵

経済を発展させて国力を向上させ，強力な軍隊を整備することを目指して，明治新政府がかかげたスローガン（標語）。新政府は，欧米諸国に対抗できる国づくりを目指しました。この政策の中心は，学校制度の基本を定めた**学制**や，税制の改革（**地租改正** [➡ P.562]），兵制（**徴兵令** [➡ P.562]）の実施でした。

★★★ 学制

1872年，近代的な学校制度の基本を定めた法令。全国に小学校をつくり，6歳以上のすべての男女に教育を受けさせることを定めました。しかし，授業料や学校建設のための費用を負担しなければならないことや，働き手（児童）を失うなどの理由で，学制反対の一揆が各地で起こりました。

COLUMN くわしく　**家禄制度って何？**　江戸時代，武士が主君から給与を受けた制度。明治時代になっても続いていましたが，1876年に廃止されました。生活に苦しむようになった士族（武士）の中には，慣れない商売を始める者もいましたが，失敗する者が多くいました（士族の商法）。

第1章 大むかしの暮らし
第2章 天皇と貴族の世の中
第3章 武士の世の中へ
第4章 全国統一
第5章 江戸幕府の政治
第6章 移り変わる武士の世の中
第7章 近代国家への歩み
第8章 日清・日露戦争と日本の動き
第9章 戦争と新しい日本の始まり

第7章 近代国家への歩み

殖産興業

重要度 ★★★

明治新政府が近代産業の育成をはかった政策。まだ民間には近代工業をおこす力がなかったため、政府の力で外国から機械を買い入れ、外国人技術者を招いて、官営の製糸・紡績工場や軍事工場などの**官営(模範)工場**を設立しました。1872 年には**富岡製糸場**が生産を始めました。また、内国勧業博覧会を開いて、欧米の新しい技術の紹介や普及をはかりました。

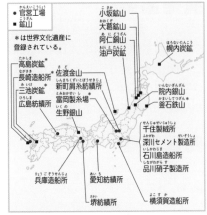

↑ **主な官営(模範)工場と鉱山**

徴兵令

重要度 ★★★

1873 年、満 20 歳になった男子に 3 年間の兵役の義務を定めた法律。最初は多くの免除規定(役人や長男は免除など)がありました。**富国強兵** [→ P.561] 政策に基づいて制定され、西洋式の常備軍が誕生し、近代的な軍隊制度が整いました。しかし、農民は一家の労働力をうばうものとして、士族は武士の特権をうばうものとして、各地で徴兵令に反対する一揆が起こりました。

地租改正

重要度 ★★★

税収入を安定させるため、1873 年から実施された、土地制度と税制の改革。全国の土地を調査して**地価**(土地の値段)を決め、土地の所有者に地券を発行しました。そして、土地の所有者に**地租**(土地にかかる税)として**地価の 3%**を現金で納めさせました。収かく量が変動する米から現金にかわったことで、政府の税収入は安定しましたが、農民の負担は以前とほとんど変わらなかったため、地租改正反対一揆が起こりました。

地券には、土地の広さ・所有者・地価などが書かれているよ。

COLUMN
くわしく

血税一揆って何のこと?　徴兵令の中に、徴兵の義務を「西洋人はこれを血税という。その生き血をもって国に報いるという意味である」とあったことから、人々が、実際に血をとられると誤解して血税一揆を起こしたといわれています。

★★★ 官営（模範）工場

明治新政府が，**殖産興業**政策に基づいて，近代産業を育成するために建設した工場。**富岡製糸場**をはじめ，軍事工場，製紙工場，製鉄所などを，政府が直接経営しました。

★★★ 富岡製糸場

1872年に，群馬県の富岡市に建設された**官営（模範）工場**。全国から女性（工女）を集めて，政府が招いたフランス人技師の指導のもと，大規模に生糸の生産を行いました。ここで技術を取得した工女たちは，こののち，各地につくられた民間の製糸工場で技術を指導する役割を果たしました。

↑ **富岡製糸場** （個人蔵）

★★★ 岩倉使節団

1871年，**岩倉具視**を全権大使とし，**大久保利通** [➡ P.559]，**木戸孝允** [➡ P.559]らを副使として，アメリカやヨーロッパに派遣された使節団。幕末に幕府が結んだ**不平等条約の改正** [➡ P.582]のための交渉にあたり，欧米の進んだ政治，社会，産業の様子を視察しました。条約改正のための交渉は，日本の近代化のおくれを理由に相手にされませんでしたが，視察を通して日本の内政の充実や政治制度の整備の必要性を痛感し，1873年に帰国しました。

↑ **岩倉使節団**

★★★ 岩倉具視

1825～1883年。江戸時代末～明治時代の公家(貴族)出身の政治家。幕末に倒幕派の志士らと結んで運動を進め，**薩摩藩** [➡ P.553]（鹿児島県）の**大久保利通** [➡ P.559]らとはかり，**王政復古の大号令** [➡ P.556]を出すことに成功しました。明治新政府では，**版籍奉還** [➡ P.560]や**廃藩置県** [➡ P.561]をおし進めました。**岩倉使節団**の全権大使を務めました。

COLUMN
まめ知識

お雇い外国人ってどんな人？　政府が招いた外国人たちは，日本の近代化に大きな役割を果たしました。政府は外国人たちに高い給料を支払いました。例えば，富岡製糸場のフランス人技師ブリューナの給料は，月に600円(現在の1200万円ほど)でした。

歴史編

第1章 大むかしの暮らし
第2章 天皇と貴族の世の中
第3章 武士の世の中へ
第4章 全国統一
第5章 江戸幕府の政治
第6章 移り変わる武士の世の中
第7章 近代国家への歩み
第8章 日清・日露戦争と日本の動き
第9章 戦争と新しい日本の始まり

重要度
★★★

津田梅子

1864〜1929年。明治時代〜大正時代の教育者。1871年，7歳のときに留学生として**岩倉使節団** [→P.563]とともにアメリカ合衆国にわたり，1882年に帰国し，1889年に再びアメリカにわたって教育を受けました。1900年，女子英学塾（津田塾大学の前身）をつくり，女子教育に力をつくしました。

（国立国会図書館）

↑ 津田梅子

★★★

樺太・千島交換条約

1875年，日本とロシアの国境を決めた条約。1854年の日露和親条約では，千島列島は択捉・ウルップ両島の間を国境とし，樺太（サハリン）は両国の人の雑居地とされていました。樺太はどちらの領土か不明確だったため，**樺太・千島交換条約**で，樺太をロシア領，千島列島全部を日本領と決めました。

★★★

日本の領土の画定

日本は，周辺の外国との間で国境がはっきりしていないところがあり，国境を定め領土を画定することは，近代国家として重要な課題でした。そこで，千島列島，小笠原諸島を日本領としました。薩摩藩に支配されながら中国にも従っていた琉球王国は，まず琉球藩とし，1879年に沖縄県としました（琉球処分）。

1875年　樺太・千島交換条約で交換

1876年　日朝修好条規で進出

樺太（ロシア）

千島列島（日本）

1876年　領有宣言

小笠原諸島

朝鮮

日本

台湾（清）　台湾出兵 10/4頃

琉球　1872年　琉球藩を置く　1879年　沖縄県とする

↑ **明治初期の日本の領土の画定**

日本の領土の範囲を地図で確認しよう。

COLUMN
くわしく

渋沢栄一ってどんな人？　幕臣から明治政府の役所で働き，フランスなどで学んだ知識をもとに，金融，貨幣制度などの改革にたずさわりました。その後，実業界に転じ，多くの株式会社を設立しました。1873年には，日本で最初の銀行をつくりました。

| 3年 | 4年 | 5年 | (6年) | 発展 |

歴史編

第1章 大むかしの暮らし

第2章 天皇と貴族の世の中

第3章 武士の世の中へ

第4章 全国統一

第5章 江戸幕府の政治

第6章 武士の世の中 移り変わる

第7章 近代国家への歩み

第8章 日清・日露戦争と日本の動き

第9章 戦争と新しい日本の始まり

★★★ 屯田兵

北海道の開拓とロシアに対する警備にあたった，農業も行う兵士。北海道は明治政府の手で開発が進められ，1874年に屯田兵制度が設けられ，失業した士族を中心に，のちに平民も屯田兵として移住してきました。

↑ 北海道の開拓を進める屯田兵
（高村真夫「北海道巡幸屯田兵御覧」聖徳記念絵画館）

★★★ 日清修好条規

1871年に，日本と清（中国）との間で結ばれた対等な条約。国交を開き，輸入品にかける関税を協定で最低にすることにし，**領事裁判権（治外法権）** [⇒ P.552] を相互に認めました。

★★★ 征韓論

朝鮮を武力で開国させようとする考え。鎖国を続ける朝鮮を武力によってでも開国させようと決定しましたが，**岩倉使節団** [⇒ P.563] として欧米から帰国した**大久保利通** [⇒ P.559] らの反対で中止されました。征韓論を主張していた，**西郷隆盛** [⇒ P.559] や**板垣退助** [⇒ P.574] らは政府を去りました。

★★★ 日朝修好条規

1876年に，日本と朝鮮との間で結ばれた，朝鮮にとって不平等な条約。この条約は日本が朝鮮を独立国と認めるが，日本に**領事裁判権（治外法権）** [⇒ P.552] や関税の免除を認めるなど，幕末に日本が欧米諸国と結んだ**日米修好通商条約** [⇒ P.552] などと同じように，朝鮮にとって不平等な内容でした。

日清修好条規と日朝修好条規，似ているから気をつけよう。

COLUMN まめ知識

「少年よ，大志をいだけ」 アメリカの科学者・教育家であるクラークの言葉。1876年に来日し，北海道の札幌農学校（北海道大学農学部の前身）の教頭として，近代的な教育を行いました。翌年帰国するときに，学生たちにこの有名な言葉を残したといわれています。

03 文明開化

文明開化って何だろう？

あいすくりん
あんパン
牛なべ
鉄道

　幕末から明治時代の初めにかけて，欧米の文化が急速に入りこみ，大都市で暮らす人々の生活や文化が大きく変化しました。これを文明開化と呼んでいます。
　横浜（神奈川県）や神戸（兵庫県）などの開港地が，外国からの文化が入る窓口となりました。
しかし，地方の農山村や漁村にはほとんど広がりませんでした。

こんなところで文明開化！

天は人の上に人をつくらず人の下に人をつくらずと言い……
『学問のすゝめ』
鉄道馬車
人力車
ざんぎり頭
ガス灯
洋服
れんがづくりの建物
ざんぎり頭をたたいてみれば，文明開化の音がする

　大都市では，れんがづくりの洋風建築，ガス灯，洋服，洋食，ざんぎり頭などが見られるようになりました。人力車や鉄道馬車も走るようになり，郵便制度もできました。また，これまでの太陰暦をやめて，太陽暦を採用し，1日24時間制や七曜制（1週間7日制）も取り入れられました。
　新しい思想としては，福沢諭吉が『学問のすゝめ』を著して，人の平等や学問の必要性などを説きました。

重要度
★★★

文明開化

明治時代 [➡ P.560] の初期に欧米の近代文化が広がり，生活の面でも大きく変化していった動き。れんがづくりの洋館，ガス灯，人力車，鉄道馬車，牛なべなど，大都市を中心に，人々の衣食住が大きく変化しました。また，暦は太陰暦から**太陽暦**に代わりました。しかし，農山村や漁村では江戸時代 [➡ P.505] とあまり変わらない暮らしが続いていました。

↑ **明治時代中ごろの銀座通り（東京都）** (味燈書屋)

★★★

太陽暦

太陽の動きをもとにした暦。暦を欧米に合わせて，それまでの月の動きをもとにした太陰暦をやめて，太陽暦を採用しました。明治5年(1872年)12月3日を明治6年(1873年)1月1日とし，1日24時間制や1週間を7日とする七曜制も取り入れ，日曜日が休日とされました。

★★★

郵便制度

江戸時代に手紙や荷物を運んだ飛脚に代わる通信制度。1871年，**前島密**の努力で郵便制度が整えられました。郵便はまず，東京・京都・大阪間で始められましたが，1873年には，全国均一料金で手紙やはがきが出せるようになりました。

COLUMN まめ知識

役人の給料，払いすぎ？ 太陰暦では，1月～12月のほかに閏月（暦を調整するために加える月）のある年がありました。1873年がその年で，役人に年間13か月分の給料が必要でした。この1か月分を支払わなくてすむように，12月に太陽暦を採用したともいわれています。

重要度

★★★ 鉄道の開通

1872年，イギリスから資金と技術を導入して，新橋(東京都)－横浜(神奈川県)の間に日本で最初の鉄道が開通しました。2年後の1874年には，大阪－神戸(兵庫県)間にも鉄道が開通し，1889年には，東海道線(新橋－神戸間)が全線開通しました。

⬆ 開通したころの鉄道　　　(味燈書屋)

★★★ 福沢諭吉

1834～1901年。明治時代の思想家。豊前(大分県)中津藩の藩士でした。長崎や大阪で蘭学 [➡ P.543] を学び，幕府の使節に従って欧米にわたり，見聞を広めました。『西洋事情』や『学問のすゝめ』を著して，西洋の近代思想を日本に紹介しました。また，慶応義塾(現在の慶応義塾大学)を創設しました。

★★★ 『学問のすゝめ』

福沢諭吉が著した書物。「天は人の上に人をつくらず，人の下に人をつくらずと言えり」という書き出しで始まり，人は生まれながらに平等であることや，自立・独立，学問の大切さなどを説いています。全17編の合計の発行部数が，300万部をこえる大ベストセラーになりました。

⬆ 福沢諭吉　　　(国立国会図書館)

★★ 北里柴三郎

1852～1931年。熊本県出身の細菌学者。ドイツに留学してコッホに学び，破傷風の治療法を発見しました。帰国後，福沢諭吉の援助で伝染病研究所をつくり，その後，香港でペスト菌を発見しました。また，私立の北里研究所(現在の北里大学)をつくりました。門下生に志賀潔らがいます。

北里柴三郎は，世界的な発見をしたんだね。

日本での近代的な印刷はだれが始めたの? 幕末に長崎で通詞(通訳)の仕事をしていた本木昌造です。通詞をしながら活字の製造などに力をつくし，日本で初めて鉛製の活字をつくることに成功しました。その後，印刷所を設立するなど，日本の近代印刷のもとを築きました。

歴史編

第**1**章 大むかしの暮らし

第**2**章 天皇と貴族の世の中

第**3**章 武士の世の中へ

第**4**章 全国統一

第**5**章 江戸幕府の政治

第**6**章 移り変わる武士の世の中

第**7**章 近代国家への歩み

第**8**章 日清・日露戦争と日本の動き

第**9**章 戦争と新しい日本の始まり

★★★ 志賀潔

1870～1957年。宮城県出身の細菌学者。伝染病研究所に入り，北里柴三郎のもとで細菌学を研究し，赤痢菌を発見しました。のちにドイツに留学し，免疫学・結核などの研究を行いました。北里研究所の創設に参加しました。

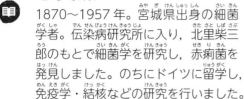

	科学者	業績
医学	北里柴三郎	破傷風の血清療法 ペスト菌の発見
	志賀 潔	赤痢菌の発見
	野口 英世	黄熱病の研究
化学	高峰 譲吉	タカジアスターゼの創製
	鈴木梅太郎	ビタミンB_1の創製
物理学	大森 房吉	地震計の発明
	木村 栄	緯度の変化の研究
	長岡半太郎	原子模型の研究

⬆ 代表的な科学者とその業績

★★★ 野口英世

1876～1928年。福島県出身の細菌学者。伝染病研究所で北里柴三郎に学び，のちにアメリカ合衆国にわたって蛇毒の研究を行いました。梅毒の病原菌の研究でも知られました。そののち，黄熱病の研究のためにわたったアフリカのガーナで，黄熱病に感染して亡くなりました。

★★★ 坪内逍遙

1859～1935年。岐阜県出身の小説家・劇作家。1885年に『小説神髄』を著して人間のありのままの姿をとらえようとする写実主義を唱え，近代文学の先がけとなり，『早稲田文学』を創刊しました。その後，島村抱月らと文芸協会を設立し，新劇の発展につくしました。また，シェークスピアの作品を日本語に訳し，日本に紹介しました。

★★★ 二葉亭四迷

1864～1909年。東京都出身の小説家・ほん訳家。坪内逍遙の指導で創作を始め，文章を口語体（話し言葉）で表す言文一致体による，日本で最初の小説，『浮雲』を発表しました。また，ロシア文学を日本に紹介しました。

いろいろな作家の作品を，一度読んでみよう。

COLUMN まめ知識　**「ざんぎり頭」って，どんな髪型？**　1871年に明治政府が，それまでの男性の髪型である「ちょんまげ」をやめてもよいとし，髪の毛を短く切った「ざんぎり頭」が流行しました。文明開化のシンボルとされ，「ざんぎり頭をたたいてみれば，文明開化の音がする」といわれました。

重要度
★★★

樋口一葉

1872〜1896年。東京都出身の女性の小説家。苦しい生活の中で小説家をこころざしました。『たけくらべ』を発表して認められましたが，病気のため，25歳の若さで亡くなりました。代表作に『たけくらべ』，『にごりえ』，『十三夜』などがあります。

★★★

岡倉天心

1862〜1913年。明治時代の日本美術界の指導者。明治維新後，日本の伝統的な文化がおとろえたことから，**フェノロサ**（1853〜1908年，アメリカ合衆国の哲学者・日本美術研究家）とともに，日本美術の保護，復興や普及に努めました。東京美術学校（現在の東京芸術大学）の初代校長を務め，その後，日本美術院を創立して新しい日本画の創造に力をつくしました。

岡倉天心やフェノロサが，日本美術復興の中心になったんだね。

★★★

狩野芳崖

1828〜1888年。江戸時代末〜明治時代の日本画家。フェノロサに才能を認められ，橋本雅邦（1835〜1908年）らとともに日本画の再興につくしました。狩野派のきびしい筆法に，西洋画の豊かな色彩を取り入れた新しい日本画をえがきました。代表作に「悲母観音」があります。

★★★

横山大観

1868〜1958年。明治時代〜昭和時代の日本画家。東京美術学校（現在の東京芸術大学）の第1回の卒業生。日本美術院の創立に加わり，岡倉天心の東洋美術の理想を受けつぎました。菱田春草（1874〜1911年）とともに，近代的な日本画や水墨画の発展に努めました。代表作に「無我」，「生々流転」などがあります。

↑ **無我（横山大観画）**
（東京国立博物館蔵／Image:TNM Image Archives）

COLUMN
くわしく

岩崎弥太郎って何をした人？　土佐藩（高知県）出身の実業家。藩の船を借りて海運業を始め，明治時代に郵便汽船三菱会社を設立して発展させ，三菱財閥のもとを築きました。

★★★ 黒田清輝

1866～1924年。明治時代～大正時代の洋画家。フランスで洋画を学び、帰国後、東京美術学校（現在の東京芸術大学）の西洋画科の教授となりました。また、洋画団体の白馬会を創立し、新しい洋画発展の基礎を築きました。印象派の明るい画風が特色です。代表作は「湖畔」、「読書」です。

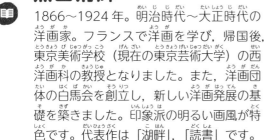

（東京国立博物館所蔵（提供：東京文化財研究所））

⬆ 湖畔（黒田清輝画）

★★★ 高村光雲

1852～1934年。明治時代～昭和時代の彫刻家。おとろえていた日本の伝統的な彫刻（木彫り）の復興に力を注ぎました。西洋彫刻の写実主義に関心を寄せ、伝統技術を引きつぎながら、近代的な彫刻（木彫り）をつくりました。代表作は「老猿」です。

（東京国立博物館）

⬆ 老猿（高村光雲作）

★★★ 森鷗外

1862～1922年。明治時代～大正時代の軍医・文学者。陸軍の軍医としてドイツに留学しました。自然主義の文学に反対して、多くのロマン主義的な作品やほん訳を発表し、晩年は歴史小説を著しました。代表作に『舞姫』、『阿部一族』、『山椒大夫』があります。

★★★ 夏目漱石

1867～1916年。明治時代～大正時代の小説家。愛媛県の松山中学などで英語教師を務めたのち、イギリスに留学しました。自然主義の文学に反対して、個人の生き方を深く見つめる作品を多く発表しました。代表作に『吾輩は猫である』、『坊っちゃん』があります。

夏目漱石の作品、読んでみようね。

COLUMN まめ知識

日本のルソーって？ ルソーは人民主権を説いたフランスの思想家です。土佐藩（高知県）出身の思想家・政治家の中江兆民は、フランス留学から帰国後、ルソーの『社会契約論』をほん訳して『民約訳解』を発表しました。このため、「東洋のルソー」と呼ばれました。

04 自由民権運動と憲法の制定

自由民権運動って何だろう?

自由民権運動は,藩閥政治に対して,憲法を制定して国会を開き,国民を政治に参加させることを要求した運動です。1874年に,板垣退助らが政府に民撰(選)議院設立の建白書を提出したことが自由民権運動の口火となりました。1881年,政府が10年後に国会を開くことを約束すると,板垣退助らは自由党を,大隈重信らは立憲改進党を結成して備えました。

これが大日本帝国憲法だ!

1889年,明治天皇が国民にあたえるという形で大日本帝国憲法が発布されました。ドイツの憲法を手本に,伊藤博文が中心となって草案をつくったもので,天皇が国の元首として,多くの絶対的な権限を持ちました。帝国議会は,貴族院と衆議院の二院制で構成されました。衆議院議員の選挙権所有者は,年に一定以上の税金を納める満25歳以上の男子だけでした。

西南戦争

重要度 ★★★

1877年，明治新政府の政治に不満を持つ鹿児島の士族らが，征韓論 [→ P.565] で敗れて政府を去った**西郷隆盛** [→ P.559] を中心にして起こした反乱。徴兵令 [→ P.562] でつくられた近代的な政府軍に敗れました。

西南戦争は政府に不満を持つ人々の最後の武力による反抗となり，こののちは言論による政府批判に移り変わりました。

・主な士族の反乱地

秋月の乱 1876年

萩の乱 1876年
前原一誠ら

萩
佐賀 ・秋月
熊本
鹿児島

佐賀の乱 1874年
江藤新平ら

西南戦争 1877年
西郷隆盛ら

神風連の乱 1876年

⬆ **主な士族の反乱地**

自由民権運動

重要度 ★★★

国会開設などを求める政治運動。1874年，**板垣退助** [→ P.574] らは，**民撰（選）議院設立の建白書(意見書)**を藩閥政府(薩摩藩 [→ P.553]・長州藩 [→ P.554]・土佐藩・肥前藩の出身者を中心とする政府)に提出し，憲法を制定して国会を開き，国民を政治に参加させるべきと主張しました。これをきっかけとして自由民権運動が始まりました。**？で深める P.577**

⬆ **自由民権運動の演説会**
(東京大学法学部附属明治新聞雑誌文庫)

民撰（選）議院設立の建白書

重要度 ★★★

1874年，**板垣退助** [→ P.574] らが，政府に対して，国会を開いて国民を政治に参加させることなどを要求した意見書。これが，**自由民権運動**のきっかけとなりました。

国会開設の勅諭

重要度 ★★★

1881年，政府が天皇の名で10年後に国会を開くことを約束したこと。**自由民権運動**が高まってくると，政府は天皇の名で国会の開設と憲法の制定を約束しました。自由民権運動を進めていた人々は，国会開設に備えて**政党** [自由党・立憲改進党➡ P.574] を結成しました。

COLUMN まめ知識　**維新の三傑の最期！**　1877年5月に木戸孝允が病死し，同年9月には，西郷隆盛が西南戦争に敗れて自殺しました。1878年5月には大久保利通が政府に不満を持つ士族に暗殺され，維新の三傑と呼ばれた3人は，1年の間に相次いで亡くなりました。

歴史編

第1章 大むかしの暮らし

第2章 天皇と貴族の世の中

第3章 武士の世の中へ

第4章 全国統一

第5章 江戸幕府の政治

第6章 移り変わる武士の世の中

第7章 近代国家への歩み

第8章 日清・日露戦争と日本の動き

第9章 戦争と新しい日本の始まり

第7章 近代国家への歩み

重要度
★★★ 板垣退助

1837～1919年。明治時代～大正時代の政治家，土佐藩（高知県）出身。戊辰戦争 [➡ P.559] で活やくし，明治新政府の要職につきますが，征韓論 [➡ P.565] が敗れて政府を去りました。1874年，政府に民撰(選)議院設立の建白書 [➡ P.573] を出して，自由民権運動 [➡ P.573] を始め，1881年，自由党を結成しました。

⬆ 刺客におそわれた板垣退助
（味燈書屋）

★★★ 自由党

1881年，板垣退助らが結成した，日本で最初の全国的な政党。国会開設の勅諭 [➡ P.573] が出されたあと，板垣退助や後藤象二郎らが結成しました。フランスの人権思想の影響を受け，急進的な思想を持っていました。しかし，政府が激しく弾圧したため，各地で自由党員による暴動が起こり，1884年に解散しました。

★★★ 大隈重信

1838～1922年。明治時代～大正時代の政治家，肥前藩（佐賀県）出身。1881年，国会を早く開くことを主張したため政府から追放され，翌年，立憲改進党を結成しました。1898年には，板垣退助と隈板内閣をつくり，内閣総理大臣となりました。東京専門学校（現在の早稲田大学）を創設しました。

★★★ 立憲改進党

1882年，大隈重信らが結成した政党。国会開設の勅諭 [➡ P.573] が出されたあと，大隈重信や尾崎行雄らが結成しました。イギリス流のおだやかな議会政治を主張しました。

政党ごとにちがいがあるんだね。

⚖ ⬆ 比～る 自由党と立憲改進党

自由党		立憲改進党
板垣退助	党首	大隈重信
フランスの人権思想	特色	イギリスの立憲思想
士族・豪商・地主・農民	主な支持者	都市の商工業者・知識階級

COLUMN くわしく

士族の反乱にはどんなものがあったの？ 　新政府に不満を持った士族らは，佐賀の乱（佐賀県），神風連の乱（熊本県），秋月の乱（福岡県），萩の乱（山口県）など，各地で反乱を起こしましたが，いずれも政府軍にしずめられました。

歴史編

第1章 大むかしの暮らし

第2章 天皇と貴族の世の中

第3章 武士の世の中へ

第4章 全国統一

第5章 江戸幕府の政治

第6章 移り変わる武士の世の中

第7章 近代国家への歩み

第8章 日清・日露戦争と日本の動き

第9章 戦争と新しい日本の始まり

★★★ 秩父事件

1884年，埼玉県秩父地方で起きた農民と**自由党**員らによる事件。生活に苦しむ農民らによる秩父困民党と自由党員を中心とする約1万人の農民が，高利貸しや郡役所などをおそいましたが，警察や軍隊にしずめられました。

区分別党員数（1884年）
1～50人
51～100人
101人以上

秩父事件（1884年10月）
群馬事件（1884年5月）
飯田事件（1884年12月）
高田事件（1883年3月）
大阪事件（1885年11月）
福島事件（1882年11月）
名古屋事件（1884年10月）
静岡事件（1886年6月）
加波山事件（1884年9月）

↑ 各地の主な激化事件

★★★ 伊藤博文

1841～1909年。明治時代の政治家，長州藩（山口県）出身。**大久保利通** [➡ P.559] の死後，明治政府の中心となりました。ヨーロッパで憲法調査を行い，中心となって**大日本帝国憲法**の草案を作成しました。1885年に初代の内閣総理大臣，のちに初代**韓国統監** [➡ P.588] となりました。1909年に韓国の独立運動家に射殺されました。

★★★ 内閣（制度）

1885年に，太政官制をやめて設置された，内閣総理大臣と国務大臣からなる国の最高の行政機関。初代内閣総理大臣は，**伊藤博文**でした。

★★★ 大日本帝国憲法

1889年2月11日に発布された，国の最高法規。伊藤博文がヨーロッパで憲法を調べ，君主権の強いドイツの憲法にならって憲法草案がつくられ，明治天皇が国民にあたえるという形で発布されました。**天皇** [➡ P.433] が国の元首として，**統治権**，陸海軍の**統帥権**など多くの絶対的な権限を持ちました。内閣，議会，裁判所は天皇を補佐する機関とされ，国民は天皇の臣民とされて，法律の範囲内でしか基本的人権は認められませんでした。

史料 **大日本帝国憲法（一部）**

第一条 大日本帝国ハ万世一系ノ天皇之ヲ統治ス
第三条 天皇ハ神聖ニシテ侵スヘカラス
第四条 天皇ハ国ノ元首ニシテ統治権ヲ総攬シ…
第十一条 天皇ハ陸海軍ヲ統帥ス

COLUMN くわしく **私擬憲法って？** 私擬憲法は，政党や一般の人々がまとめた憲法案の総称で，多くのものは立憲君主制を定めて，国民の自由と権利を認めていました。イギリス流の二院制の議会政治を取り入れ，政府が議会の支持にもとづいて政治を運営する内容が主流でした。

重要度
★★★

選挙権

帝国議会の衆議院議員を選挙する権利。最初の衆議院議員選挙では，満25歳以上の男子で，1年に直接国税（地租 [→ P.562] と所得税）を15円以上納める者に限られました。当時の有権者は約45万人で，当時の全人口の約1.1％でした。

★★★

帝国議会

大日本帝国憲法 [→ P.575] のもとで開かれた議会。**衆議院**と**貴族院**の二院制で，1890年から1947年まで続きました。天皇の権限が強く，議会の権限は弱いものでした。初期の議会では，増税，軍備拡張を主張する政府に対し，民党(野党)は地租の軽減，軍事予算反対などを主張して対立しました。

↑ 第1回帝国議会 　　(山口県立山口博物館)

★★★

衆議院

帝国議会の二院のうちの1つ。選挙で選ばれた300人の議員で構成され，任期は4年で，解散もありました。貴族院とほぼ同等の権利を持っていましたが，予算案については貴族院よりも先に審議することになっていました。

★★★

貴族院

帝国議会の二院のうちの1つ。皇族や華族の代表，天皇が任命した議員など251名（第1回帝国議会）で構成されました。予算の先議権がなかったことのほかは，衆議院とほぼ同等の権限を持っていました。

★★★

教育勅語

1890年に出された教育の基本方針。天皇中心の国づくりを支える教育を説き，個人よりも国家の利益を優先する国家主義の教育を目指しました。

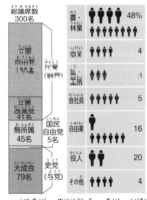

総議席数
300名

	農・林業	48%
	商業	4
	工業	
	会社員	5
立憲自由党 130名 (野党) / 立憲改進党 41名 / 無所属 45名 / 大成会 79名 (与党) / 国民自由党 5名	自由業	16
	役人	20
	その他	4

↑ 衆議院の勢力分布と議員の職業

COLUMN
くわしく

元老って？　昭和時代の太平洋戦争前まで置かれた，天皇の相談役のような地位。憲法には定められていない地位でしたが，次の総理大臣の人選で意見を述べるなど大きな力がありました。主な元老は，伊藤博文，黒田清隆，山県有朋。最後の元老は，西園寺公望でした。

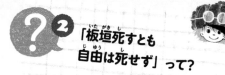

? 1 自由民権運動はどうして起こったの?

明治政府は，薩摩藩や長州藩などの出身者が中心になって政治を進め，国民は政治に参加できませんでした。これに対して板垣退助らは，国会を開いて，国民を政治に参加させよと主張し，自由民権運動に発展しました。

? 2 「板垣死すとも自由は死せず」って?

1882年，板垣退助が暴漢におそわれたとき〔➡P.574の資料〕に，この言葉を残したといわれてきました。この事件を記録した文書によると，実際はちがったようです。しかし当時は，自由民権運動を象徴する言葉として，またたく間に有名になりました。

COLUMN はてな ?で深める　自由民権運動が始まる

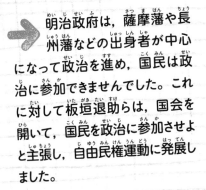

↑自由民権運動の高まり

? 3 五日市憲法草案って何?

自由民権運動が広がり，国会開設を約束した政府は，憲法の作成を始めます。そのころつくられた私擬憲法〔➡P.575〕の1つが，今の東京都あきる野市の青年たちによる五日市憲法草案です。国民の権利についてくわしく定めていました。

日清・日露戦

賠償金の約85%が軍事費に

日清戦争で得た賠償金の使いみち

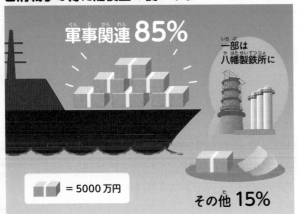

軍事関連 85%

一部は八幡製鉄所に

= 5000万円

その他 15%

1894年に起こった日清戦争で勝利した日本は, 賠償金2億3000万両（当時の日本円で約3億6000万円）を得ました。その約85%が軍事関係の費用にあてられました。（※遼東半島返還によって得た還付金をふくむ。）

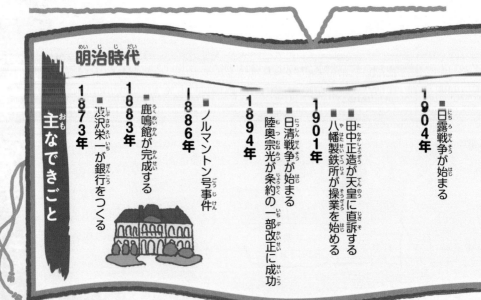

明治時代

主なできごと

1873年　渋沢栄一が銀行をつくる

1883年　鹿鳴館が完成する

1886年　ノルマントン号事件

1894年　陸奥宗光が条約の一部改正に成功

　　　　日清戦争が始まる

1901年　田中正造が天皇に直訴する

　　　　八幡製鉄所が操業を始める

1904年　日露戦争が始まる

争と日本の動き

日本，工業国の仲間入り！

工業生産額と農業生産額の変化

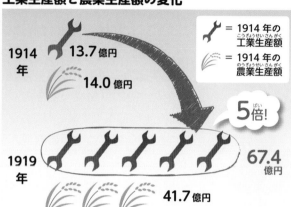

1914
年

13.7億円

14.0億円

= 1914年の
工業生産額

= 1914年の
農業生産額

5倍!

1919
年

67.4
億円

41.7億円

1914年に始まった第一次世界大戦の影響で，日本は輸出が増えて好景気になりました。特に国内の工業生産額が大幅にのび，約5倍になりました。

大正時代

1925年
■ラジオ放送が始まる

1923年
■関東大震災が起こる

1922年
■全国水平社ができる

1918年
■米騒動が起こる

1916年
■吉野作造が民本主義を唱える

1911年
■平塚らいてうが『青鞜』を発刊
■小村寿太郎が条約の改正に成功

01 不平等条約の改正

さくっとガイド　まずはここを読んで,時代の流れをつかもう!

日本にも裁判の権利を!

これからは日本の法律で裁判しまーす!

わかりました……。

陸奥宗光

　1858年に幕府が欧米諸国と結んだ日米修好通商条約などは,日本が相手国の領事裁判権(治外法権)を認め,日本に関税自主権のない,日本にとって不平等なものでした。
　1894年の日清戦争の直前,外務大臣の陸奥宗光は,イギリスとの間で領事裁判権(治外法権)をなくすことに成功しました。ほかの国とも改正が実現して,日本で罪をおかした外国人を日本の法律で裁くことができるようになりました。

日本も自由に関税をかけます!

これからは日本が決めた関税をかけて輸入しまーす!

日本へ輸出

関税

小村寿太郎

　日露戦争後の1911年,外務大臣の小村寿太郎は,アメリカ合衆国との間で,関税自主権の回復に成功しました。これによって,日本はアメリカ合衆国からの輸入品に,自主的に関税をかけることができるようになりました。
　そのほかの国とも同様に条約が改正され,これによって日本は,国際社会で欧米諸国と対等な関係を築くことになりました。

歴史編

第1章 大むかしの暮らし

第2章 天皇と貴族の世の中

第3章 武士の世の中へ

第4章 全国統一

第5章 江戸幕府の政治

第6章 移り変わる武士の世の中

第7章 近代国家の歩み

第8章 日清・日露戦争と日本の動き

第9章 戦争と新しい日本の始まり

重要度
★★★

鹿鳴館

1883年に東京の日比谷につくられた，れんが造りの官営の国際社交場。明治時代の初め，不平等条約の改正 [➡ P.582] を成功させるために，政府は**欧化政策**を実施しました。日本を欧米のような国に見せるために建てられた鹿鳴館では，外国人を招いて，連日のように西洋風の舞踏会などが開かれました。しかし，改正のための話し合いはうまくいかず，国民や政府からも批判を受けて，欧化政策は失敗に終わりました。

⬆ **鹿鳴館での舞踏会**　(味燈書屋)

★★★

井上馨

1835〜1915年。明治時代の政治家。伊藤博文 [➡ P.575] 内閣の外務大臣として，**不平等条約の改正** [➡ P.582] を目指しました。**欧化政策**をすすめ，鹿鳴館で舞踏会や音楽会をさかんに開き，日本が欧米諸国のような文明国であることを示そうとしました。しかし，国内の批判をあびて，1887年に辞職しました。

★★★

ノルマントン号事件

1886年，イギリス船ノルマントン号が和歌山県沖で沈没した事件。イギリス人の船員は，全員ボートで脱出しましたが，日本人の乗客は全員死亡しました。この事件はイギリスの領事裁判で裁かれ，イギリス人の船長は軽い罰を受けただけでした。そのため，日本国民の間に**領事裁判権（治外法権）** [➡ P.552] の撤廃を求める声が高まりました。

日本人乗客

イギリス人船長

⬆ **ノルマントン号事件の風刺画**　(美術同人社)

COLUMN
まめ知識

大津事件って何？　1891年，来日中のロシア皇太子を，警官の津田三蔵が大津(滋賀県)でおそった事件。日露関係が悪化するのを恐れた政府は，津田を死刑にしようとしましたが，大審院長の児島惟謙は法律に従って無期懲役を主張し，司法権の独立を守りました。

重度度
★★★

不平等条約の改正

江戸時代末期に，日本が外国と結んだ不平等条約の改正を目指した動き。

岩倉使節団 [➡ P.563] による交渉は失敗しましたが，やがてロシアの南下政策 [➡ P.586] に備えて，イギリスが日本との接近をはかってきたことから，日清戦争 [➡ P.585] の直前の 1894 年，外務大臣の陸奥宗光がイギリスとの間で領事裁判権（治外法権）[➡ P.552] の撤廃に成功しました。その後も交渉は続けられ，日露戦争 [➡ P.586]後の 1911 年，外務大臣の小村寿太郎がアメリカ合衆国との間で関税自主権 [➡ P.552] の回復に成功しました。

それぞれそのほかの国々との間でも条約が改正され，日本は国際社会で欧米の強国と対等の立場になりました。 **で深める R583**

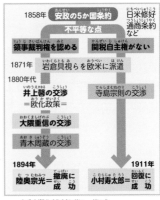

1858年	安政の5か国条約	日米修好通商条約など
	不平等な点	
	領事裁判権を認める	関税自主権がない
1871年	岩倉具視らを欧米に派遣	
1880年代	井上馨の交渉＝欧化政策＝	寺島宗則の交渉
	大隈重信の交渉	
	青木周蔵の交渉	
1894年		**1911年**
	陸奥宗光＝撤廃に成功	小村寿太郎＝回復に成功

⬆ **不平等条約改正の経過**

★★★

陸奥宗光

1844〜1897 年。紀伊藩（和歌山県）の武士の出身で，明治時代の政治家・外交官。

1894 年，第 2 次伊藤博文 [➡ P.575] 内閣の外務大臣のときに，イギリスとの間で領事裁判権（治外法権）[➡ P.552]の撤廃に成功しました。さらに，日清戦争 [➡ P.585] 後の下関条約 [➡ P.585] の調印，三国干渉 [➡ P.585] への対応など，外務大臣として成果を上げました。

（国立国会図書館）

⬆ **陸奥宗光**

★★★

小村寿太郎

1855〜1911 年。飯肥藩（宮崎県）の武士の出身で，明治時代の政治家・外交官。

外務大臣として，1902 年には日英同盟 [➡ P.586] を結び，1905 年にはポーツマス条約 [➡ P.588] に調印。1911 年には関税自主権 [➡ P.552] の完全な回復に成功しました。

（国立国会図書館）

⬆ **小村寿太郎**

COLUMN
くわしく

不平等条約改正の達成にはどんな背景があったの？ このころ，東アジアに勢力を広げようとしていた欧米諸国の間での対立が激しくなっていました。近代化を進めて実力をたくわえてきた日本を取りこんでおくために，欧米諸国は不平等条約の改正に応じる必要がありました。

？1 鹿鳴館は どんな建物だったの?

→ 不平等条約の改正を有利に進めるために建設された鹿鳴館は，2階建て・れんが造りで，ダンス室やビリヤード室など約40の部屋がありました。鹿鳴館での舞踏会をきっかけに，日本の上流階級の人々の間に，欧米風の衣服や習慣が広まりました。

鹿鳴館で舞踏会

これで日本の近代化をアピール!

ブッ

上辺だけマネしてもなあ…。

↑ 鹿鳴館の舞踏会

COLUMN はてな ？で深める 不平等条約改正への道

？2 ノルマントン号事件の 影響はどうだったの?

→ ノルマントン号のイギリス人船長が軽い罰を受けただけで終わった裁判のあと，日本国民の間には，領事裁判権撤廃の声が高まりました。この事件への国民のいかりは，不平等条約の改正の交渉を進める政府を，後押しすることになりました。

？3 条約改正のために 日本は何をしたの?

→ 不平等条約を結んだ日本は明治維新をむかえ，欧米諸国のように経済を発展させ，軍隊を強くすることを目指しました。アジアで最初に憲法を発布し，日露戦争で勝利したことで国際的な地位を固めました。1911年，50年以上かかって，ついに条約改正をすべて達成しました。

02 日清・日露戦争

さくっとガイド　まずはここを読んで，時代の流れをつかもう！

日清戦争，開戦！

朝鮮に勢力を広げよう。

朝鮮は前から清に従っているんだ！

中国（清）

日本

朝鮮

清

1894年，朝鮮で甲午農民戦争がおこると，朝鮮政府は清（中国）に援軍を求めました。清がこれに応じて出兵し，日本も対抗して出兵しました。こうして日清戦争が始まりました。

日本が勝利し，1895年，下関条約が結ばれました。この条約で日本が領有することになった遼東半島に対して，ロシアを中心とする三国干渉がおこり，日本は，しかたなく遼東半島を清（中国）に返還しました。

日露戦争，開戦！

日露戦争

戦争には負け続ける！国内で革命運動！戦争どころじゃない。

戦争はきつい！戦力も使い果たした！

ロシア

日本

日清戦争後，朝鮮をめぐって日本とロシアが対立するようになりました。ロシアに対する共通の利害関係を持つ日本とイギリスは日英同盟を結び，ロシアの南下に対抗しました。この結果，日本とロシアの対立は決定的になり，1904年，日露戦争が始まりました。しかし，両国とも戦争を続けることが難しくなりました。そこで，1905年に講和会議が開かれ，ポーツマス条約が結ばれました。

歴史編

第1章 大むかしの暮らし

第2章 天皇と貴族の世の中

第3章 武士の世の中へ

第4章 全国統一

第5章 江戸幕府の政治

第6章 移り変わる武士の世の中

第7章 近代国家への歩み

第8章 日清・日露戦争と日本の動き

第9章 戦争と新しい日本の始まり

重要度
★★★

朝鮮の情勢

1876年に**日朝修好条規** [➡ P.565] を結んで，朝鮮は開国しました。その後，日本の商人らが朝鮮半島にわたって，朝鮮国内では経済が混乱しました。また，朝鮮の政権内部では，清（中国）にたよる勢力（親中派）と，日本と結んで近代化をはかろうとする勢力（親日派）が対立しました。日本は朝鮮に勢力をのばそうとし，朝鮮を属国とみなしていた清と対立を深めました。

★★★

日清戦争

1894年に起こった日本と清（中国）の戦争。朝鮮の宗教団体，東学を中心とする農民が朝鮮南部で**甲午農民戦争**を起こすと，朝鮮政府が清に援軍を求めました。これに対抗して日本も朝鮮に出兵して，日清戦争が始まりました。

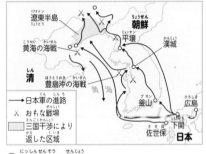

⬆ **日清戦争の戦場**

★★★

下関条約

1895年に結ばれた，**日清戦争**の講和条約。清（中国）は朝鮮の独立を認め，遼東半島，台湾，澎湖諸島を日本にゆずることや，2億両（当時の日本円で約3億1000万円）の賠償金を支払うことなどが決められました。

⬆ **下関条約の主な内容**

★★★

三国干渉

1895年，ロシアがフランスとドイツをさそい，日本が**下関条約**で得た遼東半島を清に返すよう強く要求したできごと。アジアで南下政策 [➡ P.586] を進めるロシアは，日本の大陸進出をおさえようと干渉してきました。三国に対抗する力のなかった日本は，しかたなく賠償金の追加（3000万両）とひきかえに受け入れました。これ以後，ロシアに対する国民の反感が高まりました。

COLUMN くわしく

日清戦争の賠償金の使いみちは？ 賠償金の2億両は，当時の日本円で約3億1000万円で，これは，当時の日本の国家予算の3倍余りにもなりました。賠償金は，多くが軍事関係に使われ，残りは八幡製鉄所の建設などにあてられました。

第**8**章 日清・日露戦争と日本の動き

重要度
★★★

義和団事件

清(中国)の秘密結社・義和団が起こした事件。**日清戦争** [➡ P.585] 後, 欧米諸国による侵略が進む中国で, 義和団による外国人排除の運動が高まり, 「扶清滅洋(清を助けて西洋人を追い払う)」のスローガンをかかげ, 山東省を中心に乱を起こしました。乱は中国北部に広がり, 1900 年に北京で各国の公使館を包囲したため, 日本とロシアを主力とする 8 か国の連合軍が出兵し, 乱はしずめられました。

★★★

ロシアの南下政策

ロシアによる, 南へ勢力を広げようとする政策。ロシアは, **義和団事件**をしずめたのちも満州(中国東北部)に軍隊をとどめて, さらに韓国 (1897 年に朝鮮は国号を「大韓帝国」としました) への進出を強めていました。そのため, 韓国を勢力下に置こうとする日本と対立を深めました。さらにロシアは, 中央アジア, インド, 中国をめぐって, イギリスと対立するようになりました。

★★★

日英同盟

日本とイギリスが結んだ軍事同盟。清(中国)での権益と韓国での優位という共通の利害を持つイギリスと日本は, **ロシアの南下政策**に対抗するため, 1902 年に日英同盟を結びました。ロシアの中国進出を快く思わないアメリカ合衆国も, これを支持しました。この同盟で, 日本とロシアの対立は決定的になりました。

(美術同人社)

⬆ **日英同盟の風刺画**…ロシアが焼いている栗(韓国)を, イギリスが日本に拾わせようとしている。

★★★

日露戦争

満州(中国東北部)と韓国をめぐり, 1904 年に起こった日本とロシアの戦争。日本は苦戦しながらも, 旅順を占領し, 奉天の戦いでも勝利しました。また, 日本海海戦で東郷平八郎率いる日本海軍がロシアのバルチック艦隊を破りました。しかし, 日本は兵力や弾薬などを使い果たし, ロシアも革命運動が起こり, 両国とも戦争を続けることが難しくなりました。

⬆ **日露戦争の戦場**

COLUMN
〈わしく

三国干渉はどんな影響を与えたの? 三国干渉は, 日本国民の反ロシア感情を高めることになりました。「臥薪嘗胆 (仕返しのために苦難にたえて力をたくわえること)」のスローガンのもと, 国民のロシアに対する敵意を背景に, 政府は軍備拡張を進めました。

歴史編

第1章 大むかしの暮らし

第2章 天皇と貴族の世の中

第3章 武士の世の中へ

第4章 全国統一

第5章 江戸幕府の政治

第6章 移り変わる武士の世の中

第7章 近代国家への歩み

第8章 日清・日露戦争と日本の動き

第9章 戦争と新しい日本の始まり

★★★ 東郷平八郎

1847～1934年。明治時代～昭和時代初期の軍人。薩摩藩（鹿児島県）の出身。イギリス留学後に海軍に入り，日清戦争 [➡ P.585]，日露戦争で活やくしました。特に，日露戦争では連合艦隊司令長官として海軍を指揮し，1905年の日本海海戦で，ロシアのバルチック艦隊を破りました。

東郷平八郎

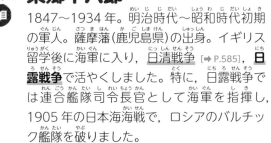
🔼 日本海海戦
（提供：記念艦「三笠」）

★★★ 与謝野晶子

1878～1942年。大阪府出身の歌人・詩人。与謝野鉄幹の妻。文芸雑誌『明星』の中心となって活やくしました。日露戦争に従軍した弟を案じて『君死にたまふことなかれ』という詩を発表しました。代表作は『みだれ髪』。

？で深める P.589

史料 **君死にたまふことなかれ**

あゝをとうとよ　君を泣く
君死にたまふことなかれ
末に生れし君なれば
親のなさけはまさりしも
親は刃をにぎらせて
人を殺せとをしへしや
人を殺して死ねよとて
二十四までをそだてしや
（与謝野晶子の詩　一部）

★★★ 幸徳秋水

1871～1911年。高知県出身の社会主義者。平民新聞を出して社会主義思想を広め，日露戦争に反対しました。1910年，天皇の暗殺を計画したとして，翌年に死刑となりました（大逆事件）。暗殺計画は，今では政府のでっちあげだったとされています。

★★★ 内村鑑三

1861～1930年。明治時代～大正時代の宗教家。札幌農学校（現在の北海道大学）に入り，クラーク博士の教えに影響されてキリスト教徒となり，アメリカ合衆国にわたってキリスト教を学びました。日露戦争では，キリスト教徒の立場から開戦に反対しました。

COLUMN くわしく

ロシアと戦うべきだ！　ロシアとの戦争をめぐって，東京帝国大学（現在の東京大学）などの7人の博士が開戦を強く主張し，新聞や雑誌に開戦論を発表しました。また，最初は反戦を唱えていた新聞『万朝報』も開戦論に転じるなど，国民の間で開戦を求める声が高まりました。

★★★ ポーツマス条約

1905年，アメリカ合衆国のポーツマスで結ばれた**日露戦争** [→ P.586] の講和条約。アメリカの仲介で結ばれ，この条約でロシアは樺太（サハリン）の南半分と南満州の鉄道の権利，遼東半島南部の租借権を日本にゆずり，韓国における日本の優越権を認めました。しかし，日本は，賠償金は得られませんでした。

↑ 日本がポーツマス条約で得た利権

★★★ 韓国統監府

1905年，日本が設置した朝鮮支配のための機関。初代統監は**伊藤博文** [→ P.575]。ポーツマス条約で韓国（大韓帝国）での優越権を得た日本は，ソウル（当時は漢城）に韓国統監府を置き，韓国を保護国として外交の管理や内政の指導を行いました。1910年の**韓国併合**で，これに代わって**朝鮮総督府**が置かれました。

↑ 朝鮮総督府

(毎日新聞社／時事通信フォト)

★★★ 韓国併合

1910年，日本が韓国（大韓帝国）を併合して植民地にしたこと。1909年に，韓国統監伊藤博文 [→ P.575] が，韓国の独立運動家・安重根に暗殺されました。1910年，日本は**韓国を植民地**とし，韓国統監府に代わって朝鮮総督府を設置し，武力を背景に植民地支配をおし進めました。

★★★ 石川啄木

1886〜1912年。岩手県出身の歌人。「三行書き」という新形式の短歌を発表し，社会の矛盾や人々の生活苦を表現しました。**韓国併合**に対して，「地図の上　朝鮮国にくろぐろと　墨をぬりつつ　秋風をきく」とうたいました。代表作は『一握の砂』，『悲しき玩具』。

COLUMN
まめ知識

血の日曜日事件ってどんなできごと？　ロシアで，日露戦争中の1905年1月に起こった事件。デモ行進中の労働者たちに軍隊が発砲して，多くの死傷者が出ました。この事件をきっかけに，皇帝の専制政治に対する革命運動が始まりました。

? 1 どんな気持ちで詩をつくったの?

「君死にたまふことなかれ」には，日露戦争に出征した弟に，戦争で命を落としたり，人を殺したりしてほしくないと心配する，純粋な思いがこめられています。

しかし，戦争に反対しているのではと，国内では非難する声が上がりました。

? 2 非難されて，晶子はどうしたの?

「国を批判するのか」との声に，「本心をよんだだけです！」と晶子は真っ向から立ち向かい，決して主張を曲げませんでした。

日露戦争後，晶子の弟は無事に戦地からもどり，2人は再会することができました。

COLUMN はてな ?で深める 与謝野晶子はどんな人?

↑ 詩をつくる与謝野晶子

? 3 他には何をしたの?

晶子は歌人・与謝野鉄幹との恋愛をうたった，歌集『みだれ髪』を出版。その後，鉄幹と結婚し，歌集などを出版してかせぎながら，11人もの子どもを育てました。女性の自立や女性教育にも力を入れ，鉄幹らとともに日本で初めての男女共学の学校を創設しました。

03 産業の発展と暮らしの変化

さくっとガイド まずはここを読んで、時代の流れをつかもう！

日本の産業革命

日本の産業革命の始まりだ！

日本でも鉄鋼をつくるぞ！

八幡製鉄所

日本では、日清戦争の前後の1880年代に、紡績業や製糸業などのせんい工業を中心に工場制機械工業が発達し、軽工業を中心とした産業革命が起こりました。

また、日露戦争の前後の1900年代には重工業を中心とする産業革命が起こりました。1901年には、日清戦争の賠償金の一部を使って北九州(福岡県)で八幡製鉄所が建設され、鉄鋼の自給を目指して操業を始めました。

産業の発展とともに…

明治時代の小学校

産業革命のころ、1890年には教育勅語が出され、学校教育と国民の道徳の基本が示されました。1907年には、義務教育を受ける児童はほぼ100%になりました。

産業が発展するいっぽう、足尾銅山(栃木県)では銅山から出た鉱毒が原因で公害が起こりました。衆議院議員の田中正造は、被害者救済のために一生をささげました。社会では、労働者や小作人が団結し、自分たちの権利を求めて立ち上がりました。

歴史編

第1章 大むかしの暮らし

第2章 天皇と貴族の世の中

第3章 武士の世の中へ

第4章 全国統一

第5章 江戸幕府の政治

第6章 移り変わる武士の世の中

第7章 近代国家への歩み

第8章 日清・日露戦争と日本の動き

第9章 戦争と新しい日本の始まり

重要度
★★★

日本の産業革命

1880年代から始まった，工業の発展にともなう産業や社会の大きな変化。イギリスよりも約100年おくれて，**日清戦争** [➡ P.585] のころから**軽工業** [➡ P.281] が発展し，**日露戦争** [➡ P.586] 前後には**重工業** [重化学工業➡ P.279] を中心に産業革命が起こりました。

軽工業の発達

1880年代に，紡績業や製糸業などのせんい工業を中心に工場制機械工業が発展し，大規模な工場がつくられました。国産の綿糸が大量に生産されるようになると，輸出が輸入を上まわるようになりました。

重工業の発達

日清戦争後，ロシアとの対立が激しくなると，政府は軍事工業を中心に造船や機械などの重工業の発展に努めました。政府は，**八幡製鉄所**(福岡県)を建設し，鉄鋼の自給を目指しました。また，満州(中国東北部)の鉱山や炭田を得て，動力源に電力も使われるようになりました。

★★★

八幡製鉄所 [➡P.276]

1901年に操業を始めた，北九州(福岡県)に建設された，官営の製鉄所。日清戦争の賠償金の一部をもとにつくられました。原料の鉄鉱石は主に中国から輸入し，石炭は地元の筑豊炭田のものを使いました。日本の製鉄業の中心となり，重工業発展の基礎を築きました。

🏭 **八幡製鉄所**　　　　　　(学研・資料課)

★★★

足尾銅山鉱毒事件

足尾銅山(栃木県)から流出する有害なけむりや廃水が，渡良瀬川流域に被害をあたえた公害問題。鉱毒をふくんだ川では魚が死に，近くの田畑では作物が枯れ，井戸水は飲めば下痢をするなどの健康被害が続出しました。衆議院議員**田中正造** [➡ P.592] を中心に，操業の中止と被害者の救済を国会でうったえましたが，政府は十分な対策をとりませんでした。「日本の公害の原点」とされています。

COLUMN
くわしく

足尾銅山の発展　　足尾銅山は，江戸時代初期から操業が続いていましたが，幕末には廃鉱同然になっていました。1877年，古河市兵衛が買い取り，1890年代には全国の銅の約40%を生産していました。

第8章 日清・日露戦争と日本の動き

重要度

★★★ 田中正造

1841～1913年。栃木県選出の衆議院 [➡ P.576] 議員。公害問題のために一生をささげました。**足尾銅山鉱毒事件** [➡ P.591] の対策を，帝国議会 [➡ P.576] で何度もうったえましたが，政府は十分な対策をとりませんでした。のちに衆議院議員を辞職して，明治天皇に直接うったえようとしましたが，失敗に終わりました。それでもあきらめず，死ぬまで問題解決のために取り組み続けました。

★★★ 農民運動の発生 [農民運動の高まり➡P.596]

生活に苦しむ農村の自作農の中には，土地を売って小作人になるものが増加し，その土地を買い取った大地主は経済力をつけていきました。地主と小作人の間の対立が生まれ，小作料の引き下げを求める農民運動（**小作争議**）が起こりました。

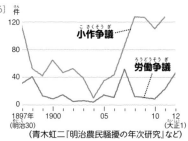

↑ 小作争議・労働争議の件数

（青木虹二『明治農民騒擾の年次研究』など）

★★★ 労働運動の発生 [労働運動の高まり➡P.596]

産業の発達で増えた都市の労働者は，低賃金・長時間労働を強制され，重労働と貧困に苦しむようになりました。そこで，労働者は労働組合を結成して団結するようになり，労働条件の改善を求めて会社と対立し，労働運動（**労働争議**）を起こすようになりました。

労働運動や農民運動の発生とともに，**社会主義思想**（土地や生産手段を社会全体で共有し，労働に応じて所得を分配するという考え方）も広まりました。

★★★ 財閥

近代日本の経済界や，多くの作業を支配した大資本家のグループです。重工業を中心とする産業革命が起こり，資本主義が急速に発達すると，政府の保護を受けた少数の大資本家は，鉱山，貿易，金融などさまざまな企業を経営して財閥に成長しました。やがて財閥は，日本の経済を支配し，政治にも影響をあたえるようになりました。

> 財閥には，三井・三菱・住友・安田などがあるよ。

COLUMN まめ知識
『女工哀史』ってどんなもの？ 製糸工場の工女たちは，長時間労働の上に，不衛生な暮らしをさせられ，病気にかかる者があとをたちませんでした。この悲惨な労働の様子は，細井和喜蔵が書いた『女工哀史』という本にくわしく書かれています。

歴史編

第1章 大むかしの暮らし

第2章 天皇と貴族の世の中

第3章 武士の世の中へ

第4章 全国統一

第5章 江戸幕府の政治

第6章 移り変わる武士の世の中

第7章 近代国家への歩み

第8章 日清・日露戦争と日本の動き

第9章 戦争と新しい日本の始まり

★★★ 製糸工場の工女の一日

製糸工場の工女（工場で働く女性）の年齢で最も多かったのは17歳前後でした。工場の寮に住みこみ，1日14〜15時間も働かされました。昼夜2交代勤務で，休けい時間もほとんどない，重労働でした。

11:30 11:35

午前　　　　　午後

7:15 昼食
7:00 仕事　仕事 5:00
朝食　　　　5:20
仕事 午前 午後 夕食
5:40 仕事
5:15
起きる すいみん 入浴 9:00
10:30

（1900年「職工事情」より）

⬆ 工女の一日（長野県諏訪地方）

★★★ 渋沢栄一 [➡P.564]

1840〜1931年。明治時代〜大正時代の実業家。江戸幕府の幕臣から明治政府に登用され，大蔵省（今の財務省）の役人となりました。フランスなどで学んだ知識をもとに，租税，貨幣，鉄道，銀行などの新制度の準備に努め，経済制度の改革にたずさわりました。1873年に，役人をやめて実業界に転じ，多くの株式会社を設立しました。

★★★ 女性の社会進出

1911年，**平塚らいてう** [➡P.600] らは青鞜社を結成し，女性だけによる雑誌『青鞜』を発行しました。1920年には，平塚らいてうや**市川房枝** [➡P.600] らが新婦人協会を設立して，女性の参政権獲得のための運動を進めました。
大正時代になると，女性は，バスの車掌や電話交換手，タイピストなどさまざまな職場に進出するようになりました。

★★★ ラジオ放送の開始

1925年に，日本で初めてラジオ放送が始まりました。人々は，新聞とともにラジオからも情報を得られるようになりました。この影響で，野球やテニスなどのさまざまなスポーツにも人気が集まりました。

⬆ ラジオ放送を楽しむ人々 （毎日新聞社／時事通信フォト）

COLUMN くわしく

義務教育はどのように普及していった？　1890年，教育勅語が出され，学校教育の基本が示されました。1907年，義務教育が3，4年間から6年間に延長され，義務教育の就学率はほぼ100％になりました。いっぽう，私立学校や女子の教育機関もつくられるようになりました。

04 第一次世界大戦と日本の動き

さくっとガイド まずはここを読んで,時代の流れをつかもう!

第一次世界大戦,開戦!

1919年,パリ講和会議

ベルサイユ条約が結ばれた。

国際連盟設立

世界初の国際的平和組織をつくろう!

アメリカ大統領 ウィルソン

ヨーロッパでは,ドイツを中心とする勢力とイギリスを中心とする勢力が対立していました。

1914年,バルカン半島でオーストリア皇太子夫妻が暗殺されたサラエボ事件が起こり,これをきっかけに第一次世界大戦が始まりました。

ドイツの降伏でイギリスを中心とする勢力(連合国)が勝ち,1919年,ベルサイユ条約が結ばれました。この条約では,国際平和を守るための組織である,国際連盟の設立も決められました。

日本はなぜ参戦したの?

二一一か条の要求
一,中国政府は,山東省におけるドイツの権益を日本にゆずる。
一,旅順や大連の租借期限,南満州鉄道の利権の期限を……

日本は,日英同盟を理由にして連合国側で第一次世界大戦に参戦しました。1915年,中国への進出を目的に,日本は中国政府に対して二十一か条の要求をつきつけ,ほとんどを認めさせました。この要求は,中国にあるドイツの権益を日本が受けつぐことや旅順,大連の租借権の期限の延長を求めるなど,中国の主権をおかすものでした。

歴史編

第1章 大むかしの暮らし

第2章 天皇と貴族の世の中

第3章 武士の世の中へ

第4章 全国統一

第5章 江戸幕府の政治

第6章 移り変わる武士の世の中

第7章 近代国家への歩み

第8章 日清・日露戦争と日本の動き

第9章 戦争と新しい日本の始まり

重要度
★★★

第一次世界大戦

ドイツを中心とする**同盟国**と，イギリスを中心とする**連合国**の世界戦争。1914年，バルカン半島のサラエボで，オーストリア皇太子夫妻がセルビア人の青年に暗殺されたできごと(サラエボ事件)をきっかけに，オーストリアはセルビアに宣戦しました。連合国は，セルビアを支援し，ドイツ・オーストリアなど同盟国と戦いました。1918年にドイツが降伏し，翌年，**ベルサイユ条約**が結ばれました。

▉	連合国側
▉	同盟国側
﹘﹘﹘	1917年の同盟国軍の前線

⬆ **第一次世界大戦中のヨーロッパ**

★★★

二十一か条の要求

1915年，第一次世界大戦中に，日本が中国につきつけた要求。第一次世界大戦で欧米諸国のアジアへの関心がうすれたため，日本は山東省にあるドイツの権益を受けつぐことや，満州（中国東北部）の利権の拡大などを要求しました。日本は軍事力を背景に要求の大部分を認めさせ，中国では，激しい排日運動が起こりました。

★★★

国際連盟

1920年に設立された，世界の平和を守ろうとする世界初の国際機関。アメリカ合衆国大統領のウィルソンが設立を提案しました。本部はスイスのジュネーブに置かれ，日本は常任理事国でした。

★★★

米騒動

1918年に起こった，米の安売りを求める民衆の騒動。シベリア出兵を見こした米の買いしめや売りおしみなどで，米価が大はばに上がったため，富山県の漁村の主婦たちが米の安売りを要求して運動を起こしました。その後，運動は全国に広がりました。

⬆ **米騒動**
（徳川美術館所蔵 © 徳川美術館イメージアーカイブ／DNPartcom）

COLUMN くわしく

シベリア出兵って何？ 1917年，ロシア革命が起こり，ソビエト政権が成立しました。社会主義思想が広がることをおそれた日本，アメリカ，イギリス，フランスなどが新しい政権をたおそうとシベリアへ出兵しましたが，失敗しました。

重要度

★★★ 労働運動の高まり

労働者の地位向上を目指して1912年に設立された友愛会は，1921年には日本労働総同盟へと発展し，労働運動を指導するようになりました。労働組合の組織はしだいに大きくなり，各地で**労働争議**が起こるようになりました。1920年には，東京で，日本で最初のメーデーが行われました。

★★★ 農民運動の高まり

農村では，小作料の引き下げなどを求めて**小作争議**がひんぱんに起こるようになりました。1922年には，日本農民組合が結成され，農民運動に指導的な役割を果たし，農民の地位の向上を目指しました。

★★★ 成金

第一次世界大戦 [→ P.595] 中の好景気（大戦景気）で，急に大金持ちになった人々。船成金や鉄成金など，特に軍需工業の経営者に，多く現れました。

➥ **成金**…紙幣を燃やした明かりではき物を探している様子です。これは，急に大金持ちになったことを風刺しています。

（灸まん美術館）

★★★ 関東大震災

1923年9月1日に，関東地方南部で起こった大地震とその被害。東京や横浜（神奈川県）などを中心に大火災が発生したため，大きな被害が出ました。死者の多くは火災による焼死や，火をのがれようとして川に飛びこんで水死した人でした。混乱の中で，朝鮮人や社会主義者が暴動を起こすとのうわさが流れ，多くの朝鮮人，中国人や社会主義者が，住民が組織した自警団や，警察・軍隊によって殺害されました。

➥ **関東大震災**　（提供：Meijishowa.com／アフロ）

COLUMN
〈わしく

ウィルソンの14か条って何？　アメリカ合衆国大統領ウィルソンは，パリ講和会議で無賠償・無併合・民族自決の原則にもとづく，軍備の縮小や国際的な平和組織の確立など14の提案をしました。しかし，戦勝国の利害がからみ，国際連盟の設立以外はほとんど実現しませんでした。

三・一独立運動

1919年3月1日に朝鮮で始まった，日本からの独立を求める運動。現在のソウルで，日本からの独立を求める独立宣言が発表されました。「独立万歳」をさけんでデモ行進を行う独立運動は朝鮮全土に広がりました。朝鮮総督府 [韓国統監府➡ P.588] は，この運動を武力でおさえましたが，独立運動はその後も続けられました。

（写真：近現代PL／アフロ）
↑ 三・一独立運動…「独立万歳」をさけぶ市民。

柳宗悦

1889〜1961年。東京都出身の民芸運動の創始者・思想家。朝鮮の芸術に関心をもち，ソウルに朝鮮民族美術館を設立しました。また，民芸運動にも力を入れ，日本民芸館を開設して館長となりました。

五・四運動

1919年5月4日，中国で北京の学生が起こした反日・反帝国主義運動。第一次世界大戦 [➡ P.595] の講和会議（パリ講和会議）で二十一か条の要求 [➡ P.595] の取り消しの主張が無視されると，北京の学生を中心に，ベルサイユ条約反対の集会が開かれ，反日運動から帝国主義反対の国民運動へと発展していきました。

（写真：TopFoto／アフロ）
↑ 五・四運動…市民に呼びかける学生たち。

ワシントン会議

1921〜22年，アメリカ合衆国のワシントンで開かれた軍縮会議。国際協調の動きの高まりの中で，アメリカ合衆国，イギリス，フランス，日本などが参加し，海軍の軍縮や太平洋の島々の各国の権利の尊重，中国の主権を尊重することなどが確認されました。
このとき結ばれた四か国条約で，日英同盟 [➡ P.586] は解消されました。

第1章 大むかしの暮らし
第2章 天皇と貴族の世の中
第3章 武士の世の中へ
第4章 全国統一
第5章 江戸幕府の政治
第6章 移り変わる武士の世の中
第7章 近代国家への歩み
第8章 日清・日露戦争と日本の動き
第9章 戦争と新しい日本の始まり

COLUMN まめ知識
新渡戸稲造ってどんな人？ 明治時代〜昭和時代の教育者。1920年に国際連盟が設立されると，日本は常任理事国となりました。国際平和を主張した新渡戸稲造は，1920〜26年，国際連盟の事務局次長として活やくしました。

05 民主主義を求める動きと大正の文化

さくっとガイド まずはここを読んで,時代の流れをつかもう！

大正デモクラシーって何？

尾崎行雄

藩閥反対！

立憲政治を守れ！

1912年,尾崎行雄らは,藩閥中心の専制政治を批判し,立憲政治を守る運動を起こしました。これを第一次護憲運動と呼んでいます。また,吉野作造は民本主義を唱え,普通選挙による政党中心の議会政治を主張しました。

このような,護憲運動や民本主義による民主主義を求める動きを,大正デモクラシーといいます。

大正時代の文化

タイピスト！

バスガール！

女性の社会進出！

1925年に始まったラジオ放送は,人々の大きな楽しみとなりました。新聞や雑誌が大量に発行され,スポーツにも人気が集まりました。また,サラリーマンが増え,電話交換手やバスガールなどの新しい職業も生まれました。

文学では,白樺派の武者小路実篤や志賀直哉,労働者の暮らしをえがいたプロレタリア文学の小林多喜二,人生の現実を見つめようとする芥川龍之介らが活やくしました。

歴史編

第1章 大むかしの暮らし

第2章 天皇と貴族の世の中

第3章 武士の世の中へ

第4章 全国統一

第5章 江戸幕府の政治

第6章 移り変わる武士の世の中

第7章 近代国家への歩み

第8章 日清・日露戦争と日本の動き

第9章 戦争と新しい日本の始まり

重要度
★★★

護憲運動

大正時代に起こった政治運動。藩閥政治や，軍人，役人出身者による内閣に反対して，**憲法を守る政治**を行うことを主張しました。

（写真：毎日新聞社／アフロ）

⬆ **演説する尾崎行雄**

第一次護憲運動

1912年，藩閥の桂太郎内閣が成立すると，議会を無視する態度をとりました。**尾崎行雄**らは，藩閥中心の専制政治を批判し，立憲政治を守る運動を起こしました。運動は全国に広まり，桂内閣は倒れました（大正政変）。

第二次護憲運動

1924年，憲政会，立憲政友会，革新倶楽部の護憲三派が，政党内閣や普通選挙を求める運動を起こしました。同年，憲政会総裁の加藤高明を首相とする連立内閣を成立させ，政党政治を復活させました。

★★★

吉野作造

1878～1933年。明治時代～昭和時代の政治学者。**民本主義**を唱え，民主的な議会政治を主張しました。普通選挙 [➡ P.601] や政党内閣 [➡ P.600] の実現と，民衆の政治的な意識を高めることに努め，大正デモクラシーを理論的に支えました。

★★★

民本主義

吉野作造が主張した，大正デモクラシーの指導的な理論。吉野作造は，デモクラシーを民本主義と訳しましたが，現在の民主主義とは異なり，天皇主権のもとでの民主主義という意味です。普通選挙 [➡ P.601] による政党中心の議会政治の実現を主張しました。

★★★

大正デモクラシー

大正時代に高まった，民主主義や自由主義を求める動き。**吉野作造**は民本主義を主張し，普通選挙 [➡ P.601] による政党中心の議会政治の実現を唱えました。**美濃部達吉**（1873～1948年）は，議会中心の政党政治の理論を唱えました。

?で深める P.603

COLUMN
くわしく

天皇機関説って何？ 憲法学者の美濃部達吉の学説で，「主権は国家にあり，天皇は国家の最高機関として憲法に従って統治する。」と唱えたことから，政党政治の理論的な根拠とされました。

重要度
★★★
原敬

1856〜1921 年。明治時代〜大正時代の,岩手県出身の政治家。1914 年,立憲政友会の総裁となり,1918 年,陸軍,海軍,外務大臣以外のすべての大臣を立憲政友会から選び,日本で最初の本格的な**政党内閣**を組織しました。平民出身だったことから,「平民宰相」と呼ばれました。しかし,社会運動を弾圧し,**普通選挙**に反対したことで批判が高まり,東京駅で暗殺されました。

★★★
政党内閣

議会で多数をしめる政党が組織する内閣。1918 年に**原敬**が首相となって組織した内閣は,陸軍,海軍,外務大臣以外のすべての大臣を立憲政友会から選んだことから,日本で最初の本格的な政党内閣となりました。

★★★
平塚らいてう

1886〜1971 年。明治時代〜昭和時代の女性運動家・評論家。女性差別からの解放を目指して,1911 年に青鞜社を結成し,文芸誌『青鞜』を創刊して婦人解放運動を始めました。1920 年,市川房枝らと女性の政治参加などを求めて**新婦人協会**を結成しました。第二次世界大戦後は,核兵器反対運動にも取り組みました。

★★★
市川房枝

1893〜1981 年。明治時代〜昭和時代の女性運動家・政治家。1919 年,友愛会の婦人部に入り,1920 年には,平塚らいてうとともに**新婦人協会**を設立しました。女性の社会的な地位の向上と婦人参政権の獲得に力をつくしました。第二次世界大戦後,長く参議院議員を務めました。

⬆ **新婦人協会の女性たち**…1 番右が市川房枝です。
(写真:毎日新聞社／アフロ)

このころは,女性の権利が認められなかった時代だったんだね。

COLUMN
まめ知識

大衆文化の登場! 大正時代から昭和時代の初めごろには,欧米文化を吸収して生活の近代化が進みました。新聞や大衆雑誌が大量に発行され,1925 年にはラジオ放送が始まり,人々の情報源や娯楽の手段となりました。

★★★ 全国水平社

1922年に京都で結成された，部落解放運動の全国組織。明治維新で**四民平等**[➡ P.561]とされましたが，いわれのない社会的・経済的な差別は，根強く残りました。全国の被差別部落の人々が団結し，経済や職業の自由などを要求して，差別をなくす運動を進めました。

（写真：毎日新聞社／アフロ）

↑ **全国水平社の演説会**

★★★ 普通選挙制（法）

1925年，加藤高明内閣のもとで成立し，満25歳以上のすべての男子に衆議院議員の選挙権を認めた制度（法律）。納税額の制限がなくなったため，有権者の数はこれまでの約4倍になりましたが，女性の選挙権は認められませんでした。また，同時に**治安維持法**が制定されました。

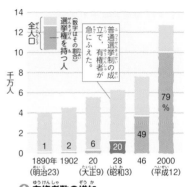

↑ **有権者数の増加**

★★★ 治安維持法

1925年に制定された，社会主義などを取りしまる法律。**普通選挙制（法）**と同時に成立した法律で，日本の天皇制の変革や私有財産制を否認する人々などを取りしまる目的で制定されました。普通選挙制（法）の実施で，確実にのびると予想された社会主義勢力をおさえるためでした。のちに強化されて，広く社会運動を取りしまるものになりました。

★★★ 日本共産党

1922年，共産主義の実現を目指してひそかに結成された政党。社会主義運動が進められる中で，結成されました。政府の弾圧を受け続け，**太平洋戦争**[➡ P.614]の終結後に政党として認められました。

重要度
★★★
白樺派

大正時代，文芸雑誌『白樺』を中心に活動した文学者のグループ。**武者小路実篤**，志賀直哉らが，人道主義・理想主義を唱えました。

★★★
武者小路実篤

1885～1976年。明治時代～昭和時代の小説家。志賀直哉や有島武郎らと文芸雑誌『白樺』を創刊し，**白樺派**と呼ばれました。人道主義・理想主義を唱え，白樺派の中心となって活動しました。代表作に『友情』や『愛と死』があります。

★★★
芥川龍之介

1892～1927年。大正時代に活やくした小説家。**夏目漱石** [➡ P.571] の門下となり，菊池寛らと雑誌『新思潮』を発刊しました。歴史的な題材を多く使い，現実を理知的に表現するすぐれた短編小説を多く発表しました。代表作に『羅生門』，『鼻』，『芋粥』などがあります。現在の代表的な文学賞である芥川賞は，彼の業績を記念したものです。

	文学者	代表的な作品
白樺派	武者小路実篤	『友情』
	志賀直哉	『暗夜行路』
	有島武郎	『或る女』
耽美派	永井荷風	『ふらんす物語』
	谷崎潤一郎	『痴人の愛』
新現実派	芥川龍之介	『羅生門』
	菊池 寛	『恩讐の彼方に』
	山本有三	『路傍の石』
プロレタリア文学	小林多喜二	『蟹工船』
	徳永 直	『太陽のない街』

⬆ **大正～昭和初期の主な文学者と作品**

★★★
プロレタリア文学

大正時代から昭和時代初めにかけてさかんになった，プロレタリア(労働者階級)や農民の立場からその思想や生活をえがこうとする文学。小林多喜二の『蟹工船』，徳永直の『太陽のない街』が代表作です。

たくさんの作品があるんだね。
ぼくも読んでみたいな。

COLUMN
まめ知識

大正時代に広まった洋風料理（洋食）にはどんなものがあるの？ 大正時代になると，洋食が庶民の間でも大変好まれるようになりました。カレーライス，コロッケ，とんかつなどが家庭の食卓にのぼりました。

❓1 大正デモクラシーの時代，どんなことがあったの?

尾崎行雄らによる護憲運動が全国に広まり，吉野作造が民本主義を唱える中，民主主義を求める動きが高まります。青鞜社を結成した平塚らいてうらの女性解放運動，全国水平社による部落解放運動，労働争議なども起こりました。

❓2 吉野作造は，なぜ民本主義を唱えたの?

天皇が国の元首であった大正時代，国民に主権があることを表す民主主義は，当時の大日本帝国憲法に反する言葉でした。そこで吉野作造は，デモクラシーという英語の訳語として「民本主義」という言葉を使ったといわれています。

COLUMN はてな ? で深める 大正デモクラシーの時代

差別からの解放を!

全国水平社

青鞜社

労働争議

労働者の権利を守ろう!

社会運動の広がり

↑ さまざまな社会運動

❓3 大正デモクラシーはいつまで続いたの?

1924年，第二次護憲運動によって政党内閣が復活し，翌年，普通選挙制が実現します。これで，大正デモクラシーの政治的な目標は達成されました。その後，大正デモクラシーの動きは，しだいにおとろえていきました。

603

太平洋戦争開始！

日本とアメリカの航空機の生産量（1941年）

= 1941年に日本で生産された航空機

5,088機 日本

日本の約3.8倍

19,433機 アメリカ

太平洋戦争が始まったとき，アメリカは日本の約3.8倍もの数の航空機を生産し，戦争中も生産量は増え続けました。日本の物資や資源のほとんどは戦争に使われ，国民の生活は厳しくなりました。

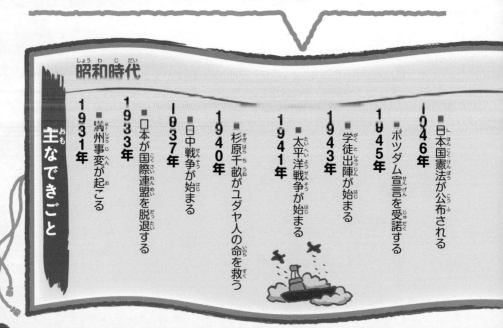

昭和時代

主なできごと

1931年 ■満州事変が起こる

1933年 ■日本が国際連盟を脱退する

1937年 ■日中戦争が始まる

1940年 ■杉原千畝がユダヤ人の命を救う

1941年 ■太平洋戦争が始まる

1943年 ■学徒出陣が始まる

1945年 ■ポツダム宣言を受諾する

1946年 ■日本国憲法が公布される

日本の始まり

日本の復興，三種の神器も普及！

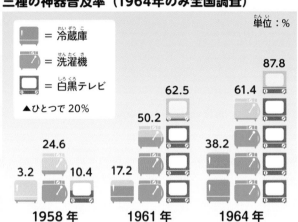

三種の神器普及率（1964年のみ全国調査）

単位：％

= 冷蔵庫

= 洗濯機

= 白黒テレビ

▲ひとつで20%

1958年：3.2　24.6　10.4

1961年：17.2　50.2　62.5

1964年：38.2　61.4　87.8

敗戦からの復興が進み，「三種の神器」と呼ばれた電化製品が家庭に広まりました。特に白黒テレビは，東京オリンピックをきっかけに普及率がぐんとのびています。

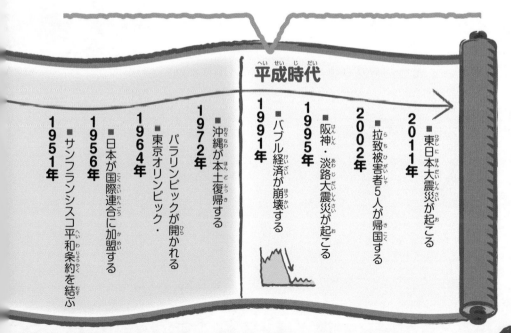

平成時代

1951年
■ サンフランシスコ平和条約を結ぶ

1956年
■ 日本が国際連合に加盟する

1964年
■ 東京オリンピック・パラリンピックが開かれる

1972年
■ 沖縄が本土復帰する

1991年
■ バブル経済が崩壊する

1995年
■ 阪神・淡路大震災が起こる

2002年
■ 拉致被害者5人が帰国する

2011年
■ 東日本大震災が起こる

01 不景気と中国侵略

さくっとガイド まずはここを読んで，時代の流れをつかもう！

満州は日本の生命線！

世界恐慌の影響で日本に不景気がおしよせると，一部の軍人や政治家は，「満州（中国の東北部）は日本の生命線」と唱え，満州進出を主張しました。1931年，満州にいた日本軍（関東軍）は南満州鉄道の線路を爆破し，これを中国軍のしわざだとして軍事行動を始めました。日本軍はまたたくまに満州全域を占領しました。これを満州事変といいます。

このののち，満州国をつくりましたが，これに反対していた犬養毅首相は，五・一五事件で海軍青年将校らに暗殺されました。

国のすべてを動員せよ！

1937年，日本軍は北京郊外で中国軍と衝突し，全面的な日中戦争が始まりました。中国は中国国民党と中国共産党が抗日民族統一戦線を結成してねばり強く戦いました。日中戦争が長引いたため，日本では，1938年に国家総動員法を定め戦時体制を強化し，政府が国民や物資をすべて戦争のために動員できるようにしました。

重要度
★★★
世界恐慌

1929年10月，アメリカ合衆国から始まり，ソ連を除いて世界的に広まった不景気と経済混乱。ニューヨークの株式取引所で株価が大暴落し，アメリカの経済は一気に落ちこみました。多くの会社が倒産し，農産物の価格も急落して，失業者があふれました。混乱は世界中に広まり，世界恐慌となりました。恐慌への対策として，アメリカは**ニューディール政策**で国民の購買力を高め，イギリスやフランスは**ブロック経済**で本国と植民地の関係を強めて他国の商品をしめ出しました。植民地の少ないイタリアやドイツでは経済が行きづまり，**ファシズム**が台頭して外国への侵略による不景気の打開をはかりました。

★★★
日本の不景気

1927年，日本では銀行の取りつけさわぎで金融界に混乱が起こり，休業する銀行が続出し，銀行や企業の倒産があいつぎました。これを**金融恐慌**といいます。1930年になると，<u>世界恐慌</u>の影響で，日本経済も大打撃を受けました（昭和恐慌）。この不景気の打開策として，資源が豊富な満州（中国東北部）への進出が唱えられました。

★★★
満州事変

1931年，関東軍（中国に配置された日本軍）が満州（中国東北部）で起こした軍事行動。関東軍は奉天郊外の柳条湖で南満州鉄道の線路を爆破し，これを中国軍のしわざとして軍事行動を起こしました（柳条湖事件）。日本政府は攻撃を拡大させない方針でしたが，関東軍はこれを無視し，満州の主要地域を占領し，翌年には<u>満州国</u>の建国を宣言しました。

★★★
満州国

<u>満州事変</u>の後，1932年に関東軍が建国を宣言した国。満州（中国東北部）の自治を行うとし，清朝最後の皇帝を元首としましたが，実質的には日本が支配し，政治，軍事，経済などの実権をにぎりました。

？で深める P.611

↷ 満州事変と満州国

COLUMN
くわしく

取りつけさわぎって何？ 銀行にお金を預けている預金者が，不景気に不安を感じて，預金を引き出そうと銀行におしかけること。1927年の取りつけさわぎは，国会での大蔵大臣の失言がきっかけで起こり，金融恐慌となりました。

重要度

★★★
五・一五事件

1932年5月15日，海軍の青年将校らが**犬養毅**首相を暗殺した事件。政党政治に不満を持つ海軍の青年将校らは，首相官邸や警視庁などをおそい，**満州国**[➡ P.607]の承認に反対していた犬養毅首相を暗殺しました。これによって，1924年から8年間続いた政党政治が終わり，以後，再び軍人や役人出身者による内閣がつくられるようになりました。

★★★
犬養毅

1855～1932年。明治時代～昭和時代初期の政治家。**大隈重信**[➡ P.574]らによる<u>立憲改進党</u>[➡ P.574]の創立に参加し，のちに尾崎行雄らと第一次<u>護憲運動</u>[➡ P.599]を起こして藩閥政治に反対しました。立憲政友会の総裁となり，1931年，内閣を組織しましたが，翌年の**五・一五事件**で暗殺されました。

★★★
国際連盟脱退

1933年，日本が**国際連盟**[➡ P.595]を脱退したこと。中国は，満州事変は日本の侵略だとして国際連盟に訴えたため，国際連盟はリットン調査団を派遣しました。その結果，国際連盟の総会は満州国[➡ P.607]を認めず，日本に満州からの引き上げを勧告しました。日本はこれを不服として，1933年に国際連盟を脱退し，こののち国際的な孤立を深めました。

総会の決議に抗議する，松岡洋右外相。
⬆ **国際連盟から脱退する日本**
（写真／毎日新聞社／アフロ）

▲▲▲
二・二六事件

1936年2月26日，陸軍の青年将校らが起こした反乱。軍事政権をつくって政治を改革しようとして，約1400人の兵を率いた青年将校らは大臣などを殺傷し，一時東京の中心部を占拠しました。数日で平定されましたが，**軍部の発言力がいっそう強まり**，議会は無力化していきました。

⬆ **二・二六事件**
（写真／毎日新聞社／アフロ）

COLUMN
くわしく

リットン調査団って何？ 1932年，満州事変の状況を調査するために，国際連盟が派遣したイギリスのリットンを団長とする調査団。日本の軍事行動は不法で満州国は認められない，日本は満州から兵を引きあげること，などとする報告書を国際連盟に提出しました。

★★★ 日中戦争

1937年，北京郊外で起こった盧溝橋事件をきっかけに始まった，日本と中国の全面戦争。日本の軍部は，戦争を拡大させないという政府の方針を無視して首都南京を占領し，戦争は長期化して，日本が**太平洋戦争** [➡ P.614] に敗れる1945年まで続きました。中国では，日中戦争が始まると，内戦を続けていた中国国民党と中国共産党が内戦を停止して抗日民族統一戦線をつくり，協力して日本と戦う体制をとりました。

🔁 日中戦争の広がり

★★★ 南京事件

日中戦争で，日本軍が南京を占領したときに起こした事件。中国軍は日本軍が占領する前に撤退しましたが，日本軍は，中国人の捕虜や女性，子どもなどを殺害しました。この事件は，世界各国から非難されました。

★★★ 中国共産党

1921年に，上海で結成された政党。1927年に中国国民党と内戦を始めましたが，1937年に始まった日中戦争では，協力して日本軍と戦いました。戦後再び内戦となり，中国国民党を破り，1949年に中華人民共和国 [➡ P.639] を建国しました。

★★★ 中国国民党

1919年に，孫文(1866〜1925年)を指導者として成立した政党。蔣介石(1887〜1975年)のもとで中国共産党を弾圧しましたが，日中戦争では，中国共産党と協力して日本軍と戦いました。戦後再び中国共産党との内戦となり，1949年に敗れ，台湾にのがれました。

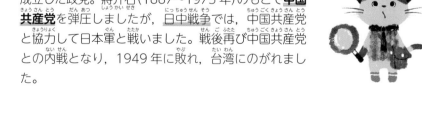

2つの政党が協力して日本に対抗したんだね。

第1章 大むかしの暮らし
第2章 天皇と貴族の世の中
第3章 武士の世の中へ
第4章 全国統一
第5章 江戸幕府の政治
第6章 移り変わる武士の世の中
第7章 近代国家への歩み
第8章 日清・日露戦争と日本の動き
第9章 戦争と新しい日本の始まり

COLUMN まめ知識

溥儀 (1906〜1967年) ってどんな人？ 清朝最後の皇帝で，辛亥革命によって退位しました。その後，日本軍によって満州国の元首にむかえられ，第二次世界大戦の終結と同時にソ連に抑留され，戦争犯罪人として中国の刑務所に入りました。

第9章 戦争と新しい日本の始まり

重要度
★★★
国家総動員法

戦争を続けるために必要な国民や物資を政府が動員できると定めた法律。日中戦争〔→P.609〕が長期化する中，1938年に制定されました。政府が議会の承認を得ることなく，国民や物資のすべてを，戦争のために動員できることになりました。

★★★
大政翼賛会

1940年，ほとんどの政党や政治団体が解散してまとめられた，全体主義的な国民組織。首相が総裁となり，町内会・隣組を通じて全国民を統制し，政府の方針を国民に徹底させました。

★★★
隣組

戦争協力と国民生活の統制のため，5～10軒を1つの単位として制度化した組織。食料その他の生活必需品の配給や防空演習などを共同で行い，たがいに監視させる役割も果たしました。

★★★
皇民化政策

植民地の人々を日本の戦時動員体制に組みこむための政策。日本軍は，東南アジアや朝鮮など日本の植民地の人々に対し，日本語を話すこと，日の丸の掲揚，神社への参拝などを強要しました。朝鮮などでは姓名を日本式に改めること（創氏改名）を強制し，徴兵も行いました。このような政策に対し，各地で日本軍の支配に抵抗する抗日運動が強まっていきました。

史料 国家総動員法

第一条　本法ニ於イテ国家総動員トハ戦時ニ際シ国防目的達成ノ為国ノ全力ヲ最モ有効ニ発揮セシムル様，人的及物的資源ヲ統制運用スルヲ言フ。
第四条　政府ハ戦時ニ際シ国家総動員上必要アルトキハ，…帝国臣民ヲ徴用シテ…
　　　　　　　　　　（一部）

〔写真：毎日新聞社／アフロ〕

◆大政翼賛会の発会式

日本人に同化させようとしたんだ。

COLUMN くわしく

苦しむ東北の農村　東北地方では，1930年の昭和恐慌の影響と，翌年の大凶作で食料が不足し，学校に弁当を持ってこられない欠食児童がたくさんいました。また，借金のために娘を身売りする農家が続出し，小作争議もたびたびおこりました。

? 1 なぜ，満州事変を起こしたの?

→ このころ，日本国内では，長く不景気が続いていました。国内に資源がない日本がこの不景気から回復するためには，南満州鉄道や豊富な資源のある満州(中国東北部)への進出が必要だという考えにもとづいて，満州事変は起こされました。

? 2 犬養首相が残した言葉とは?

→ 満州国の承認に反対したとして，海軍の将校らが犬養毅首相を暗殺した五・一五事件。このとき犬養首相が将校らに言ったとされる言葉が，「話せばわかる」です。撃たれたあとも犬養首相は，将校らと話し合おうとしていたといわれていますが，かなわず亡くなりました。

COLUMN はてな ?で深める　満州国が建国される

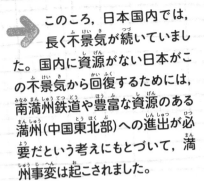

日独伊三国同盟

↑日独伊三国同盟

? 3 満州国に対して国際連盟はどうしたの?

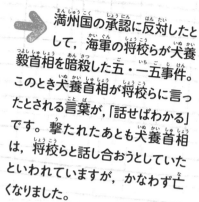

→ 満州国についての話し合いが行われたときの国際連盟の総会では，日本軍の満州からの撤退について，賛成42票，反対1票，棄権1票でした。1票の反対票は日本が投じました。こののち日本は，ドイツやイタリアとの関係を強め，戦争へと向かっていきました。

02 第二次世界大戦と日本

さくっとガイド まずはここを読んで，時代の流れをつかもう!

ふたたび世界大戦が起こる!

真珠湾

日本と全面戦争だ!

ルーズベルト大統領

1939年，ヨーロッパ全土を支配しようとするドイツがポーランドにせめこむと，ポーランドと同盟を結んでいたイギリスとフランスがドイツに宣戦し，第二次世界大戦が始まりました。日本は，1941年に，マレー半島のイギリス領に上陸し，ハワイのアメリカ軍基地を攻撃して，太平洋戦争が始まりました。

1945年5月にドイツが降伏し，日本は8月に広島と長崎に原子爆弾を投下され，ポツダム宣言を受け入れて降伏しました。

戦時下の国民生活は?

空襲が激しくなった!

子どもたちは地方へ疎開しなさい!

戦争が長引くと学生も兵士として戦場に送られました(学徒出陣)。国内では労働力が不足したため，女子学生や中学生も兵器工場などで働かされました(勤労動員)。

また，生活物資が不足したため，米や日用品などは配給制となりました。空襲が激しくなると，都市の小学生は親もとをはなれ，地方へ集団疎開(学童疎開)しました。

歴史編

第1章 大むかしの暮らし

第2章 天皇や貴族の世の中

第3章 武士の世の中へ

第4章 全国統一

第5章 江戸幕府の政治

第6章 武士の世の中

第7章 近代国家への歩み

第8章 日清・日露戦争と日本の動き

第9章 戦争と新しい日本の始まり

重要度
★★★

第二次世界大戦

1939年のドイツのポーランド侵攻をきっかけに始まった，世界戦争。ポーランドと同盟を結んでいたイギリスやフランスがドイツに宣戦し，始まりました。

1941年には，日本がアメリカ合衆国とイギリスに宣戦し，**太平洋戦争** [➡ P.614] が始まりました。1943年にイタリアが，1945年5月にドイツが降伏してヨーロッパでの戦いは終わりました。1945年8月に日本が降伏し，太平洋戦争をふくめた第二次世界大戦は終わりました。

□ 枢軸国　□ 1942年の枢軸側の最大支配地および占領地　□ 中立国

⬆ 第二次世界大戦でのヨーロッパの戦争

★★★

日独伊三国同盟

1940年，**日本**，**ドイツ(独)**，**イタリア(伊)** の三国が結んだ軍事同盟。アメリカ合衆国の参戦をおさえようとするものでしたが，日米の対立をいっそう深め，**太平洋戦争** [➡ P.614] の原因の1つとなりました。

★★★

日ソ中立条約

1941年，日本とソ連(ソビエト連邦)が結んだ条約。この条約によって，北方の安全を確保した上で，日本は石油やゴムなどの資源を求めて南方へ進出し，フランス領インドシナ南部を占領しました。

ソ連は1945年8月，日ソ中立条約を破って参戦したんだ。

COLUMN
くわしく

ABCD包囲陣って何？　日本の南方進出に反対するアメリカ合衆国（America）は，イギリス（Britain），中国（China），オランダ（Dutch）と協力して日本を経済的におさえようとしました。この動きは，4国の英語の頭文字をとってABCD包囲陣と呼ばれています。

重要度
★★★

大東亜共栄圏

太平洋戦争を正当化しようとした，日本のスローガン。欧米列強の植民地支配から独立して，日本を中心に，アジア地域で協力して共存する共栄圏を打ち立てようとしました。

★★★

太平洋戦争

1941年に始まった，日本がアメリカ合衆国やイギリスなどと戦ったアジア・南太平洋での戦争。1941年12月8日，日本軍がイギリス領のマレー半島に上陸し，同時にハワイの真珠湾のアメリカ軍基地を攻撃して，始まりました。日本は，初め有利に戦いを進めましたが，1942年のミッドウェーでの海戦に敗れたのちは，次第に守勢に立たされて，1945年の原子爆弾の投下 [➡ P.617] とソ連の参戦で，ポツダム宣言 [➡ P.617] を受け入れ，無条件降伏しました。

→ 日本軍の進出 ⬭ 1943年1月の日本軍の進出線
→ 連合国軍の反撃 ✕ 主な戦場，数字はその年月

太平洋戦争の広がり

★★★

真珠湾攻撃

1941年12月8日に起こった，ハワイの真珠湾にあったアメリカ軍基地への日本軍の奇襲攻撃。日本はアメリカ合衆国とイギリスに宣戦し，太平洋戦争が始まりました。このときアメリカへの宣戦布告がおくれ，攻撃開始のあとになってしまいました。奇襲を受けたアメリカは，「リメンバー・パールハーバー（真珠湾を忘れるな）」を合い言葉として，国民をふるいたたせました。

★★★

杉原千畝

1900〜1986年。第二次世界大戦 [➡ P.613] のころの，日本の外交官。リトアニアの日本領事代理をしていたとき，ドイツのナチスから迫害を受けていたポーランド系のユダヤ人に，日本政府の方針に反して，日本を通り安全な国へ行くための通過ビザを発行し，約6000人もの命を救いました。1985年，ユダヤ人が建国したイスラエル政府から表彰されました。

COLUMN
まめ知識

勝利の発表はうそだった？ 大本営（戦争中の日本の最高機関）は，実際は敗北したミッドウェー海戦で日本軍が勝利したかのような発表をしました。新聞は大勝利と報道しましたが，戦局はしだいに悪化していきました。国民は真実を知らされないまま，勝利を信じていたのです。

歴史編

第1章 大むかしの暮らし

第2章 天皇と貴族の世の中

第3章 武士の世の中へ

第4章 全国統一

第5章 江戸幕府の政治

第6章 移り変わる武士の世の中

第7章 近代国家への歩み

第8章 日清・日露戦争と日本の動き

第9章 戦争と新しい日本の始まり

★★★ 戦時下の国民

日本は，**太平洋戦争**を，軍部だけでなく，国民全体を動員する総力戦として戦いました。戦争が長期化すると，いっそう多くの国民を動員しました。多くの男性が戦場に送りこまれ，学徒出陣も始まりました。また，労働力が不足したため，中学生や女学生も工場や農村で働かされました（**勤労動員**）。また，生活必需品は**配給制**となり，**空襲** [➡ P.616] が激しくなると都市の小学生は農村に**集団疎開（学童疎開）** [➡ P.616] しました。

★★★ 学徒出陣

1943 年から，在学中の学生が兵士として戦場に送られたこと。それまで徴兵を免除されていた大学生などが，理科系や教員養成系の学生を除いて召集され，戦場に送られました。

⬆ **学徒出陣** （写真：毎日新聞社／アフロ）

★★★ 勤労動員

未婚女性や女学生，中学生の軍事工場などへの動員。戦争で労働力が不足し，中学生以上のほぼ全員が軍事工場や農村などで働かされました。

⬆ **女学生の勤労動員** （写真：毎日新聞社／アフロ）

★★★ 配給制

生活必需品を人々に割り当てて配ること。戦争が長期化すると，軍需品の生産が優先されて食料などが不足し，米や衣料品など，多くの生活必需品が配給制となり，自由に買えなくなりました。やがて，配給も十分に行われなくなり，国民の生活はいっそう苦しくなっていきました。

「ぜいたくは**敵だ**」という標語がつくられたんだ。

⬆ **配給制**…食料をもらうために並ぶ人々。
（写真：毎日新聞社／アフロ）

COLUMN くわしく **占領下の抗日運動にはどんなものがある？** 朝鮮では，民族主義者や共産主義者らが抗日闘争を続け，ベトナムでは，ホー＝チ＝ミンのもとでベトナム独立同盟が結成されました。フィリピンでは，1942 年に抗日人民軍が組織され，ビルマ（現在のミャンマー）でも抵抗運動が広がりました。

重要度
★★★
空襲

航空機による空からの攻撃。1944年以降，日本各地の軍事施設や工場だけでなく，都市や住宅地もアメリカ軍による空襲を受けるようになりました。特に，1945年3月の東京の空襲は大規模で，死者は一夜で約10万人近くにもなったといわれています（東京大空襲）。

⬆ **空襲で焼けた東京**　　（写真：読売新聞／アフロ）

★★★
集団疎開（学童疎開）

空襲をさけるために，都市の小学生が集団で地方の農村などに移住したこと。1944年から始まり，都市の小学生は親元をはなれて地方の農村などで集団生活をしました。旅館や寺などでの生活は，十分な食料もなく，ひもじく寂しい体験となりました。

⬆ **集団疎開（学童疎開）**　　（写真：毎日新聞社／アフロ）

★★★
ヨーロッパの終戦

第二次世界大戦 [➡ P.613] の開戦後，各地で勝利を続けてきたドイツを中心とする枢軸国側は，1942年の後半から連合国軍が反撃を始めると，しだいに敗退していきました。イタリアは，ムッソリーニが失脚して1943年9月に降伏し，ドイツは1945年4月にヒトラーが自殺し，5月に降伏しました。

★★★
沖縄戦

1945年，沖縄での日本軍とアメリカ軍の戦闘。1945年3月，アメリカ軍の上陸が始まり，3か月にわたり激戦が続きました。6月に日本軍が降伏したあとも戦闘は続けられ，中学生や女学生までもが動員され，集団自決をせまられた人もいました。激しい地上戦となった沖縄戦では，沖縄県民の4人に1人（約12万人）が犠牲となりました。

COLUMN
くわしく

616

東京大空襲の被害は？　　1945年3月10日の東京大空襲は，墨田，江東，台東の3区を中心とする地域への，アメリカ軍の爆撃機B29約300機による無差別爆撃でした。前後の空襲をふくめると，東京全域の死者は8万3000人〜11万5000人と推定されています。

歴史編

第1章 大むかしの暮らし

第2章 天皇と貴族の世の中

第3章 武士の世の中へ

第4章 全国統一

第5章 江戸幕府の政治

第6章 移り変わる武士の世の中

第7章 近代国家への歩み

第8章 日清・日露戦争と日本の動き

第9章 戦争と新しい日本の始まり

★★★ 原子爆弾の投下

アメリカ軍によって 1945 年 8 月 6 日に広島に, 9 日には長崎に, 核分裂によるエネルギーを利用した原子爆弾(原爆)が投下され, 広島と長崎は, 一瞬のうちに破壊されました。投下から 5 年以内に, 広島で 20 万人以上, 長崎で 14 万人以上の命がうばわれ, 今も後遺症に苦しんでいる人がいます。

（学研・資料課）

↑ 原爆ドーム (広島市, 世界文化遺産)

★★★ ポツダム宣言

日本の無条件降伏と民主化や, 戦後の日本の管理の方針などが決められ, 1945 年 7 月, アメリカ合衆国, イギリス, 中国の名で発表された共同宣言。日本は, 最初ポツダム宣言を無視しましたが, 2 度の原子爆弾の投下とソ連の対日参戦によって, 受け入れを決め, 降伏しました。

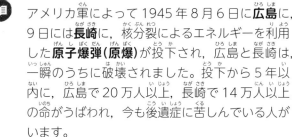

📖 史料 ポツダム宣言

6条　軍国主義, 戦争指導者の永久除去
7条　連合国軍の日本占領
8条　日本の領土の制限（九州・四国・本州・北海道と周辺の諸小島）
13条　即時, 無条件降伏の宣言　　　（一部要約）

★★★ 日本の敗戦

1945 年 8 月 14 日, 日本はポツダム宣言を受け入れて連合国への降伏を決め, 15 日に, 昭和天皇がラジオ放送(玉音放送)で国民に伝えました。これによって太平洋戦争 [➡ P.614] は終わり, 満州事変 [➡ P.607] 以来の 15 年続いた長い戦争が終わりました。日本の降伏で中国や朝鮮, 東南アジアの国々は, 日本の支配から解放されました。

★★★ シベリア抑留

日本の敗戦により, 満州などで捕虜となった日本兵などが, ソ連のシベリアに連行され, 長期にわたり過酷な強制労働に従事させられたこと。抑留された約 60 万人のうち約 6 万人が死亡したとされています。

🔍 COLUMN くわしく

大西洋憲章ってどんなもの？　1941 年 8 月にルーズベルト(アメリカ大統領)とチャーチル(イギリス首相)が会談して発表しました。領土不拡大, 民族自決, 公海の自由, 軍備の縮小, 平和機構の再建などで, のちに国際連合憲章のもと(基礎)となりました。

03 日本の新しい出発

さくっとガイド まずはここを読んで，時代の流れをつかもう!

民主主義の日本にしよう!

第二次世界大戦後，日本を占領した連合国軍の指導で，日本の民主化が進められました。

選挙法が改正され，20歳以上の男性と女性に選挙権があたえられました。また，経済を支配していた財閥が解体されました。農村の民主化のために，自作農を増やす農地改革も行われました。

1946年11月3日には，国民主権・基本的人権の尊重・平和主義を三大原則とする日本国憲法が公布されました。

日本が独立を回復!

1951年，日本は48か国とサンフランシスコ平和条約を結びました。翌年に条約が発効して，日本は独立を回復しました。サンフランシスコ平和条約の調印と同時に，日本の安全と東アジアの平和を守るという理由で日米安全保障条約を結び，アメリカ軍が日本にとどまることになりました。また，1956年には，日本とソ連の国交が回復し，日本の国際連合加盟が認められました。

重要度
★★★

やみ市

政府が決めた価格に関係なく，品物が高値で売買された市場。法律に反していましたが，食料，飲み物，油などの生活物資を求めて，多くの人が集まりました。

★★★

買い出し

配給 [➡ P.615] される食料だけでは足りず，農村などに直接買いに行ったこと。人々は，知り合いやつてをたどって農村に出かけ，米，いも，野菜などを手に入れました。貴重品や衣服などを手放して，食料を手に入れる人も少なくありませんでした。買い出しに行く列車は超満員で，列車の屋根に乗る人もたくさんいました。しかし，買い出しは国から禁止されていたので，警察の取りしまりで，没収されることもありました。 🔎で深める P.627

↑ 買い出しに行くため列車に乗ろうとする人々
（写真：読売新聞／アフロ）

★★★

青空教室

空襲 [➡ P.616] で校舎が焼けたため，屋外で行われた野外授業。教科書を持たない子どももたくさんいましたが，校庭などにいすをならべて，男女共学で授業が行われました。

↑ 青空教室
（写真：毎日新聞社／アフロ）

★★★

日本の民主化政策

太平洋戦争 [➡ P.614] 後，日本を占領した連合国軍最高司令官総司令部（GHQ）が，日本の軍国主義を取り除き，民主主義国家をそだてるため行った政策。ポツダム宣言 [➡ P.617] にもとづいて，GHQは女性の解放，労働組合結成の奨励，教育の民主化，秘密警察などの廃止，経済の民主化の五大改革を指示しました。GHQによる日本の占領は，1952年にサンフランシスコ平和条約 [➡ P.623] が発効するまで続きました。

COLUMN くわしく

天皇の人間宣言って何？ 天皇はそれまで目に見える神（現御神）であるとされてきましたが，1946年1月1日，昭和天皇はそれを否定する文書を発表しました。これを「天皇の人間宣言」といいます。

重要度

★★★ マッカーサー

1880～1964年。アメリカ合衆国の軍人。第二次世界大戦 [→ P.613] で，南西太平洋軍総司令官として対日戦を指揮しました。日本の降伏後，**連合国軍最高司令官総司令部（GHQ）**の最高司令官として，日本の占領と民主化政策 [→ P.619] を指導しました。

★★★ 選挙法の改正

1945年，選挙法が改正され，満20歳以上の男女に選挙権があたえられました。これによって，女性の**参政権** [→ P.364] が初めて認められました。1946年に行われた衆議院 [→ P.371] 議員総選挙の結果，39人の女性の国会議員が誕生しました。

⚖ 比べる **選挙権の資格** [→ P.379]

	第1回総選挙 1890年	普通選挙法 1925年	選挙法改正 1945年
年齢	満25歳以上	満25歳以上	満20歳以上
性別	男子	男子	男女
納税額	1年に直接国税を15円以上納める者	なし	なし

★★★ 農地改革

1946年から行われた，自作農を増やして，農村を民主化するための改革。小作地の多くを政府が強制的に買い上げ，小作人に安く売りわたしました。多くの自作農が生まれ，農村を支配する地主の力がおとろえて，農村の民主化が進みました。

面積の割合
小作地 48.1% / 自作地 51.9% （1930年）
→農地改革→
小作地 9.4% / 自作地 90.6% （1950年）

農家の割合
1930年 自作 31.1% / 自小作 42.4% / 小作 26.5%
→
1950年（農地改革後） 62.3% / 32.6 / 5.1

⬆ **農地改革による農村の変化**

★★★ 財閥解体

経済界に大きな力を持っていた**財閥** [→ P.592] を解体したこと。1945年に連合国軍最高司令官総司令部（GHQ）は，日本経済を支配し，軍国主義を支えていた三井，三菱，住友，安田などの財閥の解体を指令し，経済の民主化をはかりました。1947年4月には，少数の企業による独占を防ぎ，自由競争を確保するため，独占禁止法を制定しました。

COLUMN まめ知識

極東国際軍事裁判って？ 戦争が終わった後，戦争を進めた軍人や政府の指導者が，戦争犯罪人として裁かれた裁判。東京裁判ともいいます。太平洋戦争の開戦時に首相だった東条英機をはじめとするA級戦犯の7名が死刑となりました。

★★★ 教育基本法

1947年に制定された，民主主義的な人間の形成を目標にした法律。個人より国家を大切にする，国家主義的な教育を目指した**教育勅語** [➡ P.576] に代わり，日本国憲法にもとづいて制定されました。**教育の機会均等，義務教育，男女共学**などを主な内容として，**義務教育**は小学校と中学校の9年に延長されました。

★★★ 義務教育

子どもを一定期間学校に通わせることを，保護者に義務づけた制度。小学校6年，中学校3年の計9年間が義務教育とされ，現在も引きつがれています。**日本国憲法**にもとづいて，義務教育の授業料と教科書は無償とされています。

★★★ 日本国憲法 [➡P.363]

1946年11月3日に公布し，翌年の5月3日に施行された，日本の最高法規。**国民主権** [➡ P.366]・**基本的人権の尊重** [➡ P.363]・**平和主義** [➡ P.367] の3つを基本原則とし，天皇は日本国や日本国民統合の**象徴**とされました。国会は国権の最高機関で，ただ1つの立法機関とされ，**衆議院と参議院** [➡ P.371] の二院制となっています。また，日本国憲法にもとづいて，民法が改正され，地方自治法も公布されました。

⚖ 比～る 日本国憲法と 大日本帝国憲法

日本国憲法		大日本帝国憲法
1946年公布 1947年施行	成立	1889年発布 1890年施行
国民主権	主権	天皇主権
国と国民統合の象徴	天皇	国の元首
衆議院・参議院 両院とも国民の選挙	国会	衆議院・貴族院 衆議院のみ選挙
最大限に尊重 男女平等	基本的 人権	法律の範囲内で認める
平和主義 戦争放棄	軍隊	兵役の義務あり 天皇に統帥権

★★★ 国民主権 [➡P.366]

日本国憲法の3つの基本原則の1つ。国の政治のあり方について最終的な決定権は国民にあり，政治の運営は，国民の代表者が国民のために行うという意味です。

COLUMN くわしく

政党が復活した！ 戦争中，政党はすべて解散して大政翼賛会に合流していましたが，戦後，日本自由党，日本進歩党，日本社会党，日本協同党が結成されました。また，法律に反する政党とされてきた日本共産党は戦後，再建され，活動できるようになりました。

重要度

★★★ 基本的人権の尊重 [➡P.364]

📖 日本国憲法 [➡ P.621] の 3 つの基本原則の 1 つ。人間が生まれながらに持っている基本的な権利を尊重すること。**基本的人権**には，自由権，平等権，社会権，参政権，請求権があります。

★★★ 平和主義 [➡P.367]

📖 日本国憲法 [➡ P.621] の 3 つの基本原則の 1 つ。軍隊などの戦力を持たず，国の戦争する権利を認めず，戦争を永久に放棄することです。

🎞 **平和記念式典（広島市）**

★★★ 労働組合法

連合国軍最高司令官総司令部（GHQ）の民主化政策にもとづいて 1945 年に制定された，労働者の団結権，団体交渉権を保障した法律。その後の労働運動の発展の基礎となりました。

★★★ 労働基準法 [労働基本権➡P.364]

1947 年に制定された，労働条件の最低基準を定めた法律。1 日 8 時間労働の原則，年次有給休暇の取得，年少者の深夜就業の禁止，児童の労働禁止などを定めています。

⚖ 比べる **労働三法**

労働組合法	労働者の地位向上し，労使の対等な交渉を保障する。	労働組合の組織・権限，労働委員会の組織・権限などの規定。
労働基準法	労働者の人間らしい生活を保障する。	1日8時間労働制，休日・休暇など，労働条件の最低基準を規定。
労働関係調整法	労働争議の予防や解決を促進する。	労働委員会による争議の解決法を規定。

COLUMN くわしく

メーデーってどんな日？ 世界各地で毎年 5 月 1 日に行われる労働者の祭典。1886 年にアメリカで行われた 8 時間労働制を要求する運動から始まりました。日本では 1920 年に初めて行われ，その後一時中断し，戦後の 1946 年に復活しました。

歴史編

第1章 大むかしの暮らし

第2章 天皇と貴族の世の中

第3章 武士の世の中へ

第4章 全国統一

第5章 江戸幕府の政治

第6章 移り変わる武士の世の中

第7章 近代国家への歩み

第8章 日清・日露戦争と日本の動き

第9章 戦争と新しい日本の始まり

★★★ 冷たい戦争（冷戦）

第二次世界大戦後のアメリカ合衆国を中心とする**資本主義陣営**と，ソ連（現在のロシア）中心の**社会主義陣営**の厳しい対立状態。直接戦火を交える戦争に対してこう呼ばれ，経済面，軍事面で圧迫を加え合う状態が続きました。

★★★ 朝鮮戦争

朝鮮民主主義人民共和国（北朝鮮）と大韓民国（韓国）の戦争。1950年6月，**冷たい戦争（冷戦）**の対立を背景に北朝鮮が韓国領内に侵攻し，朝鮮戦争が始まりました。アメリカ軍を中心とする国連軍が韓国軍を助け，中国は義勇軍を派遣して北朝鮮軍を支援し，戦争は長期化しました。1953年に，北緯38度線付近を軍事境界線として，**休戦協定**が結ばれました。

⤴ **朝鮮戦争**

（写真：AP／アフロ）

★★★ 警察予備隊

1950年，アメリカ軍が朝鮮戦争で出動したあとの日本の治安を守るという理由で，**連合国軍最高司令官総司令部（GHQ）**の指令でつくられた組織。しだいに強化され，1952年には保安隊，1954年には**自衛隊** [➡ P.367] となりました。

★★★ サンフランシスコ平和条約

1951年，日本がアメリカ合衆国など48か国と結んだ**第二次世界大戦** [➡ P.613] の講和条約。首席全権は**吉田茂**首相。日本は朝鮮の独立を認めることや，台湾，南樺太，千島列島などに対する権利を放棄しました。翌年に条約が発効し，日本は独立を回復しました。この条約と同時に，**日米安全保障条約（安保条約）** [➡ P.624] が結ばれました。

⤴ **サンフランシスコ平和条約の調印**

（写真：TopFoto／アフロ）

COLUMN くわしく

中華人民共和国 [➡ P.639] **の成立**　中国では，第二次世界大戦の終結のあと，中国共産党と中国国民党との内戦が再発しました。1949年，中国共産党が勝利し，毛沢東を主席とする中華人民共和国が成立しました。

重要度
★★★
日米安全保障条約（安保条約）[➡P.368]

1951年，**サンフランシスコ平和条約**[➡P.623]調印と同じ日，日本の安全と東アジアの平和維持を目的に結ばれた条約。独立後もアメリカ軍[➡P.207]の日本駐留や軍事基地の使用を認め，日本とアメリカ合衆国の間の結びつきが強化されました。1960年に改定されたときは，国内では日本が戦争に巻きこまれることを恐れて，激しい反対運動(安保闘争)が起こりました。

★★★
日ソ共同宣言

1956年に調印された，**太平洋戦争**[➡P.614]の日本とソ連（現在のロシア）の戦争状態の終結と国交回復のための共同宣言。ソ連の賠償請求権放棄や日本の国際連合加盟の支持などが確認されました。しかし，**北方領土**[➡P.629]の問題が未解決で，平和条約は現在も結ばれていません。

★★★
日本の国際連合加盟

ソ連は，日本の**国際連合**[➡P.659]加盟に反対していましたが，日ソ共同宣言を発表して日本との国交が回復しました。それによりソ連の支持も受け，1956年，日本の国際連合加盟が認められ，日本は国際社会に復帰しました。

🔼 **国際連合本部**　（ピクスタ）

★★★
高度経済成長

1950年代の中ごろから1970年代の初めまで続いた，日本経済の急激な発展。経済成長率が年平均10%で伸び続け，1968年には国民総生産(GNP)が資本主義国でアメリカ合衆国についで第2位となりました。その反面，過疎・過密[➡P.626]や公害[➡P.345]などの問題も起こりました。1973年に，中東戦争の影響で**石油危機(オイル・ショック)**[➡P.626]が起こると，高度経済成長は終わりました。

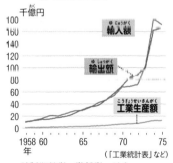
🔼 **工業生産額と貿易額の変化**

COLUMN
まめ知識

624

「所得倍増計画」って何?　1960年の安保闘争で岸信介内閣がたおれたあとに登場した池田勇人内閣は，政治で対立する国内をまとめる目的もあり，1人あたりの国民所得を10年間で2倍にするという「所得倍増計画」を打ち出しました。

★★★ 「三種の神器」

白黒テレビ，電気洗濯機，電気冷蔵庫のこと。1950年代の中ごろから，これらの電化製品が急速に家庭に広まり，生活が向上しました。

★★★ 四大公害病 [➡P.346]

1960年代に表面化した，多くの被害者を出した**公害** [➡ P.345] 病。八代海沿岸を中心に有機水銀が原因で起こった水俣病，四日市市を中心に亜硫酸ガスが原因で起こった四日市ぜんそく，神通川流域でカドミウムが原因で起こったイタイイタイ病，阿賀野川流域で起こった新潟水俣病を，四大公害病といいます。

🔼 **四大公害病の発生地**

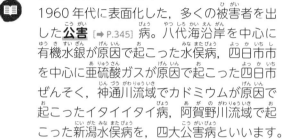

★★★ 公害対策基本法 [➡P.348]

1967年に制定された，公害対策の基本を定めた法律。事業者，国，地方公共団体の責任を明らかにし，そのための政策を定めています。1993年には，地球環境問題などにも対応する**環境基本法** [➡ P.348] が制定され，廃止されました。

★★★ 環境庁

1971年，**公害** [➡ P.345] の防止，自然環境の保護・整備などを行うために設置された役所。環境に関する行政を一本化するために設置されました。2001年には，中央省庁の再編で，**環境省** [➡ P.349] となりました。

★★★ 東京オリンピック・パラリンピック

高度経済成長のさなかの1964年10月10日から，世界の93の国と地域，5000人以上の選手が参加する，アジアで初めてのオリンピック [➡ P.654]・パラリンピックが東京で開かれました。敗戦から20年足らずの短い期間で復興した日本のすがたを，世界の国々に示すことができました。

🔼 **東京オリンピックの開会式**

(学研・資料課)

第1章 大むかしの暮らし
第2章 天皇と貴族の世の中
第3章 武士の世の中へ
第4章 全国統一
第5章 江戸幕府の政治
第6章 移り変わる武士の世の中
第7章 近代国家への歩み
第8章 日清・日露戦争と日本の動き
第9章 戦争と新しい日本の始まり

COLUMN くわしく

55年体制って何？ 1955年，分裂していた日本社会党が統一され，日本民主党と自由党が合同して自由民主党（自民党）ができると，自民党が野党第一党の社会党と対立しながら政権を取り続けました。これを55年体制といい，40年近く続きました。

第**9**章 戦争と新しい日本の始まり

重要度
★★★

東海道新幹線

東京と大阪を結ぶ高速鉄道。**東京オリンピック・パラリンピック** [➡ P.625] 直前の 1964 年 10 月に開業しました。東京駅から新大阪駅までで，当時の所要時間は 4 時間，最高速度は時速 210km でした。

⬆ **東海道新幹線**
(写真：毎日新聞社／アフロ)

★★★

石油危機（オイル・ショック）

1973 年，アラブ諸国とイスラエルの間で起こった中東戦争の影響で，アラブの産油国が石油の値上げや生産制限を行ったために起こった世界的な経済の混乱。日本は石油の輸入量が多かったため，経済や国民生活にあたえた影響が大きく，品不足をおそれて買いだめするなどパニックが起こりました。石油危機によって日本の**高度経済成長** [➡ P.624] が終わりました。

⬆ **買いだめをする消費者**
(写真：読売新聞／アフロ)

★★★

過密（化）[➡P.215]

大都市など，特定の地域への人口や産業が集中しすぎた状態。大気汚染，ごみの増加，交通渋滞，騒音などの問題や，社会資本の不足など，さまざまな都市問題が起こって人々の暮らしに影響をあたえています。

⬆ **都市の交通渋滞**
(写真：アフロ)

★★★

過疎（化）[➡P.215]

ある地域で，人口が減少しすぎて，一定の社会生活が行えなくなるまでになった状態。農山村や離島では，若い人が都市へ流出し，高齢化が進んで集落の機能をなさないところもあり，教育，医療，防災などのサービスを受けることが困難になるなどの問題が起こっています。

COLUMN
まめ知識

トイレットペーパーがない？ 石油危機（オイル・ショック）の影響でトイレットペーパーがなくなるという噂が広まりました。人々はスーパーへ殺到し，一時的に店頭からトイレットペーパーがなくなるという騒動となりました。

? 1 「たけのこ生活」って何?

戦争が終わって食料が不足する中,都市の人たちは農村に買い出しに行きました。その際,持っていった着物などと米や野菜とを交かんしました。一枚一枚たけのこの皮をむくように,着物がなくなっていったので,「たけのこ生活」と呼ばれました。

↑ 着物と食べ物を交かんする人

COLUMN はてな

? で深める　戦後の国民生活

? 2 なぜ教科書に墨をぬったの?

戦後間もなくの小学校や中学校では,戦前から使われていた教科書をそのまま使っていました。このような教科書には,軍国主義的な表現があちこちに見られたため,これらを墨でぬりつぶして,読めないようにして使いました。

? 3 戦後,学校はどう変わったの?

戦争中は,現在の小学校と中学校(の一部)は国民学校と呼ばれていました。戦争が終わり,小学校は6年間,中学校は3年間という,9年間の義務教育期間が決められ,男女共学になりました。

04 現代の世界と日本

さくっとガイド まずはここを読んで,時代の流れをつかもう!

世界と日本の動きをおさえよう!

ベルリンの壁,
みんなでくずせ!

東西ドイツは
1つになるぞ!

1989年,ベルリンの壁がくずされ,同じ年にソ連とアメリカ合衆国の間で冷戦の終結が宣言されました。翌年東西ドイツの統一が実現しました。また,1991年には,ソ連が解体しました。

1965年,日本は大韓民国(韓国)と日韓基本条約を結びました。1972年には,中国と日中共同声明を発表して国交を回復し,1978年には日中平和友好条約を結びました。また,1972年には,アメリカ合衆国に統治されていた沖縄の本土復帰が実現しました。

日本には課題がいっぱい!

差別は
しない!

みんな平等!

仲良く暮らし
ましょう!

日本の課題として,部落差別,障がい者差別,女性差別,民族差別などのさまざまな差別やへん見をなくすことが挙げられます。

また,朝鮮民主主義人民共和国(北朝鮮)とは国交が回復しておらず,日本人拉致問題も解決していません。北方領土については,ロシア連邦に返かんを求めていますが,いまだに解決していません。

歴史編

第1章 大むかしの暮らし

第2章 天皇と貴族の世の中

第3章 武士の世の中へ

第4章 全国統一

第5章 江戸幕府の政治

第6章 移り変わる武士の世の中

第7章 近代国家への歩み

第8章 日清・日露戦争と日本の動き

第9章 戦争と新しい日本の始まり

重要度
★★★

日韓基本条約

1965年，日本と大韓民国（韓国）が国交を正常化した条約。日本は，「大韓民国（韓国）を朝鮮半島の唯一の政府」と認めました。朝鮮民主主義人民共和国（北朝鮮）とは，まだ国交は開かれていません。

★★★

日中共同声明

1972年に出され，日本と中国との国交を正常化した声明。日本の田中角栄首相が中国をおとずれて発表されました。日本は，戦争で中国国民に大きな損害をあたえたことに深い反省を表明し，中華人民共和国政府を中国を代表する政府であることを認めました。

これによって，台湾の国民政府（中華民国）とは外交関係がなくなりました。しかし，経済的な交流は続いています。

★★★

沖縄の本土復帰

サンフランシスコ平和条約 [➡ P.623] の調印で日本は独立しましたが，アメリカ合衆国に統治されていた沖縄の日本復帰は認められませんでした。沖縄の人々は日本への復帰運動をねばり強く進め，1972年，ようやく復帰が実現しました。しかし，アメリカ軍基地 [➡ P.207] は残され，現在も沖縄島の約15％をしめています。

★★★

北方領土 [➡P.177]

太平洋戦争 [➡ P.614] 後，ソ連（現在はロシア連邦）によって占拠されている，日本固有の領土である択捉島，国後島，色丹島，歯舞群島のこと。日本は，返還を求め続けていますが，現在も実現していません。

↑ 北方領土

COLUMN
くわしく

EUって何? ヨーロッパ連合。ヨーロッパの国々が経済統合を目指して6か国でつくったEC（ヨーロッパ共同体）が，1993年に発展した組織。EU内では，一部の国をのぞいて共通通貨ユーロが使われ，国境を自由に行き来することができます。

重要度

★★★ 日中平和友好条約

1978 年，日本と中国の間で結ばれた平和条約。主権や領土の尊重などの平和五原則の上に立ち，経済や文化の面で，日中両国の友好関係がいっそう深まりました。

⬆ **日中平和友好条約の調印** （写真：読売新聞／アフロ）

★★★ 冷戦の終結

第二次世界大戦 [➡ P.613] のあとに始まった**冷たい戦争（冷戦）** [➡ P.623] が終わったこと。1989 年，アメリカ合衆国のブッシュ大統領とソ連のゴルバチョフ共産党書記長が，地中海のマルタ島で会談し，終結を宣言しました。

★★★ 東西ドイツの統一

東ヨーロッパ各国の民主化の動きの中で，1989 年，**冷たい戦争（冷戦）** [➡ P.623] の象徴だった**ベルリンの壁**が，市民によってくずされました。この結果，1990 年，分裂していた東ドイツと西ドイツの統一が達成されました。

⬆ **ベルリンの壁の崩壊** （写真：Reuters／AFLO）

★★★ ソ連の解体

経済が停滞し始めていたソ連は，アフガニスタンへの侵攻による軍事費の負担などで国力が低下し，1980 年代後半，ゴルバチョフ政権がペレストロイカと呼ばれる改革を始めて，政治や経済の立て直しを目指しましたが，失敗しました。1991 年，バルト 3 国（エストニア・ラトビア・リトアニア）が分離・独立し，その後，ロシア連邦などの 11 の共和国が**独立国家共同体（ＣＩＳ）**を結成して，ソ連は解体されました。

COLUMN
くわしく

「ベルリンの壁」って何？ 第二次世界大戦後，ドイツの首都ベルリンは東西に分断されました。西ドイツが管理する西ベルリンは，1961 年，東ドイツによって壁で囲まれてしまいました。この壁を「ベルリンの壁」といい，1989 年に市民によって取りこわされました。

★★★ 非核三原則 [➡P.368]

日本がかかげる，核兵器を「**持たず，つくらず，持ちこませず**」という核兵器に対する基本的な政策。1971年，沖縄の復帰運動が進む中，衆議院本会議で国の方針として採択されたものです。しかし，核装備をしたアメリカ軍の艦船が日本の港へ寄港するなど，この原則が破られた疑惑も起こっています。

★★★ 政府開発援助（ＯＤＡ）[➡P.651]

先進国の政府が発展途上国に対して行う，有償・無償の資金や技術の援助。発展途上国の経済発展や福祉の向上が目的で，発展途上国に有利な条件で行われることとされています。日本の政府開発援助額はかつては世界第1位でしたが，2016年は世界第4位で104.2億ドルとなっています。

その他

アメリカ合衆国 23.7%

2016年 1450 億ドル

ドイツ 17.1

フランス 6.6

日本 7.2

イギリス 12.5

⬆ 主な国のODA総額の割合

★★★ 青年海外協力隊 [➡P.651]

日本のＯＤＡの一環として国際協力機構（JICA）が毎年，発展途上国にボランティアを派遣する制度。2018年までに，91か国に約44,000人が派遣されました。隊員は，原則として20～39歳の男女で，農業，水産業，教育分野など約120もの職種に分かれていて，原則2年間派遣されます。活動の地域は，アジア，アフリカ，南アメリカなどが中心です。

（写真提供：JICA／久野武志）

⬆ 青年海外協力隊の活動

★★★ ＮＧＯ（非政府組織）[➡P.652]

政府に属さない，国境や国籍をこえて自発的に活動する民間の非営利組織。活動は，貧困や飢え，環境破壊や人権の問題など広い分野にわたっています。活動の仕方も，非常時の緊急支援から，地域に密着して長期間活動するものまでさまざまです。**アムネスティ・インターナショナル** [➡P.653]，**ＡＭＤＡ** [➡P.653] などがあります。

第1章 大むかしの暮らし
第2章 天皇と貴族の世の中
第3章 武士の世の中へ
第4章 全国統一
第5章 江戸幕府の政治
第6章 移り変わる武士の世の中
第7章 近代国家への歩み
第8章 日清・日露戦争と日本の動き
第9章 戦争と新しい日本の始まり

COLUMN
くわしく

地球温暖化防止京都会議　1997年に京都市で開かれた，地球の温暖化を防ぐための国際会議。地球温暖化の原因である温室効果ガス（二酸化炭素やメタンガスなど）の排出量を減らす目標を先進国に義務づけました。

重要度

★★★
サミット（主要国首脳会議） [➡P.649]

主要国とEUの代表が毎年1回開く国際会議。フランス，イギリス，アメリカ合衆国，ドイツ，日本，イタリア，カナダ，ロシア連邦とEU[➡P.645]委員長で構成されています。国際情勢，世界経済，環境問題，中東和平の問題など，さまざまな問題を議題としています。（2014年以降ロシアは参加を停止されています。）

⬆ **サミットの様子**
（写真：AP/アフロ）

★★★
国際平和協力法（PKO協力法） [➡P.651]

1992年に成立した，**国際連合**[➡P.659]の平和維持活動（PKO）に協力する目的で制定された，自衛隊の海外派遣を認める法律。日本は，紛争当事国間で停戦に合意していること，PKOの活動や日本の参加に同意していることなど，5つの原則にもとづいて派遣し，どれかに反した場合は撤収できるとしています。国連平和維持活動（PKO）協力法ともいいます。

★★★
バブル経済

1980年代後半に発生した，株式と土地の値段が異常に上がり好景気となった経済状態。1991年に終わりました。「実体のない泡（バブル）のような経済」という意味でこう呼ばれました。以後，**平成不況**となり，金融機関の破たん，合併・統合などが進められ，失業率の上昇が続きました。

★★★
地球環境問題 [➡P.667]

人間の生活や産業活動によって世界規模で起こった，環境の汚染や破壊などの問題。熱帯林の破壊，さばく化，窒素酸化物や硫黄酸化物による酸性雨，フロンガスによるオゾン層の破壊などが起こっています。また，温室効果ガスの増加で**地球温暖化**[➡P.351]が進み，北極や南極の氷がとけて海水面が上昇し，南太平洋のツバルなど水没の危機にある国もあります。

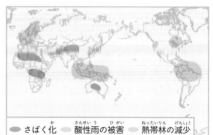
◯ さばく化　　◯ 酸性雨の被害　　◯ 熱帯林の減少
⬆ **地球環境破壊の広がり**

COLUMN
くわしく

貿易摩擦って何？ [➡P.292]　国と国との貿易において起こる利害の対立のこと。1960年代半ばから，日本の輸出量が増大して貿易黒字が増え，アメリカ合衆国などの貿易赤字が増えたため，貿易摩擦が起こっています。

歴史編

第1章 大むかしの 暮らし

第2章 天皇と貴族の 世の中

第3章 武士の 世の中へ

第4章 全国統一

第5章 江戸幕府の 政治

第6章 移り変わる 武士の世の中

第7章 近代国家への 歩み

第8章 日清・日露戦争と 日本の動き

第9章 戦争と新しい 日本の始まり

★★★ 日本人拉致問題

朝鮮民主主義人民共和国(北朝鮮)が日本人を不法に連れ去ったことをめぐる問題。2002年,初めての日朝首脳会談が行われ,このとき,北朝鮮が日本人の拉致を認めて謝罪し,約1か月後,拉致被害者のうちの5人の帰国が実現しました。しかし,いぜんとして消息不明の拉致被害者も多く,拉致問題は現在も未解決で,北朝鮮との国交も回復していません。

(写真：読売新聞／アフロ)

⬆ **拉致被害者の帰国**

★★★ グローバル化 [➡P.294]

世界の一体化という意味で,国境をこえて世界の国々がたがいに依存を強めている状態。現在グローバル化が進み,情報はインターネット [➡ P.310] や衛星放送などで世界中を瞬時に移動するようになっています。 **？で深める P.634**

★★★ 阪神・淡路大震災 [➡P.337]

1995年1月17日に発生した,淡路島(兵庫県)北部を震源とするマグニチュード7.3の大地震とそれによる被害。神戸市を中心に,兵庫県南部や淡路島に死者・行方不明者は6400人以上,負傷者は4万人以上,全壊家屋10万戸以上という,大きな被害をもたらしました。

★★★ 東日本大震災 [➡P.337, 387]

2011年3月11日に発生した,宮城県の三陸沖を震源とするマグニチュード9.0の大地震とそれによる被害。日本では観測史上最大の地震で,高さ10m以上もの津波がおそい,岩手県から千葉県にわたる広い範囲で死者・行方不明者約2万人,全・半壊家屋約40万戸という大きな被害をもたらしました。この地震で,福島県の原子力発電所 [➡ P.338, 388] では爆発が

(写真：AP／アフロ)

⬆ **東日本大震災**

起こり,放射性物質がもれ出して周辺に多くの二次災害が起こっています。

COLUMN くわしく

世界遺産って何？ ユネスコ(国連教育科学文化機関)により,世界的に貴重な自然や文化遺産を人類の宝として守ることを目的に採択されています。日本では自然遺産が白神山地,知床など4件,文化遺産が姫路城,富士山や富岡製糸場など18件登録されています(2018年)。

?1 グローバル化って何?

現在の国際社会は，交通やインターネットなどの通信技術が発達したことで，世界の国々の政治・経済・文化の結びつきが強まり，人や資金，情報などが国境をこえて，さかんに移動しています。このような状態を，グローバル化 (世界の一体化) といいます。

?2 グローバル化が進むとどうなるの?

各国が，世界の市場でより良い商品を安く提供することを競うようになり，国際競争が進みます。また，自国の得意とする産業に力を入れ，不得意なものを輸入するなど，国際分業もますます進むと考えられています。

COLUMN はてな **?で深める　グローバル化する世界**

グローバル化 Globalization

↑ グローバル化が進む世界

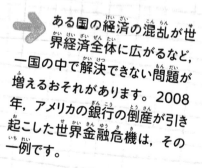

?3 グローバル化で問題点はあるの?

ある国の経済の混乱が世界経済全体に広がるなど，一国の中で解決できない問題が増えるおそれがあります。2008年，アメリカの銀行の倒産が引き起こした世界金融危機は，その一例です。

国際編

増え続ける，海外で日本食

ヨーロッパ　約12,200店

フランスでは，1990年代に日本のマンガや映画などがきっかけで，日本への関心が高まり，すしをはじめとする日本食が広まり始めました。

ロシア　約2,400店

1990年代から日本食が広まり，国別にみると店の数は上位です。特にすしは，カロリーが低いと考えられていて女性に人気です。

アジア　約70,260店

アジア各国に日本の企業が多く進出していることも関係して，ここ数年で店の数が急増しています。

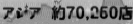

アフリカ　約350店

店の数は，世界の他の地域に比べて少ないですが，近年は増えています。

オセアニア　約2,400店

オーストラリアやニュージーランドでは，健康的なイメージで日本食が受け入れられています。

の深い国々

が食べられる店

北アメリカ　約25,300店

アメリカ合衆国では，かつて日本人が多く移住し，現在も多くの日系人が住む西部のカリフォルニア州を中心に，日本食のレストランが多く見られます。

　まぐろのにぎりずしの大きさは，世界の地域や国ごとの，日本食のレストランの数を示しています。

　海外にある日本食のレストランは，2006年には約2万4000店でした。2017年にはその約5倍の約11万8000店になり，増え続けています。

　日本人が海外に行って開いた店もありますが，現地の人が経営する店も増えています。

中南アメリカ　約4,600店

ブラジルでは，かつて移住した多くの日本人や，その子孫の日系人たちの影響で，日本食が深く根づいています。

参考資料：農林水産省「日本食・食文化の海外普及について（海外におけるいわゆる『日本食レストラン』店舗数の推移）」

01 さまざまな国々

さくっとガイド まずは,世界の国々のポイントをおさえよう!

世界にはいくつの国があるの?

世界には 190 ほどの国があります。面積が世界一広いロシア,日本の主要な貿易相手国の 1 つアメリカ合衆国,日本と古くから交流のある中国や韓国,地球儀で見ると日本の反対側にあるブラジルなどさまざまです。

世界は,アジア・アフリカ・南アメリカ・北アメリカ・ヨーロッパ・オセアニアの 6 つの州に分けられます。アジア州は,さらに東アジア・東南アジア・南アジア・中央アジア・西アジアに分けることがあります。

世界にはどのような人々が住んでいるの?

世界には,現在 75 億人以上の人々が暮らしています。

アメリカ合衆国のように多くの人種や民族がいっしょに暮らしている国,中国のように 1 つの国の中に 50 以上の民族が暮らしている国もあります。ブラジルには,かつて多くの日本人が仕事を求めて移り住んだため,現在では多くの日系人が暮らしています。また,サウジアラビアなどのように,イスラム教を国の宗教と決め,イスラム教の教えに従って暮らしている人々が多い国もあります。

❶ 東アジアの国々

重要度
★★★
中国（中華人民共和国）

↑ 東アジアの国々

◆**国土**…世界で4番目に広い国。面積は日本の25倍ほどあります。

◆**人口**…人口は約14億人で、**世界一**。50をこえる民族が住み、人口の90％以上は**漢民族**（漢族）で、残りは少数民族です。

人口の増加をおさえるため、漢民族を中心に「**一人っ子政策**」がとられていました（2015年廃止）。

東アジアの国々は、日本からとても近い外国だね。

民族
言語・宗教・生活習慣など文化的な特色で分けられた人々の集団。中国には、さまざまな少数民族（ウイグル族など）が住んでいます。

一人っ子政策
2015年まで中国で行われていた人口増加をおさえる政策。**夫婦1組に子どもを1人まで**とされていました。子どもが1人だけの家庭は、さまざまな面で優ぐうされていました。

◆**経済発展**…近年、工業が発達し、電化製品や衣類などを中心に輸出が増え、「**世界の工場**」と呼ばれるようになりました。

南部の沿岸部には、**経済特区**という地区を設け、外国の資本を積極的に受け入れました。貿易がさかんになり、中国経済は急速に発展し、**BRICS** [➡P.649] の1つにも数えられます。GDP（国内総生産）は世界有数です。

↑ **経済特区の発展**（シェンチェン）
（ピクスタ）

経済特区
外国の資本や技術を受け入れることを目的に、税金を安くして**外国企業が進出**しやすいようにした地区。シェンチェン、アモイ、スワトウ、チューハイ、ハイナン島が指定されています。日本企業も多く進出しています。

COLUMN くわしく **チベット高原とは？** 中国の南西部に広がる標高4000m以上の高原です。2006年にシーニン（西寧）からラサまで「青蔵鉄道」が開通し、今後の経済発展が期待されています。

◆**日本との関係**…古くから交流がさかんで，中国から米づくりやお茶，漢字などが日本に伝わりました。20世紀には対立することが多くありましたが，1972年の日中共同声明で国交が正常化され，1978年の**日中平和友好条約** [➡ P.630] でいっそう関係が深まりました。現在，中国は**日本の最大の貿易相手国**です。

重要度
★★★

韓国（大韓民国）

◆**国土**…朝鮮半島の南部に位置する国。韓国は，日本に最も近い国の1つです。

◆**文化**…**ハングル** [➡ P.475] という独自の文字が使われ，**チマ・チョゴリ**などの民族衣装や，キムチに代表される食文化が日本でもよく知られています。韓国の人々は，**儒教**の教えを大切にし，父母や祖先，目上の人に対する言葉使いや礼儀作法は，小さいころから厳しく教えられます。

⤴ **チマ・チョゴリ**
（アフロ）

> **儒教** [➡ P.417]
> 昔の中国で孔子が広めた，人の上下関係や道徳を重んじた教え。

◆**産業**…1960年代から工業化が進み，造船，自動車，半導体などの工業が発展しました。今では，**アジアNIES** [➡ P.649] を代表する国となりました。

◆**南北の対立**…日本の植民地支配が終わったのちの1948年，朝鮮半島の南に韓国，北に北朝鮮（朝鮮民主主義人民共和国）が成立しました。韓国と北朝鮮の統一を望む人も多くいます。

⤴ **韓国と北朝鮮の軍事境界（パンムンジョム）**
（ピクスタ）

◆**日本との関係**…1965年に**日韓基本条約** [➡ P.629] が結ばれ国交が回復すると，両国の間の貿易もさかんになりました。テレビドラマ，音楽，まんがなど文化の面での交流もさかんです。
北朝鮮とは，まだ国交が開かれていません。

COLUMN
まめ知識

はしで身を守る？ 日本で使うはしの多くは木製ですが，韓国で使うはしは金属製です。理由は諸説あり，その1つは毒殺防止。銀は毒にふれると変色します。そこで，昔，王族など身分の高い人々は毒での暗殺から身を守るため，銀の食器やはしを使いました。そのなごりだそうです。

国際編

第1章
わが国と
関係の深い国々

第2章
世界の平和と
日本の役割

② 東南アジアの国々

★★★ タイ

インドシナ半島の中央部からマレー半島にかけて位置する国。国民の多くが**仏教徒**で，各地に仏教寺院が見られます。**天然ゴム**の栽培や米づくりがさかんで，世界有数の**米の輸出国**です。周辺の国々と**ASEAN** [➡ P.649] を結成して，地域内の経済成長や政治の安定などをはかっています。

↑ 東南アジアの国々

★★★ インドネシア

東南アジア南東部の大小1万以上の島々からなる島国。人口は2億6400万人ほどで，大部分が**イスラム教徒** [➡ P.642] です。**石油**や**天然ガス**などの**鉱産資源** [➡ P.299] が豊富です。日本にも多くの石油や天然ガスを輸出しています。

↑ インドネシアの伝統的な高床の家

(HEMIS／アフロ)

インドネシアの最大の輸出相手国は中国だよ。

★★★ シンガポール

マレー半島の南のはしのシンガポール島を中心とする小さな島国。面積は日本の淡路島ほどです。中国系の人々が人口の約70%をしめます。情報関連産業がさかんで経済が発展し，**ASEAN** [➡ P.649] の中心的な国の1つです。

★★★ カンボジア

インドシナ半島南部に位置する国。インドシナ半島を流れる**メコン川**を利用して農業がさかんです。**アンコール・ワット**などの世界遺産もあり，多くの観光客がおとずれます。

↑ 世界遺産のアンコール・ワット

(ピクスタ)

COLUMN
まめ知識

華人と華僑ってちがうの？ 海外に移住した中国人のうち，その国の国籍をとった人を華人，中国籍のままの人を華僑と区別することがあります。シンガポールは，華人の割合が非常に高くなっています。

③ 南アジア・西アジアの国々

重要度
★★★
インド

↑ 南アジア・西アジアの国々

- ◆**国土**…インド洋につき出た半島の大部分をしめる国。北部に**ヒマラヤ山脈**が連なっています。
- ◆**人口**…13億人をこえ世界第2位です。人口の約80%が**ヒンドゥー教徒**です。
- ◆**産業**…米，小麦，綿花，茶は，世界有数の生産量をほこります。近年はソフトウェアの開発など**情報通信技術(ICT**[⇒ P.315]**)産業**の発展がめざましく，**BRICS** [⇒P.649] の1つに数えられています。

↑ ガンジス川でもく浴をするヒンドゥー教徒

(アフロ)

重要度
★★★
サウジアラビア

アラビア半島にある**さばく**の国。国民のほとんどは**イスラム教徒**で，イスラム教の聖地メッカがあります。世界有数の**石油**産出国で，**OPEC** [⇒ P.649] の加盟国です。日本が輸入する石油(原油)の約3分の1はサウジアラビア産です。

イスラム教

7世紀にムハンマドが開いた宗教。1日5回メッカの方向に向かって祈りをささげる，ぶた肉を食べない，お酒を飲まないなどのきまりがあります。

↑ イスラム教徒の礼拝

(アフロ)

⚖️ 比べる 世界の宗教

	仏教	イスラム教	キリスト教
	◆シャカが開いた	◆ムハンマドが開いた	◆イエス＝キリストが開いた
	◆東アジア，インドシナ半島などに，信者が多い	◆西，中央アジア，北アフリカなどに，信者が多い	◆ヨーロッパ，南北アメリカなどに，信者が多い

COLUMN
まめ知識

17言語のインドのお札(紙幣) 多くの民族が暮らすインドでは，言語の数も多く，公用語はヒンディー語ですが，憲法ではほかにも21の言語を認めています。インドのお札には，ヒンディー語，英語，そのほか15の主な言語でお札の額面(金額)が書かれています。

④ アフリカの国々

★★★ エジプト

↑ アフリカの国々

◆**国土**…アフリカの北東に位置する国。**ナイル川**の周辺と河口付近以外の大部分が**さばく**の国です。

◆**産業**…ナイル川のそばで米，小麦，綿花などの栽培がさかんです。また，**ピラミッド**などの古代文明の遺跡があり，多くの観光客がおとずれます。

> **ナイル川**
> アフリカ東部のビクトリア湖周辺から流れ出る**世界一長い川**。
> 流域に古代文明がおこりました。

> **ピラミッド**
> エジプトの古代王国の国王などの墓といわれています。

アフリカには54もの国があるよ。

↑ ピラミッド
（ピクスタ）

★★★ 南アフリカ共和国

◆**歴史**…アフリカの南のはしに位置する国。かつて，**アパルトヘイト**（人種隔離政策）という黒人などへの差別政策が行われていました。廃止後の1994年，ネルソン゠マンデラが，黒人として初めて南アフリカ共和国の大統領に選ばれました。

◆**産業**…鉱産資源が豊かで，**ダイヤモンド**，**金**，プラチナなどの産出量は世界有数。農業は，オレンジ，ぶどうの生産がさかんです。自動車，製鉄などの工業はアフリカ第1位で，**BRICS** [➡ P.649] の1つに数えられています。

↑ **支持者に手を振るマンデラ大統領**（当時）
（ロイター／アフロ）

国際編

■■第**1**章 わが国と関係の深い国々
■■第**2**章 世界の平和と日本の役割

COLUMN まめ知識

ヨーロッパとアジアを近づけた運河 エジプト北東部にあるスエズ運河は1869年に開通し，地中海と紅海を結びます。開通前，ヨーロッパからアジアに行くのにアフリカ大陸南端を通っていました。開通後は航行距離は約半分，当時，最短で約100日かかった航行が約40日になったといいます。

⑤ ヨーロッパの国々

重要度
★★★
フランス

◆**首都パリ**…**芸術の都**と呼ばれるパリには，ルーブル美術館やエッフェル塔などを見るため，世界各地から多くの観光客がおとずれます。

◆**産業**…西ヨーロッパ最大の農業国で，**小麦**の生産が多く，**ぶどう**の栽培と**ワイン**づくりもさかんです。工業もヨーロッパ有数で，航空機，自動車などの生産がさかんです。

↑ ヨーロッパの国々

★★★
ドイツ

◆**歴史**…1990年に東西ドイツが統一。

◆**産業**…**自動車**の生産台数は世界有数で，日本にも多く輸出しています。ルール工業地域が発達。

↑ 酸性雨でかれた森林

(Blickwinkel/ アフロ)

◆**環境問題**…工業の発達は河川の汚れや**酸性雨** [➡ P.667] を引き起こし，国境をこえて広がりました。**リサイクル** [➡ P.080] を進めたり，自動車の排出ガスや渋滞を減らすため路面電車など公共交通機関の利用を進めたりした環境対策は，各国の手本となっています。

★★★
イギリス

◆**歴史**…世界で最初に**産業革命**が起こり，「**世界の工場**」として栄えました。1970年代に**北海油田**の開発が進み，石油輸出国となりました。

↑ ユーロスター

(ピクスタ)

◆**ユーロトンネル**…フランスとの間にあるドーバー海峡の海底に開通したトンネル。高速列車の**ユーロスター**が，イギリスのロンドンとフランスのパリを約2時間15分で結びます。

COLUMN
くわしく

増える外国人労働者 外国から来て働いている人々のことです。ドイツやフランスでは長い間，労働力不足をおぎなうため外国人労働者を積極的に受け入れてきました。しかし，不景気による失業者の増加などの問題が起こり，現在，受け入れについてはさまざまな制限が行われています。

★★★ イタリア

◆**国土**…地中海につき出た，長ぐつのような形をした国。首都のローマの中には，世界で最も面積が小さい国**バチカン市国**があります。

◆**産業**…南部で**ぶどう，オリーブ**の栽培がさかんで，生産量は世界有数です。イタリアは，**ファッション**の発信地の1つであるため，**衣類**やせんい品の輸出が多くなっています。

↑ **サン・ピエトロ大聖堂からのながめ（バチカン市国）**
(ピクスタ)

★★★ オランダ

◆**国土**…海面よりも低い土地が多い国。古くから**ポルダー**と呼ばれる**干拓地** [➡ P.224] をつくって国土を広げてきました。

◆**産業**…**チューリップ**栽培などの園芸農業や，乳牛を飼育し，牛乳やバター，チーズなどの乳製品をつくる**酪農** [➡ P.237] がさかん。

◆**貿易**…EU（ヨーロッパ連合）最大の貿易港の**ユーロポート**があります。

↑ **ポルダー**…かつては風車を利用して排水し，干拓地をつくりました。
(アフロ)

★★★ ロシア連邦

◆**国土**…ヨーロッパからアジアにまたがる**世界最大の国**。日本との間で**北方領土** [➡ P.177，629] をめぐる問題があります。

◆**産業**…**石油**や**天然ガス**などの鉱産資源が豊富。

◆**歴史**…1991年のソ連の解体 [➡ P.630] にともない，独立しました。

↑ **ロシア連邦の首都モスクワ**

★★★ EU（ヨーロッパ連合）

ヨーロッパを政治的・経済的に1つの国のようにしようとする組織。加盟国内での**人，もの，お金**の移動が自由で，輸入品にかかる税金（**関税** [➡ P.291]）もやめました。

一部の加盟国をのぞいて，共通通貨の**ユーロ**が使われています。

↑ **ユーロの紙幣と硬貨**
(ピクスタ)

COLUMN まめ知識

ローマ市内にある国 イタリアのローマ市内には，バチカン市国という世界最小の国があります。ちなみに人口も世界最少です。ローマ法王を元首とします。切手のはん売や教会への寄付などが主な収入源となっています。

❻ 南北アメリカの国々

重要度
★★★

アメリカ合衆国

◆**国土**…世界第3位の面積をもつ国。日本の約25倍の広さがあります。西部には**ロッキー山脈**が連なり，カナダとの国境には**五大湖**があります。

◆**人口**…3億人をこえ，世界第3位。もともと**ネイティブアメリカン**(インディアン)と呼ばれる先住民族 [→P.205] が住んでいた土地に，**ヨーロッパ系の人々**(白人)が移住してきました。その後，労働力として**アフリカ系の**人々が連れてこられ，アジア系や**ヒスパニック**の人々も移住してきました。

ヒスパニック

メキシコやカリブ海諸国などから移住してきた，スペイン語を話す人々やその子孫。

⬆ **南北アメリカの国々**

◆**農業**…広大な土地を利用した大規模な農業がさかん。**小麦**，**とうもろこし**，**大豆**などが栽培され，食料の輸出量は世界一です。そのためアメリカは，「**世界の食料庫**」と呼ばれています。

◆**工業**…アメリカは，古くから鉄鋼業や自動車工業が発達した**世界有数の工業国**です。近年は，土地が安く労働力も豊富な南部で，航空機産業，宇宙産業，電子工業などの**ハイテク産業**が発達しています。アメリカの企業は世界各国に進出し，**多国籍企業**となっています。

⬆ **とうもろこし畑** (ピクスタ)

⬆ **航空機の製造工場** (AP/アフロ)

COLUMN
まめ知識

人種のサラダボウルって？ アメリカ合衆国は多くの人種・民族からなる多民族国家です。たがいの民族は，あまり混じり合うことはなく，各民族が独自の生活を送ることが多いため，アメリカ合衆国は「人種のサラダボウル」と呼ばれています。

多国籍企業

本社を自国に置き，海外の多くの国で生産や販売活動を行っている大企業。マクドナルドやケンタッキーフライドチキンなどがこれにあたります。

◆**アメリカ文化**…アメリカで生まれたジーンズ，ハンバーガー，野球，ジャズなどは，世界中で人々の生活にとけこんでいます。

◆**日本との関係**…日本とアメリカは，政治・経済など各分野で強く結びついています。

日本にとってアメリカは，中国につぐ貿易相手国で，**機械類**や**自動車**などを輸出し，**機械類**や**航空機**などを輸入しています。

↑ **ジャズバンド** (アフロ)

★★★ カナダ

◆**国土**…面積は日本の約26倍あり，世界第2位です。

◆**産業**…アメリカ合衆国との国境近くで**小麦**の栽培がさかんで，小麦の輸出量は世界有数です。

北部には**タイガ**と呼ばれる針葉樹林帯 [➡ P.330] が広がるため**林業**がさかんで，日本にも多くの木材を輸出しています。

カナダの広い地域を，タイガがしめているんだ。

★★★ ブラジル

◆**国土と人々**…国土のほとんどは熱帯 [➡ P.192] です。北部には**アマゾン川**が流れ，その流域には**熱帯林** [➡ P.668] が生いしげっています。2014年にサッカーのワールドカップが開催されました。

ヨーロッパ系，ムラート，メスチーソ，日本からの移民とその子孫の日系人も多い多民族国家です。

↑ **南東部の都市リオデジャネイロ**

◆**産業と開発**…**コーヒー豆**と**さとうきび**の栽培がさかんです。コーヒー豆は生産量・輸出量とも世界一です。近年，工業化が進み，経済成長をとげ，BRICS [➡ P.649] の1つに数えられます。

アマゾン川流域では，鉱山開発，牧場やさとうきび畑をつくる開発が進められています。そのため**熱帯林の減少**などの環境問題が起こっています。

COLUMN くわしく

世界最大級のまい蔵量のカラジャス鉄山 ブラジル北東部にある世界最大級の鉄鉱石のまい蔵量をほこる，露天掘りの鉄山です。この地域を総合的に開発しようという計画が進められていますが，そのためにアマゾン川の熱帯林が伐採されるなど自然破壊が深刻です。

7 オセアニアの国々

重要度
★★★ **オーストラリア**

◆**国土**…南太平洋に位置し，**オーストラリア大陸**と周囲の島々からなる国。１つの大陸が１つの国をつくっているのはオーストラリアだけです。

◆**歴史と民族**…**アボリジニ(ー)** という**先住民族**[➡ P.205] が暮らす土地でしたが，イギリスが植民地としました。その後，移民によって人口が増加し独立を果たしました。

⬆ オセアニアの国々

◆**産業**…羊の飼育がさかんで，**羊毛**の生産量は世界有数です。**肉牛**の飼育もさかんで，牛肉は重要な輸出品となっています。
石炭や**鉄鉱石**のほか，金，銀などの鉱産資源が豊富で，世界的な輸出国となっています。

◆**日本との関係**…日本は，中国につぐ貿易相手国で，**石炭**，**鉄鉱石**，天然ガス，牛肉などを日本に輸出し，自動車や機械類などを輸入しています。観光地であるゴールドコーストなどには，多くの日本人観光客がおとずれています。

⬆ ゴールドコースト
(早坂正志／アフロ)

▲▲★ **ニュージーランド**

◆**国土**…日本の４分の３ほどの面積の島国。**先住民族**[➡ P.205] の**マオリ**の人々もいますが，**イギリス**からの**移民**が多数をしめています。

◆**産業**…特に人口よりも多い**羊**の飼育がさかんで，世界有数の**羊毛**生産国です。
農業もさかんで，輸出品の約半分が農産物でしめられています。

⬆ 羊の放牧
(ピクスタ)

COLUMN
まめ知識

独自に進化したオーストラリアの動物　オーストラリア大陸は，早くからほかの大陸とはなれていたため，動物も独自の進化をとげました。カンガルーやコアラ，カモノハシ，エミューなどオーストラリア固有の動物が多く見られるのはそのためです。

⑧ さまざまな国際組織やグループ

★★★ ASEAN（東南アジア諸国連合）

東南アジア10か国でつくっている地域協力組織。**東南アジア諸国**の経済，社会，文化的な発展を進め，政治，経済の安定をはかり，地域内の諸問題を解決することを目的に設立されました。

★★★ OPEC（石油輸出国機構）

主要な**石油輸出国**によって，石油の生産調整や価格の安定などを目的に設立された組織。現在の加盟国は**サウジアラビア**など15か国。
（2018年12月）

↑ ASEAN 加盟国

★★★ サミット（主要国首脳会議）[➡P.632]

主要国の**首脳**とEUの代表が，毎年開く会議。世界の政治，経済など国際的な問題を話し合います。参加国は日本，アメリカ合衆国，イギリス，フランス，ドイツ，イタリア，カナダ，EU[➡ P.645] 代表など。

↑ サミットに集まった各国首脳
（ロイター／アフロ）

★★★ アジアNIES

1970年ごろから**工業**が発達し，**経済成長**が著しいアジアの国や地域（韓国，香港，台湾，シンガポール）。NIESとは新興工業経済地域の略称。

★★★ BRICS

経済成長が著しい**ブラジル**（Brazil），**ロシア**（Russia），**インド**（India），**中国**（China），**南アフリカ共和国**（South Africa）のこと。頭文字をとってBRICSと呼ばれます。

↑ BRICS と呼ばれる国々

COLUMN
くわしく

国境をこえた結びつき 周辺の国どうしが，政治や経済などの面で国境をこえて結びつきを強め関係強化を目指す動きを，地域主義（リージョナリズム）といいます。EU（ヨーロッパ連合）やASEAN（東南アジア諸国連合）はその例です。

02 日本と世界の結びつき

さくっとガイド　　まずは，世界の国々の結びつきのポイントをおさえよう！

日本は世界でどんな役割を果たしているの？

日本は，世界有数の経済力をもつ国の１つです。いっぽう世界には，国づくりを進めるための資金や技術が足りずに困っている国が多くあります。

そこで日本政府は，そのような国々の人々の生活がよくなるように，資金を援助したり，青年海外協力隊を派遣するなど ODA（政府開発援助）を行っています。政府の援助に加え，医療や環境などの分野での，国境をこえた援助活動を行っている民間の団体（NGO）も多くあります。

国境をこえた人々の交流にはどんなものがあるの？

政治や経済的な面だけでなく，文化やスポーツの分野での国際交流もさかんです。このような分野では言葉は通じなくても，人々は共に楽しみ，友好を深めることができます。

４年に１度のオリンピックは，世界中の人々が，スポーツで理解を深め合うことで，平和な世界をつくろうという目的で始まりました。オリンピックやパラリンピックの表彰式では，国旗をかかげ国歌を演奏することで，すぐれた成績を残した選手や，チームの功績をたたえます。

① 日本の国際協力

重要度
★★★

ODA（政府開発援助）[➡P.631]

先進国の政府が発展途上国に対して行う援助。直接相手国との間で行われる二国間援助（資金援助や技術協力など）と，**ユニセフ**[➡P.662]などの国際機関を通じて行われる援助があります。日本のODAは，アジア地域を中心に金額では世界有数です。

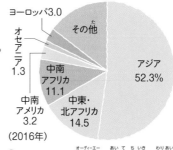

ヨーロッパ3.0
その他
オセアニア1.3
中南アフリカ11.1
中南アメリカ3.2
中東・北アフリカ14.5
アジア52.3%
（2016年）

⬆ **日本の二国間ODAの相手地域の割合**
（外務省資料）

発展途上国（開発途上国）

経済的に発展途上にある国。第二次世界大戦後に独立した，アジア，アフリカ，南アメリカ地域に多い。

★★★

青年海外協力隊 [➡P.631]

国際協力機構(JICA) が実施する，ボランティア活動を行う事業。日本の**ODA**の1つとして，発展途上国の経済や社会の発展に協力するために，多くの青年が**派遣**されています。

隊員は農林水産，鉱工業，保健・医療，教育など，自分のもつ技術や知識をいかして，現地の人々と共に生活しながら**技術指導**などの活動を行っています。

⬆ **青年海外協力隊の活動**
（写真提供：久野真一）

アジアやアフリカに多く派遣されているよ。

★★★

国際平和協力法（PKO協力法）[➡P.632]

日本が国際連合の**平和維持活動**[➡P.664]に協力するための法律。この法律にもとづいて，**自衛隊**が海外に派遣されています。国連平和維持活動協力法ともいいます。

国際緊急援助隊

海外で災害が発生したとき，相手国の求めで派遣されます。援助の目的や役割によって，「救助チーム」「医療チーム」「専門家チーム」「自衛隊部隊」などがあります。

⬆ **自衛隊部隊による医療支援**
（AP／アフロ）

COLUMN
くわしく

日本が主導する国際会議 アフリカ開発会議（TICAD）は，1993年に日本政府の主導で始まった，アフリカ開発をテーマとする国際会議です。英語名は Tokyo International Conference on African Development。現在は3年に1度，アフリカと日本で交互に開かれています。

② 世界の問題に取り組むNGO・NPO

重要度
★★★
NGO（非政府組織）[➡P.631]

利益を目的とせず，社会にこう献するために国際的に活動している**民間の団体**。

もともとは国際連合で，各国政府の代表団（政府機関）と区別するために使われた用語です。

◆**活動分野**…開発，人権，環境，貧困，難民，平和など，国境をこえたさまざまな分野で活動。

◆**活動資金**…主に募金や寄付金でまかなわれ，多くのボランティア（自主的に社会のために無償で活動する人）にも支えられています。近年は，政府も NGO の活動資金の支援や人材を育てる制度をつくるなど，さまざまな協力をしています。

↑ **NGO の協力でつくられた井戸**
（読売新聞／アフロ）

国連NGO

国際連合（国連）の**経済社会理事会**[➡ P.660]との協議資格を取得した NGO。国際会議や行事への参加，国際行事での意見の発表などの権限があたえられています。

NPO（非営利組織）

社会こう献のために活動する，利益を目的としない**民間団体**。
NGO との明確な区別はなく，日本では，政府の組織ではないことを強調する場合に NGO，利益を目的としない組織であることを強調する場合に NPO，また，国際的に活動する団体を NGO，国内中心に活動する団体を NPO とすることが多いです。

> ともに，民間で
> 利益を目的としない組織です。

★★★
国境なき医師団

貧困地帯や紛争地域を中心に，国境をこえて**医療活動**を行う**民間団体**（NGO）。
日本人も多く参加しています。
1999 年には，ノーベル平和賞を受賞しました。

↑ **国境なき医師団の活動**
（ロイター／アフロ）

COLUMN
まめ知識

条約を成立させた NGO 　地雷の製造・使用の禁止を目指す複数の NGO が連合した地雷禁止国際キャンペーン（ICBL）は，現在 160 か国以上が参加する対人地雷全面禁止条約（オタワ条約）の成立に大きな役割を果たしました。条約の成立後，ICBL は，ノーベル平和賞を受賞しました。

★★★ アムネスティ・インターナショナル（国際人権救援機構）

すべての**人権**が守られる世界を目指す組織。自らの信念や人種，宗教などを理由に囚われている人々（「**良心の囚人**」）の釈放，ごう問や**死刑制度の廃止**などを世界中にうったえています。
1977年にはノーベル平和賞を受賞しました。国連NGOでもあるため，**国際的な発言力**もあります。

⬆ **アムネスティ・インターナショナルによるデモ活動の様子** 　（AP／アフロ）

★★★ AMDA（アジア医師連絡協議会）

岡山県岡山市に本部を置き，アジアでの**医療活動**からスタートした組織。今では世界中の被災地や紛争地での医療や保健衛生分野を中心に**緊急援助活動**を行っています。国内では，外国人のかん者と医療機関などとの間で，電話での通訳をする活動も行っています。また，**国連NGO**として国連の医療活動にも参加しています。

⬆ **AMDAによる医療活動** 　（読売新聞／アフロ）

★★★ AAR Japan（難民を助ける会）

難民[➡ P.671]の**支援**を目的に，日本で設立されたNGO。現在は，災害や紛争が起きたときの緊急支援，障がい者支援，**地雷対策**などを中心に世界各国で活動しています。地雷の廃絶をうったえる絵本『**地雷ではなく花をください**』を作成しました。

⬆ **AAR Japanによる緊急支援**（川畑嘉文／AAR Japan）

★★★ オイスカ（OISCA）

主にアジア・太平洋地域で，**農業開発**や環境保全活動を行っているNGO。住民主体の植林活動のほか，子どもたち自身が森づくりを行う「子どもの森」計画の活動も行っています。

⬆ **オイスカの植林活動** （写真提供：オイスカ）

マングローブを植林しているね。

COLUMN まめ知識　**長い歴史をもつ援助団体**　赤十字国際委員会（ICRC）は1863年，戦争で傷ついた人を敵味方なく助けることを目的に創設され，以来150年以上も活動を続けています。現在も，紛争地域での医療支援，紛争ではなればなれになった家族の再会のための支援などを行っています。

3 世界の国々との交流

重要度
★★★

国際交流

国境をこえた人々の交流。世界の人々は，言葉や習慣，宗教，ものの考え方がちがっても，文化やスポーツなどを通じて，理解を深めることができます。

自分の国の文化や伝統を大切にしながらも，たがいの文化や伝統を**尊重し合う**ことが大切です。

⬆ **ベトナムと日本の小学生の国際交流**
（毎日新聞社／アフロ）

重要度
★★★

オリンピック

夏季・冬季それぞれ4年ごとに開かれる世界的なきぼの**スポーツ大会**。フランスのクーベルタンらが古代ギリシャのオリンピック競技会を復活させ，1896年に近代オリンピックが始まりました。

表彰式では多くの場合，第1～3位の選手（チーム）の国の**国旗**をかかげ，第1位の選手（チーム）の国の**国歌**を演奏してその功績をたたえます。

⬆ **オリンピックの旗**
（築田純／アフロスポーツ）

旗にえがかれている
5つの輪は，世界の5大
陸が結びついて1つになる
ことを表すんだ。

重要度
★★★

⬆ **パラリンピックでのアルペン競技**
（ロイター／アフロ）

パラリンピック

オリンピックと同じ年に同じ会場で開かれる，体に障がいのある人々が参加する**スポーツ大会**。

障がい者スポーツの競技大会は，ほかに聴覚障がい者のための**デフリンピック**，知的障がい者のための**スペシャルオリンピックス**などがあります。

スペシャルオリンピックス
知的障がいのある人たちに，さまざまなスポーツトレーニングと発表の場である競技会を提供している国際的なスポーツ組織。4年に1度開かれる国際大会（ワールドゲーム）は，夏冬ともオリンピックの前の年に開かれます。

COLUMN
まめ知識

オリンピックで世界を平和に 「スポーツを通して心身を向上させ，言葉や習慣・考え方がちがう人々が，友情やフェアプレーの精神をもって理解し合い，平和な世界をつくる」。教育学者だったクーベルタンは，この考えのもと，現在のオリンピック大会のたん生に力を注ぎました。

★★★ 国旗と国歌

世界の国々は，それぞれの国旗と国歌をもっています。国旗や国歌はその国を**象徴**するもの（「しるし」）として大切にされています。また，国どうしの交流では，お互いの国の国旗と国歌に敬意をはらわなければなりません。

日本では，明治時代から使われている**日章旗**（日の丸）と**君が代**を，それぞれ国旗・国歌とすることが法律で定められています。

⬆ **オリンピックの表彰式**　　　（AP／アフロ）

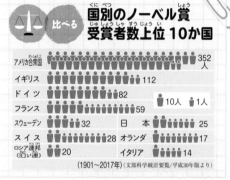

⚖ 比べる

国別のノーベル賞 受賞者数上位10か国

👤10人 👤1人

	人数			人数
アメリカ合衆国	352人			
イギリス	112			
ドイツ	82			
フランス	59			
スウェーデン	32	日 本	25	
スイス	28	オランダ	17	
ロシア連邦（旧ソ連）	20	イタリア	14	

（1901〜2017年）（文部科学統計要覧／平成30年版より）

★★★ ノーベル賞

ダイナマイトを発明したスウェーデン人の**アルフレッド゠ノーベル**の遺言によって，1901年に始まった世界的な賞。物理学，化学，生理学・医学，文学，平和，経済学の6分野ですぐれた功績を残した人や団体におくられます。

⬆ **ノーベル賞の授賞式**　　　（アフロ）

★★★ 多文化共生社会

国籍や民族が異なるなど，**さまざまな文化を**もった人々が，**協力し合って暮らす社会。多文化社会**ともいいます。

現在日本には，約260万人の外国人が暮らしています。外国人が多く住む地域では，公共施設などで，さまざまな国の文化を地域全体で楽しむなど，おたがいの理解を深める取り組みを進めています。

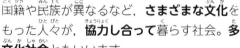

⬆ **浅草**（東京都）**のサンバカーニバル**

（Natsuki Sakai／アフロ）

COLUMN まめ知識

平和を望んだノーベル　トンネル工事などを早く・安心してできるようにしたダイナマイトは，戦争でも使われました。自分の発明品が多くの人命をうばったことを悲しんだノーベルは，発明で得た資産をもとに，人類に役立つ研究や活動をした人に賞をおくるよう遺言書に記したのです。

第2章

世界の平和

学校に通うことを目指して

　世界には，学校に通いたくても通えない子どもたちがたくさんいます。その理由は，「学校まで遠くて電車やバスなどもなく，また，歩いて通うのは危険であるから」や，「貧しくて，子どもでも家のために働いているから」など，さまざまです。

　世界中のすべての子どもたちが，安全に，安心して学校に通えるよう，国境をこえた，さまざまな協力が進められています。

エリトリア

昔

勉強って
楽しいね。

今

教育センター
開校！

　アフリカ北東部の国，エリトリアのある村では，小学校まで10km以上もあり，子どもたちの多くは学校に通ったことがありませんでした。

　そんな子どもたちのため，ユニセフという国際機関によって，学力のおくれを取りもどすための教育センターが村の近くに建設されました。

情報提供：国際NGOプラン・ジャパン

と日本の役割

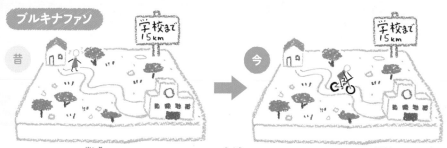

ブルキナファソ

昔　今

アフリカ西部の国，ブルキナファソのある地域では，中学校まで15kmもあり，卒業まで通い続けられる生徒，特に女子生徒はほとんどいませんでした。

それを知ったこの国の首都に住む中学生が，国際的な団体と協力して寄付を集め，60台の自転車をおくりました。自転車は通学の大きな助けとなりました。

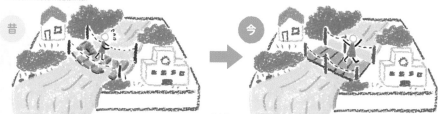

インドネシア

昔　今

東南アジアの国，インドネシアのある地域では，子どもたちは，洪水でこわれたままのとても危険な橋をわたって，通学していました。

そこで，社会的な活動をしている団体と，国内の企業が協力して新しい橋をつくり，子どもたちは安全に通学できるようになりました。

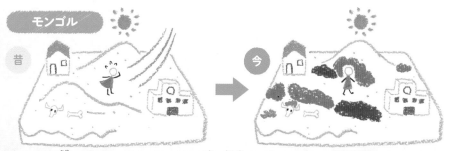

モンゴル

昔　今

東アジアの国，モンゴルは，さばく化や大気のよごれなど，多くの環境問題をかかえています。環境を守る活動をしているモンゴルの若者たちの団体が，通学路への植林活動を始め，500本の木々を植えました。

01 国際連合と日本の役割

さくっとガイド まずは,国際連合のポイントをおさえよう!

国際連合(国連)はなぜつくられたの?

これまで,世界の国々をまきこんだ大きな戦争が2度もあり,多くの人々がぎせいになりました。

国際連合は,第二次世界大戦が終わった1945年に,世界の平和と安全を守り,国々の友好を深め国際協力を進めることを目的につくられました。

国際連合は,世界で起こる戦争や紛争,地球環境などさまざまな分野の問題を解決するために活動しています。活動に必要な資金は,国連に加盟している国々が,負担しています(国連分担金)。

国連はどんなしくみになっているの?

すべての加盟国が参加する総会は,世界のさまざまな問題について話し合います。争いごとが起こると,国連の中心機関である安全保障理事会が話し合いでの解決を目指します。

そのほか,困難な状況にある子どもたちを救う活動をしているユニセフや,教育・科学・文化面での国際協力を進めているユネスコなど多くの機関が活動しています。

国連の各機関のすべての事務を行っている事務局では,最高責任者の事務総長のもとで多くの国際公務員が働いています。

① 国際連合のしくみとはたらき

重要度
★★★

国際連合（国連） ?で深める P.665

国際平和と安全を維持するために設立された国際機関。本部はアメリカ合衆国のニューヨークです。

◆成立…1945年10月，国際連合の目的・組織・活動などを定めた国際連合憲章にもとづいて成立。当初の加盟国は51か国でしたが，現在は190をこえる国が加盟しています。

(ピクスタ)

↑ 国際連合本部(ニューヨーク)

◆しくみ…総会，安全保障理事会，経済社会理事会，国際司法裁判所，事務局と，多くの専門機関など。

日本の国連加盟

日本の国際連合加盟 [➡ P.624] が実現したのは1956年で，80番目の加盟国となりました。

国連分担金

国連の活動費をまかなうため，加盟各国が分担するお金。分担率は，加盟国の支はらい能力に応じて，総会で決定。

📖 資料 **国際連合の目的**

・国際の平和と安全を維持する。
・諸国間の友好関係を発展させる。
・国際問題の解決のために国際協力をすること。

(国際連合憲章より)

↑ 国際分担金の割合
(2018年)
(外務省資料)

- アメリカ合衆国 22.0%
- 日本 9.7
- 中国 7.9
- ドイツ 6.4
- フランス 4.9
- その他

↓ 国際連合のしくみ

- 信託統治理事会 (1994年以降活動停止)
- 経済社会理事会
- 国際司法裁判所
- 事務局
- 軍縮委員会
- 安全保障理事会
- 平和維持活動 PKO
- 国際原子力機関 IAEA

総会

- 地域委員会
- 機能委員会
- 総会によって設立された機関
  - 国連貿易開発会議 UNCTAD
  - 国連児童基金 UNICEF
  - 国連難民高等弁務官事務所 UNHCR
  - 国連大学 UNU など
- 世界貿易機関 WTO
- 国連人権理事会

主な専門機関
- 国際労働機関 ILO
- 国連食糧農業機関 FAO
- 国連教育科学文化機関 UNESCO
- 世界保健機関 WHO
- 国際復興開発銀行 (世界銀行) IBRD
- 国際通貨基金 IMF

など

COLUMN
まめ知識

反省をふまえたしくみ 第一次世界大戦後，世界平和のために設立された国際連盟は，第二次世界大戦を防げませんでした。第二次世界大戦後に設立された国際連合はこれを反省し，総会での多数決，大国中心主義，武力制裁を認めるなど，国際連盟にはなかったしくみを取り入れました。

重要度 ★★★

総会

全加盟国の代表で構成される国連の中心機関。

◆議決…投票権は**1国1票制**で，**多数決**による議決が原則です。

◆種類…毎年1回9月に開かれる**通常総会（定期総会）**のほか，**特別総会**，**緊急特別総会**があります。

↑ 国連総会 (AP／アフロ)

国連の公用語は，アラビア語，英語，フランス語，スペイン語，ロシア語，中国語だよ。

★★★

安全保障理事会（安保理）

世界の平和と安全を守ることに責任を負う**国連の中心機関**。

◆**構成**…**5常任理事国**（アメリカ合衆国, イギリス, フランス, ロシア連邦, 中国の5大国）と総会で選出される任期2年の**非常任理事国**10か国からなります。

◆**議決**…ふつうは9か国以上の賛成で決められます。重要事項は常任理事国のすべてをふくむ9か国以上の賛成が必要で，5大国の中で1か国でも反対すれば決定できません（**5大国一致の原則**）。5大国がもつこの権利を**拒否権**といいます。

↑ 安全保障理事会
(アフロ)

★★★

経済社会理事会

国連の主要機関の1つ。

経済, 社会, 文化, 教育などの国際協力を進め，多くの**専門機関**と協力して，世界の人々の生活水準の向上などをはかっています。

★★★

事務局

国連の各機関の運営や事務を行う機関。

各国から派遣された多くの職員（**国際公務員**）が働いています。最高責任者である**事務総長**は，安全保障理事会の推せんで総会が任命します。事務総長は紛争地域の調査を行ったり，紛争当事国の間で交渉したりすることもあります。

1945年 51か国	22	14	9	2	4
1960年 99か国	22	26	23	26	2
1970年 127か国	26	27	29	42	3
2000年 189か国	35	49	14	38	53
2018年 193か国	35	51	14	39	54

南北アメリカ／ヨーロッパ／オセアニア／アジア／アフリカ
(国際連合広報センター資料より作成)
↑ **国連加盟国数の変化**

独立国のほとんどが加盟しているよ。

COLUMN まめ知識

宮殿にある裁判所 国連の主要機関の1つである国際司法裁判所の本部は，オランダ西部のハーグにある「平和宮」と呼ばれる建物にあります。国家間の争いを裁判で解決するために設置され，国連の総会と安全保障理事会で選ばれた15人の裁判官で構成されています。

| 3年 | 4年 | 5年 | （6年） | 発展 |

国際編

第1章 わが国と
関係の深い国々

第2章 世界の平和と
日本の役割

② 主な専門機関とその他の機関

★★★ 専門機関（国連の専門機関）

経済・文化・社会などの分野で国際的な問題を専門にあつかう国際機関。国連総会の承認を受けて，**経済社会理事会**と深く結びついて活動しています。

★★★ ユネスコ（国連教育科学文化機関）

教育・科学・文化を通じて国際協力を進め，世界の平和と安全をはかることを目的にした国連の専門機関。

↑ **ユネスコ本部**（フランスのパリ） （ロイター／アフロ）

ユネスコ憲章
ユネスコの**精神・目的・任務・組織**などを定めています。

世界遺産 [→ P.352]
ユネスコの総会で採択した**世界遺産条約**にもとづいて登録された世界的に貴重な**文化遺産**や**自然遺産**。日本でも多くの文化遺産と自然遺産が登録されています。

資料 ユネスコ憲章の前文（一部）

戦争は人の心の中に生まれるものであるから，人の心の中に平和のとりでを築かなければならない。

★★★ 国際労働機関（ILO）

世界の**労働者の地位の向上**をはかるために設立された国連の専門機関。本部はスイスのジュネーブ。

上の文は世界的に有名な言葉だよ。

★★★ 世界保健機関（WHO）

すべての人々が最高の健康水準に達することを目的に，**健康・衛生問題**に取り組む国連の専門機関。本部はスイスのジュネーブ。

★★★ 国際通貨基金（IMF）

各国の外国為替相場を安定させ，**国際貿易の拡大**をはかるためにつくられた国連の専門機関。本部はアメリカ合衆国のワシントン D.C.。

重要度
★★★

ユニセフ（国連児童基金）

国連総会で設立された機関。世界中の**子どもたちの命と健康と教育を守る活動**をしています。日本も第二次世界大戦が終わってすぐのころ，ユニセフから子どもたちの給食の支援を受けました。現在は，民間の寄付金で**発展途上国**の子どもや母親たちへの保健衛生や栄養・教育などの面での支援のほか，**紛争や自然災害の被災地**での緊急支援・復興支援などを行っています。

⬆ **ユニセフの教育支援を受ける子どもたち** （AP／アフロ）

★★★

国連難民高等弁務官事務所（UNHCR）

難民となった人々を保護し，自由な帰国やその地への定住などを援助している国連の機関。1991年から10年間，日本人の緒方貞子さんが最高責任者として，世界各地で難民の救済にあたりました。

難民 [➡ P.671]
政治上の理由による迫害や地域紛争 [➡ P.670] などから逃れるため，住んでいた土地(国)から離れなければならなかった人々。

⬆ **難民キャンプの子どもたち** （ロイター／アフロ）

★★★

国連環境計画（UNEP）

1972年の**国連人間環境会議**で設立が決められた，環境問題を中心に国際協力活動を行う国連の機関。国連人間環境会議で採択された**人間環境宣言**を具体的に実施する機関として，国連が取り組む環境問題の総合的な調整などを行います。

世界貿易機関（WTO）
世界貿易の自由化を進めるために設立された国際機関。

環境問題が深刻になってきたので，その活動が注目されているな。

COLUMN
くわしく

経済格差の解決を目指す会議 国連は，発展途上国と先進工業国との間の経済格差に関する問題の解決も目指しています。そのための機関が国連貿易開発会議（UNCTAD）[➡ P.672]。発展途上国の貿易を拡大し，経済開発を進めるための話し合いが行われています。

③ 国連のさまざまな活動

★★★ ## 世界人権宣言

差別をなくし，すべての人の**人権を尊重**するための世界共通の基準を示した宣言。1948年の国連総会で採択されました。この宣言を具体化し，その実現を各国に義務づけるために，1966年に「**国際人権規約**」も採択されました。

★★★ ## 人種差別撤廃条約

条約を結んだ国に，あらゆる**種類の人種差別の撤廃**を求めている条約。1965年の国連総会で採択されました。

| 女性差別撤廃条約
| 条約を結んだ国に，女性差別を禁止する措置をとるように求めた条約。

年	活　動
1945	国際連合が成立する
1948	「世界人権宣言」を採択
1965	「人種差別撤廃条約」を採択
1966	「国際人権規約」を採択
1968	「核拡散防止条約」を採択
1972	国連人間環境会議で「人間環境宣言」，「国連環境計画」を採択
1978	国連軍縮特別総会（第1回）
1979	女性差別撤廃条約を採択
1982	国連軍縮特別総会（第2回）
1988	国連軍縮特別総会（第3回）
1989	「子どもの権利条約」を採択
1990	子どものための世界サミット
1992	国連環境開発会議（地球サミット）
1996	「包括的核実験禁止条約」を採択
2002	国連子ども特別総会
	環境・開発サミット
2015	国連防災世界会議（第3回）

⬆ 国連のさまざまな活動

★★★ ## 子どもの権利条約（児童の権利に関する条約）

1959年に採択された児童の権利宣言を具体的に実現するために，**子どもの人権を総合的に定めた条約**。1989年の国連総会で採択されました。

満18歳未満を「子ども」として，生きる権利，育つ権利，守られる権利，参加する権利を保障し，子どもを大人に

⬆ 国連子ども特別総会

（Ⓒ UNICEF/NYHQ2002-0075/
Markisz 提供：（公財）日本ユニセフ協会）

従って保護される対象ではなく，権利を行使する主体としてとらえています。

| 児童の権利宣言
| 児童は健全に育てられる権利を持ち，法律で保護を受けることや，人類は児童に最善のものをあたえる義務があることを宣言しています。

COLUMN
まめ知識

人権保障への国際的な取り組み　国際的な人権保障を実現するためには，各国の協力のほか，国境をこえて活動するNGO（非政府組織）などの組織も重要な役割を果たしています。

重要度

★★★

平和維持活動（PKO）

国連が平和をおびやかす事態や紛争の拡大を防ぐために，小規模な軍隊や監視団を現地に派遣して，**紛争を平和的に解決**するための活動。

（新華社／アフロ）

⬆ **国連の平和維持活動**

平和維持軍（平和維持隊・PKF）

国連の平和維持活動の１つで，紛争地域での戦闘の再発を防ぐため，交戦部隊の引き離しなどを行います。武器を持つことは認められていますが，自衛の場合以外は使えません。

国際平和協力法（PKO協力法）[➡ P.632, 651]

国際連合の平和維持活動と人道的な活動に日本が協力するために定められた法律。この法律にもとづいて，**自衛隊が海外に派遣される**ようになりました。

（ロイター／アフロ）

⬆ **自衛隊の平和維持活動**

★★★

核拡散防止条約（NPT）

1968年に国連総会で採択された，**核兵器の保有国を増やさないための条約。**
核を持たない国が**新たに核兵器を持つこと**，核を持っている国が核を持たない国に対して核兵器をわたすことを同時に**禁止**しています。

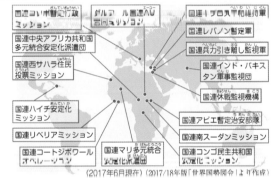

国連コソボ暫定行政ミッション	国連ダルフール派遣団
	...
国連中央アフリカ共和国多元統合安定化派遣団	国連キプロス平和維持軍
国連西サハラ住民投票ミッション	国連レバノン暫定軍
	国連兵力引き離し監視軍
	国連インド・パキスタン軍事監視団
国連ハイチ安定化ミッション	国連休戦監視機構
国連リベリアミッション	国連アビエ暫定治安部隊
国連コートジボワールオペレーション	国連南スーダンミッション
	国連マリ多元統合安定化ミッション	国連コンゴ民主共和国安定化ミッション

(2017年6月現在)〔2017/18年版「世界国勢図会」より作成〕

⬆ **主な国連の平和維持活動**

★★★

包括的核実験禁止条約（CTBT）

この条約に調印するすべての国が，地下核実験をふくむ**すべての核実験を行わない**とする条約。1996年の国連総会で採択されましたが，署名をしていない国もあり，まだ発効されていません。

世界各地で平和維持活動が行われているね。

COLUMN まめ知識

ブルーヘルメット？ PKOに派遣された人々（PKO要員）は，みな自分の国の軍服などを着ますが，共通して，国際連合のシンボルカラーであるブルーのヘルメットやベレー帽，バッジを着用しています。そのため，PKOそのものやPKO要員は，ブルーヘルメットとも呼ばれます。

?1 国際連合の設立の準備はいつから？

第二次世界大戦が終わる1年ほど前に行われたアメリカ，イギリス，ソ連（当時），中国による会議からです。ここで国際連合憲章の下書きがまとまりました。その後，さらに話し合いが重ねられ，1945年10月，国際連合が成立しました。

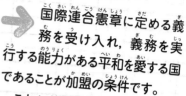

?2 国際連合に加盟する条件は？

国際連合憲章に定める義務を受け入れ，義務を実行する能力がある平和を愛する国であることが加盟の条件です。

これに当てはまれば，安全保障理事会のすすめにもとづいて，総会が加盟を承認したときに加盟が認められます。

COLUMN　はてな

?で深める　国際連合

↑平和を愛する国であることが，国際連合に加盟する条件の1つです。

?3 国際連合にはどんな特色があるの？

国際連合には，大きな3つの特色があります。
①アメリカ・ロシア・イギリス・フランス・中国の5大国に拒否権をあたえ，大国を中心に運営されていること。②総会を中心に，議決は多数決制であること。③平和をおびやかす国に対しては，武力制裁を行うことができること。

02 世界のいろいろな問題

さくっとガイド まずは,世界で起こっている問題のポイントをおさえよう!

なぜ地球環境問題が起こったの?

温室効果ガスの増加による地球温暖化,自動車の排出ガスや工場のばい煙などによる酸性雨の発生,フロンガスなどによるオゾン層の破壊,森林の伐採・過放牧や開発などによるさばく化,熱帯林の減少など,これらの地球環境問題は,人間が豊かさと便利さを求めすぎて,地球の自然に大きな負担がかかったことが大きな原因の1つです。

国境をこえて広がるこれらの問題を解決するため,国連環境開発会議(地球サミット)などが開かれ,その対策などが話し合われています。

世界がかかえる問題には,ほかにどんなものがあるの?

世界の各地では,宗教や民族の対立などによる地域紛争が続いています。紛争をさけるために国外に逃れている人々(難民)も多くいます。

人口の増加に関する問題もあります。人口が急増している発展途上国では,経済の発展が追いつかず,多くの人々が貧困に苦しんでいます。

発展途上国と先進工業国との経済格差などから生まれる問題(南北問題)を解決するために,国連貿易開発会議(UNCTAD)が設立され,資金援助や技術援助のための話し合いが行われています。

① 地球環境問題の広がり

重要度
★★★

地球環境問題 [➡P.632]

石油や石炭などの**化石燃料** [➡P.299]の大量消費，自動車の排出ガスや工場からの**ばい煙**，**フロンガス**などの排出，**森林の伐採**などの人間の活動が原因で，地球環境が危機に直面している問題。人間が豊かさや便利さを求めたことで，地球に大きな負担がかかり，自然の回復力をこえてしまっておこりました。

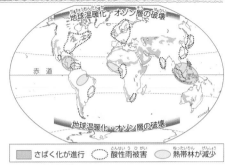

地球温暖化・オゾン層の破壊

赤道

地球温暖化・オゾン層の破壊

さばく化が進行 　酸性雨被害 　熱帯林が減少

↑ 地球環境問題の広がり

世界の気温は，少しずつ高くなっているよ。

★★★

地球温暖化 [➡P.351]

石油や石炭などの化石燃料 [➡P.299]の大量消費で，二酸化炭素（CO_2）などの**温室効果ガス**が増加したことで，**地球の平均気温が上昇**すること。それによって，生物や農作物に悪影響をあたえ，干ばつや洪水などの異常気象が起こるなどの被害が出ています。また，南極大陸などの氷がとけだして海面が上昇し，南太平洋のツバルやモルディブなど海抜の低い島国が**水没**するおそれがあります。

★★★

酸性雨

酸性度の強い雨。工場や自動車から排出されるガスなどにふくまれる**窒素酸化物**や**硫黄酸化物**などが大気中で化学変化を起こし，雨にとけることで発生します。酸性雨は，森林をからしたり，川や湖の魚を死滅させたり，ブロンズやコンクリートでできたものをとかしたりする被害をもたらします。

原因物質が風で運ばれて，国境を越えて被害が出るんだ。

化学変化

風

酸性雨

↑ 酸性雨が降るしくみ

COLUMN
まめ知識

「かけがえのない地球」とは？ 　1972年の国連人間環境会議でのスローガン（標語）。人間が生活・活動している地球が宇宙で唯一のものであり，地球環境を守っていくことは，人類にとってとても重要であることを示しています。

重要度
★★★

オゾン層の破壊

地球の上空に広がっている**オゾン**の濃い層がこわされること。

オゾン層は，太陽の光にふくまれる有害な**紫外線**を吸収し，地球上の人間や動植物を守っています。しかし，冷蔵庫やエアコン，スプレーかんなどに使われてきた**フロン**などの化学物質は，オゾン層を破壊しています。

そのため世界では，1980年代からフロンなどの生産や使用の規制を行ってきました。日本でも，フロンの生産を禁止し，冷蔵庫などに使われていたフロンの回収を進めています。

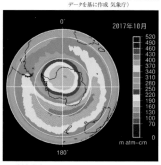

(米国航空宇宙局(NASA)の衛星観測データを基に作成 気象庁)

2017年10月

→ **南極上空のオゾンホール**

> **オゾンホール**
> フロンなどの使用によって，空気中のオゾンの濃度が低くなり，オゾン層の一部が**穴**があいたようになること。右上の写真の灰色の部分が，オゾンホールです。

★★★

さばく化

森林や草地，農地だったところがあれ地になること。特にアフリカの**サハラさばく**南縁のサヘルと呼ばれる地域で問題になっています。もともと雨が十分に降らず，**干ばつ**にみまわれる地域であることのほか，人間の活動が原

→ **さばく化が進む地域(モーリタニア)** (アフロ)

因になっています。原因となる人間の活動として，木材を得たり，**人口の増加**などで農地を広げるために，森林を必要以上に切りひらいてしまうことや，牛や羊などを放牧しすぎてしまうことなどがあげられます。

★★★

熱帯林の減少

木材輸出のための**森林伐採**，牧場や鉱山開発のための**森林破壊**などによって，南アメリカの**アマゾン川流域**や**東南アジア**などで熱帯林が減少しています。熱帯林は，**地球温暖化** [→ P.667] の原因となる二酸化炭素を吸収して酸素を吐き出します。そのため，その減少は二酸化炭素の増加や地域的な異常気象などをもたらすと心配されています。

COLUMN
まめ知識

668

さばく化の原因になる農業って？ 熱帯地方では，昔から森林を焼いてその灰を肥料にして農作物をつくる焼畑農業が行われてきました。新しい農地を求めて無秩序に森林を焼くようになり，森林の回復力が失われたことがさばく化の原因の1つになっています。

★★★ 国連人間環境会議

1972年，スウェーデンのストックホルムで開かれた，国連が開いた環境をテーマにした初めての国際会議。「**かけがえのない地球**」をスローガンに，人間環境宣言を採択したほか**国連環境計画（UNEP）**［→ P.662］の設立が決まりました。

国連環境計画管理理事会特別会合
国連人間環境会議から10年後の1982年，ケニアのナイロビで開かれた地球環境保全のための国際会議。

年	できごと
1972	国連人間環境会議
1982	国連環境計画管理理事会特別会合
1987	モントリオール議定書…フロンガスなどの削減でオゾン層の破壊を防止
1992	国連環境開発会議（地球サミット）
1997	地球温暖化防止京都会議…京都議定書
2002	環境・開発サミット
2005	京都議定書が発効
2009	国連気候変動枠組条約締約国会議
2015	パリ協定採択

⬆ **地球環境問題への取り組み**

★★★ 国連環境開発会議（地球サミット）

地球規模になってきた環境問題に取り組むために，1992年，ブラジルのリオデジャネイロで開かれた国際会議。**気候変動枠組条約**，**リオ宣言**，**アジェンダ21**などが採択されました。

UNITED NATIONS CONFERENCE ON
ENVIRONMENT AND DEVELOPMENT
Rio de Janeiro 3-14 June 1992

⬆ **国連環境開発会議（地球サミット）**
（RIBEIRO ANTONIO／GAMMA アフロ）

気候変動枠組条約（地球温暖化防止条約）
大気中の**温室効果ガス**の濃度を地球の気候に危険な影響をおよぼさない水準に安定させ，地球温暖化を防止することを目的にした条約。

アジェンダ21
21世紀に向けた環境保全を目ざすための行動計画。**リオ宣言**を実行するための行動目標となっています。この計画の実施状況を確認するため，1997年に国連環境開発特別総会が，2002年には南アフリカ共和国のヨハネスブルグで環境・開発サミットが開かれました。

★★★ 持続可能な開発に関する世界首脳会議（環境・開発サミット）

国連環境開発会議（地球サミット）から10年後の2002年に開かれた国際会議で，**アジェンダ21**の実施状況を確認し，今後の取り組みを強化することを目的とした会議。多くの国連加盟国や NGO が参加し，「**持続可能な開発に関するヨハネスブルグ宣言**」などが採択されました。

COLUMN まめ知識

6月5日って何の日？ 6月5日は，1972年に国連人間環境会議が開会された日です。これを記念して，この日を世界環境デーとしました。日本でもこの日を環境の日として，環境を守るためのさまざまな行事が行われています。

② いろいろな国際問題

重要度
★★★
地域紛争

1つの国，または複数の国にまたがる特定の地域で，**宗教**や**民族**[➡ P.639]，領土などを原因として起こる紛争。今でも世界の各地で起こっています。

ボスニア・ヘルツェゴビナ内戦(1992〜95年)
ユーゴスラビア紛争(1991〜99年)
イラン・イラク戦争(1980〜88年)
アフガニスタン紛争・内戦(1979〜2001年)
朝鮮戦争(1950〜53年)
同時多発テロ(2001年)
第4次中東戦争(1973年)
ベトナム戦争(1965〜75年)
キューバ危機(1962年)
スーダン・ダルフール紛争(2003年〜)
湾岸戦争(1991年)
イラク戦争(2003年)
東ティモール独立運動(1975〜99年)
★ は冷戦時代の紛争
★ は冷戦後，または冷戦後も続いた紛争
フォークランド紛争(1982年)

⬆ **主な地域紛争**

★★★
パレスチナ問題

パレスチナでの**ユダヤ人**(1948年**イスラエル**建国)と**アラブ**系住民(**パレスチナ人**)との間の宗教的，歴史的，政治的対立の問題。イスラエルの建国以来，半世紀以上続いています。

⬆ **イスラエルとパレスチナ**

パレスチナ難民

イスラエルとパレスチナの対立が続く中，多くのパレスチナ人がイスラエル建国や戦争などによって難民となりました。その数は約590万人にもなります(2017年)。

中東戦争

アラブ諸国と**イスラエル**との4度にわたる戦争。

1948年，第1次中東戦争が始まると，多くのパレスチナ人が難民となりました。また，1973年の第4次中東戦争では石油危機(オイル・ショック)[➡ P.626]が起こり世界経済に大きな影響をあたえました。

ガザ地区とヨルダン川西岸地区は，パレスチナ自治区になっているよ。

COLUMN
まめ知識

「人間の安全保障」とは？ 1990年代以降，「国家の安全保障（国家が紛争などから国民を守る）」に加えて唱えられるようになりました。多発する自然災害や難民問題を背景におこった考え方で，人間一人ひとりの生命や生活，尊厳を守ることが目的です。

★★★ ユーゴスラビア紛争

6つの共和国からなっていた**ユーゴスラビア連邦共和国**で，1991年から始まった内戦。各共和国が宗教や民族のちがいから独立をはかって対立し，激しい内戦が続きました。結果，ユーゴスラビアは解体され**7つの国**に**分裂**しました。

★★★ イラク戦争

2003年，**アメリカ合衆国** [➡ P.646] がイギリス [➡ P.644] と共に，**大量破壊兵器の破棄違反**を理由に**イラク**に侵攻して始まった戦争。戦争が終わったあともテロ活動が続いています。

★★★ テロリズム（テロ）

政治目的を実現するために，暗殺や暴行を行ったり，建物を破壊する行為。一般の人々を無差別に死傷させることも多い。

ハイジャックされた旅客機が世界貿易センタービルなどに突入したんだ。

⬆ **アメリカ同時多発テロ** （ロイター／アフロ）

> **アメリカ同時多発テロ**
> 2001年9月，テロリストグループが民間の旅客機を**ハイジャック**して，**アメリカ合衆国**に対して起こした無差別テロ。約3000人の犠牲者が出ました。

★★★ 難民 [➡P.662]

宗教や民族・政治上の理由による迫害，地域紛争や人権侵害，環境の悪化などのために国外に逃れた人々。近年は，同様の理由で住んでいた土地から逃れても，国境をこえずに避難生活を送る国内避難民も増えています。

★★★ 対人地雷

地中に埋めたり，埋めずに物かげに置くなどされ，人や車が通ったり，ふれたりすると爆発する**兵器**。人を殺すことではなくけがをさせることを目的としています。紛争が終わっても残された地雷による被害が続いています。

対人地雷全面禁止条約で製造や使用が禁止されているよ。

COLUMN まめ知識

2つの平和とは？ 平和には2つの考え方があります。1つは，単に戦争や紛争のない状態をいう消極的平和です。もう1つは，戦争や紛争がないだけでなく，さらに，飢えや貧困，差別などがなく，人権の尊重や福祉の充実などが実現している状態をいう積極的平和です。

重要度
★★★

南北問題

発展途上国 [➡ P.210] と 先進工業国 [➡ P.210] との間の**経済格差**や，そこから発生するさまざまな問題。

先進工業国が地球の北側に多く，発展途上国が地球の南側に多いことから，こう呼ばれます。

多くの発展途上国は，かつて植民地支配されていました。独立後も工業化が進まず，**特定の農産物や鉱産資源の輸出にたより**，先進工業国との経済格差の拡大に苦しんでいる国もあります。

人口 74.3億人	13.6%	先進工業国以外の国 86.4
	先進工業国	
輸出 15兆6308億ドル	52.4%	47.6
輸入 15兆8098億ドル	55.3%	44.7

(2016年)
(2018/19年版「日本国勢図会」ほか)

⬆ **貿易にしめる発展途上国（先進工業国以外の国）の位置**

人口は80%以上を占める発展途上国だが，貿易額は50%以下だね。

国連貿易開発会議（UNCTAD）[➡ P.662]

南北問題を討議するために，国連総会で設立された機関。先進工業国に対して，発展途上国への経済援助とともに，農産物や鉱産資源の価格を安定させ発展途上国との貿易を拡大するように求めています。

★★★
人口の増加

現在，世界の人口は約76億人で，**アフリカ**，**南アメリカ**，**アジア**などの発展途上国で人口増加率が高くなっています。 ?で深める P.673

貧困
発展途上国では，人口の増加に経済の発展が追いつかないため，多くの人々が貧困に苦しんでいます。

食料問題
発展途上国では，農作物の不作や，食料価格の上昇などで，食物が満足に食べられない人や栄養不足になっている人が増えてきています。

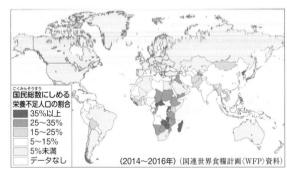

国民総数にしめる栄養不足人口の割合
- 35%以上
- 25〜35%
- 15〜25%
- 5〜15%
- 5%未満
- データなし

(2014〜2016年)(国連世界食糧計画〈WFP〉資料)

⬆ **栄養不足人口の割合**

COLUMN
まめ知識

フェアトレード 南北問題の解消を目指す貿易のしくみ。発展途上国でつくられた農作物や製品を，先進工業国が品質や労力に合った適正な価格で買い，自国で販売します。発展途上国の生産者の生活向上や自立を支援し，先進工業国との経済格差の解消を目指しています。

？1 世界の人口はこれからどうなるの?

世界の人口は, 第二次世界大戦が終わったころから急激に増えはじめ, 1950年には25億人, 2000年には61億人, 2012年には70億人をこえました。このままいくと, 2030年に86億人, 2050年には98億人になるとみられています。

？2 どうして人口が急速に増加したの?

アジアやアフリカなどの発展途上国で, 人口爆発とも呼ばれるほど急激に人口が増加しています。これは医療の発達で死亡率が下がったことのほか, 貧しい生活を支えるため家族の働き手を増やそうとして出生率が高くなったことなどが原因です。

COLUMN はてな ？で深める 世界の人口問題

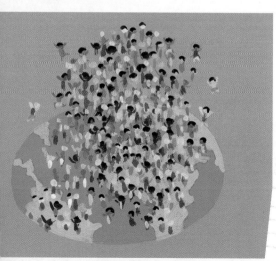

↑ 2050年には, 世界の人口は98億人になるとみられています。

？3 人口増加でどんな問題が起こるの?

発展途上国では, 人口増加に食料生産が追いつかず深刻な食料不足になったり, 食料を確保するための土地の開墾や放牧のしすぎによるさばく化の進行などが見られます。また多くの人々は, 学校や病院が不足し, 電気や水道がない衛生状態のよくない環境で暮らしています。

用語ページはここまで。
次のページからの資料編も
活用しよう！

中学入試に役立つ資料編

都道府県のデータをおさえよう!

地方	都道府県	都道府県の形	都道府県庁所在地	面積(km²)(2017年)	人口(万人)(2017年)	主な産物
北海道	北海道		札幌市	83424 ※北方領土を含む	532.0	じゃがいも, てんさい, にんじん, 乳製品
東北	青森県		青森市	9646	127.8	りんご, ほたて貝, 津軽塗
	岩手県		盛岡市	15275	125.5	養殖わかめ, 南部鉄器
	宮城県		仙台市	7282	232.3	養殖かき, 宮城伝統こけし
	秋田県		秋田市	11638	99.6	米, 大館曲げわっぱ
	山形県		山形市	9323	110.2	さくらんぼ, 西洋なし, 天童将棋駒
	福島県		福島市	13784	188.2	もも, 会津塗
関東	茨城県		水戸市	6097	289.2	米, メロン, 結城紬, 笠間焼
	栃木県		宇都宮市	6408	195.7	かんぴょう, いちご, 益子焼
	群馬県		前橋市	6362	196.0	こんにゃくいも, キャベツ, 桐生織
	埼玉県		さいたま市	3798	731.0	ねぎ, ほうれんそう, ひな人形

地方	都道府県	都道府県の形	都道府県庁所在地	面積(k㎡)(2017年)	人口(万人)(2017年)	主な産物
関東	千葉県		千葉市	5158	624.6	米，いわし，らっかせい，しょうゆ，房州うちわ
	東京都		東京（新宿区）	2194	1372.4	印刷物，つばき油，江戸切子
	神奈川県		横浜市	2416	915.9	キャベツ，だいこん，箱根寄木細工，自動車
中部	新潟県		新潟市	12584	226.7	米，金属洋食器，小千谷ちぢみ
	富山県		富山市	4248	105.6	チューリップ（球根），米，ほたるいか，医薬品
	石川県		金沢市	4186	114.7	加賀友禅，輪島塗，九谷焼
	福井県		福井市	4191	77.9	越前がに，めがねわく，越前漆器
	山梨県		甲府市	4465	82.3	ぶどう，もも，甲州水晶貴石細工
	長野県		長野市	13562	207.6	レタス，はくさい，木曽ひのき，電子部品
	岐阜県		岐阜市	10621	200.8	かき，美濃焼，美濃和紙，飛騨牛
	静岡県		静岡市	7777	367.5	茶，みかん，ピアノ，オートバイ
	愛知県		名古屋市	5173	752.5	自動車，キャベツ，電照ぎく，常滑焼
近畿	三重県		津市	5774	180.0	養殖真珠，尾鷲ひのき，みかん，松阪牛

677

地方	都道府県	都道府県の形	都道府県庁所在地	面積(km²)(2017年)	人口(万人)(2017年)	主な産物
近畿	滋賀県		大津市	4017	141.3	近江牛，信楽焼
	京都府		京都市	4612	259.9	西陣織，京友禅，清水焼，清酒
	大阪府		大阪市	1905	882.3	自転車部品，堺打刃物
	兵庫県		神戸市	8401	550.3	たまねぎ，但馬牛，たこ，造船，清酒
	奈良県		奈良市	3691	134.8	かき，吉野すぎ，奈良筆
	和歌山県		和歌山市	4725	94.5	うめ，かき，みかん，紀州たんす，紀州漆器
中国	鳥取県		鳥取市	3507	56.5	らっきょう，松葉がに，因州和紙
	島根県		松江市	6708	68.5	しじみ，あじ，雲州そろばん
	岡山県		岡山市	7114	190.7	ぶどう（マスカット），もも，備前焼
	広島県		広島市	8480	282.9	養殖かき，レモン，熊野筆
	山口県		山口市	6113	138.3	ふぐ，萩焼
四国	徳島県		徳島市	4147	74.3	すだち，阿波尾鶏，阿波正藍しじら織
	香川県		高松市	1877	96.7	オリーブ，さぬきうどん，うちわ

地方	都道府県	都道府県の形	都道府県庁所在地	面積(km²)(2017年)	人口(万人)(2017年)	主な産物
四国	愛媛県		松山市	5676	136.4	みかん，キウイフルーツ，養殖真珠，タオル
	高知県		高知市	7104	71.4	なす，ピーマン，ゆず，かつおぶし，土佐和紙
九州	福岡県		福岡市	4987	510.7	自動車，博多人形，久留米がすり，いちご
	佐賀県		佐賀市	2441	82.4	養殖のり，みかん，伊万里・有田焼
	長崎県		長崎市	4131	135.4	びわ，みかん，じゃがいも，養殖真珠，あじ
	熊本県		熊本市	7409	176.5	い草，トマト，すいか，養殖のり
	大分県		大分市	6341	115.2	かぼす，乾しいたけ
	宮崎県		宮崎市	7735	108.9	マンゴー，ピーマン，きゅうり
	鹿児島県		鹿児島市	9187	162.6	さつまいも，茶，ぶた
	沖縄県		那覇市	2281	144.3	さとうきび，パイナップル，ゴーヤー，琉球びんがた
全国計				377974	12670.6	

2018/19年版「日本国勢図会」，2018年版「データでみる県勢」ほか

地理**2** よく出るグラフ

農業

◉米の生産量と消費量の変化

生産量，消費量ともに減少の傾向にある。

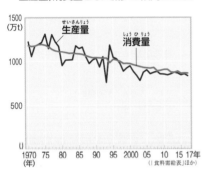

(「食料需給表」ほか)

◉地域別の米の生産量

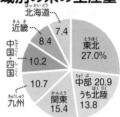

北海道 7.4
近畿 8.4
中国・四国 10.2
九州 10.7
関東 15.4
東北 27.0%
中部 20.9 うち北陸 13.8

◉都道府県別の米の生産量

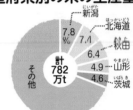

新潟 7.8%
北海道 7.4
秋田 6.4
山形 4.9
茨城 4.6
計782万t
その他

(2017年)(2018/19年版「日本国勢図会」)

◉主な野菜とくだものの生産量の割合

キャベツ

群馬 18.0%
愛知 17.4
千葉 8.9
茨城 7.4
神奈川 5.2
その他
計144.6万t

ピーマン

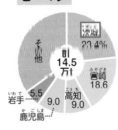

茨城 22.4%
宮崎 18.6
高知 9.0
鹿児島 9.0
岩手 5.5
その他
計14.5万t

じゃがいも

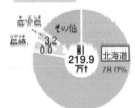

北海道 78.0%
鹿児島 3.2
長崎 0.0
その他
計219.9万t

みかん

和歌山 19.5%
愛媛 16.2
熊本 11.6
静岡 11.0
長崎 7.1
その他
計74.1万t

ぶどう

山梨 24.5%
長野 14.7
山形 9.5
岡山 9.5
福岡 4.7
その他
計17.6万t

りんご

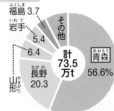

青森 56.6%
長野 20.3
山形 6.4
岩手 5.4
福島 3.7
その他
計73.5万t

(キャベツ，ピーマン，じゃがいもは2016年，みかん，ぶどう，りんごは2017年)(2018/19年版「日本国勢図会」ほか)

●畜産(飼育頭数)

乳用牛

その他

計
132.8
万頭

北海道
59.6%

栃木 3.9

岩手
3.2

熊本 3.2

群馬 2.6

肉用牛

北海道
20.9%

その他

計
251.4
万頭

鹿児島
13.1

宮崎
9.7

岩手 3.6

熊本 5.1

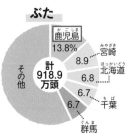

ぶた

鹿児島
13.8%

宮崎
8.9

北海道
6.8

千葉
6.7

群馬
6.7

その他

計
918.9
万頭

(2018年)(農林水産省「畜産統計」)

漁業

●漁業別の漁かく量の変化

「とる漁業」が減少し、「育てる」
漁業への転換がはかられているよ。

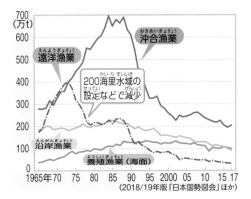

700
(万t)
600
500
400
300
200
100

遠洋漁業

沖合漁業

200海里水域の
設定などで減少

沿岸漁業

養殖漁業(海面)

1965年 70 75 80 85 90 95 2000 05 10 15 17

(2018/19年版「日本国勢図会」ほか)

工業

●主な工業地帯・地域の工業生産額の割合

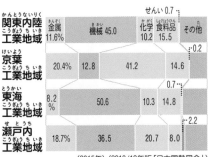

	金属	機械	化学	食料品	せんい	その他
京浜工業地帯	8.2%	48.7	18.2	10.8	0.5	その他
中京工業地帯	9.4%	68.1	7.4	4.9	0.9	
阪神工業地帯	20.4%	37.0	17.1	11.0	1.3	
北九州工業地帯(地域)	16.7%	43.7	6.7	17.3	0.6	

	金属	機械	化学	食料品	せんい	その他
関東内陸工業地域	11.6%	45.0	10.2	15.5	0.7	その他
京葉工業地域	20.4%	12.8	41.2	14.6		0.2
東海工業地域	8.2%	50.6	10.3	14.8		0.7
瀬戸内工業地域	18.7%	36.5	20.7	8.0		2.2

(2015年)(2018/19年版「日本国勢図会」)

681

中学入試に役立つ資料集

貿易

●日本の輸出入品の変化

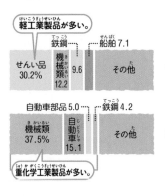

輸出

軽工業製品が多い。

鉄鋼　船舶 7.1

| せんい品 30.2% | 機械類 12.2 | 9.6 | その他 |

1960年

↓

2017年

自動車部品 5.0　鉄鋼 4.2

| 機械類 37.5% | 自動車 15.1 | その他 |

重化学工業製品が多い。

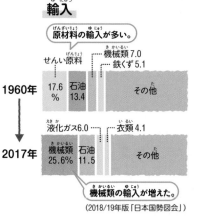

輸入

原材料の輸入が多い。

せんい原料　機械類 7.0　鉄くず 5.1

| 17.6 % | 石油 13.4 | その他 |

液化ガス6.0　衣類 4.1

| 機械類 25.6% | 石油 11.5 | その他 |

機械類の輸入が増えた。

(2018/19年版「日本国勢図会」)

輸出・輸入ともに、機械類が増えたよ。

エネルギー

日本の発電量の変化

かつては水力発電が中心だったが, 現在は火力発電が中心。

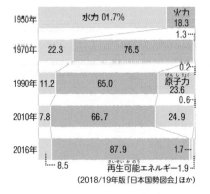

| 1950年 | 水力 81.7% | | 火力 18.3 |

1.3

| 1970年 | 22.3 | 76.5 | |

0.2

| 1990年 | 11.2 | 65.0 | 原子力 23.6 |

0.6

| 2010年 | 7.8 | 66.7 | 24.9 |

| 2016年 | 8.5 | 87.9 | 1.7 |

再生可能エネルギー1.9

(2018/19年版「日本国勢図会」ほか)

環境

二酸化炭素(CO_2)の排出量の割合

地球温暖化の原因である二酸化炭素などの温室効果ガスの排出量が増えている。中国の割合も増え, 世界全体で地球温暖化対策に取り組む必要がある。

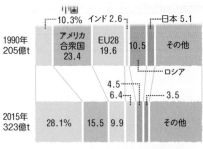

中国　インド 2.6　日本 5.1

10.3%

| 1990年 205億t | アメリカ合衆国 23.4 | EU28 19.6 | 10.5 | その他 |

ロシア

4.5

6.4　3.5

| 2015年 323億t | 28.1% | 15.5 | 9.9 | その他 |

(2018/19年版「日本国勢図会」)

●米の生産がさかんな地域

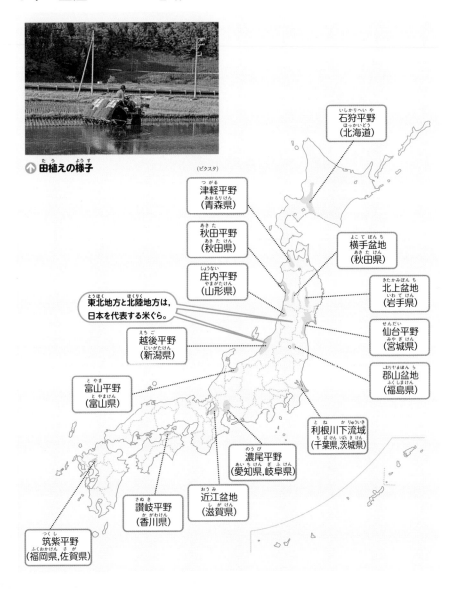

↑ 田植えの様子

(ピクスタ)

石狩平野
(北海道)

津軽平野
(青森県)

秋田平野
(秋田県)

庄内平野
(山形県)

横手盆地
(秋田県)

北上盆地
(岩手県)

仙台平野
(宮城県)

郡山盆地
(福島県)

東北地方と北陸地方は，
日本を代表する米ぐら。

越後平野
(新潟県)

富山平野
(富山県)

利根川下流域
(千葉県,茨城県)

濃尾平野
(愛知県,岐阜県)

近江盆地
(滋賀県)

讃岐平野
(香川県)

筑紫平野
(福岡県,佐賀県)

●主な大地震と火山の噴火

被害の大きかった
主な大地震の震源地

▲ 噴火する危険が
大きい主な火山

（ ）内の年代は起こった年，
Mはマグニチュード

（平成30年版「理科年表」ほか）

↑ 東日本大震災での津波の被害
(J.S.フォト)

平成30年北海道胆振東部地震
（2018年，M6.7）

十勝岳

有珠山

北海道南西沖地震
（1993年，M7.8）

日本海中部地震
（1983年，M7.7）

新潟県中越地震
（2004年，M6.8）

東日本大震災
（東北地方太平洋沖地震）
（2011年，M9.0）

大阪府北部地震
（2018年，M6.1）

福井地震
（1948年，M7.1）

阪神・淡路大震災
（兵庫県南部地震）
（1995年，M7.3）

鳥取県西部地震
（2000年，M7.3）

熊本地震
（2016年，M7.3）

浅間山

御嶽山

富士山

関東大震災
（関東地震）
（1923年，M7.9）

大島（三原山）

三宅島（雄山）

東南海地震
（1944年，M7.9）

南海地震
（1946年，M8.0）

雲仙岳
（普賢岳）

阿蘇山

霧島山

桜島（御岳）

●日本の世界遺産登録地 (2018年8月現在)

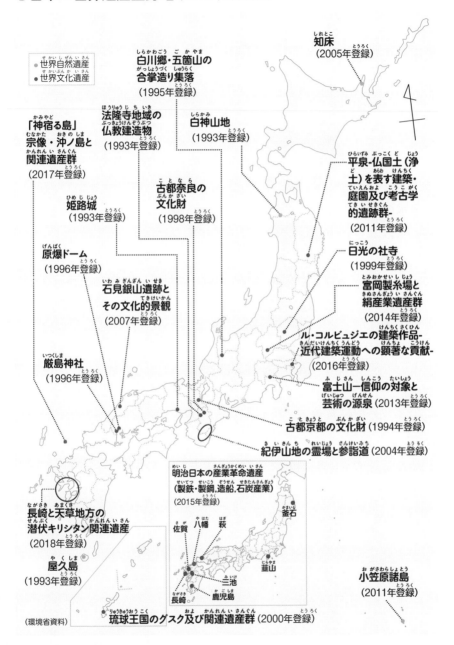

- ●世界自然遺産
- ●世界文化遺産

知床
（2005年登録）

白川郷・五箇山の
合掌造り集落
（1995年登録）

法隆寺地域の
仏教建造物
（1993年登録）

白神山地
（1993年登録）

「神宿る島」
宗像・沖ノ島と
関連遺産群
（2017年登録）

平泉-仏国土（浄
土）を表す建築・
庭園及び考古学
的遺跡群-
（2011年登録）

姫路城
（1993年登録）

古都奈良の
文化財
（1998年登録）

日光の社寺
（1999年登録）

原爆ドーム
（1996年登録）

石見銀山遺跡と
その文化的景観
（2007年登録）

富岡製糸場と
絹産業遺産群
（2014年登録）

ル・コルビュジエの建築作品-
近代建築運動への顕著な貢献-
（2016年登録）

厳島神社
（1996年登録）

富士山―信仰の対象と
芸術の源泉 （2013年登録）

古都京都の文化財（1994年登録）

紀伊山地の霊場と参詣道（2004年登録）

明治日本の産業革命遺産
（製鉄・製鋼,造船,石炭産業）
（2015年登録）

釜石

佐賀
八幡
萩

長崎と天草地方の
潜伏キリシタン関連遺産
（2018年登録）

韮山

屋久島
（1993年登録）

三池

長崎
鹿児島

小笠原諸島
（2011年登録）

（環境省資料）
琉球王国のグスク及び関連遺産群（2000年登録）

資料編

685

政治1　よく出るしくみ図

●議院内閣制のしくみ

内閣が国会からうまれ、国会に対して連帯責任を負うしくみだよ。

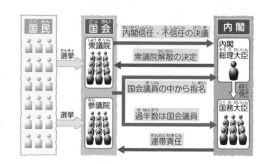

●日本の三権分立のしくみ

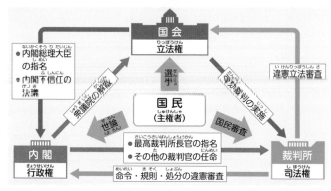

政治2　よく出るグラフ

●国の財政収入（歳入）と財政支出（歳出）

歳入

その他
公債金 34.5
歳入 97兆7128億円
税金・印紙収入 60.5%

歳出

交付金
地方交付税
その他
社会保障関係費 33.7%
歳出 97兆7128億円
15.7
国債費 23.8

最も多くをしめているのは社会保障関係費！

（2018年度）
（2018/19年版「日本国勢図会」）

政治　各時代に活やくした中心人物をおさえよう。

時代	人物	行ったこと
弥生	卑弥呼 [➡ P.411]	邪馬台国の女王。魏（中国）に使いを送り，金印などを授かった。
飛鳥	聖徳太子 [➡ P.423]	冠位十二階，十七条の憲法を制定。中国に遣隋使を送った。
飛鳥	中大兄皇子 [➡ P.429]	中臣鎌足とともに大化の改新を進め，即位して天智天皇となる。
奈良	聖武天皇 [➡ P.436]	仏教の力で国家を守ろうと，東大寺を建て，大仏をつくらせた。
平安	桓武天皇 [➡ P.443]	794 年，都を平安京（京都府）に移した。蝦夷を平定。
平安	藤原道長 [➡ P.444]	天皇の外戚となり，子の頼通とともに摂関政治の全盛期を築いた。
平安	白河上皇 [➡ P.452]	1086 年，天皇の位を譲って上皇となり，院政を始めた。
平安	平清盛 [➡ P.453]	武士として初めて太政大臣になった。日宋貿易を行った。
鎌倉	源頼朝 [➡ P.455]	全国に守護・地頭を設置。鎌倉幕府を開いた。征夷大将軍となった。
鎌倉	北条時宗 [➡ P.466]	執権として，文永の役・弘安の役（元寇）の際に幕府を指揮した。
室町	足利義満 [➡ P.472]	室町幕府の 3 代将軍。南北朝を統一。勘合（日明）貿易を始めた。
安土桃山	織田信長 [➡ P.491]	安土城下で楽市・楽座を実施し，商工業の発展をはかった。
安土桃山	豊臣秀吉 [➡ P.497]	太閤検地や刀狩などを実施。1590 年に全国統一を達成した。
江戸	徳川家康 [➡ P.505]	関ヶ原の戦いに勝利。1603 年，征夷大将軍となって江戸幕府を開いた。
江戸	徳川家光 [➡ P.513]	3 代将軍。参勤交代を制度化。鎖国の体制を完成させた。
江戸	徳川綱吉 [➡ P.533]	5 代将軍。朱子学を奨励。生類憐みの令を出した。
江戸	徳川吉宗 [➡ P.533]	8 代将軍。享保の改革で公事方御定書を定め，目安箱を設置した。
江戸	徳川慶喜 [➡ P.555]	江戸幕府最後の将軍。1867 年，政権を朝廷に返す大政奉還を行った。

中学入試に役立つ資料集

時代	人物	行ったこと
江戸	**吉田松陰** 長州藩 【➡ P.553】 安政の大獄で刑死。 **大隈重信** 肥前藩 【➡ P.574】 1882年に立憲改進党を結成した。 倒幕の中心となった藩の位置もおさえよう。 **井伊直弼** 幕府の大老 【➡ P.551】 日米修好通商条約に調印。安政の大獄を行う。 **坂本龍馬** 土佐藩 【➡ P.555】 薩長同盟の仲立ちをした。 **西郷隆盛** 薩摩藩 【➡ P.559】 倒幕を目指す。西南戦争を起こす。 **板垣退助** 土佐藩 【➡ P.574】 自由民権運動の中心人物。	
明治	**大久保利通** 【➡ P.559】	薩摩藩出身。明治新政府の一員として，殖産興業を進めた。
	伊藤博文 【➡ P.575】	初代内閣総理大臣。大日本帝国憲法の草案を作成した。
	陸奥宗光 【➡ P.582】	イギリスと交渉し，1894年，領事裁判権の撤廃に成功した。
	東郷平八郎 【➡ P.587】	1905年，日露戦争の日本海海戦で海軍を指揮し，ロシアに勝利した。
	小村寿太郎 【➡ P.582】	1911年，アメリカとの間で関税自主権の回復に成功した。
大正	**原敬** 【➡ P.600】	立憲政友会の総裁として，本格的な政党内閣を組織した。
昭和	**犬養毅** 【➡ P.608】	満州国の承認に反対し，五・一五事件で海軍将校らに暗殺された。
	吉田茂 【➡ P.623】	1951年にアメリカなど48か国とサンフランシスコ平和条約を結んだ。

平和条約と同時に，
日米安全保障条約も
結ばれたんだったね。

➡ **サンフランシスコ平和条約の調印**

(TopFoto／アフロ)

688

文化　時代と文化の名前を, 合わせて確認!

●芸術

時代	文化	ジャンル	人物	行ったこと
平安	国風	文芸	清少納言 【➡ P.447】	藤原道隆の娘・定子に仕え, 随筆『枕草子』を著した。
平安	国風	文芸	紫式部 【➡ P.447】	藤原道長の娘・彰子に仕え,『源氏物語』を著した。
鎌倉	鎌倉	彫刻	運慶 【➡ P.461】	快慶らとともに東大寺南大門の金剛力士像の制作にたずさわった。
室町	東山	絵画	雪舟 【➡ P.482】	水墨画を大成し,「秋冬山水図」などをえがいた。
安土桃山	桃山	茶道	千利休 【➡ P.502】	茶の湯を茶道として大成し, 信長や秀吉に仕えた。
安土桃山	桃山	絵画	狩野永徳 【➡ P.501】	障壁画の絵師。「唐獅子図屏風」などをえがいた。
江戸	元禄	文芸	井原西鶴 【➡ P.541】	武士や町人の生活をもとに, 浮世草子を書いた。
江戸	元禄	文芸	近松門左衛門 【➡ P.542】	人形浄瑠璃や歌舞伎の台本を書いた。
江戸	元禄	文芸	松尾芭蕉 【➡ P.541】	俳諧を大成した。代表作は『奥の細道』。
江戸	化政	絵画	葛飾北斎 【➡ P.546】	浮世絵師。代表作は風景画の「富嶽三十六景」。
江戸	化政	絵画	歌川広重 【➡ P.545】	浮世絵師。代表作は風景画の「東海道五十三次」。

『学問のすゝめ』の
「天は人の上に人をつくらず」は
有名なフレーズだね。

●学問

時代	人物	行ったこと
江戸	本居宣長 【➡ P.543】	日本の古典を研究し,『古事記伝』を著した。国学を大成した。
江戸	杉田玄白 【➡ P.544】	オランダ語の医学書を翻訳して『解体新書』を出版した。
江戸	伊能忠敬 【➡ P.547】	日本全国の海岸線を測量し, 正確な日本地図をつくった。
明治	福沢諭吉 【➡ P.568】	『学問のすゝめ』を著して人間の平等と学問の大切さを説いた。
大正	吉野作造 【➡ P.599】	民本主義を唱え, 大正デモクラシーを指導した。

歴史2　よく出る重要史料

何の史料かすぐわかるように慣れておこう!

◉法令

十七条の憲法 (飛鳥時代)

一に曰く，和をもって貴しとなし，さからふことなきを宗とせよ。
二に曰く，あつく三宝を敬へ。
三に曰く，詔をうけたまはりては，必ずつつしめ。

➡ 聖徳太子が定めた，役人の心構えを示したもの。

分国法 (戦国時代)

一，けんかをしたときは，理非を問わず両方罰する。
（塵芥集＝伊達氏）
一，許しを得ないで他国に手紙を出してはならない。
（甲州法度之次第＝武田氏）

➡ 領国の支配のため，各地の戦国大名が独自に制定。

刀狩令 (安土桃山時代)

諸国の百姓たちが刀・弓・やり・鉄砲その他の武具を持つことは固く禁止する。

➡ 豊臣秀吉が，農民の一揆を防ぐために出した命令。

武家諸法度 (江戸時代)

，文武弓馬の道にはげむこと。
一，大名は領地と江戸に交代で住み，毎年四月中に参勤せよ。
（1635年に出されたもの）

➡ 江戸幕府が大名統制のために制定した。

五か条の御誓文 (明治時代)

一，広ク会議ヲ興シ万機公論ニ決スヘシ
一，上下心ヲ一ニシテ盛ニ経綸ヲ行フヘシ
一，官武一途庶民ニ至ル迄，各其志ヲ遂ケ，人心ヲシテ倦マサラシメンコトヲ要ス

➡ 明治政府が，新しい政治の方針を示したもの。

どうして出されたのか，目的を考えてみよう!

◉和歌・詩

防人の歌 (奈良時代)

韓衣　裾に取りつき

泣く子らを　置きてぞ来ぬや

母なしにして

➡ 防人として九州北部におもむく人が，残していく母のない子との別れをよんだ，『万葉集』の歌。

藤原道長の歌 (平安時代)

この世をば　わが世とぞ思う

望月の　欠けたることも

なしと思えば

➡ 摂関政治が全盛期のとき，得意な気持ちをよんだ。

与謝野晶子の詩 (明治時代)

あゝをとうとよ君を泣く
君死にたまふことなかれ
末に生れし君なれば
親のなさけはまさりしも
親は刃をにぎらせて
人を殺せとをしへしや
人を殺して死ねよとて
二十四までをそだてしや

➡ 日露戦争に出征した弟を思う気持ちをよんだ。

特ちょうをつかもう!

◉構築物・建造物

前方後円墳 (古墳時代)

前が方形で後ろが円形になった、最も大きな形式の古墳。

➡堺市の大仙(仁徳陵)古墳が代表的。 (学研・資料課)

法隆寺 (飛鳥時代)

現存する世界最古の木造建築。

➡聖徳太子が建てたといわれる。 (法隆寺)

正倉院 (奈良時代)

三角形の木材を組んだ校倉造でつくられている。

➡正倉院の宝物には聖武天皇が愛用した道具などがある。 (正倉院正倉)

平等院鳳凰堂 (平安時代)

藤原頼通が京都の宇治に建てた阿弥陀堂。

➡浄土信仰の広まりによる。 (平等院)

東大寺南大門 (鎌倉時代)

金剛力士像

➡門の左右には金剛力士像が置かれている。 (いずれも東大寺／撮影:飛鳥園)

銀閣 (室町時代)

東求堂同仁斎

➡足利義政が建てた。同じ敷地にある東求堂同仁斎という部屋は代表的な書院造。 (いずれも慈照寺)

◉戦いの絵

元寇 (鎌倉時代)

➡元軍は，集団戦法で火器(てつはう)を使用した。

(宮内庁三の丸尚蔵館)

長篠の戦い (安土桃山時代)

➡織田信長軍 (左) が鉄砲隊を使って，武田軍 (右) を破った。

(徳川美術館所蔵©徳川美術館イメージアーカイブ／DNPartcom)

◉水墨画・浮世絵

「秋冬山水図」(室町時代)

(東京国立博物館蔵／Image:TNM Image Archives)

➡雪舟がえがいた水墨画。

「見返り美人図」(江戸時代)

(東京国立博物館)

➡菱川師宣がえがいた浮世絵。

「富嶽三十六景」(江戸時代)

➡葛飾北斎がえがいた浮世絵。 (個人蔵)

◉風刺画

ノルマントン号事件の風刺画

➡イギリス人の船長と船員は全員ボートに乗って助かり，日本人乗客は乗れずに全員死亡した事件を表している。

(美術同人社)

日英同盟の風刺画

➡ロシアが焼いている栗 (韓国) を，イギリスが日本に拾わせようとし，アメリカは様子をうかがっている。

(美術同人社)

よく出るグラフ

●国連分担金の国別割合

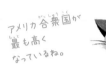

アメリカ合衆国が
最も高く
なっているね。

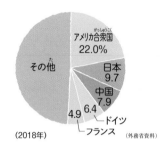

その他

アメリカ合衆国
22.0%

日本
9.7

中国
7.9

ドイツ
6.4

フランス
4.9

(2018年)　　　　　　　　（外務省資料）

●国連加盟国数の変化

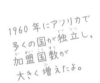

1960年にアフリカで
多くの国が独立し、
加盟国数が
大きく増えたよ。

年	南北アメリカ	ヨーロッパ	オセアニア	アジア	アフリカ
1945年 51か国	22	14	2	9	4
1960年 99か国	22	26	2	23	26
1970年 127か国	26	27	3	29	42
2000年 189か国	35	49	14	38	53
2018年 193か国	35	51	14	39	54

（国際連合広報センター資料より作成）

国際
2

よく出る地図

●EU（ヨーロッパ連合）

EU加盟国
加盟国数：28か国
（2018年8月現在）

デンマーク
アイルランド
イギリス
オランダ
ベルギー
ルクセンブルク
フランス
ポルトガル
スペイン
ドイツ
チェコ
イタリア
スロベニア
クロアチア
マルタ
フィンランド
スウェーデン
エストニア
ラトビア
リトアニア
オーストリア
スロバキア
ハンガリー
ポーランド
ルーマニア
ブルガリア
ギリシャ
キプロス

※ギリシャ系住民が
主流の南部の
キプロス共和国

イギリスは2019年3月にEU離脱予定。

●そのほかの主な地域統合

ASEAN
（東南アジア諸国連合）
加盟国数：10か国

APEC
（アジア太平洋経済協力会議）
加盟国・地域数：21の国・地域

NAFTA（北米自由貿易協定）
加盟国数：3か国

(2018年8月現在)

NAFTAは「アメリカ・メキシコ・カナダ協定（USMCA）」に名称が変更される予定。

国際 3　世界の主な国々

主な国々のデータをおさえよう!

地域	国名	首都	国旗	面積(千km²)(2015年)	人口(万人)(2017年)	主な言語	主な宗教
東アジア	中国(中華人民共和国)	ペキン（北京）		9,600	140,952	中国語	道教，仏教，イスラム教，キリスト教ほか
東アジア	韓国（大韓民国）	ソウル		100	5,098	韓国語	キリスト教，仏教ほか
東南アジア	タイ	バンコク		513	6,904	タイ語	仏教ほか
東南アジア	インドネシア	ジャカルタ		1,911	26,399	インドネシア語	イスラム教，キリスト教ほか
東南アジア	シンガポール	なし(都市国家)		1	571	マレー語，英語，中国語	仏教，道教，イスラム教，キリスト教ほか
東南アジア	カンボジア	プノンペン		181	1,601	カンボジア語	仏教，イスラム教ほか
南・西アジア	インド	デリー		3,287	133,918	ヒンディー語，英語	ヒンドゥー教，イスラム教ほか
南・西アジア	サウジアラビア	リヤド		2,207	3,294	アラビア語	イスラム教
アフリカ	エジプト	カイロ		1,002	9,755	アラビア語	イスラム教ほか
アフリカ	南アフリカ共和国	プレトリア		1,221	5,672	英語，アフリカーンス語	キリスト教ほか
ヨーロッパ	フランス	パリ		552	6,498	フランス語	キリスト教ほか

地域	国名	首都	国旗	面積(千km²)(2015年)	人口(万人)(2017年)	主な言語	主な宗教
ヨーロッパ	ドイツ	ベルリン		357	8,211	ドイツ語	キリスト教ほか
	イギリス	ロンドン		242	6,618	英語	キリスト教ほか
	イタリア	ローマ		302	5,936	イタリア語	キリスト教ほか
	オランダ	アムステルダム		42	1,704	オランダ語	キリスト教ほか
	ロシア連邦	モスクワ		17,098	14,399	ロシア語, 各民族語	ロシア正教, イスラム教, 仏教ほか
南北アメリカ	アメリカ合衆国	ワシントンD.C.		9,834	32,446	英語	キリスト教ほか
	カナダ	オタワ		9,985	3,662	英語, フランス語	キリスト教
	ブラジル	ブラジリア		8,516	20,929	ポルトガル語	キリスト教ほか
オセアニア	オーストラリア	キャンベラ		7,692	2,445	英語	キリスト教ほか
	ニュージーランド	ウェリントン		268	471	英語, マオリ語	キリスト教ほか
世界計				136,162	755,026		

※世界計の面積は, 世界各国面積の合計で, 極地方と定住者のない島の面積はふくまれていない。

(2017/18年版「世界国勢図会」ほか)

あ

さくいん

マークの意味：基＝基礎編, 都＝都道府県データ編, 地＝地理編, 政＝政治編, 歴＝歴史編, 国＝国際編

か

た

た

た

は

監修　高濱 正伸（たか はま まさ のぶ）

©澤谷写真事務所

　数理的思考力，国語力，野外体験を三本柱として，将来「メシが食える人」そして「魅力的な大人」を育てる学習塾「花まる学習会」代表。考える力，自ら学ぶ力を身につける独自の指導を行う。同会の野外体験サマースクールや雪国スクールは大変好評で，2018年現在，のべ78000人を引率した。

　「考える力がつく算数脳パズル　なぞペー」シリーズ（草思社），「東大脳ドリル」（学研教育出版）などの学習教材の執筆を手がけるとともに，「高濱正伸の10歳からの子育て」（総合法令出版）など，教育・育児に関する著書も多数執筆している。

編集協力	花まる学習会（竹谷和，佐藤暢昭，加藤崇浩），栗山朋子，佐野秀好，寺南純一，望出版，オフィスゼム，きんずオフィス，マイプラン（近田伸夫，青木紘衣），たくみ堂，中屋雄太郎，八木住了，小西奈津了，山崎瑠香
キャラライラスト	すがわらあい
本文・カバ デザイン	ライカンスロープ デザインラボ（武本勝利，峠之内綾）
図版・イラスト	木村図芸社，ゼムスタジオ，たむらかずみ，さとうさなえ，森木ノ子，森永みぐ，青橙舎（高品吹夕子），小坂タイチ，とみたあすか，高旗将雄，中川貴雄，マカベアキオ
写真	無印：編集部，その他の出典は写真そばに記載
DTP	（株）明昌堂　データ管理コード 18-1772-1177 (CC17)

◎この本は，下記のように環境に配慮して制作しました。
　・製版フィルムを使用しないCTP方式で印刷しました。　・環境に配慮した紙を使用しています。

?に答える! 小学社会 改訂版